BIBLIOTHÈQUE LAFFONT DES GRANDS THÈMES

la télévision

la télévision

robert laffont - grammont

BIBLIOTHÈQUE LAFFONT DES GRANDS THÈMES • LIVRES GT

En cent volumes, la problématique de l'homme d'aujourd'hui

Une production des Editions Grammont, Lausanne, Robert Laffont, Paris et Salvat, Barcelone, réalisée sous la direction de Henri Tissot

LA TÉLÉVISION

Personnalité invitée : **René Schenker**

Sources photographiques: *British Broadcasting Corporation*, Londres, couverture, pages 17-44-48-49-75-84-85-97-104. *CIRI*, Barcelone, pages 62-79-119. *Rafael Clemente Soler*, Barcelone, page 140. *Edistudio*, Barcelone, pages 15-19-22-23-25-26-28-38-49-78-88-89-100-107. *F.P.G.*, Paris, page 95. *Fotogram*, Paris, page 94. *Agence France Presse*, Paris, page 123. *Gamma*, Paris, pages 27-40-51-62-81-82-112-116-130-133-139. *Holmes-Lebel*, Paris, page 76. *Pierre Kister*, Paris, pages 8-69. *Gloria Lolivier*, Paris, documentation. *Pakue*, Paris, page 106. *Xavier Palaus*, Barcelone, page 33. *Michel Pavloff*, page 132. *Picturepoint Ltd.*, Londres, pages 73-83-127-135. *Jaime Prat*, Barcelone, page 45. *Presse Sports*, Paris, pages 31/32-43-56. *RAI*, Rome, page 95. *Rapho*, Paris, pages 36-46-101. *Réalités*, Paris, pages 91-92-99-109-110-113-136-137. *Sautereau*, Paris, pages 98-129. *Sipa Press*, Paris, pages 29-54-60. *Snark International*, Paris, frontispice, pages 21-34-37-50-59-65. *Sygma*, Paris, pages 80-86-115. *Tele Radio*, Madrid, pages 117-128. *Viva*, Paris, page 108. *Zardoya*, Barcelone, frontispice, pages 10-39-52/53. *Zardoya-Camera Press*, Barcelone, pages 18-39-71.

Composition: Imprimerie Bron S.A., Lausanne
Imprimé en Espagne sur les Presses de Gráficas Estella S.A., 1976

D.L.: NA. 854 - 1976

Dépôt légal: 1er trimestre 1977

ISBN 2-8270-0096-2

ISSN: 0337-064-X

Table des matières

BF179
C
2N918
2N918
2N918
BF179
C

L'organisation interne de la télévision

René Schenker

René Schenker est né à Lausanne, en Suisse, le 20 juillet 1920. Après des études secondaires à Vevey, il s'orienta vers le domaine musical, fréquentant l'Institut de Ribaupierre et, par la suite, le Conservatoire de Genève. A partir de 1939, il continua ses études musicales à Londres en même temps qu'il suivait des cours de littérature. En 1941, il fut engagé par l'Orchestre de la Suisse romande, à Genève, où il devait travailler pendant six ans sous la direction d'Ernest Ansermet. En 1942, il obtint le second prix d'exécution musicale dans un concours qui eut lieu à Genève. En 1947, il abandonne le domaine musical pour entrer à Radio-Genève en qualité de programmateur. Il devait occuper diverses fonctions avant d'en être nommé directeur-adjoint en 1952. Cette même année, il se rend à Londres afin de suivre, à la B.B.C., des cours de spécialisation en réalisations télévisées. En 1953, de retour à Genève, il fonde le Centre d'études de télévision de Mon-Repos, où allaient être formés les pionniers de la télévision suisse. En 1958, il occupe le poste de directeur de la Télévision suisse romande, à Genève, qu'il quittera pour assumer la direction de la Radio et de la Télévision suisse romande à Lausanne.

Le phénomène de la télévision, propre à notre époque, présente maints aspects d'intérêt général, tant pour les individus que pour les peuples. La caractéristique principale de la télévision réside en ceci qu'elle est un moyen de communication de masse ; à ce titre, elle constitue l'objet de convoitise d'un ensemble d'appétits divers allant des visées des entreprises commerciales à celles de l'Etat. René Schenker, qui est pratiquement à l'origine du développement de la télévision en Suisse, aborde ici les problèmes que celle-ci pose dans le monde aujourd'hui.

Quelles sont les caractéristiques des moyens de communication de masse par rapport aux communications concrètes : conversations, discours, réunions ? N'y a-t-il pas un certain mur de la technique entre la personne qui s'exprime et l'auditeur ?

Le mur de la technique se trouve entre le personnage qui s'exprime, l'artiste, le musicien... et l'auditeur, le téléspectateur. La grande difficulté, que l'on n'arrivera jamais à résoudre, c'est de recréer à domicile l'atmosphère qui peut exister face à ce personnage qui s'exprime, l'interprète... Il y a réellement, pour la télévision, un écran qui est dû à l'aspect électronique de la transmission du message.

Il est peut-être un peu moins apparent à la télévision que pour la presse, par exemple...

C'est exact. La télévision fournit l'expression complète. Quand on fait des émissions en direct, il y a une spontanéité

La technique propre à la télévision oblige les artistes à pallier l'inconvénient que présente la distance en donnant à leur jeu une véracité particulière.

qui ne peut pas être retouchée. Celui qui s'exprime ne peut pas faire marche arrière.

Sa parole est captée d'une manière très diversifiée par l'auditeur suivant la préparation de celui-ci. La difficulté réside dans la manière dont on abordera un sujet par rapport à un spectateur qui n'est pas nécessairement prêt à accepter un message.

Autrement dit, le locuteur, l'acteur ne peut pas modeler son discours, son comportement sur l'auditeur.

Exactement, et ce qui nous gêne dans l'envoi du message, quel qu'il soit, c'est que nous ne savons pas comment il est reçu. Nous ne connaissons pas notre audience. S'agit-il de gens très jeunes, moins jeunes, du troisième âge... Nous devons nous adresser, sauf peut-être pour certaines émissions faites pour des groupes élitaires, au public en général, qui est lui-même formé de plusieurs publics.

Vous avez donc l'avantage de l'image, mais vous avez le désavantage d'un public général et non spécialisé. Un organe de presse, par exemple, a un public plus limité.

Un organe spécialisé s'adresse à un public plus ou moins prêt à accepter les messages qu'il y trouvera. Peu à peu se crée une grande famille entre les auteurs des articles et les lecteurs.

En télévision, nous ignorons qui nous suit. Il y a bien des sondages qui nous donnent des résultats quantitatifs, voire qualitatifs sur certaines émissions... Mais on ne sait jamais comment le message est perçu, compris. Je ne pense pas que nous le sachions jamais. Nous n'aurons jamais le retour, le *feed-back*.

Est-ce que les sondages donnent une idée de l'apport de la télévision ?

Le sondage, sous forme de questions orales ou écrites, met le spectateur dans une condition qui n'est souvent pas la sienne sous forme spontanée. Nous recevons du courrier de spectateurs qui nous disent : « Hier soir, j'ai répondu à des questions qui m'ont été posées par téléphone sur les programmes : je regrette d'avoir dit ceci, ou, j'aurais voulu ajouter cela. » Au moment même où l'on pose la question, il y a déjà un effort de réflexion pour savoir de quelle manière on va répondre. Ou alors les réponses sont globales : « C'était bien, ou, c'était très mauvais », sans aucune nuance et surtout sans dire le pourquoi. L'audience est toujours très critique à l'égard des émissions que lui propose la télévision. Nuancer le jugement des téléspectateurs est chose, me semble-t-il, très difficile.

La télévision serait-elle un instrument de culture ?

J'ai toujours prétendu le contraire. Ce que l'on appelle « émission culturelle » ne peut apporter quelque chose au spectateur que s'il fait un effort de réflexion. Nous constatons, dans les établissements scolaires que les jeunes qui suivent beaucoup la télévision en général connaissent beaucoup de choses. Ils ne les ont jamais approfondies. C'est une espèce de verni très superficiel. Il n'y a pas de culture sans effort individuel.

Quels sont les problèmes posés par le contrôle de l'Etat sur la télévision, que ce soit sur le plan politique, sur le plan du contrôle social ou sur le plan technique ?

Prenons le côté technique pour débuter. Cela varie beaucoup d'un pays à l'autre. En Suisse, la technique d'émission, donc de transmission des images et du son, est entre les mains des P.T.T.

Mais la Société suisse de radiodiffusion et de télévision est une société privée, paraétatique, au bénéfice d'une concession établie par le gouvernement. Nous avons un monopole de fait actuellement, mais pas de droit. Cette concession prévoit un certain nombre de règles auxquelles nous devons nous soumettre : objectivité, neutralité, défense des valeurs spirituelles, morales et culturelles du pays. Le contrôle se fait par notre propre société. Si nous faisons des émissions tendancieuses — je ne parle pas des émissions accidentelles, car nous plaidons le droit à l'erreur — l'auditeur ou le spectateur mécontent peut s'adresser directement à nous, ou à l'autorité supérieure de notre société à Berne, ou encore au Conseil fédéral (gouvernement). Jusqu'à ce jour, nous n'avons pas eu de problèmes particuliers. Mais on ressort toujours le problème de l'objectivité, que nous n'arrivons pas à définir de manière suffisamment précise. Nous avons transformé le terme « objectivité » en « honnêteté ». L'honnêteté intellectuelle, l'honnêteté tout court, si elle est bien comprise, est une notion d'objectivité.

En présence d'un événement, un journaliste honnête, en fonction de sa formation, de son milieu social, peut faire une chronique, même sans commentaire personnel, qui paraîtra tendancieuse à certains de ceux qui ont vécu l'événement. Le simple fait, par exemple, de cadrer sur un homme qui sourit au moment où l'orateur parle est un choix qui peut être contestable.

Quelle est la situation dans d'autres pays, comme les pays de l'Est, ou les Etats-Unis, par exemple ?

Je commencerai par les Etats-Unis. C'est probablement le pays où la radio et la télévision ont le côté le plus libéral, car il n'existe aucune chaîne dépendant de l'Etat. Toutes les stations sont privées. Les longueurs d'onde sont en nombre suffisant pour créer de très nombreuses stations locales ou régionales, ou nationales. Aux Etats-Unis, pour se faire une opinion sur un événement, il faut suivre plusieurs chaînes.

Dans les pays de l'Est, les pays en voie de développement, et dans d'autres pays..., on trouve la télévision entre les mains du pouvoir. Ce pouvoir estime qu'il lui appartient d'informer son public. A ce moment-là, il y a des choix dans l'information. Et l'on sait très bien que certains aspects de l'information ne sont pas donnés.

Pensez-vous que la télévision doive suivre l'événement ou qu'elle puisse être un catalyseur ? Par exemple, en mai 1968, on a eu l'impression que les radios périphériques françaises avaient une influence sur l'événement...

Dans ce cas, les stations officielles françaises n'ont pas pu — parce que le gouvernement n'était pas d'accord — faire des reportages dans la rue. Par contre, Europe N° 1 ou R.T.L., avec les émetteurs-récepteurs que les reporters avaient, informaient automatiquement chaque manifestant, qui avait son transistor dans sa poche. Une certaine stratégie, mise en place par les postes périphériques, a facilité le développement d'incidents de rue, souvent dramatiques... mais elle a informé du même coup les services d'ordre sur la manière dont ils devaient réagir.

Actuellement, la télévision est un phénomène géographiquement très délimité. Chaque Etat a sa télévision, qui couvre cet Etat et, en général, très peu d'autres. Mais une évolution technique se prépare. Quelle est-elle ? Que va-t-elle modifier ?

L'utilisation des satellites est connue depuis quelques années, satellites qui ne peuvent être utilisés que par les services officiels d'un Etat. On peut transmettre des images d'un continent à l'autre pour autant que l'on loue des circuits sur satellites ; mais il faut une station terrienne pour capter l'image et la redistribuer... C'est dire qu'il y a un contrôle. Ce contrôle, en ce qui concerne la Suisse ne se fait pas au niveau des P.T.T. Par contre, notre société pourrait se refuser à transmettre tel ou tel événement.

Cela entraîne parfois les protestations de certains téléspec-

L'antenne de faisceaux hertziens capte et transmet un type d'ondes électromagnétiques, appelées ondes hertziennes, en hommage à celui qui les a découvertes, Heinrich Hertz.

tateurs : ils demandent pourquoi une minorité d'hommes décide ce qu'il faut faire ou ne pas faire pour l'ensemble du public. C'est le problème de la représentativité.

Nous aurons, d'ici cinq ou dix ans, des satellites de distribution directe. Chaque nouveau récepteur de télévision sera adapté pour capter des images qui seront retransmises par un satellite de l'Est ou de l'Ouest. Nous avons quelques craintes, il faut bien le dire. Elles peuvent être d'ordre politique. On peut imaginer qu'un régime dictatorial, comme celui de Hitler, aurait pu, par une influence directe sur les téléspectateurs du monde entier, faire une propagande intelligente, qui porte ses fruits. Bien sûr, nous aurions la possibilité, en cas de conflit, de brouiller ces émissions...

Mais, à part le côté politique, il y a l'aspect commercial. Nous pouvons imaginer qu'une marque finance, des Etats-

Unis par exemple, une grande campagne d'émissions de télévision particulièrement populaire. Si, réellement, elle est suivie, si les sondages prouvent que le public européen y porte de l'intérêt... cette marque cesserait de passer de la publicité sur les antennes régionales ou nationales... d'où une perte de revenu. Tout le monde ne comprend pas l'anglais, certes, mais je me suis laissé dire que l'on met au point aux Etats-Unis des transmissions par satellites avec une image et dix-huit langues, que vous pourrez choisir. La concurrence sera énorme.

On pourrait voir l'aspect inverse de la question : si l'on a le choix des émissions, ne rétablissons-nous pas, grâce au choix, une sorte de démocratie ?

Oui, pour autant que les émissions vous soient données dans votre langue. Car je ne crois pas à l'auditeur, ou au téléspectateur polyglotte. En Suisse romande, certaines régions peuvent capter sept programmes : deux programmes français, trois programmes suisses, deux programmes allemands. Dans les sondages, la télévision suisse romande vient toujours en tête. Par contre, pour tout ce qui est divertissement, sur les antennes francophones, les téléspectateurs prennent la France. Pour l'information, ils veulent savoir ce qui se passe en Suisse.

Quelles évolutions prévoyez-vous à propos de la multiplication des chaînes ?

Je pense que l'on s'oriente vers des réseaux régionaux, voire locaux, de télévision, comme on les connaît déjà aux Etats-Unis.

Dans de nombreux pays, il existe des canaux de télévision destinés à des zones déterminées. Ci-dessus : un moment de la relève de la garde au château d'Edimbourg destiné à un programme de la section écossaise de la B.B.C.

Mais, on cite à tort des exemples utiles à ceux qui veulent créer des réseaux locaux : New York, Chicago... où il y a des concentrations de plusieurs millions d'habitants. Chez nous, le problème est très différent, car les villes sont petites. Malgré cela, je crois à la télévision locale. Les conditions posées par le gouvernement pour les réseaux locaux devraient être les mêmes que pour nous.

Les réseaux locaux auront un rôle que la télévision nationale ne jouera jamais : la mise en valeur de ce qui se passe dans le cadre local. Il y a toute une activité locale, politique, sportive, culturelle... qui est délaissée par les antennes nationales et qui pourrait être exploitée avec un certain succès par les antennes locales. Mais le problème du financement se posera.

(Suite de l'entretien à la page 68.)

Les télévisions du monde entier ont adopté pour leurs studios le cube scénique, consacré depuis la construction par Palladio, vers 1580, du célèbre théâtre olympique de Vicence. Son étendue et sa complexité varient en fonction de son utilisation : de vastes studios pour l'enregistrement d'œuvres dramatiques et de petits studios destinés aux informations ou aux interviews.

Processus de production et de transmission d'un programme

Un long processus scientifique et technique commence, en 1817, avec la découverte, par le chimiste suédois Jacob Berzelius (1779-1848), des propriétés du sélénium (dont la conductivité électrique augmente avec la lumière qu'il reçoit) et s'achève avec les expériences de l'ingénieur américain d'origine russe Vladimir Kosma Zworykin (1889), du Britannique John Logie Baird (1888-1946) et de l'Allemand Paul von Nipkow. Ce processus culminera, finalement, avec l'apparition sur le marché d'appareils de télévision pouvant être maniés par un enfant aussi facilement qu'un interrupteur électrique.

Après avoir découvert la possibilité d'émettre dans l'espace des images en mouvement, en les décomposant en une série de petits points lumineux qui se transmettent sous la forme de courants électriques, il ne restait plus qu'à trouver un appareil capable de réaliser l'opération inverse (la reconstitution de l'image) et tenant lieu de récepteur. Ce fut le mérite de Zworykin et de son iconoscope : un tube électrique dans lequel un faisceau d'électrons bombarde un écran phosphorescent.

En 1925, Baird était parvenu pour la première fois à transmettre l'image entre deux pièces très rapprochées. Dès lors, et jusqu'en 1931 — date à laquelle les expériences de laboratoire cédèrent la place aux applications pratiques de l'industrie — dans toute une série de pays : Etats-Unis, Grande-Bretagne, Allemagne et France... l'on aboutit à des conclusions semblables tout en partant de conceptions techniques différentes.

Il n'est guère facile de décrire la structure d'un centre de production de programmes télévisés. Cependant, nous nous efforcerons d'en brosser une vue d'ensemble permettant de fournir une idée juste de ses principaux secteurs d'élaboration.

Nous commencerons par une visite rapide des studios. Leur grandeur varie en fonction de l'usage auquel ils sont normalement destinés : 100 m^2 sont plus que suffisants pour réaliser des émissions consacrées à des interviews ou à la simple présentation d'un journal télévisé ; 1000 m^2 peuvent ne pas suffire pour la production d'œuvres dramatiques complexes exigeant une grande variété de décors pour leurs différentes scènes. En général, la surface des studios destinés à la production télévisée oscille entre ces deux dimensions.

Etant donné que la télévision est le résultat de la convergence du son et de l'image, il est indispensable de respecter certaines particularités pour la construc-

*Hommes et machines, lumières et sons tissent
la trame du spectacle qui nous parvient
sur l'écran de télévision.
Ci-dessous, schéma d'installations
et d'instruments avec les différentes salles de régie.
Ci-contre, tournage d'un film.*

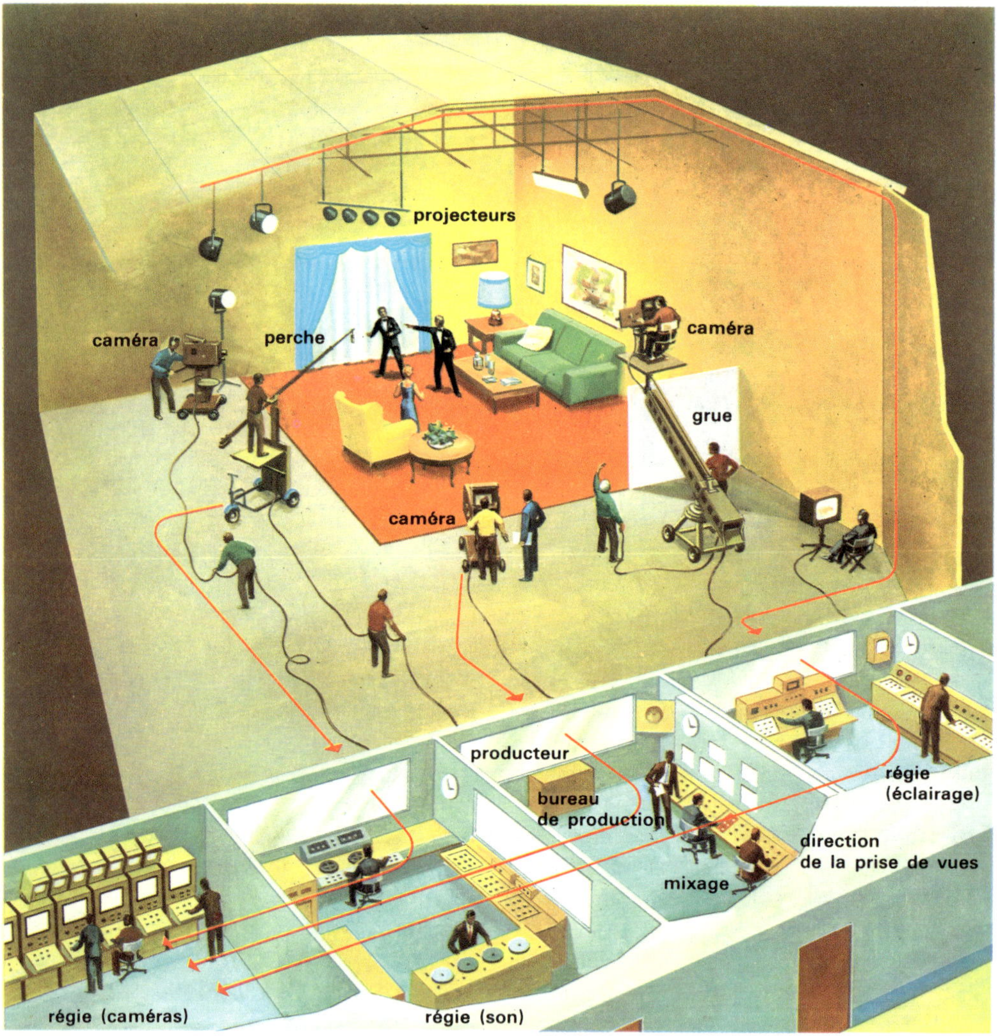

tion des studios. A cette fin, l'on utilise des matériaux spéciaux, généralement ininflammables. Les prises de courant sont protégées afin d'éviter tout accident. Au plafond, nous sommes surpris d'y voir un grillage de tiges d'acier soutenant les projecteurs qui servent à éclairer la scène, projecteurs dont la puissance s'échelonne sur une gamme très étendue. Nous verrons plus loin l'importance de l'intensité lumineuse pour le captage correct du signal par la caméra électronique. En avançant dans le studio, nous ne manquerons probablement pas de trébucher sur des câbles. En les suivant, ils nous conduiront à l'une des trois ou quatre caméras en train de procéder à des essais de cadrage d'un acteur ou d'un orchestre, ceux-ci se détachant sur un décor pouvant tout aussi bien représenter la place d'un village, la rue d'une grande ville ou une scène de science-fiction.

La mission fondamentale de la caméra consiste à recueillir l'image par un système de lentilles et, au moyen d'un processus compliqué, de la transformer en une seconde image. Celle-ci, à son tour, est traduite en émission électrique qui sont lancées dans l'espace au moyen du faisceau hertzien correspondant, ou bien qui sont recueillies, par le magnétoscope*, sur une bande magnétique de 5 cm de large en vue d'être émises en différé.

* Les astérisques renvoient au *Vocabulaire* (page 142).

Le schéma ci-dessous montre le trajet qu'emprunte l'image à travers la caméra.

En bas : parmi toutes les images qui apparaissent sur le moniteur, le réalisateur sélectionne celles qui correspondent le mieux à l'idée qu'il a du programme.

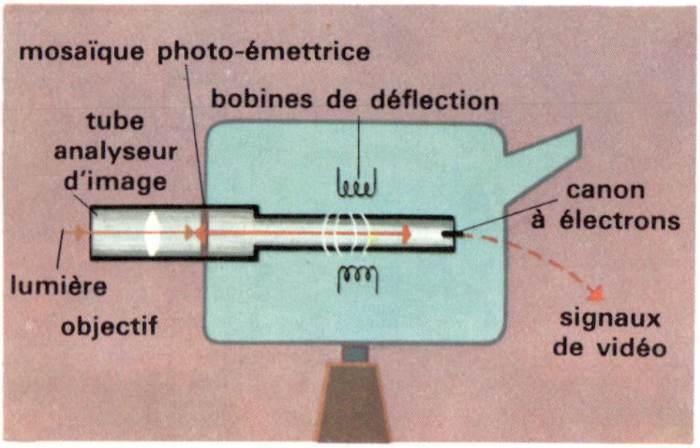

Les caméras sont manipulées par le *réalisateur* ou le *directeur du programme*, à partir de la régie* du studio, généralement située à un étage supérieur. Chacun des canaux des caméras est connecté à un moniteur qui permet de sélectionner, grâce à un jeu très souple de commutateurs, les prises de vues les plus appropriées au déroulement du programme.

Entre le moment où est conçu un pro-

La grue sur laquelle est montée la caméra peut se déplacer et se mouvoir de bas en haut. Cette mobilité augmente considérablement les possibilités de prise de vues et facilite le travail du cameraman.

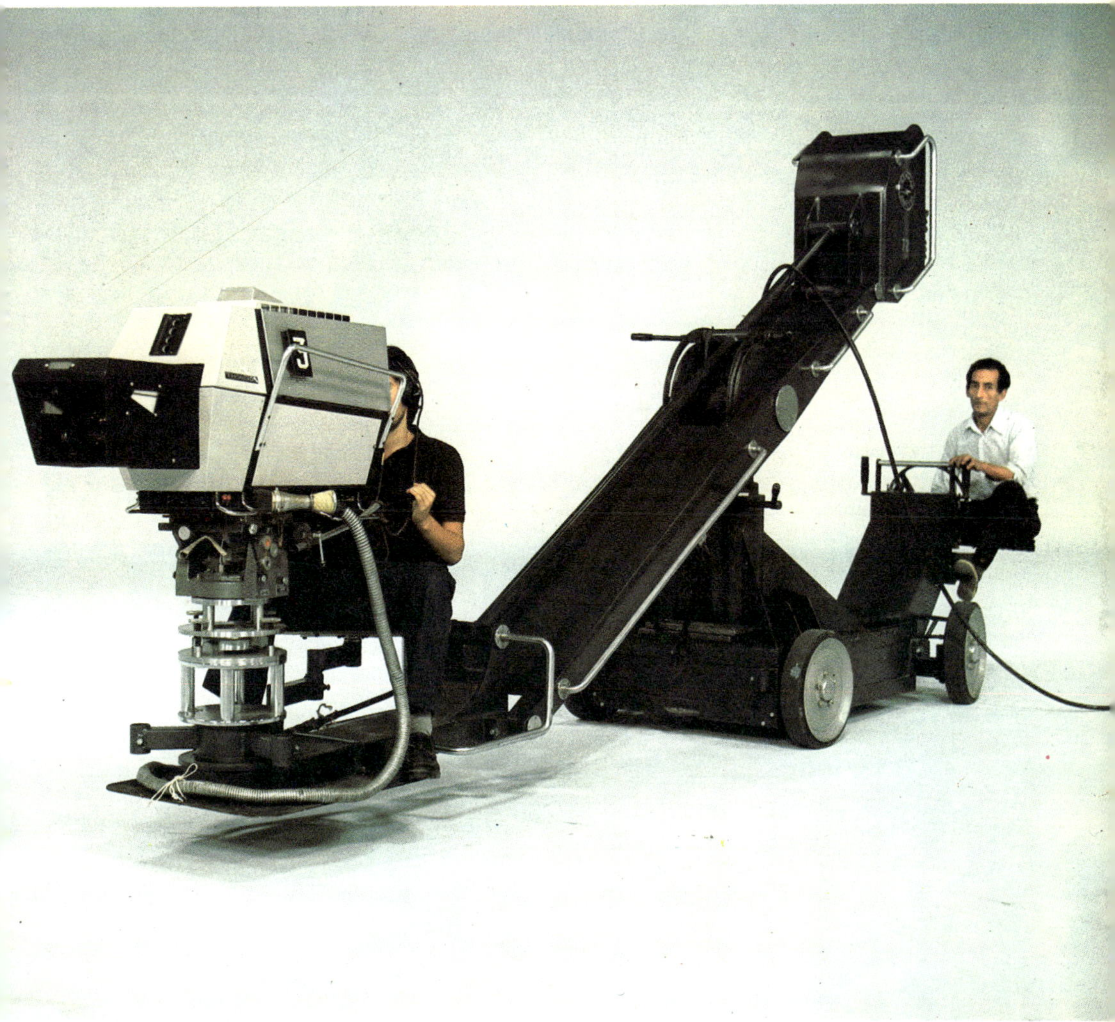

gramme et celui où il apparaît sur l'écran du récepteur, l'équipe chargée de la réalisation y consacre beaucoup de temps. Il ne faut pas oublier, en effet, que la télévision est essentiellement l'œuvre commune d'une nombreuse équipe de professionnels dont chacun a sa spécialité.

Avec le développement de la télévision sont nés de nouveaux métiers techniques et artistiques de l'image et du son qui concourent, à des degrés divers, à l'élaboration et à la réalisation des émissions. La télévision suisse groupe une cinquantaine de métiers différents.

Le producteur est, selon la définition d'Egliane Victor : « Le coauteur d'une émission responsable vis-à-vis du public. Il est l'intermédiaire entre la direction et l'équipe. » Mandaté par la direction pour réaliser une émission, il est en quelque sorte un « maître d'œuvre ». Son principal rôle consiste à proposer des idées originales pour une émission ou une série d'émissions, de les présenter aux réalisateurs, de contacter les gens susceptibles d'y participer et de rassembler les éléments nécessaires à la réalisation de l'émission.

Le travail du producteur comporte donc à la fois une partie administrative (établissement et gérance d'un budget), un élément de relations publiques, et un rôle d'animateur.

La formation du producteur de télévision est tout à fait différente de celle du producteur de cinéma qui, lui, assure le contrôle financier du film.

On trouve aussi des producteurs-réalisateurs, c'est-à-dire des réalisateurs qui sont simultanément leur propre producteur.

Le réalisateur, c'est l'architecte ou le chef d'orchestre. Il met en forme télévisée le sujet d'émission à partir du canevas établi au préalable. Ainsi, doit-il diriger les activités des personnes affectées à une réalisation pour obtenir la meilleure expression visuelle et sonore de l'émission. Il a un certain budget à sa disposition. Son état-major se compose de son assistant (mais il n'existe pas toujours) et de sa script-girl. Son équipe comprend des techniciens du son, de l'image et de l'éclairage, les cameramen, le chef de la photographie, les décorateurs, les machinistes, accessoiristes, perchmen et la maquilleuse.

Le travail du réalisateur commence par la lecture attentive du texte d'une pièce ou de documents divers ayant trait à l'émission prévue. Il élabore ensuite son plan d'émission en collaboration avec le producteur, parfois avec un journaliste. Il s'occupe du contact avec les personnes qui peuvent le renseigner. Le réalisateur prévoit le découpage technique en scènes ou en séquences, les effets optiques, sonores et techniques, les décors.

Le réalisateur est presque toujours vic-

Salle de télécinéma. Le télécinéma est utilisé pour la transmission de films et consiste à accoupler un projecteur et une caméra de télévision.

Lorsque les progrès techniques transforment l'économie de la télévision, multipliant les chaînes et abaissant les coûts de production, nous pouvons prévoir que ce moyen commencera aussi à fragmenter ses produits et à encourager, plus qu'à combattre, la diversité croissante du public de consommateurs.

ALVIN TOFFLER

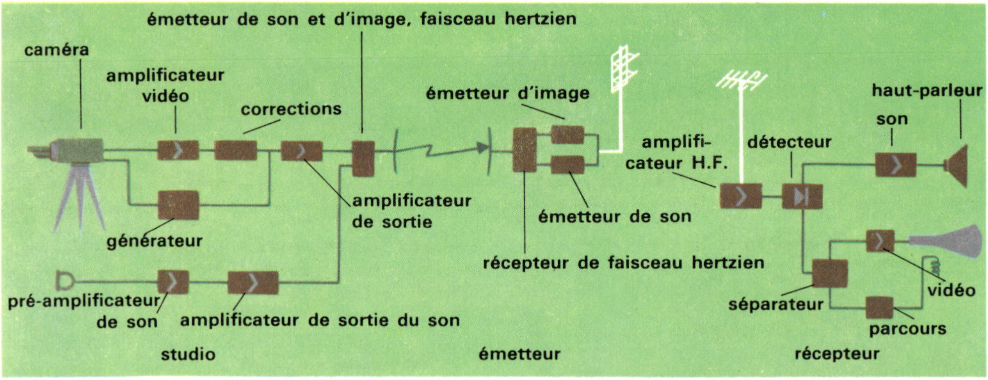

time du temps. Les répétitions consacrées à la mise en place de tout et de tous : cadrages, illustrations sonores, éclairages sont déterminées selon la position des participants, des interprètes.

Lorsque tout est prêt, le réalisateur rejoint son poste de commandement, la régie. Cabine ouverte sur le plateau par une large baie vitrée ; c'est là qu'il distribue ses ordres par microphone, à chaque membre de son équipe. Au réalisateur de déclencher les interventions des cameramen, perchmen, de vérifier les images sur les quatre ou cinq témoins placés devant lui tout en préparant les images à venir.

On imagine sans peine la présence d'esprit, la concentration et les réflexes nécessaires à une telle activité de commandement. Surtout lorsque l'émission passe en direct.

Pour les enregistrements ou les émissions en direct effectués en extérieur, le réalisateur dispose d'une cabine de régie dans un véhicule spécialement aménagé. L'assistant de réalisation est le bras droit du réalisateur. Il revoit les projets et les textes, donne son avis sur la distribution, les découpages, les décors, la partie sonore...

Son rôle est de prévoir, d'organiser et de mettre en œuvre tout ce qui est de nature à créer les conditions de travail les plus favorables pour la réalisation d'une émission. Son champ d'activité est à la fois administratif, technique et artistique. Métier autant féminin que masculin.

La script-girl est la « mémoire vivante » d'une production télévisée. Avec l'assistant, elle est la plus proche collaboratrice du réalisateur, elle intervient à tous les stades de la réalisation.

Lorsque débute une transmission,
tous les mécanismes
doivent être au point.
Le cameraman suit attentivement
le déroulement de la scène, s'efforçant
de cadrer les aspects qui correspondent le mieux
à l'idée de la prise de vues.

Le réalisateur explique aux acteurs
leurs mouvements,
la manière de dire leur texte
et les nuances à apporter
à leur jeu.

Le chef de la photographie est l'un des principaux collaborateurs de la création. Ayant pris connaissance du scénario et du découpage, le chef de la photographie choisit le matériel de prises de vues et les objectifs, les moyens d'éclairage et les cadrages. C'est un maître des effets lumineux et de l'atmosphère picturale.

Il faut accorder une importance particulière au rôle de l'éclairage dans une œuvre dramatique, ainsi que dans la plupart des programmes télévisés : il permet d'obtenir une image satisfaisante et une agréable composition des plans par une bonne répartition de l'ombre et de la lumière. Il contribue également à donner au téléspec-

tateur l'illusion de la réalité ambiante, en fonction des exigences du scénario ; il crée des effets précis (lumière du jour ou nuit), et permet aussi de mettre en valeur le caractère dramatique d'une scène au moyen de contrastes de lumières, en corrigeant même parfois l'imperfection des traits d'un acteur.

L'introduction de la couleur offre de nouvelles possibilités au chef de la photographie tout en posant des problèmes nouveaux.

On distingue deux sortes de cameramen. D'une part, le cameraman *live* qui manipule la caméra électronique sur le plateau en direct et s'occupe de la disposition et du montage de l'éclairage, du point de vue technique et artistique, dirige les prises de vues d'après les indications qui lui viennent de la régie pour les mouvements de son appareil. En collaboration avec le régisseur, le cameraman live choisit les emplacements et les déplacements des caméras, les formes et les coloris des décors, les mouvements et les places des acteurs. Il prend part à l'inspection des lieux pour fixer les détails. L'émission en direct constitue le travail le plus difficile pour le cameraman mais en même temps le plus intéressant.

D'autre part, le cameraman *film* s'occupe du tournage et de l'éclairage de films et de reportages filmés. Il utilise donc une caméra-film 16 mm, maniable et légère, n'exigeant pas de connexion avec un appareillage électronique complexe. Il réalise

Le chef de plateau, ou régisseur, veille à ce que tous ceux qui interviennent au niveau de l'enregistrement soient présents.

Il est nécessaire de maquiller ceux qui apparaissent sur l'écran et supprimer les traces de transpiration de leur visage. Le maquillage s'avère indispensable pour marquer nettement les traits.

des prises de vues en collaboration avec le régisseur ou avec le réalisateur d'un film. Il tourne en studio ou à l'extérieur.

Le monteur-film entre en action au moment où l'émission a été entièrement filmée. Il s'agit alors de supprimer les imperfections. Le monteur-film choisit les images et décide des opérations de truquages, fondus*, surimpressions, etc. Le montage implique un véritable travail de création : le rythme du spectacle, son intensité dramatique dépendent en grande partie de cette opération. Le monteur, loin d'être un simple exécutant, contribue considérablement à la réussite d'une réalisation. Il dépend du service de production qui planifie son travail.

L'illustrateur sonore réalise la trame musicale ou le décor sonore qui accompagne l'émission. Il se sert d'extrait musicaux, de bruitages, d'effets sonores spéciaux. C'est dans les richesses de la discothèque et de la bibliothèque musicale de la télévision qu'il trouve son matériel de travail. Par ailleurs, il propose toutes les musiques nécessaires pour la continuité des émissions (pauses, indicatifs, génériques). L'illustrateur sonore est directement subor-

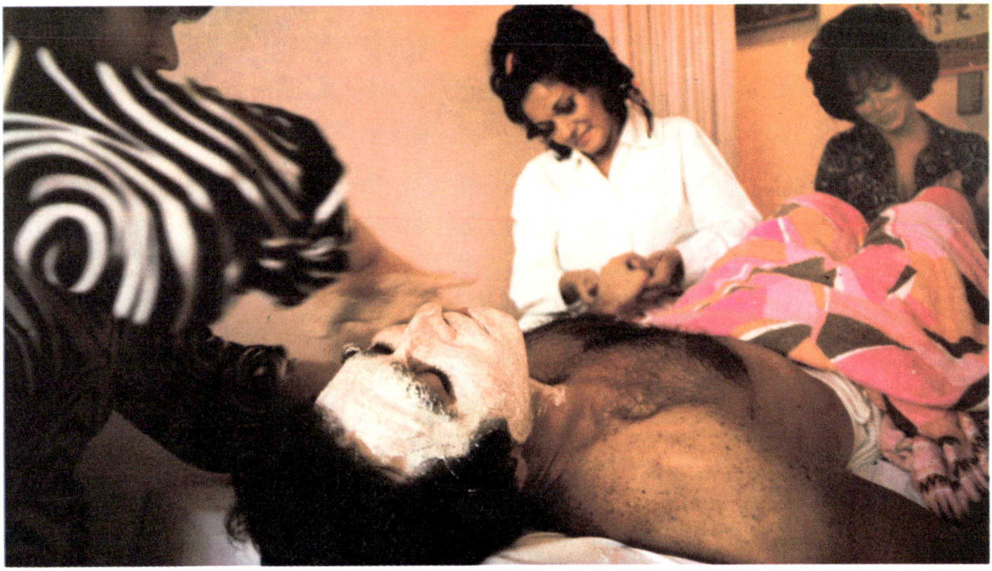

L'iconoscope transforme les images optiques en signaux électriques.

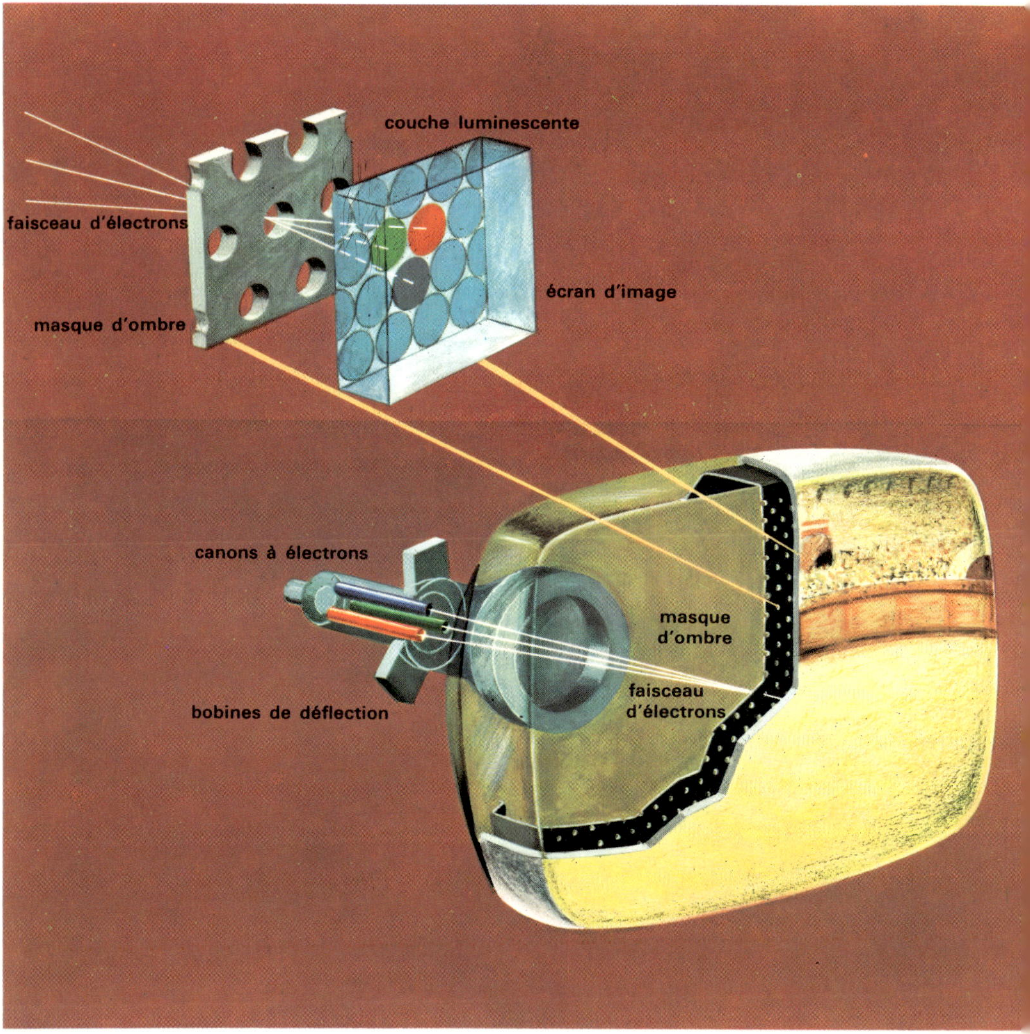

Lors de la retransmission d'un match de football, il est indispensable de placer les caméras de manière à capter facilement et rapidement les actions les plus significatives et les plus importantes.

donné au réalisateur auquel il est attribué, mais il peut aussi travailler de façon indépendante, notamment pour les émissions d'actualité.

Le régisseur du son dirige de son pupitre de commande le travail des preneurs de son (techniciens auxquels est confié le maniement des appareils d'enregistrement sonore). Parfois, il fait ce travail lui-même. C'est lui qui contrôle la partie sonore de l'émission en veillant au bon fonctionnement des micros. Il se sert soit de micros d'ambiance, soit d'un micro suspendu à une perche mobile.

Le *perchman* est la personne chargée de soutenir cette perche et de la manipuler. Cependant, on se sert aussi de la girafe, qui est une grande perche montée sur un support et maniable en tous sens.

Le régisseur de production coordonne

le travail des différents corps de métier appelés à intervenir sur le plateau. Son premier travail est de mettre à la disposition du réalisateur, à l'heure prévue et au lieu dit, le personnel de production ainsi que le matériel nécessaire. Il assure le logement et l'entretien de l'équipe des acteurs, organise les transports et les déplacements, prend contact avec les autorités locales, fait respecter l'ordre et la discipline sur les lieux de la réalisation. Il est responsable du matériel de production et assiste le réalisateur du son. Enfin, il participe à la préparation du devis et du plan de travail et établit un rapport de production pour le service de production.

Le régisseur de continuité exerce une activité propre à la télévision mais assez mal connue. Il est responsable du passage du programme dans sa continuité et dans la présentation à l'antenne. Il élabore les plans d'émissions et de continuité, coordonne les diverses sources de programme, opère les liaisons optiques et acoustiques d'une séquence à l'autre. Au besoin, il écourte, supprime ou remplace une émission afin d'assurer la parfaite continuité du programme. Il doit veiller à ce que les annonceuses aient préparé leurs textes et donné le signal de départ en cours d'émission ; il contrôle le minutage de chaque séquence. En cas de panne, il doit savoir décider rapidement.

En cours d'émission, le régisseur de continuité dessert le pupitre de régie. Lors d'émissions à l'extérieur, il établit la liaison avec d'autres studios, les émetteurs, etc. Après l'émission, il établit le rapport d'émission pour la régie de continuité.

Parmi le personnel technique, indispensable au bon fonctionnement des diffusions, mentionnons l'électronicien, responsable de la bonne marche et de l'entretien des appareils techniques du studio ou du car de reportage.

La tâche du chef électricien est parti-

La caméra est chargée d'enregistrer les moments uniques, telle l'image vivante de la victoire qui se lit dans le sourire des champions.

culièrement ardue. Il doit connaître à l'avance non seulement le déroulement global de l'œuvre mais aussi les détails de chacune des séquences qui la composent. Ainsi, pour obtenir l'éclairage correct d'un programme, on mettra à sa disposition une équipe de 5 à 8 techniciens ayant besoin parfois de plusieurs heures de travail pour préparer de bonnes conditions d'éclairage. Actuellement, certains studios utilisent des procédés automatiques, dont le coût est inférieur à celui d'une équipe de techniciens.

Les retransmissions extérieures constituent un genre particulier de programme, qui diffère nettement des réalisations en studio ; grâce au magnétoscope, elles peuvent être enregistrées sur une bande magnétique afin d'être émises en différé. Mais elles posent un premier problème : l'établissement de faisceaux de micro-ondes permettant de transmettre le signal créé dans les caméras à l'émetteur le plus proche. Cela exige la reconnaissance du terrain et l'installation des faisceaux nécessaires. Ces derniers posés, le réalisateur place correctement les caméras à l'endroit où va se dérouler le spectacle à diffuser. La recherche des angles, des cadrages possibles et des objectifs des caméras à utiliser constitue l'une des tâches les plus importantes du réalisateur spécialisé dans ce genre d'émissions ; en outre, elle demande une grande expérience, car l'événement passe en direct sur l'écran, aussi est-il impossible de recommencer l'action.

Il existe plusieurs types de retransmissions extérieures. Toutes supposent que le réalisateur connaisse à l'avance le contenu du programme à transmettre. Dans le cas d'un concert, il doit posséder des connaissances musicales suffisantes pour retransmettre l'image des membres de l'orchestre qui, à un moment donné, occupent le premier plan. Il en va de même des retransmissions sportives, où le développement rapide de l'action requiert une extraordinaire mobilité au niveau de la réalisation. Cependant, dans les retransmissions, les cameramen — contrairement à leurs collègues qui enregistrent en studio — disposent d'une plus grande liberté de mouvements en ce qui concerne les plans précis qu'ils ont à prendre. Par conséquent, ils bénéficient d'une plus grande marge d'initiative.

Les gens de la décoration représentent tout un monde. Le décorateur choisit ou crée les décors, costumes, meubles et accessoires dans l'esprit et dans le climat recherchés par le réalisateur et en remet les plans au service de la construction. Son rôle est évidemment moins important quand il s'agit d'un tournage en extérieur. En studio, il anime l'équipe d'ouvriers de la décoration : menuisiers, peintres-décora-

Un relais important du Jura,
aux alentours de Besançon.
Les ondes ultra-courtes de la télévision
se propagent en ligne droite ;
il convient d'installer les relais
sur les hauteurs les meilleures.

teurs, tapissiers-décorateurs, charpentiers, accessoiristes, machinistes, etc. Le graphiste et le staffeur-monteur sont ses proches collaborateurs.

La décoration de la télévision diffère de la décoration d'intérieur et de celle du théâtre et du cinéma.

N'oublions pas de relever le travail des maquilleuses et des coiffeuses.

La tâche de la télévision ne s'achève pas avec l'enregistrement d'un programme. Il faut ensuite l'émettre à partir des centres de production, voire des endroits où est recueilli le signal. S'il s'agit d'un tournage en extérieur, il faut le faire aboutir dans les foyers qui possèdent un récepteur pouvant le capter.

Ce sera le rôle des équipements qui constituent le réseau d'une entreprise de télévision ; ses éléments fondamentaux en sont les faisceaux hertziens, les appareils de transmission et les réémetteurs.

Les faisceaux hertziens sont les rayons chargés de transmettre les signaux électriques d'image et de son des centres de production aux centres de transmission. Ils ont la même fonction qu'un câble qui relierait les studios aux centres de transmission. Leur emploi est nécessaire, étant donné la très petite longueur d'onde utilisée par la télévision et sa propagation rectiligne, c'est-à-dire semblable à celle des ondes lumineuses. Et il faut par celle-ci garantir la visibilité directe tout au long du parcours du signal.

Les appareils de transmission ont pour fonction de diffuser les signaux électriques (de l'image et du son) qu'ils reçoivent des faisceaux hertziens, les transmettant aux récepteurs. Ils travaillent sur des longueurs d'onde *extra-courtes*, généralement métriques, ayant une fréquence très élevée (VHF) ou décimétriques, ou de fréquence ultra-élevée (UHF). Afin de transmettre n'importe quel type d'information, il faut une onde principale (onde *porteuse*) et des ondes complémentaires ; l'*ensemble* constitue ce que l'on appelle un *canal de transmission*. Dans le cas de la télévision, nous trouvons deux ondes porteuses, chacune transmettant une image séparée du son ; lorsqu'il s'agit de la transmission en couleur, une troisième onde dite de *chrominance* intervient.

Cet ensemble d'ondes est diffusé dans l'espace à l'intérieur d'une marge de valeurs définie auparavant en tant que numéro d'ordre du canal de transmission. L'on parle ainsi des canaux 2, 3, 4, etc. Un ensemble de canaux constitue une bande de transmission, bandes qui, à leur tour, sont regroupées (en fonction du spectre de fréquences avec lequel on travaille) en VHF (*Very High Frecuency*, très haute fréquence) et UHF (*Ultra High Frecuency*, ultra-haute fréquence).

Les images en couleur qui apparaissent sur le moniteur sont formées à partir de trois couleurs primaires : vert, rouge et bleu ; les réalisateurs ont mission de les faire parvenir à l'œil humain dans une proportion adaptée à la sensibilité chromatique.

Cet enchevêtrement complexe de câbles et de pièces comprend deux catégories : celle destinée à amplifier les signaux sonores et celle chargée de restituer l'image.

En général, à puissance égale, dans la VHF la couverture est supérieure à celle de la UHF, mais le nombre des canaux des bandes I et III qui sont ceux de la UHF se révèle beaucoup plus limité, étant donné que les interférences d'autres émetteurs sont fort nombreuses. De là une tendance très marquée à abandonner de telles bandes et à ne transmettre les programmes de télévision qu'en bandes de UHF.

Enfin, les réémetteurs sont des équipements qui ont pour but de recueillir d'un appareil de transmission le signal produit dans un centre de production afin de le transmettre, amplifié, à un autre appareil de transmission. Leur raison d'être réside dans le fait que, à mesure que diminue la longueur d'onde employée, l'intensité de sa diffusion ou de sa propagation diminue elle aussi. Ils possèdent une double fonction, de telle sorte qu'ils permettent l'envoi alterné de programmes d'un émetteur à un autre, garantissant la connexion, à un moment déterminé, avec un émetteur précis situé en n'importe quel endroit du pays. Ils ont aussi pour mission de remplir les zones d'ombre. Pour les raisons que nous venons de mentionner, ils disposent de deux canaux récepteurs qui coïncident avec celui de l'appareil de transmission correspondant et celui d'émission — qui est toujours distinct afin d'éviter toute inter-

férence. Ils sont installés dans des endroits élevés, en général loin des zones habitées, et construits pour fonctionner automatiquement : seulement un gardien a pour tâche de détecter les avaries qui pourraient se produire.

Le processus de transmission s'achève avec l'*antenne réceptrice* qui capte le signal électrique que doit reconstituer le téléviseur. Les antennes sont soit intérieures, soit extérieures ; dans certains cas, elles sont même incorporées au récepteur.

Les grands secteurs de la production télévisée

Afin de mieux comprendre le monde complexe de la télévision, nous le diviserons en cinq grands secteurs dont chacun possède sa propre problématique — tout en maintenant des liens d'interdépendance avec le reste de l'organisation. Ces secteurs sont les suivants : *la technique, la production, les programmes, le personnel* et *la gestion économique et financière.*

Nous allons donc passer à l'examen de chacun de ces secteurs, sans oublier les rapports mutuels qu'ils entretiennent.

En premier lieu, il doit être clair que la télévision dépend en totalité de la *technique*, étant donné qu'il s'agit, en dernière analyse, du procédé de transmission d'une image et d'un son produits à une distance considérable de l'endroit où ils sont recueillis. La technologie, en perpétuelle évolution, a des répercussions constantes sur les autres secteurs. Les appareils d'enregistrement — au même titre que les installations leur permettant de fonctionner —

Le responsable de la régie du son manipule des dispositifs et des instruments extrêmement complexes et de haute précision.

Les studios requièrent une grande mobilité afin de faciliter la mise en place de décors susceptibles de recréer des extérieurs et des intérieurs.

coûtent très cher et sont vite démodés, ce qui exige de nouveaux investissements bien avant l'échéance des périodes normales d'amortissement. De là, l'avantage que trouvent les pays moins développés lorsqu'ils s'intègrent au monde de la télévision : de nombreux problèmes techniques y ont été résolus progressivement grâce aux investissements des pays possédant une technologie plus avancée.

A ce sujet, il est intéressant de citer un fait purement technique, mais qui a cependant d'importantes répercussions politiques. L'on sait que les ondes hertziennes, qui portent le signal télévisé, sont diffusées dans un espace géographique précis dont l'appareil d'Etat possède l'hégémonie. Cela implique des accords juridiques sur lesquels s'appuient les gouvernements lorsqu'il s'agit de répartir les canaux d'émissions entre les intéressés d'un même pays — ou lorsqu'il faut, au niveau internatio-

PALLUCCI'S
ITALIAN
RESTAURANT

Le travail des coiffeurs est aussi important à la télévision qu'au cinéma. L'actrice Mélina Mercouri lors d'une pause entre deux enregistrements d'un téléfilm.

nal, répartir des fréquences, forcément limitées.

Dans chaque pays, la technologie doit répondre de manière satisfaisante à un autre aspect non moins important : celui de la couverture géographique nationale qui permet d'étendre les programmes à toutes les communautés (en particulier lorsque la réception normale n'est ni facile ni rentable, compte tenu de l'isolement ou des conditions orographiques de certaines localités). Parfois, la recherche de solutions techniques permettant de résoudre la situation revêt de véritables dimensions politiques.

La production constitue un autre secteur clé. La gamme variée des programmes présentés quotidiennement nécessite la création de grands ensembles de production, véritables industries — ou le recours aux services d'autres industries travaillant en liaison avec la télévision.

Il revient à la production de coordonner l'activité multiple des diverses équipes qui participent à l'enregistrement ou à l'émission d'un programme : les scénographes, les décorateurs, les opérateurs de prise de son, l'opérateur de plateau, etc.

Bien que chaque organisation possède une structure distincte, en général, une fois les équipements installés, ils sont placés sous l'entière responsabilité des services de production. Les techniciens ont pour tâche de les mettre au point, de les surveiller et de les entretenir. Cependant, l'on assiste à d'incessants conflits à propos des attributions respectives revenant traditionnellement aux techniciens et qui, petit à petit, avec la diversification du processus de production, se sont déplacées vers des services spécialisés dans la gestion.

Actuellement, dans tout émetteur important, l'organisation de ces services est de loin supérieure à celle que l'on trouve dans les entreprises similaires — aussi bien dans l'industrie du cinéma que dans celle du spectacle en général. Au niveau du théâtre, du cinéma, des revues et des opérettes, les œuvres restent à l'affiche pendant des semaines, des mois et même des années. Par contre, à la télévision, elles se « consument » généralement en une seule émission. Rares sont les productions qui font l'objet d'une reprise.

La multiplicité des programmations auxquelles il faut faire face simultanément constitue une autre caractéristique propre aux services de la production télévisée qui la distingue de l'industrie du spectacle en général. Lorsque l'imprésario ou le producteur d'une grande revue constate le manque d'intérêt du public pour le spectacle qui est à l'affiche, il organise son remplacement et consacre son talent et les moyens dont il dispose à la nouvelle mise en scène. Par contre, les responsables des services de production d'une chaîne de télévision doivent se tenir toujours prêts à diversifier leur talent et leurs moyens s'ils veulent faire face aux exigences d'une demande incessante de programmes.

De tous les secteurs de la télévision, celui de la *programmation* est sans doute le plus problématique quant à sa structure. Une des tâches les plus ardues consiste à mettre sur pied une programmation qui concilie le point de vue de l'émetteur avec les intérêts de la masse des spectateurs. Le contenu des programmes dépend toujours du public auquel ils sont destinés et des facteurs qui conditionnent ce moyen de communication. Un émetteur dépendant directement du gouvernement devra faire face à des problèmes relevant du contenu ; mais ceux-ci seront tout à fait différents de ceux qui se posent à un émetteur privé, reposant sur les revenus provenant des messages publicitaires des annonceurs.

Les problèmes de contenu qui se posent aux communautés sous-développées du point de vue culturel ne sont pas non plus les mêmes que ceux auxquels doivent faire face les pays possédant un niveau culturel assez élevé.

On peut dire que, sous toutes les latitudes, la télévision fournit à domicile un spectacle permanent. Pour cette raison, les organes chargés de planifier l'émission des programmes et de sélectionner leur contenu dépendent, dans une large mesure, des services techniques et des services de production. Il faut trouver le point de convergence qui satisfasse le plus grand nombre de téléspectateurs possible — tout en sachant qu'il est très difficile d'obtenir l'approbation de l'ensemble des consommateurs quant à la qualité et à la convenance des programmes diffusés.

Le poids spécifique que chaque organisation accorde aux divertissements, à l'information et à la diffusion culturelle dépendra, comme nous l'avons dit, de l'idée qu'elle se fera de sa fonction sociale. Une entreprise privée et commerciale offrira nécessairement des programmes qui, par leur contenu plaisant attireront l'attention d'un vaste public montrant peu d'intérêt pour les émissions culturelles. De ce fait, elle deviendra l'objectif précis des intérêts publicitaires.

La multiplicité des tâches imposées par la télévision implique l'existence d'un personnel très nombreux. Ainsi la B.B.C. compte plus de 24 000 employés ; la Radio-télévision française en emploie quelque 17 000 ; la R.A.I. (Italie) presque 11 000, et la R.T.V.E. (Espagne) près de 5000. Il faut signaler que ce personnel constitue l'état des services de la radio-télévision de ces pays, et qu'en outre des milliers de personnes collaborent de manière sporadique à la télévision.

Lors des retransmissions sportives, les reporters observent tout à la fois l'action directe et leur moniteur afin de commenter ce que voient les téléspectateurs.

Etant donné que la télévision revêt, dans la majorité des pays, un caractère de service public, les problèmes de personnel acquièrent une importance croissante au sein des organisations. Le temps est fini où le travail à la télévision constituait une aventure quotidienne qui ne cessait de mettre à l'épreuve improvisation et enthousiasme. Enfin, il nous faut parler du secteur qui nourrit l'ensemble de l'organisation : *la gestion économique et financière.*

Au cours des dernières années, l'on a pu remarquer l'existence d'un processus permanent de transformation des structures des entreprises de radio-télévision. En Europe, en Amérique et au Japon, l'on assiste aujourd'hui à d'importantes modifications dans le domaine de la gestion. Bien que dans ce genre d'entreprises, qui dépendent souvent de l'Etat, comme dans les pays européens, la notion de rentabilité revête une signification particulière, il ne fait pas de doute que les services culturels fournis par la télévision ne peuvent qu'em-

ployer les moyens disponibles avec un maximum d'efficacité.

En mai 1972, à Bruxelles, s'est tenu un colloque organisé par l'Union européenne de radiodiffusion — auquel participèrent 26 organismes membres. Il y fut surtout question des éléments permettant de distinguer ces organismes des autres entreprises. Et, à ce propos, l'on parvint à une série de conclusions qu'il nous faut maintenant examiner.

Il existe des différences notables sur le plan juridique, puisque les statuts de la télévision imposent des limites à l'activité de ces organisations, faisant ainsi obstacle à une gestion rationnelle. C'est le cas pour les conditionnements à caractère politique, les normes techniques très exigeantes, les processus administratifs extrêmement bureaucratisés, l'interdiction de certaines activités commerciales subsidiaires, etc.

Sur le plan économique et financier, les différences sont aussi très marquées. Il est très difficile de connaître avec exactitude la nature du « marché » et de la « consommation ». Une fabrication en série permettant

Des possibilités de financement dépend l'effort économique que peut réaliser la télévision avec ses programmes. Cet effort est particulièrement coûteux lorsqu'il s'agit d'engager des artistes très cotés ou de l'onéreux déplacement d'équipements mobiles.

de baisser les prix de production, ainsi que l'établissement de normes standardisées pour les prévisions de coût s'avèrent tout aussi impossibles.

Enfin, au niveau psychologique, l'on note l'influence particulière du contexte politico-social sur le fonctionnement de ces organisations. Cependant, ce dernier ne cesse d'être conditionné par le désir explicite manifesté par un personnel qui, en même temps, tend à surestimer son influence sur la vie sociale.

Malgré ces caractéristiques, qui distinguent les entreprises vouées à la programmation télévisée, ce serait une erreur de considérer que les techniques modernes de gestion d'entreprise ne sont pas viables.

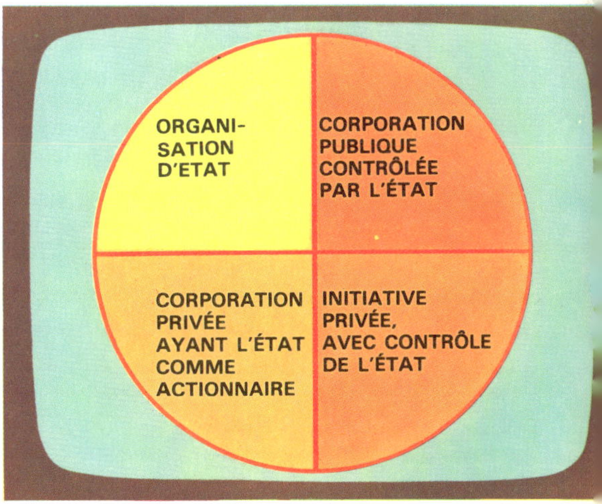

L'organisation de la télévision varie selon les pays. Elle peut être totalement contrôlée par l'Etat ou jouir d'une grande marge de liberté. Schéma de dépendance entre la télévision et les secteurs public et privé.

L'organisation et le financement de la télévision dans certains pays

La structure de tout organisme de télévision conditionne, dans une large mesure, son système de financement. Dans un premier temps, nous pouvons déceler l'existence de trois principaux systèmes : la *taxe perçue pour l'usage d'un récepteur* (qui domine en Europe), la *publicité commerciale* (qui est surtout le fait de l'Amérique) et la *subvention du budget de l'Etat* (dans les pays socialistes et dans les pays les plus modernes d'Asie et d'Afrique). Mais, dans la plupart des cas, nous avons affaire à des systèmes mixtes.

Avant de tirer des conclusions sur les répercussions qui peuvent provenir du système de financement choisi par chaque organisation, il convient de décrire la structure adoptée dans certains pays. Quatre groupes se détachent :

1) Les services exploités par l'Etat, que ce soit par l'intermédiaire d'un département gouvernemental ou par une unité possédant son autonomie mais se trouvant directement sous son contrôle ; l'Union soviétique et l'Espagne nous fournissent des exemples de ce type.

2) Les corporations publiques créées par l'Etat, auxquelles ce dernier concède une certaine indépendance tout en conservant le contrôle final (Grande-Bretagne et France).

3) Les corporations privées, où l'Etat est soit l'unique propriétaire, soit un

Interview réalisée dans l'un des studios couleur de la B.B.C.
La richesse chromatique permet de distinguer certains détails, parfois importants des personnes : couleur des yeux, cheveux, costumes choisis pour l'occasion, etc.

actionnaire parmi d'autres, en liaison avec d'autres intérêts privés (Italie).

4) Les émetteurs commerciaux privés, où l'Etat est la seule autorité pouvant concéder la licence et régler la mise en œuvre (Etats-Unis, Japon, Luxembourg).

Nous examinerons brièvement quelques-uns de ces modèles.

Grande-Bretagne

Le 1er janvier 1927, la British Broadcasting Corporation (B.B.C.) était créée par décret royal pour une période de dix ans. En 1937, son existence fut prolongée de dix autres années. En 1947, la concession ne fut renouvelée que pour cinq ans (1952), à l'issue desquels l'on concéda à nouveau dix ans. En 1962 l'on n'accorda que deux ans et, en 1964, la Reine prolongea le décret jusqu'en 1976 — date à laquelle une nouvelle concession royale sera nécessaire.

En 1954, un second réseau de télévision était créé (par la loi du 30.7.1954 : l'Independent Television Authority (I.T.A.), une corporation publique, comme la B.B.C. On lui confia la construction et la mise en marche de stations émettrices et, simultanément, on l'autorisait à passer des contrats avec différentes compagnies pour la production de ses programmes. C'est à l'I.T.A. que l'on attribue la responsabilité du service, et non aux concessionnaires.

Du point de vue organisation, la B.B.C. est le principal instrument de radiodiffusion, tandis que l'I.T.A. est chargée des services qui s'ajoutent à ceux de la B.B.C. Celle-ci commença à émettre régulièrement le 2 novembre 1936, alors que l'I.T.A. émettait son premier programme le 22 septembre 1955.

La B.B.C. obtient ses principaux revenus par l'intermédiaire des fonds publics, c'est-à-dire grâce aux licences de radio et de télévision établies par le gouvernement, qui les recouvre directement, percevant une partie de la taxe au titre des coûts de gestion et d'administration.

Par contre, les revenus de l'I.T.A. proviennent intégralement des droits de location que lui paient les compagnies concessionnaires — en échange desquels elles obtiennent le droit de transmettre leurs programmes avec les équipements de l'I.T.A. Les rentrées provenant de la publicité reviennent à ces compagnies, sans que l'I.T.A. puisse bénéficier de son évolution favorable.

Bien que les décrets qui sont à l'origine des deux réseaux prévoient que le Gouvernement peut exercer un contrôle direct sur la télévision, en fait, ce pouvoir n'a pas été souvent exercé. Ainsi une certaine impartialité en matière politique a-t-elle été respectée, et la B.B.C., aussi bien que l'I.T.A. ont été autorisées à annoncer publiquement

La B.B.C. dispose de nombreux plateaux (ci-dessous) abondamment équipés qui lui permettent d'enregistrer simultanément différents programmes. Ci-contre, en haut : un cameraman effectue des prises de vues en extérieur ; en bas, l'édifice londonien qui abrite les studios de la B.B.C. fondée en 1927, bien qu'elle ait en fait commencé à fonctionner en 1922 sous un autre nom.

BBC tv

que les programmes émis étaient, selon les cas, patronnés ou non par le gouvernement.

France

Le Parlement a, au cours d'une session spéciale, adopté un nouveau statut de la radio-télévision. Cette réforme fait l'objet de la loi du 7.8.1974. L'échec ou le refus du plan de décentralisation de M. Marceau Long a favorisé cette nouvelle intervention gouvernementale.

L'article premier réaffirme que la radio-télévision constitue un service public national. Sa mission est largement définie. L'Office de radiodiffusion-télévision est supprimé. L'exécution des missions de service public et l'exercice du monopole qui lui avaient été confiés par la loi de 1972 sont maintenant confiés à 7 sociétés publiques différentes, autonomes et indépendantes.

Il s'agit de deux établissements publics à caractère industriel et commercial : d'une part, établissement public de diffusion ayant notamment pour mission, en offrant ses moyens aux sociétés de programmes, d'assurer la diffusion des programmes de radio et de télévision, en France et vers l'étranger, d'organiser, de développer, d'exploiter et d'entretenir les réseaux et installations de diffusion et de créer les équipements nécessaires pour couvrir les zones qui ne peuvent pas encore recevoir les émissions de toutes les chaînes ; d'autre part, un Institut de l'audio-visuel chargé

La forme des antennes dépend principalement de la longueur des ondes émises. Ces antennes paraboliques, installées à Grenoble, dirigent les ondes au « miroir » qui les renvoie et les projette sous forme de faisceau étroit.

Edifice qui abrite les studios centraux de la Radio-télévision française.

notamment de la conservation des archives, des recherches de création audiovisuelle et de la formation professionnelle.

Il s'agit de quatre sociétés nationales de programmes : une société nationale de radiodiffusion chargée de la conception et de la programmation des émissions de radiodiffusion et trois sociétés nationales de télévision chargées de la conception et de la programmation des émissions télévisées.

L'une de ces sociétés doit réserver une place privilégiée à la programmation de films cinématographiques et à l'organisation d'émissions consacrées à l'expression directe des diverses familles de croyances et de pensée. Elle est également chargée

Un équipement mobile de la T.V.E. (Télévision espagnole) retransmet l'enthousiasme collectif des fêtes de la San Fermin à Pampelune. Le cameraman suit l'évolution des groupes populaires qui donnent du panache à cette fête caractéristique.

de la gestion et du développement des centres régionaux de radio et de télévision.

Dans la nouvelle loi, il n'y a plus aucun organisme fédérateur ou coordinateur. C'est par le gouvernement qu'ont été nommés les présidents des nouvelles sociétés.

Les nouvelles sociétés publiques sont financées par les redevances réparties annuellement entre les sociétés nationales de programmes et l'établissement public. Rien n'est prévu pour l'Institut de l'audiovisuel, en fonction des critères définis par décret. C'est la publicité qui fournira leurs ressources aux sociétés de programmes, qui ne peuvent attendre grand-chose de la rémunération des services rendus à l'Etat. Le volume des recettes publicitaires ne pourra excéder 25% du total des ressources des organes.

Espagne

Le Service national de radiodiffusion, créé par la loi du 26 juin 1934, est considéré comme un service fondamental de l'Etat et relevant de ce dernier. Les émissions régulières de télévision ont commencé le 29 octobre 1956. Quelques années auparavant, la Direction générale de la radiodiffusion — qui était chargée de toutes les activités radiodiffusées en tant qu'organisme dépendant du Ministère de l'information et du tourisme — fit quelques expériences en vue de la mise en place de services de télévision. En 1958, après les premières émissions, cet organisme devait changer de nom : il devenait la Direction générale de radiodiffusion et de télévision — dont allait dépendre la Direction de la télévision espagnole. Il revient au ministre de l'Information et du Tourisme d'en nommer le directeur.

Pour ce qui est du financement, l'Espagne est l'un des rares pays européens qui ne taxe pas l'usage et la possession d'un récep-

teur (les autres étant Andorre, la Grèce, Monaco, Saint-Marin et l'Union soviétique). Ses fonds proviennent — en petite quantité — du budget de l'Etat et, essentiellement (80%), de la publicité.

Depuis 1969, la gestion et la commercialisation de cette activité ont été confiées à un service spécialisé (Gérance de publicité de la T.V.E.).

Algérie

La Radio-télévision algérienne (R.T.A.) est définie — par l'ordonnance du 9 décembre 1967 — comme une entreprise publique à caractère industriel et commercial, dotée d'une personnalité juridique et d'autonomie financière. Elle assure le service public de radiodiffusion et de télévision, exerçant son monopole sur l'ensemble du territoire national.

Son autonomie financière est essentiellement assurée par la taxe sur les récepteurs et les bénéfices provenant de la publicité télévisée.

Vues du stade olympique de Munich lors de l'inauguration des Jeux olympiques de 1972. La télévision allemande réalisa un exploit pour retransmettre l'ensemble des épreuves.

« Serata con Carla », l'un des programmes de musique les plus populaires d'Italie. Le travail des scénographes et des décorateurs est particulièrement délicat lorsqu'il s'agit de reconstituer l'atmosphère d'une époque.

République fédérale d'Allemagne

Le 22 mars 1935, le premier programme de télévision fut transmis de Berlin. Il avait lieu trois fois par semaine de 20 h 30 à 22 h. Interrompues au début de la Seconde Guerre mondiale, ces émissions ne reprirent que le 25 novembre 1952.

La structure juridique de la radio et de la télévision découle directement de l'organisation fédérale du pays. La création des services publics relève des Etats *(Länder)*, auxquels sont confiés les services de radio-télévision. Il existe de nombreux organismes — à caractère indépendant — qui sont chargés de la radio et de la télévision dans chacun des Etats.

A partir de mars 1953, les administrateurs des différents émetteurs décidèrent de collaborer à la mise en place d'une programmation s'adressant à l'ensemble du territoire national — chacun des émetteurs apportant sa contribution dans des limites

déterminées à l'avance. L'organe chargé de la mise en marche fut l'A.R.D., Centre d'études des institutions de radiophonie publique de la République fédérale d'Allemagne. En 1961, les divers Etats fondèrent la Z.D.F. (Seconde Télévision allemande) qui dispose de son propre réseau couvrant l'ensemble du territoire.

Son financement est assuré, comme en France, par un système mixte : d'une part, les rentrées provenant de la publicité, d'autre part, la perception de la redevance. Cette dernière est recueillie par le ministère des P.T.T., qui la reverse aux émetteurs, après déduction des frais d'administration.

Italie

La R.A.I. (Radiotelevisione italiana) est une société par actions, dont le siège et la direction générale se trouvent à Rome. Son capital social est réparti entre l'Institut pour la reconstruction nationale, ou I.R.I., et la Société financière téléphonique par actions, ou S.T.E.T. (elle-même contrôlée

Tandis que le cameraman, installé sur la moto, filme l'évolution du peloton,
un autre cameraman capte ce premier plan au cours du « Tour d'Italie ».

par l'I.R.I.), le reste appartenant aux actionnaires privés.

La concession du service de radiodiffusion et de télévision sous toutes ses formes (attribuée à l'Etat par le décret royal du 27 février 1936) fut octroyée en 1952 à la suite d'un accord passé entre le Ministère des postes et télécommunications et la R.A.I. Elle venait à échéance le 15 décembre 1972 et pouvait être renouvelée.

Les émissions de télévision italiennes commencèrent le 3 janvier 1954 de manière régulière.

La R.A.I., en tant que concessionnaire d'un service public, est astreinte à une série de limitations et de contrôles visant à garantir les intérêts généraux.

L'orientation des programmes, tout comme les horaires de transmission sont approuvés par le Ministère des postes et télécommunications. L'indépendance politique et l'objectivité de l'information doivent être aussi respectées. Une commission parlementaire est chargée d'y veiller. Elle est constituée par les représentants des différents groupes parlementaires et nommée par les présidents des deux Chambres (Sénat et Chambre des Députés).

Les principales sources de revenus de la R.A.I. sont constituées par la taxe sur les postes de radio et de télévision, d'une part, et par la publicité radiophonique et télévisée, d'autre part.

L'usage de la radiodiffusion est réglementé par la loi. Au terme de celle-ci, les gens qui disposent d'un ou plusieurs récepteurs pouvant recevoir les émissions de radio et de télévision doivent acquitter une taxe déterminée (12 000 lires par an en 1971). Le montant de la redevance est établi par l'Etat. C'est aussi lui qui a décidé que les revenus provenant de la publicité ne devront pas dépasser 5% de l'émission totale — ce plafond pouvant cependant atteindre 8% pour des raisons justifiées et avec l'autorisation du Ministère des postes et télécommunications.

La R.A.I. fait partie d'une série d'organisations en liaison avec les productions radiophoniques et télévisées. Ses publications sont assurées par l'E.R.I., les Editions de la R.A.I., créées à cette fin.

En avril 1975, une loi a été votée, loi qui garantit l'indépendance politique de la R.A.I. et l'étendue de son nouveau champ d'application. Entre autres, la nouvelle loi tend à augmenter l'autonomie des deux chaînes de la télévision italienne tout en affirmant le droit de supervision du Parlement sur le choix des programmes.

Suisse

La Société suisse de radiodiffusion (S.S.R.) fut constituée à Berne, le 24 février 1931. Elle était composée de sept

Les opérateurs d'une usine japonaise de téléviseurs contrôlent les bandes de couleur qui apparaissent sur les moniteurs. Grâce à leur travail, les images posséderont les tonalités voulues.

sociétés ayant leur siège dans différents cantons : Lausanne, Zurich, Genève, Berne, St-Gall, Bâle et Lugano. Le 26 février de la même année, la S.S.R. était au bénéfice d'une concession pour elle et ses sociétés membres, en fonction de laquelle furent réparties les tâches de la radiodiffusion. La Direction générale des postes et télécommunications était chargée de superviser l'activité de la nouvelle société.

Lorsque commença à fonctionner un service expérimental de télévision (1951), le Conseil fédéral adressa aux Chambres un projet de loi pour son financement. Sur un budget de 4 millions de francs, la Confédération devait apporter 2,4 millions, tandis que la S.S.R. se chargeait du reste : 1,6 million de francs.

Le 20 juillet 1953, lorsque débutèrent les émissions de télévision, le Conseil fédéral octroya une nouvelle concession à la S.S.R., lui accordant la responsabilité du service des programmes.

Dès le début, le financement du service fut assuré par la perception d'une taxe annuelle. Lors du renouvellement de la concession, en 1958, celle-ci fut fixée à 84 francs annuels pour la réception privée de la télévision et à 168 francs pour la réception publique.

Le 27 octobre 1964, le Conseil fédéral accorda une nouvelle concession de dix ans, attribuant en outre le service de programmation aux sociétés régionales, de langue allemande, française et italienne, sous la responsabilité globale du directeur général de la S.S.R. Les villes de Zurich, Genève et Lugano furent désignées comme sièges des directions régionales respectives de la télévision.

En même temps, le Conseil fédéral autorisa la publicité sur le petit écran. Après de longues discussions avec l'Association suisse des éditeurs de journaux, l'Association suisse des annonceurs et d'autres organisations intéressées, l'on constitua une société anonyme pour la publicité télévisée au capital de 500 000 francs suisses.

La diffusion des messages publicitaires commença le 14 février 1965 à un rythme de 4 minutes par jour ouvrable, réparties en trois tranches publicitaires. L'accroissement des revenus provenant de la taxe et de la publicité permit à la S.S.R. de présenter un budget s'élevant à 190 millions de francs suisses — dont 33 millions pour la télévision.

Israël

Les conditions spéciales de ce pays ont donné lieu à une organisation particulière. La loi du 17 mars 1965, modifiée en 1966, puis le 30 décembre 1968, mit sur pied l'Organisme de radio-télévision d'Israël possédant une capacité et une per-

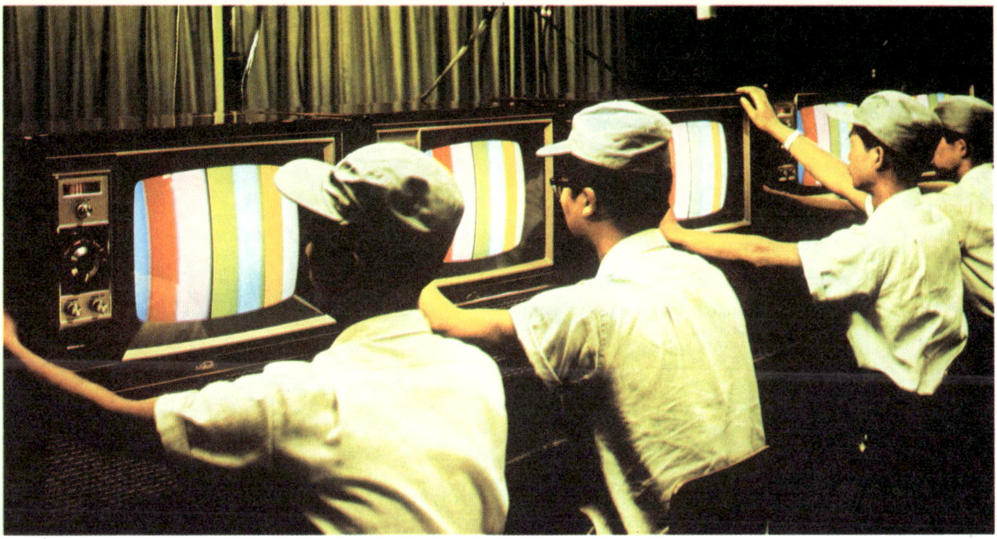

sonnalité juridiques propres, mais directement lié au gouvernement qui le contrôle.

Son financement est assuré par la perception d'une taxe sur l'usage et la possession d'un récepteur qui, actuellement, s'élève à 85 livres par an.

Portugal

Le décret publié le 18 octobre 1955 attribue à une société anonyme à responsabilité limitée la concession du service public de la télévision sur le territoire portugais — à l'exclusion de toute autre organisation. Le capital de la société (60 millions d'escudos) était réparti en 60 000 actions, dont 20000 appartenaient à l'Etat, 20000 à 9 émetteurs ou groupes d'émetteurs du continent, des îles et des territoires d'outre-mer — le reste allant à des banques de commerce et à la Caisse générale des dépôts. Par la suite, le capital social fut porté à 100 millions d'escudos, l'Etat se réservant 60% des actions.

L'existence de la société n'est pas limitée dans le temps. Il n'en va pas de même pour la concession qui a été établie pour une durée de vingt ans. Celle-ci pouvant être prolongée par tranches de dix ans.

Le financement est assuré par la perception d'une taxe sur la possession et l'emploi d'un récepteur (360 escudos par an) et par les revenus provenant de la publicité télévisée.

Japon

Deux systèmes ayant une structure différente coexistent dans ce pays : l'un public, l'autre commercial. Le premier se rapproche à divers égards de la B.B.C. britannique.

Jusqu'en 1950, la Nippon Hoso Kyokai (N.H.K.) exerçait le monopole de la radiodiffusion dans le pays. Bien qu'elle fût contrôlée par le Ministère des communications, il s'agissait d'une compagnie

Montage de la chorégraphie de certaines scènes d'un film tourné dans les studios de la N.B.C., importante chaîne de télévision couvrant une grande partie des Etats-Unis.

privée. Par la suite, la nouvelle loi sur la radiodiffusion autorisa la création de nouveaux émetteurs.

Le Gouvernement ne possède aucun intérêt dans cette société et ne lui fournit aucune subvention. Le financement des services est assuré par la taxe sur l'usage d'un récepteur. Il faut préciser que les deux systèmes en vigueur émettent sur la même fréquence. De ce fait, les récepteurs pouvant capter les émissions de la N.H.K. peuvent aussi capter les programmes des chaînes commerciales (qui sont au nombre de quatre et subsistent grâce à la publicité). La Nippon Television Network Corporation (N.T.V.) fut la première à s'établir et, à partir de 1960, elle lança les premières émissions en couleur. Les trois autres chaînes commerciales sont la T.B.S., la F.U.J.I. et la N.E.T.–M.B.S.

Etats-Unis

L'exemple des Etats-Unis, modèle typique des régimes libéraux, s'est étendu à pratiquement tout le continent. Le Gouvernement, par l'intermédiaire de la Commission fédérale des communications, se borne à accorder la licence ou la concession à toutes les entreprises qui désirent mettre en place une station ou une chaîne de télévision — pourvu qu'elles répondent à certaines exigences établies par la législation. Ces entreprises reposent financièrement sur les rentrées provenant de la publicité commerciale.

Il s'agit de sociétés commerciales appartenant à de grands groupes financiers : éditeurs de presse, agences de publicité et particuliers. Parfois, comme c'est le cas pour la chaîne qui se consacre uniquement à l'émission de programmes éducatifs (la N.E.T.), elles sont financées par des fondations à caractère culturel (pour la N.E.T., la Fondation Ford).

La plupart des stations émettrices sont regroupées en trois grandes chaînes qui couvrent pratiquement l'ensemble du pays : la A.B.C. (American Broadcasting Company), la N.B.C. (National Broadcasting Company) et la C.B.S. (Columbia Broadcasting System).

Le système de diffusion au moyen de vastes réseaux permet de faire face plus avantageusement aux frais élevés de la programmation et des équipements — les dépenses étant proportionnellement réparties entre tous les membres de la chaîne. En outre, cette manière de faire permet aux annonceurs de diffuser simultanément leurs produits sur un large marché en puissance — ce qui ne serait pas possible autrement.

Amérique latine

La situation de l'Amérique latine ressemble beaucoup à celle des Etats-Unis

Redevances d'usage en vigueur dans la «zone européenne de radiodiffusion» 1975

Pays	Monnaie	Montant actuel
Algérie	dinar	100
Allemagne (RFA)	mark	126
Andorre	—	néant
Autriche	schilling	1140
Belgique	franc	1470-2295
Chypre	livre	5
Danemark	couronne	398-664
Espagne	—	néant
Finlande	mark	170-190
France	franc	140-210
Grèce	—	néant
Grande-Bretagne	livre sterling	8-18
Irlande	livre sterling	12-20
Islande	couronne	8400
Israël	livre	150
Italie	lire	18890
Jordanie	dinar	6
Luxembourg	—	néant
Malte	livre sterling	4
Maroc	dirham	30
Monaco	—	néant
Norvège	couronne	320-420
Pays-Bas	florin	108
Portugal	escudo	360
Suède	couronne	220-320
Suisse	franc	120
Tunisie	dinar	5
Turquie	livre	100-250
Cité du Vatican	—	néant
Yougoslavie	dinar	480

Source: Revue UER, *vol. XXVI, nº 4, juillet 1975.*

P.S.: Lorsque deux chiffres sont indiqués, le premier indique la redevance pour la télévision noir et blanc, le second pour la télévision en couleur.

En haut, des enfants cubains suivent un programme de télévision scolaire sur un récepteur public.
En bas, studio de l'une des chaînes de télévision brésilienne qui doit accomplir un effort extraordinaire, en particulier pour les relais, afin de couvrir l'immense territoire de ce pays.

pour ce qui est des caractères généraux. Ainsi, l'on note une prédominance des intérêts particuliers dans les organismes de télévision, supérieure, en chiffres absolus et relatifs, à celle qui existe aux Etats-Unis. Certaines *«televisoras»* (c'est ainsi que l'on nomme ces organismes dans plusieurs pays de ce continent) sont connues sous le nom des individus qui en sont propriétaires.

L'étude de ces divers modèles montre que l'organisation et la structure des différents complexes télévisés dépendent de la mentalité et des traditions propres au pays en question et, bien entendu, des ressources économiques dont il dispose. Cependant, il se dessine une tendance à l'implantation de systèmes tutélaires plus ou moins tempérés avec financement mixte (taxe sur le récepteur et publicité), un modèle qui domine actuellement.

La publicité à la télévision

Au cours des dernières années, toute une série d'événements ont fait de la télévision l'un des plus importants moyens mis à la disposition de la publicité. Certains d'entre eux ont pour origine l'évolution économique qui, nécessairement tournée vers la production en grandes séries, a besoin de s'assurer par avance une certaine demande pour ses produits. Le fait que l'existence de ces produits soit chaque jour plus courte exige que l'on informe rapidement, par de brefs messages, les consommateurs en puissance.

Le 1er juillet 1941, un émetteur local de New York, après avoir reçu de la Commission fédérale des communications l'autorisation de transmettre de la publicité, diffusa sur ses antennes la première annonce publicitaire (sur les montres Bulova). Depuis, plus de trente années se sont écoulées et la publicité télévisée a amélioré ses formes d'expression ainsi que ses contenus, les adaptant à l'évolution même du moyen qui leur sert de véhicule. Au cours de ces années, la publicité à la télévision a suivi une courbe ascendante. Cette évolution nous pousse à nous interroger sur les caractéristiques qui sont les siennes face à d'autres moyens publicitaires traditionnels. Il se peut que les caractéristiques qui octroient à la télévision une supériorité sur de tels moyens soient au nombre de deux : d'une part, le fait que, contrairement à la presse écrite et à la radio, l'image y accompagne le son, d'autre part, son caractère intime que nous ne retrouvons pas dans une salle de cinéma. Mis à part ce prétendu avantage technique, il ne fait aucun doute que la télévision constitue un substitut du démarcheur, du représentant. Il existe cependant des produits qui se prêtent particulièrement bien à une diffusion par ce moyen, tandis que d'autres exigent un type de publicité différent. La télévision convient parfaitement aux produits de consommation de masse, à savoir à ceux qui sont fabriqués en grandes séries, généralement présentés sous emballage, dont le prix est accessible à de larges couches de la population, et qui représentent de petites marges bénéficiaires à l'unité — mais faisant malgré tout l'objet d'un achat quotidien ou hebdomadaire. En général, les entreprises qui fabriquent ces produits disposent d'un important budget publicitaire, qui leur permet de se faire connaître non seulement des consommateurs en puissance mais aussi des grossistes et des détaillants.

Les formes d'expression publicitaire à la télévision sont très variées ; cependant, la plus courante consiste en un film d'une durée maximale de 15 à 30 secondes que l'on connaît généralement sous le nom de *spot*. La visualisation du message contient soit le produit seul, dans son milieu ou au cours de son utilisation, soit une comparaison avec d'autres produits concurrents.

Il existe d'autres modes d'expression qui, sous une forme indirecte, apparaissent au cours d'un programme (l'acteur ou le présentateur manipule une bouteille de telle ou telle marque de liqueur ou de boisson non alcoolisée) ; ou encore, une marque peut patronner un programme (cette for-

Tournage d'un spot *publicitaire. La publicité est la principale source de revenus de la télévision. Celle-ci constitue un excellent tremplin pour les produits de grande consommation et les innovations techniques destinées au foyer.*

mule, très courante aux Etats-Unis, est pratiquement inexistante en Europe). Un genre particulier de publicité apparaît lors des retransmissions en extérieur — presque toujours à l'occasion d'un événement sportif. Habituellement, les organisateurs de spectacles s'intéressent à la retransmission de représentations, mais ne sont pas disposés à supporter la transmission de la publicité placardée dans les enceintes. Les problèmes ne sont alors pas faciles à résoudre, étant donné que les organisateurs passent généralement des contrats publicitaires s'étendant sur de longues périodes, indépendamment de la télévision. Celle-ci doit parfois se soumettre, accordant la priorité aux intérêts des spectateurs, qui se plaignent quelquefois de la profusion de publicité qu'ils reçoivent sur leurs écrans. Afin de tenter de résoudre ce problème pour les rencontres sportives internationales d'importance, plusieurs organisations de télévision (privées et publiques) créèrent, il y a deux ans, une société — « Sport T.V. » — dont le conseil d'administration décide de la commercialisation possible de la publicité dans les enceintes où les organisateurs sont prêts à établir des accords avec la société.

Tous les organismes de télévision fixent généralement une limite préalable au temps d'antenne accordé à la publicité — souvent en fonction du pourcentage préétabli

sur la programmation totale. L'on calcule que 10% — six minutes par heure d'émission — constitue un seuil tolérable. Tel est le temps de publicité de l'I.T.V. britannique.

Certains pays suppriment toute publicité les jours fériés, et pratiquement toutes les organisations ont mis en place des services chargés uniquement de l'ensemble de l'activité publicitaire.

Dans la plupart des pays, il existe des règles assez strictes concernant le contenu des messages publicitaires diffusés, bien que toutes n'aient pas un caractère légal. Il s'agit de codes ou de normes éthiques professionnelles élaborés par des organisations d'annonceurs, de professionnels de la publicité et, parfois, en collaboration avec l'administration.

Parmi les normes les plus répandues, nous trouvons le Code des pratiques loyales de la Chambre internationale de commerce de Paris, récemment mis au point ; le Code britannique des pratiques de la publicité ; le Code de loyauté publicitaire et le Code de l'Association nationale des radiodiffuseurs des Etats-Unis.

De nombreux gouvernements ont interdit toute publicité télévisée de boissons alcoolisées et de tabac. Il existe aussi des restrictions concernant divers genres de produits, tels que les aliments spéciaux, les jeux de hasard et, en particulier, tout ce qui risque d'attirer l'attention des enfants. Un exemple de norme interne sur la publicité pour les enfants nous est fourni par le Code de l'I.T.V., la télévision commerciale britannique.

Pour terminer cette incursion dans le monde de la publicité à la télévision, il nous faut parler d'un problème qui a eu son importance, mais s'est trouvé pratiquement résolu avec le temps. Dès les premières émissions publicitaires à la télévision, les autres moyens de communication virent en elle un sérieux concurrent. Cependant, leurs craintes se révélèrent infondées. La presse quotidienne, les revues spécialisées et les périodiques d'information générale ont vu augmenter leurs revenus provenant de la publicité au cours des années de développement de la télévision. Leurs problèmes ne sont pas provoqués par le déplacement de la publicité ; ils font partie de leur propre nature, de leur structure archaïque qui, la plupart du temps, ne leur permet pas de s'adapter aux transformations survenues avec l'apparition d'un instrument aussi asservissant que le poste de télévision.

Télévision et réalité sociale

Télévision et publicité ; télévision et éducation ; télévision en tant que phénomène esthétique et que catalyseur des opinions ; télévision et langage : nous poursuivons notre dialogue avec René Schenker sur ces questions d'actualité.

On assiste pour toutes les langues à une uniformisation. Les gens qui ont trop d'accent sont tenus plus ou moins à l'écart des antennes... La Suisse, qui a beaucoup de langues et des accents très divers sur un petit territoire est un bon exemple...

Oui, je peux m'expliquer là-dessus. Ceux qui s'expriment à la télévision d'une manière régulière, les permanents, devraient le faire dans une langue correcte, si possible sans accent. Mais, lorsque vous prenez une personnalité... qu'elle ait un accent plutôt qu'un autre, ce qu'elle a d'intéressant à dire passera toujours. Par contre, si c'est dans le cadre d'un débat très controversé, l'accent d'une région ne sera pas sensible aux habitants de cette région, mais prêtera à rire ou à sourire à ceux d'une autre région. L'accent deviendra une chose primordiale par rapport au verbe. C'est pour cela que l'on essaye d'éviter les accents. Mais, jamais, l'on n'éviterait d'inviter une personnalité à cause de son accent — je pense que ce serait une erreur, car l'accent fait partie de notre patrimoine.

Ne sommes-nous pas en train de créer des modèles nationaux et même mondiaux d'individus ?

Je crois que les *mass media* contribuent malheureusement à créer des individus « modèle courant ». Nous allons vers une uniformisation par les *mass media* qui, inconsciemment, impriment dans l'esprit des gens une certaine manière de dire les

René Schenker.

choses et de se comporter. On prétend par exemple que le *scotch* a été introduit en Europe continentale essentiellement par le film américain !

Que pensez-vous du problème de la violence à la télévision ?

Nous venons, en Suisse, d'édicter des règles sur la violence et la pornographie. On nous reproche la violence à la télévision, notamment dans le domaine des westerns, de la fiction en général. Mais, je continue à prétendre que les émissions les plus violentes sont les émissions d'actualité : on a montré à 8 heures du soir un bonze s'arrosant de pétrole et y mettant le feu. C'est une image beaucoup plus violente, horrible, que celle d'une fusillade dans un western : les enfants ne sont pas dupes ; ils savent que c'est de la fiction.

Quant à l'érotisme, je pense que les Latins, d'une manière générale, sont plus prudes. On ne montrera pas en télévision latine une femme nue, de la même manière que sur les chaînes du nord de l'Europe.

La télévision, qui pourrait être l'instrument du concret, de la réalité, n'a-t-elle pas été absorbée par le public comme l'instrument du rêve ?

Très souvent. D'abord la télévision représente très souvent l'instrument d'une évasion en dehors d'une réalité difficile pour tout le monde, qui est l'information. L'information s'arrêtera toujours sur des sujets un peu extraordinaires, mais qui ne sont jamais roses. C'est le côté un peu exceptionnel qu'elle met en valeur.

Récemment, la B.B.C. avait décidé qu'elle ne diffuserait plus d'informations dramatiques le samedi et le dimanche. Cela a duré quinze jours. Personne n'a le droit de décider qu'il ne se passera rien dans le monde le samedi et le dimanche.

Quels sont les résultats, les effets de la télévision sur le public ?

Je suis perplexe et même un peu pessimiste. Je crains que le grand public, qui forme la majorité de nos spectateurs, ne devienne d'année en année plus passif. Il continue à ingurgiter tout ce qu'on lui présente. On le voit dans la correspondance. Parce qu'un soir, nous avons eu dix minutes de panne, on se fait violemment critiquer par les gens, qui disent : « Je

Décors d'un intérieur de maison.

paie suffisamment, j'ai le droit de *tout* voir. » Il y a effectivement beaucoup de gens qui regardent tout.

La télévision, et c'est un grand danger, n'a pas su enseigner son public sur la manière de choisir ses programmes.

On en vient au problème de la publicité. Quels sont les rapports de la télévision avec la publicité ?

Il existe des chaînes de télévision en Europe occidentale

(Belgique, B.B.C.) qui sont totalement dépourvues de publicité. Les téléspectateurs ne s'en plaignent certainement pas. La France l'a introduite récemment. De grands pays, l'Allemagne, l'Italie, l'ont également.

Au contraire, les Etats-Unis viennent d'introduire des chaînes sans publicité...

Ils ont le N.E.T. C'est une forme de publicité très différente. Ce sont les fondations qui alimentent en grande partie ces chaînes dont le pourcentage de spectateurs réguliers est extrêmement faible (1% à 1,5%, contre 75% de l'audience pour les trois grands réseaux américains) ; le N.E.T. essaye de produire des émissions de caractère plus culturel, plus éducatif. Mais cela ne répond pas à un besoin. On ne peut forcer personne à apprendre quelque chose.

A part les fonctions d'information et de divertissement, la télévision n'a-t-elle pas encore une fonction pédagogique ?

Oui, mais les cours à la télévision destinés aux écoles, aux universités, au recyclage, à la formation permanente... ne peuvent avoir un intérêt que si ce qui est présenté à l'antenne est exploité après, dans la classe, la télévision n'étant là que pour *éveiller* les étudiants à un certain nombre de sujets.

Il semble que l'éducation reçue dans la jeunesse ne soit plus suffisante pour l'existence complète. La France a dégagé des budgets importants pour ce que l'on appelle la formation permanente. Voyez-vous un avenir pour une télévision qui serait exclusivement éducative ?

Pour les interviews, l'on s'efforce de choisir un cadre adéquat et, si possible, suggestif.

Certainement. Mais je crois qu'il ne faut pas mélanger cette télévision éducative aux programmes, si possible équilibrés, qui sont présentés sur une seule chaîne (équilibrés entre les trois grandes options qui sont l'information, le divertissement et l'éducation, mais dans ce cas, l'éducation n'est pas prise au sens du recyclage).

Si nous devons faire du recyclage, de l'éducation permanente, il faut le faire à des heures où ceux qui désirent les recevoir sont disponibles, entre 19 et 21 heures.

L'éducation permanente devra donc, à mon avis, prendre place sur la seconde chaîne.

Et sur un plan plus directement esthétique : quel est l'apport de la télévision à l'esthétique de l'image ?

Elle est en constante transformation depuis quelques années. Nous avons commencé en montrant la vie en noir et blanc, alors que tout le monde la voit en couleur. Nous avons transformé la vie telle qu'elle se présentait pour la montrer d'une manière différente.

Par le choix des images, nous espérons apporter au domicile des spectateurs un reflet correct de ce qui existe.

Mais il est vrai que nous fabriquons des images. Par exemple, dans le cadre d'un décor de théâtre, on choisira des couleurs qui ne sont plus celles qu'un artiste aurait choisies librement, mais celles que l'électronique nous impose : tous les tons pastel se transmettent bien, tous les tons un peu criards font des taches qui passent très mal sur l'antenne. L'artiste est donc conditionné par le moyen électronique : il n'est pas libre de faire ce qu'il veut. De ce fait, nous créons un certain goût.

N'y a-t-il pas danger d'uniformisation ?

Le fait d'avoir un réalisateur, un metteur en scène qui change pour chaque émission crée une manière de personnaliser l'émission qui est celle du réalisateur, mais qui peut trahir l'auteur, l'artiste. Pour prendre un exemple musical, si une œuvre de Stockhausen est présentée en télévision, le chef d'orchestre voudra modeler cette œuvre comme il la ressent ; il est un recréateur. Mais, en plus, ce que le chef d'orchestre va obtenir dans sa salle de concert, il n'est pas sûr que l'auditeur le reçoive. Le metteur en scène va jouer avec l'image, faire ressortir un registre de bois ou de cuivres qui, pour Stockhausen, devrait être dans un amalgame général... Le tout, équilibré par dix ou quinze sources sonores, donnera quelque chose de très différent de ce que l'interprète aura voulu, sans parler encore du compositeur !

Les télévisions du monde entier programment des films et des téléfilms dont le but principal est de divertir et d'offrir un moment d'évasion.

TRIUMPH

Les succès techniques et artistiques des programmes de télévision perdraient leur force si les téléviseurs n'étaient pas parfaitement au point. Ci-contre, une opératrice vérifie certaines pièces sur une chaîne de montage.

La télévision et l'homme contemporain

Avant de passer à l'examen des caractéristiques des moyens de communication de masse, il nous faut définir ce que nous entendons par là. D'après le sociologue Silbermann, la communication de masse est la propagation, à un haut niveau quantitatif, de contenus identiques parmi des individus et des groupes hétérogènes (mais très nombreux dans la société) à l'aide de techniques de diffusion collective.

Il n'est pas ici question d'analyser cette définition que nous considérons comme suffisamment descriptive ; mais il nous faut nous arrêter un instant sur le concept actuel de technique. Il s'agit d'un savoir-faire délibéré, contrôlé et systématisé. Avant, la science et la technique, la théorie et la pratique évoluaient parallèlement ; aujourd'hui, il semble qu'un grand divorce existe entre elles. Les progrès de la technologie ont été si grands au cours des dernières années qu'ils suscitent crainte et méfiance au moment de passer à leur emploi. Une nette opposition a surgi entre efficacité et efficience. Si l'on définit l'efficacité comme la capacité d'un moyen à atteindre le but pour lequel il a été conçu, et l'efficience comme l'ensemble des effets quels qu'ils soient, produits par l'action d'un agent, nous pouvons affirmer que dans les techniques modernes, l'efficience dépasse l'efficacité — de telle sorte que l'homme a cessé de contrôler une partie des effets produits. C'est ce que l'on peut dire de beaucoup de techniques si particulières à notre époque : techniques atomiques, électroniques et automation.

Pourtant, l'on ne peut accuser la télévision — technique électronique récente — d'avoir été à elle seule le catalyseur de ces effets de débordement dont nous venons de parler. Avant elle, la presse, qui ne possédait qu'une clientèle restreinte au début de la révolution industrielle, parvint à une grande diffusion à partir de la seconde moitié du XIXe siècle, avec la scolarisation des masses et le suffrage universel. Le développement industriel (lequel dans les villes et les banlieues concentrait d'énormes masses humaines séparées de leur milieu traditionnel), favorisa, avec l'aide de la presse, la naissance de courants d'opinions partagés par des millions d'individus prêts à répondre avec une certaine homogénéité aux encouragements extérieurs. Dans ce contexte, la presse joua un rôle prépondérant. Plus tard, au cours des années 1920, la radio apparut et, avec elle, un nouvel élément de transmission d'une forme nouvelle de culture appelée culture de masse.

Une séquence de la série britannique OVNI, *avec Ed Bishop dans le rôle principal. Les séries de science-fiction suscitent l'intérêt de beaucoup de spectateurs.*

Les moyens techniques modernes de diffusion devaient précipiter la sécularisation de la société, réduisant l'isolement de l'individu, lui facilitant l'accès à de plus vastes objectifs culturels. D'autre part, ils suscitent la formation de nouvelles associations de groupes et d'idées, ce qui permit de compenser l'affaiblissement des institutions traditionnelles.

L'apport d'Edgar Morin à la compréhension de la culture de masse est des plus décisifs. Selon lui — opinion partagée aujourd'hui par la majorité des sociologues —, cette culture, qui est le produit non pas des élites intellectuelles mais de la société de masse, industrielle et technique, présente les caractères suivants : 1) *La sympathie et le « happy end » :* le spectateur, aussi

L'acteur américain Robert Stack au cours d'une séquence de la série des Incorruptibles *où il joue le rôle d'Elliot Ness, le légendaire agent du F.B.I. La popularité de ce personnage constitue une bonne illustration du culte des idoles propre à la culture de masse.*

bien au cinéma qu'à la télévision, tend à s'identifier au héros victorieux, et il suppose par avance que celui-ci triomphera. 2) *Une intercommunication constante entre l'information réelle et l'imaginaire romanesque :* l'aventure et l'imagination dans certaines superproductions cinématographiques se mêlent aux thèmes de l'amour et de la vie intime, de telle sorte que l'on cherche la réalité dans l'imaginaire et des indices d'imaginaire dans le réel. 3) *L'influence des « idoles » :* que ce soient des stars de cinéma, des champions sportifs, des princes ou des *play-boys*, il s'agit, pour beaucoup, de modèles qui représentent un style de vie reposant sur le bien-être et le confort. 4) *La violence :* elle apparaît non seulement au niveau du romanesque-imaginaire, mais aussi dans la vie réelle (diffusion massive des faits divers). 5) *L'érotisme manifeste :* surtout au niveau de la publicité qui, dans certains cas, présente la femme comme un objet. L'on a remarqué que, dans certaines sociétés développées, il a pour conséquence, entre autres, d'atténuer la différenciation sexuelle. 6) *Le bonheur :* idée centrale de l'ensemble du système et qui hante l'individu. Il est atteint essentiellement à travers l'amour ; il n'est pas transcendant : c'est le bonheur du moment présent. 7) *L'amour :* le plus haut degré de l'achèvement de la personnalité ; une espèce d'amour synthétique qui prétend réunir en son sein des éléments physiques et spirituels. 8) *La promotion des valeurs féminines :* reposant sur des thèmes tels que l'amour, le confort, le foyer, qui dominent généralement les thèmes projectifs plus propres à l'homme (agressivité, aventure, mort). L'extraordinaire développement, au cours des dernières années, des revues féminines

L'information parlée, appuyée par l'image,
l'information filmée et les interviews
réalisées en direct ou en différé
se complètent et offrent la possibilité
de saisir les événements sous différents angles.

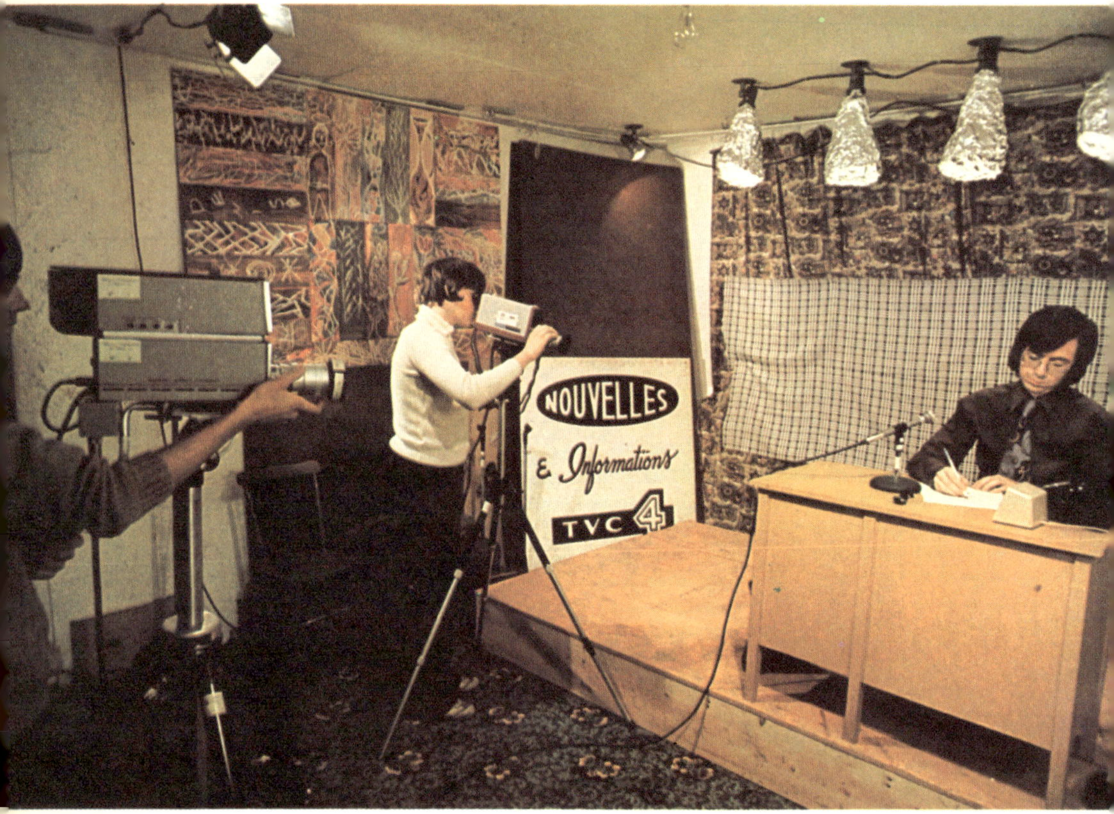

qui se saisissent de ces thèmes est assez significatif. 9) *La mise en valeur de la jeunesse :* au sens où la société désire rajeunir, l'homme ne veut pas vieillir et l'âge de la retraite ne cesse de reculer ; l'adulte jeune (de 40 à 50 ans) est apparu.

En définitive, il s'agit d'un nouveau type de culture formel qui prétend dépasser les frontières et devenir planétaire.

Actuellement, il serait vain de s'en prendre de front à ce processus. Nous avons perdu toute possibilité de contrôle et notre

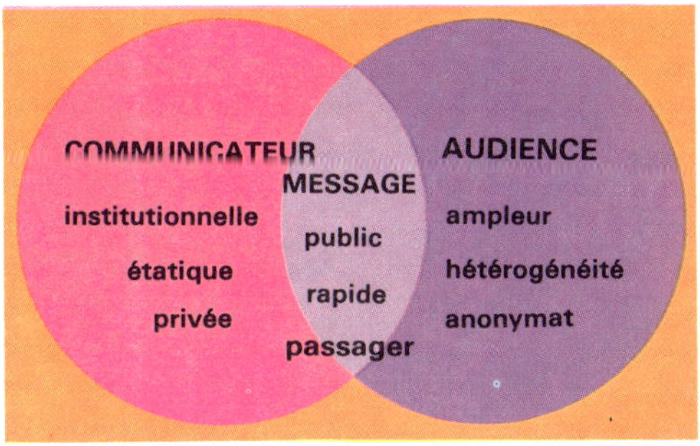

Schéma d'articulation du message entre le speaker et le public.

civilisation continuera à évoluer en fonction des possibilités croissantes que lui offrent les moyens techniques.

Dans le concept de communication de masse dont nous avons parlé plus haut, nous trouvons à l'état latent tous les éléments qui participent de la communication. En dernière analyse, ils sont au nombre de trois : *l'audience, le message et le communicateur.*

Séquence d'une production de la Télévision française :
Alice au pays des merveilles.

L'audience possède les caractéristiques suivantes : *ampleur, hétérogénéité et anonymat.* Ainsi, les moyens de communication sociale et, en particulier, la télévision, doivent se tourner vers de larges audiences, avec lesquelles ils ne peuvent établir un contact individualisé et qui, par ailleurs, sont extrêmement hétérogènes ; il s'agit d'un conglomérat très diversifié. De même, le destinataire du message est inconnu de celui qui le communique.

Le message est *public, rapide et passager.* Ne s'adressant pas à quelqu'un en particulier, la communication est soumise au contrôle indistinct de l'audience. En outre, le message est simultané, éphémère et périssable.

Enfin, il faut préciser qu'aucun des grands moyens de communication de masse, y compris la télévision, n'est entre les mains d'individus. L'*organisation* complexe qu'ils exigent implique l'existence d'une structure institutionnelle, étatique ou privée.

Dans les interviews réalisées en direct,
le message de la personne
parvient au public sous une forme plus vivante
et sans qu'il y ait de déformations possibles.

Il est extrêmement difficile d'évaluer l'impact et l'influence de la télévision sur l'individu. L'on pourrait avancer qu'elle exerce une grande influence sur les valeurs morales de la société. Mais une telle affirmation est pour le moins exagérée. La télévision est un reflet de la société dans laquelle elle fonctionne, et il se produit une influence réciproque. D'autre part, tout individu est entouré d'un cadre de références qui le distinguent des autres et dont il ne peut s'écarter lorsqu'il tourne le bouton de son récepteur.

Il est possible, à partir de ces éléments,

d'analyser l'effet des émissions aussi bien sur les communautés culturellement développées que sur celles qui ne le sont pas. Pour cela, il nous faut déterminer trois niveaux dans la production télévisée : l'information, l'éducation et les loisirs.

Les programmes consacrés à l'*information* occupent une bonne partie des émissions de toute organisation de télévision. Elles diffusent des journaux parlés filmés et, parfois, des émissions « en direct ». Ce sont ces dernières qui présentent le plus d'intérêt pour le téléspectateur qui, de chez lui, peut participer à l'événement.

Tout professionnel de l'information connaît la tendance des grandes organisations qui l'administrent et n'ignore pas les tournures pouvant être données à un même événement. En marge de ce premier conditionnement de l'information (qui a pour origine la source même de l'information), il en existe d'autres qu'il n'est guère possible de dissimuler.

Dans les Etats démocratiques aussi bien que dans les Etats totalitaires, les gouvernements s'arrogent le contrôle de l'information télévisée. Cela ne signifie nullement que l'on interdit une information tendant à l'objectivité, lorsque celle-ci ne correspond pas à la position soutenue par le gouvernement en question. Le principe de la souveraineté s'étend aussi à l'information. En outre, sur le plan pratique, il existe d'autres restrictions qui proviennent du temps d'antenne accordé aux journaux télévisés. Ainsi, il arrive que l'on présente des informations incomplètes (au niveau du texte ou de l'image) ou qu'une nouvelle importante apparaisse comme une pure anecdote.

La programmation des émissions de variétés requiert une diversification. Les grands spectacles, les concerts et les films doivent alterner afin de satisfaire les goûts de l'ensemble du public.

Etant donné que d'autres moyens de communication existent, non soumis au même contrôle rigoureux que la télévision, le téléspectateur aura tendance à s'insurger contre l'asservissement de l'information, sauf si le contrôle revêt un caractère totalitaire.

La programmation des émissions consacrées aux *loisirs* est caractérisée par son hétérogénéité : films de long métrage, théâtre, cirque, variétés, concours, retransmissions sportives et concerts.

Il serait aléatoire de parler des effets que ces émissions produisent sur le spectateur. Bien réalisées, elles atteignent certainement leur objectif, à savoir, distraire et fournir une détente agréable et utile.

L'on pourrait dire que, dans ce cas, la télévision tient lieu de mécénat artistique donnant, au téléspectateur de n'importe quel endroit reculé du pays, un spectacle qu'il ne pourrait s'offrir autrement. En outre, en lui faisant assister aux péripéties d'autres vies imaginaires, la télévision laisse libre cours à son imagination, lui permettant de s'évader de son univers quotidien et banal.

Il nous faut ici parler d'une critique constante adressée aux spectacles télévisés. Compte tenu du temps d'antenne consacré aux films policiers dans la plupart des programmations, il en découle un excès de violence qui peut avoir une influence néga-

Les programmes de variétés posent de nombreux problèmes à l'échelon des contrats avec les artistes et des multiples exigences des différentes spécialités.

tive sur le téléspectateur. Les effets de la violence varient sensiblement en fonction des individus qui la perçoivent. Les scènes de violence qui peuvent être facilement imitées, ou qui se déroulent dans des endroits familiers (le foyer, par exemple), impressionnent certains téléspectateurs, comme les enfants, plus que celles que l'on pourrait qualifier de « conventionnelles ». Par contre, avec les westerns ou les films de cape et d'épée, les enfants comprennent mieux qu'il s'agit de fiction. Toujours est-il que la présentation constante d'histoires violentes crée des situations dangereuses : l'emploi de la force et le recours à la violence — physique ou psychologique — peut apparaître comme un moyen efficace pour résoudre les problèmes.

Nous analyserons plus loin l'impact de la télévision au niveau de la culture, mais auparavant nous nous pencherons sur le problème de la télévision dans les pays sous-développés — et plus particulièrement dans les sociétés africaines, qui furent les dernières à accéder à ce nouvel univers de la communication.

Nombreuses sont les circonstances qui entrent en ligne de compte dans le développement de ces nations. Nous trouvons en premier lieu l'éparpillement de la population et sa diversité linguistique. En second lieu vient le fait qu'il est difficile d'implanter des structures et une culture modernes, qui viennent se superposer à une société traditionnelle latente sous statut colonial. Nous trouvons enfin, comme conséquence de ce qui précède et du faible développement économique, que le manque de rentabilité des investissements interdit à ces sociétés d'échapper à leur situation subsidiaire.

Ainsi, à partir des années 1960 et après l'obtention de l'indépendance, lorsque les minorités préparées à l'extérieur accédèrent au contrôle des institutions, elles essayèrent de renforcer les moyens de communication de masse afin d'accélérer leur politique nationaliste. Les principales difficultés qu'elles rencontrèrent — et rencontrent toujours encore — peuvent se résumer de la manière suivante : la *presse* requiert un public alphabétisé, un réseau routier et de transports, ainsi qu'un niveau de revenus minimum permettant de consacrer une petite somme à l'achat d'un journal. On est loin de trouver une telle situation dans la plupart de ces pays, où les tirages des journaux sont faibles et où la lecture est un luxe réservé à des minorités aisées. La *radio* est le moyen de communication le plus efficace, puisqu'elle résout les problèmes de l'analphabétisme et de l'éparpillement. De plus, la possibilité d'émettre en plusieurs langues (les plus répandues) permet de dépasser l'obstacle que constituent les barrières linguistiques.

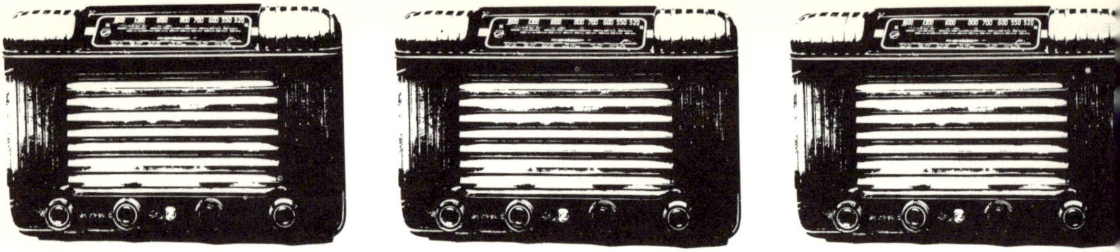

Nombre d'appareils de radio pour 1000 habitants dans certains pays développés et sous-développés. Chiffres de 1973

Pays sous-développés		Pays développés	
Jordanie[1]	203	Etats-Unis	1757
Gambie[1]	157	Canada	865
Ghana[1]	85	Japon[1]	658
Sénégal	67	Union soviétique	442
Maroc	74	Allemagne (R.D.A.)	358
Mauritanie	64	Belgique	375
Honduras	56	Grande-Bretagne[1]	672
Niger[2]	36	Allemagne (R.F.A.)	332
Dahomey[1]	52	France[1]	329
Burundi[1]	25	Suisse	311
Inde[1]	23	Autriche	287
Arabie saoudite[2]	11	Nouvelle-Zélande	911

[1] *Chiffres de 1972.*
[2] *Chiffres de 1971.*
Source: O.N.U., Statistical Yearbook, *1974.*

Dans ces pays, la *télévision* offre une problématique particulière (une vingtaine d'entre eux la possèdent) car on peut encore parler de son influence sur la société. Les récepteurs sont rares et il faudra attendre longtemps avant d'y trouver une audience comparable à celle des pays développés. Mais l'on envisage déjà de l'utiliser pour l'extension de la culture — une culture audiovisuelle.

Le degré de contrôle de l'Etat sur les moyens de communication et en particulier la radio et la télévision, n'a cessé de faire l'objet de vives controverses. Dans tous les pays, la législation en matière de radiodiffusion présente un ensemble de caractéristiques communes qui peuvent se résumer ainsi : 1) L'*empirisme* qui se manifeste au niveau des normes — celles-ci présentant un caractère nettement pragmatique. 2) L'*unité de la réglementation.* 3) Le *contrôle de l'Etat* qui, en principe, trouve sa justification dans la nécessité de contrôler la distribution des fréquences de transmis-

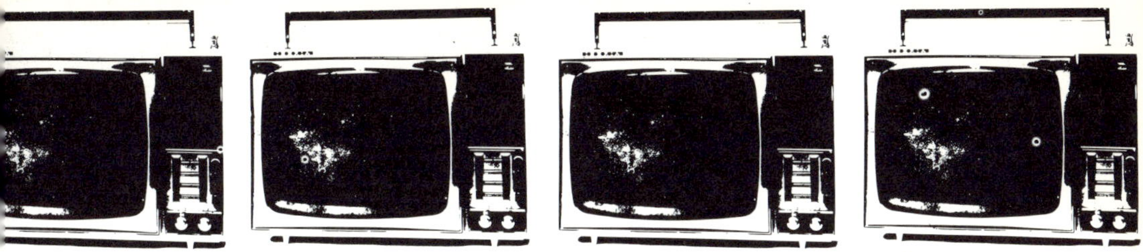

Nombre d'appareils de télévision pour 1000 habitants dans certains pays développés et sous-développés. Chiffres de 1973

Pays sous-développés		Pays développés	
Koweït[1]	137	Etats-Unis	521
Liban[1]	108	Canada	348
Chypre[1]	102	Suède	339
Jordanie	31	Allemagne (R.F.A.)	298
Haïti	2,5	Grande-Bretagne	309
Iran	33	Allemagne (R.D.A.)	292
Algérie	16	Pays-Bas	258
Thaïlande	7	Norvège	249
Pakistan[1]	2	France	237
Zaïre	0,3	Suisse	253
Ethiopie	1	Japon	229
Inde[1]	0,1	Union soviétique	197

[1] *Chiffres de 1972.*
Source: O.N.U., Statistical Yearbook *1974.*

sion, afin qu'il n'y ait pas interférence des diverses stations émettrices. Ce contrôle comporte aussi des implications politiques provenant de la correspondance entre le contenu de la programmation et les intérêts gouvernementaux.

Il arrive souvent qu'au nom de la liberté de l'information (l'un des droits humains fondamentaux), l'on critique vivement les gouvernements désirant introduire des restrictions à cette liberté. Pourtant, il ne faut pas perdre de vue ce que nous avons dit plus haut : à la différence d'autres moyens moins coûteux, les grands moyens de communication sont entre les mains de monopoles — et cela vaut autant pour la radio que pour la télévision. Les références constantes à la liberté humaine sont fallacieuses ; ceux qui l'exigent le font au nom d'un groupe : les propriétaires des grands centres d'émission.

Dans la pratique, pour ce qui concerne les moyens de communication, il faut distinguer trois types de régimes en vigueur :

Les téléviseurs sont construits pour capter un nombre limité de chaînes, que l'usager choisit grâce à un commutateur appelé sélecteur de canaux.
Ci-contre : caméra de l'une des chaînes de télévision françaises.

Nombre de téléviseurs par pays (Chiffres de 1973, en milliers d'unités)

Etats-Unis	110000	Egypte[3]	529	Ghana	25
Union soviétique	49200	Singapour	231	Zambie	21
Japon	24797	Panama[1]	200	Chili[1]	500
Allemagne (R.F.A.)	18486	Malaysia	359	Irak[1]	520
Grande-Bretagne	17294	Equateur[2]	150	Irlande	532
France[1]	12279	Salvador	125	Portugal	569
Italie	11426	Koweït[1]	125	Vietnam (Rép. du)	500
Canada	7705	Costa Rica	122	Philippines[2]	421
Brésil[1]	6600	Syrie[1]	150	Corée (Rép. de)	418
Pologne	5687	Turquie	257	Pérou	411
Allemagne (R.D.A.)	4666	Rép. Dominicaine	155	Israël[1]	370
Espagne	4719	Algérie	260	Liban[1]	320
Argentine	3930	Pakistan	129	Iran[1]	1000
Pays-Bas	3462	Indonésie[2]	95	Uruguay	305
Tchécoslovaquie	3404	Grèce[2]	520	Thaïlande[2]	241
Mexique	4339	Nigeria	85	Maroc	331
Australie[1]	2939	Jamaïque[1]	105	Paraguay	18
Suède	2758	Guatemala[1]	85	Ouganda[1]	15
Yougoslavie	2544	Luxembourg[2]	71	Bahrein	18
Belgique	2376	Jordanie	80	Haïti	13
Hongrie	2199	Chypre[1]	66	Ethiopie	25
Roumanie	2145	Nicaragua	60	Zaïre	7,1
Autriche	1779	Malte	61	Mongolie[3]	7
Suisse	1627	Rhodésie[1]	57	Arabie saoudite	18
Danemark[1]	1411	Tunisie[1]	80	Haute-Volta	6
Bulgarie	1383	Cambodge[2]	50	Tanzanie[3]	4
Finlande	1224	Inde	62	Albanie	4
Norvège	986	Trinité et Tobago	82	Libye	2,5
Colombie[1]	1200	Islande[1]	46	Congo	3,8
Venezuela	995	Yémen[2]	30	Sénégal	1,7
Nouvelle-Zélande	900	Honduras	25		
Cuba	575	Maurice[1]	27		

[1] *Chiffres de 1972.*
[2] *Chiffres de 1971.*
[3] *Chiffres de 1970.*
Source: O.N.U., Statistical Yearbook, *1974.*

les *régimes autoritaires*, où la télévision, ainsi que les autres moyens de communication, sont au service d'une politique dirigée par le gouvernement, et dont les lignes directrices, ainsi que les objectifs, s'avèrent préétablis par les organes qui exercent le pouvoir politique ; les *régimes tutélaires*, supposant une atténuation du régime antérieur, avec l'existence de valeurs et d'objectifs qui dépassent le pouvoir politique et avec la possibilité d'exercer la critique du gouvernement ; enfin, les *régimes commerciaux ou libéraux*, qui sont apparemment dominés par une liberté totale, bien que l'on puisse aisément déceler les pressions qu'exercent certains groupes et l'autoritarisme des monopoles économiques.

N'importe lequel de ces régimes peut trouver sa justification dans le cadre d'une société donnée. Il serait difficile de trouver un seul pays qui, indépendamment de ses options politiques fondamentales, n'estime pas que la télévision doit contribuer à l'épanouissement de l'individu et de la communauté. A notre avis, le problème consiste à savoir s'il revient ou non à l'Etat d'établir des règles, des normes et des valeurs sociales indépendantes des désirs et des goûts de la majorité, ou si, au contraire, il doit se borner à maintenir l'ordre et les règles d'un jeu imposé par les groupes politiques ou sociaux les plus influents.

La solution du problème est loin d'être à portée de main. Actuellement, toutes les entreprises de télévision sont contrôlées par l'Etat. Aux Etats-Unis, son intervention est très discrète : une fois que sont établies les normes régissant leur activité, il se borne à la concession de licences. Libre cours est laissé à une vaste concurrence privée. Cependant, dans la pratique, il n'existe que trois grandes chaînes émettri-

ces. Dans d'autres cas, les services sont exploités par des compagnies mises en place par l'Etat et auxquelles participent des collectivités sociales. Parfois, celles-ci entrent en concurrence, soit sur une base régionale, soit sur des bases culturelles ou religieuses, soit encore pour des impératifs politiques et économiques. Il arrive que, dans un même pays, l'entreprise publique existe à côté d'émetteurs commerciaux (Japon), ou encore que la télévision soit gérée par l'Etat (Espagne), ou par l'intermédiaire d'un organisme autonome à caractère industriel et commercial, comme c'est le cas en France, par exemple.

Aussi justifiée que soit l'intervention de l'Etat au niveau des télécommunications, il importe d'établir les limites de cette même intervention, c'est-à-dire de rechercher un difficile équilibre entre « la tyrannie des masses » et « le despotisme » de ceux qui gouvernent.

La mission éducative de la télévision

Comme nous l'avons souligné plus haut, le problème de la diffusion de la culture et de l'éducation par la télévision doit faire l'objet d'une analyse minutieuse. C'est un problème épineux, étant donné que les sociologues ont émis à son sujet des points de vue souvent contradictoires. Certains considèrent que la télévision n'a aucun rôle à jouer dans ce domaine, sa véritable mission consistant à informer et à divertir le public. Dans ce cas, l'instruction et la diffusion de la culture reviendraient aux institutions sociales traditionnelles chargées de cette fonction. Cependant, d'autres spécialistes estiment que l'objectif fondamental de la télévision doit être précisément la diffusion de la culture. Pour notre part, nous pensons que la télévision est un

Salle de régie d'une chaîne de la télévision française.

instrument que s'est donné notre époque et qui ne peut renoncer à sa mission éducative.

Si nous envisageons les choses sous cet angle, il nous faut tout d'abord faire une distinction entre deux types d'émissions : d'une part, les émissions scolaires proprement dites, quel que soit le niveau du public auquel elles s'adressent (primaire, secondaire, universitaire, ou même analphabète) ; d'autre part, les émissions non scolaires, visant à diffuser une éducation populaire au sens large.

La télévision scolaire (l'idée de scolariser les gens par l'intermédiaire de la télévision) naquit tout d'abord en réponse à la nécessité urgente de répandre plus aisément l'enseignement. Il s'agissait des pays les plus touchés par les conséquences de la Seconde Guerre mondiale : la destruction de nombreux établissements scolaires et par le manque d'enseignants. Pour cette raison, la télévision scolaire commença par être une image fidèle du système conventionnel, tournant le dos à toute initiative pouvant naître de l'originalité de ce nouveau moyen de communication.

Les organismes de télévision chargés des émissions scolaires confrontèrent leurs expériences pour la première fois à Rome, en 1961, au cours d'une réunion organisée par l'U.E.R. Il y fut confirmé que la télévision ne présentait pas de résultats très différents de ceux obtenus par l'enseignement traditionnel. Aucun progrès décisif n'y fut enregistré. Les résultats les plus remarquables furent obtenus là où il n'existait aucun modèle traditionnel d'enseignement, comme dans le domaine de l'alphabétisation des adultes, où l'on avait pu utiliser des techniques plus audacieuses et des méthodes nouvelles.

De manière générale, les émissions de télévision éducatives complètent le travail de l'école, ou s'y substituent. Dans le premier cas, elles augmentent l'activité de l'écolier en parachevant les cours scolaires, ou par l'adjonction de nouvelles matières. L'articulation de ces émissions présente plusieurs difficultés : d'une part, la sélection des enseignants, d'autre part, les matières choisies et, enfin, l'heure d'émission.

En général, tout professeur, à chaque degré d'enseignement traditionnel, possède une méthode et un rythme de travail propres. Les émissions télévisées risquent d'avoir une incidence sur son travail, dans la mesure où il désire utiliser les avantages que présente la télévision au niveau de la formation des élèves.

Si les heures d'émission coïncident avec les horaires de l'école — ce qui est courant — l'horaire habituel se trouve rompu.

Enfin, les émissions de la télévision sco-

Les problèmes créés par l'augmentation permanente de la population scolaire et le développement des techniques pédagogiques ont trouvé une alliée de valeur dans la télévision.
Ci-contre, des enfants suivant de chez eux une leçon de mathématiques modernes.
Ci-dessous, une classe où l'image vient compléter les explications du professeur.

laire tendent à généraliser leur contenu afin de le rendre accessible au plus grand nombre possible d'élèves, ce qui, dans un certain sens, s'oppose au désir croissant de personnalisation de l'enseignement en fonction du tempérament et des capacités propres à chaque enfant.

A mesure que les besoins de l'éducation seront couverts par les systèmes traditionnels (dans les pays développés), ce type d'enseignement superposé au programme formel de l'école perdra de son intérêt en faveur de l'utilisation de circuits fermés de télévision. Ces derniers seront de plus en plus employés pour exposer des techniques nouvelles offrant aux élèves la possibilité d'une meilleure assimilation des différentes matières.

Par contre, le type d'émissions qui vise à se substituer à l'école semble avoir plus d'avenir. Il a pour but de pallier le manque d'écoles ou de professeurs, tant dans les

Les commentaires de spécialistes et les présentations de livres constituent une partie importante des programmes culturels. En bas, présentation du livre de J. Bronowski, The Ascent of Man, *publié par les services d'édition de la B.B.C.*

pays développés que dans ceux qui ne le sont pas. D'autre part, il doit permettre aux jeunes et aux adultes, qui ont été obligés de quitter l'école très tôt pour aller travailler, d'accéder à un enseignement supérieur.

Le fonctionnement de ce type d'émissions se révèle plus facile que le précédent du fait qu'il n'est pas entravé par l'existence d'une structure formelle d'enseignement. Cependant, il présente certaines difficultés du point de vue opérationnel, étant donné qu'il est nécessaire, d'une part, que les diverses matières entrent dans un programme d'enseignement officiel et que, d'autre part, il existe une méthode adaptée à la transmission télévisée impliquant une étroite collaboration entre deux mondes professionnels très divers, un système de réception organisé et un contrôle efficace des résultats obtenus par les élèves qui suivent les émissions.

Aujourd'hui, dans les pays afro-asiatiques et latino-américains, ces émissions offrent des possibilités pratiquement illimitées. Il existe actuellement un accord entre l'Inde et la N.A.S.A. sur l'utilisation d'un satellite (projet S.I.T.E.) qui permettra de scolariser 5000 villages de cette nation.

Revenant au thème central de ce paragraphe, nous envisagerons maintenant les possibilités qu'offre la télévision au niveau des émissions qui ne sont pas spécifiquement éducatives ou scolaires.

Tout d'abord, il apparaît que les programmes parviennent à promouvoir la culture.

Des sujets concernant l'histoire du pays axée moins sur les événements qui le distinguent du reste de la communauté internationale que sur ceux qui l'en rapprochent, telles la littérature, la musique, l'architecture et la peinture, trouvent parfaitement leur place à la télévision. D'autant plus que la couleur accroît encore l'intérêt de ce genre d'émissions. Nous ne retrouvons pas ici les problèmes présentés par les émissions scolaires, étant donné qu'un ordre systématique n'est pas nécessaire, pas plus qu'une méthode spécialement conçue pour l'apprentissage des téléspectateurs, voire encore un contrôle des résultats. La sensibilité des téléspectateurs se trouvera éveillée, si les créateurs du programme parviennent à trouver des formes pouvant susciter l'intérêt du public.

L'éducation sociale peut être aussi l'un des objectifs de la télévision. L'élévation du niveau de la vie communautaire par la divulgation des principes éducatifs devrait être une des missions fondamentales de la télévision. Pour beaucoup, la télévision a acquis un pouvoir de persuasion qui doit être correctement utilisé. Son influence sur la formation des opinions et des attitudes

J.Bronowski THE ASCENT OF MAN

est inversement proportionnelle au niveau d'instruction du téléspectateur. L'on peut entre autres encourager la tolérance, le respect d'autrui, susciter un certain intérêt pour la nature et sa préservation, sans empiéter pour autant sur le droit à la liberté individuelle.

Finalement, il nous faut parler des possibilités que la télévision offre au sujet en tant que tel, au niveau de l'orientation individuelle. Avec l'augmentation du temps libre et le perfectionnement des systèmes de réception personnalisés de la télévision, les émissions qui s'adressent à l'individu atteignent un plus grand développement.

La culture physique à domicile, l'orientation professionnelle, les cours de recyclage intensifs (permettant de changer d'emploi), les cours d'hygiène pour les jeunes mères, ou la divulgation des règles fondamentales de la diététique moderne, font l'objet d'émissions qui présentent un grand intérêt pour un public particulier, tout en

Pour un pays comme le Niger, qui possède un peu moins de 3 millions d'habitants répartis sur un territoire deux fois plus grand que l'Espagne, la télévision est d'un grand secours pour l'éducation des enfants et des adultes.

contribuant au progrès général de la société.

Le panorama — comme le montre cet examen rapide des possibilités culturelles de la télévision — ne renferme aucune limite aux capacités créatrices des hommes et des femmes de notre temps. Il importe avant tout de fournir les ressources permettant à ce moyen — si efficace — de contribuer à l'éveil définitif des peuples qui vivent encore sous le règne de la misère et de l'ignorance.

Le public et la télévision

Tout moyen de communication de masse doit pouvoir connaître le destinataire de ses messages ; c'est là un point important. L'on a dit que l'audience de la télévision est un regroupement d'individus isolés, physiquement séparés et anonymes, dont le comportement de masse est, cependant, homogène. Tous cherchent à voir et à entendre les mêmes choses, au même moment.

C'est un public relativement passif, qui assiste chez lui au spectacle, contrairement au public des théâtres et des cinémas, qui se rend dans un lieu donné et acquitte un prix déterminé pour voir le spectacle. Ce phénomène implique une attitude différenciée. Lorsque le téléspectateur reçoit le programme, assis confortablement dans son fauteuil après une journée de travail, son esprit critique est assez émoussé.

Il n'est pas facile de savoir pour quelles raisons l'individu achète son premier téléviseur, devenant du même coup téléspectateur. Les enquêtes réalisées depuis plusieurs années dans différents pays font ressortir tout d'abord le désir d'occuper ses loisirs — ou partie de ceux-ci — avec des moyens de distraction. Le facteur prestige a aussi son importance : pour un grand nombre de personnes, la possession d'un téléviseur constitue un signe extérieur caractéristique d'une position socio-économique moyenne ou supérieure.

La connaissance des motivations des téléspectateurs ne peut nous conduire qu'à les regrouper en partisans et adversaires, en clients passifs de l'industrie du spectacle à domicile ou en consommateurs exigeants d'une information diversifiée. A notre avis, il est plus intéressant de connaître les goûts et les préférences du public de la télévision.

Ce n'est pas chose facile, étant donné qu'il est impossible de calculer le nombre de téléspectateurs qui suivent un programme précis. Cependant, il est indispensable de savoir dans quelle mesure les

Les télévisions au monde entier enquêtent régulièrement pour savoir combien de téléspectateurs assistent à tel ou tel programme.
Certaines personnes suivent même les programmes dans la rue.

téléspectateurs sont pour ou contre tel programme.

La télévision étant le moyen de communication de masse le plus caractéristique de notre époque, son audience se compte généralement par millions de personnes qui, chaque jour, consacrent une partie de leur temps à assister à ses programmes. Dans chaque pays, son extension dépend du développement économique général (permettant de mettre en place l'infrastructure technique nécessaire), de la répartition des revenus (autorisant l'acquisition de récepteurs), du temps dont on dispose pour suivre les programmes, du nombre de familles et de leur composition et, enfin, de la quantité et de la qualité des programmes.

Sa quantification ou mesure réelle est une donnée nécessaire pour les organismes reposant sur les techniques statistiques d'échantillonnage. En utilisant un échantillon représentatif d'individus ou de familles que l'on veut analyser, l'on choisit un système permettant de connaître leur opinion sur un programme ou un ensemble de programmes, à un moment déterminé ou à une période précise. Fondamentalement, il n'y

a que deux possibilités : d'une part, l'interview directe ou téléphonique, d'autre part, les appareils de mesure qui détectent si les récepteurs fonctionnent ou non.

A l'issue de l'investigation, les estimations quantitatives obtenues indiquent la popularité ou l'impopularité d'un programme. Dans les organisations privées, ces données constituent le moyen de base permettant de garantir la valeur et l'efficacité relatives de la station émettrice face aux annonceurs.

Cependant, il ne suffit pas de connaître les aspects quantitatifs de l'audience. Il faut aussi savoir quelles sont les réactions et l'attitude du public à l'égard des programmes qui s'adressent plus particulièrement à certaines classes d'âge, comme les enfants ou les adolescents, à des milieux précis, des minorités politiques ou religieuses, par exemple.

Le seul procédé valable en vue d'obtenir ces renseignements est l'investigation et l'analyse de l'audience par le truchement d'enquêtes périodiques. Celles-ci impliquent une méthodologie complexe, un travail harassant et une dépense élevée, mais permettent d'élaborer une programmation globale susceptible de plaire à la majorité des téléspectateurs.

L'on a déjà parlé de la prédisposition du téléspectateur face aux programmes divertissants. Cette préférence implique-t-elle que les dirigeants de la télévision doivent respecter les goûts et la tendance fondamentale du public, ou bien leur faut-il tenter d'élever ces goûts à un niveau culturel supérieur ? Il n'est pas aisé de répondre à cette question.

Les méthodes généralement admises par les sociologues sont de l'ordre de trois : le recueil des souvenirs de la veille, la méthode des coïncidences, et le contrôle automatique.

La première consiste à interroger le sujet sur sa présence devant le téléviseur au cours d'une période de temps déterminée — toujours antérieure au moment de l'interview — et qui peut être de quelques heures ou de plusieurs jours. Elle revient à lui faire remémorer ses réactions face à la télévision Si l'on prend le jour antérieur comme unité, l'on obtient des données valables pour certains programmes.

La seconde méthode consiste à recueillir simultanément des données sur le public (l'utilisation du téléphone étant ici fondamentale), mais cette méthode présente un inconvénient : les gens qui ont un récepteur de télévision ne possèdent pas toujours le téléphone. Le « test domestique », qui tente d'évaluer l'efficacité de la publicité télévisée et qui dérive de cette même méthode, a été récemment mis en pratique en République fédérale d'Allemagne. L'interviewer assiste à une émission aux côtés

Les résultats des enquêtes indiquent quelles sont les heures et les jours qui attirent le plus de monde. Ces résultats revêtent une importance capitale pour la publicité, étant donné que d'eux dépendent la programmation et le coût des annonces.

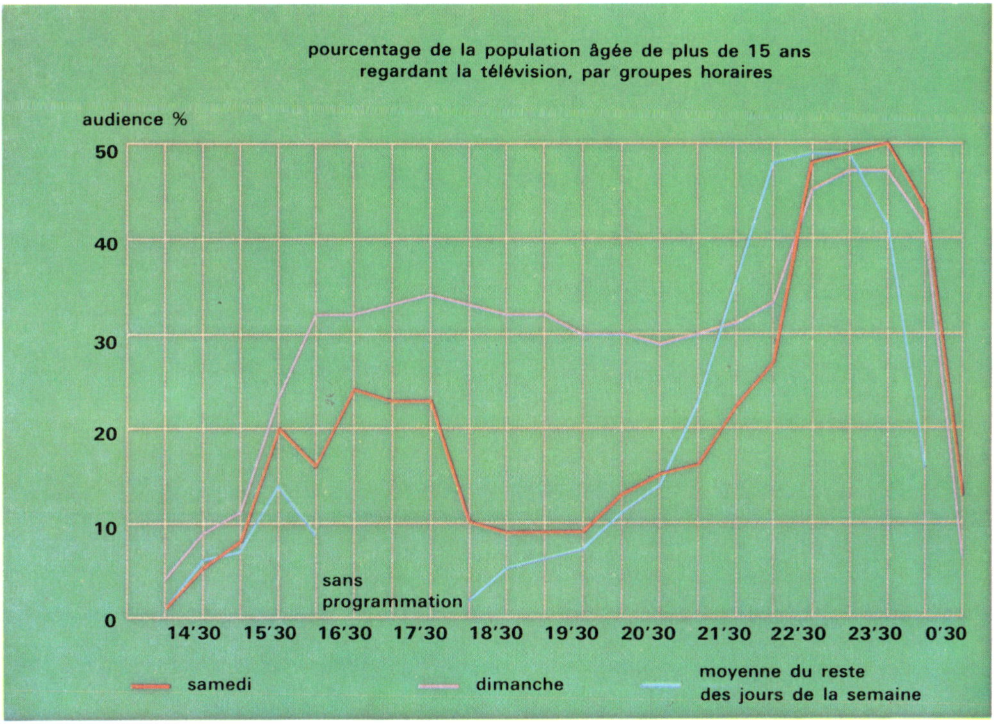

de l'interviewé. Puis il lui pose les questions du test. Bien que la réception de l'émission ne se produise pas dans des conditions tout à fait normales — le sujet accordant une plus grande attention à l'émission du fait de la présence de l'interviewer —, il semble que l'on puisse se fier à ce système.

Les méthodes de contrôle automatique consistent essentiellement, comme nous l'avons déjà dit, à relier un audiomètre aux récepteurs de télévision. Mais elles présentent un inconvénient : elles ne permettent pas de savoir combien de personnes assistent à un programme, étant donné qu'elles se bornent à détecter les récepteurs allumés et ceux qui ne le sont pas. Ce système est utilisé aux Etats-Unis par la Nielsen Tele-

vision Index (N.T.I.). Les récepteurs de 1200 foyers (représentatifs de l'ensemble des propriétaires d'un poste de télévision) sont équipés de l'un de ces appareils. L'audiomètre permet d'obtenir des renseignements à la minute. Chaque semaine, la N.T.I. élabore un rapport pour ces associés dans lequel l'audience est classée en fonction de trois variables : le nombre de personnes qui assistent au programme pendant plus de 5 minutes ; la moyenne des foyers qui regardent le programme ; le pourcentage des foyers qui voient ce programme par rapport au nombre total de ceux qui, à ce moment précis, ont leur téléviseur allumé.

Il existe enfin une autre méthode assez répandue : le journal d'écoute (couvrant les sept jours de la semaine) qui est tenu par une série de familles choisies dans le bottin téléphonique.

S'il est important pour les annonceurs de pouvoir se faire une idée de l'étendue quantitative de l'audience, il est tout aussi

Le chef de programmation doit décider de l'heure la plus propice à chaque émission. Ainsi, par exemple, un spectacle de cirque se voit programmé à un moment où beaucoup d'enfants sont susceptibles de le regarder.

important — si ce n'est plus — pour les responsables de la programmation de la télévision de connaître les habitudes et les attitudes du public. Les horaires de travail, la journée scolaire des enfants, la moyenne du temps passé dans les transports en commun, les moyens de communication, le nombre de femmes faisant partie de la population active en fonction de l'âge, l'heure du début des spectacles : autant de données qui ont une influence importante sur l'audience de la télévision. En outre, elles varient aussi en fonction du temps. Généralement, les heures passées devant la télévision (de 15 à 30 heures hebdomadaires et parfois plus) se répartissent différemment selon les saisons de l'année.

Dans la plupart des nations européennes, où les informations télévisées de la soirée sont presque toujours diffusées entre 19 et 20 h 30, l'on pourrait concevoir la possibilité d'émettre des programmes touchant un vaste public après 23 h. Par contre, dans d'autres pays, comme l'Espagne, le fait d'avancer le journal télévisé de 21 h 30 à 21 h a posé un grand problème aux programmateurs qui furent beaucoup critiqués. Cependant, passé un certain temps, cette mesure a non seulement été acceptée mais aussi vivement approuvée.

Il est évident que la télévision est déterminée par les particularités et les habitudes de son public. Inversement, elle apparaît comme un facteur déterminant dans la formation des coutumes sociales. Un exemple significatif nous le fera clairement comprendre. Dans la plupart des pays d'Europe, les émissions du début de soirée se terminent par un film très court où un personnage réel ou animé, un être humain ou un animal, prend congé des enfants sur un bref conseil ou un conte charmant. Et les enfants n'acceptent d'aller se coucher qu'à l'issue de cette émission.

La motorisation croissante se trouve à l'origine d'une habitude qui ne cesse de prendre de l'ampleur, en particulier dans les grandes villes : le week-end à la campagne ou à la plage. Et malgré toutes les critiques adressées à la télévision, l'on s'aperçoit que ce phénomène entraîne l'achat d'un second téléviseur (normal ou portatif).

Ainsi, un tel développement a-t-il non seulement modifié les habitudes de l'audience de la télévision, mais aussi contribué à éloigner les gens des salles de cinéma — en particulier le samedi soir et le dimanche.

Maintenant que nous avons connaissance des particularités de l'audience de la télévision, ainsi que des procédés généralement employés pour connaître les réactions du spectateur, nous pouvons aborder le problème — controversé — du contenu des programmes. La mise en place d'une

Dans de nombreux pays existent des émissions destinées à prendre congé des enfants.

bonne programmation, qui vise à satisfaire les préférences du plus grand nombre possible de téléspectateurs rencontre d'énormes difficultés. Tout laisse à penser que dans les pays où il existe un régime de télévision commerciale offrant un choix entre différentes chaînes, les possibilités sont plus grandes que dans ceux où il n'y a qu'une télévision officielle pourvue de 2 ou 3 chaînes seulement. En réalité, il en va tout autrement. Les grands réseaux commerciaux, constitués de centaines d'émetteurs couvrant l'ensemble du territoire des Etats-Unis, sont tributaires des critères que leur présentent les instituts de recherche sur la base des préférences de spectateurs. Ces critères connus, les programmes ont tendance à s'homogénéiser, à adopter une

certaine uniformité dans le seul but de satisfaire la demande et, par conséquent, d'assurer une certaine efficacité à la publicité.

D'autre part, il faut signaler que dès l'ouverture de l'émetteur, les programmes de télévision sont ininterrompus. Dans certains pays, comme aux Etats-Unis, il existe des émetteurs qui fonctionnent 24 heures sur 24. Pour de nombreuses personnes, le programme constitue un tout, dont on peut difficilement séparer les divers éléments.

Pourtant, comme nous allons voir, l'on peut distinguer trois grands groupes dans l'ensemble des images que nous fournit la télévision.

Le premier groupe comprend les images qui nous présentent des événements réels. Nous pouvons distinguer deux sortes d'événements dans ce premier groupe : ceux qui arrivent au moment où ils sont présentés et dont on ne peut prévoir la forme qu'ils vont revêtir (les scènes de guerre, les grèves de travailleurs ou d'étudiants, etc.) ; d'autre part, ceux, tout aussi réels à divers égards qui, au moment où la télévision s'en empare, peuvent avoir été prévus, bien qu'ils n'aient pas été préparés par celle-ci (visites de chefs d'Etat, défilés militaires, rencontres sportives, etc.).

Le second groupe renferme les programmes où interviennent des personnes réelles, dont l'activité a été prévue par l'organisation de la télévision, généralement dans un studio aménagé à cette fin (variétés, concours, jeux, interviews, etc.).

Enfin, le troisième groupe sera constitué du reste des programmes qui ont une caractéristique commune : la fiction. Rien de ce qui s'y passe n'est réel. Les individus, les décors, les textes sont le produit de l'imagination du scénariste, du scénographe, du producteur de programme. Ce groupe comprend les transmissions de pièces de théâtre, les feuilletons, les romans, les films, etc.

Bien que dans chacun de ces éléments l'image revête un caractère différent, le spectateur tend à considérer qu'elle est chaque fois de même nature. Les scènes de la guerre du Vietnam sont mises sur le même plan que celles du film qui suivra, après quelques minutes de publicité, l'ensemble constituant un tout compact.

Un certain nombre d'émissions suscitent l'intérêt global du public principalement informé par la télévision. Ce sont les émissions d'informations et de vulgarisation, divisées en deux groupes : d'une part, celles qui fournissent aux téléspectateurs des informations sur les événements nationaux et internationaux, malgré les restrictions qui proviennent du contrôle exercé par le gouvernement en matière d'information télévisée ; d'autre part, celles qui présentent des enquêtes et des reportages sur

Des événements tels que le mariage de la princesse Anne d'Angleterre mobilisent de véritables batteries de caméras. Ci-contre, des dizaines de correspondants suivent l'événement afin de le transmettre au monde entier.

L'enregistrement de programmes requiert des instruments très complexes mais parfois aussi très simples, telle la « girafe ».

les préoccupations les plus directes et les plus vitales de l'être humain : la vie des autres peuples, les questions politiques débattues par l'opinion publique, le monde de la nature, les progrès dans le domaine des conditions de travail, de la prévention des maladies, du fonctionnement des institutions traditionnelles. L'ensemble de ces questions est cependant assez éloigné de l'expérience personnelle.

Il faut remarquer à propos de ces programmes qu'ils entretiennent une certaine

Le théâtre, sous toutes ses formes, est l'un des spectacles qui intéressent le plus les téléspectateurs.

confusion entre la réalité et la fiction. Le caractère théâtral de la vie publique est chaque jour plus grand. Il n'est pas rare qu'une poignée de main prolongée entre deux chefs de gouvernement soit montrée avec force détails par les caméras de télévision. Malgré tout, il ne fait aucun doute que la présence de politiciens, exposant leur programme à la télévision, contribue à susciter un certain intérêt des citoyens pour la conduite des affaires publiques.

L'intérêt du public est généralement moindre pour les émissions qui possèdent un assez haut niveau culturel : émissions littéraires, artistiques, économiques et sociales n'ayant pas un effet immédiat sur la vie quotidienne du téléspectateur.

Les émissions présentant des concours, des variétés et des jeux offrent de nombreuses difficultés. En général, elle font partie de tout programme de télévision. Elles touchent un vaste public et reviennent à peu de frais. Bien qu'elles mettent à rude épreuve le talent des créateurs, elles n'exigent pas un nombre de collaborateurs aussi important que les programmes de fiction.

Pour ce qui est des concours, une fois trouvée l'idée, la façon dont on va l'exprimer et la mettre en place, le problème principal consiste à dénicher le présentateur ou l'animateur capable de tenir en éveil l'intérêt des téléspectateurs. Cette difficulté mise à part, tout dépend des concurrents, protagonistes de ce genre d'émissions : sont-ils cultivés, habiles ou adroits, une partie du public s'identifiera à eux. Certains concours rencontrent un tel succès qu'ils restent « à l'affiche » pendant des années. Dans ce cas, il est normal que d'autres pays en reprennent l'idée en l'adaptant aux particularités qui sont les leurs.

Les programmes de musique légère et les spectacles de variétés rencontrent généralement beaucoup de succès auprès du public. Il existe une multitude de formules possibles, du grand spectacle avec chanteurs ou groupes mondialement connus (décors coûteux, grand orchestre) au programme très simple, qui dure peu de temps, où le chanteur et le groupe, grâce au « play-back » *, n'ont pas besoin de la présence d'un orchestre dans le studio. Au niveau de ces émissions, les problèmes proviennent des liens existant entre les artistes et les maisons de disques qui en ont l'exclusivité. Bien que la télévision leur serve, d'une certaine manière, de tremplin publicitaire, elle doit leur payer des cachets très élevés.

Les jeux et les programmes comiques, généralement bien accueillis par les téléspectateurs, présentent presque toujours des difficultés. Il y a deux raisons à cela : le nombre restreint de troupes artistiques capables d'effectuer un tel travail, et

l'hétérogénéité de l'audience. Une partie importante de celle-ci, qui ne possède qu'une instruction élémentaire, ne réagit pas toujours à un humour subtil. Une autre, plus cultivée, réprouve systématiquement le manque de finesse.

Dans le domaine de la fiction, la demande est extraordinaire. En premier lieu, les films revêtent une grande importance, quel que soit leur caractère. C'est sur ce terrain que la voracité de la télévision se manifeste de la manière le plus spectaculaire. La consommation de films est en évolution croissante. Une fois que les pro-

Les interviews, les reportages, les revues de presse mettent le spectateur en contact avec les grands thèmes de l'actualité.

Lorsqu'il s'agit de réaliser un reportage sur une activité déterminée, l'opérateur doit faire en sorte que ceux qui apparaissent sur l'écran ne soient pas gênés et se montrent le plus naturel possible.

ducteurs ont mis le doigt sur les séries qui suscitent le plus d'intérêt chez les téléspectateurs, ils peuvent les prolonger pendant des années, en se bornant à modifier la trame de chaque épisode. Les séries des *Bonanza* et des *Perry Mason* ont été diffusées dans le monde entier, que ce soit en version originale, en version sous-titrée ou directement traduite.

Nombreux sont les problèmes que présente ce genre d'émissions. Dans la plupart des pays, les associations de producteurs et de distributeurs sont parvenues, non sans difficultés, à se mettre d'accord sur la présentation de films. La télévision rencontre toute une série de restrictions. Plusieurs années doivent s'écouler entre la sortie du film et sa projection à la télévision. Dans certains cas, la télévision est tenue de présenter un certain pourcentage de films nationaux. D'autre part, l'on passe de plus en plus souvent des accords pour la production de films (en particulier pour leur diffusion à la télévision), ou de coproductions. Face à la concurrence que la télévision est censée faire aux salles de cinéma, les producteurs exigent parfois une compensation en publicité.

Pour ce qui est des dramatiques (retransmises d'un théâtre, adaptées d'auteurs classiques ou modernes, ou même destinées directement à la télévision), l'on peut dire qu'elles sont bien accueillies par le public lorsqu'elles sont convenablement choisies et correctement réalisées. La télévision a complètement bouleversé le monde traditionnel de la création dramatique. Auparavant, quelques auteurs écrivaient une douzaine d'œuvres, qui étaient représentées pendant des mois ou même des années dans les théâtres du pays. Après trois ans, un million de spectateurs pouvaient avoir vu l'œuvre d'un auteur. Pour qu'une représentation théâtrale touche autant de monde qu'une dramatique télévisée, il lui faudrait tenir l'affiche pendant quatorze ans — avec salle comble tous les soirs.

Ce problème rejaillit aussi sur les acteurs. Lorsqu'ils avaient appris un texte, des mois s'écoulaient avant qu'ils n'en apprennent un autre. Aujourd'hui, beaucoup d'acteurs doivent s'attaquer à plus d'une œuvre par jour, ce qui exige une mémoire peu commune. Pour faire face à ce problème, certains pays utilisent un souffleur électronique, qui présente le texte au fur et à mesure que se déroule l'action.

Les productions dramatiques, réalisées avec des caméras électroniques ou des caméras de cinéma, exigent de lourdes dépenses, aussi bien au niveau de la rémunération des acteurs qu'à celui des décors, des costumes, etc. Aussi, lorsqu'il existe une communauté linguistique entre divers pays, des accords de coproduction sont passés afin de répartir les dépenses entre plusieurs organismes. En ce qui concerne la question des droits d'auteur, il faut rappeler que l'on a récemment élaboré une législation nationale et internationale très minutieuse. Cette protection juridique constitue une grande conquête aussi bien des écrivains que des compositeurs et interprètes. L'UNESCO et l'OMPI (Organisation mondiale de la propriété intellectuelle) stimulent la révision de la législation en cette matière, soumise à de continuels changements provenant de nouveaux systèmes de diffusion : satellites artificiels, télévision en circuit fermé.

Les relations internationales

La diffusion télévisée tend à revêtir une dimension planétaire. L'autarcie en matière de programmes a disparu depuis longtemps. On peut dire qu'elle n'a pratiquement jamais existé. Cependant, le nombre extraordinaire d'échanges qui ont actuellement lieu entre les différents organismes de télévision est le résultat d'efforts patients. L'Union européenne de radiodiffusion (U.E.R.) fêtera bientôt ses noces d'argent. Le 12 février 1950, vingt-trois organismes de radio et de télévision d'Eu-

Les retransmissions de l'Eurovision touchent généralement plus de 200 millions de téléspectateurs.

3

Mireille Mathieu au cours d'un programme de variétés à la télévision française.

Lorne Greene au cours d'une séquence d'un téléfilm de la série Bonanza, *programmée pendant plusieurs années par les télévisions du monde entier.*

rope et de quelques pays méditerranéens signèrent un document qui instituait la nouvelle Union. Celle-ci faisait suite à l'Union internationale de radiodiffusion, qui avait perdu toute efficacité.

La nouvelle organisation établit son siège à Genève et installa son centre technique à Bruxelles.

L'U.E.R. est l'association des organismes qui exploitent les services de radiodiffusion au sens le plus large, aussi bien la radio que la télévision. Elle est régie par la loi suisse et par ses statuts, et n'a aucun but commercial ou politique.

Ses tâches principales consistent à veiller aux intérêts des organismes qui la composent, à favoriser les échanges d'informations en tout genre et susciter le développement de la radiodiffusion. En même temps, elle contribue à faire respecter par ses membres les accords internationaux.

L'U.E.R., qui groupait 23 membres à

Actuellement, les téléfilms ont tendance à présenter des héros plus humains et moins frivoles. Ci-contre : William Conrad dans une séquence de la série Cannon.

sa fondation, en compte maintenant 87 (actifs et associés).

Selon ses statuts, les membres actifs doivent appartenir à l'un des pays situés sur un territoire délimité comme suit : à l'ouest, par l'Islande, à l'est, par l'Union soviétique, la Turquie et l'Irak, au nord, par les pays scandinaves, au sud, par le littoral septentrional de l'Afrique. Actuellement les membres actifs représentent 30 pays : la République fédérale d'Allemagne, l'Algérie, l'Autriche, la Belgique, Chypre, le Danemark, le Vatican, l'Espagne ; la Finlande, la France, la Grande-Bretagne, la Grèce, l'Irlande, l'Islande, Israël, l'Italie, la Jordanie, le Liban, le Luxembourg, Malte, le Maroc, Monaco, la Norvège, les Pays-Bas, le Portugal, la Suède, la Suisse, la Tunisie, la Turquie et la Yougoslavie.

Sur de nombreux sujets, présentant un intérêt commun, l'U.E.R. s'est efforcée d'entrer en collaboration avec d'autres organismes internationaux de radiodiffusion : l'O.I.R.T. (Organisation internationale de radiodiffusion et de télévision, qui regroupe les organismes d'Europe de l'Est) ; l'U.A.R. (Union asiatique de radiodiffusion) ; l'U.R.T.N.A. (Union de radiodiffusion et télévision nationales d'Afrique) ; l'A.I.R. (Association interaméricaine de radiodiffusion) ; et l'O.T.I. (Organisation de la télévision ibéro-américaine).

Le financement d'une organisation aussi complexe est assuré par les cotisations des membres actifs et les contributions des membres associés. Certains fonds proviennent de services et d'opérations concertées avec les membres de l'organisation.

Au fur et à mesure du développement des échanges de programmes entre les pays membres, l'U.E.R. s'est vue obligée de mettre sur pied une série d'accords internationaux touchant à des questions très diverses : les droits d'auteurs, les droits de reproduction de la musique et ceux des interprètes, etc.

Lorsque commença l'échange régulier d'information entre les pays membres (1961), l'Eurovision possédait un réseau de faisceaux hertziens dont la longueur totale dépassait 100 000 kilomètres. Il lui avait été offert par chacun des pays et elle pouvait l'utiliser indéfiniment. Ce réseau reliait 27 pays d'Europe et d'Afrique du Nord. Le « centre nerveux », chargé du contrôle et de l'organisation techniques, a son siège à Bruxelles.

Il est intéressant de mentionner, pour l'anecdote, les particularités qui entourèrent la première transmission de l'Eurovision, en signalant que ce nom fut proposé par celui qui était alors le rédacteur de la B.B.C. et qui est aujourd'hui le chef du service des relations publiques de ce même émetteur.

Le premier service régulier et public de

télévision fut réalisé par la B.B.C. en 1936.

Au début de la Seconde Guerre mondiale, les émissions furent interrompues et ne reprirent que sept ans plus tard, le 7 juin 1946, avec le matériel d'avant-guerre. Quatre ans après, en février 1950, l'U.E.R. naissait au cours d'une réunion que eut lieu à Torquay — une petite ville du littoral méridional de l'Angleterre. Son premier président devait être Ian Jacob, alors directeur général de la B.B.C.

Une compagnie britannique qui, en 1850, avait établi la première liaison télégraphique avec le continent européen suggéra à l'un des plus célèbres commentateurs de la B.B.C., Richard Dimbleby, de fêter le centenaire de cet événement en envoyant un signal de télévision par-delà la Manche. Cette idée fut acceptée et les ingénieurs de la B.B.C. se disposèrent à résoudre les obstacles techniques à la transmission. D'une part, ils savaient que le rayon d'action de leurs unités mobiles ne dépassait pas 35 km. Il fallait donc établir quatre relais en mer pour couvrir les 150 km séparant Londres de Calais. D'autre part, il était nécessaire de parvenir à convertir le signal français de 819 lignes à celui de la Grande-Bretagne (405 lignes). Ce problème fut résolu par l'emploi d'un convertisseur de normes. En l'occurrence, il s'agit d'une caméra fonctionnant sur la norme du pays récepteur placée devant un

Le contrôle technique des transmissions de l'Union européenne de radiodiffusion est effectué à partir de Bruxelles.

écran de contrôle qui utilise la norme du pays d'origine. Ainsi, le 27 août 1950, à 19 heures, l'image de la Mairie de Calais apparaissait sur les écrans de télévision britanniques : l'Eurovision était née.

Outre l'Union européenne de radiodiffusion (U.E.R.), il existe, comme nous l'avons vu, d'autres organismes qui, en divers endroits du globe, ont pour objet de collaborer étroitement aux tâches de radiodiffusion.

Ainsi, en Asie, l'organisme principal est l'Union asiatique de radiodiffusion (A.B.U. en anglais, sa langue officielle), fondée par 11 membres en juillet 1964. De nos jours, elle comprend 40 membres actifs et 18 associés — ces derniers provenant essentiellement des pays d'Europe et d'Amérique du Nord. Sur les 40 membres, 19 possèdent des services de radio et de télévision, 5 ne représentent que des télévisions, 16 uniquement des radios.

Selon les statuts de l'A.B.U., son aire géographique s'étend aux pays d'Asie et de la zone du Pacifique : elle va de la partie orientale de la Méditerranée au milieu de l'océan Pacifique, couvrant ainsi approximativement les deux cinquièmes de la population mondiale. L'Union doit faire face à de nombreux problèmes, compte tenu de la diversité culturelle et sociale qu'elle englobe.

Son membre le plus important est la N.H.K., la télévision officielle japonaise, dont le siège central de Tokyo est aussi celui de l'Union. Elle emploie 17 000 personnes.

Pour ce qui est de la définition du signal de télévision, les membres de l'A.B.U. émettent en 525 et 625 lignes. Seuls trois pays (le Japon, l'Australie et la Nouvelle-Zélande) disposent de convertisseurs de normes.

Enfin, il existe des stations de terre pouvant recevoir le signal transmis par satellite dans 13 pays membres de l'A.B.U. — 12 d'entre eux pouvant être utilisés pour la télévision.

En Amérique, l'organisation intercontinentale la plus ancienne est l'Association interaméricaine de radiodiffusion, créée en 1946 à Mexico. Contrairement à la majorité des autres organisations de ce type, l'A.I.R. a un caractère nettement politique : son objectif fondamental étant la défense de l'entreprise privée et de la liberté de pensée et d'expression à la radiodiffusion continentale.

Les organismes de radiodiffusion dépendant de l'Etat ne peuvent s'affilier à l'A.I.R. Lorsqu'ils exercent des activités commerciales, ils sont sanctionnés pour concurrence déloyale. D'autre part, l'A.I.R. regroupe près de 13 000 stations de radio et de télévision, dont presque la moitié sont situées aux Etats-Unis. Cependant, d'après ses statuts, l'organisation ne possède que 22 membres ayant droit de vote, représentant autant de pays.

Ces membres sont les associations nationales de chaque pays et non pas les stations individuelles. Celles-ci peuvent participer en tant que membres et bénéficier des services, mais elles n'ont aucun droit de vote et ne participent donc pas directement aux décisions.

La direction de l'A.I.R. se trouve actuellement à Rio de Janeiro.

L'Organisation de la télévision ibéro-américaine (O.T.I.), créée à Mexico le 19 mars 1971, présente un intérêt particulier pour les Latino-Américains du fait qu'elle est appelée à jouer un rôle important dans le développement de la télévision du sous-continent. Elle fut créée pour faire face à la participation croissante des chaînes de télévision latino-américaines aux activités des organismes européens.

L'O.T.I. ne regroupe que les entreprises et les collectivités rattachées aux services de télévision dans les pays de langue espagnole et portugaise. Il ne s'occupe pas des services de radio. Cependant, il admet aussi bien les organismes d'Etat que les organismes privés. Par conséquent, les pays européens peuvent accéder à cette organisation. Son objectif essentiel est de favoriser le développement des émissions de télévision transmises par satellite.

Le 9 février 1969, les Etats arabes mirent sur pied une autre union régionale, l'A.S.B.U. (Union de radiodiffusion des Etats arabes). Elle compte actuellement 17 membres dont trois extérieurs. Quatre pays arabes n'appartiennent pas à cette organisation : le Maroc, la Tunisie, l'Arabie saoudite et Bahrein. Elle dispose d'un centre technique situé à Khartoum (Soudan). Elle étudie, entre autres, la possibilité d'aboutir à la mise en place d'un système unifié de télévision en couleur couvrant l'ensemble des pays arabes. Au niveau des coproductions, l'A.S.B.U. est en train de réaliser une série sur le Coran. Ce projet ambitieux, commencé en 1972, prévoit 500 épisodes de 10 minutes.

Depuis 1970, il existe une étroite collaboration entre les pays d'Afrique du Nord.

Les organismes de télévision de ces trois pays ont conclu une alliance connue sous le nom de Maghrebvision. Elle a pour but de collaborer étroitement à l'échange de programmes et d'informations, de coopérer au sein des conférences régionales et internationales, de coproduire des programmes, d'acheter en commun avec d'autres organismes des programmes internationaux et d'assurer un échange d'expériences et de documentation.

Cette organisation représente 35 millions d'habitants ayant une langue et une civilisation communes.

La coproduction parvient à associer des moyens économiques, techniques et artistiques. Séquence d'un film réalisé en coproduction par la France, l'Allemagne, le Canada et la Finlande.

Enfin, il convient de parler d'un organisme qui ne repose pas sur des critères régionaux mais linguistiques : la Communauté des télévisions francophones (C.T.F.).

En 1964, six organismes émettant en français décidèrent de renforcer leur collaboration, en particulier au niveau des coproductions et des échanges. Les membres de la C.T.F. sont les suivants : l'ex-O.R.T.F. (Office de radiodiffusion-télévision française et ses trois chaînes) ; la R.T.B. (Radiodiffusion et télévision belge) ; la S.S.R. (Société suisse de radiodiffusion-télévision) ; T.M.C. (Télé-Monte-Carlo) ; la C.L.T. (Compagnie luxembourgeoise de télédiffusion) ; et la S.R.C. (Société Radio-Canada).

L'avenir de la télévision

L'avenir de la télévision est lié à l'évolution de trois éléments : l'ordre sociopolitique (qui s'identifie à l'Etat), les progrès techniques et les formes culturelles de l'époque. A partir des éléments actuellement en notre possession, nous pouvons ébaucher une vue d'ensemble de l'avenir immédiat — qu'en fonction des critères de certains sociologues allemands, nous situerons autour de 1980. En effet, avant cette date, la jeunesse contemporaine, née après la Seconde Guerre mondiale, ne jouera pas un rôle dirigeant.

L'enchevêtrement, la complexité et la diversité du corps social augmenteront encore. Les valeurs et les normes traditionnelles, qui coexistent aujourd'hui avec des modes importées se mêleront parfois, mais entreront en conflit le plus souvent.

Pour cela, l'Etat devra modérer les intérêts souvent opposés de groupes économiques et les conflits entre les générations.

Les progrès techniques (dont nous reparlerons) entraîneront le renouvellement de l'ensemble de la législation en matière de communications, résolvant des situations nouvelles, telles celles des retransmissions directes par satellites.

Sur le plan de la télévision, les progrès permettront, grâce aux satellites artificiels, de centraliser l'information mondiale. Par conséquent, la réception dépassera les frontières nationales sans qu'il y ait pour autant interférence. D'autre part, et en tant que tendance opposée, l'on assistera à une plus grande décentralisation grâce à l'usage des vidéo*-cassettes et de la télévision en circuit fermé.

La vie sociale se transformera au niveau des habitudes et des structures de comportement. La journée de travail, progressivement réduite pour aboutir à 40 semaines de 4 jours de travail par an, fournira plus de temps libre pour la vie familiale et l'épanouissement de l'individu. Au cours de ces années, la population rajeunira, tandis qu'augmentera aussi le nombre des personnes âgées. Enfin, la mobilité sociale ne cessera d'être un signe des temps à venir.

Nous pouvons maintenant parler des répercussions de cette évolution sur la télévision. Les gens disposant de plus de temps libre, la demande des émissions augmentera, et exigera simultanément une plus grande qualité des programmes. Cela rejaillira sur son coût qui, jusqu'à présent, a été couvert grâce à la publicité et aux redevances. Ces dernières, après une croissance rapide, commencent à présenter des symptômes de stagnation. Au cours des années futures il faudra rechercher d'autres sources permettant d'assurer le financement de la télévision.

Le téléspectateur disposera d'une plus

Lorsqu'il s'avère impossible de transmettre
des images en ligne droite,
on recourt aux satellites artificiels.
Ils sont appelés passifs *lorsqu'ils ne font que refléter*
les ondes porteuses d'images,
et actifs *quand ils peuvent les emmagasiner*
et les transmettre au moment voulu.

grande possibilité de choix au niveau des programmes — comme c'est aujourd'hui le cas avec la radio.

Cependant, si la télévision veut garder sa position prédominante au sein des moyens de communication de masse, il lui faudra refléter dans ses programmes la situation de conflit dont nous avons parlé. Elle devra s'efforcer — plus qu'elle ne l'a fait jusqu'à maintenant — de présenter des faits « bruts », laissant aux autres moyens de communication l'analyse des antécédents et des conséquences de ses messages. Les émissions de variétés, ainsi que celles consacrées à l'amélioration des conditions de vie de la population, devront être accrues. De nombreux secteurs de la société exigeront des programmes toujours plus diversifiés, dans lesquels les adultes et les jeunes pourront trouver la possibilité d'enrichir leur expérience.

S'il en est ainsi, il se peut que la communication perde son caractère de masse. Dans un avenir proche, on passera d'une culture standardisée à une individualisation des connaissances et, par conséquent, de la culture.

Bien que la télévision en couleur soit déjà réalité pour de nombreux pays des trois continents, un avenir extraordinaire s'ouvre devant elle. Au cours des prochaines années, nous assisterons à un développement spectaculaire des émissions en couleur, aussi bien dans les pays qui ne connaissent que le noir et blanc que dans ceux qui, actuellement, commencent à en faire l'expérience. Bien que la télévision en couleur ait une base technique unique (en choisissant et en mélangeant convenablement le rouge, le vert et le bleu, il est possible d'obtenir une gamme de couleurs sur un récepteur préparé pour recevoir ces émissions), il existe différents systèmes ayant chacun leur manière de transmettre la teinte et la saturation qui, avec la luminance, composent la couleur.

Le système N.T.S.C. (National Television System Committee) est le seul système utilisé aux Etats-Unis depuis plus de dix ans ; il a été aussi adopté par le Japon. Longtemps, on le préféra à tout autre parce qu'il permettait de recevoir aussi les émissions en noir et blanc. La plupart des problèmes techniques que durent résoudre l'ensemble des systèmes couleur provenaient de la nécessité de recevoir également le noir et blanc sur les récepteurs. Pour parvenir à cette fin, il fallait transmettre trois images superposées — chacune d'une couleur différente — saturées de façon adéquate.

Le système français SECAM (séquentiel à mémoire) a été inventé par Henri de France. Il n'est utilisé que par la France et l'Union soviétique.

Enfin, le système allemand PAL (Phase Alternating Line), élaboré par l'ingénieur

Les antennes paraboliques fonctionnent comme de grands miroirs ;
au lieu de capter et de renvoyer des ondes lumineuses,
elles renvoient des ondes hertziennes.

Walter Bruch, est un perfectionnement du système américain. Tous les pays qui possèdent la télévision en couleur ont adopté ce système à l'exception de ceux que nous venons de mentionner.

La couleur présente un attrait nouveau pour la télévision : les programmes les plus spectaculaires, telles les grandes retransmissions sportives, les émissions musicales ou les productions dramatiques, en retirent une richesse indiscutable.

L'extension de la télévision en couleur aux pays qui ne se sont pas encore déterminés pour l'un des systèmes en vigueur fait naître de véritables problèmes politiques, qui n'ont absolument rien à voir avec les caractéristiques techniques assurant la qualité de chacun des systèmes existants.

Autant la morosité marque les traits des spécialistes des vidéo-cassettes, autant l'excitation brille dans le regard de ceux qui préparent la révolution de la télévision par câble que les Américains désignent sous le sigle de C.A.T.V. Le principe en est simple. La C.A.T.V. est à la télévision ce que le téléphone est à la radio : au lieu des ondes, l'image emprunte un fil. Au lieu de capter une poignée de stations, le récepteur spécialement équipé permet de choisir parmi une grande variété de sources émettrices. La radio, découverte après le téléphone, présentait l'avantage de transmettre la voix sans l'intermédiaire d'un fil. Bien qu'avec la télévision par câble le progrès soit exactement inversé, il s'agit bien d'une amélioration permettant la multiplication de chaînes et, pour la première fois, un échange entre le téléspectateur et la station d'émission.

La C.A.T.V. n'est ni une invention ni une découverte. Elle n'est que l'application à d'autres usages d'un système qui existe déjà. Comme l'onde télévisée ne se propage qu'en ligne droite, elle laisse des zones d'ombre où la réception est détestable ou nulle. Pour cette raison, de petites communautés, qu'une colline mal placée exclut de la grande communion des téléspectateurs, sont, aux Etats-Unis comme en France, raccordées par des câbles à une antenne collective placée sur la hauteur. On s'est vite aperçu que ces installations, conçues pour améliorer la qualité des images, étaient utilisables à bien d'autres fins, comme la diffusion de programmes différents de ceux que captait l'antenne collective. L'idée est identique à celle des télévisions d'entreprise en circuit fermé.

Les câbles actuellement posés ne contiennent en général qu'une dizaine de circuits. Désormais ne sont installés que des câbles de 20 circuits qui, bientôt, passeront à 40, dont deux ou quatre seraient à double flux, et permettraient un échange de signaux entre le téléspectateur et l'émetteur.

La télévision de la plupart des pays d'Afrique se heurte à trois obstacles : les caractéristiques géographiques en réduisent l'extension ; le niveau de formation limite la souplesse des programmes ; le niveau de vie fait obstacle à l'achat massif de téléviseurs.

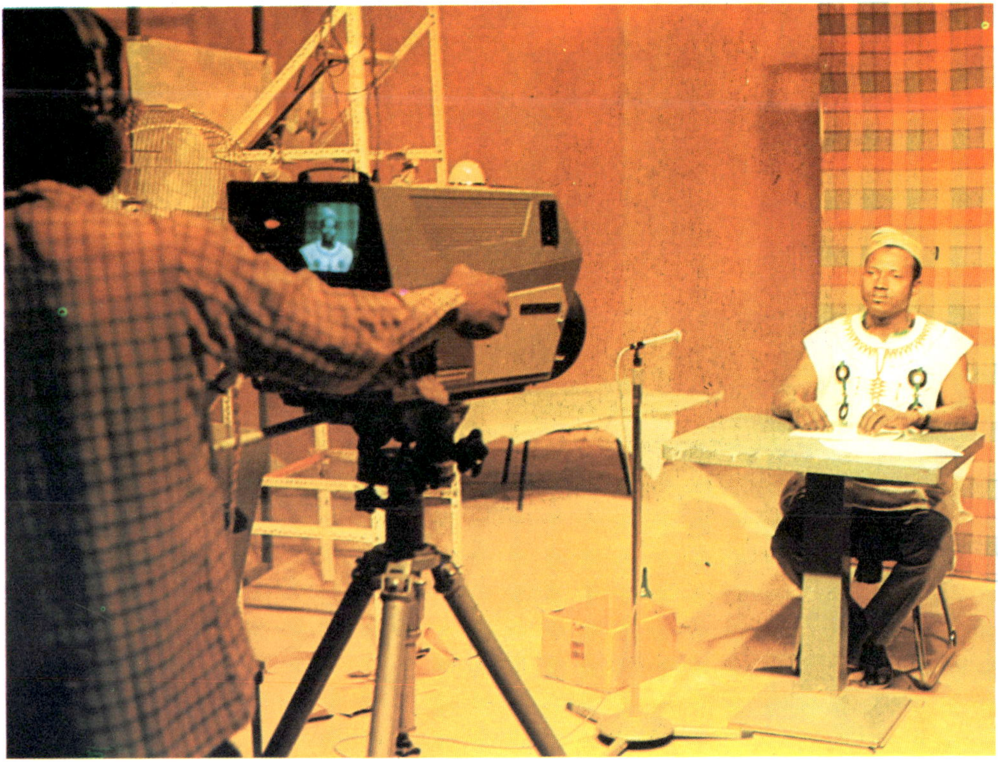

Le nombre considérable d'applications du C.A.T.V. se divise en deux groupes distincts : la télévision au détail et les services.

Chaque communauté locale disposera de sa station desservant quelques milliers ou même quelques centaines de postes. Elle diffusera aussi bien les séances du Conseil communal que le mariage du garagiste, etc. Même si ces sujets ne présentent pas toujours un grand intérêt, ils assurent la prospérité des journaux locaux. Dans une grande ville, la disposition de dizaines de chaînes permettra de satisfaire les goûts et les opinions les plus variés.

Pour les spectacles, il sera enfin possible de voir chez soi des films d'exclusivité ou

La possibilité de projeter sur le téléviseur des films réalisés par l'usager en personne ouvre d'immenses perspectives à la télévision.

des pièces de théâtre. Il suffira d'ajouter à l'appareil un dispositif de paiement, pour en obtenir la projection.

C'est aujourd'hui l'expression des minorités et de l'opinion publique en général qui intéresse et préoccupe le plus les Américains. Si le système actuel de télévision pour la masse n'offre guère de place à des propagandes politiques et sociales spécialisées, avec le C.A.T.V. tout cela devient possible. Que ce soit un outil de progrès démocratique ou de simple défoulement il va falloir que tous ceux qui aspirent à s'en servir apprennent le langage de l'image.

Aux Etats-Unis, vers le milieu de 1972, 701 stations de télévision commerciale et 201 stations éducatives fonctionnaient sur ce système. Il y avait plus de 5 millions d'abonnés qui versaient une taxe de 70 dollars après avoir acquitté de 10 à 30 dollars pour l'installation du système. On prévoit que 40 à 60% des Américains seront « câblés » vers 1980.

Le développement de la télévision en circuit fermé doit faire face à de nombreux problèmes dans les pays où sont exploitées plusieurs chaînes commerciales. L'audience se trouvant, dans une certaine mesure, fragmentée, il en découle de nombreuses conséquences pour les annonceurs. D'autre part, se pose également la question épineuse des droits d'auteur. Il existe désormais, aux Etats-Unis, une jurisprudence très discutée concernant l'ensemble de ces questions.

Néanmoins, un avenir extraordinaire s'ouvre devant ce genre de transmissions télévisées, dans la mesure où le câble, qui fait parvenir le signal, pourrait aussi bien être utilisé pour la transmission de messages entre le foyer et le studio et par la suite, en d'autres endroits. Cela permettrait aux abonnés à ce service de « répondre » à leur téléviseur.

Les satellites artificiels

L'importance des satellites artificiels pour le développement des communications mondiales, qui est déjà assez extraordinaire, ne cessera de croître au cours des années à venir.

L'annonce de l'assassinat du président américain Abraham Lincoln, en 1865, mit 12 jours pour parvenir en Europe. Aujourd'hui, les satellites permettent de faire parvenir les nouvelles au moment où elles sont connues.

Il y a deux catégories de satellites : les passifs et les actifs. Les satellites *passifs* se comportent comme un miroir d'ondes-radio et renvoient les signaux transmis par une station terrestre au récepteur d'une autre station. Les satellites *actifs* possèdent un équipement électronique, qui leur permet de recevoir et de retransmettre les

Cette photographie illustre parfaitement les possibilités de la télévision en circuit fermé. Dans une même pièce, il est possible de filmer et voir apparaître les images du film.

signaux. Les satellites actifs présentent de tels avantages sur les satellites passifs que c'est sur eux que portèrent presque exclusivement les travaux ultérieurs de mise au point.

Les expériences avec des satellites artificiels ne purent commencer qu'au début de l'ère spatiale, à la fin de la décennie 1950-1960.

Un système de communication par satellites comprend à la fois le satellite lui-même, avec les installation nécessaires de commande et de poursuite (secteur spatial), et les stations terriennes correspon-

Avec la vidéo-cassette il est possible d'arrêter l'image, de revenir en arrière et visionner une scène autant de fois qu'on le désire.

dantes (secteur terrestre). Le modèle et la nature des stations terriennes utilisées est un des facteurs fondamentaux par lesquels se distinguent les divers systèmes de communications par satellites, considérés d'après leurs formes d'utilisation.

De ce point de vue, il est coutume de distinguer trois types fondamentaux de systèmes de communications par satellites, à savoir :

a) Les systèmes par satellites de communication de point à point.

L'écran des téléviseurs en couleur
est imprégné de granits de matière luminescente
sensibles aux couleurs fondamentales,
et dont la combinaison fournit toute la gamme chromatique,
comme on peut le constater sur l'image du speaker.

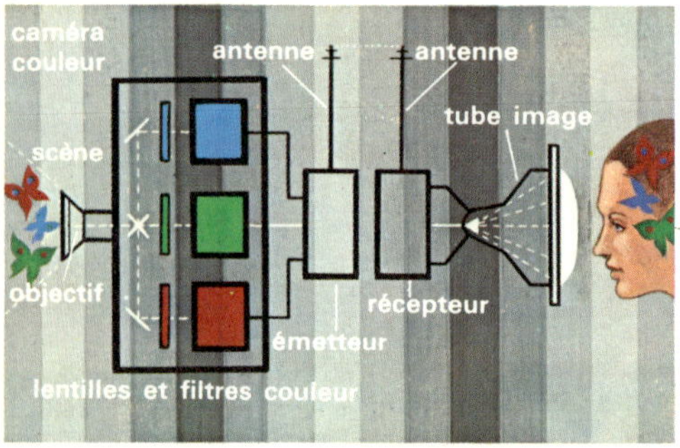

b) Les systèmes par satellites de distribution.

c) Les systèmes par satellites de radiodiffusion directe.

On peut dire que ces divers systèmes correspondent approximativement au développement de la technologie des communications par satellites.

Les systèmes par satellites de communication de point à point utilisent des satellites synchrones, qui peuvent couvrir approximativement le tiers de la surface du globe et, ainsi, assurer des communications entre deux points quelconques du sol, quelle que soit la distance qui les sépare dans la limite de la couverture géographique du satellite. Les signaux sont transmis par l'intermédiaire du satellite entre des stations terriennes reliées aux réseaux existants de télécommunications terrestres. Il s'ensuit que le signal qui parvient à la Terre est faible. L'antenne doit avoir un gain élevé, capter de la station terrienne un minimum de bruit radio-électrique et être pointée avec précision en direction du satellite. Ces facteurs font que les stations terrestres nécessaires à ce service sont d'un coût élevé, de 3 à 4 millions de dollars.

Les systèmes par satellites de distribution présentent un avantage. En ramenant à moins d'un tiers de la surface terrienne l'aire géographique à couvrir, il est possible de transmettre un signal plus fort à une région de moindre étendue, ce qui élimine certaines contraintes afférentes aux stations terriennes, et permet par conséquent d'en abaisser les coûts dans de fortes proportions (de l'ordre de 300 000 à 500 000 dollars). Les systèmes de distribution ne fonctionnent pas essentiellement pour les transmissions à grande distance de point à point, mais pour assurer des liaisons avec un ou entre un certain nombre de stations terriennes situées dans une aire géographi-

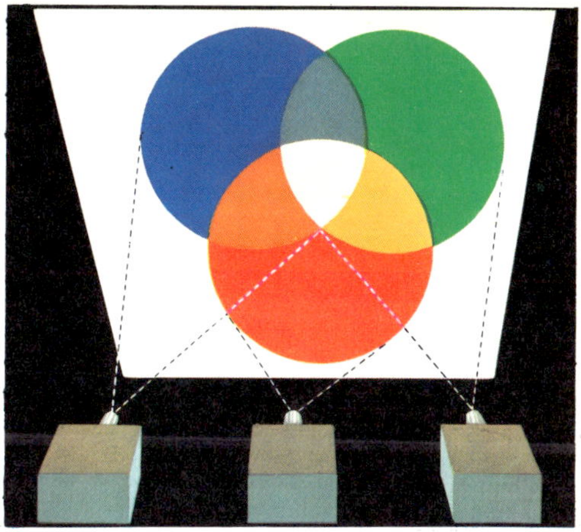

que donnée, soit pour des communications bi-directionnelles (téléphoniques, télex, etc.), soit pour la distribution de programmes de télévision sur une vaste étendue. Ils peuvent notamment assurer des services sur le territoire d'un grand pays, comme c'est actuellement le cas pour l'Union soviétique, le Canada, ou sur une région ou

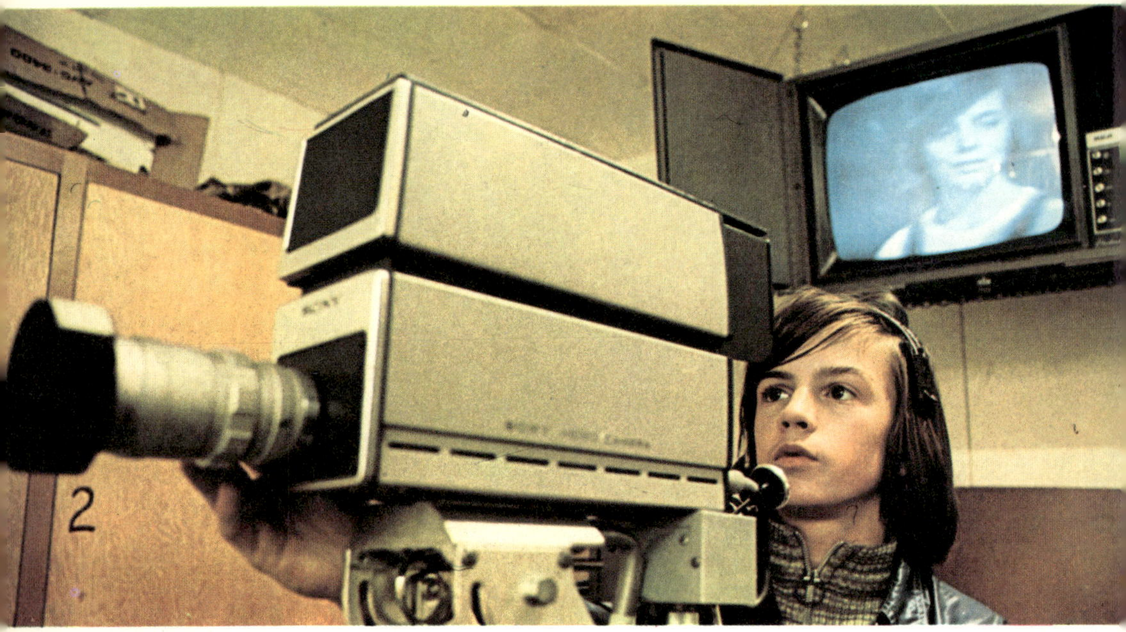
SONY
2

CANAL 9

La télévision en circuit fermé est d'un grand secours pour les sciences, la technique et la culture. Ces circuits permettent de suivre sur un écran des expériences de laboratoire, des opérations chirurgicales, etc. Ci-dessous, les élèves d'un institut canadien enregistrent leurs propres programmes sur un magnétoscope.

sur un groupe de pays comme il est étudié pour l'Europe de l'Ouest.

Avec le système de satellites de radiodiffusion directe, les formes d'utilisation seront tout autre. Dans ce cas, les programmes de télévision (ou de radiodiffusion sonore), transmis d'une station terrienne à un satellite puissant, se diffuseraient à partir d'un satellite pour être captées par des récepteurs individuels, sans intervention de stations terriennes.

Les deux principaux systèmes de communications par satellites, actuellement utilisés pour le trafic des télécommunications, sont assez dissemblables pour ce qui concerne les solutions techniques adoptées et leurs objectifs.

Le système dénommé *Intelsat*, a été créé pour fournir des liaisons internationales, principalement intercontinentales, de point à point. Il est utilisé en principe pour les télécommunications, surtout pour le téléphone et à un moindre degré pour les transmissions intercontinentales de télévision. Intelsat (International Telecommunication Satellite Consortium) est un organisme multinational comprenant actuellement quelque 80 pays dont la compagnie américaine Comsat (Communications Satellite Corporation) est le gérant.

Une quarantaine de pays participants ont créé leurs propres stations terriennes auxquelles environ 25 pays ont accès par des liaisons terrestres. Chaque pays participant est propriétaire de sa ou de ses stations terriennes et copropriétaire du secteur spatial Intelsat.

L'Union soviétique a créé un système national par satellites, dénommé *Orbita*, qui utilise de grands satellites du type *Molniya* gravitant en orbites elliptiques, fortement excentriques, autour de la Terre et couvrant tout le territoire national. Le système Orbita peut être décrit comme un système du type distribution ayant pour principale fonction la transmission de programmes de télévision, de Moscou à un grand nombre de stations terriennes de moyennes dimensions situées surtout dans les républiques d'Asie centrale et en Sibérie.

Les satellites artificiels peuvent faire l'objet de multiples applications et les techniques nouvelles vont poser de difficiles problèmes juridiques et politiques. La principale responsabilité globale dans le domaine des communications par satellites incombe évidemment aux Nations Unies, à son « Comité de l'espace extra-atmosphérique » (y compris le sous-comité juridique) et à ses différents organes spécialisés. Un arrangement de travail entre les Nations Unies et l'UNESCO a prévu, en ce qui concerne les questions relatives à l'information, que les Nations Unies traitent des aspects juridiques et politiques, tandis que le mandat de l'UNESCO concerne la libre circulation des informations et le développement des moyens de communication.

Ces organismes disposent déjà de certains instruments internationaux comme la Déclaration universelle des droits de l'homme, la Convention européenne de sauvegarde des droits de l'homme et les résolutions de l'Assemblée générale des Nations Unies, la Charte de l'ONU, le Traité sur l'espace extra-atmosphérique, la Convention internationale des télécommunications et le règlement annexe des radiocommunications, la Convention relative au droit international de rectification. Certains estiment que la plupart de ces textes sont rédigés en termes généraux et que leur application aux problèmes spécifiques posés par la communication par satellites soulève des problèmes ; d'autres récusent cette opinion.

Cependant, les experts gouvernementaux décidèrent l'élaboration d'une nouvelle « Convention internationale concernant la distribution des signaux porteurs de programmes transmis par satellites », signée le 22 mai 1974, à Bruxelles (Convention de Bruxelles). Il s'agissait de régler le problème des signaux qui partent d'un point déterminé du globe, passent par un satellite quelconque et redescendent vers une station terrienne qui les reçoit, et à laquelle ils sont en principe destinés. Ce parcours dans l'espace peut donner prise à n'importe quelle « captation », c'est-à-dire qu'à leur passage les signaux peuvent être attrapés et utilisés à des fins non prévues à l'origine.

La Convention se limite à demander aux Etats contractants de souscrire l'engagement de prendre toutes mesures adéquates pour empêcher la distribution sur leur

Le caractère spectaculaire de la couleur augmente avec des vues ou des paysages ayant une grande richesse chromatique.

Derrière le drapeau apparaît la silhouette de la coupole géodésique de la station de Maine, première image de télévision transmise par satellite.

territoire de signaux transmis par satellites par des distributeurs auxquels ces signaux ne seraient pas destinés. Quinze Etats signèrent cette convention : la République fédérale d'Allemagne, la Belgique, le Brésil, Chypre, la Côte-d'Ivoire, l'Espagne, les Etats-Unis d'Amérique, Israël, l'Italie, le Kenya, le Liban, le Maroc, le Mexique, le Sénégal, la Suisse.

Si l'on envisage la possibilité, grâce aux satellites de radiodiffusion directe, de transmettre directement des programmes de télévision, il arrivera que le grand public puisse capter directement des émissions en provenance de l'étranger sans que ces dernières passent par l'intermédiaire d'un organisme national. D'épineux problèmes juridiques et politiques peuvent s'ensuivre. C'est pourquoi, le Comité des utilisations pacifiques de l'espace extra-atmosphérique des Nations Unies a créé un « Groupe de travail des satellites de radiodiffusion directe ». Divers projets de conventions ont été élaborés, dominés par deux notions clés : la liberté d'opinion et la souveraineté des Etats.

Lectures recommandées

Agostini, J. M. et Hugues, M. : *Les Effets de la publicité dans la presse et à la télévision.* Paris, 1972.

Cazeneuve, J. : *Les Pouvoirs de la télévision.* Paris, 1970.

Gerin, Elisabeth : *Les Jeunes et la télévision.* Paris, 1966.

Grivet, P. et Herreng, P. : *La Télévision.* Paris, 1969.

Halloran, J. M. : *Les Moyens d'information de la société.* UNESCO, 1970.

Meynaud, J. : *La Télévision américaine et l'information sur la politique.* Montréal, 1971.

Morin, E. : *Le Vif du sujet.* Paris, 1969.

Schmit, Brigitte et Chaumely, Jean : *L'Avenir de la télévision.* Paris, 1967.

Schram, W. ; Lyle, J. ; Parker, E. : *L'Influence de la télévision sur les enfants et les adolescents.* UNESCO, 1965.

Toulemon, André : *Code de la presse.* Paris, 1964.

Verpraet, G. : *La Télévision et ses métiers.* Paris, 1972.

Vocabulaire

AUDIO. Synonyme de *son* pour les émissions de télévision.

ENCHAÎNEMENT. Passage progressif d'une image à une autre jusqu'à ce que disparaisse totalement la première et qu'il ne reste plus que la seconde.

FONDU. Obscurcissement progressif de l'image jusqu'à obtention du noir.

MAGNÉTOSCOPE. Appareil servant à enregistrer le son et l'image sur une bande magnétique afin de les reproduire.

MÉLANGEUR D'IMAGES. Technicien qui, d'après les indications du réalisateur, change ou fond les images des différentes caméras à l'aide d'un appareil situé dans la régie.

OFF. Expression qui signifie que la personne qui parle est en dehors du champ de la caméra.

PLAN GÉNÉRAL. Prise de vues où le sujet principal est relativement loin de la caméra.

PLAN MOYEN. Plan intermédiaire entre le plan général et le gros plan. Les personnages sont coupés à mi-corps.

PLAY-BACK. Substitution, au cours d'une émission, de la voix d'un artiste — ou du son direct d'un instrument ou d'un orchestre — par un enregistrement antérieur effectué par l'artiste ou une tierce personne.

PREMIER PLAN. Prise de vues où le visage humain occupe la majeure partie de l'image. Il comprend la tête et la partie supérieure du tronc. Le *gros plan* ne représente qu'une partie précise, telle que les yeux, la bouche ou une main.

RÉGIE. *Régie finale:* salle d'où le réalisateur dirige l'enregistrement d'un programme. *Régie des caméras:* salle proche du studio dans laquelle l'on contrôle le fonctionnement des caméras qui assurent les prises de vues dans le studio. *Régie du son:* salle dans laquelle on recueille et on module les prises de son venant d'un studio.

TÉLÉCINÉMA. Appareil permettant de recueillir dans une caméra de télévision les images des films cinématographiques que l'on désire diffuser.

TÉLÉFILM. Projection cinématographique utilisée à la télévision. Dans un sens plus restreint : les films spécialement tournés pour être projetés à la télévision et dont la durée, l'encadrement, le rythme et le contenu diffèrent de ceux des films destinés aux salles de cinéma.

VIDÉO. Synonyme d'image pour les émissions de télévision.

VIDÉO-TAPE. Expression anglaise qui désigne la bande magnétique du magnétoscope servant à enregistrer un programme.

ZOOM. Objectif multiple fixé sur la caméra qui permet d'obtenir automatiquement une sensation d'éloignement ou de rapprochement de l'objet de la prise de vues.

BIBLIOTHÈQUE LAFFONT DES GRANDS THÈMES • LIVRES GT

En cent volumes, la problématique de l'homme d'aujourd'hui

Titres parus à ce jour :

1. – La Pollution
2. – L'Histoire universelle depuis 1939
3. – La Naissance d'un Enfant
4. – La Formation de la Terre
5. – La Libération de la Femme
6. – L'Origine de l'Homme
7. – Les Atomes
8. – L'Explosion démographique
9. – L'Origine de la Vie
10. – Le Système monétaire international
11. – Crise de l'Energie
12. – Le Système solaire
13. – La Pauvreté dans les Grandes Villes
14. – Le Développement économique
15. – La Crise des Institutions familiales
16. – L'Evolution des Espèces
17. – Freud et la Psychanalyse
18. – Etoiles et Galaxies
19. – L'Histoire
20. – Economie des Pays socialistes
21. – Les Océans
22. – La Musique du XXe Siècle
23. – Presse et Techniques d'Information
24. – Satellites artificiels
25. – Art abstrait et Art figuratif
26. – Tourisme et Loisirs
27. – Le Code génétique
28. – L'Argent et sa Fonction
29. – Nouvelles Tendances du Théâtre
30. – Exploration de l'Espace
31. – La Préhistoire
32. – Théorie de l'Image
33. – Cordillères, Séismes et Volcans
34. – Les Musées dans le Monde
35. – Le Cinéma contemporain
36. – L'Atmosphère et la Prévision du Temps
37. – Le Livre, hier, aujourd'hui et demain
38. – Les Mouvements pop
39. – Les Ordinateurs
40. – Fonctions de l'Architecture moderne
41. – Linguistique et Communication
42. – Le Monde végétal
43. – Les Sociétés primitives
44. – Le Cinéma, Art et Industrie
45. – Le Monde des Animaux
46. – Les Organisations internationales
47. – Le Design
48. – Le Comportement animal
49. – Hérédité, Milieu et Education
50. – La Nouvelle Agriculture
51. – La Nouvelle Mathématique
52. – Justice et Droit
53. – Systèmes et Régimes politiques
54. – Le Cerveau et le Comportement
55. – Orient et Occident
56. – L'Inflation
57. – L'Ecologie
58. – Le Cancer
59. – Races humaines et Racisme
60. – Nouveaux Produits chimiques
61. – Les Transports
62. – Le XXIe Siècle
63. – La Vie microscopique
64. – Les Religions dans le Monde actuel
65. – Les Nouvelles Professions
66. – L'Aviation
67. – L'Education sexuelle
68. – La Sociologie
69. – Origine et Evolution de l'Univers
70. – L'Art oriental
71. – L'Education permanente
72. – L'Automobile
73. – Santé et Maladie
74. – L'Electronique
75. – La Publicité
76. – L'Enfant
77. – L'Explosion de l'Education
78. – Sport et Société
79. – L'Humour
80. – La Nouvelle Pédagogie
81. – Révolution en Linguistique
82. – La Nouvelle Physique
83. – La Littérature de la Bande dessinée
84. – La Philosophie d'aujourd'hui
85. – Littérature occidentale
86. – Les Impôts
87. – Les Partis politiques
88. – La Guerre et le Désarmement
89. – Mouvements littéraires d'Avant-garde
90. – La Peinture au XXe Siècle
91. – La Planification économique
92. – Mystère, Magie et Occultisme
93. – Les Jeunes et la Contestation
94. – La Société actuelle
95. – Psychiatrie et Antipsychiatrie

Printed in Spain

gt

Studies in Choice and Welfare

For further volumes:
http://www.springer.com/series/6869

William V. Gehrlein • Dominique Lepelley

Voting Paradoxes and Group Coherence

The Condorcet Efficiency of Voting Rules

Springer

Professor William V. Gehrlein
Department of Business Administration
Alfred Lerner College
of Business & Economics
University of Delaware
303 Alfred Lerner Hall
Newark Delaware 19716
USA
wvg@udel.edu

Professor Dominique Lepelley
Faculté de Droit et d'Economie
Université de La Réunion
15, avenue René Cassin
BP 7151
97715 Saint-Denis Messag Cedex 9
Ile de La Réunion
FRANCE
dominique.lepelley@univ-reunion.fr

Studies in Choice and Welfare ISSN 1614-0311
ISBN 978-3-642-03106-9 e-ISBN 978-3-642-03107-6
DOI 10.1007/978-3-642-03107-6
Springer Heidelberg Dordrecht London New York

Library of Congress Control Number: 2010938117

Cover design: WMXDesign GmbH, Heidelberg, Germany

Printed on acid-free paper

Springer is part of Springer Science+Business Media (www.springer.com)

To three people who did a great deal for their little brother:
Gordon (Pete), Linda and Bob

A mes parents:
Françoise et René Lepelley

Preface

An extraordinary amount of research has been conducted on the general topic of Voting Paradoxes. It has been studied for over two centuries by philosophers, mathematicians, economists, political scientists and other interested people from many different backgrounds. It has fascinated numerous people to think about the very strange and counterintuitive outcomes that might possibly be observed when a group of decision makers, or voters, takes on the task of selecting a winning candidate from a set of available candidates. Books have been written to describe many of these paradoxical outcomes and to categorize them according to the types of unusual behaviors that they display.

The most famous of these paradoxical outcomes is Condorcet's Paradox, or the Condorcet Effect, which is named after the renowned eighteenth century French mathematician-philosopher who formally described the phenomenon. Condorcet wrote at length about the possibility that cyclical majorities on pairs of candidates might occur, and he made some attempts to assess the likelihood that such an outcome might happen. Condorcet was also adamant in his assertion that if some candidate, that we call a Pairwise Majority Rule Winner (PMRW), would be capable of defeating each of the other candidates on the basis of paired comparisons by majority rule, then that candidate should be selected as representing the best choice according to the voters' preferences. As a result, this principle has become known as the Condorcet Criterion.

Much effort has been expended since Condorcet's early work to obtain probability representations for the likelihood that voting paradoxes will be observed in election settings. The basic motivation has been to determine if these possible paradoxical events might actually pose real threats to elections. The level of sophistication of the techniques that have been used to assess the probability that voting paradoxes will be observed has advanced at a very significant rate in recent years. These advances have allowed for the introduction of new dimensions into the formal probability representations that can be obtained. These new dimensions specifically allow for the consideration of the degree to which a group of decision makers, or voters, displays various measures of group mutual coherence. This led to the ultimate conclusion that while Condorcet's Paradox is a fascinating concept to think about, it should actually be a rare event in actual election settings with a small number of candidates, whenever a group of voters displays any significant level of group mutual coherence for any of a number of possible measures of such coherence.

Given that as a starting point, we began this study with two objectives in mind. First, it was of interest to investigate other voting paradoxes to determine if they too would suffer the same fate of being shown to be interesting phenomena to study, while having very little chance of ever being observed in reality. The second objective resulted from the fact that since Condorcet's Paradox should be a relatively rare event, there is a high probability that a PMRW will exist, to make the Condorcet Criterion very relevant. We therefore wanted to investigate the propensity of common voting rules to elect the PMRW, with an emphasis on an analysis of the impact that various levels of group mutual coherence might have on that outcome.

Our goal throughout was to integrate the theoretical results that we were obtaining from formal probability representations with empirical results from other studies. Some voting paradoxes are definitely more paradoxical than others, and it obviously can not be shown that all voting paradoxes should be very rare events. However, the more extreme paradoxes are generally found to pose very little threat to actual elections, in agreement with empirical findings. The study of the propensities of common voting rules to meet the Condorcet Criterion produces mixed results. Most voting rules can perform very well, depending upon the model that describes the mechanism with which group mutual coherence is attained. However, it is found that while Borda Rule is not always the most effective voting rule for selecting the PMRW in all scenarios, it is resistant to the potential problem of performing very poorly. Moreover, scenarios do exist for all other common voting rules in which the possible outcome of very poor performance is a significant issue. Borda Rule is also found to have a number of very interesting additional properties, to make it a very good choice as a voting rule. This all leads us to suggest the *Borda Compromise* position, to avoid the possibility of poor performance with other voting rules, when nothing is known a priori about the general structure of preferences for a group of voters.

A significant effort was made in our literature search to include references to all work that is directly related to the specific topic of interest. Apologies are extended in advance if we accidently overlooked some relevant related studies. On a personal note, Gehrlein wishes to extend sincere gratitude to the many people who have been supportive and encouraging through the long course of this project. This particularly includes his wife Barbara Eller, who has been the most supportive and encouraging of all. Lepelley is very grateful to Maurice Salles for introducing him to the wonderful world of Voting Theory, to Bill Gehrlein for his trust and to his wife Françoise for her constant support and patience throughout these last 35 years.

Newark, DE, USA William V. Gehrlein
La Réunion Island, FRANCE Dominique Lepelley
September 2010

Contents

Chapter 1
Voting Paradoxes and Their Probabilities

1.1 Introduction

An extraordinary amount of research effort has been dedicated to the application of formal mathematical modeling techniques to the analysis of the question: "How should a group of individual decision-makers go about the process of selecting some alternative that can be viewed as being the best among a set of available alternatives?" Any group decision-making situation of this type can be viewed in the context of an election in which the available alternatives correspond to the candidates in the election, and where the alternative that is selected as the overall best corresponds to the winning candidate in the election. The individual decision-makers within the group are consequently acting as the voters in the election scenario. The first scholars to analyze such voting situations with formal mathematical modeling techniques were the eighteenth century contemporary French mathematician-philosophers Jean Charles de Borda and Marie Jean Antoine Nicolas Caritat, the Marquis de Condorcet. Thus, the mathematical analysis of this problem has a very long history.

The process of determining how groups of individual decision makers might go about selecting an overall best alternative in different situations is consistently discussed in the context of election procedures throughout this study. However, it is noted that a strong link between elections and general decision-making situations can be forged by observing that the same election procedures that we shall discuss later are used in many actual group decision-making studies, including: forestry management (Kangas et al. 2006; Palander and Laukkanen 2006), land use management (McDaniels and Thomas 1999), water resource management (Rosen and Sexton 1993; D'Angelo et al. 1998) and the evaluation of engineering designs (Dyer and Miles 1976; Dym et al. 2002).

Our attention is typically restricted to elections in which each voter has the same level of impact on the voting process, so that no subgroup of voters has more influence on the outcome of the voting process than does any other subgroup with the same number of voters once individual voter's preferences on candidates have

W.V. Gehrlein and D. Lepelley, *Voting Paradoxes and Group Coherence*,
Studies in Choice and Welfare, DOI 10.1007/978-3-642-03107-6_1,

been formed. This does not prohibit the possibility that some individuals might be more persuasive than others in arguing for their particular viewpoint during preliminary debate before voting, but once the individual voters have determined their particular preferences on the candidates, each voter will then have the same degree of influence on the election outcome.

The determination of the winner of an election is a very simple task for any situation in which all voters have the same most preferred candidate, and all voters will get their most preferred outcome if that candidate is selected as the winner. However, it should be expected that there will almost always be some disagreement among the voters in an election as to which candidate is the best for selection as the winner, so that it will not be possible for each of the individual voters to get their most preferred outcome. The determination of the particular candidate that best represents the overall most preferred candidate of the group becomes a much more difficult problem to address in that case, since many different criteria can be used to measure the degree of how well each candidate represents the position of being the overall most preferred candidate of the group.

Any group of voters will almost certainly arrive at the conclusion of applying the notion of majority rule when there are only two candidates, so that the candidate that is more preferred by the greater number of voters will be selected as the winner. A sense of fairness suggests that the group should select that candidate, in order to provide the better outcome for the most voters with our assumption of equal voter influence in the process. An extensive analysis of the issue of the fairness of majority rule voting was developed by Rousseau (1762), and Rousseau's arguments are summarized in Young (1988).

Some writers have presented arguments that oppose the notion of the basic fairness that results from implementing majority rule, and these opposing arguments are typically centered on the fact that majority rule ignores the intensity of preferences of voters. Don Joseph Isadore Morales of Spain wrote a paper after reading about some work of Jean Charles de Borda (Borda 1784) that ignored intensity of preference in voting procedures, and the content of Morales' work is discussed in Daunou (1803). One of Morales' arguments was that situations could exist in which there is a minority group of voters who have a very strong preference that an issue should be adopted, while the majority of voters are marginally opposed to having it adopted. If the sizes of the two voting groups were nearly equal in such a case, Morales argues that the strong preference of the minority should outweigh the majority opinion. This leads to the conclusion that voting procedures should ask the individual voters to report some measure of their degree of preference for candidates, as opposed to asking for simple approve or disapprove responses.

We follow the same direction as most other researchers in this area and ignore the issue of intensity of preference. Vickery (1960) summarizes the logic behind this decision by noting that most voters have significant problems simply in correctly determining any actual differences that exist between candidates, without even considering the additional complexity that would result for voting systems that attempt to evaluate the strength of preference of individual voters. However, the argument about the appropriateness of ignoring intensity of individual voter's preferences is still not fully resolved (Tullock 1959; Ward 1961; Downs 1961; Bordley 1986; Saari 1995a; Baharad and Nitzan 2002).

By ignoring the issue of intensity of preference, we are in complete agreement with ideas that are originally proposed by Condorcet (Condorcet 1788a), where it is stressed that any election procedure must be kept as simple as possible, with only a series of simple 'yes' or 'no' responses being required from voters. Condorcet's ideas in this particular area were a definite precursor to the notions that were expressed above from Vickery (1960).

1.2 The Case of More than Two Candidates

The basic concept of majority rule can take on different interpretations when more than two candidates are being considered, making the problem of selecting the winner much more complicated. Borda and Condorcet found that very counterintuitive election outcomes could be observed when these different interpretations of majority rule are used for elections with more than two candidates, and these possible unusual occurrences in voting events are referred to as *voting paradoxes*.

To develop formal definitions of these different interpretations of majority rule with more than two candidates, we start by defining some restrictions on the preferences that rational individual voters might have on candidates. Suppose that three candidates, $\{A, B, C\}$, are available for consideration in an election, and let $A \succ B$ denote the outcome that a given individual voter prefers Candidate A to Candidate B. A voter's preferences on pairs of candidates from a set of candidates are *complete preferences* if such a preference relation exists on each of the possible pairs of candidates. Since either $A \succ B$ or $B \succ A$ for all pairs of candidates like A and B when an individual voter's preferences are complete, no voter indifference is allowed to exist between any two candidates. We assume that individual voter preferences are complete for now, but this assumption will be relaxed later to allow for some voter indifference between candidates.

It is also assumed that each of the individual voters has *transitive preferences* on the candidates. Transitivity is a very commonly used requirement in the definition of rational behavior in the context of individual voter's preferences. If a given voter has preferences on pairs of candidates with $A \succ B$ and $B \succ C$, then transitivity requires that this voter must also have $A \succ C$. Transitivity prevents the existence of a situation in which any voter might respond in a cyclic fashion, such as $A \succ B$, $B \succ C$ and $C \succ A$. Condorcet (1785a) makes reference to the possibility that such cyclic preferences might exist as a "contradiction of terms", and Condorcet (1788a) later stresses the importance of developing voting models to "make such absurdities impossible." The use of the assumption of transitivity as one of the standards for rationality for individual voter's preferences has nearly universal acceptance. However, just as in the earlier discussion of the general belief that intensity of preferences should play no role in majority rule voting, some studies have been conducted to focus on the development of individual preference models to explain why it might occasionally be reasonable to expect intransitive individual preferences. Gehrlein (1990a, 1994) presents surveys of this work.

Individual voter preferences on candidates that are both complete and transitive are *linear preference rankings*, and Fig. 1.1 shows each of the six possible linear preference rankings that each voter might have in a three-candidate election.

Here, n_i denotes the number of voters that have the associated linear preference ranking on the three candidates, so that n_1 voters all have individual preferences with $A \succ B \succ C$, along with $A \succ C$ from the assumption of transitivity. Let n define the total number of voters, with $n = \sum_{i=1}^{6} n_i$. A *voting situation*, $\mathbf{n}$, denotes any particular combination of n_i's that sum to n. Voting situations just report the n_i values that are associated with each possible individual preference ranking for a given election, without specifying the preferences of any individual voter. A *voter preference profile*, or *voter profile*, gives a complete list that shows the specific linear preference order that is held by each individual voter. A voting situation can be obtained directly from a voter profile simply by determining the number of voters within the profile that have each of the possible linear preference rankings. As a result, voters' preferences are not anonymous in the case of a voter profile, but they are in a voting situation.

There are two different ways that we use to extend the notion of majority rule to the case of more than two candidates. The most obvious of these extensions is widely known as *Plurality Rule* (*PR*). Each voter casts a vote for his or her most preferred candidate with PR, and the election winner is the candidate who receives the greatest number of votes. Let ***APB*** denote the event that A beats B by PR. Assuming that all of the voters will cast votes in agreement with their true preferences, A will be the PR winner of in a three-candidate election if both ***APB*** $[n_1 + n_2 > n_3 + n_5]$ and ***APC*** $[n_1 + n_2 > n_4 + n_6]$. Voters will always be assumed to vote in accordance with their true preferences throughout this study.

Borda (1784) considers the second extension of majority rule to the case of three-candidate elections by looking at the basic majority rule relation as it is applied to pairs of candidates. Let ***AMB*** denote the event that A defeats B by *Pairwise Majority Rule* (*PMR*) when only the preferences on the pair of candidates A and B are considered in voters' preference rankings, with the relative position of C being completely ignored. Using the possible preference rankings on three candidates that are given in Fig. 1.1, it follows directly that ***AMB*** if $n_1 + n_2 + n_4 > n_3 + n_5 + n_6$, ***AMC*** if $n_1 + n_2 + n_3 > n_4 + n_5 + n_6$, and ***BMC*** if $n_1 + n_3 + n_5 > n_2 + n_4 + n_6$. Then, Candidate A will be the winner by PMR, or the *Pairwise Majority Rule Winner* (*PMRW*), for the three-candidate case when both ***AMB*** and ***AMC***. The PMRW is commonly referred to as the *Condorcet Winner* in the literature, since Condorcet was a very strong advocate of the argument that the PMRW should always be selected as the winner of an election. If voters'

A	A	B	C	B	C
B	C	A	A	C	B
C	B	C	B	A	A
n_1	n_2	n_3	n_4	n_5	n_6

Fig. 1.1 The six possible linear preference rankings on three candidates

preferences in a voting situation are such that both *AMC* and *BMC*, then *C* is the *Pairwise Majority Rule Loser* (*PMRL*) for the three-candidate case. The definitions of PMR, PMRW and PMRL are extended in the obvious fashion when there are more than three candidates in an election. It is possible that a PMR tie can exist on a pair of candidates when n is even, and such ties are not considered with the definition of PMR that is given above, to make this definition refer to a *Strict PMR*, *Strict PMRW* and *Strict PMRL*.

Both Borda and Condorcet made some fascinating mathematically based observations about some of the possible paradoxical results that can be observed when more than two candidates are being considered in voting situations with these definitions of PR and PMR. These paradoxical results are discussed in detail in the next section as part of a general overview of the many different types of voting paradoxes that can be observed.

1.3 Voting Paradoxes

Many surveys of voting paradoxes exist in the literature (Fishburn 1974a; Brams 1976; Niemi and Riker 1976; Petit and Térouanne 1987; Nurmi 1998). Nurmi (1999) categorizes voting paradoxes into four groups: Incompatibility Paradoxes, Monotonicity Paradoxes, Choice Set Paradoxes and Representation Paradoxes. These results are summarized in the context of earlier discussion, following Gehrlein and Lepelley (2004), with some additional results. Representation Paradoxes that are presented in Nurmi (1999) are not directly related to the topic of the current study, so they are not discussed. Most of the paradoxes that are mentioned below will be discussed in detail later in this study. For now, we only give a brief overview of the types of voting paradoxes that can be observed.

1.3.1 Incompatibility Paradoxes

Incompatibility Paradoxes represent voting situations in which there are multiple reasonable definitions as to which candidate should be viewed as being the 'best' possible candidate among the set of available candidates, and where these definitions cannot be satisfied simultaneously by a voting rule. When we apply this notion with the two reasonable definitions of having the 'best' candidate being determined by the use of PMR to obtain the PMRW and the use of PR to determine the winner, three classic incompatibility paradoxes can be observed.

1.3.1.1 Condorcet's Paradox

Condorcet's Paradox is developed in Condorcet (1785b) with a famous example of a voting situation with 60 voters on three candidates, as shown in Fig. 1.2.

Fig. 1.2 A voting situation showing a PMR cycle from Condorcet (1785b)

A	B	B	C	C
B	A	C	A	B
C	C	A	B	A
$n_1 = 23$	$n_3 = 2$	$n_4 = 17$	$n_5 = 10$	$n_6 = 8$

Condorcet notes a very strange outcome, which he referred to as a "*contradictory system*", when PMR is used with this voting situation. In particular, we find that PMR comparisons lead to: ***AMB*** (33–27), ***BMC*** (42–18), and ***CMA*** (35–25). So, there is an intransitive cycle on the PMR relation on the three candidates, with no candidate emerging as being superior to each of the remaining candidates. Given Condorcet's strong arguments that the PMRW should always be selected as the winner of an election, we are left with a difficult question in this case: 'Which candidate should be selected as the winner, when a majority of voters would prefer that another candidate should be selected as the winner, regardless of which candidate you select?'

Condorcet (1785c) continues with his analysis of intransitive PMR voting situations, to show that there might be a PMRW with more than three candidates, while a PMR cycle might exist among some subset of the remaining candidates. Thus, a distinction is made between the possibility that there is a PMRW and the possibility that the PMR is completely transitive over all candidates. With only three candidates, the existence of a PMRW ensures that the PMR ranking is transitive for odd n. Condorcet notes that the possible existence of this situation on more than three candidates is of no consequence to the superiority of the PMRW among the candidates, as long as only one candidate is being elected.

It was noted earlier that Condorcet was quite adamant in his argument that a lack of transitivity of preference for individual voters was so contradictory, that a system must be used to eliminate "such absurdities". However, after eliminating intransitivity from the preferences of individual voters, we find that collective choice of voters with PMR still might produce intransitive results, suggesting that an irrational response can exist in the collective choice of a set of rational voters. An exhaustive survey of research on Condorcet's Paradox is presented in Gehrlein (2006a) and much of what we present on that particular topic in the current study is taken from that source.

1.3.1.2 Borda's Paradox

Borda's Paradox results from a very interesting observation regarding possible conflicts between the outcomes of using PMR and PR to determine the winner of an election in Borda (1784). Borda's original example of this phenomenon uses the voting situation in Fig. 1.3 for 21 voters with linear preferences in a three-candidate election.

If PR is used with the voting situation in Fig. 1.3, ***APB*** (8–7), ***APC*** (8–6) and ***BPC*** (7–6) to give a linear ranking by PR, with ***APBPC***. A very different result is

A	A	B	C
B	C	C	B
C	B	A	A
$n_1 = 1$	$n_2 = 7$	$n_5 = 7$	$n_6 = 6$

Fig. 1.3 An example voting situation displaying Borda's Paradox from Borda (1784)

observed using PMR. Here, *BMA* (13–8), *CMA* (13–8) and *CMB* (13–8) to give a linear PMR ranking, with *CMBMA*. With this particular voting situation, PR and PMR reverse the election rankings on the three candidates. We refer to this specific phenomenon as representing an occurrence of a *Strict Borda Paradox*.

Borda was particularly distressed by the fact that the PMRL could be chosen as the winner by PR, leading to his suggestion that PR should never be used. Borda (1784) also suggests that Candidate C, the PMRW, "is really the favourite" for the voting situation in Fig. 1.3, in agreement with the arguments of Condorcet. However, the primary concern that is expressed in Borda's work is the possibility of the negative outcome that the PMRL could be selected as the winner by PR. We define a *Strong Borda Paradox* as a situation in which PR elects the PMRL, without necessarily having a complete reversal in PR and PMR rankings. The least stringent form of this general paradox is a *Weak Borda Paradox*, in which PR reverses the rankings by PMR on some pair of candidates, without necessarily electing the PMRL as the overall PR winner.

Borda (1784) proposed an election procedure to be used in order to deal with the possibility that various forms of Borda's Paradox might occur. The procedure that he referred to as "*election by order of merit*" has come to be widely known as *Borda Rule* (*BR*). Each voter starts the implementation of BR by listing their respective preference ranking on the candidates, where a rank of one refers to a voter's least preferred candidate and a rank of m refers to the voter's most preferred candidate in an m-candidate election. Then, each voter's most preferred candidate is given $a + (m-1)b$ points, the second most preferred candidate is given $a + (m-2)b$ points, and so on until the least preferred candidate is given $a + (m-m)b$ points. The election winner is determined by summing the points that each candidate receives from all of the voters, and declaring the candidate with the most points as the winner. Borda suggests using the particular weighting scheme with $a = b = 1$, so that the number of points that are awarded to a candidate by a given voter is equivalent to the rank that the candidate has in that voter's preference ranking on the candidates.

For a general voting situation, as described in Fig. 1.1, with n voters and three candidates, the *Borda Score* for A, B and C under BR with a weighting scheme with $a = b = 1$ would respectively be $BS(A)$, $BS(B)$ and $BS(C)$ with:

$$\begin{aligned}
BS(A) &= 3(n_1 + n_2) + 2(n_3 + n_4) + 1(n_5 + n_6)\\
BS(B) &= 3(n_3 + n_5) + 2(n_1 + n_6) + 1(n_2 + n_4)\\
BS(C) &= 3(n_4 + n_6) + 2(n_2 + n_5) + 1(n_1 + n_3).
\end{aligned} \tag{1.1}$$

For the particular example that is taken from Borda (1784) in Fig. 1.3, we obtain $BS(C) = 47$, $BS(B) = 42$, and $BS(A) = 37$. If we let ABB denote the event that A beats B by BR, we get a linear ranking on the candidates, with $CBBBA$. This ranking of candidates by BR is now in the reverse order of the ranking with PR, and it is in perfect agreement with the ranking that was obtained by PMR. Borda (1784) never clearly stated that the ranking with BR would always be the same as the ranking with PMR, and this is not true for all voting situations. It is also obvious that the definition of the Borda Score for any candidate in (1.1) is effectively equivalent to using a procedure that simply counts the total number of instances in which this given candidate is preferred to other candidates in voter preference rankings.

1.3.1.3 Condorcet's Other Paradox

Condorcet (1785c) develops the general notion of a *Weighted Scoring Rule* (*WSR*), and BR is a special case of this type of rule. A general WSR gives some number of points to candidates according to their relative position within each individual voter's preference ranking. BR with $a = b = 1$ is a form of a WSR that assigns weights of 3, 2 and 1 respectively for each first, second and third place ranking in voters' preferences. The winner is then determined as the candidate who receives the most total points. For three-candidate elections, we consistently define a WSR as one that assigns weights of 1, λ and 0 for each first, second and third place ranking in voters' preferences. We restrict $0 \leq \lambda \leq 1$ since it would not make sense to award more points to the middle ranked candidate in a voter's preference ranking than to the most preferred candidate in the ranking, or to award fewer points to the middle ranked candidate than to the least preferred candidate. It is very simple to show that BR is completely equivalent to our definition of a WSR with $\lambda = 1/2$.

Condorcet (1785c) gives the example voting situation in Fig. 1.4 to show a phenomenon that Fishburn (1974a) refers to as *Condorcet's Other Paradox*.

Condorcet notes that AMB (41-40) and AMC (61-20) in this voting situation, so that Candidate A is the PMRW, and then goes on to compute $Score(A, \lambda)$ and $Score(B, \lambda)$ for the WSR with weights 1, λ and 0, with:

$$\begin{aligned} Score(A, \lambda) &= 1^*31 + \lambda^*39 + 0^*11 \\ Score(B, \lambda) &= 1^*39 + \lambda^*31 + 0^*11. \end{aligned} \tag{1.2}$$

A	A	B	C	B	C
B	C	A	A	C	B
C	B	C	B	A	A
$n_1 = 30$	$n_2 = 1$	$n_3 = 29$	$n_4 = 10$	$n_5 = 10$	$n_6 = 1$

Fig. 1.4 A voting situation showing Condorcet's Other Paradox from Condorcet (1785c)

In order for Candidate A to be elected by this WSR, we must have:

$$\begin{aligned} &Score(A,\lambda) > Score(B,\lambda)\\ &31 + 39\lambda > 39 + 31\lambda\\ &8\lambda > 8\\ &\lambda > 1. \end{aligned} \tag{1.3}$$

This contradicts our definition of a WSR, so that no WSR, including BR, can elect the PMRW in this example, which is Condorcet's Other Paradox.

1.3.2 Monotonicity Paradoxes

Monotonicity Paradoxes represent situations in which some reasonable definition has been established to determine which candidate should be viewed as being the 'best' available candidate, and where a voting rule has been selected and that voting rule is not monotonic. *Monotonicity* of a voting rule requires consistency of election outcomes as voters' preferences change. That is, increased support (decreased support) for a candidate in voters' preferences should not be detrimental (beneficial) to that candidate in the election outcome.

1.3.2.1 No Show Paradox

The *No Show Paradox* is developed in Brams and Fishburn (1983a), with an example in which some subset of voters chooses not to participate in an election, and then prefers the resulting winner to the winner that would have been selected if they had actually participated in the election. The winner of an election is determined by *Negative Plurality Elimination Rule* (*NPER*) in a three-candidate election in this example. A *two-stage election procedure* is needed to implement NPER. In the first stage, voters cast votes for their two more preferred candidates. The candidate that receives the fewest number of votes is then eliminated, and the ultimate winner is selected in the second stage by using PMR on the remaining two candidates. The voting rule that is used in the first stage is referred to as *Negative Plurality Rule* (*NPR*) since it is equivalent to having each voter cast a negative vote against their least preferred candidate, with the candidate who receives the most negative votes being eliminated.

Consider a voting situation with 21 voters and three candidates $\{A,B,C\}$, as shown in Fig. 1.5 from Brams and Fishburn (1983a).

In the first stage of voting with NPR, Candidates A, B, and C receive 15, 14 and 13 votes respectively. Candidate C is therefore eliminated in the first stage and then BMA by a vote of 11 to 10 in the second stage, to select B as the overall winner.

Fig. 1.5 An example voting situation from Brams and Fishburn (1983a)

A	A	B	C	B	C
B	C	A	A	C	B
C	B	C	B	A	A
$n_1=3$	$n_2=5$	$n_3=5$	$n_4=2$	$n_5=3$	$n_6=3$

Fig. 1.6 The modified example voting situation from Brams and Fishburn (1983a)

A	A	B	C	B	C
B	C	A	A	C	B
C	B	C	B	A	A
$n_1=1$	$n_2=5$	$n_3=5$	$n_4=2$	$n_5=3$	$n_6=3$

Voters in this voting situation with the linear preference ranking $A \succ B \succ C$ would not get their most preferred candidate, since B is the election winner. Suppose that two of these particular voters had not participated in this election for some reason. The voting situation that would have resulted is shown in Fig. 1.6.

In the first stage of voting on this modified voting situation with NPR with 19 voters, Candidates A, B, and C receive 13, 12 and 13 votes respectively. Candidate B is eliminated in the first stage and then AMC by a vote of eleven to eight in the second stage. Since the winner in this modified voting situation is A, the two voters with linear preferences $A \succ B \succ C$ who did not participate will now have their most preferred candidate chosen as the winner. These two voters have therefore obtained a more preferred outcome from the election with NPER by not participating in the election, which violates the definition of monotonicity.

NPER does not necessarily elect the PMRW. However, Moulin (1988a) proved that any election procedure that does meet the condition that it must select the PMRW, when one exists on four or more candidates, must be subject to the possibility that the No Show Paradox can be observed. Pérez (2001) produces the same general observation as Moulin (1988) while considering two variations of this paradox. Ray (1986) had previously developed the notion of the No Show Paradox in the context of a less commonly used voting rule known as Single Transferable Vote.

1.3.2.2 Additional Support Paradox

The *Additional Support Paradox* reverses the scenario of the No Show Paradox. In this case, a specified candidate will win with some voting rule for a given voting situation. Then, a new voting situation is created from the original voting situation in which some voters increase their support for the winning candidate by improving the position of that candidate in their preference rankings, with all other things remaining the same. Then, the voting rule winner in the modified voting situation is no longer the original winning candidate. This situation violates the notion of monotonicity, and this paradox is discussed in Richelson (1979), Straffin (1980), Fishburn (1982), and Nurmi (1987).

1.3.3 Choice Set Variance Paradoxes

Choice Set Variance Paradoxes represent situations in which a series of propositions are put before voters, where each individual issue will be approved or disapproved by majority rule voting. A paradoxical result then arises when the overall final election outcome on the propositions represents a result that is somehow inconsistent with the underlying preferences of the voters.

1.3.3.1 Ostrogorski's Paradox

Suppose that there are m independent issues that are to be presented to n voters and that each individual issue will be approved or disapproved by majority rule voting. There are two parties, R and L, that have opposing positions on each of the issues. Each voter therefore has a position that is in agreement with either Party R or Party L on each individual issue, but each voter does not necessarily agree with the position of the same party on every issue. A voter is considered to be a member of Party R (Party L) if their individual position on issues is in agreement with Party R (Party L) over a majority of the issues that are being considered. The outcome of voting on each issue will be determined to be in agreement Party R, or Party L, based on the majority rule outcome of voting on that issue. A *Strict Ostrogorski Paradox* occurs if a majority of voters have preferences that make them members of Party R (Party L), while Party L (Party R) has an election outcome on every issue that is in agreement with its position. A *Weak Ostrogorski Paradox* occurs if a majority of voters have preferences to make them members of Party R (Party L), while Party L (Party R) has a majority of election outcomes on issues that are in agreement with its position. This paradox was first presented in Ostrogorski (1902) and it will be discussed in detail in Chap. 4.

1.3.3.2 Majority Paradox

As in the description of Ostrogorski's Paradox, there are m issues that will be presented to n voters, and each issue will be approved or disapproved by majority rule voting. Parties R and L have opposing positions on each issue, and each voter has a position on each issue that is in agreement with either Party R or Party L. Each voter does not necessarily agree with the position of the same party on every issue. The outcome of voting on each issue will be in agreement Party R or Party L, based on the majority rule voting. Party R (Party L) is the *Overall Majority Party* (*OMP*) if there are more R (L) entries than L (R) entries in the mn different party position associations for preferences of the voters over all of the issues.

The *Majority Paradox* occurs if the OMP is selected as the winner in a minority of elections on issues. There can not be a Strict Majority Paradox, as in the case of Ostrogorski's Paradox, since if any party is the winner by majority rule for every issue, then that same party must also be the OMP. The Majority Paradox was presented in Feix et al. (2004) and it will be discussed in detail in Chap. 4.

1.3.3.3 Paradox of Multiple Elections

The *Paradox of Multiple Elections* was first presented in Brams et al. (1998), where there are m independent issues that are to be presented to n voters in a series of elections. Parties R and L have opposing positions on each of the issues, and each voter has a position on each issue that is in agreement with either Party R or Party L. Each voter does not necessarily agree with the position of the same party on every issue. The outcome of voting on each issue is determined to be in agreement Party R or Party L, based on majority rule voting. The Paradox of Multiple Elections occurs if there is not at least one voter who has preferences that are in agreement with Party L – Party R positions on each of the individual issues that are in agreement with final Party R – Party L position association of the majority rule vote outcomes on issues.

1.3.3.4 Consistency Condition Paradox

The *Consistency Paradox* occurs when the winner by some voting rule for a given voting situation is not the same as the winner by the same rule on a subset of candidates that includes the original winner. The voters' preference rankings on the subset of candidates in the modified voting situation are assumed to remain the same as their relative ranking in the original voting situation. Variations of this paradox will be considered in detail in Chap. 7.

1.4 Empirical Evidence of the Existence of Voting Paradoxes

The voting paradox descriptions that are summarized above indicate that there is a distinct possibility that very counterintuitive election outcomes might be observed and create disruptions to elections. It is only natural that many empirical studies have been conducted to determine if any of these voting paradoxes pose a realistic threat to real election procedures.

1.4.1 Empirical Evidence of Condorcet's Paradox

Condorcet's Paradox has received the great majority of attention in this line of investigation, since it results in the arguably most counterintuitive election outcome. Table 1.1 summarizes the results of numerous empirical studies that were discussed in detail in Gehrlein (2006a), along with some more recent results.

Table 1.1 A summary of empirical studies looking for Condorcet's Paradox

Source	Number of Elections	Candidates m	Voters n	Strict PMRW	Transitive PMR
Flood (1955)	1	16	21	Yes	No (1)
Riker (1958)	1	4	255	No (1)	No (1)
Riker (1965)	1	3	426	No (1)	No (1)
Niemi (1970)	18	3–6	81–463	No (4)	No (4)
Blydenburgh (1971)	2	3	386	No (1)	No (1)
Fishburn (1973a)	1	5	175	Yes	Yes
Bjurulf and Niemi (1978)	1	3	87	No (1)	No (1)
Dyer and Miles (1976)	1	36	10	Yes	No (1)
Riker (1982)	2	3–4	172+	No (2)	No (2)
Toda et al. (1982)	1	6	5281	Yes	Yes
Dobra (1983)	32	3–37	4–27	No (4)	No (?)
Chamberlin et al. (1984)	5	5	11000+	Yes	Yes
Dietz and Goodman (1987)	1	4	Large	Yes	Yes
Fishburn and Little (1988)	3	3–5	1500+	Yes	Yes
Rosen and Sexton (1993)	1	4	31	Yes	Yes
Radcliff (1994)	4	3	Large	Yes	Yes
Abramson et al. (1995)	4	3	Large	Yes	Yes
Gaubatz (1995)	1	4	Large	No (1)	No (1)
Browne and Hamm (1996)	1	3	621	No (1)	No (1)
Lagerspetz (1997)	10	3–4	300	No (2)	No (2)
Beck (1997)	3	4–8	20	No (1)	No (1)
Flanagan (1997)	1	3	224	No (1)	No (1)
Morse (1997)	1	4	52	No (1)	No (1)
Taylor (1997)	1	3	Large	Yes	Yes
Hsieh et al. (1997)	1	3	450	Yes	Yes
Taplin (1997)	1	4	12	Yes	Yes
Regenwetter and Grofman (1998)	7	3	Large	No (1)	No (1)
Truchon (1998)	24	5–9	5–23	Yes	No (15)
Van Deemen and Vergunst (1998)	4	9–13	1500	Yes	Yes
Stensholt (1999a)	1	3	165	No	No
Kurrild-Klitgaard (2001)	1	3	Large	No	No
Regenwetter et al. (2002a)	8	3	Large	Yes	Yes
Regenwetter et al. (2002b)	3	3	Large	Yes	Yes
Wilson (2003)	1	3	Large	Yes	Yes
Gehrlein (2004a)	2	12–18	5	Yes	No (1)
Kurrild-Klitgaard (2008)	8	9–11	1000+	Yes	Yes
Smith (2009)	1	4	Large	No (1)	No (1)

The results in this table require that Strict PMR relations hold for the existence of a PMRW and for PMR transitivity.

To interpret the results in Table 1.1, we note for example that the study by Chamberlin et al. (1984) considers five different elections with five candidates in each election. There were at least 11000 voters in each election and the results showed that a PMRW existed in each case and that PMR was completely transitive in each case. The study in Niemi (1970) consisted of an examination of 18 elections, with the number of candidates ranging from 3 to 6 and the number of voters ranging from 81 to 463. A PMRW did not exist in four of the elections and PMR was not completely transitive in those same four elections. Obviously, if a PMRW does not exist for a voting situation then PMR can not be transitive for that voting situation. The study by Truchon (1998) found that a PMRW existed for all 24 elections that were considered, but that PMR was not transitive in 15 of these elections.

The results of Table 1.1 indicate that there is a possibility that Condorcet's Paradox might be observed, but that it probably is not a widespread phenomenon. This notion is further reinforced by two factors. First, it is much more likely that an observer would make the effort to write about examples in which they believed that this very interesting paradox might have occurred than they are to do so when it is not believed that such a paradox occurred.

The second major factor that has an impact on the relevance of these empirical studies was primarily promoted by Riker (1982), who presents many historical examples in which Condorcet's Paradox seems to have been present. Riker argues strongly that the existence of PMR cycles have typically been created artificially by the introduction of amendments, by the introduction of campaign issues, or by the misrepresentation of voters' preferences to manipulate the outcome of an election. Bjurulf and Niemi (1978), Chamberlin (1986), Levmore (1999), and Tullock (2000) all agree with Riker, to varying degrees, that PMR cycles are typically contrived. However, the ability of individuals to create artificial PMR cycles to the degree that Riker suggests is disputed. For example, Maske and Durden (2003) present a survey of some opposing viewpoints to Riker's arguments. Other studies, such as Browne and Hamm (1996), clearly state that no evidence was found of strategic misrepresentation of any kind in the actual situations for which a PMR cycle was found. An analysis of the studies in Table 1.1 also indicates that PMR cycles were found to exist in situations in which there is no plausible reason to expect that any type of manipulation to create PMR cycles would have been taking place. In conclusion, these empirical studies provide very strong evidence that Condorcet's Paradox has been observed in some voting situations. However, it should not be expected to be an event that occurs frequently, and the likelihood of its occurrence is quite possibly overstated in the results of Table 1.1, for the reasons that are noted above.

Tideman (1992) performs the most thorough study of empirical data to determine if PMR cycles ever actually exist. The results of 84 different elections that were overseen by the Electoral Reform Society of Great Britain and Ireland are examined in that study along with the results of three additional elections. Voters were requested to rank all of the candidates in all cases, but they did not always do so. Candidates that were not reported in a voter's ranking were all listed as being indifferent to each other, and they were all ranked at the bottom of the voter's preferences. The number of candidates ranged from 3 to 29 and the number of voters ranged from nine to 3,500. There was complete transitivity, allowing for tied PMR voting, in 61 of the 87 elections.

Tideman makes a number of very interesting general observations for the 26 remaining elections in the study for which strict PMR was not completely transitive. Moreover, all of these observations are totally consistent with the results of all of the empirical studies that are summarized in Table 1.1:

- Elections with a few candidates almost always have transitive PMR orderings.
- Pairs of candidates that are ranked by a small number of voters are more likely to be involved in a PMR cycle than pairs that are ranked by many voters.
- The size of majorities on pairs that are involved in PMR cycles tends to be small, even after accounting for the fact that these typically involve a small number of voters.
- Candidates that are involved in PMR cycles tend to be located near the center of the overall PMR ranking. So, candidates that are most preferred, or most disliked, by the electorate are not likely to be involved in PMR cycles.
- PMR cycles typically contain pairs that are ranked relatively close together in the overall PMR ranking.

1.4.2 Empirical Evidence of Borda's Paradox

Borda's Paradox also is certainly counterintuitive, but the possibility of its existence is not as striking as the possibility that Condorcet's Paradox might occur. As a result, fewer empirical studies have been conducted in attempts to discover if any of the forms of Borda's Paradox that were discussed above have occurred in practice. Table 1.2 summarizes the results of these studies, and there were a large number of voters in all cases.

A total of 270 elections were analyzed in the studies from Table 1.2, and the results for the first study are obtained from combined information from Weber (1978a) and Riker (1982). There was only one observation of a Strict Borda Paradox, and only five of the studies that only looked at a single election showed evidence that a Strong Borda Paradox occurred. There is much more evidence that a Weak Borda Paradox might occur. These findings are consistent with the general

Table 1.2 Summary of empirical studies looking for Borda's Paradox

Source	Number of Elections	Candidates m	Strict Borda Paradox	Strong Borda Paradox	Weak Borda Paradox
Weber (1978a), Riker (1982)	1	3	No	Yes	Yes
Riker (1982)	1	3	No	Yes	Yes
Van Newenhizen (1992)	1	3	No	Yes	Yes
Taylor (1997)	1	3	No	Yes	Yes
Colman and Poutney (1978)	261	3	No	No	Yes (14)
Bezembinder (1996)	4	7	No	No	Yes (?)
Niou (2001)	1	3	Yes	Yes	Yes

conclusion in Fishburn (1974a), where a survey of different voting paradoxes is given. Monte-Carlo computer simulation estimates were obtained for the likelihood that each paradox might occur, and it was concluded that the most extreme forms of voting paradoxes are probably very rare in practice.

All of these findings lead to the ultimate conclusion that Borda's Paradox can exist, although it might not be a regularly observed phenomenon. As in the case of the empirical evidence of Condorcet's Paradox, it is much more likely that an observer would make the effort to write about examples in which they believed that an interesting voting paradox might have occurred than they are to do so when it is not believed that such a paradox occurred. So, the results in Table 1.2 are likely to overestimate the probability that various forms of Borda's Paradox might be observed in practice.

1.5 Probability Representations for Voting Paradoxes

Many studies have been conducted to develop formal mathematical representations for the probability that various voting paradoxes might be observed, and this particular approach to the problem is the primary focus of the current study. The history of studies of this type goes back to the work of Condorcet, who wrote the following statement while discussing his extensive work on the analysis of election procedures and voting paradoxes (Condorcet 1793, p. 7):

> But after considering the facts, the average values or the results, we still need to determine their probability.

The degree of sophistication that has been used in the methods that have been developed to obtain these probability representations has evolved significantly over the more recent decades since the work of Guilbaud (1952), which will be discussed later. This increased degree of sophistication has largely resulted from efforts that were being made to reconcile the predicted likelihoods of voting outcomes from these mathematical models with the observed likelihoods of their outcomes from empirical studies. In each of these models, different assumptions are made about the relative likelihood that a randomly selected voter profile or voting situation will be observed, so that various measurable characteristics of the resulting voter profiles or voting situations that are generated by these models will change. As an ultimate result of these studies, much has been learned about the relationship between these measurable characteristics of voter profiles or voting situations and the probability that different voting paradoxes will be observed.

We discuss these various mathematical modeling procedures here as they apply to the development of probability representations for the likelihood that Condorcet's Paradox will be observed, since Condorcet's Paradox has received the most attention in the literature. Surveys of much of this work are given in Gehrlein (1983, 1997). The same models will then be brought back later in the process of developing representations for the probability of observing other voting paradoxes.

Once the notions behind these models are presented, we shall go on to consider the distinctions between these different models and to assess what can be discerned from the results that are obtained from each. The first studies in this area considered the likelihood that various voter profiles will be observed, so that is where we begin.

1.5.1 Multinomial Probability Models for Voter Profiles

The probability that any given voter preference profile will be observed can be considered to be the result of the random selection of n individual voter's preference rankings on the candidates. In this situation, we let $\boldsymbol{p}$ denote a six-dimensional vector for the three-candidate case, where p_i denotes the probability that a randomly selected voter from the population of potential voters will have the corresponding possible linear preference ranking on candidates that is shown in Fig. 1.7. That is, a randomly selected voter will have the linear preference ranking $A \succ B \succ C$ with probability p_1. We also make a critical assumption here that each voter's preference ranking on candidates is arrived at independently of the other voters' preferences.

Following the standard methods that are used in a classical analysis of this type of problem with probability modeling, we start with an urn that contains some total number of balls, with each ball being one of six different colors. Each color corresponds to one of the six possible linear preference rankings on the three candidates. The proportions of the total number of balls of each color in the urn are equal to their associated probabilities for the population that are specified in $\boldsymbol{p}$. Then, balls are sequentially drawn at random from the urn n different times, with the selected ball being returned to the urn after its color is noted on each draw. The random selection of balls is being done with replacement during the experiment so that the probability of observing any particular possible preference ranking for an individual voter does not change from draw to draw. The color of the ball that is drawn during the ith step of this sequential drawing is used to assign the associated linear preference ranking to the ith voter before the ball is placed back in the urn. Following previous discussion, this procedure is used to obtain voter preference profiles in which the preferences of each individual voter are identifiable, so that the voter's preferences are not anonymous.

A multinomial probability model is appropriate for use in developing representations for observing any particular given event under such an experiment. As noted previously, the voting situation, $\boldsymbol{n}$, that results from any given voter preference profile with its identifiable voters can be obtained simply by determining the

A	A	B	C	B	C
B	C	A	A	C	B
C	B	C	B	A	A
p_1	p_2	p_3	p_4	p_5	p_6

Fig. 1.7 Probabilities for the six linear preference rankings on three candidates

number of voters in the voter preference profile that have each of the six possible linear preference rankings. The probability that any given $\boldsymbol{n}$ will be observed from the identifiable voters in a randomly generated voter preference profile is then given directly by the multinomial probability $n!\prod_{i=1}^{6}\frac{p_i^{n_i}}{n_i!}$.

The probability that any particular voting paradox will be observed can be obtained quite simply by enumerating all of the possible voting situations that lead to the existence of the given paradox, and summing the associated probabilities that each of these voting situations will be observed. For now, we restrict attention to the probability that Condorcet's Paradox will be observed, by considering the probability that a Strict PMRW will exist on three candidates.

The general restrictions that are necessary for a voting situation to have Candidate A as the strict PMRW for the case of odd n follows from earlier discussion as:

$$\begin{aligned} n_3+n_5+n_6 &\leq \frac{n-1}{2} \Rightarrow AMB \\ n_4+n_5+n_6 &\leq \frac{n-1}{2} \Rightarrow AMC. \end{aligned} \tag{1.4}$$

The restrictions that are needed for the individual n_i terms to result in the conditions in (1.4) are given by:

$$\begin{aligned} &0 \leq n_6 \leq \frac{n-1}{2} \\ &0 \leq n_5 \leq \frac{n-1}{2} - n_6 \\ &0 \leq n_4 \leq \frac{n-1}{2} - n_6 - n_5 \\ &0 \leq n_3 \leq \frac{n-1}{2} - n_6 - n_5 \\ &0 \leq n_2 \leq n - n_6 - n_5 - n_4 - n_3 \\ &n_1 = n - n_6 - n_5 - n_4 - n_3 - n_2. \end{aligned} \tag{1.5}$$

A representation for the probability, $P_{PMRW}^{\{A\}}(3,n,\boldsymbol{p})$, that Candidate A is the strict PMRW for odd n for any given $\boldsymbol{p}$ follows directly as

$$P_{PMRW}^{\{A\}}(3,n,\boldsymbol{p}) = \sum_{n_6=0}^{\frac{n-1}{2}} \sum_{n_5=0}^{\frac{n-1}{2}-n_6} \sum_{n_4=0}^{\frac{n-1}{2}-n_6-n_5} \sum_{n_3=0}^{\frac{n-1}{2}-n_6-n_5} \sum_{n_2=0}^{n-n_6-n_5-n_4-n_3} n!\prod_{i=1}^{6}\frac{p_i^{n_i}}{n_i!}, \tag{1.6}$$

where $n_1 = n - n_6 - n_5 - n_4 - n_3 - n_2$. Similar logic can then be used to find representations for the probability that each of B and C is the PMRW. The probability, $P_{PMRW}^{S}(3,n,\boldsymbol{p})$, that a Strict PMRW exists for a given $\boldsymbol{p}$ with n voters for three-candidate elections is then be obtained as the sum of these three representations.

Gehrlein and Fishburn (1976a) develop a simpler probability representation for $P^S_{PMRW}(3, n, \boldsymbol{p})$ for odd n that only requires a three-summation function as:

$$P^S_{PMRW}(3, n, \boldsymbol{p})$$
$$= \sum_{m_1=0}^{\frac{n-1}{2}} \sum_{m_2=0}^{\frac{n-1}{2}-m_1} \sum_{m_3=0}^{\frac{n-1}{2}-m_1} \frac{n!}{m_1!\, m_2!\, m_3!\, m_4!} \left\{ \begin{array}{c} (p_5+p_6)^{m_1} p_3^{m_2} p_4^{m_3} (p_1+p_2)^{m_4} + \\ (p_2+p_4)^{m_1} p_1^{m_2} p_6^{m_3} (p_3+p_5)^{m_4} + \\ (p_1+p_3)^{m_1} p_5^{m_2} p_2^{m_3} (p_4+p_6)^{m_4} \end{array} \right\}. \quad (1.7)$$

Here, $m_4 = n - m_1 - m_2 - m_3$. The logic that leads to the representation in (1.7) is a straightforward extension of the representation in (1.6), and Gillett (1976, 1978) independently developed the same result. The Dual Culture Condition and the Impartial Culture Condition are two special cases of this general multinomial probability model that have received significant attention in the literature.

1.5.1.1 Dual Culture Condition

The *Dual Culture Condition* (*DC*) represents a special case of $\boldsymbol{p}$ vectors with $p_1 = p_6$, $p_2 = p_5$ and $p_3 = p_4$. This notion comes from Gehrlein (1978), and it represents the case in which the probability that a randomly selected voter has any preference ranking on candidates is the same as the probability that the same voter has the dual, or inverted, preference ranking on the candidates, as seen in Fig. 1.7.

Let $\Delta(A, B)$ denote the difference between the sum of the p_i values for linear preference rankings with $A \succ B$ and $B \succ A$. The same definition is extended in the obvious fashion to all pairs of candidates, so that

$$\begin{aligned} \Delta(A, B) &= p_1 + p_2 + p_4 - p_3 - p_5 - p_6 \\ \Delta(A, C) &= p_1 + p_2 + p_3 - p_4 - p_5 - p_6 \\ \Delta(B, C) &= p_1 + p_3 + p_5 - p_2 - p_4 - p_6 \end{aligned} \quad (1.8)$$

When each voter's preferences are independent of all other voters' preferences, a randomly selected voter will be more likely to have a preference ranking with $A \succ B$ than $B \succ A$ if $\Delta(A, B) > 0$. And, there is a *complete balance* on the basis of expected value for a randomly selected individual voter's preferences on all pairs of candidates, as defined in Gehrlein (2002a), when $\Delta(A, B) = \Delta(A, C) = \Delta(B, C) = 0$, and this complete balance of individual voter's preferences on all pairs of candidates for $\boldsymbol{p}$ vectors only exists with DC.

This discussion leads to the conclusion that any results that are obtained with the assumption of DC represent an extreme case in which no candidate has any expected advantage whatsoever when the preferences for a pair of candidates are examined for a voter that is randomly selected from the population of voters. It is important to note that this balance of preferences applies to preferences on pairs of candidates with DC. It does not preclude the possibility that some candidates might be ranked as most preferred, or least preferred, in the preference ranking of a randomly selected voter with greater likelihood than some other candidate. For example, DC applies if $p_1 = p_6 = 1/2$ and $p_2 = p_3 = p_4 = p_5 = 0$, so that A and C must always be ranked as either most or least preferred in a randomly selected voter's preference ranking, while B must always be ranked in the middle.

Using the representation for $P^S_{PMRW}(m, n, \boldsymbol{p})$ in (1.7) with the definition of DC, a representation for $P^S_{PMRW}(m, n, DC)$ for any $\boldsymbol{p}$ in the DC subset follows as:

$$P^S_{PMRW}(3,n,DC) = \sum_{m_1=0}^{\frac{n-1}{2}} \sum_{m_2=0}^{\frac{n-1}{2}-m_1} \sum_{m_3=0}^{\frac{n-1}{2}-m_1} \frac{n!}{m_1!m_2!m_3!m_4!} \left\{ \begin{array}{l} \left(\frac{1}{2}-p_1\right)^{m_1+m_4} p_1^{m_2+m_3} + \\ \left(\frac{1}{2}-p_2\right)^{m_1+m_4} p_2^{m_2+m_3} + \\ \left(\frac{1}{2}-p_3\right)^{m_1+m_4} p_3^{m_2+m_3} \end{array} \right\}. \tag{1.9}$$

1.5.1.2 Impartial Culture Condition

The *Impartial Culture Condition* (*IC*) is a refinement of DC which assumes that $p_i = 1/m!$ in an m-candidate election, so that each possible linear preference ranking on the candidates is equally likely to represent the preferences of a randomly selected voter. Since IC is a special case of DC, the preferences of any given voter are independent of any other voters' preferences, and there is a complete expected balance of preferences on pairs of candidates for a randomly selected voter. The additional restriction of IC beyond DC requires that there is also a complete balance on the expected ranking position for all candidates, so that all candidates are equally likely to be most preferred, least preferred or middle ranked for a randomly selected voter. All of these assumptions make IC the 'purest' assumption, since no candidate has any advantage whatsoever, when it is compared to any other candidates, in the preference rankings of a randomly selected voter.

A representation for $P^S_{PMRW}(3, n, IC)$ for IC with odd n follows from (1.7):

$$P^S_{PMRW}(3,n,IC) = \frac{3n!}{6^n} \sum_{m_1=0}^{\frac{n-1}{2}} \sum_{m_2=0}^{\frac{n-1}{2}-m_1} \sum_{m_3=0}^{\frac{n-1}{2}-m_1} \frac{2^{n-m_2-m_3}}{m_1!\,m_2!\,m_3!(n-m_1-m_2-m_3)!}, \quad \text{for odd } n. \tag{1.10}$$

Table 1.3 Computed values of $P^S_{PMRW}(3, n, IC)$ and $P^S_{PMRW}(3, n, IAC)$

n	$P^S_{PMRW}(3, n, IC)$	$P^S_{PMRW}(3, n, IAC)$
3	0.9444	0.9643
4	0.4444	0.5714
5	0.9306	0.9524
6	0.5087	0.6494
7	0.9250	0.9470
8	0.5519	0.6993
9	0.9220	0.9441
10	0.5834	0.7343
11	0.9202	0.9423
20	0.6686	0.8199
21	0.9163	0.9391
40	0.7346	0.8735
41	0.9143	0.9380
100	–	0.9105
101	–	0.9376
∞	0.9123	0.9375

A representation for $P^S_{PMRW}(3, n, IC)$ with even n follows directly, with:

$$P^S_{PMRW}(3,n,IC) = \frac{3n!}{6^n} \sum_{m_1=0}^{\frac{n-2}{2}} \sum_{m_2=0}^{\frac{n-2}{2}-m_1} \sum_{m_3=0}^{\frac{n-2}{2}-m_1} \frac{2^{n-m_2-m_3}}{m_1!m_2!m_3!(n-m_1-m_2-m_3)!}, \quad \text{for even } n. \qquad (1.11)$$

Computed values of $P^S_{PMRW}(3, n, IC)$ from the representations in (1.10) and (1.11) are listed in Table 1.3 for various n, where it is seen that $P^S_{PMRW}(3, n, IC)$ decreases as odd n increases and that it increases as even n increases. The rate of convergence of $P^S_{PMRW}(3, n, IC)$ for odd and even n is very slow as n increases, which creates an interest in the limiting value of $P^S_{PMRW}(3, n, IC)$ as $n \to \infty$, and the derivation of these limiting representations is the topic of the next section.

A significant amount of effort has been expended over many years to determine computed values of $P^S_{PMRW}(m, n, IC)$ for the general case of m-candidate elections. Various mathematical tricks have been used to obtain tractable representations for this probability in many different cases. The interested reader is referred to an extensive survey of this work in Gehrlein (2006a), as we continue to focus on the case of three-candidate elections in the current study.

1.5.2 Multinomial Probability Models – Limiting Case for n

We start by developing a representation for the limiting probability $P^S_{PMRW}(3, \infty, \boldsymbol{p})$, that a strict PMRW exists for three candidates in the limiting case of voters, as $n \to \infty$, with DC. The representation is developed by using a procedure that follows from work in Gehrlein (1978) that is a direct application of the Central Limit Theorem.

Go back to the notion of the experiment in which a random voter profile is being obtained by sequentially drawing balls from an urn, and consider the probability that Candidate A will be the PMRW in such a randomly drawn voter preference profile. Define two discrete variables X_B^i and X_C^i that describe two simultaneous events that can be observed as each ball is drawn in the experiment. The probabilities that are associated with the discrete outcomes for the two events for the ith ball that is drawn are given by:

$$X_B^i = \begin{matrix} +1 : p_1 + p_2 + p_4 \\ -1 : p_3 + p_5 + p_6 \end{matrix}$$

$$X_C^i = \begin{matrix} +1 : p_1 + p_2 + p_3 \\ -1 : p_4 + p_5 + p_6. \end{matrix} \tag{1.12}$$

Based on the definitions of the p_i variables in Fig. 1.7, $X_B^i = +1$ if $A \succ B$ in the preference ranking of the ith randomly selected voter, and $X_B^i = -1$ if $B \succ A$ in the preference ranking of that voter. Then, AMB for the n voters in the random voter profile if $\sum_{i=1}^{n} X_B^i > 0$. Similarly, AMC for the n voters if $\sum_{i=1}^{n} X_C^i > 0$. Let $\overline{X}_B$ denote the average value of X_B^i, with $\overline{X}_B = \left[\sum_{i=1}^{n} X_B^i\right]/n$. Then, A will be the strict PMRW with the joint probability that $\overline{X}_B > 0$ and $\overline{X}_C > 0$, which can clearly be restated in the form that A will be the PMRW in a randomly drawn voter profile with the joint probability that $\overline{X}_B\sqrt{n} > 0$ and $\overline{X}_C\sqrt{n} > 0$.

As the number of voters gets very large, with $n \to \infty$, the Central Limit Theorem applies (Wilks 1962) and the limiting joint distribution of $\overline{X}_B\sqrt{n}$ and $\overline{X}_C\sqrt{n}$ takes on a bivariate normal distribution. The probability that $\overline{X}_B\sqrt{n}$ and $\overline{X}_C\sqrt{n}$ take on any specific value, including zero, in this bivariate normal distribution is zero, so the probability that A is the PMRW in a randomly drawn voter profile can be restated as the joint probability that $\overline{X}_B\sqrt{n} \geq 0$ and $\overline{X}_C\sqrt{n} \geq 0$. Furthermore, the Central Limit Theorem also states that the correlation between $\overline{X}_B\sqrt{n}$ and $\overline{X}_C\sqrt{n}$ in this bivariate normal distribution is identical to the correlation between the original variables X_B^i and X_C^i.

In order to obtain a representation for the correlation between X_B^i and X_C^i, we start by deriving representations for the expected values, $E\left(X_B^i\right)$ and $E\left(X_C^i\right)$ of these variables:

$$E\left(X_B^i\right) = +1p_1 + 1p_2 - 1p_3 + 1p_4 - 1p_5 - 1p_6$$

$$E\left(X_C^i\right) = +1p_1 + 1p_2 + 1p_3 - 1p_4 - 1p_5 - 1p_6. \tag{1.13}$$

In order to ultimately obtain a simple closed form representation for $P^S_{PMRW}(3,\infty,\boldsymbol{p})$, later arguments will make it essential for us to be able to assume that $E(X^i_B) = E(X^i_C) = 0$. Since DC requires that $p_1 = p_6$, $p_2 = p_5$ and $p_3 = p_4$, it follows from (1.13) that the assumption of DC is adequate to meet this condition, so we continue the analysis with the ongoing assumption that DC applies.

The variance terms for the variables, $Var(X^i_B)$ and $Var(X^i_C)$, are then obtained by definition from

$$\begin{aligned}
Var(X^i_B) &= E\left[\left(X^i_B - E(X^i_B)\right)^2\right] = E\left[\left(X^i_B\right)^2\right] \\
&= (+1)^2 p_1 + (+1)^2 p_2 + (-1)^2 p_3 + (+1)^2 p_4 + (-1)^2 p_5 + (-1)^2 p_6 = 1 \\
Var(X^i_C) &= E\left[\left(X^i_C - E(X^i_C)\right)^2\right] = E\left[\left(X^i_C\right)^2\right] \\
&= (+1)^2 p_1 + (+1)^2 p_2 + (+1)^2 p_3 + (-1)^2 p_4 + (-1)^2 p_5 + (-1)^2 p_6 = 1.
\end{aligned} \tag{1.14}$$

The covariance, $Cov(X^i_B, X^i_C)$, between X^i_B and X^i_C is then obtained directly by definition from

$$\begin{aligned}
Cov(X^i_B, X^i_C) &= E\left\{\left(X^i_B - E(X^i_B)\right)\left(X^i_C - E(X^i_C)\right)\right\} = E\left\{X^i_B X^i_C\right\} \\
&= (+1)(+1)p_1 + (+1)(+1)p_2 + (-1)(+1)p_3 + (+1)(-1)p_4 \\
&\quad + (-1)(-1)p_5 + (-1)(+1)p_6.
\end{aligned} \tag{1.15}$$

The symmetry of DC requires that $p_1 + p_2 + p_3 = 1/2$, and after substitution and algebraic reduction of (1.15) we obtain

$$Cov(X^i_B, X^i_C) = 1 - 4p_3. \tag{1.16}$$

The coefficient of correlation, $Cor(X^i_B, X^i_C)$, between X^i_B and X^i_C is then obtained directly by definition from

$$Cor(X^i_B, X^i_C) = \frac{Cov(X^i_B, X^i_C)}{\sqrt{Var(X^i_B)Var(X^i_C)}} = 1 - 4p_3. \tag{1.17}$$

All of this leads to the conclusion that the probability that Candidate A is the PMRW in a randomly drawn voter preference profile with DC is therefore given as the joint probability that $\overline{X}_B\sqrt{n} \geq 0$ and $\overline{X}_C\sqrt{n} \geq 0$ in a bivariate normal distribution with a coefficient of correlation that is equal to $1 - 4p_3$.

We now make an additional observation and discover why it was necessary to require the assumption of DC above. Since $E(X^i_B) = E(X^i_C) = 0$ with DC, it follows directly that $E(X^i_B\sqrt{n}) = E(X^i_C\sqrt{n}) = 0$, and that the probability that A is the PMRW in a randomly drawn preference profile under DC as $n \to \infty$ is equivalent to the joint probability that $\overline{X}_B\sqrt{n} \geq E(\overline{X}_B\sqrt{n})$ and $\overline{X}_C\sqrt{n} \geq E(\overline{X}_C\sqrt{n})$ in a bivariate normal distribution with a coefficient of correlation equal to $1 - 4p_3$. The probability that both variables in a bivariate normal distribution are greater than, or equal to, their respective expected values is defined as a bivariate normal positive orthant probability. Many closed form representations are available for general multivariate normal positive orthant probabilities for this type of distribution with up to four variables (Johnson and Kotz 1972).

Sheppard's 1898 Theorem of Median Dichotomy (Johnson and Kotz 1972, p. 92) applies in this particular case since it proves that the bivariate normal positive orthant probability for a distribution with a coefficient of correlation equal to ρ is $\frac{1}{4} + \frac{1}{2\pi} Sin^{-1}(\rho)$. A representation for the limiting probability that Candidate A is the PMRW in a randomly drawn preference profile under DC as $n \to \infty$ then follows directly from Sheppard's Theorem. Exactly the same process can be used to develop representations for the probability that B is the PMRW and that C is the PMRW. After accumulating all of the results, we find

$$P^S_{PMRW}(3, \infty, DC) = \frac{3}{4} + \frac{1}{2\pi} \sum_{j=1}^{3} Sin^{-1}(1 - 4p_j). \tag{1.18}$$

For the special case of IC (1.18) reduces to

$$P^S_{PMRW}(3, \infty, IC) = \frac{3}{4} + \frac{3}{2\pi} Sin^{-1}\left(\frac{1}{3}\right) \approx 0.91226. \tag{1.19}$$

This representation for IC was the first developed in Guilbaud (1952).

Table 1.4 lists computed values of $P^S_{PMRW}(3, \infty, DC)$ for each value of p_1, p_2 and $p_3 = 0.00(0.025)0.50$ from (1.18). Columns of entries have been truncated in this table to account for the fact that $P^S_{PMRW}(3, \infty, DC)$ is invariant under permutations of p_1, p_2 and p_3.

There is obviously a very high probability that a PMRW will exist for many of the entries that are given in Table 1.4, to indicate that some conditions are likely to exist that will make an occurrence of Condorcet's Paradox quite unlikely to be observed.

1.5.3 Probability Models for Voting Situations – Algebraic Approach

Two methods form the basis of obtaining probability representations for voting outcomes that are based on the direct generation of random voting situations. These two procedures are the Impartial Anonymous Culture Condition and the Maximal Culture Condition.

Table 1.4 Computed values of $P^S_{PMRW}(3, \infty, DC)$

p_1	p_2										
	0.000	0.025	0.050	0.075	0.100	0.125	0.150	0.175	0.200	0.225	0.250
0.000	1.000	1.000	1.000	1.000	1.000	1.000	1.000	1.000	1.000	1.000	1.000
0.025	1.000	0.959	0.952	0.949	0.947	0.946	0.945	0.945	0.944	0.944	0.944
0.050	1.000	0.952	0.943	0.938	0.935	0.932	0.931	0.930	0.930	0.929	0.930
0.075	1.000	0.949	0.938	0.931	0.927	0.925	0.923	0.922	0.921	0.921	0.922
0.100	1.000	0.947	0.935	0.927	0.923	0.920	0.918	0.917	0.917	0.917	0.918
0.125	1.000	0.946	0.932	0.925	0.920	0.917	0.915	0.914	0.914	0.915	0.917
0.150	1.000	0.945	0.931	0.923	0.918	0.915	0.913	0.912	0.913	0.915	0.918
0.175	1.000	0.945	0.930	0.922	0.917	0.914	0.912	0.912	0.914	0.917	0.922
0.200	1.000	0.944	0.930	0.921	0.917	0.914	0.913	0.914	0.917	0.921	0.930
0.225	1.000	0.944	0.929	0.921	0.917	0.915	0.915	0.917	0.921	0.929	0.944
0.250	1.000	0.944	0.930	0.922	0.918	0.917	0.918	0.922	0.930	0.944	1.000
0.275	1.000	0.944	0.930	0.923	0.920	0.920	0.923	0.930	0.944	1.000	
0.300	1.000	0.945	0.931	0.925	0.923	0.925	0.931	0.945	1.000		
0.325	1.000	0.945	0.932	0.927	0.927	0.932	0.945	1.000			
0.350	1.000	0.946	0.935	0.931	0.935	0.946	1.000				
0.375	1.000	0.947	0.938	0.938	0.947	1.000					
0.400	1.000	0.949	0.943	0.949	1.000						
0.425	1.000	0.952	0.952	1.000							
0.450	1.000	0.959	1.000								
0.475	1.000	1.000									
0.500	1.000										

1.5.3.1 Impartial Anonymous Culture Condition

The *Impartial Anonymous Culture Condition* (*IAC*) is based on the assumption that each possible voting situation with n voters is equally likely to be observed. The IAC assumption was first used in Gehrlein and Fishburn (1976b) as an extension of work in Kuga and Nagatani (1974). Probability representations for the likelihood that various elections outcomes are observed with IAC are obtained by using various techniques to obtain representations for the count of the number of voting situations in which the outcomes are observed. The initial procedure that was used to perform these calculations was based on simple algebraic counting methods.

Gehrlein and Fishburn (1976b) developed a representation for the probability, $P^S_{PMRW}(3, n, IAC)$, that a strict PMRW exists for three candidates with odd n under the IAC assumption. This process begins by developing a representation that counts the number of voting situations, $N^{\{A\}}_{PMRW}(3, n, IAC)$, that meet the restrictions on the n_i's to have Candidate A as the PMRW for odd n. It follows directly from the discussion leading to (1.5) that $N^{\{A\}}_{PMRW}(3, n, IAC)$ can be computed as:

$$N^{\{A\}}_{PMRW}(3,n,IAC) = \sum_{n_6=0}^{\frac{n-1}{2}} \sum_{n_5=0}^{\frac{n-1}{2}-n_6} \sum_{n_4=0}^{\frac{n-1}{2}-n_6-n_5} \sum_{n_3=0}^{\frac{n-1}{2}-n_6-n_5} \sum_{n_2=0}^{n-n_6-n_5-n_4-n_3} 1, \quad \text{for odd } n. \tag{1.20}$$

A simple closed form representation for $N^{\{A\}}_{PMRW}(3, n, IAC)$ is then obtained from (1.20) by sequentially using known relations for sums of powers of integers

(Selby 1965). This is a very straightforward process that can become quite cumbersome.

The first step of the reduction process consists of an algebraic evaluation of the last summation term in the sequence, $\sum_{n_2=0}^{n-n_6-n_5-n_4-n_3} 1$, which is equivalent to determining the number of distinct integer values that n_2 can have in the range $0 \leq n_2 \leq n - n_6 - n_5 - n_4 - n_3$. The general value of this term is given quite simply as $n - n_6 - n_5 - n_4 - n_3 + 1$, so it follows that (1.20) can be reduced to:

$$N_{PMRW}^{\{A\}}(3,n,IAC) = \sum_{n_6=0}^{\frac{n-1}{2}} \sum_{n_5=0}^{\frac{n-1}{2}-n_6} \sum_{n_4=0}^{\frac{n-1}{2}-n_6-n_5} \sum_{n_3=0}^{\frac{n-1}{2}-n_6-n_5} [(n - n_6 - n_5 - n_4 + 1) - n_3]. \tag{1.21}$$

The next step is the reduction of (1.21) for the n_3 summation, which has two components. The first component is given by $\sum_{n_3=0}^{\frac{n-1}{2}-n_6-n_5} (n - n_6 - n_5 - n_4 + 1)$, which is equivalent to $(n - n_6 - n_5 - n_4 + 1) \sum_{n_3=0}^{\frac{n-1}{2}-n_6-n_5} 1$. Following the earlier discussion for the reduction of the n_2 summation, this first component of the n_3 summation reduces to $(n - n_6 - n_5 - n_4 + 1)\left(\frac{n-1}{2} - n_6 - n_5 + 1\right)$. The second component of the n_3 summation is $\sum_{n_3=0}^{\frac{n-1}{2}-n_6-n_5} n_3$, which is the sum of the integer values for all integers in the range $0 \leq n_3 \leq \frac{n-1}{2} - n_6 - n_5$. In general, $\sum_{n_3=0}^{k} n_3 = \frac{k(k+1)}{2}$, so after substitution (1.21) reduces to:

$$N_{PMRW}^{\{A\}}(3,n,IAC) = \sum_{n_6=0}^{\frac{n-1}{2}} \sum_{n_5=0}^{\frac{n-1}{2}-n_6} \sum_{n_4=0}^{\frac{n-1}{2}-n_6-n_5} \left[\begin{array}{l} (n - n_6 - n_5 - n_4 + 1)\left(\dfrac{n+1}{2} - n_6 - n_5\right) \\ -\dfrac{1}{2}\left(\dfrac{n-1}{2} - n_6 - n_5\right)\left(\dfrac{n+1}{2} - n_6 - n_5\right) \end{array} \right]. \tag{1.22}$$

The process then continues in the same fashion to sequentially reduce (1.22) for the n_4, n_5 and n_6 summations, by using known representations for sums of higher order powers of integers to obtain:

$$N_{PMRW}^{\{A\}}(3,n,IAC) = \frac{45}{128} + \frac{99n}{128} + \frac{39n^2}{64} + \frac{43n^3}{192} + \frac{5n^4}{128} + \frac{n^5}{384}. \tag{1.23}$$

This can be further reduced to

$$N^{\{A\}}_{PMRW}(3,n,IAC) = \frac{(n+1)(n+3)^3(n+5)}{384}, \text{ for odd } n. \quad (1.24)$$

A representation for the total number of possible voting situations, $K(3,n,IAC)$, for three candidates with n voters can be obtained in a similar fashion from

$$K(3,n,IAC) = \sum_{n_6=0}^{n} \sum_{n_5=0}^{n-n_6} \sum_{n_4=0}^{n-n_6-n_5} \sum_{n_3=0}^{n-n_6-n_5-n_4} \sum_{n_2=0}^{n-n_6-n_5-n_4-n_3} 1. \quad (1.25)$$

This representation can be simplified by the same sequential reduction procedure that was just used to obtain the closed form representation for $N^{\{A\}}_{PMRW}(3,n,IAC)$ in (1.24), or it follows from Feller (1957) that

$$K(3,n,IAC) = \frac{\prod_{i=1}^{5}(n+i)}{120}. \quad (1.26)$$

The definition of IAC and its symmetry with respect to candidates lead to the conclusion that $N^{\{A\}}_{PMRW}(3,n,IAC) = N^{\{B\}}_{PMRW}(3,n,IAC) = N^{\{C\}}_{PMRW}(3,n,IAC)$, so we then find $P^S_{PMRW}(3,n,IAC) = 3\ N^{\{A\}}_{PMRW}(3,n,IAC)/K(3,n,IAC)$, and

$$P^S_{PMRW}(3,n,IAC) = \frac{15(n+3)^2}{16(n+2)(n+4)}, \text{ for odd } n. \quad (1.27)$$

When n is even, a representation for $P^S_{PMRW}(3,n,IAC)$ can be obtained from

$$P^S_{PMRW}(3,n,IAC) = \frac{3\sum_{n_6=0}^{\frac{n-2}{2}} \sum_{n_5=0}^{\frac{n-2}{2}-n_6} \sum_{n_4=0}^{\frac{n-2}{2}-n_6-n_5} \sum_{n_3=0}^{\frac{n-2}{2}-n_6-n_5} \sum_{n_2=0}^{n-n_6-n_5-n_4-n_3} 1}{K(3,n,IAC)}. \quad (1.28)$$

Lepelley (1989) uses algebraic techniques to reduce this representation to obtain

$$P^S_{PMRW}(3,n,IAC) = \frac{15n(n+2)(n+4)}{16(n+1)(n+3)(n+5)}, \text{ for even } n. \quad (1.29)$$

Computed values of $P^S_{PMRW}(3,n,IAC)$ that are obtained from the representations in (1.27) and (1.29) are listed in Table 1.3 for various n. It is clear that $P^S_{PMRW}(3,n,IAC) > P^S_{PMRW}(3,n,IC)$, and that $P^S_{PMRW}(3,n,IAC)$ has the same behavior as $P^S_{PMRW}(3,n,IC)$ as n changes. That is, $P^S_{PMRW}(3,n,IAC)$ decreases as odd n increases, and it increases as even n increases.

It was noted in earlier discussion that DC represents a case in which each voter's preferences are independent of the preferences of all other voters, and in which there is an expected balance in individual voter's preferences. This balance resulted from the fact that it is equally likely for a randomly selected voter to have a linear preference ranking on candidates that contains $A \succ B$ or $B \succ A$ for each pair of candidates. A similar observation can be made with the case of IAC, but nothing is stated about any individual voter's preferences. With IAC, each voting situation has the same likelihood of being observed as its dual voting situation, in which the preferences of all voters are reversed, with $n_1 \leftrightarrow n_6$, $n_2 \leftrightarrow n_5$ and $n_3 \leftrightarrow n_4$. If ***AMB*** in any voting situation, then ***BMA*** by definition in the equally likely dual voting situation, so IAC represents a case of expected balance of preferences in which it is equally likely for a randomly selected voting situation to have either ***AMB*** or ***BMA*** for each pair of candidates. It will be shown later that IAC actually drops the underlying assumption of independence between the individual voter's preferences, so there is a very subtle and interesting difference between the assumptions of DC and IAC.

1.5.3.2 Maximal Culture Condition

The *Maximal Culture Condition* (*MC*) is similar in nature to IAC, but the number of voters in a random voting situation with MC is not fixed at a specific value of n. MC was first called by that name in Fishburn and Gehrlein (1977a). It fixes a positive integer, L, and the associated n_i for each possible linear preference ranking is equally likely to have any integer value in the closed interval $[0, L]$. There are $(L+1)^6$ possible voting situations that are equally likely to be observed with the assumption of MC on three candidates. The expected total number of voters in a voting situation, $E(n)$, with MC is then given by $E(n) = 6(L/2) = 3L$.

Gehrlein and Lepelley (1997) use the logic that led to the development of the representation for $N^{\{A\}}_{PMRW}(3, n, IAC)$ in (1.20) to obtain a similar representation for $N^{\{A\}}_{PMRW}(3, L, MC)$. Candidate A is required to be a strict PMRW when the total number of voters in a voting situation is even with MC, and the restrictions become much more complex in this case since n is not fixed. The restrictions on the n_i's that result in Candidate A being the strict PMRW with MC are given by:

$$
\begin{gathered}
0 \le n_3 \le L \\
0 \le n_4 \le L \\
0 \le n_1 \le L \\
Max\left\{\begin{array}{c} 0 \\ n_4 - n_3 - n_1 + 1 \\ n_3 - n_4 - n_1 + 1 \end{array}\right\} \le n_2 \le L \\
0 \le n_5 \le Min\left\{\begin{array}{c} L \\ n_1 + n_2 + n_3 - n_4 - 1 \\ n_1 + n_2 + n_4 - n_3 - 1 \end{array}\right\} \\
0 \le n_6 \le Min\left\{\begin{array}{c} L \\ n_1 + n_2 + n_3 - n_4 - n_5 - 1 \\ n_1 + n_2 + n_4 - n_3 - n_5 - 1 \end{array}\right\}.
\end{gathered}
\tag{1.30}
$$

Here, $Min\left\{\begin{matrix} a \\ b \end{matrix}\right\}$ and $Max\left\{\begin{matrix} a \\ b \end{matrix}\right\}$ respectively denote the minimum and maximum of arguments a and b. The *Min* and *Max* functions in the resulting summation limits significantly complicate the problem of obtaining a simple closed-form representation for $N^{\{A\}}_{PMRW}(3, L, MC)$. This complication is dealt with by partitioning the set of all voting situations that meet the restrictions in (1.30) into 13 subspaces, such that none of the restrictions for inclusion in these subspaces contain any *Min* or *Max* arguments.

This partitioning process is started with the observation that the number of voting situations in $N^{\{A\}}_{PMRW}(3, L, MC)$ with $n_4 > n_3$ is identical to the number of voting situations with $n_3 > n_4$. This follows from the fact that Candidate A is the PMRW if it is included among the voting situations in $N^{\{A\}}_{PMRW}(3, L, MC)$ which have both $n_4 + n_5 + n_6 < n_1 + n_2 + n_3$ for AMB and $n_3 + n_5 + n_6 < n_1 + n_2 + n_4$ for AMC. The interchange of n_3 and n_4 in these restrictions simply changes a voting situation in which AMB and AMC to a voting situation in which AMC and AMB, along with the converse.

We begin by developing a relationship for the number, $N^{S(n_4>n_3)}_{PMRW}(3, L, MC)$, of voting situations that are included in $N^{\{A\}}_{PMRW}(3, L, MC)$ for which $n_4 > n_3$. The special case for which $n_4 = n_3$ will be considered as a separate issue later. The restrictions that are in place on the n_i's in (1.30) for a voting situation to be included in $N^{\{A\}}_{PMRW}(3, L, MC)$ are dramatically reduced when we add the additional restriction that $n_4 > n_3$ to the conditions:

$$
\begin{aligned}
&0 \le n_3 \le L-1 \\
&n_3 + 1 \le n_4 \le L \\
&0 \le n_1 \le L \\
&Max\left\{\begin{matrix} 0 \\ n_4 - n_3 - n_1 + 1 \end{matrix}\right\} \le n_2 \le L \\
&0 \le n_5 \le Min\left\{\begin{matrix} L \\ n_1 + n_2 + n_3 - n_4 - 1 \end{matrix}\right\} \\
&0 \le n_6 \le Min\left\{\begin{matrix} L \\ n_1 + n_2 + n_3 - n_4 - n_5 - 1 \end{matrix}\right\}.
\end{aligned}
\tag{1.31}
$$

Gehrlein and Lepelley (1997) develop a very direct, but cumbersome, procedure to show how the set of voting situations that are described by the restrictions in (1.31) can be partitioned into nine subsets that do not contain any *Min* or *Max* arguments. These nine subsets are listed in (1.32)–(1.36):

Subspace #1

$$
\begin{aligned}
&n_3 = 0 \\
&1 \le n_4 \le L-1 \\
&n_4 + 1 \le n_1 \le L \\
&L + 1 + n_4 - n_1 \le n_2 \le L \\
&0 \le n_5 \le n_1 + n_2 - n_4 - 1 - L \\
&0 \le n_6 \le L
\end{aligned}
$$

Subspace #2

$$
\begin{aligned}
&1 \le n_3 \le L-1 \\
&n_3 + 1 \le n_4 \le L \\
&n_4 - n_3 + 1 \le n_1 \le L \\
&L + 1 + n_4 - n_1 - n_3 \le n_2 \le L \\
&0 \le n_5 \le n_1 + n_2 + n_3 - n_4 - 1 - L \\
&0 \le n_6 \le L
\end{aligned}
\tag{1.32}
$$

Subspace #3

$$\begin{aligned} n_3 &= 0 \\ 1 \le n_4 &\le L-1 \\ n_4+1 \le n_1 &\le L \\ L+1+n_4-n_1 \le n_2 &\le L \\ n_1+n_2-n_4-L \le n_5 &\le L \\ 0 \le n_6 &\le n_1+n_2-n_4-n_5-1 \end{aligned}$$

Subspace #4

$$\begin{aligned} 1 \le n_3 &\le L-1 \\ n_3+1 \le n_4 &\le L \\ n_4-n_3+1 \le n_1 &\le L \\ L+1+n_4-n_1-n_3 \le n_2 &\le L \\ n_1+n_2+n_3-n_4-L \le n_5 &\le L \\ 0 \le n_6 &\le n_1+n_2+n_3-n_4-n_5-1 \end{aligned} \tag{1.33}$$

Subspace #5

$$\begin{aligned} n_3 &= 0 \\ 1 \le n_4 &\le L-1 \\ n_4+1 \le n_1 &\le n_4 \\ n_4-n_1+1 \le n_2 &\le L \\ 0 \le n_5 &\le n_1+n_2-n_4-1 \\ 0 \le n_6 &\le n_1+n_2-n_4-n_5-1 \end{aligned}$$

Subspace #6

$$\begin{aligned} 1 \le n_3 &\le L-1 \\ n_3+1 \le n_4 &\le L \\ 0 \le n_1 &\le n_4-n_3 \\ n_4-n_3-n_1+1 \le n_2 &\le L \\ 0 \le n_5 &\le n_1+n_2+n_3-n_4-1 \\ 0 \le n_6 &\le n_1+n_2+n_3-n_4-n_5-1 \end{aligned} \tag{1.34}$$

Subspace #7

$$\begin{aligned} n_3 &= 0 \\ n_4 &= L \\ 1 \le n_1 &\le L \\ L-n_1+1 \le n_2 &\le L \\ 0 \le n_5 &\le n_1+n_2-L-1 \\ 0 \le n_6 &\le n_1+n_2-n_5-L-1 \end{aligned}$$

Subspace #8

$$\begin{aligned} n_3 &= 0 \\ 1 \le n_4 &\le L-1 \\ n_4+1 \le n_1 &\le L \\ 0 \le n_2 &\le L-n_1+n_4 \\ 0 \le n_5 &\le n_1+n_2-n_4-1 \\ 0 \le n_6 &\le n_1+n_2-n_4-n_5-1 \end{aligned} \tag{1.35}$$

Subspace #9

$$\begin{aligned} 1 \le n_3 &\le L-1 \\ n_3+1 \le n_4 &\le L \\ n_4-n_3+1 \le n_1 &\le L \\ 0 \le n_2 &\le L+n_4-n_1-n_3 \\ 0 \le n_5 &\le n_1+n_2+n_3-n_4-1 \\ 0 \le n_6 &\le n_1+n_2+n_3-n_4-n_5-1 \end{aligned} \tag{1.36}$$

The total number of voting situations that are included in each of the nine subspaces in this partition can then be computed by using algebraic relations for sums of powers of integers, as described in the development of the representation for $N_{PMRW}^{\{A\}}(3, n, IAC)$ in (1.24). After doing this reduction for each of the subspaces, accumulating the results and performing algebraic reduction:

$$N_{PMRW}^{S(n_4 > n_3)}(3, L, MC) = \frac{L(109L^5 + 375L^4 + 415L^3 + 45L^2 - 164L - 60)}{720}. \tag{1.37}$$

A similar partitioning procedure is then used to count the number of voting situations, $N_{PMRW}^{S(n_4=n_3)}(3,L,MC)$, in $N_{PMRW}^{\{A\}}(3,L,MC)$ that have $n_3 = n_4$. After all partitioning is done to remove *Max* and *Min* arguments on the restrictions on n_i's to obtain $N_{PMRW}^{S(n_4=n_3)}(3,L,MC)$, four subspaces are required, denoted *Subspace* #10 through *Subspace* #13, as shown in (1.38) and (1.39).

$$\begin{array}{cc}
\textit{Subspace } \#10 & \textit{Subspace } \#11 \\
0 \le n_5 \le L-1 & 0 \le n_5 \le L-1 \\
0 \le n_6 \le L-1-n_5 & 0 \le n_6 \le L-1-n_5 \\
n_5+n_6+1 \le n_1 \le L & 0 \le n_1 \le n_5+n_6 \\
0 \le n_2 \le L & n_5+n_6-n_1+1 \le n_2 \le L
\end{array} \tag{1.38}$$

$$\begin{array}{cc}
\textit{Subspace}\#12 & \textit{Subspace } \#13 \\
n_5 = L & 0 \le n_5 \le L-1 \\
0 \le n_6 \le L-1 & L-n_5 \le n_6 \le L \\
n_6+1 \le n_1 \le L & n_5+n_6+1-L \le n_1 \le L \\
L+1+n_6-n_1 \le n_2 \le L & n_5+n_6-n_1+1 \le n_2 \le L
\end{array} \tag{1.39}$$

Gehrlein and Lepelley (1997) contains a minor typographical error for the bounds for *Subspace* #13. After developing representations for each of these four subspaces, accumulating the results and performing algebraic reduction:

$$N_{PMRW}^{S(n_4=n_3)}(3,L,MC) = \frac{L(3L^3+10L^2+12L+5)}{6}. \tag{1.40}$$

It was noted above that there are the same number of voting situations in $N_{PMRW}^{\{A\}}(3,L,MC)$ that have $n_4 > n_3$ as there are with $n_3 > n_4$. Using this, along with the fact that there are $L+1$ different values that each of n_3 and n_4 can have when $n_3 = n_4$, we obtain a representation for $N_{PMRW}^{\{A\}}(3,L,MC)$ for each $L \ge 3$ as:

$$N_{PMRW}^{\{A\}}(3,L,MC) = 2N_{PMRW}^{S(n_4>n_3)}(3,L,MC) + (L+1)N_{PMRW}^{S(n_4=n_3)}(3,L,MC). \tag{1.41}$$

The symmetry of MC with respect to candidates leads to

$$P_{PMRW}^{S}(3,L,MC) = \frac{3N_{PMRW}^{\{A\}}(3,L,MC)}{(L+1)^6}. \tag{1.42}$$

After substitution and algebraic reduction, we find

$$P_{PMRW}^{S}(3,L,MC) = \frac{L(109L^4+446L^3+749L^2+616L+240)}{120(L+1)^5}, \text{for } L \ge 3. \tag{1.43}$$

Table 1.5 Computed values of $P^S_{PMRW}(3,L,MC)$

L	$E(n)$	$P^S_{PMRW}(3,L,MC)$
3	9	0.7251
4	12	0.7588
5	15	0.7819
6	18	0.7988
7	21	0.8117
8	24	0.8218
9	27	0.8301
10	30	0.8368
11	33	0.8426
20	60	0.8700
40	120	0.8885
50	150	0.8923
∞	∞	0.9083

Table 1.5 lists computed vales of $P^S_{PMRW}(3,L,MC)$ from (1.43) for various values of L. Since the number of voters is not fixed with MC, the odd-even effects that were observed with IC and IAC as n changes do not occur with MC. The values of $P^S_{PMRW}(3,L,MC)$ consistently increase as L, and correspondingly $E(n)$, increases.

Just as we observed in the case of IAC, each voting situation has the same likelihood of being observed as its dual voting situation with MC, so MC also represents a case of balanced preferences in which it is equally likely for a randomly selected voting situation to have *AMB* or *BMA* for each pair of candidates.

The degree of complexity that is involved with the development of probability representations with algebraic techniques for both IAC and MC escalates dramatically when other voting paradoxes are considered, which led to the consideration of much simpler procedures that might be used to obtain such representations.

1.5.4 Probability Models for Voting Situations – EUPIA

Simple closed form equations for IAC probability representations of the type shown in (1.24), are currently very easy to obtain with standard software packages, as long as the necessary conditions for an event to occur result in bounds on the upper and lower summation indexes that are like those that are specified above in (1.20). That is, where each upper and lower summation bound is expressed as a simple linear function of n and of n_i's that are defined earlier in the sequence of summation indexes, with no *Max* or *Min* arguments.

This is defined as the *simple linear form restriction*, which also requires that each of the coefficients in the linear equations that bound the summation indexes can be expressed as ratios of integer numbers, or rational numbers. Huang and Chua (2000) note that a generalization can be made when a representation is being developed for the count of the number of voting situations that meet conditions that have a simple linear form restriction with IAC. In particular, the general form of the identities for sums of powers of integers requires that the resulting representation for the count of voting situations must be expressible as a polynomial in n. With five summation signs in the function, the degree of the polynomial must be five or less. Moreover, the coefficients in the polynomial must also be rational numbers. Huang and Chua (2000) then suggest that this leads to an easier way to obtain representations for IAC probabilities than using the cumbersome process of sequential algebraic reduction. These arguments can easily be extended to representations with MC, by replacing n with L in the discussion above.

Gehrlein (2002b) develops a computer algorithm, *EUPIA* (*Effectively Unlimited Precision Integer Arithmetic*), that efficiently implements the basic notions from Huang and Chua to obtain closed form probability representations for election outcomes with IAC and MC. To describe how this procedure works, let $E^A(n)$ denote the number of voting situations for which Candidate A meets the conditions of some specified voting Event F for n voters with IAC. Based on the preceding discussion:

Axiom 1.1 If the restrictions on n_i's that are necessary for Event F to be observed in a voting situation for a three-candidate election meet the simple linear form restriction, then

$$E^A(n) = \sum_{i=0}^{5} \tau_i n^i, \text{ for some integer sequence } n = \psi + pj, \text{with } j = 0, 1, 2, \ldots. \tag{1.44}$$

Here, each τ_i coefficient is a rational number, p is the periodicity of the representation, and ψ is the starting point of the integer sequence for which the given representation is valid. The representation for $N^{\{A\}}_{PMRW}(3, n, IAC)$ that is obtained in (1.23) has $p = 2$ and $\psi = 3$, since it is only valid for odd $n \geq 3$, and the representation for $K(3, n, IAC)$ in (1.26) has $p = 1$ and $\psi = 1$, since it is valid for all positive integers.

The periodicity of the series of n values for which a given representation is valid is driven by any restrictions that are needed to keep all of the summation limits at integer values. For example, suppose that a summation limit contains the term $\frac{n+x}{y}$ for integer constants x and y. To keep this ratio integer valued, it can only hold for a series of n values with periodicity y. The specific values of n that are used in a sequence with a specified periodicity must also be such that the ratios are integer valued, so that $(n + x)$ must be an integer multiple of y. This has a direct impact on the value of the starting point, ψ, that can be used for the series.

Suppose that we arbitrarily fix ψ and p, and use computer enumeration techniques to evaluate the exact integer values for the number of voting situations, $NVS^A(\psi + pj)$, for which Candidate A meets the conditions of Event F with $\psi + pj$ voters, for each $j = 0(1)5$. The computed values of $NVS^A(\psi + pj)$ are then used to establish six simultaneous equations of the form

$$E^A(\psi + pj) = NVS^A(\psi + pj), \text{for each } j = 0(1)5. \tag{1.45}$$

The τ_i terms in the $E^A(\psi + pj)$ functions from (1.45) are identical in all six of these equations for each given i, and their values can then be found by using precise algebraic methods to solve these six simultaneous equations with six unknown terms.

For example, suppose that we wish to determine the coefficients of $E^A(n)$ for the event that A is the PMRW for odd n, so that $\psi = 3$ and $p = 2$. As a first step, computer enumeration is used to obtain the values $NVS^A(3) = 18$, $NVS^A(5) = 80$, $NVS^A(7) = 250, NVS^A(9) = 630, NVS^A(11) = 1372$ and $NVS^A(13) = 2688$.

Using these computed values with (1.44) and (1.45), we then establish six simultaneous equations with six unknowns $\{\tau_0, \tau_1, \tau_2, \tau_3, \tau_4, \tau_5\}$ that correspond to the six rational coefficients in $E^A(n)$:

$$\begin{aligned}
&\tau_0 + \tau_1 3 + \tau_2 3^2 + \tau_3 3^3 + \tau_4 3^4 + \tau_5 3^5 = 18\\
&\tau_0 + \tau_1 5 + \tau_2 5^2 + \tau_3 5^3 + \tau_4 5^4 + \tau_5 5^5 = 80\\
&\tau_0 + \tau_1 7 + \tau_2 7^2 + \tau_3 7^3 + \tau_4 7^4 + \tau_5 7^5 = 250\\
&\tau_0 + \tau_1 9 + \tau_2 9^2 + \tau_3 9^3 + \tau_4 9^4 + \tau_5 9^5 = 630\\
&\tau_0 + \tau_1 11 + \tau_2 11^2 + \tau_3 11^3 + \tau_4 11^4 + \tau_5 11^5 = 1372\\
&\tau_0 + \tau_1 13 + \tau_2 13^2 + \tau_3 13^3 + \tau_4 13^4 + \tau_5 13^5 = 2688.
\end{aligned} \tag{1.46}$$

Algebraic reduction is then used in (1.46) to solve for the six unknown variables, to obtain:

$$\tau_0 = \frac{45}{128} \quad \tau_1 = \frac{99}{128} \quad \tau_2 = \frac{39}{64} \quad \tau_3 = \frac{43}{192} \quad \tau_4 = \frac{5}{128} \quad \tau_5 = \frac{1}{384} \tag{1.47}$$

The resulting representation for $E^A(n)$ from (1.44) and (1.47) is identical to the representation for $N^{\{A\}}_{PMRW}(3, n, IAC)$ in (1.23). The procedure is obviously very simple to implement when ψ and p are known in advance.

Problems arise when ψ and p are not known in advance, and EUPIA performs an additional search in order to determine them. Suppose that we arbitrarily fix ψ at a relatively large number, and start the process with $p = 1$. Computer enumeration is then used to evaluate the exact integer values of, $NVS^A(\psi + pj)$ such that A meets the conditions of Event F for each $j = 0(1)7$. The first six computed values of $NVS^A(\psi + pj)$, with $j = 0(1)5$, are then used to establish the six simultaneous equations of the form in (1.45), and the resulting functional form of $E^A(n)$ is obtained. A functional form must always exist to fit the six equations with six unknowns. However, if the true periodicity for the representation does not actually have $p = 1$, the functional form that has just been obtained for $E^A(n)$ will not accurately give values of $E^A(n)$ for $n > \psi + 5p$.

EUPIA therefore determines if the $E^A(n)$ function that has just been obtained by the procedure will correctly determine the computer enumeration values of $NVS^A(\psi + pj)$ for each $j = 6, 7$. If the numerical values from the computer enumeration and the derived $E^A(n)$ are identical for each $j = 6, 7$, it is concluded that the correct $E^A(n)$ representation and p have been found, for the given ψ. If these results do not match, then the correct periodicity is not being used to obtain the $E^A(n)$ representation. In this case, EUPIA iterates through this process and sequentially increases p, while keeping ψ fixed, until the computer enumeration results and the derived $E^A(n)$ that are obtained for the iteration are identical with $j = 6, 7$. The minimum value of ψ for which the representation $E^A(n)$ is correct can easily be determined by finding the smallest value of n for which the obtained representation matches computer enumeration results; given that the determined periodicity is maintained as the number of voters is reduced from the ψ that was arbitrarily set to use the EUPIA procedure.

The necessary conditions that are given in (1.5) to identify voting situations that are included in $N^{\{A\}}_{PMRW}(3, n, IAC)$ clearly result in summation limits in (1.6) that meet the definition of the simple linear form restriction. However, if we consider the restrictions in (1.30) that identify voting situations that are included in $N^{\{A\}}_{PMRW}(3, n, MC)$, a much more complicated situation results due to the presence of *Max* and *Min* arguments on sets of linear functions in the summation bounds. This complication was dealt with above by partitioning the set of all voting situations that are included in $N^{\{A\}}_{PMRW}(3, n, MC)$ into 13 subspaces, such that each of these subspaces has summation bounds that meet the simple linear form restriction. Each of the 13 subspaces therefore has a representation for the number of voting situations that it contains that is of the form of (1.44). It follows directly that the ultimate representation for $N^{\{A\}}_{PMRW}(3, n, MC)$ that is obtained by accumulating the associated representations for the 13 subspaces must also have a form like that shown in (1.44), and there must be some periodicity for the accumulated representation that is consistent with the periodicities of all of the individual subspace representations.

It is easy to use these arguments to generalize the earlier definition of the simple linear form restriction to include situations in which each upper and lower summation bound is expressed as the *Max* or *Min* of some set of simple linear functions of n and of n_i's that are previously defined in the series of summation indexes. The coefficients in each of these simple linear functions must, of course, be rational numbers. Moreover, these arguments can easily be extended to the development of such probability representations with either IAC or MC. As a result, Gehrlein (2002b) was able to directly use EUPIA to reproduce the representation for $P^S_{PMRW}(3, L, MC)$ in (1.43), without having to go through the cumbersome subspace partitioning procedure.

1.5.5 Probability Models – Ehrhart Polynomials

EUPIA is based on the observation that the number of integer solutions of a system of linear constraints can be represented by a polynomial in n, with periodic coefficients (see Axiom 1.1 above). Indeed, in mathematical terms, the probability calculations that are involved under the IAC or MC assumptions typically amount to counting the number of integer lattice points inside convex polytopes. Recently, Wilson and Pritchard (2007) and Lepelley et al. (2008) have independently pointed out that there exists an established mathematical theory of counting lattice points in polytopes. This observation was also discussed in Mbih et al. (2006). The seminal results that form the basis of this domain of research date back to the 1960s work of Eugène Ehrhart. The theory that is developed by Ehrhart is very general and it provides a solid theoretical foundation for the IAC and MC probability calculations. We now present a brief overview of this theory.

Let R^d denote the Euclidian d-space of all d-tuples $\boldsymbol{y} = (y_1, y_2, \ldots, y_d)$ of real numbers. The integer lattice Z^d is the subset of R^d that consists of points with integer coordinates. A *rational polytope* of dimension d is a set $P \subset \mathrm{R}^d$ that is the solution of a finite system of q independent linear inequalities with integer coefficients:

$$P = \{\boldsymbol{y} \in \mathrm{R}^d : \boldsymbol{A}\boldsymbol{y} \leq \boldsymbol{b}\}, \tag{1.48}$$

where $\boldsymbol{A}$ is an $q \times d$ integer matrix and $\boldsymbol{b}$ an integer vector with q components. The extremal points of a polytope are called its vertices, and a *lattice polytope* is a polytope with integer vertices.

The *dilatation* of any d-dimensional polytope $P \subset \mathrm{R}^d$ is denoted by kP for an integer parameter $k \geq 1$, and kP defines the polyhedron

$$kP = \{k\boldsymbol{y} : \boldsymbol{y} \in P\}. \tag{1.49}$$

We are particularly interested in the case with $k = n$, for n voters. The dilation nP can be interpreted geometrically as dilating polytope P while leaving fixed all angles and proportions within P.

Consider the function $L(P, n) = |nP \cap \mathrm{Z}^d|$ of variable n, that describes the number of lattice points that lie inside the dilatation nP. Ehrhart (1962) inaugurated the systematic study of general properties of this function by proving, in particular, that it can be represented by a polynomial in n when P is a lattice polytope and by a finite family of polynomials called *quasi-polynomials* (or *Ehrhart polynomials*) in the general case.

Instead of representing a quasi-polynomial by a list of polynomials, Ehrhart (1977) uses the practical concept of *periodic numbers*: a rational periodic number $U(n)$ is a function U: $\mathrm{Z} \to \mathrm{Q}$, such that there exists a period p with $U(n) = U(n')$ whenever $n \equiv n' \bmod p$. The possible values of $U(n)$ are usually made explicit by a list of p rational numbers enclosed in square brackets. For example,

$$U(n) = \left[\frac{1}{2}, \frac{3}{4}, 1\right]_n \tag{1.50}$$

is a periodic number with period $p = 3$, where $U(n) = \frac{1}{2}$ if $n \equiv 0 \bmod 3$, $U(n) = \frac{3}{4}$ if $n \equiv 1 \bmod 3$ and $U(n) = 1$ if $n \equiv 2 \bmod 3$. Now, a quasi-polynomial f of degree d is a function

$$f(n) = c_d(n)n^d + \ldots + c_1(n)n + c_0(n), \tag{1.51}$$

where the $c_i(n)$ coefficients are rational periodic numbers. The period p of a quasi-polynomial is the least common multiple (*lcm*) of the periods of its coefficients.

We can now formulate Ehrhart's main result.

Theorem 1.1 (*Ehrhart*) *Let P be a rational polytope of dimension d. The function L(P,n) that represents the number of integer points in the dilatation nP is given by a degree-d quasi-polynomial. The coefficient of the leading term is independent of n and is equal to the volume of P. The period of the quasi-polynomial is a divisor of the lcm of the denominators of the vertices of nP. When P is a lattice polytope, L(P, n) is given by a single polynomial.*

To illustrate the implementation of Theorem 1.1, we consider once again the example of the probability that a PMRW exists. Starting from (1.5), we can write that the number of voting situations having Candidate A as the PMRW for n voters under *IAC* is given by the number of integer points that are inside the polyhedron nP defined as:

$$\begin{gathered} nP = (n_1, n_2, n_3, n_4, n_5) \in \mathrm{R}^5 : n_1 \geq 0, n_2 \geq 0, n_3 \geq 0, n_4 \geq 0, n_5 \geq 0, \\ n_1 + n_2 + n_3 \geq \frac{n+1}{2}, n_1 + n_2 + n_4 \geq \frac{n+1}{2}, n_1 + n_2 + n_3 + n_4 + n_5 \leq n. \end{gathered} \tag{1.52}$$

The vertices of nP are found to exist at:

$$\begin{gathered} \left(\frac{n+1}{2},0,\frac{n-1}{2},0,0\right) \left(\frac{n+1}{2},0,0,\frac{n-1}{2},0\right) \left(\frac{n+1}{2},0,0,0,\frac{n-1}{2}\right) \left(\frac{n+1}{2},0,0,0,0\right) \\ \left(0,\frac{n+1}{2},\frac{n-1}{2},0,0\right) \left(0,\frac{n+1}{2},0,\frac{n-1}{2},0\right) \left(0,\frac{n+1}{2},0,0,\frac{n-1}{2}\right) \left(0,\frac{n+1}{2},0,0,0\right) \\ (n,0,0,0,0) \qquad (0,n,0,0,0) \qquad \left(1,0,\frac{n-1}{2},\frac{n-1}{2},0\right) \left(0,1,\frac{n-1}{2},\frac{n-1}{2},0\right). \end{gathered}$$

It then follows from Theorem 1.1 that $L(P,n)$ is a quasi-polynomial of the form of (1.51) with degree five, and it has the following general form

$$\begin{aligned} L(P,n) = {} & an^5 + [b_1, b_2]_n n^4 + [c_1, c_2]_n n^3 + [d_1, d_2]_n n^2 + [e_1, e_2]_n n \\ & + [f_1, f_2]_n. \end{aligned} \tag{1.53}$$

An examination of the vertices of nP that are shown above indicates that the maximal value of the periodicity of the coefficients in this function is given by two, and we also know from Theorem 1.1 that the coefficient of n^5 in (1.53) does not depend on n.

Clauss and Loechner (1996) was the first study to propose a method for computing the quasi-polynomial coefficients like those in (1.53). Just like EUPIA, their algorithm counts the number of lattice points for a set of fixed values, and then calculates the quasi-polynomial through interpolation. Applied to our problem, their algorithm gives:

$$L(P,n) = N_{PMRW}^{\{A\}}(3,n,IAC) = \frac{n^5}{384} + \left[\frac{1}{32},\frac{5}{128}\right]_n n^4 + \left[\frac{13}{96},\frac{43}{192}\right]_n n^3 + \left[\frac{1}{4},\frac{39}{64}\right]_n n^2 + \left[\frac{1}{6},\frac{99}{128}\right]_n n + \left[0,\frac{45}{128}\right]_n. \tag{1.54}$$

Of course, this expression coincides with (1.23) for odd n. By dividing by the total number of voting situations from (1.26), we obtain equivalent results to those in (1.29) for n even.

If we now consider the number of voting situations having Candidate A as the PMRW for n voters with MC, it is tedious but possible to verify that all the vertices of the polyhedron defined by (1.30) have integer coordinates. Consequently, the periodicity is one and $N_{PMRW}^{\{A\}}(3,n,MC)$ is obtained as a single polynomial, in accordance with (1.41).

Finally, it is worth noting that Clauss et al. (1997) have extended Ehrhart's Theorem to parameterized polytopes with any number of integer parameters. This generalization constitutes the theoretical foundation of the two-parameter algorithm EUPIA2 that we will use in some later chapters.

1.5.6 Probability Models – Barvinok's Algorithm

The main difficulty that is involved with using an algorithm like EUPIA or the interpolation procedure of Clauss and Loechner (1996) is related to the amount of computer execution time that is required to obtain a solution. When the periodicities are large, the interpolation procedure of Clauss and Loechner will take an exponentially increasing execution time (Verdoolaege et al. 2005). However, an algorithm that is proposed by Barvinok (1993) avoids this difficulty (see also Barvinok and Pommersheim 1999). We present a very brief description of the main steps that are involved with implementing this procedure. For a more detailed presentation, the reader is referred to Rabl (2006) or Lepelley et al. (2008).

- For a given polytope P, define the generating function that is attached to P as $f(P;\boldsymbol{x}) = \sum_{\boldsymbol{a}} \boldsymbol{x}^{\boldsymbol{a}}$, where $\boldsymbol{a} = (a_1, a_2, \ldots, a_d)$ runs over all integer lattice points that are included in $\mathbb{Z}^d \cap P$, and $\boldsymbol{x}^a = x_1^{a_1} x_2^{a_2} \ldots x_d^{a_d}$ with $\boldsymbol{x} = (x_1, x_2, \ldots, x_d)$. By setting $\boldsymbol{x} = \mathbf{1}$, with $x_i = 1$ for all $1 \le i \le d$, $f(P;\boldsymbol{x})$ gives the number of integer lattice points in P.
- Brion (1988) showed that $f(P;\boldsymbol{x})$ is the sum over all vertices v of the generating functions of the *supporting cones* of P at v.

- Barvinok (1999) found a polynomial time algorithm for decomposing these cones into *simple unimodular cones.*
- The function corresponding to a simple unimodular cone is an easily derived rational function. Thus $f(P;\boldsymbol{x})$ is a sum of nice rational functions.

In order to roughly illustrate these steps, consider the simple one-dimensional example where $P = [0, N]$. We have:

$$f(P;\boldsymbol{x}) = 1 + x + \cdots + x^N = \frac{1 - x^{N+1}}{1 - x}. \tag{1.55}$$

The substitution of $x = 1$ into (1.55) yields a denominator equal to zero, so we must take the limit as $x \longrightarrow 1$ to obtain the expected result $f(P;\, \mathbf{1}) = N + 1$, the number of integer points in the closed interval P.

In this simple example, the basic observation is that the compact expression of the generating functions can be obtained by considering two supporting cones, which are actually rays in our one-dimensional example. The two 'cones' are defined by $K_0 = [0, \infty)$ and $K_N = (-\infty, N]$. Their respective generating functions are:

$$f(K_0;\boldsymbol{x}) = \sum_{a \geq 0} x^a = \frac{1}{1 - x} \text{ and } f(K_N;\boldsymbol{x}) = \sum_{a \leq N} x^a = \frac{x^N}{1 - x^{-1}}. \tag{1.56}$$

Adding the two rational function right-hand sides that represent two infinite series collapses into the rational function that represents $f(P;\boldsymbol{x})$:

$$\frac{1}{1 - x} + \frac{x^N}{1 - x^{-1}} = \frac{1 - x^{N+1}}{1 - x}. \tag{1.57}$$

In the general case, of course, the polytope decomposition is not so simple. The fundamental idea behind Barvinok's procedure is to decompose each cone K into a signed sum of simple (unimodular) cones K_i. Via this decomposition, the generating function $f(P;\boldsymbol{x})$ can be written as a signed sum of short rational functions.

The polynomial-time algorithm of Barvinok was further generalized by Verdoolaege et al. (2004) to allow the consideration of parametric polytopes with any number of parameters. Using this extension, Ehrhart polynomials with one or more parameters can be obtained analytically. Obviously, this parameterized version of Barvinok's algorithm needs to be able handle periodic numbers. In order to avoid the exponential time requirements that are observed with the interpolation method of Clauss and Loechner (1996), periodicity is represented by using *fractional parts.* For a rational number x, the fractional part is denoted by $\{x\}$ and it is defined as $\{x\} = x - \lfloor x \rfloor$, where $\lfloor x \rfloor$ is the largest integer that is less than or equal to x.

As an illustration, the implementation of the parameterized version of Barvinok's algorithm gives the following expression for the number of voting situations having Candidate A as the PMRW for n voters under IAC:

$$L(P,n) = N_{PMRW}^{\{A\}}(3,n,IAC) = \frac{n^5}{384} + \left(\frac{1}{64}\{\tfrac{1}{2}n\} + \frac{1}{32}\right)n^4 + \left(\frac{17}{96}\{\tfrac{1}{2}n\} + \frac{13}{96}\right)n^3$$
$$+ \left(\frac{23}{32}\{\tfrac{1}{2}n\} + \frac{1}{4}\right)n^2 + \left(\frac{233}{192}\{\tfrac{1}{2}n\} + \frac{1}{6}\right)n + \left(\frac{45}{64}\{\tfrac{1}{2}n\}\right). \quad (1.58)$$

We have here $\{\frac{1}{2}n\} = 0$ if n is even and $\{\frac{1}{2}n\} = \frac{1}{2}$ if n is odd. This representation is very convenient when the periodicity is large.

1.6 Relevance of DC, IC, IAC and MC Based Probabilities

An extensive amount of research has been conducted to develop probability representations for the likelihood that various voting outcomes will occur with the assumptions of DC, IC, IAC and MC. It is obviously of interest to discuss the relevance of the probability estimates that result from such studies. This is particularly true since a number of recent studies have raised this issue after performing empirical analysis to conclude that the distribution of voters' preferences in most election results do not correspond to anything like any of DC, IC, IAC or MC. The most notable empirical studies of this type include Regenwetter et al. (2006) and Tideman and Plassmann (2008). We shall see that there are in fact several very good reasons to explain why it is relevant to consider the results that are obtained with such probability models.

1.6.1 General Arguments

Gehrlein and Lepelley (2004) summarize a number of general arguments that support the use of assumptions like DC, IC, MC and IAC to develop probability representations, given the fact that they are generally believed to represent situations that exaggerate the probability that paradoxical voting events will occur:

- They are very useful when large amounts of empirical data are not available, which is typically the case when analyzing elections.
- They can show that some paradoxical events are very unlikely to be observed. That is, if we use conditions that tend to exaggerate the likelihood of observing paradoxes and find that the probability is small with such calculations, the paradox is assuredly very unlikely to be observed in reality.
- They can suggest the relative impact that paradoxical events can have on different types of voting situations. For example, different voting rules can be compared on the basis of their relative likelihood of electing the PMRW.

- By using such probability models to obtain closed form representations, it is easy to observe the impact of varying different parameters of voting situations or voter preference profiles, which is more difficult to do with other approaches.
- The probability representations that are obtained are directly reproducible and verifiable with mathematical analysis, which is not as simple to do with other approaches.
- Analysis of this type can be useful to find out if the relative probabilities of paradoxical outcomes on various voting mechanisms behave in a consistent fashion over a number of different assumptions about the likelihood that voting situations or voter preference profiles are observed.

Fishburn and Gehrlein (1982) make an observation regarding the third item in this list, by noting that there is little reason for us to expect that the *relative* likelihoods of the election outcomes would be changed with the use of more general assumptions. Such relative comparisons are not easily obtainable from the empirical analysis of the results from actual elections. With very few exceptions, actual elections are only conducted with one voting rule being used, and it typically is not at all easy to compare the resulting election outcome to what might have happened if some other voting rule had been used.

In fact, it is not always easy to determine exactly what happened in an election, based only on the election results. Fishburn (1980) considers the restrictions under which it is possible to determine whether or not the PMRW has been selected as the winner of an election, based only on the reported vote counts from the election. It is assumed that voters have weak ordered preferences on candidates and assumptions are established to define admissible voting behavior. The severity of these restrictions leads Brams and Fishburn (1983b, pg 95) to conclude that

> Because of the varieties of strategies that are allowed and the paucity of detail about how people voted, the likelihood of concluding that the winner is a (PMRW) . . .. is often small if not zero.

As a result, other factors about voting behavior must typically be assumed with some model to reconstruct the preferences of voters from the reported ballot outcomes in an election, simply to determine which candidate was the PMRW, let alone to determine what might have happened if a different voting rule had been used. The significant difficulties in successfully doing this are pointed out in the conclusion of a study by Regenwetter et al. (2002b, pg 461)

> Similarly, we conclude from the analysis of four . . . data sets . . . that even the most basic and subtle changes in modeling approaches can affect the outcome on any analysis of voting or ballot data against the Condorcet criterion.

We now proceed to develop some of the types of basic results that can be obtained by analyzing probability representations that are obtained with the simple assumptions of DC, IC, MC and IAC.

1.6.2 Results from the DC Assumption

Earlier discussion showed that the $\boldsymbol{p}$ vectors in the DC subset all have two common characteristics. First, each of the individual voter's has preferences that are independent of all other voters' preferences. Second, there is a complete balance on an expected value basis for a randomly selected individual voter's preferences on all pairs of candidates, with $\Delta(A,B) = \Delta(A,C) = \Delta(B,C) = 0$. Therefore, any observations that are made about how probabilities change as $\boldsymbol{p}$ vectors change within the DC subset do not result either from differences in the degree of dependence among voters' preferences or from differences in the expected balance in individual voter's preferences on pairs of candidates.

Numerous studies have been conducted to evaluate the impact that various measures of the degree of consistency of preference, or mutual coherence, among the voters in a population will have on the probability that a PMRW exists. It is very appealing on an intuitive level to conclude that paradoxical voting outcomes should become less likely to be observed as the population of voters have preferences that tend to be more mutually coherent. This degree of the consistency of voters' preferences has often been defined in the context of *social homogeneity*. The preferences of members of a society would be totally homogeneous if every member of that society has exactly the same preference ranking on the candidates. The opposite extreme is a situation that reflects a situation like IC, where the individual voters would be expected to have preferences that are completely dispersed over all possible preference rankings on candidates.

Simple measures of the amount of dispersion among the p_i terms in $\boldsymbol{p}$ vectors have frequently been used as a gauge of the amount of social homogeneity in a population. Abrams (1976) considers such a measure of homogeneity for three-candidate elections, with

$$H(\boldsymbol{p}) = \sum_{i=1}^{6} p_i^2. \tag{1.59}$$

$H(\boldsymbol{p})$ is maximized when $p_i = 1$ for some ranking, and it is minimized with the assumption of IC. Increased values of $H(\boldsymbol{p})$ generally tend to reflect increased homogeneity for a population of voters. With a large value of $H(\boldsymbol{p})$, we would expect an increased propensity to observe random voter preference profiles from such a population that have voters' preferences that are clustered around one, or a few, of the possible linear rankings on candidates. As $H(\boldsymbol{p})$ increases, intuition therefore suggests that $P^S_{PMRW}(3,n,\boldsymbol{p})$ should also be expected to increase.

Fishburn and Gehrlein (1980a) prove that $P^S_{PMRW}(3,\infty,DC)$ is minimized by IC over the $\boldsymbol{p}$ vectors in the subspace of DC, and that $P^S_{PMRW}(3,\infty,DC)$ increases as $H(\boldsymbol{p})$ increases for $\boldsymbol{p}$ vectors in DC when $H(\boldsymbol{p})$ is changed by keeping one of p_1, p_2 or p_3 fixed while changing the other two. Of course, p_4, p_5 and p_6 also change accordingly to keep $\boldsymbol{p}$ in the subspace of DC. A general expected positive relationship between $H(\boldsymbol{p})$ and $P^S_{PMRW}(3,n,DC)$ is found, but it does tend to deteriorate as the number of voters gets very large. Two important preliminary conclusions can be made from these observations, without actually assuming that DC represents any actual voting situation.

First, the fact that $P^S_{PMRW}(3,\infty,DC)$ is minimized with IC suggests that $P^S_{PMRW}(3,n,IC)$ estimates are very likely to produce underestimates of the likelihood of what can be expected to be observed. This conclusion is verified when the computed values of $P^S_{PMRW}(3,n,IC)$ in Table 1.3 are evaluated in comparison to our observations regarding the likelihood that Condorcet's Paradox has been observed in empirical studies. As a result, $P^S_{PMRW}(3,n,IC)$ values can be viewed as a lower bound on $P^S_{PMRW}(3,n,\boldsymbol{p})$ when $\boldsymbol{p}$ vectors are not biased to produce a PMR cycle or to produce a PMRW. A bias to produce a PMR cycle would be introduced in situations with $\Delta(A,B)>0$, $\Delta(B,C)>0$ and $\Delta(C,A)>0$, as found in the case with $p_1=p_4=p_5=1/3$ and $p_2=p_3=p_6=0$. The representation for $P^S_{PMRW}(3,n,\boldsymbol{p})$ can also be biased to force the existence of a PMRW. One such extreme case would have $p_1=1$ and $p_i=0$ for $i=2,3,4,5,6$, so that $\Delta(A,B)>0$, $\Delta(B,C)>0$ and $\Delta(A,C)>0$.

Probability representations that are based on the IC assumption can generally be viewed as representing a scenario that exaggerates the likelihood that paradoxical voting outcomes, like Condorcet's Paradox, will be observed. This tendency to represent a maximum likelihood scenario is contingent on the fact that IC neither deliberately creates any bias to force paradoxical outcomes to be observed nor creates a bias to eliminate the possibility that the paradox will be observed. This is of particular interest if the probability of observing some paradoxical voting outcome is found to be relatively small with the assumption of IC, since this would strongly suggest that the probability of observing that paradox in reality would be very small.

The second important observation is that the expected relationship between $H(\boldsymbol{p})$ and $P^S_{PMRW}(3,n,\boldsymbol{p})$ is found to be generally valid within the subspace of DC. So, there is some positive relationship between social homogeneity, as measured by $H(\boldsymbol{p})$, and the probability that a PMRW exists. And, it is of significant importance to note that the impact of any possible dependence among voters' preferences is completely eliminated as a potential component of an explanation of the source of this relationship, since the analysis was restricted to $\boldsymbol{p}$ vectors in the DC subset.

1.6.3 Results from IC–IAC Comparisons

Berg (1985a) introduced *Pólya–Eggenberger* (*P–E*) probability models (Johnson and Kotz 1977) to evaluate the probability that a PMRW exists, and this analysis leads to an interesting distinction between the assumptions of IC and IAC. These P–E models are best described in the context of constructing random voter preference profiles by drawing colored balls from an urn, following earlier discussion. The experiment starts with balls of six different colors being placed in the urn.

For each possible individual preference ranking, there are A_i balls of the particular color that corresponds to the ith possible individual preference ranking. A ball is drawn at random and the corresponding individual preference ranking is assigned to the first voter. The experiment now changes from the format of the earlier experiment. Now, the ball is replaced, along with α additional balls of the same color. A second ball is then drawn, the corresponding ranking is assigned to the second voter, and the ball is replaced along with α additional balls of the same color. The process is repeated n times to obtain an individual preference ranking for each of the n voters. When $\alpha > 0$, the color of the ball that is drawn for the first voter will have an increased likelihood of representing the color of the ball that is drawn for the second voter, and so on. These are *contagion models* that create an increasing degree of dependence among the voters' preferences as α increases. However, there is no dependence among voters' preferences for the particular case with $\alpha = 0$.

The probability, $P(\boldsymbol{n}, \alpha)$, of observing a given voter preference profile, with associated voting situation $\boldsymbol{n}$, in a three-candidate election with a P–E model is given by

$$P(\boldsymbol{n}, \alpha) = \frac{n!}{\boldsymbol{A}^{[n,\alpha]}} \prod_{i=1}^{6} \frac{A_i^{[n_i,\alpha]}}{n_i!}. \tag{1.60}$$

Here, $\boldsymbol{A} = \sum_{i=1}^{6} A_i$ and $\boldsymbol{A}^{[k,\alpha]}$ is the generalized ascending factorial with

$$\boldsymbol{A}^{[k,\alpha]} = \boldsymbol{A}(\boldsymbol{A} + \alpha)(\boldsymbol{A} + 2\alpha)\ldots.(\boldsymbol{A} + (k-1)\alpha) \tag{1.61}$$

By definition, $\boldsymbol{A}^{[k,\alpha]} = \boldsymbol{A}$, for $k = 0$ and $k = 1$.

We give particular attention to the P–E probability $P^1(\boldsymbol{n}, \alpha)$ which has $A_i = 1$ for each $i = 1, 2, 3, 4, 5, 6$ and consider the special cases of $\alpha = 0$ and $\alpha = 1$, we obtain

$$P^1(\boldsymbol{n}, 0) = \frac{n!}{n_1!n_2!n_3!n_4!n_5!n_6!} \frac{1}{6^n}. \tag{1.62}$$

$$P^1(\boldsymbol{n}, 1) = \frac{120}{(n+1)(n+2)(n+3)(n+4)(n+5)}. \tag{1.63}$$

Based on (1.62), we find that P–E probability model with $\alpha = 0$ is equivalent to an independent voter model with a multinomial probability for profiles, with equally likely preference rankings. That is, when $\alpha = 0$ we have the equivalent of the assumption of IC. The combined results of (1.26) and the representation for $P^1(\boldsymbol{n}, 1)$ in (1.63) lead to the conclusion that each possible voting situation is equally likely to be observed, given n, for a P–E model with $\alpha = 1$. That is, when $\alpha = 1$ we have the equivalent of the assumption of IAC, and the direct implication follows that IAC represents a situation in which there is some degree of dependence among voters' preferences.

The preferences of individual voters are not identified with IAC, so nothing can be said about $\Delta(A,B)$ for any pair of candidates in that case. However, if *AMB* in any voting situation, then *BMA* by definition in the dual voting situation, so IAC represents a case of expected balance of preferences in which it is equally likely for a randomly selected voting situation to have either *AMB* or *BMA* for each pair of candidates. The same statement can be made regarding voting situations that are obtained from voting profiles that are generated with IC, since $\Delta(A,B) = \Delta(B,C) = \Delta(A,C) = 0$ for each individual voter. So, no bias exists on an expected value basis to create a PMR relationship for any candidate over any other candidate with either IAC or IC.

The results of Table 1.3 show that $P^S_{PMRW}(3,n,IAC) > P^S_{PMRW}(3,n,IC)$, and the only distinction between IC and IAC that can explain this is the degree of dependence among voter preferences that is introduced with IAC. So, the introduction of some dependence among voters' preferences reduces the likelihood that Condorcet's Paradox will be observed. This conclusion is valid, and very likely can be generally extended to other voting paradoxes, without the requirement that either IC or IAC must ever be observed in actual elections.

1.6.4 Homogeneity and Dependence Connections

Our analysis has led to the conclusion that the likelihood of observing paradoxical voting outcomes is associated with both the degree of social homogeneity and the level of dependence among voters' preferences. As either of these two factors increase for voting situations, it should be expected that the preferences of voters generally tend to become more alike. So, some degree of association would be expected to exist between these two factors.

Some understanding of this relationship can be gained by considering the expected value, $E(H(\boldsymbol{p}))$, of $H(\boldsymbol{p})$ with some of the assumptions that have been considered. The IC assumption is the easiest case to evaluate, since IC only considers one $\boldsymbol{p}$ vector, and (1.59) leads directly to the expected value $E(H(IC))$, with

$$E(H(IC)) = \sum_{i=1}^{6} \left(\frac{1}{6}\right)^2 = \frac{1}{6}. \tag{1.64}$$

In order to obtain $E(H(\boldsymbol{p}))$ for more general cases, some assumption must be made regarding the likelihood that various $\boldsymbol{p}$ vectors will be observed. The most basic assumption of this type has been defined in Gehrlein (1981a) as the *Uniform Culture Condition* (*UC*), where each possible $\boldsymbol{p}$ vector with $\sum_{i=1}^{6} p_i = 1$ is equally likely to be observed. Probabilities and expected values as $n \to \infty$ with the UC assumption can be obtained with geometric arguments that can be traced back to related work that was performed in Laplace (1795) while evaluating results from Borda (1784). We begin by computing the volume of the simplex with

$\sum_{i=1}^{6} p_i = 1$. This volume, Vol_{UC}, is obtained directly by simple integration over the five-dimensional space with $\sum_{i=1}^{5} p_i \leq 1$:

$$Vol_{UC} = \int_{p_1=0}^{1} \int_{p_2=0}^{1-p_1} \int_{p_3=0}^{1-p_1-p_2} \int_{p_4=0}^{1-p_1-p_2-p_3} \int_{p_5=0}^{1-p_1-p_2-p_3-p_4} dp_5 dp_4 dp_3 dp_2 dp_1 = \frac{1}{120}. \tag{1.65}$$

As $n \to \infty$ with UC, each point in this five-dimensional simplex is equally likely to be a randomly selected $\boldsymbol{p}$ vector, with $p_6 = 1 - p_1 - p_2 - p_3 - p_4 - p_5$.

A representation for $E(H(UC))$ is then obtained from

$$E(H(UC)) = \frac{\int_{p_1=0}^{1} \int_{p_2=0}^{1-p_1} \int_{p_3=0}^{1-p_1-p_2} \int_{p_4=0}^{1-p_1-p_2-p_3} \int_{p_5=0}^{1-p_1-p_2-p_3-p_4} \left[\sum_{i=1}^{6} p_i^2\right] dp_5 dp_4 dp_3 dp_2 dp_1}{Vol_{UC}}. \tag{1.66}$$

After algebraic reduction, (1.66) reduces to $E(H(UC)) = 2/7$.

Similar analysis can be used to obtain the expected value, $E(H(DC))$, of $H(\boldsymbol{p})$ over the subspace of $\boldsymbol{p}$ vectors in DC. Once p_1, p_2 and p_3 are determined with DC, p_4, p_5 and p_6 are fixed accordingly. As $n \to \infty$ with DC, assume that each $\boldsymbol{p}$ vector in the DC subset with $\sum_{i=1}^{3} p_i = 1/2$ is equally likely to be selected. This corresponds to the assumption that each point in the two-dimensional simplex with $\sum_{i=1}^{2} p_i \leq 1/2$ is equally likely to be observed, with $p_3 = \frac{1}{2} - p_1 - p_2$. The volume of the DC subspace, Vol_{DC}, is then obtained as above with:

$$Vol_{DC} = \int_{p_1=0}^{1/2} \int_{p_2=0}^{1/2-p_1} dp_2 dp_1 = \frac{1}{8}. \tag{1.67}$$

A representation for $E(H(DC))$ is obtained with the assumption that all $\boldsymbol{p}$ vectors with DC are equally likely to be observed as $n \to \infty$, with

$$E(H(DC)) = \frac{\int_{p_1=0}^{1/2} \int_{p_2=0}^{1/2-p_1} 2\left[\sum_{i=1}^{3} p_i^2\right] dp_2 dp_1}{Vol_{DC}} = \frac{1}{4}. \tag{1.68}$$

It can therefore be observed that the additional restriction that $\boldsymbol{p}$ vectors in the DC subset must have an expected balance on the likelihood that each voter will have preferences on pairs of candidates results in $E(H(DC)) < E(H(UC))$. So, the DC assumption results in the generation of voting situations that are expected to have less homogeneous preferences, when compared to the UC scenario.

It is proved in Gehrlein (1981a) that the expected value of the probability that any voting outcome is observed under the UC assumption for any n is identical to the probability that the same voting outcome is observed with IAC for the same n. It therefore follows directly from the results above with $n \to \infty$ that $E(H(IAC)) = E(H(UC)) = 2/7$. The assumption of IAC was shown to introduce some degree of dependence among voters' preferences, when compared to the complete independence of IC. But, we also see that $E(H(IAC)) > E(H(IC))$, so that the assumption of IAC concurrently increases the expected degree of social homogeneity among voters' preferences, when compared to the case of IC.

There is definitely a direct relationship between the amount of dependence among voters' preferences and the expected degree of social homogeneity in voting situations, when homogeneity is defined by $H(\boldsymbol{p})$ in (1.59). There is no reason to anticipate that this observation would change when any other reasonable measures of homogeneity are considered.

1.7 Conclusion

A number of voting paradoxes have been introduced, and empirical studies have been summarized to indicate that some of the most common paradoxes are relatively unlikely to be observed in actual elections. Mathematical models (DC, IC, IAC and MC) are developed for obtaining representations for the probability that voting events will be observed, and these models were then used to suggest that voting paradoxes should become less likely to be observed as voters' preferences exhibit greater degrees of homogeneity, or as voters' preferences on candidates become more statistically dependent.

Chapter 2
Condorcet's Paradox and Group Coherence

2.1 Introduction

The possibility that various election paradoxes might exist has been seen to be a potentially significant threat to the stability of election processes, and we have developed a number of different mathematical models that can be used to assess the likelihood that these paradoxes might actually be observed. These basic models have been used to yield some support to the intuitively appealing hypothesis that the likelihood that these voting paradoxes will be observed should tend to decrease with increasing levels of social homogeneity among the preferences of voters in the population, or as the degree of dependence among voters' preferences in the population tends to increase. There is a direct linkage between increases in the measure of dependence among voters' preferences and the degree of social homogeneity that is expected to exist in a voting situation.

An extensive survey of the work that has been performed to investigate the association between the likelihood that voting paradoxes might occur and degrees of social homogeneity is summarized in Gehrlein (2006a). The many different measures of social homogeneity that have been developed in the literature can be categorized as being either Population Specific Measures of Homogeneity or Situation Specific Measures of Homogeneity. As in Chap. 1, we focus on the association between the likelihood that a PMRW exists and degrees of social homogeneity, since this area has received most of the attention in this type of analysis. The extension of this analysis to other voting paradoxes will then be considered later.

2.2 Population Specific Measures of Homogeneity

A *Population Specific Measure of Social Homogeneity* (*PSM*) is related to parameters of the population from which random voter preference profiles or voting situations are generated. For three candidates, $\{A, B, C\}$, these measures are based

W.V. Gehrlein and D. Lepelley, *Voting Paradoxes and Group Coherence*, Studies in Choice and Welfare, DOI 10.1007/978-3-642-03107-6_2,

on the p_i's from the $\boldsymbol{p}$ vectors that describe the likelihood that a randomly selected voter will have the ith possible linear preference ranking on the candidates. The measure $H(\boldsymbol{p})$ from (1.59) is one such a PSM, and it was pointed out in Chap. 1 that $P^S_{PMRW}(3, n, DC)$ generally increases as $H(\boldsymbol{p})$ increases for $\boldsymbol{p}$ vectors in the DC subset. However, it was also noted that this relationship deteriorates as n becomes large. To the degree that the level of dependence between voters' preferences is related to social homogeneity, the Parameter α in P–E probability models is also a PSM.

The general conclusion in Gehrlein (2006a) is that studies that have looked for a general connection between $P^S_{PMRW}(m, n, \boldsymbol{p})$ and various PSM's have only found at best a weak relationship. An explanation of this outcome can be based on the fact that any $\boldsymbol{p}$ vector for a population will have only one value for the PSM that is being considered, while it is possible that many voting situations could be generated from that $\boldsymbol{p}$. This leads to the consideration of measures of social homogeneity that are based on characteristics of specific voting situations themselves, rather than on the characteristics of the population from which a voting situation is obtained.

2.3 Situation Specific Measures of Homogeneity

A *Situation Specific Measure of Homogeneity* (*SSM*) does not measure social homogeneity based on $\boldsymbol{p}$ vectors, as the PSM's do. SSM's are based on the n_i's of the particular $\boldsymbol{n}$ vector for a given voting situation, or on the $\boldsymbol{n}$ vector that is obtained by accumulating individual preferences in a voter preference profile. A SSM would use the actual observed proportions, n_i/n, as a substitute for the p_i terms in any PSM. For any particular voting situation, we know with certainty whether or not a PMRW exists. It is therefore quite reasonable to expect to have a stronger correlation between social homogeneity and the probability that a PMRW exists for studies in which social homogeneity is measured by some SSM.

Most simple SSM's still do not lead to a strong general relationship between social homogeneity and the probability that a PMRW exists. However, it was found in Gehrlein (2006a) that when the voters' preferences are formed by a process that imposes some internal structural consistency or some mutual coherence on voter preference profiles or voting situations, much stronger relationships can be found between SSM's and the probability that a PMRW exists. The measures of mutual coherence that have been found to exhibit this tendency are based on some simple extensions of natural underlying conditions on voting situations that require that a PMRW must exist.

Black (1958) found one such condition when voters' preferences are restricted to have the property of *single-peaked preferences*. To describe this property, we define a measure of preference or *utility*, $U^i(C_j)$, that a given i^{th} voter associates with candidate C_j in an m-candidate election on candidates $\{C_1, C_2, ..., C_m\}$. Increased measures of $U^i(C_j)$ indicate that a voter has an increased preference, or

Fig. 2.1 An example preference profile with three voters and six candidates

Voter 1: $C_6 \succ C_3 \succ C_5 \succ C_1 \succ C_4 \succ C_2$
Voter 2: $C_4 \succ C_3 \succ C_6 \succ C_2 \succ C_5 \succ C_1$
Voter 3: $C_2 \succ C_4 \succ C_3 \succ C_6 \succ C_5 \succ C_1$.

utility, for the given candidate, so that the given voter's individual preference ranking on candidates will have $C_j \succ C_k$ if, and only if, $U^i(C_j) > U^i(C_k)$.

Consider a simple example voter preference profile with three voters, where each individual voter has a linear preference ranking on six candidates, as shown in Fig. 2.1.

We can determine if the three voter's preference rankings in the example in Fig. 2.1 meet the definition of single-peaked preferences by trying to find $U^i(C_j)$ values that are consistent with the preference rankings of the individual voters, while simultaneously meeting an additional restriction. This additional restriction can be established by drawing a graph like the one that is shown in Fig. 2.2.

Values of $U^i(C_j)$ are displayed on the vertical axis of the graph in Fig. 2.2, and the horizontal axis of the graph represents the sequence of C_j's that corresponds to some linear overall reference ranking. Let C_iOC_j denote the fact that C_i is ranked before C_j in this overall reference ranking. The specific overall reference ranking that is used in Fig. 2.2 is $C_2OC_4OC_3OC_6OC_5OC_1$. Figure 2.2 shows a plot of possible $U^i(C_j)$ values for each voter, as associated with specific candidates in the sequence of C_j's in the overall reference ranking, such that the given $U^i(C_j)$ values for a given i would reproduce the linear preference ranking of the associated i^{th} voter in Fig. 2.1. The results that are displayed in Fig. 2.2 have $U^1(C_6) > U^1(C_3) > U^1(C_5) > U^1(C_1) > U^1(C_4) > U^1(C_2)$, to correspond with the linear preference ranking $C_6 \succ C_3 \succ C_5 \succ C_1 \succ C_4 \succ C_2$ for Voter 1. We do not claim that the $U^i(C_j)$ values in the graph necessarily represent the true utility values that voters have for candidates. The only claim is that they are possible utility values that would result in the voters' preference rankings on candidates.

Any of the possible 720 linear rankings on the six candidates could have been used as an overall reference ranking. However, the specific overall reference ranking used for Fig. 2.2 is of particular interest, since it results in plots of the possible $U^i(C_j)$

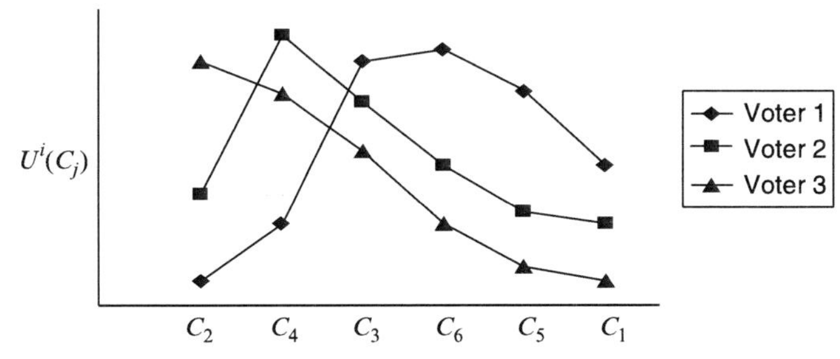

Fig. 2.2 A graph of single-peaked preference curves for three voters

values that have single-peaked preference curves for each voter. Using the definition in Black (1958, p. 7), a "single-peaked (preference) curve is one which changes its direction at most once, from up to down." The logical foundation of the definition for single-peaked preferences is given in Black (1958, pp. 8–9):

> While in practice a (committee) member's preference curve may be of any shape whatsoever, there is reason to expect that, in some important practical problems the (preference) valuations actually carried out will tend to take the form of isolated points on single-peaked curves. This would be particularly likely to happen if the committee were considering different possible sizes of a numerical quantity and choosing one size in preference to the others. It might, for example, be reaching a decision with regard to the price of a product to be marketed by a firm, or to the output for a future period, or the wage rate of labor, or the height of a particular tax, or the legal age of leaving school, and so on.

Buchanan (1970) and Browning (1972) also consider various sets of natural conditions that are likely to lead to the existence of single-peaked preferences for a group of voters. Gaertner (2005) notes that arguments that ultimately lead to the same definition of single-peaked preferences can be found as far back as the work of Pufendorf in the seventeenth century. It can be concluded that the notion of single-peaked preferences is not simply a mathematical artifact, and that it does have a basis in reality for some voting scenarios.

The condition of single-peaked preference curves indicates the existence of a situation in which all voters have preferences that are *mutually coherent*. That is, the presence of such a situation suggests that there is mutual agreement among the voters that some underlying characteristics of candidates exist that allow for the sequencing of the candidates in some natural order from left to right, according to their rankings in an overall reference order. Each voter would then have some particular most preferred candidate in the sequence, with decreasing preferences on candidates as they are ranked farther away, to the left or to the right, from their most preferred candidate within the sequence of candidates in the overall reference order.

List (2002) discusses the notion of having different levels of group coherence of preference, such that voters' preferences might reflect a *substantive level agreement*, to the extent that their preferences, or views, tend to have some degree of consistency or homogeneity. However, voters might go beyond that and have some degree of *meta-level agreement*, to the extent that they can agree on a common dimension on which issues can be conceptualized. The voters might be largely in agreement as to what this common dimension is, while being in great disagreement as to what the optimal position on the dimension is. Positioning issues along such a dimension is perfectly consistent with the notion of single-peaked preferences. List (2002) argues that agreement at the meta-level is more likely to reduce occurrences of paradoxical results like PMR cycles than is agreement on a substantive level.

Dryzek and List (2003) extend this notion, by pointing out that two or more individuals can agree on a substantive level to the extent that their preferences are the same. However, these individuals might instead disagree on any common ranking of alternatives that would reflect their own preferences, while they could still agree on some ranking of alternatives along a common dimension. This second scenario is agreement on a meta-level. As described above, agreement on a meta-level would imply a condition like single-peakedness. The introduction of issue complexity might rule out any common agreement on any single dimension, but multiple relevant issue dimensions coupled with individual voter's preference rankings of alternatives on the issue dimensions might lead to some "intra-dimensional single-peakedness".

Grofman and Uhlaner (1985) previously proposed a similar concept regarding the existence of "meta-preferences" that would result when voters have preferences for characteristics of broadly defined processes that might be involved in determining their individual preferences on candidates, rather than simply having preferences for candidates. They suggest that the additional structure that results from processes that are based on such meta-preferences would lead to an increased level of overall understanding of the entire decision process, and therefore to more overall stability. This increased stability would therefore suggest that paradoxical voting outcomes should be less likely to be observed.

All of this is supported by the work of Black (1958), where arguments are developed to show that PMR must be transitive for odd n if *any* overall reference order and possible $U^i(C_j)$ values that are consistent with voters' preference rankings can be found to result in single-peaked preference curves for all voters. That is, all voters' preference curves must be single-peaked relative to the same overall reference order. However, the assumption of perfectly single-peaked preferences forces some very strict requirements on voters' preferences, particularly when there are many voters in the electorate.

Niemi (1969) proposed the notion of using some measure to the proximity of a voting situation to having perfectly single-peaked preferences as a SSM, since it might be overly restrictive to assume that all voters in a large electorate will have preferences that are single-peaked. Given Black's result, it seems very reasonable to assume that the probability that PMR is transitive will remain high as long as the preferences of most voters in a voting situation are consistent with the restriction of single-peaked preferences. Niemi proposed that the proximity of a voting situation to having perfectly single-peaked preferences could effectively be measured as the minimum proportion of voters in the electorate who must have their preferences ignored so that the preferences on the remaining candidates will be perfectly single-peaked. As this necessary proportion of voters decreases, the closer the preferences in the original voting situation are to being perfectly single-peaked. Niemi (1970) performs an empirical study of seven three-candidate elections in which complete preference rankings were reported by voters, to find that only one case resulted in the existence of a PMR cycle, and that this case was the one that was farthest removed from the condition of perfect single-peakedness with this measure. One difficulty of using this measure as a SSM is that it can be difficult to calculate this proportion, but results of Arrow (1963) can be applied to obtain a proxy for this measure very easily in the case of three-candidate elections.

Arrow (1963) approaches the concept of single-peaked preferences in a very different manner, by considering only the ordinal relationships between candidates in rankings, without using Black's $U^i(C_j)$ values. Arrow's findings lead to an alternative definition of single-peaked preferences, such that voters' preferences are perfectly single-peaked if for every triple of candidates, at least one candidate is never ranked as least preferred among the three candidates by any voter. Arrow's definition lacks the conceptual appeal of Black's utility based definition, but it is a completely equivalent definition of single-peaked preferences.

2.3.1 Weak Measures of Group Coherence

The ideas that were proposed above by Black, Niemi and Arrow are all combined in Gehrlein (2004b) to develop a SSM, *Parameter b*, that measures the minimum number of times that some candidate is bottom ranked, or is least preferred, in the preferences of the n voters in a voting situation, to serve as a simple measure of the proximity of a voting situation to representing perfectly single-peaked preferences in a three-candidate election, where

$$b = Min\{n_1 + n_3, n_2 + n_4, n_5 + n_6\}. \tag{2.1}$$

Here, the n_i terms are defined for a voting situation from Fig. 1.1, which is reproduced here for convenience in Fig. 2.3.

If b is equal to zero for a voting situation with three candidates, some candidate is never ranked as least preferred, so the voting situation represents the condition in which voters have perfectly single-peaked preferences. This would happen, for example if $n_1 + n_3 = 0$, where the definitions from Fig. 2.3 indicate that this requires that Candidate C is never the least preferred candidate for any voter in the associated voting situation. When b is maximized at $n/3$, a voting situation reflects very disperse preferences of voters over candidates to reflect a situation that is very far removed from perfect single-peakedness.

As Parameter b increases in voting situations, the preferences of voters in a voting situation become more removed from the condition of perfect single-peakedness. Another perspective on this issue is that a voting situation with a small Parameter b reflects a situation in which there is some candidate that very few voters think is the worst of the three candidates. The electorate would be somewhat united by their *weak* support of, or lack of complete opposition to, the election of such a candidate. In that sense, this candidate can be viewed as a *Weak Positively Unifying Candidate* that voters would not generally think of as reflecting the worst possible outcome if that candidate were to be elected.

Fig. 2.3 The six possible linear preference rankings on three candidates

A	A	B	C	B	C
B	C	A	A	C	B
C	B	C	B	A	A
n_1	n_2	n_3	n_4	n_5	n_6

Vickery (1960) considers the well known condition of *single-troughed preferences*, and proves that the imposition of this assumption on voting situations will also lead to the necessary existence of a PMRW. This condition is also known as *single-dipped preferences* in the literature, but we use the term single-troughed preferences since that term is the originally used by Vickery. The condition of single-troughed preferences is equivalent to the condition of single-peaked preferences, since every single-peaked voting situation corresponds to a single troughed-voting situation in which all voters' preference rankings are inverted. For a three-candidate election, it follows from Arrow (1963) that a voting situation with perfectly single-troughed preferences is one in which at least one candidate is never ranked as most preferred by any voter.

Following the development of Parameter b above, *Parameter t* measures the proximity of a voting situation to meeting the condition of perfectly single-troughed preferences, with

$$t = Min\{n_1 + n_2, n_3 + n_5, n_4 + n_6\}. \tag{2.2}$$

The definition of n_i's in Fig. 2.3 are used to define Parameter t as the minimum number of times that some candidate is top-ranked as the most preferred candidate in the voters' preference rankings, so that a voting situation is perfectly single-troughed if $t = 0$, and the value of t then reflects the relative proximity of a voting situation to the condition of perfect single-troughedness. Any candidate that very few voters rank as the most preferred candidate in a voting situation can be viewed as a *Weak Negatively Unifying Candidate* since none of the voters would generally think of the election of this candidate as reflecting the best possible outcome. The electorate would be weakly unified by their opposition to, or lack in complete support of, the election of such a candidate.

Ward (1965) develops another restriction on voting situations that leads to the conclusion that a PMRW must exist in a three-candidate election. This condition requires that some candidate must be *perfectly polarizing*, in the sense that this candidate is never middle ranked, or ranked at the center, of any voter's preference ranking. That is, every voter will either consider this candidate to be either the most preferred or the least preferred. The definition of n_i's in Fig. 2.3 are used to define *Parameter c* to reflect the proximity of a voting situation to the condition of perfect polarization, with

$$c = Min\{n_3 + n_4, n_1 + n_6, n_2 + n_5\}. \tag{2.3}$$

If $c = 0$, some candidate is perfectly polarizing, since all voters will rank that candidate as either least preferred or most preferred, and the value of c measures the proximity of a voting situation to the condition of perfect polarization. Any candidate that very few voters rank in the middle of their preference ranking can generally be viewed as a *Weak Polarizing Candidate*.

Parameters b and t are combined in Gehrlein (2008) to obtain another measure of group coherence. By ignoring the distinction between positively unifying and negatively unifying candidates, *Parameter u* measures the presence of an overall unifying candidate in a voting situation with

$$u = Minimum\{b, t\}. \tag{2.4}$$

A small value of Parameter u for a voting situation indicates that some candidate is close to being either positively or negatively unifying, and Parameter u measures the proximity of a voting situation to having a *Weak Overall Unifying Candidate.*

2.3.2 Strong Measures of Group Coherence

Stronger measures of group coherence are developed in Gehrlein (2009), and each of these measures is a more restrictive variation of Parameters b, t, c and u. A Weak Positively Unifying Candidate was defined as some candidate that is ranked as least preferred by a small proportion of voters in a voting situation, and the proximity of a voting situation to having a perfect Weak Positively Unifying Candidate is measure by Parameter b. A candidate would more strongly reflect the notion of being a positively unifying candidate by being ranked as most preferred by a large proportion of the voters in a voting situation. *Parameter* t^* is defined accordingly from the definition of the n_i's in Fig. 2.3, with

$$t^* = Max\{n_1 + n_2, n_3 + n_5, n_4 + n_6\}. \tag{2.5}$$

If $t^* = n$, the same candidate is ranked as most preferred by all voters, making it a perfect *Strong Positively Unifying Candidate*, and Parameter t^* is used as a measure of the proximity of a voting situation to this condition.

The same basic logic can be used to strengthen the definition the proximity of a voting situation to having perfect Weak Negatively Unifying Candidate, as measured by Parameter t. *Parameter* b^* is defined accordingly by

$$b^* = Max\{n_5 + n_6, n_2 + n_4, n_1 + n_3\}. \tag{2.6}$$

If $b^* = n$, the same candidate is ranked as least preferred by all voters, making it a perfect *Strong Negatively Unifying Candidate*, and Parameter b^* is used as a measure of the proximity of a voting situation to this condition.

Parameter c measured the proximity of a voting situation to the condition of perfect weak polarization. The strong measure that is associated with this parameter is *Parameter* c^*, with

$$c^* = Max\{n_3 + n_4, n_1 + n_6, n_2 + n_5\}. \tag{2.7}$$

If $c^* = n$, the same candidate is middle-ranked in the preferences of all voters, so that this candidate is neither extremely liked nor extremely disliked by any voter, making it a perfect *Strong Centrist Candidate*, and Parameter c^* is used as a measure of the proximity of a voting situation to this condition.

Parameters b^* and t^* are combined as above, by ignoring the distinction between positively unifying and negatively unifying candidates, and *Parameter* u^* measures the presence of a *Strong Overall Unifying Candidate* in a voting situation with

$$u^* = Max\{b^*, t^*\}. \tag{2.8}$$

A large value of Parameter u^* therefore indicates that a voting situation has some candidate that is close to representing either a strong positively or a strong negatively unifying candidate.

2.4 Obtaining Probability Representations

In order to determine the impact that these measures of group coherence have on the probability that a PMRW exists, attention is focused to the development of representations for the conditional probability that a PMRW exists, given that voting situations have specified values of these SSM's. These probability representations are based on a direct extension of the assumption of IAC. For any particular $X \in \{b,t,c,u,b^*,t^*,c^*,u^*\}$, the *Conditional Impartial Anonymous Culture Condition* $(IAC_X(k))$ is used to develop probability representations for election outcomes, conditional on the assumption that only voting situations for which Parameter X has a specified value of k can be observed, and that each of these possible voting situations is equally likely to be observed.

The conditional probability that a strict PMRW exists for n voters with three candidates, given the assumption of $IAC_X(k)$ for $X \in \{b,t,c,u,b^*,t^*,c^*,u^*\}$, is denoted by $P^S_{PMRW}(3,n\,|\,IAC_X(k))$. The logic that led to (1.27) is easily generalized to

$$P^S_{PMRW}(3,n\,|\,IAC_X(k)) = \frac{3N^{\{A\}}_{PMRW}(3,n,IAC_X(k))}{K(3,n,IAC_X(k))}. \tag{2.9}$$

Here, $N^{\{A\}}_{PMRW}(3,n,IAC_X(k))$ and $K(3,n,IAC_X(k))$ are defined in the obvious fashion, following the development of (1.27).

Gehrlein (2004b) derived a representation for $P^S_{PMRW}(3,n\,|\,IAC_b(k))$ with the subspace partitioning process that was described in the development of a representation for $N^{\{A\}}_{PMRW}(3,L,MC)$ in Chap. 1. An eight subspace partition is required to remove all *Max* and *Min* arguments that are required in the summation limits to have Candidate A as the PMRW with $b = k$, while obtaining a representation for $N^{\{A\}}_{PMRW}(3,n,IAC_b(k))$. The resulting representation for odd $n \geq 7$ is given by

$$P^S_{PMRW}(3, n \mid IAC_b(k))$$
$$= \frac{-k(17 - 21k - 11k^2) + (5 - 26k - 4k^2)n + 3(2 - k)n^2 + n^3}{(n - 3k)[(n + 1)(n + 5) - 3k(2 + k)]},$$
$$\text{for } 0 \le k \le (n - 1)/4$$
$$\frac{3(3 - 2k - 6k^3) + (11 + 18k^2)n + 3(1 - 2k)n^2 + n^3}{2(k + 1)[(n + 1)(n + 5) - 3k(2 + k)]},$$
$$\text{for } (n + 1)/4 \le k \le (n - 1)/3$$
$$\frac{3}{4}, \text{ for } k = n/3. \qquad (2.10)$$

The subspace partitioning procedure is further complicated in this situation with the addition of Parameter b to the required summation limits in such probability representations. In order to facilitate the process of obtaining these representations, Gehrlein (2005, 2006b) develops an extension of EUPIA that obtains representations for the conditional probability that voting outcomes are observed, given that voting situations are constrained to have some specified value of a measurable parameter.

2.4.1 *EUPIA2*

With the assumption of either IAC or MC, EUPIA was developed to obtain a representation for the number of voting situations with n voters, $E^A(n)$, such that the n_i's meet the necessary conditions for Candidate A to meet the requirements of Event F. With the assumption of $IAC_b(k)$, *EUPIA2* obtains a representation for the number of voting situations, $E^A(n, k)$, such that the n_i's meet the necessary conditions for Candidate A to meet the requirements of Event F and simultaneously meet the necessary conditions for some defined parameter of the voting situation, like b, to match a specified integer value k.

The basic requirements of the conditions that are needed for EUPIA to work are expressed in the discussion that followed Axiom 1.1, where the simple linear form restriction is imposed on the *Max* and *Min* arguments in the summation bounds that are required for Event F to be observed in a voting situation. The extension of this logic to EUPIA2 relies on an extension of the simple linear form restriction. The *extended linear form restriction* requires that each upper and lower summation bound on the representation to obtain $E^A(n, k)$ is expressible as the *Max* or *Min* of some set of simple linear functions of n, a specified k for some defined parameter and n_i's that are previously defined in the series of summation indexes. As with the definition of a simple linear form restriction, the coefficients in these simple linear functions must be rational numbers. Given the nature of identities for sums of powers of integers, it is very simple to show that:

Axiom 2.1 If the restrictions on the n_i's in a three-candidate voting situation that are necessary for Event F to be observed and to simultaneously meet the necessary conditions for some defined Parameter $X \in \{b, t, c, u, b^*, t^*, c^*, u^*\}$ to have a specified integer value k meet the extended linear form restriction, then

$$E^A(n,k) = \sum_{i=0}^{5}\sum_{j=0}^{5-i} \tau_{ij} n^i k^j, \tag{2.11}$$

for some integer sequence $n = \psi + p\upsilon$, with $\upsilon = 0, 1, 2, \ldots$.

As in Axiom 1.1, the τ_{ij} coefficients in (2.11) must be rational numbers, and these arguments can easily be extended to representations with MC by replacing n with L in the definition of the extended linear form restriction.

It is then a trivial extension of a result proved in Gehrlein (2006a) that:

Axiom 2.2 If the necessary conditions that are required to obtain $E^A(n)$ for some Event F in a three-candidate election meet the simple linear form restriction, then $E^A(n,k)$ must result in a functional form as specified in (2.11), if Parameter $X \in \{b, t, c, u, b^*, t^*, c^*, u^*\}$ is simultaneously required to have a specified integer value k.

2.4.1.1 Obtaining a Representation for $P^S_{PMRW}(3, n \mid IAC_b(k))$ with EUPIA2

We illustrate the procedure for obtaining representations with EUPIA2 by developing a representation for $P^S_{PMRW}(3, n \mid IAC_b(k))$. The first step is to obtain a representation for the number of voting situations, $K(3, n, IAC_b(k))$, with n voters that have a specified value, k, for Parameter b, as defined in (2.1). The representation for $K(3, n, IAC)$ in (1.25) is clearly consistent with the simple linear form restriction, so Axiom 2.2 requires that the representation for $K(3, n, IAC_b(k))$ must have the general form of (2.11).

The process is initiated by fixing k at some specified numerical value and then using computer enumeration procedures to obtain values of $NVS^A(\psi + pj \mid k)$ for each value of $j = 0(1)7$. In this case, $NVS^A(\psi + pj \mid k)$ is a count of the number of voting situations with $\psi + pj$ voters for which Parameter b is equal to the specified value of k. Since k can be treated as a constant in (2.11), the k^j term can be absorbed into the τ_{ij} term and the general form can be reduced to a linear function with a single variable, n, as in (1.44), for that specified k.

EUPIA is then used directly to find the conditional representation for $K(3, n, IAC_b(k))$, denoted as $K(3, n, IAC_b(k) \mid k)$, for the k value has been specified, and

$$K(3, n, IAC_b(k) \mid k) = \sum_{i=0}^{5} C_i^k n^i, \tag{2.12}$$

for some integer sequence $n = \psi + pj$, with $j = 0, 1, 2, \ldots$

The process is then repeated for each integer k value with $0 \leq k < n/3$, and the C_i^k terms that are obtained for these $K(3, n, IAC_b(k) \mid k)$ representations will typically be different for each given k. For the process to work effectively, we need to start the search process in EUPIA2 with a relatively large value of ψ.

Table 2.1 summarizes the C_i^k values that were obtained for $0 \leq i \leq 3$ for each $0 \leq k \leq 11$ when EUPIA2 was run while arbitrarily setting $\psi = 35$ in all cases. The results give $C_i^k = 0$, for all $i \geq 4$, and the periodicity for all cases is found to have $p = 1$. Furthermore, additional EUPIA2 runs were performed to verify that the relevant entries in Table 2.1 remain valid for all integer values of $\psi \geq 1$.

A representation for $K(3, n, IAC_b(k) \mid k)$ can be obtained very easily for any specified k in the range $0 \leq k \leq (n-2)/3$ by using the known form of the representation in (2.12) along with the C_i^k entries in Table 2.1.

When the general form of the representations that are given in (1.44) and (2.11) are considered along with the representation for $K(3, n, IAC_b(k) \mid k)$ that is given in (2.12), we are led directly to the conclusion that each C_i^k coefficient must be obtainable as a function of k, with

$$C_i^k = \sum_{j=0}^{5-i} \partial_{ij} k^j \text{ for some rational } \partial_{ij} \text{ coefficients for a specified } i. \qquad (2.13)$$

The earlier logic of the development of EUPIA and the known values of C_i^k that are given in Table 2.1 for a specified i can be used for $k = 0, 1, 2, \ldots, 6-i$ to establish a set of $6-i$ simultaneous equations, following the format of (2.13), with $6-i$ unknowns. The solution of the $6-i$ simultaneous equations will then give the $6-i$ values of the ∂_{ij} coefficients in the general representation for C_i^k. When the particular case with $i = 0$ is considered, six variables $\{\partial_{00}, \partial_{01}, \partial_{02}, \partial_{03}, \partial_{04}, \partial_{05}\}$ are defined. Using the associated entries for C_0^k that are listed in Table 2.1, the six simultaneous equations are given in (2.14).

Table 2.1 Computed C_i^k values with the specified k for $\psi = 35$ and $p = 1$

k	C_0^k	C_1^k	C_2^k	C_3^k
0	0	5/2	3	1/2
1	12	−22	3	1
2	171	−165/2	0	3/2
3	720	−188	−6	2
4	2010	−695/2	−15	5/2
5	4500	−570	−27	3
6	8757	−1729/2	−42	7/2
7	15456	−1240	−60	4
8	25380	−3411/2	−81	9/2
9	39420	−2270	−105	5
10	58575	−5885/2	−132	11/2
11	83952	−3732	−162	6

$$\partial_{00} + \partial_{01}0 + \partial_{02}0^2 + \partial_{03}0^3 + \partial_{04}0^4 + \partial_{05}0^5 = 0$$
$$\partial_{00} + \partial_{01}1 + \partial_{02}1^2 + \partial_{03}1^3 + \partial_{04}1^4 + \partial_{05}1^5 = 12$$
$$\partial_{00} + \partial_{01}2 + \partial_{02}2^2 + \partial_{03}2^3 + \partial_{04}2^4 + \partial_{05}2^5 = 171$$
$$\partial_{00} + \partial_{01}3 + \partial_{02}3^2 + \partial_{03}3^3 + \partial_{04}3^4 + \partial_{05}3^5 = 720$$
$$\partial_{00} + \partial_{01}4 + \partial_{02}4^2 + \partial_{03}4^3 + \partial_{04}4^4 + \partial_{05}4^5 = 2010$$
$$\partial_{00} + \partial_{01}5 + \partial_{02}5^2 + \partial_{03}5^3 + \partial_{04}5^4 + \partial_{05}5^5 = 4500. \qquad (2.14)$$

Algebraic techniques are then used to solve the six simultaneous equations in (2.14) for the six unknown variables, with:

$$\partial_{00} = 0 \qquad \partial_{01} = \frac{-15}{2} \qquad \partial_{02} = \frac{3}{2}$$
$$\partial_{03} = \frac{27}{2} \qquad \partial_{04} = \frac{9}{2} \qquad \partial_{05} = 0. \qquad (2.15)$$

Given these results, it follows that

$$C_0^k = \frac{-15}{2}k + \frac{3}{2}k^2 + \frac{27}{2}k^3 + \frac{9}{2}k^4 = \frac{3k(k+1)(3k^2+6k-5)}{2}. \qquad (2.16)$$

Similar analysis is used to obtain the representations for the remaining C_i^k terms for $i = 1, 2, 3, 4$ and:

$$C_1^k = -\frac{1}{2}(k+1)\left(3k^2+24k-5\right)$$
$$C_2^k = -\frac{3}{2}(k+1)(k-2)$$
$$C_3^k = \frac{(k+1)}{2}. \qquad (2.17)$$

It is easily verified that these functional forms will generate the values that appear in the associated columns of Table 2.1 for any specified k.

After substitution the C_i^k terms from (2.16) and (2.17) into (2.12) and performing the necessary algebraic reduction, we obtain

$$K(3,n,IAC_b(k)) = \frac{(k+1)(n-3k)[(n+1)(n+5)-3k(2+k)]}{2},$$
$$\text{for } n \geq 1 \text{ and } k \leq (n-2)/3. \qquad (2.18)$$

The result that is given in (2.18) is exactly the same as the representation for $K(3,n,IAC_b(k))$ in Gehrlein (2004b).

For the special case that $k = n/3$ when n is a multiple of three, it is easily shown that

$$K\left(3, n, IAC_b\left(\frac{n}{3}\right)\right) = \binom{n+3}{3}^3. \tag{2.19}$$

A representation for $N_{PMRW}^{\{A\}}(3, n, IAC_b(k))$ can be obtained in the same fashion that was used to obtain the representation for $K(3, n, IAC_b(k))$ in (2.19). The conditions on n_i's that result in Candidate A being the strict PMRW for odd n in (1.5) clearly meet the simple linear form restriction. Axiom 2.2 then requires that the representation for $N_{PMRW}^{\{A\}}(3, n, IAC_b(k))$ must have the form of (2.11).

Following the same logic that led to the development of Table 2.1 that ultimately led to representations for $K(3, n, IAC_b(k) \mid k)$ with specified values of k, we use EUPIA to find coefficients D_i^k for specified k values for Parameter b that give representations for $N_{PMRW}^{\{A\}}(3, n, IAC_b(k) \mid k)$, with

$$N_{PMRW}^{\{A\}}(3, n, IAC_b(k) \mid k) = \sum_{i=0}^{3} D_i^k n^i. \tag{2.20}$$

The EUPIA computations were performed with $\psi = 91$, and attempts were made to obtain D_i^k coefficients for all k with $0 \leq k \leq 30$, and the results are summarized in Table 2.2 for all $0 \leq k \leq 22$. The periodicity for the representation was found to be $p = 2$ for all k entries.

Coefficients for the representations for $N_{PMRW}^{\{A\}}(3, n, IAC_b(k) \mid k)$ in (2.20) were found for all $0 \leq k \leq 22$ in Table 2.2, with $p = 2$ and $\psi = 91$. However, no such representation was found with $k = 23$. The reason for this is that representations to obtain $N_{PMRW}^{\{A\}}(3, n, IAC_b(k))$ have one functional form for $k \leq \frac{n-3}{4}$ and a second functional form for $k \geq \frac{n+1}{4}$.

EUPIA2 began this process by using computer enumeration techniques to count the number of voting situations, $NVS_{PMRW}^{A}(n \mid k)$ for which Candidate A is the PMRW with a specified value of k for Parameter b, for a series of n values with $n = \psi + jp$ for $j = 0(1)7$. The first term in the series has $n = \psi + 0p = 91$. With $k = 23$ and $n = 91$, $k \geq \frac{n+1}{4}$ so the second functional form should be used to obtain the observed value of $NVS_{PMRW}^{A}(91 \mid 23)$. The third enumerated value that is listed in the series has $n = \psi + 2\,p = 95$. With $k = 23$ and $n = 95$, $k \leq \frac{n-3}{4}$ so the first functional form should be used to obtain the observed value of $NVS_{PMRW}^{A}(95 \mid 23)$. This conflict explains why a single functional form is not obtained as a representation for $N_{PMRW}^{\{A\}}(3, n, IAC_b(23) \mid 23)$ when $\psi = 91$ is used to start the series of n values to get the values in Table 2.2. The exact break point of this type in such series can be precisely determined as a function of n by running EUPIA2 with a number of ψ values, to look for consistency in terms of the value of ψ where the first functional form stops working for each ψ. As a result, we find that the first functional form for $N_{PMRW}^{\{A\}}(3, n, IAC_b(k))$ holds over the range of k values with $0 \leq k \leq (n-1)/4$.

Table 2.2 Computed D_i^k values with the specified k for $\psi = 91$ and $p = 2$

k	D_0^k	D_1^k	D_2^k	D_3^k
0	0	5/6	1	1/6
1	5	−25/3	1	1/3
2	69	−63/2	0	1/2
3	290	−218/3	−2	2/3
4	810	−815/6	−5	5/6
5	1815	−225	−9	1
6	3535	−2065/6	−14	7/6
7	6244	−1492/3	−20	4/3
8	10260	−1377/2	−27	3/2
9	15945	−2765/3	−35	5/3
10	23705	−7205/6	−44	11/6
11	33990	−1530	−54	2
12	47294	−11479/6	−65	13/6
13	64155	−7063/3	−77	7/3
14	85155	−5715/2	−90	5/2
15	110920	−10280/3	−104	8/3
16	142120	−24395/6	−119	17/6
17	179469	−4779	−135	3
18	223725	−33421/6	−152	19/6
19	275690	−19330/3	−170	10/3
20	336210	−14805/2	−189	7/2
21	406175	−25355/3	−209	11/3
22	486519	−57569/6	−230	23/6

A representation for $N_{PMRW}^{\{A\}}(3, n, IAC_b(k))$ for the range of k values with $0 \leq k \leq (n-1)/4$ is obtained in the same fashion that was used to develop the representation for $K(3, n, IAC_b(k))$ in (2.18). Using the data from Table 2.2, with the necessary functional form like that in (2.13), we obtain

$$D_0^k = \frac{k(k+1)}{6}\left(11k^2 + 21k - 17\right) \quad D_1^k = -\frac{(k+1)}{6}\left(4k^2 + 26k - 5\right)$$
$$D_2^k = -\frac{(k+1)(k-2)}{2} \quad D_3^k = \frac{(k+1)}{6}. \tag{2.21}$$

By using the identity that is given in (2.9) along with the representation for $N_{PMRW}^{\{A\}}(3, n, IAC_b(k) \mid k)$ that follows from (2.20) and (2.21), substitution and algebraic reduction lead to the identical representation for $P_{PMRW}^S(3, n, IAC_b(k))$ with $0 \leq k \leq (n-1)/4$ that was obtained by algebraic methods in (2.10).

The determination of an appropriate representation for $P_{PMRW}^S(3, n, IAC_b(k))$ with $k \geq (n+1)/4$ requires some additional manipulation of EUPIA2. Computer enumeration values for $NVS_{PMRW}^A(n \mid k)$ were obtained in the last phase for each $n = \psi + pj$ with $j = 0(1)7$ for each $k = 0(1)22$ to obtain the entries in Table 2.2. To obtain the associated representation for $N_{PMRW}^{\{A\}}(3, n, IAC_b(k))$ over the range of k values with $\frac{n+1}{4} \leq k \leq \frac{n}{3}$, we start by obtaining computer enumeration values for $NVS_{PMRW}^A\left(n \mid \frac{n+1}{4} + k'\right)$ for each $n = \psi + pj$ with $j = 0(1)7$, for each value of $k' = 0(1)7$, with $\psi = 91$.

Table 2.3 Computed $F_i^{k'}$ values with the specified k' for $\psi = 91$ and $p = 4$

k'	$F_0^{k'}$	$F_1^{k'}$	$F_2^{k'}$	$F_3^{k'}$	$F_4^{k'}$
0	−231/512	−59/128	17/768	5/128	11/1536
1	5385/512	−751/128	−343/768	−7/128	11/1536
2	60345/512	−2883/128	−415/768	−19/128	11/1536
3	261417/512	−7607/128	−199/768	−31/128	11/1536
4	760665/512	−16075/128	305/768	−43/128	11/1536
5	1765449/512	−29439/128	1097/768	−55/128	11/1536
6	3538425/512	−48851/128	2177/768	−67/128	11/1536
7	6397545/512	−75463/128	3545/768	−79/128	11/1536

Table 2.3 summarizes the resulting $F_i^{k'}$ values such that

$$N_{PMRW}^{\{A\}}\left(3, n, IAC_b\left(\frac{n+1}{4} + k'\right) \mid \frac{n+1}{4} + k'\right) = \sum_{i=0}^{4} F_i^{k'} n^i. \tag{2.22}$$

The entries in Table 2.3 all have periodicity with $p = 4$.

A representation for $N_{PMRW}^{\{A\}}(3, n, IAC_b(\frac{n+1}{4} + k'))$ is then obtained for this range of k values with $\frac{n+1}{4} \le k < \frac{n}{3}$ in the same fashion that was used to developed the representation for the range of k values $0 \le k \le (n-1)/4$ in (2.10). Using the data from Table 2.3, with the necessary functional form like that in (2.13), we obtain

$$\begin{aligned} F_0^{k'} &= \frac{3}{512}(4k'+1)\left(192k'^3 + 144k'^2 + 100k' - 77\right) \\ F_1^{k'} &= \frac{-1}{128}\left(59 + 356k' + 144k'^2 + 192k'^3\right) \\ F_2^{k'} &= \frac{1}{768}\left(17 - 504k' + 144k'^2\right) \quad F_3^{k'} = \frac{5-12k'}{128}. \end{aligned} \tag{2.23}$$

A representation for $N_{PMRW}^{\{A\}}(3, n, IAC_b(k))$ can be obtained for the range of k values with $\frac{n+1}{4} \le k < \frac{n}{3}$ by substituting $k - \frac{n+1}{4}$ for k' in the representations for $F_i^{k'}$ in (2.22) and (2.23), with

$$\begin{aligned} &N_{PMRW}^{\{A\}}(3, n, IAC_b(k)) \\ &= \frac{(n-3k)\{3(3-2k-6k^3) + (11+18k^2)n + 3(1-2k)n^2 + n^3\}}{12}, \\ &\qquad\qquad \text{for } (n+1)/4 \le k < n/3. \end{aligned} \tag{2.24}$$

Additional runs with $p = 4$ verify that this representation is valid for all $n = 7(4) \ldots$. By repeating this procedure with $\psi = 93$, this representation is found to be valid for all odd $n \ge 7$ with $(n+1)/4 \le k \le (n-1)/3$.

By using the identity in (2.9) along with the representations from (2.18) and (2.24), substitution and algebraic reduction lead to the same representation for $P_{PMRW}^S(3, n, IAC_b(k))$ with $(n+1)/4 \le k \le (n-1)/3$ that was obtained by algebraic methods in (2.10). The case of $k = n/3$ when n is an odd multiple of three must be handled as a special case, and it is quite easy to show that $P^S_{PMRW}(3, n, IAC_b(n/3)) = 3/4$.

By conducting a similar analysis for even values of n, a representation for $P^S_{PMRW}(3, n, IAC_b(k))$ with even $n \geq 8$ is obtained as:

$$
\begin{aligned}
&P^S_{PMRW}(3, n \mid IAC_b(k)) \\
&= \frac{2k(6+31k+11k^2) - 4(2+13k+2k^2)n + 3(3-2k)n^2 + 2n^3}{2(n-3k)[(n+1)(n+5) - 3k(2+k)]}, \\
&\qquad\qquad\qquad\qquad \text{for } 0 \leq k \leq (n-4)/4 \\
&\frac{2(2-3k+18k^2-9k^3) + 2(1-12k+9k^2)n + (5-6k)n^2 + n^3}{2(k+1)[(n+1)(n+5) - 3k(2+k)]}, \\
&\qquad\qquad\qquad\qquad \text{for } n/4 \leq k \leq (n-1)/3 \\
&\frac{3n^2}{4(n+3)^2}, \text{ for } k = \frac{n}{3}.
\end{aligned}
\tag{2.25}
$$

Table 2.4 gives a list of computed values for $P^S_{PMRW}(3, 91 \mid IAC_b(k))$ and $P^S_{PMRW}(3, 92 \mid IAC_b(k))$ from (2.10) and (2.25), for each value over the bounds of possible b values from $0 \leq k \leq 30$. These probabilities decrease as k increases, yielding strong support to the general hypothesis that the likelihood that paradoxical voting outcomes will be observed is expected to decrease as voters' preferences reflect greater degrees of mutual coherence. Similar to observations that were made in earlier analyses, the rate of convergence of $P^S_{PMRW}(3, n \mid IAC_b(k))$ to the limiting value of 3/4 occurs much faster for odd n than it does for even n.

The most important observation that can be made from Table 2.4 is that voting situations that are at all close to the condition of having a perfect weak positively unifying candidate, with $b = 0$, have a significantly increased probability that a PMRW will be present. This observation is clearly evident from the fact that $P^S_{PMRW}(3, 91 \mid IAC_b(k)) > 0.99$ for all values of $k \leq 7$. Moreover, voting situations that are farthest removed from this condition have a significantly reduced probability that a PMRW will exist, with $P^S_{PMRW}(3, 91 \mid IAC_b(k)) < 0.80$ for all $k \geq 25$.

2.4.1.2 Other $P^S_{PMRW}(3, n \mid IAC_X(k))$ Representations for Weak Measures

The EUPIA2 procedure can be used in the same manner to obtain representations for $P^S_{PMRW}(3, n \mid IAC_X(k))$ for each $X \in \{t, c, u, b^*, t^*, c^*, u^*\}$. However, this is simplified for Parameter t, based on the following result from Gehrlein (2004b).

Lemma 2.1 $P^S_{PMRW}(3, n \mid IAC_b(k)) = P^S_{PMRW}(3, n \mid IAC_t(k))$ for odd $n \geq 3$.

Thus, the impact of having voters' preferences reflect some degree of proximity to a perfect weak negatively unifying candidate is identical to the impact of having the same degree of proximity to perfect weak positively unifying candidate. At least this is true with regard to the relationship of these two measures of group mutual coherence to the probability that a PMRW exists.

Table 2.4 Computed values for each of $P^S_{PMRW}(3,91|IAC_b(k))$, $P^S_{PMRW}(3,92|IAC_b(k))$, $P^S_{PMRW}(3,91|IAC_c(k))$ and $P^S_{PMRW}(3,91|IAC_u(k))$

k	P^S_{PMRW} $(3,91\|IAC_b(k))$	P^S_{PMRW} $(3,92\|IAC_b(k))$	P^S_{PMRW} $(3,91\|IAC_c(k))$	P^S_{PMRW} $(3,91\|IAC_u(k))$
0	1.0000	0.9837	1.0000	1.0000
1	0.9997	0.9828	0.9920	0.9996
2	0.9991	0.9817	0.9894	0.9990
3	0.9982	0.9803	0.9841	0.9980
4	0.9971	0.9786	0.9810	0.9967
5	0.9957	0.9766	0.9762	0.9951
6	0.9939	0.9743	0.9729	0.9929
7	0.9919	0.9715	0.9683	0.9902
8	0.9894	0.9684	0.9648	0.9870
9	0.9866	0.9649	0.9602	0.9830
10	0.9833	0.9608	0.9565	0.9782
11	0.9795	0.9562	0.9520	0.9724
12	0.9751	0.9509	0.9481	0.9654
13	0.9700	0.9450	0.9435	0.9569
14	0.9641	0.9382	0.9394	0.9466
15	0.9574	0.9304	0.9347	0.9339
16	0.9496	0.9215	0.9304	0.9183
17	0.9404	0.9112	0.9255	0.8987
18	0.9297	0.8993	0.9211	0.8737
19	0.9170	0.8853	0.9160	0.8414
20	0.9017	0.8686	0.9115	0.7985
21	0.8832	0.8485	0.9063	0.7399
22	0.8601	0.8239	0.9016	0.6568
23	0.8325	0.7947	0.8965	0.5427
24	0.8088	0.7693	0.8921	0.4368
25	0.7900	0.7490	0.8875	0.3446
26	0.7754	0.7331	0.8839	0.2637
27	0.7645	0.7211	0.8803	0.1921
28	0.7569	0.7125	0.8779	0.1285
29	0.7523	0.7069	0.8758	0.0722
30	0.7503	0.7040	0.8751	0.0217

A representation for $P^S_{PMRW}(3,n\,|\,IAC_c(k))$ is obtained in Gehrlein (2005), and the details of how this representation was obtained with EUPIA2 are presented there. The development of this representation was complicated by an additional issue, since the representation has different forms for odd and even values of Parameter c. That is, the representation has periodicity equal to two for the k component. The resulting representation for odd $n \geq 3$ is given by

$$P^S_{PMRW}(3,n|IAC_c(k))$$

$$= \frac{\begin{bmatrix} (139k^3+472k^2+146k-244)k-4(7k^3+102k^2+84k-20)n \\ -6(9k^2-6k-16)n^2+16(k+1)n^3+3\delta^2_{k+1}\{(6k^2+24k-1)+4(k-2)n-2n^2\} \end{bmatrix}}{16(k+1)(n-3k)\{(n+1)(n+5)-3k(2+k)\}},$$

$$\text{for } 0 \leq k \leq (n-1)/4$$

$$\frac{\begin{bmatrix} 3(-39k^4+72k^3+38k^2-76k+1)+4(57k^3-54k^2-80k+19)n \\ -2(75k^2+6k-47)n^2+4(8k+5)n^3-n^4+3\delta^2_{k+1}\{(6k^2+24k-1)+4(k-2)n-2n^2\} \end{bmatrix}}{16(k+1)(n-3k)\{(n+1)(n+5)-3k(2+k)\}},$$

$$\text{for } (n+1)/4 \leq k \leq (n-1)/3$$

$$\frac{7n^2+42n+27}{8(n+3)^2}, \quad \text{for } k = n/3. \tag{2.26}$$

Here, $\delta_x^y = 1$ if x is an integer multiple of y. Otherwise, $\delta_x^y = 0$. The representation in (2.26) is used to compute the $P^S_{PMRW}(3,91\,|\,IAC_c(k))$ entries that are shown in Table 2.4 over the possible Parameter c values from $0 \le k \le 30$.

The values that are presented in Table 2.4 show some very interesting results, with $P^S_{PMRW}(3,91\,|\,IAC_b(k)) > P^S_{PMRW}(3,91\,|\,IAC_c(k))$ for $0 \le k \le 19$ and with $P^S_{PMRW}(3,91\,|\,IAC_c(k)) > P^S_{PMRW}(3,91\,|\,IAC_b(k))$ for $20 \le k \le 30$. This suggests that proximity to of a voting situation to the condition of having a perfect weak positively unifying candidate has more of an impact on the probability that a PMRW exists than does the proximity to a perfect weak polarizing candidate for small values of k. However, as k increases the reverse situation exists. Moreover, $P^S_{PMRW}(3,91\,|\,IAC_c(k))$ and $P^S_{PMRW}(3,91\,|\,IAC_b(k))$ do not seem to be approaching the same limiting value as $k \to n/3$. This observation is verified if we consider the values of these representations in the limiting case as $n \to \infty$, where $P^S_{PMRW}(3,\infty\,|\,IAC_c(k)) = 7/8$ from (2.26) while $P^S_{PMRW}(3,\infty\,|\,IAC_b(k)) = 3/4$ from (2.10).

A representation for $P^S_{PMRW}(3,n\,|\,IAC_u(k))$ was developed in conjunction with other results that are reported in Gehrlein (2008), with

$$P^S_{PMRW}(3,n\,|\,IAC_u(k))$$
$$= \frac{19k^3+93k^2+14k+6+2(6k^2-24k-1)n-6(2k-1)n^2+2n^3}{13k^3+81k^2+14k+6+2(7k^2-22k-1)n-6(2k-1)n^2+2n^3},$$
$$\text{for } 0 \le k \le (n-1)/4$$
$$\frac{3(n-3k)(9k^2+3-6kn+n^2)}{81k^3+54k^2+27k+12-(63k^2+36k+5)n+3(5k+2)n^2-n^3},$$
$$\text{for } (n+1)/4 \le k \le n/3. \tag{2.27}$$

Some interesting results follow directly from these representations. Since a PMRW must exist if $b = 0$ or $t = 0$, it is obvious that a PMRW must exist if $u = 0$. It is also easy to prove that $P^S_{PMRW}(3,n\,|\,IAC_u(n/3)) = 0$ when n is an odd multiple of three, and this is also evident from the representation in (2.27). Calculated values of $P^S_{PMRW}(3,91\,|\,IAC_u(k))$ are listed in Table 2.4 for each $0 \le k \le 30$. These results yield some dramatic, but potentially misleading results. The calculated results for $P^S_{PMRW}(3,91\,|\,IAC_u(k))$ show a much stronger relationship between the probability that a PMRW exists and the value of Parameter u than was observed previously with any of the Parameters b, t or c.

The potentially misleading result comes from the very evident observation that $P^S_{PMRW}(3,91\,|\,IAC_b(k)) > P^S_{PMRW}(3,91\,|\,IAC_u(k))$ for all $k > 0$, which might make it appear that Parameter u is not as closely associated with the probability that a

PMRW exists than Parameter b is. However, while a PMRW must exist if either $b = 0$ or $u = 0$, the subset of voting situations for which $u = 0$ includes all of the voting situations for which $b = 0$, along with all of remaining voting situations for which $t = 0$. This difference in the basis of comparison of these probabilities does not therefore allow for a direct evaluation of the relative degree of the connection between these parameters and the probability that a PMRW exists. In order to make a fair comparison of these parameters for weak measures of group mutual coherence, it is necessary to consider some other factors.

2.5 Cumulative Probabilities that a PMRW Exists

Instead of considering representations for the probability $P^S_{PMRW}(3, n \mid IAC_X(k))$ that a PMRW exists when all voting situations are equally likely to be observed for which Parameter X has a specific value equal to k, it is more useful to consider cumulative probabilities for Parameter X. For each $X \in \{b, t, c, u\}$ a PMRW must exist when the value of X is equal to zero. The $CIAC_X(k^-)$ assumption is an extension of $IAC_X(k)$ that assumes that all voting situations for which Parameter X has a value of q in the range $0 \leq q \leq k$ are equally likely to be observed. Thus, as k decreases the set of voting situations that are being considered represents the subset of all of the possible voting situations that are closest to having a perfect weak positively unifying candidate, a perfect weak negatively unifying candidate, a perfect weak polarizing candidate or perfect weak overall unifying candidate.

The definitions of the cumulative probability $P^S_{PMRW}(3, n \mid CIAC_X(k^-))$ follow accordingly for each $X \in \{b, t, c, u\}$. These representations are found from a direct extension of the identity in (2.9) for each $0 \leq k \leq n/3$, with:

$$P^S_{PMRW}(3, n \mid CIAC_X(k^-)) = \frac{3 \sum_{q=0}^{k} N^{\{A\}}_{PMRW}(3, n, IAC_X(q))}{\sum_{q=0}^{k} K(3, n, IAC_X(q))}. \tag{2.28}$$

The algebraic manipulations that are required to obtain these representations for each $X \in \{b, t, c, u\}$ were performed to obtain results in Gehrlein (2008) for odd n:

$$P^S_{PMRW}(3, n \mid CIAC_b(k^-)) = P^S_{PMRW}(3, n \mid CIAC_t(k^-))$$
$$= \frac{2[(-41 + 69k + 22k^2)k + 5(5 - 18k - 2k^2)n + 10(3 - k)n^2 + 5n^3]}{(-73 + 117k + 36k^2)k + 5(10 - 33k - 3k^2)n + 20(3 - k)n^2 + 10n^3},$$
$$\text{for } 0 \leq k \leq (n-1)/4$$

$$
\frac{\begin{bmatrix} 195-1968k-720k^2+3840k^3+4320k^4+1728k^5 \\ +(1661-1680k-6000k^2-5760k^3-2880k^4)n+10(165+200k+216k^2+192k^3)n^2 \\ +30(9-8k-24k^2)n^3+5(15+32k)n^4-11n^5 \end{bmatrix}}{16(k+1)(k+2)[(-73+117k+36k^2)k+5(10-33k-3k^2)n+20(3-k)n^2+10n^3]},
$$

$$\text{for}(n+1)/4 \le k \le (n-1)/3. \tag{2.29}$$

$$
P^S_{PMRW}(3,n\,|\,CIAC_c(k^-))
$$

$$
= \frac{\begin{bmatrix} (k+1)\begin{bmatrix} 165-783k+1743k^2+1597k^3+278k^4+10(71-233k-143k^2-7k^3)n \\ +30(31+3k-6k^2)n^2+80(k+2)n^3 \end{bmatrix} \\ -15\delta_k^2\{11+30k+6k^2-2(3-2k)n-2n^2\} \end{bmatrix}}{8(k+1)(k+2)[(-73+117k+36k^2)k+5(10-33k-3k^2)n+20(3-k)n^2+10n^3]},
$$

$$\text{for}\,0 \le k \le (n-1)/4$$

$$
\frac{\begin{bmatrix} 435-952k+480k^2+2200k^3-90k^4-468k^5 \\ +(1349-2520k-4160k^2+840k^3+1140k^4)n+10(177+120k-162k^2-100k^3)n^2 \\ +10(39+72k+32k^2)n^3-5(3+4k)n^4+n^5-30\delta_k^2\{11+30k+6k^2-2(3-2k)n-2n^2\} \end{bmatrix}}{16(k+1)(k+2)[(-73+117k+36k^2)k+5(10-33k-3k^2)n+20(3-k)n^2+10n^3]},
$$

$$\text{for}\ (n+1)/4 \le k \le (n-1)/3. \tag{2.30}$$

$$
P^S_{PMRW}(3,n\,|\,CIAC_u(k^-))
$$

$$
= \frac{30+121k+261k^2+38k^3-10(1+15k-3k^2)n+10(3-4k)n^2+10n^3}{2(15+56k+111k^2+13k^3)-5(2+27k-7k^2)n+10(3-4k)n^2+10n^3},
$$

$$\text{for}\ 0 \le k \le (n-1)/4$$

$$
\frac{\begin{bmatrix} 27(25+64k+480k^2+1280k^3+1440k^4+576k^5) \\ +9(101-960k-3840k^2-5760k^3-2880k^4)n+90(29+128k+288k^2+192k^3)n^2 \\ -10(85+576k+576k^2)n^3+15(37+64k)n^4-59n^5 \end{bmatrix}}{16(n-2u)\begin{bmatrix} 18(k+1)(13+42k+63k^2+27k^3)-3(35+250k+360k^2+144k^3)n \\ +(25+24k)(5+6k)n^2-3(5+6k)n^3+n^4 \end{bmatrix}}
$$

$$\text{for}\ (n+1)/4 \le k \le (n-1)/3. \tag{2.31}$$

Here, $\delta_x^y = 1$ if x is an integer multiple of y. Otherwise, $\delta_x^y = 0$.

It follows directly from definitions for each $X \in \{b,t,c,u\}$ that

$$
P^S_{PMRW}\left(3,n\,|\,CIAC_X\left(\frac{n^-}{3}\right)\right) = P^S_{PMRW}(3,n,IAC) = \frac{15(n+3)^2}{16(n+2)(n+4)}. \tag{2.32}
$$

These representations are far too unwieldy to serve as the basis of any useful analysis, so attention will be focused on the potentially most interesting case of large electorates with limiting probability as $n \to \infty$. To do this, k is replaced with

$\alpha_k n$ in the $P^S_{PMRW}(3,n\,|\,CIAC_X(k^-))$ representations, so that k is expressed as a proportion, α_k, of n, rather than as an integer value. It then follows from definitions that $0 \le \alpha_k \le 1/3$. The limiting representation as $n \to \infty$ is then determined. The resulting representations for the limiting distributions are denoted by $P^S_{PMRW}(3,\infty\,|\,CIAC_X(\alpha_k^-))$, with:

$$P^S_{PMRW}(3,\infty\,|\,CIAC_b(\alpha_k^-)) = P^S_{PMRW}(3,\infty\,|\,CIAC_t(\alpha_k^-))$$
$$= \frac{10-20\alpha_k-20\alpha_k^2+44\alpha_k^3}{10-20\alpha_k-15\alpha_k^2+36\alpha_k^3}, \text{ for } 0 \le \alpha_k \le 1/4$$
$$\frac{-11+160\alpha_k-720\alpha_k^2+1920\alpha_k^3-2880\alpha_k^4+1728\alpha_k^5}{16\alpha_k^2(10-20\alpha_k-15\alpha_k^2+36\alpha_k^3)}, \quad \text{for } 1/4 \le \alpha_k \le 1/3. \tag{2.33}$$

$$P^S_{PMRW}(3,\infty,\,|\,CIAC_c(\alpha_k^-))$$
$$= \frac{40-90\alpha_k-35\alpha_k^2+139\alpha_k^3}{40-80\alpha_k-60\alpha_k^2+144\alpha_k^3}, \text{ for } 0 \le \alpha_k \le 1/4$$
$$= \frac{1-20\alpha_k+320\alpha_k^2-1000\alpha_k^3+1140\alpha_k^4-468\alpha_k^5}{16\alpha_k^2(10-20\alpha_k-15\alpha_k^2+36\alpha_k^3)}, \quad \text{for } 1/4 \le \alpha_k \le 1/3. \tag{2.34}$$

$$P^S_{PMRW}(3,\infty\,|\,CIAC_u(\alpha_k^-))$$
$$= \frac{10-40\alpha_k+30\alpha_k^2+38\alpha_k^3}{10-40\alpha_k+35\alpha_k^2+26\alpha_k^3}, \text{ for } 0 \le \alpha_k \le 1/4$$
$$\frac{-59+960\alpha_k-5760\alpha_k^2+17280\alpha_k^3-25920\alpha_k^4+15552\alpha_k^5}{16(1-2\alpha_k)(1-18\alpha_k+144\alpha_k^2-432\alpha_k^3+486\alpha_k^4)},$$
$$\text{for } 1/4 \le \alpha_k \le 1/3. \tag{2.35}$$

These limiting representations as $n \to \infty$ are much more tractable. Following earlier discussion, these limiting representations result in specific values such that $P^S_{PMRW}(3,\infty\,|\,CIAC_X(0^-)) = 1$ and $P^S_{PMRW}(3,\infty\,|\,CIAC_X(1/3^-)) = 15/16$ for each $X \in \{b,t,c,u\}$. The cumulative probability representations ultimately will be very helpful in showing the relationship that exists between the probability that a PMRW exists and the degree of group mutual coherence that is present in voters' preferences. However, the original issue regarding the fact that there is a greater proportion of voting situations with $\alpha_k = 0$ for Parameter u than for Parameter b has not yet been resolved. In order to address this problem, attention is turned to the consideration of the proportion of voting situations that have a specified parameter value.

2.6 Proportions of Profiles with Specified Parameters

We want to develop representations for the proportion of all possible voting situations that have a specified value, q, of Parameter X in some given range $0 \leq q \leq k$. Define this proportion as $P_{VS}(3, n \mid CIAC_X(k^-))$ for each $X \in \{b, t, c, u\}$. The representations for $P_{VS}(3, n \mid CIAC_X(k^-))$ are obtained from an identity that follows directly from definitions for $0 \leq k \leq n/3$, with

$$P_{VS}(3, n \mid CIAC_X(k^-)) = \frac{\sum_{q=0}^{k} K(3, n, IAC_X(q))}{K(3, n, IAC)}. \tag{2.36}$$

Gehrlein (2008) performs the algebraic reduction of (2.36) to obtain

$$\begin{aligned} P_{VS}(3,n \mid CIAC_b(k^-)) &= P_{VS}(3,n \mid CIAC_t(k^-)) = P_{VS}(3,n \mid CIAC_c(k^-)) \\ &= \frac{\left[3(k+1)(k+2) \left\{ \begin{array}{c} (-73+117k+36k^2)k \\ +5(10-33k-3k^2)n + 20(3-k)n^2 + 10n^3 \end{array} \right\} \right]}{(n+1)(n+2)(n+3)(n+4)(n+5)}, \\ &\qquad \text{for } 0 \leq k \leq (n-1)/3 \\ &1, \quad \text{for } k = n/3. \end{aligned} \tag{2.37}$$

Attention will be focused on the limiting distribution, $P_{VS}(3, \infty \mid CIAC_X(\alpha_k{}^-))$, as $n \to \infty$, and following the procedure that was used in earlier analyses,

$$\begin{aligned} P_{VS}(3, \infty \mid CIAC_b(\alpha_k{}^-)) &= P_{VS}(3, \infty \mid CIAC_t(\alpha_k{}^-)) = P_{VS}(3, \infty \mid CIAC_c(\alpha_k{}^-)) \\ &= 3\alpha_k{}^2(10 - 20\alpha_k - 15\alpha_k{}^2 + 36\alpha_k{}^3), \quad \text{for } 0 \leq \alpha_k \leq 1/3. \end{aligned} \tag{2.38}$$

The representation in (2.38) can be used as a basis of a search procedure to find specific values of β_b^p such that $P_{VS}\left(n, \infty \mid CIAC_b\left(\beta_b^{p^-}\right)\right) = p$ for each proportion $p = 0.00(0.05)1.00$, and the results are listed in Table 2.5. Based on previous discussion, $\beta_b^p = \beta_t^p = \beta_c^p$ for all p. The results in Table 2.5 indicate for example that 65% of all possible voting situations are included in the range of α_k parameter values with $0 \leq \alpha_k \leq 0.1924$ for Parameter b, t, or c, and 15% of all possible voting situations are included in the range of α_k parameter values with $0 \leq \alpha_k \leq 0.0564$ for Parameter u.

The results of Table 2.5 can now be used in conjunction with the limiting representations from (2.33) to compute the limiting conditional cumulative probability $P^S_{PMRW}\left(n, \infty \mid CIAC_b\left(\beta_b^{p^-}\right)\right)$ that a PMRW exists for the p percent of all voting situations that are closest to having a perfect weak positively unifying candidate. For example, suppose that we wish to consider the 20% of voting situations that are closest to having a perfect weak positively unifying candidate.

Table 2.5 Computed values of β_b^p, β_t^p, β_c^p and β_u^p, for each proportion $p = 0.00(0.05)1.00$

p	$\beta_b^p = \beta_t^p = \beta_c^p$	β_u^p
0.00	0.0000	0.0000
0.05	0.0428	0.0308
0.10	0.0619	0.0449
0.15	0.0772	0.0564
0.20	0.0908	0.0667
0.25	0.1033	0.0763
0.30	0.1150	0.0854
0.35	0.1264	0.0943
0.40	0.1374	0.1031
0.45	0.1483	0.1118
0.50	0.1591	0.1206
0.55	0.1700	0.1296
0.60	0.1811	0.1388
0.65	0.1924	0.1484
0.70	0.2042	0.1585
0.75	0.2166	0.1695
0.80	0.2298	0.1815
0.85	0.2445	0.1951
0.90	0.2614	0.2117
0.95	0.2829	0.2344
1.00	0.3333	0.3333

The results on Table 2.5 show that $\beta_b^{.20} = 0.0908$. This particular value is used with (2.33) to find that $P_{VS}(3,\infty \mid CIAC_b(\beta_b^{.20^-})) = 0.9956$. So, the probability that a PMRW exists for the 20% of voting situations that are closest to having a perfect weak positively unifying candidate is 0.9956.

Computed values from all of the associated representations for $P^S_{PMRW}(n,\infty \mid CIAC_X(\beta_X^{p^-}))$ for each $X \in \{b,t,c,u\}$ are listed in Table 2.6 for each proportion $p = 0.00(0.05)1.00$.

The values in Table 2.6 show some very interesting results. For example, the 50% of all possible voting situations that are closest to having a perfect weak positively or negatively unifying candidate have a PMRW with probability of 0.9857 for large electorates. And, the 15% of all possible voting situations that are closest to having a perfect weak polarizing candidate have a PMRW with probability of 0.9814 for large electorates. Clearly, any significant degree of group mutual coherence among voters' preferences that approaches having a perfect weak positively or negatively unifying candidate leads to a high probability that a PMRW exists. The impact of having voters' preferences that suggest the presence of a candidate approaching a perfect weak polarizing candidate in voting situations is also quite strong, but it is not as significant as the proximity to having a perfect weakly unifying candidate, assuming that there is an equivalence of these factors as they are measured by α_k, since $P^S_{PMRW}(n,\infty \mid CIAC_b(\beta_b^{p^-})) > P^S_{PMRW}(n,\infty \mid CIAC_c(\beta_c^{p^-}))$ for all $0 < p < 1$. Moreover, the results from Table 2.6 show that the 50% of voting situations that are most closely related to having a perfect weak overall unifying candidate have a probability 0.9910 of having a

Table 2.6 Computed values of $P^S_{PMRW}(n, \infty | CIAC_X(\beta_X^{p-}))$ for $X = b, t, c, u$ for each proportion $p = 0.00(0.05)1.00$

p	b, t	c	u
0.00	1.0000	1.0000	1.0000
0.05	0.9991	0.9895	0.9995
0.10	0.9980	0.9850	0.9989
0.15	0.9969	0.9814	0.9983
0.20	0.9956	0.9782	0.9975
0.25	0.9943	0.9753	0.9967
0.30	0.9929	0.9726	0.9958
0.35	0.9913	0.9701	0.9948
0.40	0.9896	0.9676	0.9936
0.45	0.9877	0.9652	0.9924
0.50	0.9857	0.9628	0.9910
0.55	0.9834	0.9605	0.9894
0.60	0.9809	0.9582	0.9876
0.65	0.9781	0.9558	0.9856
0.70	0.9749	0.9535	0.9832
0.75	0.9712	0.9510	0.9804
0.80	0.9669	0.9486	0.9770
0.85	0.9616	0.9460	0.9728
0.90	0.9548	0.9433	0.9671
0.95	0.9466	0.9405	0.9583
1.00	0.9375	0.9375	0.9375

PMRW. This suggests that any voting situation that is relatively close to representing perfect weak overall unifying candidate, as measure by Parameter u, will have a very high probability of yielding a PMRW with large electorates.

2.7 Results with Strong Measures of Group Coherence

The same type of analysis that we have just used with weak measures of group mutual coherence was applied to strong measures in Gehrlein (2009), but there are some differences in how these methods must be applied in that case. Representations are obtained for $P^S_{PMRW}(3, n \mid IAC_{X^*}(k))$ for each $X^* \in \{b^*, t^*, c^*, u^*\}$ in exactly the same fashion with EUPIA2. But, a major difference then occurs during the process of obtaining the cumulative probability representations that a PMRW exists with these strong measures of group coherence. The identity in (2.28) was based on the fact that parameter values for the weak measures of group mutual coherence in $X \in \{b, t, c, u\}$ were each closest to the condition of requiring that a PMRW must exist with $X = 0$. However, the parameters for the strong measures of group mutual coherence in $X^* \in \{b^*, t^*, c^*, u^*\}$ are each closest to requiring that a PMRW must exist when $X^* = n$.

For the strong measures of group mutual coherence in $X^* \in \{b^*, t^*, c^*, u^*\}$, the cumulative probability that a PMRW exists is therefore found for a specified range of q values for Parameter X^* in the range $k \leq q \leq n$. The resulting cumulative probability is denoted by $P^S_{PMRW}(3,n\,|\,CIAC_{X^*}(k^+))$. The representations for these cumulative probabilities follow directly from definitions for each possible value of k with $n/3 \le k \le n$, with

$$P^S_{PMRW}(3,n\,|\,CIAC_{X^*}(k^+)) = \frac{3\sum_{q=k}^{n} N^{\{A\}}_{PMRW}(3,n,IAC_{X^*}(q))}{\sum_{q=k}^{n} K(3,n,IAC_{X^*}(q))}. \tag{2.39}$$

The resulting representations are given by:

$$P^S_{PMRW}(3,n|CIAC_{b^*}(k^+)) = P^S_{PMRW}(3,n|CIAC_{t^*}(k^+))$$

$$= \frac{\left[\begin{array}{c} 3(576k^5-1440k^4+1280k^3-1200k^2+784k+65) \\ -(2880k^4-5760k^3+6000k^2-4560k-221)n \\ +10(192k^3-360k^2+344k-11)n^2-30(24k^2-40k+7)n^3+5(32k-17)n^4-11n^5 \end{array}\right]}{16[k(k+1)\{(k-1)(36k^2+45k-154)-5(3k^2+27k-40)n-20(k-4)n^2+10n^3\}]},$$

for $(n+1)/3 \le k \le (n-1)/2$.

1, for $(n+1)/2 \le k \le n$ (2.40)

$$P^S_{PMRW}(3,n|CIAC_{c^*}(k^+))$$

$$= \frac{\left[\begin{array}{c} 1476k^5-2610k^4+40k^3+824k+435-(2100k^4-2760k^3+2000k^2-2200k-757)n \\ +10(116k^3-186k^2+216k+25)n^2-10(40k^2-80k+9)n^3+5(20k-11)n^4-7n^5 \\ -30\delta_k^2\{3(10k^2-18k+5)-2(14k-11)n+6n^2\} \end{array}\right]}{16[k(k+1)\{(k-1)(36k^2+45k-154)-5(3k^2+27k-40)n-20(k-4)n^2+10n^3\}]},$$

for $(n+1)/3 \le k \le (n-1)/2$

$$\frac{\left[\begin{array}{c} (n+3-k)(n+1-k)\left\{\begin{array}{c} 34k^3-169k^2+42k+365 \\ -2(31k^2-49k-139)n+(22k+71)n^2+6n^3 \end{array}\right\} \\ -15(1-\delta_k^2)\{2k^2-10k+9-2(2k-5)n+2n^2\} \end{array}\right]}{8(n+1-k)(n+2-k)(n+3-k)(n+4-k)(n+5+4k)},$$

for $(n+1)/2 \le k \le n$. (2.41)

$$P^S_{PMRW}(3,n|CIAC_{u^*}(k^+))$$

$$= \frac{3\left[\begin{array}{c} -9(576k^5-1440k^4+1280k^3-480k^2+64k-25) \\ +3(2880k^4-5760k^3+3840k^2-960k+229)n \\ -30(192k^3-288k^2+128k-29)n^2+30(64k^2-64k+19)n^3-5(64k-37)n^4+23n^5 \end{array}\right]}{16\left[\begin{array}{c} 36k(k-1)(27k^3-63k^2+42k-13)-6(315k^4-810k^3+695k^2-240k+13)n \\ +5(6k-1)(48k^2-82k+37)n^2-5(108k^2-132k+31)n^3+5(20k-11)n^4-7n^5 \end{array}\right]},$$

for $n/3 \le k \le (3n-1)/8$.

$$= \frac{\begin{bmatrix} 8608k^5-31760k^4+41600k^3-23920k^2+5892k-135 \\ -3(5920k^4-16960k^3+16320k^2-6160k+501)n+90(160k^3-336k^2+212k-33)n^2 \\ -90(64k^2-88k+25)n^3+15(76k-49)n^4-87n^5 \end{bmatrix}}{8\begin{bmatrix} 36k(k-1)(27k^3-63k^2+42k-13)-6(315k^4-810k^3+695k^2-240k+13)n \\ +5(6k-1)(48k^2-82k+37)n^2-5(108k^2-132k+31)n^3+5(20k-11)n^4-7n^5 \end{bmatrix}},$$

$$\text{for } (3n+1)/8 \le k \le (n-1)/2$$

$$=1, \text{ for } (n+1)/2 \le k \le n. \tag{2.42}$$

It then follows directly from definitions for each $X^* \in \{b^*, t^*, c^*, u^*\}$ that

$$P^S_{PMRW}\left(3, n \mid CIAC_{X^*}\left(\binom{n}{3}^+\right)\right) = P^S_{PMRW}(3, n, IAC)$$

$$= \frac{15(n+3)^2}{16(n+2)(n+4)}. \tag{2.43}$$

Just as we observed in the case of the representations that were obtained for $P^S_{PMRW}(3, n \mid IAC_X(k))$ in (2.29), (2.30) and (2.31), the resulting representations for $P^S_{PMRW}(3, n \mid CIAC_{X^*}(k^+))$ in (2.40), (2.41) and (2.42) are far too cumbersome for any meaningful analysis. Following earlier analysis, attention therefore is focused on the limiting case for voters as $n \to \infty$, and the resulting representations are defined by $P^S_{PMRW}(3, \infty \mid CIAC_{X^*}(\alpha_k^+))$, for the range $1/3 \le \alpha_k \le 1$, with

$$P^S_{PMRW}(3, \infty \mid CIAC_{b^*}({\alpha_k}^+)) = P^S_{PMRW}(3, \infty \mid CIAC_{t^*}({\alpha_k}^+))$$

$$= \frac{1728\alpha_k^5 - 2880\alpha_k^4 + 1920\alpha_k^3 - 720\alpha_k^2 + 160\alpha_k - 11}{16\alpha_k^2(36\alpha_k^3 - 15\alpha_k^2 - 20\alpha_k + 10)}, \quad \text{for } 1/3 \le \alpha_k \le 1/2$$

$$1, \text{ for } 1/2 \le \alpha_k \le 1. \tag{2.44}$$

$$P^S_{PMRW}(3, \infty \mid CIAC_{c^*}(\alpha_k^+))$$

$$= \frac{1476\alpha_k^5 - 2100\alpha_k^4 + 1160\alpha_k^3 - 400\alpha_k^2 + 100\alpha_k - 7}{16\alpha_k^2(36\alpha_k^3 - 15\alpha_k^2 - 20\alpha_k + 10)}, \quad \text{for } 1/3 \le \alpha_k \le 1/2$$

$$= \frac{17\alpha_k + 3}{4(4\alpha_k + 1)}, \text{ for } 1/2 \le \alpha_k \le 1. \tag{2.45}$$

$$P^S_{PMRW}(3, \infty \mid CIAC_{u^*}(\alpha_k^+))$$

$$= \frac{3(-5184\alpha_k^5 + 8640\alpha_k^4 - 5760\alpha_k^3 + 1920\alpha_k^2 - 320\alpha_k + 23)}{16(6\alpha_k - 1)(1,62\alpha_k^4 - 288\alpha_k^3 + 192\alpha_k^2 - 58\alpha_k + 7)}, \quad \text{for } 1/3 \le \alpha_k \le 3/8.$$

$$\frac{8608\alpha_k^5 - 17760\alpha_k^4 + 14400\alpha_k^3 - 5760\alpha_k^2 + 1140\alpha_k - 87}{8(6\alpha_k - 1)(162\alpha_k^4 - 288\alpha_k^3 + 192\alpha_k^2 - 58\alpha_k + 7)}, \quad \text{for } 3/8 \le \alpha_k \le 1/2$$

$$1, \text{ for } 1/2 \le \alpha_k \le 1. \tag{2.46}$$

A direct comparison of the cumulative probability values that are obtained from these $P^S_{PMRW}(3, \infty \,|\, CIAC_{X^*}(\alpha_k^+))$ representations for different strong measure of group mutual coherence, as measured by parameters in $X^* \in \{b^*, t^*, c^*, u^*\}$, does not lead to any clear results. The reason for this follows from the fact that the subset of all voting situations for which $b^* = n$ are included in the set of all voting situations with $u^* = n$, along with all other voting situations with $t^* = n$. So the basis of comparison is not the same in all cases. In order to facilitate further analysis, we develop representations for the proportion, $P_{VS}(3, n \,|\, CIAC_{X^*}(k^+))$, of all voting situations that have a specified value, q, for Parameter X^* in the range $k \le q \le n$. These representations are obtained from the identity.

$$P_{VS}(3, n \,|\, CIAC_{X^*}(k^+)) = \frac{\sum_{q=k}^{n} K(3, n, IAC_{X^*}(q))}{K(3, n, IAC)}. \tag{2.47}$$

The necessary algebraic reduction of (2.47) is performed in Gehrlein (2009), to obtain representations for $P_{VS}(3, n \,|\, CIAC_{X^*}(k^+))$ with each $X^* \in \{b^*, t^*, c^*, u^*\}$:

$$\begin{aligned} &P_{VS}(3,n,CIAC_{b^*}(k^+)) = P_{VS}(3,n,CIAC_{t^*}(k^+)) = P_{VS}(3,n,CIAC_{c^*}(k^+)) \\ &= \frac{3k(k+1)[(k-1)(36k^2+45k-154)-5(3k^2+27k-40)n-20(k-4)n^2+10n^3]}{(n+1)(n+2)(n+3)(n+4)(n+5)}, \\ &\qquad \text{for } n/3 < k \le (n-1)/2 \\ &\frac{3(n+1-k)(n+2-k)(n+3-k)(n+4-k)(n+5+4k)}{(n+1)(n+2)(n+3)(n+4)(n+5)}, \text{ for } [(n+1)/2 \le k \le n. \end{aligned} \tag{2.48}$$

$$\begin{aligned} &P_{VS}(3,n,CIAC_{u^*}(k^+)) \\ &= \frac{3\begin{bmatrix} 36k(k-1)(27k^3-63k^2+42k-13)-6(315k^4-810k^3+695k^2-240k+13)n \\ +5(6k-1)(48k^2-82k+37)n^2-5(108k^2-132k+31)n^3+5(20k-11)n^4-7n^5 \end{bmatrix}}{(n+1)(n+2)(n+3)(n+4)(n+5)}, \\ &\qquad \text{for } n/3 < k \le (n-1)/2 \\ &\frac{6(n+1-k)(n+2-k)(n+3-k)(n+4-k)(6k-n)}{(n+1)(n+2)(n+3)(n+4)(n+5)}, \quad \text{for } (n+1)/2 \le k \le n. \end{aligned} \tag{2.49}$$

The limiting representations as $n \to \infty$ are obtained from (2.48) and (2.49) following previous discussion, with:

$$\begin{aligned} &P_{VS}(3, \infty, CIAC_{b^*}(\alpha_k^+)) = P_{VS}(3, \infty, CIAC_{t^*}(\alpha_k^+)) = P_{VS}(3, \infty, CIAC_{c^*}(\alpha_k^+)) \\ &= 3\alpha_k^2(36\alpha_k^3 - 15\alpha_k^2 - 20\alpha_k + 10), \quad \text{for } 1/3 \le \alpha_k \le 1/2 \\ &\quad 3(1-\alpha_k)^4(4\alpha_k + 1), \text{ for } 1/2 \le \alpha_k \le 1. \end{aligned} \tag{2.50}$$

$$P_{VS}(3,\infty,CIAC_{u^*}(\alpha_k^+))$$
$$= 3(6\alpha_k-1)(162\alpha_k^4-288\alpha_k^3+192\alpha_k^2-58\alpha_k+7), \quad \text{for } 1/3 \le \alpha_k \le 1/2$$
$$6(1-\alpha_k)^4(6\alpha_k-1), \quad \text{for } 1/2 \le \alpha_k \le 1. \tag{2.51}$$

These results show for example that $P_{VS}(3,\infty,CIAC_{u^*}(0.50^+)) = 0.75$, so that 75% of all voting situations have a value of u^*/n in the range 0.50–1.00 in the limit as $n \to \infty$. A search procedure was then initiated with these representations to find the specific values of $\beta_{X^*}^p$ such that $P_{VS}(3,\infty,CIAC_X(\beta_{X^*}^{p\,+})) = p$ for each $X^* \in \{b^*, t^*, c^*, u^*\}$ with $p = 0.00(0.05)1.00$ and the results are summarized in Table 2.7.

These $\beta_{X^*}^p$ values from Table 2.7 are used in conjunction with the representations from (2.44), (2.45) and (2.46) to obtain the cumulative probability values that a PMRW exists from $P_{PMRW}^S(3,\infty\,|\,CIAC_{X^*}(\beta_{X^*}^{p\,+}))$ for each strong measure of group mutual coherence from $X^* \in \{b^*, t^*, c^*, u^*\}$ with $p = 0.00(0.05)1.00$. The results of these computations are summarized in Table 2.8, and some very interesting and compelling observations directly follow from them.

Just as we observed in the case of the proximity of a voting situation to having a perfect weak polarizing candidate for weak measures of group mutual coherence, the proximity of a voting situation to having a perfect strong centrist candidate has the least amount of impact on the probability that a PMRW will exist. A somewhat surprising result is that the 55% of voting situations that are closest to having a perfect strong positively unifying candidate or perfect strong negatively unifying

Table 2.7 Values of $\beta_{X^*}^p$ for each $X^* \in \{b^*, t^*, c^*, u^*\}$ for each $p = 0.00(0.05)1.00$

p	$\beta_{b^*}^p = \beta_{t^*}^p = \beta_{c^*}^p$	$\beta_{u^*}^p$
0.00	1.0000	1.0000
0.05	0.7456	0.7820
0.10	0.6934	0.7357
0.15	0.6574	0.7032
0.20	0.6289	0.6770
0.25	0.6049	0.6546
0.30	0.5839	0.6347
0.35	0.5651	0.6166
0.40	0.5479	0.5998
0.45	0.5320	0.5840
0.50	0.5173	0.5689
0.55	0.5033	0.5545
0.60	0.4902	0.5405
0.65	0.4773	0.5268
0.70	0.4645	0.5133
0.75	0.4514	0.5000
0.80	0.4376	0.4865
0.85	0.4226	0.4720
0.90	0.4054	0.4551
0.95	0.3838	0.4323
1.00	0.3333	0.3333

Table 2.8 Values of $P^S_{PMRW}(\infty|CIAC_{X^*}(\beta^{p}_{X^*}{}^{+}))$, for each $X^* \in \{b^*, t^*, c^*, u^*\}$ for each $p = 0.00(0.05)1.00$

p	b^*, t^*	c^*	u^*
0.00	1.0000	1.0000	1.0000
0.05	1.0000	0.9840	1.0000
0.10	1.0000	0.9797	1.0000
0.15	1.0000	0.9764	1.0000
0.20	1.0000	0.9736	1.0000
0.25	1.0000	0.9711	1.0000
0.30	1.0000	0.9688	1.0000
0.35	1.0000	0.9667	1.0000
0.40	1.0000	0.9646	1.0000
0.45	1.0000	0.9626	1.0000
0.50	1.0000	0.9607	1.0000
0.55	1.0000	0.9588	1.0000
0.60	0.9988	0.9569	1.0000
0.65	0.9946	0.9544	1.0000
0.70	0.9885	0.9530	1.0000
0.75	0.9812	0.9508	1.0000
0.80	0.9732	0.9485	0.9969
0.85	0.9647	0.9460	0.9891
0.90	0.9558	0.9433	0.9775
0.95	0.9468	0.9405	0.9617
1.00	0.9375	0.9375	0.9375

candidate have a PMRW with certainty. The most compelling observation is that the 75% of voting situations that are closest to having a perfect strong overall unifying candidate will have a PMRW with absolute certainty.

2.8 Conclusion

When voters' preferences in a three-candidate voting situation reflect any significant degree of proximity to having a perfect weak positively or negatively unifying candidate, the probability that a PMRW exists is high. When voters' preferences are at all close to reflecting a situation in which a perfect weak overall unifying candidate exists, the probability that a PMRW exists is very high. An even stronger relationship is shown to exist when voting situations are at all close to having a perfect strong positively or negatively unifying candidate. A PMRW must exist when voting situations are even remotely close to having a perfect strong overall unifying candidate.

It is very important to note that the associated underlying models that lead to any of these measures of mutual group coherence do not actually have to be the basis of the mechanism by which the voters' preference rankings on candidates were actually formed. It is only required that the preferences in a given voting situation could have been obtained by one of these models. As a result, it is easily concluded that Condorcet's Paradox should very rarely be observed in any real elections on a small number of candidates with large electorates, as long as voters' preferences reflect any reasonable degree of group mutual coherence from a number of different possible models, and the observations that have been made from numerous empirical studies should no longer seem surprising.

It can also be concluded from these observations that the use of the *Condorcet Criterion* that voting rules should select the PMRW whenever one exists is a very valid measure of the effectiveness of various voting rules at selecting the alternative that is the overall most preferred candidate. Arguments against the use of the Condorcet Criterion are typically based on the fact that a PMRW does not always exist, so that there might be some confusion over which candidate should be selected as the winner. However, our results indicate that the probability that this confounding issue would ever result is expected to be very small for elections on a small number of candidates with a large number of voters.

Chapter 3
Other Incompatibility Paradoxes

3.1 Introduction

The notion of Incompatibility Paradoxes was introduced in Chap. 1, where they were defined as representing situations in which there are multiple possible definitions of what constitutes the best candidate for selection as the winner from a set of available candidates, and where these multiple definitions cannot be simultaneously met by a voting rule. Condorcet's Paradox is one such outcome, and we have already discussed that in detail, to see that the likelihood that this paradox is observed consistently decreases as the degree of group mutual coherence increases. We now consider the two remaining incompatibility paradoxes, Borda's Paradox and Condorcet's Other Paradox. We start our analysis by looking for a relationship between the probability that Borda's Paradox is observed and the degree of group mutual coherence that is present in a voting situation.

3.2 Borda's Paradox

Borda (1784) discovered the possibility that a Strict Borda Paradox might exist in a voting situation, where the ranking of candidates that is obtained by PR would be the dual of the ranking by PMR. Borda was primarily concerned with the less restrictive outcome in which PR might elect the PMRL, and this result is defined as a Strong Borda Paradox. An occurrence of either form of Borda's Paradox leads to a situation in which a candidate is elected as the winner in an election when each of the remaining candidates is preferred to that winner by a majority of voters with PMR. Given our finding that there is a very high probability that PMR is transitive in a three-candidate election when voters' preferences reflect any significant degree of group mutual coherence, we have an increased interest in the possible existence of these various forms of Borda's Paradox.

The empirical studies that are summarized in Table 1.2 led to the ultimate conclusion that observations of a Strict Borda Paradox should be very rare, while

W.V. Gehrlein and D. Lepelley, *Voting Paradoxes and Group Coherence*, Studies in Choice and Welfare, DOI 10.1007/978-3-642-03107-6_3,

observations of the less than strict form of Borda's Paradox might actually be detected, although they will not be phenomenon that can be expected to appear on a regular basis. The objective here is to determine if there is a direct connection between measures of group mutual coherence and the probability that various forms of Borda's Paradox are observed, as we have seen is the case with Condorcet's Paradox. The combination of intuition and the conclusions that were reached with Condorcet's Paradox strongly suggest that this should be the case, but results that are obtained in Gehrlein and Lepelley (2009a) surprisingly indicate that this is not really true for the case of Borda's Paradox.

3.2.1 The Probability of Observing a Strict Borda Paradox

We begin the analysis of the connection between the probability that Borda's Paradox is observed and measures of group mutual coherence by using the same basic type of analysis that we employed in the consideration of the same connection for Condorcet's Paradox. Our analysis is based on the previously established measures of group mutual coherence that are specified by Parameters b and t. The first step is to develop a closed form representation for the conditional probability, $P_{StBP}^{PR}(3,n|IAC_b(k))$, that a Strict Borda Paradox will be observed for a randomly selected voting situation with n voters in a three-candidate election with PR, given that attention is restricted to voting situations for which Parameter b has some specified value k. The development of this representation follows the logic that led to the representation for $P_{PMRW}^{S}(3,n|IAC_b(k))$ in Chap. 2. Since any form of Borda's Paradox can only be observed in voting situations for which a PMRW exists, it follows directly that $P_{StBP}^{PR}(3,n|IAC_b(k)) \leq P_{PMRW}^{S}(3,n|IAC_b(k))$.

For convenience in discussion that will follow, the list of the possible linear preference rankings that voters might have on three candidates is reproduced here from Fig. 1.1.

A	A	B	C	B	C
B	C	A	A	C	B
C	B	C	B	A	A
n_1	n_2	n_3	n_4	n_5	n_6

Fig. 3.1 The six possible linear preference rankings on three candidates

Gehrlein and Lepelley (2009a) present a simple result that immediately leads to the conclusion that it will not be possible to prove the expected result that the conditional probability $P_{StBP}^{PR}(3,n|IAC_b(k))$ consistently increases as k increases. This observation follows from Theorem 3.1.

Theorem 3.1 $P_{StBP}^{PR}(3,n|IAC_b(n/3)) = 0$ *for* n *a multiple of* 3.

Proof Assume without any loss of generality that Candidate A is both the winner by PR and the PMRL, which are necessary, but not sufficient, requirements for a Strict Borda Paradox to be observed. If A is the strict winner by PR, then

$$APB \qquad [n_1+n_2>n_3+n_5] \qquad (3.1)$$

$$APC \qquad [n_1+n_2>n_4+n_6] \qquad (3.2)$$

If A is the PMRL, then:

$$\text{CMA} \qquad [n_1 + n_2 + n_3 < n_4 + n_5 + n_6] \tag{3.3}$$

$$\text{BMA} \qquad [n_1 + n_2 + n_4 < n_3 + n_5 + n_6]. \tag{3.4}$$

If A is the strict winner with PR, it then follows directly from (3.1) and (3.2) that $n_1 + n_2 > n/3$. It also follows from definition that $n_5 + n_6 = n/3$ if $b = n/3$. Using both of these facts with (3.3) leads to $n_4 > n_3$, while using both of these facts with (3.4) leads to $n_3 > n_4$. All of the conditions that are listed in (3.1)–(3.4) therefore cannot hold simultaneously. □

The general tendency for $P_{StBP}^{PR}(3, n|IAC_b(k))$ to change as k increases can be determined more closely after a representation for $P_{StBP}^{PR}(3, n|IAC_b(k))$ is obtained. Gehrlein and Lepelley use the EUPIA2 procedure to obtain this representation, with:

$$P_{StBP}^{PR}(3, n|IAC_b(k))$$

$$= \frac{\left[(k+1)\left\{ \begin{array}{l} 27(3k^3+11k^2+9k-1) - 9(4k^2+8k-1)n + n^3 - 4\delta_{n+1}^{12}(54\delta_k^2 \\ +12n-31) - 16\delta_{n+11}^{12}(3n+1) - 108\delta_{n+9}^{12}(2\delta_k^2-1) \\ -16\delta_{n+7}^{12}(3n-1) - 4\delta_{n+5}^{12}(54\delta_k^2+12n-23) + 27\delta_k^2(2k+3) \end{array} \right\} \right]}{72(k+1)(n-3k)\{(n+1)(n+5)-3k(2+k)\}},$$
$$\text{for } 0 \le k \le (n-1)/6$$

$$\frac{\left[\begin{array}{l} -162(21k^4+14k^3+6k^2+k+1) + 27(104k^3+60k^2+10k-1)n \\ -9(96k^2+42k-1)n^2 + 3(38k+9)n^3 - 5n^4 + 162\delta_k^2(6k+1-2n) \\ +2\delta_{n+1}^{12}\{2(864k^2+564k+141-(288k+89)n+12n^2) - 324\delta_k^2(4k+1-n)\} \\ +16\delta_{n+11}^{12}\{3(72k^2+16k+5) - 2(36k-1)n + 3n^2\} - 324\delta_{n+9}^{12}(2\delta_k^2-1) \\ \times(4k+1-n) + 16\delta_{n+7}^{12}\{3(72k^2+20k+5) - 2(36k+1)n + 3n^2\} \\ +4\delta_{n+5}^{12}\{(864k^2+516k+141) - (288k+73)n + 12n^2 - 162\delta_k^2(4k+1-n)\} \end{array} \right]}{432(k+1)(n-3k)\{(n+1)(n+5)-3k(2+k)\}},$$
$$\text{for} (n+1)/6 \le k \le (n-1)/4$$

$$\frac{\left[\begin{array}{l} (n+2-3k)(n-4-3k)\{99k^2+96k+12-2(33k+16)n+11n^2\} \\ +81\delta_k^2(6k+1-2n) + 32\delta_{n+3}^{6}\{3(18k^2+14k+1) \\ -2(18k+7)n+6n^2\} + 32\delta_{n+1}^{6}(3k-n) \end{array} \right]}{216(k+1)(n-3k)\{(n+1)(n+5)-3k(2+k)\}},$$
$$\text{for} (n+1)/4 \le k \le (n-1)/3. \tag{3.5}$$

Following earlier notation, the term $\delta_p^q = 1$ if p is an integer multiple of q, and $\delta_p^q = 0$ otherwise.

While the representation for $P_{StBP}^{PR}(3, n|IAC_b(k))$ in (3.5) has been verified by computer enumeration, it is so complex that it is of little practical use. However, it does provide an avenue to obtaining the much simpler representation for the limiting conditional probability for $P_{StBP}^{PR}(3, \infty|IAC_b(k))$ as $n \to \infty$. Following the logic that was developed earlier, k is replaced by $\alpha_k n$ in (3.5), such that α_k is the minimum proportion of profiles for which some candidate is ranked as least preferred, with $\alpha_k = k/n$. The limiting representation is then obtained by letting $n \to \infty$ after this substitution is made, and

$$P_{StBP}^{PR}(3, \infty|IAC_b(\alpha_k))$$

$$= \frac{27\alpha_k^2 - 3\alpha_k - 1}{72(3\alpha_k^2 - 1)}, \quad \text{for } 0 \le \alpha_k \le 1/6$$

$$\frac{-3402\alpha_k^4 + 2808\alpha_k^3 - 864\alpha_k^2 + 114\alpha_k - 5}{432\alpha_k(3\alpha_k - 1)(3\alpha_k^2 - 1)}, \quad \text{for } 1/6 \le \alpha_k \le 1/4$$

$$\frac{11(3\alpha_k - 1)^3}{216\alpha_k(3\alpha_k^2 - 1)}, \quad \text{for } 1/4 \le \alpha_k \le 1/3. \tag{3.6}$$

The limiting probability representation in (3.6) is clearly much more tractable than the representation for finite n in (3.5). An observation follows directly from (3.6) for the special case with $\alpha_k = 0$, for which voting situations have a perfect weak positively unifying candidate, which is consistent with the condition that voters' preferences are perfectly single-peaked. It can easily be seen that $P_{StBP}^{PR}(3, \infty|IAC_b(0)) = 1/72$, which verifies a result from Bezembinder (1996) and is in disagreement with a result from Saari and Valognes (1999). Calculated values of $P_{StBP}^{PR}(3, \infty|IAC_b(\alpha_k))$ are given in Table 3.1 for each $\alpha_k = 0.01(0.02)$ 0.33, along with values for $\alpha_k = 0$ and $\alpha_k = 1/3$.

The calculated values of $P_{StBP}^{PR}(3, \infty|IAC_b(\alpha_k))$ that are listed in Table 3.1 show that these probabilities remain at very small values over the entire range of α_k values with $0 \le \alpha_k \le 1/3$. Moreover, the values of $P_{StBP}^{PR}(3, \infty|IAC_b(\alpha_k))$ do indeed follow our intuition and increase as α_k increases over the range $0 \le \alpha_k \le 0.07$. That is, as α_k increases we have voting situations that are more removed from the condition of having a perfect weak positively unifying candidate. Since this generally reflects reduced levels of group mutual coherence among voters' preferences, it sounds quite logical that the associated probability of observing a Strict Borda Paradox would increase. However, Theorem 3.1 makes it clear that this intuitively appealing outcome can not be maintained over the entire range of $0 \le \alpha_k \le 1/3$, and the computed values in Table 3.1 show that $P_{StBP}^{PR}(3, \infty|IAC_b(\alpha_k))$ decreases over the range of values $0.07 \le \alpha_k \le 1/3$. Thus, we observe the counterintuitive result that the probability of observing a Strict Borda Paradox with PR decreases as the degree of group mutual coherence decreases over this upper range of α_k values.

Table 3.1 Computed values of $P_{StBP}^{PR}(3,\infty|IAC_X(\alpha_k))$, $P_{StBP}^{PR}(3,\infty|IAC_b^*(\alpha_k))$ and $P_{StBP}^{PR}(3,\infty|IAC_t^*(\alpha_k))$

α_k	$P_{StBP}^{PR}(3,\infty\|IAC_b(\alpha_k))$	$P_{StBP}^{PR}(3,\infty\|IAC_b^*(\alpha_k))$	$P_{StBP}^{PR}(3,\infty\|IAC_t^*(\alpha_k))$
0.00	0.0139	0.0139	0
0.01	0.0143	0.0143	0.0000
0.03	0.0148	0.0149	0.0000
0.05	0.0151	0.0152	0.0000
0.07	0.0152	0.0153	0.0001
0.09	0.0150	0.0151	0.0003
0.11	0.0145	0.0146	0.0006
0.13	0.0137	0.0140	0.0012
0.15	0.0125	0.0129	0.0021
0.17	0.0111	0.0116	0.0036
0.19	0.0094	0.0100	0.0059
0.21	0.0078	0.0084	0.0098
0.23	0.0061	0.0069	0.0164
0.25	0.0039	0.0046	0.0284
0.27	0.0017	0.0021	0.0498
0.29	0.0005	0.0007	0.0799
0.31	0.0001	0.0001	0.1170
0.33	0.0000	0.0000	0.1592
1/3	0	0	1/6

The impact of this counterintuitive observation would be minimized if it could be shown that it only occurs over a small proportion of possible voting situations. However, the results from the representation shown for $P_{VS}(3,\infty|CIAC_b(\alpha_k^-))$ in (2.38) indicate that only 12.6% of all voting situations have α_k in the range $0 \le \alpha_k \le 0.07$ as $n \to \infty$. So, the counterintuitive observation is valid for the surprisingly large 87.4% of all possible voting situations that are farthest removed from having a perfect weak positively unifying candidate.

There are two possible explanations that can be proposed to negate the significant impact of the counterintuitive results that has been observed from changing k in $P_{StBP}^{PR}(3,n|IAC_b(k))$. First, we already know from Chap. 2 that changing the value of Parameter b has a significant impact on the probability that a PMRW exists. In addition, changing k also has some apparent impact on the propensity of the candidate ranking by PR to be the reverse of the candidate ranking by PMR. It is possible to focus only on this second component, by removing the influence that the selected value of k has on the probability that a PMRW exists from the analysis. This is accomplished by developing a representation for the conditional probability, $P_{StBP}^{PR}(3,n|IAC_b^*(k))$, that is based only on voting situations for which a PMRW exists. This closed form representation is based on the assumption, $IAC_b^*(k)$, that all voting situations that have a PMRW and for which $b=k$ are equally likely to be observed for the specified value of k. The conditional probability $P_{StBP}^{PR}(3,n|IAC_b^*(k))$ is therefore conditional on the simultaneous assumptions that a PMRW exists and that $b=k$.

It will be impossible to show that $P_{StBP}^{PR}(3,n|IAC_b^*(k))$ consistently increases as k increases, as a result of an observation that follows as a direct extension of

Theorem 3.1, since the proof of Theorem 3.1 is not changed in any way if it is further assumed that a PMRW exists.

Corollary 3.1 $P_{StBP}^{PR}(3,n|IAC_b^*(n/3)) = 0$ *for n a multiple of* 3.

Gehrlein and Lepelley (2009a) use the EUPIA2 procedure to obtain a representation for the conditional probability $P_{StBP}^{PR}(3,n|IAC_b^*(k))$. This representation will be useful in obtaining a better understanding of how $P_{StBP}^{PR}(3,n|IAC_b^*(k))$ changes as k increases.

$$
\begin{aligned}
&P_{StBP}^{PR}(3,n|IAC_b^*(k))\\
&= \frac{\left[\begin{array}{l}(k+1)\left\{\begin{array}{l}27(3k^3+11k^2+9k-1)-9(4k^2+8k-1)n+n^3-4\delta_{n+1}^{12}\\ \times(54\delta_k^2+12n-31)-16\delta_{n+11}^{12}(3n+1)-108\delta_{n+9}^{12}(2\delta_k^2-1)\\ -16\delta_{n+7}^{12}(3n-1)-4\delta_{n+5}^{12}(54\delta_k^2+12n-23)\end{array}\right\}\\ +27\delta_k^2(2k+3)\end{array}\right]}{72(k+1)\{k(-17+21k+11k^2)+(5-26k-4k^2)n+3(2-k)n^2+n^3\}},\\
&\qquad\qquad \text{for } 0\le k\le (n-1)/6\\
&\frac{\left[\begin{array}{l}-162(21k^4+14k^3+6k^2+k+1)+27(104k^3+60k^2+10k-1)n\\ -9(96k^2+42k-1)n^2+3(38k+9)n^3-5n^4+162\delta_k^2(6k+1-2n)\\ +2\delta_{n+1}^{12}\{2(864k^2+564k+141-(288k+89)n+12n^2)\\ -324\delta_k^2(4k+1-n)\}+16\delta_{n+11}^{12}\{3(72k^2+16k+5)-2(36k-1)n+3n^2\}\\ -324\delta_{n+9}^{12}(2\delta_k^2-1)(4k+1-n)+16\delta_{n+7}^{12}\{3(72k^2+20k+5)\\ -2(36k+1)n+3n^2\}+4\delta_{n+5}^{12}\{(864k^2+516k+141)\\ -(288k+73)n+12n^2-162\delta_k^2(4k+1-n)\}\end{array}\right]}{432(k+1)\{k(-17+21k+11k^2)+(5-26k-4k^2)n+3(2-k)n^2+n^3\}},\\
&\qquad\qquad \text{for } (n+1)/6\le k\le (n-1)/4\\
&\frac{\left[\begin{array}{l}(n+2-3k)(n-4-3k)\{99k^2+96k+12-2(33k+16)n+11n^2\}\\ +81\delta_k^2(6k+1-2n)+32\delta_{n+3}^{6}\{3(18k^2+14k+1)-2(18k+7)n\\ +6n^2\}+32\delta_{n+1}^{6}(3k-n)\end{array}\right]}{108(n-3k)\{(n+1)(n^2+2n+9)-6(n^2+1)k+18nk^2-18k^3\}},\\
&\qquad\qquad \text{for } (n+1)/4\le k\le (n-1)/3.
\end{aligned}
\tag{3.7}
$$

The limiting probability representation, $P_{StBP}^{PR}(3,\infty|IAC_b^*(\alpha_k))$, as $n\to\infty$ is obtained following earlier discussion and

$$P_{StBP}^{PR}(3,\infty|IAC_b^*(\alpha_k))$$

$$=\frac{(3\alpha_k-1)(27\alpha_k^2-3\alpha_k-1)}{72(11\alpha_k^3-4\alpha_k^2-3\alpha_k+1)},\quad \text{for } 0\le\alpha_k\le 1/6$$

$$\frac{-3402\alpha_k^4+2808\alpha_k^3-864\alpha_k^2+114\alpha_k-5}{432\alpha_k(11\alpha_k^3-4\alpha_k^2-3\alpha_k+1)},\quad \text{for } 1/6\le\alpha_k\le 1/4$$

$$=\frac{(3\alpha_k-1)(9\alpha_k^2-6\alpha_k+1)}{108(18\alpha_k^3-18\alpha_k^2+6\alpha_k-1)},\quad \text{for } 1/4\le\alpha_k\le 1/3. \tag{3.8}$$

Calculated values of $P_{StBP}^{PR}(3,\infty|IAC_b^*(\alpha_k))$ are listed in Table 3.1 for each value of $\alpha_k=0.01(0.02)0.33$, along with values for $\alpha_k=0$ and $\alpha_k=1/3$. The restriction of our attention to voting situations for which a PMRW must exist still leads to the same counterintuitive results regarding a generally decreasing probability that a Strict Borda Paradox will be observed as voters' preferences become more removed from the condition of having a perfect weak positively unifying candidate for α_k values that are above the range $0.07\le\alpha_k\le 1/3$.

In order to determine the proportion of voting situations for which this happens when only voting situations that have a PMRW can be observed with $IAC_b^*(k)$, we obtain a representation for the proportion, $P_{VS}(3,n,CIAC_X^*(k^-))$, of all voting situations for which a PMRW exists that have a value of q in the range $0\le q\le k$ for Parameter X with $X\in\{b,t,c,u\}$. Following the development of (2.36), these representations are obtained from the identity

$$P_{VS}(3,n,CIAC_X^*(k^-))=\frac{3\sum_{q=0}^{k}N_{PMRW}^{\{A\}}(3,n,IAC_X(q)|q)}{\dfrac{15(n+3)^2}{16(n+2)(n+4)}}. \tag{3.9}$$

We only present the limiting representations that are obtained for $P_{VS}(3,\infty,CIAC_X^*(\alpha_k^-))$, for each $X\in\{b,t,c,u\}$ with:

$$P_{VS}(3,\infty,CIAC_b^*(\alpha_k^-))=P_{VS}(3,\infty,CIAC_t^*(\alpha_k^-))$$

$$=\frac{32}{5}\alpha_k^2(22\alpha_k^3-10\alpha_k^2-10\alpha_k+5),\quad \text{for } 0\le\alpha_k\le 1/4$$

$$\frac{1728\alpha_k^5 - 2880\alpha_k^4 + 1920\alpha_k^3 - 720\alpha_k^2 + 160\alpha_k - 11}{5},$$
$$\text{for } 1/4 \le \alpha_k \le 1/3. \tag{3.10}$$

$$P_{VS}(3, \infty, CIAC_c^*(\alpha_k^-))$$
$$= \frac{4}{5}\alpha_k^2(139\alpha_k^3 - 35\alpha_k^2 - 90\alpha_k + 40), \text{ for } 0 \le \alpha_k \le 1/4$$
$$\frac{-468\alpha_k^5 + 1140\alpha_k^4 - 1000\alpha_k^3 + 320\alpha_k^2 - 20\alpha_k + 1}{5},$$
$$\text{for } 1/4 \le \alpha_k \le 1/3. \tag{3.11}$$

$$P_{VS}(3, \infty, CIAC_u^*(\alpha_k^-))$$
$$= \frac{64}{5}\alpha_k^2(19\alpha_k^3 + 15\alpha_k^2 - 20\alpha_k + 5), \text{ for } 0 \le \alpha_k \le 1/4$$
$$\frac{15552\alpha_k^5 - 25920\alpha_k^4 + 17280\alpha_k^3 - 5760\alpha_k^2 + 960\alpha_k - 59}{5},$$
$$\text{for } 1/4 \le \alpha_k \le 1/3. \tag{3.12}$$

By using (3.10) with $\alpha_k = 0.07$, we find that only the 13.4% of all possible voting situations with a PMRW that are closest to having a perfect weak positively unifying candidate show an increasing probability that a Strict Borda Paradox will be observed as α_k increases. Thus, the counterintuitive result is observed over the 86.6% of voting situations with a PMRW that are farthest removed from the condition of having a perfect weak positively unifying candidate. No improvement is therefore made in negating the significant impact of the counterintuitive results that has been observed by restricting attention to consider only voting situations for which a PMRW exists.

There are two additional options that must now be considered to explain the existence of this counterintuitive result. First, the use of Parameter b to measure the degree of group mutual coherence among voters' preferences might be an inadequate metric, despite our earlier observations regarding the expected relationship between Parameter b and the probability that a PMRW exists. The second possible explanation is that there might be something unusual about the behavior of PR that causes this unexpected observation. We begin to address the first of these issues by considering what happens if Parameter t is used instead of Parameter b to measure the degree of group mutual coherence among voters' preferences.

3.2.1.1 A Representation for $P^{PR}_{StBP}(3, n|IAC^*_t(k))$

When we were considering the probability that a PMRW exists in Chap. 2, we found that $P^S_{PMRW}(3, n|IAC_b(k)) = P^S_{PMRW}(3, n|IAC_t(k))$ for odd $n \geq 3$, based on Lemma 2.1. Thus, there is no difference whatsoever between the use of Parameter b or t to measure the impact of group mutual coherence on the probability that Condorcet's Paradox will be observed. The consideration here is to determine if this same phenomenon is observed when we compare $P^{PR}_{StBP}(3, \infty|IAC^*_b(\alpha_k))$ to $P^{PR}_{StBP}(3, \infty|IAC^*_t(\alpha_k))$.

The values of $P^{PR}_{StBP}(3, \infty|IAC_b(\alpha_k))$ and $P^{PR}_{StBP}(3, \infty|IAC^*_b(\alpha_k))$ have been found to be very similar, so we restrict attention to probability representations like those that were obtained with the assumption of $IAC^*_b(k)$ in further analysis. Then, something very different happens with $P^{PR}_{StBP}(3, n|IAC^*_t(k))$ as Parameter t increases, compared to the counterintuitive results that were observed above with the assumption of $IAC^*_b(k)$. The first indication of this general observation comes from the following result that gives us a much better starting point than we were given with Theorem 3.1.

Theorem 3.2 $P^{PR}_{StBP}(3, n|IAC^*_t(0)) = 0$ *for odd* $n \geq 3$.

Proof If $t = 0$ for any given voting situation, some candidate is never ranked as most preferred by any voter. One of the two remaining candidates must therefore be ranked as most preferred by at least $(n + 1)/2$ voters, and this same candidate must therefore be both the PMRW and the winner by PR. Thus, a Strict Borda Paradox cannot occur for the given voting situation by definition. □

It is therefore impossible to observe a Strict Borda Paradox for any voting situation that has a perfect negatively unifying candidate. The obvious next step is to determine if $P^{PR}_{StBP}(3, n|IAC^*_t(k))$ then continues to increase as k increases.

General representations for $P^{PR}_{StBP}(3, n|IAC^*_t(k))$ were obtained with EUPIA2 in Gehrlein and Lepelley (2009a), with:

$$P^{PR}_{StBP}(3, n|IAC^*_t(k))$$

$$= \frac{k(k+1)(k+2)}{k(11k^2 + 21k - 17) - (4k^2 + 26k - 5)n - 3(k-2)n^2 + n^3}, \quad \text{for } 0 \leq k \leq (n-1)/4$$

$$\frac{(1+k)(n-1-3k)\{6k(n-k) - (n+1)(n-3)\}}{(n-3k)\{3(3-2k-6k^3) + (11+18k^2)n + 3(1-2k)n^2 + n^3\}}, \quad \text{for } (n+1)/4 \leq k \leq (n-1)/3. \tag{3.13}$$

The representations for $P^{PR}_{StBP}(3, n|IAC^*_t(k))$ in (3.13) are clearly much simpler than the representations that were obtained for $P^{PR}_{StBP}(3, n|IAC^*_b(k))$ in (3.7), but we continue to restrict attention to the limiting representations as $n \to \infty$. Following previous arguments, we find:

$$P_{StBP}^{PR}(3,\infty|IAC_t^*(\alpha_k)) = \frac{5\alpha_k^3}{16(11\alpha_k^3 - 4\alpha_k^2 - 3\alpha_k + 1)}, \text{ for } 0 \le \alpha_k \le 1/4$$
$$= \frac{87\alpha_k^3 - 99\alpha_k^2 + 31\alpha_k - 3}{8(18\alpha_k^3 - 18\alpha_k^2 + 6\alpha_k - 1)}, \text{ for } 1/4 \le \alpha_k \le 1/3. \tag{3.14}$$

Calculated values of $P_{StBP}^{PR}(3,\infty|IAC_t^*(\alpha_k))$ are listed in Table 3.1 for each value of $\alpha_k = 0.01(0.02)0.33$, along with values for $\alpha_k = 0$ and $\alpha_k = 1/3$, and these results are completely in agreement with the expectations of our intuition. The probability that a Strict Borda Paradox is observed consistently increases as voters' preferences reflect situations that are farther removed from the condition of having a perfect weak negatively unifying candidate, as measured by Parameter t. So, when Parameter t is used as a measure of the degree of group mutual coherence among voters' preferences, we find results that are completely in accord with intuition, as opposed to our observations when Parameter b is used. Moreover, the probability of observing a Strict Borda Paradox with PR grows to surprisingly large values as $\alpha_k \to 1/3$ with Parameter t.

In order to get a better understanding of what is happening, we now turn attention to the probability that a Strict Borda Paradox is observed with another voting rule. In particular, we consider what happens when NPR is used as an election procedure.

3.2.1.2 Strict Borda Paradox with Negative Plurality Rule

A Strict Borda Paradox can obviously occur with NPR in the same general way that it can happen with PR. If we let *ANB* denote the outcome that Candidate *A* beats *B* by NPR, a Strict Borda Paradox would be observed if *AMB*, *BMC* and *AMC* with PMR, while *CNB* and *BNA* with NPR. Let $P_{StBP}^{NPR}(3,n|IAC_b^*(k))$ denote the conditional probability that a Strict Borda Paradox is observed when elections are held with NPR under the assumption of $IAC_b^*(k)$. The behavior that is exhibited by $P_{StBP}^{NPR}(3,n|IAC_b^*(k))$ as Parameter b increases is very easy to determine as a result of the following observations. The first of these results is very general and it will also be very useful in a number of situations later on.

Let $P_{Event}^{WSR(\lambda)}(3,n|IAC_X(k))$ denote the probability that some *Event* is observed with WSR Rule λ in a three-candidate election $\{A,B,C\}$ for n voters with $X \in \{b,t,c,b^*,t^*,c^*\}$. *Event* can be defined as any set of combinations PMR relationships and at least one WSR outcome on a pair of candidates, where $AW_\lambda B$ denotes $Score(A,\lambda) > Score(B,\lambda)$ as in the definition leading to (1.2). Then,

$Event^D$ denotes the dual outcome in which all PMR and pairwise WSR relationships that are defined by *Event* are reversed.

Theorem 3.3 *For all values of k*:

$$P_{Event}^{WSR(\lambda)}(3,n|IAC_b(k)) = P_{Event^D}^{WSR(1-\lambda)}(3,n|IAC_t(k)),$$

$$P_{Event}^{WSR(\lambda)}(3,n|IAC_c(k)) = P_{Event^D}^{WSR(1-\lambda)}(3,n|IAC_c(k)),$$

$$P_{Event}^{WSR(\lambda)}(3,n|IAC_{b*}(k)) = P_{Event^D}^{WSR(1-\lambda)}(3,n|IAC_{t*}(k)),$$

$$P_{Event}^{WSR(\lambda)}(3,n|IAC_{c^*}(k)) = P_{Event^D}^{WSR(1-\lambda)}(3,n|IAC_{c^*}(k)).$$

The same relationships are also valid when $IAC_X(k)$ *is replaced by* $IAC_X^*(k)$ *for each* $X \in \{b,t,c,b^*,t^*,c^*\}$.

Proof The proofs of each of these statements all use exactly the same solution technique. A proof of the first statement is shown, and the remaining statements will then be seen to be obvious. Consider an *Event* that includes *AMB* and $AW_\lambda B$. Suppose that we have a voting situation *VS* with $b = k$ that meets these conditions, so that the definitions of the n_i's in Fig. 3.1 lead to:

$$AMB \Rightarrow n_1 + n_2 + n_4 > n_3 + n_5 + n_6 \tag{3.15}$$

$$Score(A,\lambda) > Score(B,\lambda) \Rightarrow n_1 + n_2 + \lambda(n_3 + n_4) > n_3 + n_5 + \lambda(n_1 + n_6). \tag{3.16}$$

For every such *VS*, there is a unique dual voting situation VS^D that it obtained from *VS* with the mapping $n_1 \leftrightarrow n_6$, $n_2 \leftrightarrow n_5$ and $n_3 \leftrightarrow n_4$, so that this transformation effectively creates VS^D by inverting the preferences of each of the voters in *VS*. It is then obvious that VS^D must have $t = k$ and that *n* is unchanged. The associated equations (3.15) and (3.16) for VS^D then become

$$n_6 + n_5 + n_3 > n_4 + n_2 + n_1 \tag{3.17}$$

$$n_6 + n_5 + \lambda(n_4 + n_3) > n_4 + n_2 + \lambda(n_6 + n_1). \tag{3.18}$$

The result in (3.17) leads directly to the observation that *BMA* in VS^D. Moreover, (3.18) can be modified to

$$n - n_1 - n_2 - n_3 - n_4 + \lambda(n_4 + n_3) > n - n_1 - n_3 - n_5 - n_6 + \lambda(n_6 + n_1), \tag{3.19}$$

so that

$$n_1 + n_2 + (1 - \lambda)(n_4 + n_3) < n_3 + n_5 + (1 - \lambda)(n_6 + n_1). \tag{3.20}$$

The result of (3.20) leads to $Score(B, 1 - \lambda) > Score(A, 1 - \lambda)$, and $BW_{1-\lambda}A$.

The same arguments hold for all possible PMR relationships and for all possible WSR comparisons on pairs of candidates from $\{A, B, C\}$ that might be included in the definition of *Event* with the transformation that was used to obtain VS^D from *VS*. Since this mapping is 1–1, the result then follows directly from definitions since the probability of observing any *VS* with $IAC_b(k)$ is identical to the probability of observing the associated VS^D with $IAC_t(k)$.

The same arguments and 1–1 mapping can easily be used to prove the remaining statements. □

The proof of Theorem 3.3 could be repeated without accounting for the particular value of Parameters $X \in \{b, t, c, b^*, t^*, c^*\}$ in voting situations. Any scenario for which the probability of observing any *VS* is identical to the probability of observing the associated VS^D under the 1–1 mapping will produce the same result.

Corollary 3.2 $P^{WSR(\lambda)}_{Event}(3, n, IAC) = P^{WSR(1-\lambda)}_{Event^D}(3, n, IAC)$,

$$P^{WSR(\lambda)}_{Event}(3, L, MC) = P^{WSR(1-\lambda)}_{Event^D}(3, L, MC),$$

$$P^{WSR(\lambda)}_{Event}(3, n, DC) = P^{WSR(1-\lambda)}_{Event^D}(3, n, DC)$$

$$P^{WSR(\lambda)}_{Event}(3, n, IC) = P^{WSR(1-\lambda)}_{Event^D}(3, n, IC),$$

or with IAC, MC*, DC** or *IC**.

Conditions IAC*, MC*, DC* and IC* are based only those voting situations that have a PMRW with IAC, MC, DC and IC respectively.

Two results then follow directly from Theorem 3.3, by considering the cases of NPR with $\lambda = 1$ and PR with $\lambda = 0$.

$$P^{NPR}_{StBP}(3, n|IAC^*_b(k)) = P^{PR}_{StBP}(3, n|IAC^*_t(k)) \quad \text{for odd } n \geq 3. \tag{3.21}$$

$$P^{NPR}_{StBP}(3, n|IAC^*_t(k)) = P^{PR}_{StBP}(3, n|IAC^*_b(k)) \quad \text{for odd } n \geq 3. \tag{3.22}$$

The combined results of Theorem 3.2 and (3.21) lead to the observation:

$$P^{NPR}_{StBP}(3, n|IAC^*_b(0)) = 0. \tag{3.23}$$

The results that have already been observed can be combined with (3.21) to conclude that $P^{NPR}_{StBP}(3, \infty|IAC^*_b(\alpha_k))$ will consistently increase as α_k increases. So, the probability of observing a Strict Borda Paradox with NPR will increase as voting situations become more removed from the condition of having a perfect weak positively unifying candidate, in complete agreement with our intuition. Unfortunately, the result of (3.22) implies that $P_{StBP}^{NPR}(3, \infty|IAC_t^*(\alpha_k))$ will generally decrease as α_k increases, contrary to our intuition. The use of NPR therefore reverses the results that were found when PR was used to determine the ranking of winners for Parameters b and t, and no consistent relationships are found between the probability that a Strict Borda Paradox is observed and the degree of group mutual coherence among voters' preferences when this degree of group mutual coherence is measured by either of the Parameters b or t.

3.2.1.3 Strict Borda Paradox with Borda Rule

Some interesting results can be made about the likelihood that a Strict Borda Paradox can be observed with BR, based on some particular properties of BR. Daunou (1803) proved the first of these results

Theorem 3.4 (Daunou) *The PMRW can not be ranked last by BR in an m candidate election.*

Proof Consider the special case of BR with $a = b = 1$, so that each voter assigns a total of $\frac{m(m+1)}{2}$ points to candidates in an m-candidate election. The total number of points assigned to candidates by all voters is $\frac{nm(m+1)}{2}$, and the average total number of points received by a candidate from all voters is therefore $\frac{n(m+1)}{2}$. If some candidate is the PMRW, then that candidate will have the minimum Borda Score, as defined in (1.1), for a voting situation in which it is most preferred by $\frac{(n+1)}{2}$ voters and least preferred by $\frac{(n-1)}{2}$ voters for odd n. The PMRW will then have a total Borda Score equal to

$$BS(PMRW) = m\left(\frac{n+1}{2}\right) + \left(\frac{n-1}{2}\right) = \frac{n(m+1) + (m-1)}{2}. \tag{3.24}$$

The score of the PMRW is therefore greater than the average score for all candidates, so some other candidate must have a below average score, and thus the PMRW cannot have the minimum score. A similar argument holds when n is even. □

Smith (1973) and Gärdenfors (1973) reproduce this same result with a similar proof, and Smith (1973) further shows that for sufficiently large n, voting situations exist such that every WSR except BR can rank the PMRW last. Fishburn (1974a) extends this result for all $m \geq 3$, to show that there is always some voting situation with a PMRW in an m-candidate election, such that every WSR will have at least $m - 2$ candidates with a greater score than the PMRW. The result of Theorem 3.4 shows why it is impossible for each of the remaining $m - 1$ candidates to have a greater score than the PMRW for every WSR, which would require the inclusion of BR.

Fishburn and Gehrlein (1976b) continue this analysis through an extension of the approach taken by Smith (1973) to show that

Theorem 3.5 *The PMRL can not be ranked first by BR in an m candidate election.*

Fishburn and Gehrlein (1976b) also show that for sufficiently large n, BR is the only WSR that guarantees that the PMRL is not selected as a unique WSR winner. Either of Theorems 3.4 or 3.5 is adequate to verify that a Strict Borda Paradox can not exist with BR. Theorem 3.5 shows that even the weaker Strong Borda Paradox can not exist with BR.

There are obvious significant issues that arise in attempting to show that the likelihood of observing a Strict Borda Paradox will generally tend to decrease as the amount of group mutual coherence among voters' preferences increases in voting situations. In order to search for an explanation to minimize the impact of this general observation, we investigate the possible existence of this relationship when attention is focused to the probability that a Strong Borda Paradox is observed.

3.2.2 *The Probability of Observing a Strong Borda Paradox*

A Strong Borda Paradox is observed for a voting situation when the PMRL is selected as the winner of an election. Since this condition is much less restrictive than the requirements that are necessary for a Strict Borda Paradox to occur, the probability that a Strong Borda Paradox is observed will obviously be greater than the probability that a Strict Borda Paradox will occur.

3.2.2.1 Results with IC*, IAC* and MC*

Some representations have been obtained for the probability that a Strong Borda Paradox is observed with the standard assumptions that are related to IC*, IAC* and MC*. Tataru and Merlin (1997) use geometric methods to develop a representation for the conditional probability, $P_{SgBP}^{WSR(\lambda)}(3,\infty,IC^*)$, that a Strong Borda Paradox is observed when a WSR Rule λ elects the PMRL, given that a PMRL exists as $n \to \infty$ with IC*, with

$$P_{SgBP}^{WSR(\lambda)}(3,\infty,IC^*) = \frac{2}{\pi\left\{\pi - Cos^{-1}\left(\frac{1}{3}\right)\right\}}\int_0^{2\lambda-1}\left[\frac{2tCos^{-1}\left\{\frac{\sqrt{9t^2+3}}{\sqrt{(t^2+3)(4t^2+1)}}\right\}}{(t^2+3)\sqrt{6t^2+2}} + \frac{tCos^{-1}\left\{\frac{\sqrt{3}\left(1-t^2\right)}{\sqrt{(3t^2+1)(t^2+3)(4t^2+1)}}\right\}}{(t^2+3)\sqrt{6t^2+14}}\right]dt. \qquad (3.25)$$

We note that the requirement that a PMRL exists is equivalent to the requirement that a PMRW exists in a three-candidate election.

It is also noted in Tataru and Merlin (1997) that $P_{SgBP}^{WSR(\lambda)}(3,\infty,IC^*)$ is the same as the probability that the PMRW will be ranked last by Rule λ. It follows easily from the form of the representation in (3.25) that $P_{SgBP}^{WSR(\lambda)}(3,\infty,IC^*)$ is symmetric about $\lambda = 1/2$, and computed values that follow from (3.25) are listed in Table 3.2 for each $\lambda = 0.00(0.05)0.50$.

Gehrlein and Fishburn (1978b) develop an alternative representation for the special case of $P_{SgBP}^{PR}(3,\infty,IC^*)$ for $\lambda = 0$:

$$P_{SgBP}^{PR}(3,\infty,IC^*)$$

$$= \frac{\left[\begin{array}{c} \frac{1}{4} - \frac{3}{4\pi}\left\{Sin^{-1}\left(\sqrt{\frac{2}{3}}\right) + Sin^{-1}\left(\sqrt{\frac{1}{6}}\right) - \frac{1}{2}Sin^{-1}\left(\frac{1}{3}\right)\right\} \\ + \frac{3}{4\pi^2}\left\{\left[Sin^{-1}\left(\sqrt{\frac{2}{3}}\right)\right]^2 - \frac{1}{4}\left[Sin^{-1}\left(\frac{1}{3}\right)\right]^2 + \frac{3}{2}\int_0^{1/3} \frac{Sin^{-1}\left(\frac{x}{1+2x}\right)}{\sqrt{1-x^2}}dx\right\} \end{array}\right]}{\frac{3}{4} + \frac{3}{2\pi}Sin^{-1}\left(\frac{1}{3}\right)} = 0.0371. \quad (3.26)$$

Gehrlein (2002b) obtains representations for the conditional IAC probability that a Strong Borda Paradox is observed with both PR and NPR, given that a PMRL exists. Following the discussion presented above, these probabilities are denoted by $P_{SgBP}^{PR}(3,n,IAC^*)$ and $P_{SgBP}^{NPR}(3,n,IAC^*)$ respectively, with:

$$P_{SgBP}^{PR}(3,n,IAC^*) = \frac{2(2n^4 + 9n^3 + 33n^2 - 9n - 675)}{135(n+1)(n+3)^2(n+5)}, \text{ for } n = 9(6)\ldots \quad (3.27)$$

$$P_{SgBP}^{PR}(3,n,IAC^*) = \frac{4(n^4 - 7n^3 + 24n^2 + 32n - 320)}{135n(n+2)(n+4)^2}, \text{ for } n = 10(6)\ldots \quad (3.28)$$

Table 3.2 Computed values of $P_{SgBP}^{WSR(\lambda)}(3,\infty,IC^*)$ from (3.25)

λ	$P_{SgBP}^{WSR(\lambda)}(3,\infty,IC^*)$
0.00	0.0371
0.05	0.0303
0.10	0.0238
0.15	0.0179
0.20	0.0126
0.25	0.0081
0.30	0.0046
0.35	0.0021
0.40	0.0007
0.45	0.0001
0.50	0.0000

$$P_{SgBP}^{NPR}(3,n,IAC^*) = \frac{17n^4 + 119n^3 + 353n^2 + 1461n + 1890}{540(n+1)(n+3)^2(n+5)},$$
$$\text{for } n = 9(12)... \tag{3.29}$$

$$P_{SgBP}^{NPR}(3,n,IAC^*) = \frac{17n^4 - 49n^3 - 622n^2 - 636n - 600}{540n(n+2)(n+4)^2},$$
$$\text{for } n = 10(12)... . \tag{3.30}$$

The results for both $P_{SgBP}^{PR}(3,\infty,IAC^*)$ in (3.27) and $P_{SgBP}^{NPR}(3,\infty,IAC^*)$ in (3.29) verify representations in Lepelley (1993).

The limiting results of (3.27) and (3.29) as $n \to \infty$ lead to

$$P_{SgBP}^{PR}(3,\infty,IAC^*) \to 4/135 = 0.0296 \tag{3.31}$$

$$P_{SgBP}^{NPR}(3,\infty,IAC^*) \to 17/540 = 0.0315. \tag{3.32}$$

When these results are compared to the case of IC* from Table 3.2, with $P_{SgBP}^{PR}(3,\infty,IC^*) = P_{SgBP}^{NPR}(3,\infty,IC^*) = 0.0371$, it is clear that the small increase in the degree of voter dependence that is present in IAC and IAC* does reduce the probability that a Strong PMRW will be observed.

Nurmi and Uusi-Heikkilä (1985) obtain Monte-Carlo simulation estimates for $P_{SgBP}^{PR}(m,n,IC^*)$. Lepelley et al. (2000a) obtain Monte-Carlo simulation estimates for each of $P_{SgBP}^{PR}(m,\infty,IC^*)$, $P_{SgBP}^{NPR}(m,\infty,IC^*)$, $P_{SgBP}^{PR}(m,\infty,IAC^*)$ and $P_{SgBP}^{NPR}(m,\infty,IAC^*)$ for $3 \le m \le 8$ and the results are listed in Table 3.3.

These simulation results clearly indicate that the IC* and IAC* probabilities converge rapidly as m increases.

Gehrlein (2002b) also considers the assumption of MC* and obtains representations $P_{SgBP}^{PR}(3,L,MC^*)$ and $P_{SgBP}^{NPR}(3,L,MC^*)$, and it is found that there representations are identical, with

$$P_{SgBP}^{PR}(3,L,MC^*) = P_{SgBP}^{NPR}(3,L,MC^*)$$
$$= \frac{43L^5 - L^4 + 86L^3 - 26L^2 - 57L - 45}{8L(109L^4 + 446L^3 + 749L^2 + 616L + 240)}, \text{ for } L = 5(2)... \tag{3.33}$$

$$P_{SgBP}^{PR}(3,L,MC^*) = P_{SgBP}^{NPR}(3,L,MC^*)$$
$$= \frac{43L^5 + 42L^4 + 85L^3 + 60L^2 + 52L - 192}{8(L+1)(109L^4 + 446L^3 + 749L^2 + 616L + 240)}, \text{ for } L = 4(2)... \tag{3.34}$$

Table 3.3 Strong Borda paradox probability estimates (from Lepelley et al. 2000a)

m	PR		NPR	
	IC*	IAC*	IC*	IAC*
3	0.0374	0.0296	0.0377	0.0311
4	0.0250	0.0226	0.0251	0.0238
5	0.0189	0.0184	0.0190	0.0187
6	0.0160	0.0145	0.0155	0.0157
7	0.0136	0.0128	0.0133	0.0128
8	0.0114	0.0127	0.0113	0.0127

The limiting results as $n \to \infty$ from (3.33) and (3.34) obviously both give the same value, with $P_{SgBP}^{PR}(3, L, MC^*) = P_{SgBP}^{NPR}(3, L, MC^*) = 43/872 = 0.0493$.

We have seen limited evidence that the introduction of some degree of voter dependence will tend to reduce the probability that a Strong Borda Paradox is observed. Nurmi (1986) performs a Monte-Carlo simulation analysis to consider possible links between the probability that this paradox is observed with PR and measures of group mutual coherence. Three different assumptions are used to describe preferences in the voting population. The first assumption is IC. The second assumption is a 'unipolar distribution' in which a given preference ranking is observed with a probability of 1/3, while all other rankings are assumed to be equally likely. The third assumption is a 'bipolar distribution', in which a given preference ranking and its dual ranking are each observed with a probability of 1/3, while all other rankings are assumed to be equally likely.

When corresponding probability estimates are compared for common m and n, the increased group mutual coherence that occurs with the unipolar assumption leads to a clear reduction in observations of a Strong Borda Paradox with PR from that observed with IC. A major result is that the bipolar assumption results in dramatically greater probabilities of observing this paradox with PR than with either of the unipolar or IC cases. We continue with an examination of the impact that the presence of measures of group mutual coherence will have on this probability.

3.2.2.2 A Representations for $P_{SgBP}^{PR}(3, n|IAC_b^*(k))$

Let $P_{SgBP}^{PR}(3, n|IAC_b^*(k))$ denote the conditional probability that a Strong Borda Paradox will be observed with PR under the assumption $IAC_b^*(k)$. It will unfortunately be impossible to verify the intuitively appealing result that $P_{StBP}^{PR}(3, n|IAC_b^*(k))$ consistently increases as k increases, based on an observation that follows directly from the proof of Theorem 3.1.

Corollary 3.3 $P_{SgBP}^{PR}(3, n|IAC_b^*(n/3)) = 0$ *for n a multiple of* 3.

A representation for $P_{SgBP}^{PR}(3, n|IAC_b^*(k))$ was obtained in Gehrlein and Lepelley (2009a) in order to determine how this probability changes as k increases:

$$P^{PR}_{SgBP}(3,n|IAC^*_b(k))$$

$$= \frac{108k^3+288k^2+144k+5-9(4k^2+8k+1)n+3n^2+n^3-8\delta^6_{n+1}(5+3n)-32\delta^6_{n+3}}{36\{k(11k^2+21k-17)-(4k^2+26k-5)n-3(k-2)n^2+n^3\}},$$

$$\text{for } 0\le k\le (n-1)/6$$

$$\frac{\begin{bmatrix} -10368k^4-13824k^3-4320k^2+192k \\ +125+4(12k+5)(144k^2+84k-5)n \\ -6(288k^2+192k+25)n^2+4(48k+17)n^3-7n^4 \\ -16\delta^6_{n+5}\{216k^2+168k+31-2(36k+19)n+3n^2\} \\ -16\delta^6_{n+3}\{216k^2+120k+23-2(36k+11)n+3n^2\} \end{bmatrix}}{432(k+1)\{k(11k^2+21k-17)-(4k^2+26k-5)n-3(k-2)n^2+n^3\}},$$

$$\text{for } (n+1)/6\le k\le (n-1)/4$$

$$\frac{\begin{bmatrix} 4(n-2-3k)(n+1-3k)(2n-1-6k)^2 \\ +2\delta^6_{n+3}\{54k^2+24k+1-4(9k+2)n+6n^2\} \\ +2\delta^6_{n+5}\{54k^2+12k-1-4(9k+1)n+6n^2\} \end{bmatrix}}{27(n-3k)\{3(3-2k-6k^3)+(11+18k^2)n+3(1-2k)n^2+n^3\}},$$

$$\text{for } (n+1)/4\le k\le (n-1)/3. \quad (3.35)$$

While the representation for $P^{PR}_{SgBP}(3,n|IAC^*_b(k))$ in (3.35) is less complicated than the representation for $P^{PR}_{StBP}(3,n|IAC^*_b(k))$ in (3.7), the result is still intractable for any realistic analysis, so the limiting representation as $n\to\infty$ for $P^{PR}_{SgBP}(3,\infty|IAC^*_b(\alpha_k))$ is obtained following previous discussion, with:

$$P^{PR}_{SgBP}(3,\infty|IAC^*_b(\alpha_k)) = \frac{108\alpha_k^3-36\alpha_k^2+1}{36(11\alpha_k^3-4\alpha_k^2-3\alpha_k+1)}, \text{ for } 0\le\alpha_k\le 1/6$$

$$\frac{-10368\alpha_k^4+6912\alpha_k^3-1728\alpha_k^2+192\alpha_k-7}{432\alpha_k(11\alpha_k^3-4\alpha_k^2-3\alpha_k+1)}, \text{ for } 1/6\le\alpha_k\le 1/4$$

$$\frac{16(3\alpha_k-1)^3}{27(18\alpha_k^3-18\alpha_k^2+6\alpha_k-1)}, \text{ for } 1/4\le\alpha_k\le 1/3. \quad (3.36)$$

The representation that is given in (3.36) leads directly to the observation that $P^{PR}_{SgBP}(3,\infty|IAC^*_b(0)) = 1/36$, which is in complete agreement with a result that is proved in Lepelley (1993).

Lepelley et al. (2000b) develop a result that can be used to obtain a representation for the limiting probability $P^{WSR(\lambda)}_{SgBP}(3,\infty|IAC^*_b(0))$ that a WSR Rule λ will result in a Strong Borda Paradox, with

$$P_{SgBP}^{WSR(\lambda)}\left(3,\infty|IAC_b^*(0)\right) = \frac{(1-2\lambda)^3}{36(1-\lambda)^2}, \text{ for } 0 \le \lambda \le 1/2$$
$$= 0 \text{ for } 1/2 \le \lambda \le 1. \tag{3.37}$$

This is also in agreement with (3.36) for the case of PR with $\lambda = 0$.

The representation in (3.36) was used to compute values of $P_{SgBP}^{PR}\left(3,\infty|IAC_b^*(\alpha_k)\right)$ for each value of $\alpha_k = 0.01(0.02)0.33$, along with values for $\alpha_k = 0$ and $\alpha_k = 1/3$, and all of the resulting values are listed in Table 3.4. These computed values indicate two main results. First, while the values of $P_{SgBP}^{PR}\left(3,\infty|IAC_b^*(\alpha_k)\right)$ still do not reach very large values, they are significantly larger than their corresponding $P_{StBP}^{PR}\left(3,\infty|IAC_b^*(\alpha_k)\right)$ probabilities in Table 3.1. The second observation is that that $P_{SgBP}^{PR}\left(3,\infty|IAC_b^*(\alpha_k)\right)$ does generally tend to increase as α_k increases over the range of values with $0 \le \alpha_k \le 0.23$, according to intuition. This tendency for the probability to increase as α_k increases is clearly not perfectly monotonic, since there are some small inconsistent variations in $P_{SgBP}^{PR}\left(3,\infty|IAC_b^*(\alpha_k)\right)$ values within the range $0.09 \le \alpha_k \le 0.15$. The values of $P_{SgBP}^{PR}\left(3,\infty|IAC_b^*(\alpha_k)\right)$ that are given in Table 3.4 then decrease dramatically as α_k increases, contrary to intuition, over the range of values with $0.23 \le \alpha_k \le 1/3$.

The representation shown for $P_{VS}\left(3,\infty, CIAC_b^*(\alpha_k^-)\right)$ in (3.10) indicates that 82.6% of all possible voting situations with a PMRW have a value of α_k within the range $0 \le \alpha_k \le 0.23$, so it can be concluded that the conditional probability $P_{SgBP}^{PR}\left(3,\infty|IAC_b^*(\alpha_k)\right)$ generally behaves according to our intuition as α_k increases, given that voting situations must have a PMRW, over a fairly wide range of α_k values that represent voting situations that are closest to having a perfect weak positively unifying candidate. The very disconcerting results that were observed while considering the probability that a Strict Borda Paradox will be observed with PR for Parameter b are therefore largely ameliorated when attention is focused instead on the probability that a Strong Borda Paradox will be observed in that same situation.

3.2.2.3 A Representation for $P_{SgBP}^{PR}\left(3,n|IAC_t^*(k)\right)$

Since we have seen that $P_{SgBP}^{PR}\left(3,\infty|IAC_t^*(\alpha_k)\right)$ consistently increases as α_k increases, there is good reason to expect that the same behavior will be observed for $P_{SgBP}^{PR}\left(3,\infty|IAC_t^*(\alpha_k)\right)$ when Parameter t is used to measure the degree of group mutual coherence among voters' preferences. This notion is definitely reinforced by an observation that follows directly from Theorem 3.2, with:

Corollary 3.4 $P_{SgBP}^{PR}\left(3,n|IAC_t^*(0)\right) = 0$ *for odd* $n \ge 3$.

A determination of the general behavior of how $P_{SgBP}^{PR}\left(3,\infty|IAC_t^*(\alpha_k)\right)$ changes as α_k changes over the entire range $0 \le \alpha_k \le 1/3$ begins with the development of a

Table 3.4 Computed values of $P_{SgBP}^{PR}(3,\infty|IAC_b^*(\alpha_k))$, $P_{SgBP}^{PR}(3,\infty|IAC_t^*(\alpha_k))$, $P_{SgBP}^{NPR}(3,\infty|IAC_b^*(\alpha_k))$ and $P_{SgBP}^{NPR}(3,\infty|IAC_t^*(\alpha_k))$

α_k	$P_{SgBP}^{PR}(3,\infty\|IAC_b^*(\alpha_k))$	$P_{SgBP}^{PR}(3,\infty\|IAC_t^*(\alpha_k))$	$P_{SgBP}^{NPR}(3,\infty\|IAC_b^*(\alpha_k))$	$P_{SgBP}^{NPR}(3,\infty\|IAC_t^*(\alpha_k))$
0.00	0.0278	0	0	0.0486
0.01	0.0285	0.0000	0.0000	0.0482
0.03	0.0297	0.0002	0.0000	0.0472
0.05	0.0305	0.0007	0.0001	0.0460
0.07	0.0309	0.0015	0.0004	0.0446
0.09	0.0310	0.0027	0.0010	0.0430
0.11	0.0309	0.0044	0.0021	0.0411
0.13	0.0308	0.0067	0.0039	0.0387
0.15	0.0310	0.0100	0.0068	0.0358
0.17	0.0318	0.0147	0.0115	0.0322
0.19	0.0336	0.0214	0.0190	0.0279
0.21	0.0359	0.0314	0.0313	0.0233
0.23	0.0361	0.0471	0.0524	0.0183
0.25	0.0269	0.0739	0.0909	0.0118
0.27	0.0120	0.1185	0.1459	0.0053
0.29	0.0039	0.1778	0.2039	0.0017
0.31	0.0006	0.2469	0.2634	0.0003
0.33	0.0000	0.3208	0.3233	0.0000
1/3	0	1/3	1/3	0

probability representation for $P^{PR}_{SgBP}(3, n|IAC^*_t(k))$ in Gehrlein and Lepelley (2009a), with:

$$P^{PR}_{SgBP}(3, n|IAC^*_t(k))$$

$$= \frac{(k-1)(k+1)\{-3(k^2-4k-1)+4kn\} - 3\delta_k^2\{4k^3-6k^2-12k-1-4k(k+1)n\}}{16(k+1)\{k(11k^2+21k-17)-(4k^2+26k-5)n-3(k-2)n^2+n^3\}},$$

$$\text{for } 0 \le k \le (n-1)/4$$

$$\frac{\begin{bmatrix} 3(255k^4+4k^3-30k^2-36k-8)-6(170k^3+32k^2+6k-2)n \\ +2(240k^2+48k+7)n^2-12(8k+1)n^3+7n^4 \\ -3\delta_k^2\{4k^3-6k^2-12k-1-4k(k+1)n\} \end{bmatrix}}{8(n-3k)\{(n+1)(n^2+2n+9)-6(n^2+1)k+18nk^2-18k^3\}},$$

$$\text{for } (n+1)/4 \le k \le (n-1)/3. \quad (3.38)$$

The limiting representation $P^{PR}_{SgBP}(3, \infty|IAC^*_t(\alpha_k))$ as $n \to \infty$ then follows directly from the use of earlier arguments with (3.38):

$$P^{PR}_{SgBP}(3, \infty|IAC^*_t(\alpha_k)) = \frac{\alpha_k^2(4-3\alpha_k)}{16(11\alpha_k^3-4\alpha_k^2-3\alpha_k+1)}, \text{ for } 0 \le \alpha_k \le 1/4$$

$$\frac{765\alpha_k^4-1020\alpha_k^3+480\alpha_k^2-96\alpha_k+7}{8(3\alpha_k-1)(18\alpha_k^3-18\alpha_k^2+6\alpha_k-1)}, \text{ for } 1/4 \le \alpha_k \le 1/3. \quad (3.39)$$

The representation that is given in (3.39) is then used to compute values of $P^{PR}_{SgBP}(3, \infty|IAC^*_t(\alpha_k))$ for each value of $\alpha_k = 0.01(0.02)0.33$, along with values for $\alpha_k = 0$ and $\alpha_k = 1/3$, and the resulting values are listed in Table 3.4. These calculated values show the expected result that values of $P^{PR}_{SgBP}(3, \infty|IAC^*_t(\alpha_k))$ consistently increase as α_k increases over the entire range $0 \le \alpha_k \le 1/3$, according to our intuition. Thus, when PR is employed, the probability of observing a Strong Borda Paradox generally increases as both Parameters b and t increase. This statement is definitely valid on the basis of analysis with Parameter t, and it is valid for most voting situations over the range of Parameter b values. In order to determine the degree to which these overall observations regarding the possibility of observing a Strong Borda Paradox can be generalized to other voting rules, we extend this study to elections that are based on NPR.

3.2.2.4 A Strong Borda Paradox with Negative Plurality Rule

There is a good reason to assume that $P_{SgBP}^{NPR}(3, n|IAC_b^*(k))$ will consistently increase as k increases, since that same behavior was observed previously for the case of $P_{StBP}^{NPR}(3, \infty|IAC_b^*(\alpha_k))$. This notion is also further reinforced by the following observation from Lepelley (1993).

Theorem 3.6 $P_{SgBP}^{NPR}(3, n|IAC_b^*(0)) = 0$ *for odd* $n \geq 3$.

Proof If $b = 0$ in a voting situation, then some candidate is never ranked as the least preferred candidate by any voter, so one of the other two candidates must be ranked as least preferred by at least $(n+1)/2$ voters. It then follows directly from definitions, that this same bottom ranked candidate must be both the PMRL and the candidate that is ranked last by NPR, so a Strong Borda Paradox obviously cannot be observed. □

A closed form representation for $P_{SgBP}^{NPR}(3, n|IAC_b^*(k))$ is given in Gehrlein and Lepelley (2009a) to allow for the analysis of the behavior of this conditional probability as k changes.

$$P_{SgBP}^{NPR}(3, n|IAC_b^*(k))$$

$$= \frac{k(k+1)(k+2)}{k(11k^2+21k-17)-(4k^2+26k-5)n-3(k-2)n^2+n^3}, \quad \text{for } 0 \leq k \leq (n-1)/4$$

$$\frac{(1+k)(n-1-3k)\{6k(n-k)-(n+1)(n-3)\}}{(n-3k)\{3(3-2k-6k^3)+(11+18k^2)n+3(1-2k)n^2+n^3\}}, \quad \text{for} (n+1)/4 \leq k \leq (n-1). \tag{3.40}$$

The resulting limiting probability as $n \to \infty$ for the representation in (3.40) is denoted by $P_{SgBP}^{NP}(3, \infty|IAC_b^*(\alpha_k))$, and it is obtained by the same process that has been discussed previously, with

$$P_{SgBP}^{NPR}(3, \infty|IAC_b^*(\alpha_k)) = \frac{\alpha_k^3}{11\alpha_k^3-4\alpha_k^2-3\alpha_k+1}, \quad \text{for } 0 \leq \alpha_k \leq 1/4$$

$$\frac{\alpha_k(6\alpha_k^2-6\alpha_k+1)}{18\alpha_k^3-18\alpha_k^2+6\alpha_k-1}, \quad \text{for } 1/4 \leq \alpha_k \leq 1/3. \tag{3.41}$$

The representation that is given in (3.41) was used to compute values of $P_{SgBP}^{NPR}(3, \infty|IAC_b^*(\alpha_k))$ for each value of $\alpha_k = 0.01(0.02)0.33$, along with values for $\alpha_k = 0$ and $\alpha_k = 1/3$, and the resulting values are listed in Table 3.4. These results show that calculated values of $P_{SgBP}^{NPR}(3, \infty|IAC_b^*(\alpha_k))$ behave exactly as intuition suggests, since they increase as α_k increases over the entire range with $0 \le \alpha_k \le 1/3$. It should be noted that the computed probabilities that are obtained from $P_{SgBP}^{NPR}(3, \infty|IAC_b^*(\alpha_k))$ in Table 3.4 are very similar to the associated valued that are obtained for $P_{SgBP}^{PR}(3, \infty|IAC_t^*(\alpha_k))$. Moreover, they both have the same unexpectedly large limiting value of 1/3 as $\alpha_k \to 1/3$.

We can not anticipate that the same intuitively appealing result will be observed for $P_{SgBP}^{NPR}(3, \infty|IAC_t^*(\alpha_k))$, due to an observation in Theorem 3.7.

Theorem 3.7 $P_{SgBP}^{NPR}(3, n|IAC_t(n/3)) = 0$ *for n a multiple of* 3.

Proof Assume without any loss of generality that Candidate *A* is both the PMRL and the winner by NPR in some voting situation. If *A* is the PMRL, then

$$CMA \quad [n_1 + n_2 + n_3 < n_4 + n_5 + n_6] \tag{3.42}$$

$$BMA \quad [n_1 + n_2 + n_4 < n_3 + n_5 + n_6]. \tag{3.43}$$

If *A* is the strict winner by NPR, then

$$ANC \quad [n_5 + n_6 < n_1 + n_3] \tag{3.44}$$

$$ANB \quad [n_5 + n_6 < n_2 + n_4]. \tag{3.45}$$

If *A* is the winner by NPR, it is then easy to show from (3.44) and (3.45) that $n_5 + n_6 < n/3$. If it is also required that $t = n/3$, it then follows directly from definition that $n_1 + n_2 = n/3$. Using both of these facts with (3.42) leads to $n_4 > n_3$, while using both of these facts with (3.43) leads to $n_3 > n_4$. Because of this contradiction, all of these conditions cannot hold simultaneously. □

A representation for $P_{SgBP}^{NPR}(3, n|IAC_t^*(k))$ is shown in (3.46) to allow for an evaluation of the behavior of this conditional probability as *k* increases.

$$P_{SgBP}^{NPR}(3, n|IAC_t^*(k))$$

$$= \frac{\left[\begin{array}{l} (k+1)\left\{\begin{array}{l} 126k^3+306k^2+81k+145-9(4k^2+20k+1)n-3(9k-5)n^2+7n^3 \\ -4\{8\delta_{n+5}^{12}(3n+7)+43\delta_{n+3}^{12}+\delta_{n+11}^{12}(83+24n)+16\delta_{n+9}^{12}+27\delta_{n+7}^{12}\} \end{array}\right\} \\ +54\delta_k^2(\delta_{n+3}^4-\delta_{n+1}^4)\{2(k+2)+n\} \end{array}\right]}{144(k+1)\{k(11k^2+21k-17)-(4k^2+26k-5)n-3(k-2)n^2+n^3\}}$$

for $0 \le k \le (n-1)/6$,

$$\frac{\begin{bmatrix} 27(-1472k^4-640k^3+992k^2+544k+33)+288(120k^3+60k^2-36k-13)n \\ +18(-624k^2-304k+47)n^2+(1536k+536)n^3-65n^4-1296\delta^{12}_{n+9}(n+2) \\ -16\delta^{12}_{n+5}\{-1728k^2-768k-22+(576k+193)n-24n^2\} \\ -128\delta^{12}_{n+11}\{-216k^2-96k-23+(14+72k)n-3n^2\} \\ -16\delta^{12}_{n+1}(480k+226-79n)-256\delta^{12}_{n+7}(30k+4-10n) \end{bmatrix}}{3456(k+1)\{k(11k^2+21k-17)-(4k^2+26k-5)n-3(k-2)n^2+n^3\}}$$

for $(n+1)/6 \le k \le (n-1)/4$,

$$\frac{\begin{bmatrix} (21k+1-7n)(3k-2-n)(3k+1-n)(3k+4-n) \\ +4\delta^{6}_{n+3}\{108k^2+60k+2-4(18k+5)n+12n^2\} \\ +8\delta^{6}_{n+1}(3k+1-n)(18k-1-6n) \end{bmatrix}}{27(n-3k)\{(n+1)(n^2+2n+9)-6(n^2+1)k+18nk^2-18k^3\}},$$

for $(n+1)/4 \le k \le (n-1)/3$. (3.46)

The limiting probability representation for $P^{NPR}_{SgBP}(3,\infty|IAC^*_t(\alpha_k))$ as $n\to\infty$ is obtained from (3.46) following the procedures from previous discussion, with:

$$P^{NPR}_{SgBP}(3,\infty|IAC^*_t(\alpha_k)) = \frac{126\alpha_k^3-36\alpha_k^2-27\alpha_k+7}{144(11\alpha_k^3-4\alpha_k^2-3\alpha_k+1)}, \text{ for } 0\le\alpha_k\le 1/6$$

$$\frac{-39744\alpha_k^4+34560\alpha_k^3-11232\alpha_k^2+1536\alpha_k-65}{3456\alpha_k(11\alpha_k^3-4\alpha_k^2-3\alpha_k+1)}, \text{ for } 1/6\le\alpha_k\le 1/4$$

$$\frac{7(3\alpha_k-1)^3}{27(18\alpha_k^3-18\alpha_k^2+6\alpha_k-1)}, \text{ for } 1/4\le\alpha_k\le 1/3. \quad (3.47)$$

The probability representation in (3.47) was used to compute values of $P^{NPR}_{SgBP}(3,\infty|IAC^*_t(\alpha_k))$ for each value of $\alpha_k = 0.01(0.02)0.33$, along with values for $\alpha_k = 0$ and $\alpha_k = 1/3$, and the resulting values are listed in Table 3.4. These computed values show the counter-intuitive result that $P^{NPR}_{SgBP}(3,\infty|IAC^*_t(\alpha_k))$ consistently decreases as α_k increases over its entire range of possible values with $0\le\alpha_k\le 1/3$. As a result, we find that by considering the probability that a Strong Borda Paradox exists, rather than the more restrictive Strict Borda Paradox, we are still unable to show a consistent relationship in which the probability that these particular paradoxical voting outcomes will be observed can be expected to decrease as the preferences of the voters in a voting situation exhibit increased levels of group mutual coherence.

3.2.3 Overall Probabilities for Borda's Paradox

The results in Table 3.1 show computed probabilities for $P^{PR}_{StBP}(3,\infty|IAC^*_b(\alpha_k))$ and $P^{PR}_{StBP}(3,\infty|IAC^*_t(\alpha_k))$ that are relatively large for some specific values of α_k, while they are relatively small for other specific values of α_k. In order to obtain a more general idea of the probability that a Strict Borda Paradox will be observed with PR over the range of all possible α_k, EUPIA is used to obtain a representation for the probability, $P^{PR}_{StBP}(3,n,IAC^*)$, that a Strict Borda Paradox will be observed under the assumption of IAC*, that all voting situations that have a PMRW are equally likely to be observed. The resulting representation has periodicity 12, and it is given by

$$P^{PR}_{StBP}(3,n,IAC^*) = P^{NPR}_{StBP}(3,n,IAC^*)$$

$$= \frac{(n-5)(n+7)(3n^3+4n^2-33n-214)}{270(n+1)(n+3)^3(n+5)}, \text{ for } n = 5(12)\ldots. \tag{3.48}$$

The fact that $P^{PR}_{StBP}(3,n,IAC^*) = P^{NPR}_{StBP}(3,n,IAC^*)$ follows directly from Corollary 3.2. In the limit as $n \to \infty$, (3.48) leads to

$$P^{PR}_{StBP}(3,\infty,IAC^*) = P^{NPR}_{StBP}(3,\infty,IAC^*) = 1/90 \approx 0.0111. \tag{3.49}$$

Given that we know that assumptions like IC and IAC, and therefore IC* and IAC*, tend to exaggerate the actual probability that paradoxical voting outcomes will be observed, this result clearly indicates that it is very unlikely that an occurrence of a Strict Borda Paradox would ever actually be observed with either PR or NPR. This finding is completely in agreement with the relevant empirical studies that were surveyed in Chap. 1. However, it should be noted again that we have also found that there are some very specific scenarios that can be defined for which this probability could be relatively large.

In the limit as $n \to \infty$, we find that $P^{PR}_{SgBP}(3,\infty,IAC^*) = 4/135 \approx 0.0296$ and $P^{NPR}_{SgBP}(3,\infty,IAC^*) = 17/540 \approx 0.0315$ from (3.31) and (3.32), so there is a significantly greater overall probability that a Strong Borda Paradox will be observed when compared to the overall probability that a Strict Borda Paradox will be observed. However, we also find that this overall likelihood for a Strong Borda Paradox with PR and NPR is still not very large under the IAC* assumption, despite the fact that the results in Table 3.4 indicate that there are indeed specific situations that can be defined for which this probability is quite large.

3.2.3.1 Overall Probabilities for General Weighted Scoring Rules

The probability of observing Borda's Paradox has been studied extensively to this point for BR, PR and NPR. The only other consideration has been the representation for $P_{SgBP}^{WSR(\lambda)}(3,\infty,IC^*)$ in (3.25) that is related to the likelihood that a Strong Borda Paradox will be observed for the case of general WSR's. Diss and Gehrlein (2009) extend this type of analysis to consider both the assumption of IAC* and the case of a Strict Borda Paradox.

Representations for a Strong Borda Paradox

An alternative representation for $P_{SgBP}^{WSR(\lambda)}(3,\infty,IC^*)$ is obtained by following the same general procedure that was used to develop the representation for $P_{PMRW}^{S}(3,\infty,DC)$ in (1.18). The procedure starts by defining four discrete variables that are denoted Y_i^j for $i = 1,2,3,4$. These variables are associated with the randomly selected voter preference ranking for the *j*th voter, and they have probabilities of taking on different values that are defined in terms of the p_i probabilities that are associated with the likelihood of observing each of the six possible voter preference rankings on the three candidates, as shown in Fig. 3.1:

$$
\begin{aligned}
Y_1^j &= -1 : p_1 + p_2 + p_4 & \quad Y_2^j &= -1 : p_1 + p_2 + p_3 \\
&\ +1 : p_3 + p_5 + p_6 & &\ +1 : p_4 + p_5 + p_6
\end{aligned}
$$

$$
\begin{aligned}
Y_3^j &= 1-\lambda : p_1 & \quad Y_4^j &= 1 : p_1 \\
&\ 1 : p_2 & &\ 1-\lambda : p_2 \\
&\ \lambda-1 : p_3 & &\ \lambda : p_3 \\
&\ \lambda : p_4 & &\ \lambda-1 : p_4 \\
&\ -1 : p_5 & &\ -\lambda : p_5 \\
&\ -\lambda : p_6 & &\ -1 : p_6
\end{aligned}
\tag{3.50}
$$

For a given voter's preference ranking, the definitions of the p_i's and the associated rankings that they represent indicate that Candidate *A* is ranked below (above) *B* when $Y_1^j > 0$ ($Y_1^j < 0$). Similarly, Candidate *A* is ranked below (above) *C* when $Y_2^j > 0 (Y_2^j < 0)$. Candidate *A* will be the PMRL for *n* voter when we have average values of Y_1^j and Y_2^j with $\overline{Y}_1 > 0$ (*BMA*) and $\overline{Y}_2 > 0$ (*CMA*). Similarly, Y_3^j and Y_4^j then denote the relative differences in scoring rule weights that are given by Rule λ respectively for *A* over *B*, and for *A* over *C*. Candidate *A* will be the Rule λ winner for *n* voters when we have $\overline{Y}_3 > 0$ (*AWB*) and $\overline{Y}_4 > 0$ (*AWC*).

Based as these definitions, the joint probability that Candidate *A* is both the PMRL and the winner by Rule λ is equivalent to the joint probability that $\overline{Y}_i > 0$, for $i = 1,2,3,4$. As $n \to \infty$ with IC, this joint probability is equivalent to the quadrivariate normal positive orthant probability $\Phi_4^A(\boldsymbol{R^I})$ that $\overline{Y}_i\sqrt{n} \geq E(\overline{Y}_i\sqrt{n})$ for

$i = 1, 2, 3, 4$ with a correlation matrix $\boldsymbol{R^1}$ that is obtained from the correlations between the original Y_i^j variables, with

$$\boldsymbol{R^1} = \begin{bmatrix} 1 & \frac{1}{3} & -\sqrt{\frac{2}{3z}} & -\sqrt{\frac{1}{6z}} \\ - & 1 & -\sqrt{\frac{1}{6z}} & -\sqrt{\frac{2}{3z}} \\ - & - & 1 & \frac{1}{2} \\ - & - & - & 1 \end{bmatrix}, \tag{3.51}$$

where $z = 1 - \lambda(1 - \lambda)$.

No closed form representation exists for $\Phi_4^A(\boldsymbol{R^1})$, but a representation is found as a bounded integral function of a single variable by directly following procedure in Gehrlein and Fishburn (1978a), with:

$$\begin{aligned} \Phi_4^A(\boldsymbol{R^1}) = \frac{1}{9} - \frac{1}{4\pi}\Bigg\{ & Sin^{-1}\left(\sqrt{\frac{2}{3z}}\right) + Sin^{-1}\left(\sqrt{\frac{1}{6z}}\right)\Bigg\} \\ + \frac{1}{4\pi^2}\Bigg\{ & \left(Sin^{-1}\left(\sqrt{\frac{2}{3z}}\right)\right)^2 - \left(Sin^{-1}\left(\sqrt{\frac{1}{6z}}\right)\right)^2 \\ & - \int_0^1 \sqrt{\frac{1}{36 - (3 - t)^2}}\, Cos^{-1}\left(\frac{6tz - g(t, z)}{2g(t, z)}\right) dt \Bigg\}. \end{aligned} \tag{3.52}$$

The symmetry of IC with respect to candidates then leads to a representation for the conditional probability $P_{SgBP}^{WSR(\lambda)}(3, \infty, IC^*)$ with

$$P_{SgBP}^{WSR(\lambda)}(3, \infty, IC^*) = \frac{3\Phi_4^A(\boldsymbol{R^1})}{P_{PMRL}^S(3, \infty, IC)}. \tag{3.53}$$

Here, $P_{PMRL}^S(3, \infty, IC)$ is the probability that a PMRL exists as $n \to \infty$ with IC, and $P_{PMRL}^S(3, \infty, IC) = P_{PMRW}^S(3, \infty, IC)$ for three candidates, so it follows directly from (1.19) that

$$P_{PMRL}^S(3, \infty, IC) = \frac{3}{4} + \frac{3}{2\pi} Sin^{-1}\left(\frac{1}{3}\right). \tag{3.54}$$

It is easily verified by numerical methods that the representation in (3.53) yields identical results to those that are listed in Table 3.2 from (3.25), and they are listed in Table 3.5 for convenience. Given that z is symmetric about $\lambda = 1/2$ and the specific form of $\boldsymbol{R^1}$, it then follows directly that $P_{SgBP}^{WSR(1-\lambda)}(3, \infty, IC^*) = P_{SgBP}^{WSR(\lambda)}(3, \infty, IC^*)$.

A representation for $P_{SgBP}^{WSR(\lambda)}(3, \infty, IAC^*)$ is obtained for the limiting case with $n \to \infty$ under IAC* by using a procedure that was developed in Cervone et al.

Table 3.5 Computed values of $P_{SgBP}^{WSR(\lambda)}(3,\infty,IC^*)$ and $P_{SgBP}^{WSR(\lambda)}(3,\infty,IAC^*)$

λ	$P_{SgBP}^{WSR(\lambda)}(3,\infty,IC^*)$	$P_{SgBP}^{WSR(\lambda)}(3,\infty,IAC^*)$	λ	$P_{SgBP}^{WSR(\lambda)}(3,\infty,IC^*)$	$P_{SgBP}^{WSR(\lambda)}(3,\infty,IAC^*)$
0.00	0.0371	0.0296	0.50	0.0000	0.0000
0.05	0.0303	0.0242	0.55	0.0001	0.0002
0.10	0.0238	0.0192	0.60	0.0007	0.0013
0.15	0.0179	0.0146	0.65	0.0021	0.0033
0.20	0.0126	0.0105	0.70	0.0046	0.0061
0.25	0.0081	0.0070	0.75	0.0081	0.0096
0.30	0.0046	0.0042	0.80	0.0126	0.0136
0.35	0.0021	0.0021	0.85	0.0179	0.0178
0.40	0.0007	0.0007	0.90	0.0238	0.0223
0.45	0.0001	0.0001	0.95	0.0303	0.0269
0.50	0.0000	0.0000	1.00	0.0371	0.0315

(2005). The development of this procedure is outlined here, and full details of the logic of this procedure are given in the original paper. This procedure begins by defining the proportions of voters in a voting situation with each of the possible complete preference rankings on candidates, with $q_i = n_i/n$.

The hyperspace of the simplex Δ^5 with $\sum_{i=1}^{6} q_i = 1$ is then used to represent the space of all feasible voting situations in the limit as $n \to \infty$. The polyhedron Δ^5 is defined by six vertices that are denoted by six-dimensional vectors v_i^0, with

$$v_1^0 = [1\ \ 0\ \ 0\ \ 0\ \ 0\ \ 0] \quad v_4^0 = [0\ \ 0\ \ 0\ \ 1\ \ 0\ \ 0]$$

$$v_2^0 = [0\ \ 1\ \ 0\ \ 0\ \ 0\ \ 0] \quad v_5^0 = [0\ \ 0\ \ 0\ \ 0\ \ 1\ \ 0]$$

$$v_3^0 = [0\ \ 0\ \ 1\ \ 0\ \ 0\ \ 0] \quad v_6^0 = [0\ \ 0\ \ 0\ \ 0\ \ 0\ \ 1]$$

With this particular definition of the v_i^0 vectors, Δ^5 has an edge length of $\sqrt{2}$ between each of the pairs of vertices, and its volume, which is denoted by $Volume_1$, is then given by [Sommerville (1958, pp. 125–126)]

$$Volume_1 = \frac{\sqrt{6}}{120}. \tag{3.55}$$

Hyperplane H1 is then defined by

$$H1: q_1 + q_2 - q_3 + q_4 - q_5 - q_6 = 0 \tag{3.56}$$

This hyperplane identifies voting situations for which there is a PMR tie between Candidates A and B, and it is used to partition Δ^5 into the two subspace regions. The first of these regions has $q_1 + q_2 - q_3 + q_4 - q_5 - q_6 > 0$ (with AMB) and the other has $q_1 + q_2 - q_3 + q_4 - q_5 - q_6 < 0$ (with BMA). The partition subspace for which AMB is discarded with all of the vertices included in it. A procedure in

Cervone et al. (2005) is used to determine all of the new vertices that are created when H1 cuts some of the edges of Δ^5 to form the new face of the remaining subspace region in which *BMA*.

Hyperplane H2 is then defined in the same manner to determine the voting situations for which there is a PMR tie between Candidates *A* and *C*, with

$$H2: q_1 + q_2 + q_3 - q_4 - q_5 - q_6 = 0. \tag{3.57}$$

Then, H2 is used to partition the simplex partition region with *BMA* into the subspace in which both *BMA* and *AMC* (with $q_1 + q_2 + q_3 - q_4 - q_5 - q_6 > 0$) and the other subspace in which both *BMA* and *CMA* (with $q_1 + q_2 + q_3 - q_4 - q_5 - q_6 < 0$). This first subspace is discarded along with vertices that are included in it. We then determine all of the new vertices that are created when H2 cuts some edges of the simplex partition region with *BMA* to form the new face of the remaining subspace in which both *BMA* and *CMA*. The polyhedron that remains has eleven vertices that are denoted by six-dimensional vectors, v_i^1, with

$$v_1^1 = [0 \quad 0 \quad 0 \quad 0 \quad 0 \quad 1] \qquad v_7^1 = [0 \quad 0 \quad 0 \quad 1/2 \quad 1/2 \quad 0]$$

$$v_2^1 = [0 \quad 0 \quad 0 \quad 0 \quad 1 \quad 0] \qquad v_8^1 = [0 \quad 1/2 \quad 0 \quad 0 \quad 0 \quad 1/2]$$

$$v_3^1 = [1/2 \quad 0 \quad 0 \quad 0 \quad 0 \quad 1/2] \qquad v_9^1 = [0 \quad 1/2 \quad 0 \quad 0 \quad 1/2 \quad 0]$$

$$v_4^1 = [1/2 \quad 0 \quad 0 \quad 0 \quad 1/2 \quad 0] \qquad v_{10}^1 = [0 \quad 0 \quad 1/2 \quad 0 \quad 0 \quad 1/2]$$

$$v_5^1 = [0 \quad 0 \quad 0 \quad 1/2 \quad 0 \quad 1/2] \qquad v_{11}^1 = [0 \quad 0 \quad 1/2 \quad 0 \quad 1/2 \quad 0]$$

$$v_6^1 = [0 \quad 0 \quad 1/2 \quad 1/2 \quad 0 \quad 0]$$

The volume of this polyhedron is denoted as $Volume_2$, and the ratio $Volume_2/Volume_1$ gives the limit probability as $n \to \infty$ that Candidate *A* is the PMRL with IAC, which is the same as the limit probability that Candidate *A* is the PMRW for three candidates. The symmetry of IAC with respect to candidates and the limiting result from (1.27) require that

$$P_{PMRL}^{S}(3, \infty, IAC) = \frac{3Volume_2}{Volume_1} = \frac{15}{16}. \tag{3.58}$$

It then follows directly from (3.58) that

$$Volume_2 = \frac{\sqrt{6}}{384}. \tag{3.59}$$

To find a representation for $P_{SgBP}^{WSR(\lambda)}(3, \infty, IAC^*)$, the subspace with *BMA* and *CMA* must be further partitioned to find the volume for which it is also true that

AWB and *AWC* for Rule λ. To simplify the analysis that follows, it is easier to consider a variation of Rule λ which is Rule s that is a WSR with weights $(1, s, -1)$. These rules are equivalent when $\lambda = (s+1)/2$, and $AW'B$ denotes the outcome that A beats B under Rule s. Two hyperplanes are now defined in the context of Rule s, such that H3 and H4 determine voting situations for which there is a tie respectively between Candidates A and B and Candidates A and C.

$$H3\!:\!(1-s)q_1 + 2q_2 - (1-s)q_3 + (1+s)q_4 - 2q_5 - (1+s)q_6 = 0 \quad (3.60)$$

$$H4\!:\!2q_1 + (1-s)q_2 + (1+s)q_3 - (1-s)q_4 - (1+s)q_5 - 2q_6 = 0 \quad (3.61)$$

These two hyperplanes are sequentially used to partition the subspace in which *BMA* and *CMA*. Some vertices are discarded with each hyperplane cut and some new ones are created, following the discussion above. The ultimate result is the determination of the vertices of the remaining polyhedron in which *BMA*, *CMA*, *AW′B* and *AW′C*. In performing this process, it is necessary to evaluate two different situations. The first has $0 \le s \le 1$ and the other has $-1 \le s \le 0$.

There are 17 vertices for the polyhedron with $0 \le s \le 1$, and they are denoted as six-dimensional vectors v_i^2 in Fig. 3.2.

$$v_1^2 = \begin{bmatrix} 0 & 0 & \frac{1}{2} & \frac{1}{2} & 0 & 0 \end{bmatrix}$$

$$v_2^2 = \begin{bmatrix} \frac{1}{4} & 0 & \frac{1}{4} & \frac{1}{4} & 0 & \frac{1}{4} \end{bmatrix}$$

$$v_3^2 = \begin{bmatrix} \frac{s}{(3s+1)} & 0 & \frac{(1+s)}{2(3s+1)} & \frac{(1+s)}{2(3s+1)} & \frac{s}{(3s+1)} & 0 \end{bmatrix}$$

$$v_4^2 = \begin{bmatrix} 0 & 0 & \frac{1}{2} & \frac{1}{2(1+s)} & 0 & \frac{s}{2(1+s)} \end{bmatrix}$$

$$v_5^2 = \begin{bmatrix} 0 & 0 & \frac{1}{2} & \frac{3-s}{2(s+3)} & \frac{s}{s+3} & 0 \end{bmatrix}$$

$$v_6^2 = \begin{bmatrix} 0 & \frac{s}{3s+1} & \frac{1+s}{2(3s+1)} & \frac{1+s}{2(3s+1)} & 0 & \frac{s}{3s+1} \end{bmatrix}$$

$$v_7^2 = \begin{bmatrix} 0 & 0 & \frac{3-s}{2(s+3)} & \frac{1}{2} & 0 & \frac{s}{s+3} \end{bmatrix}$$

$$v_8^2 = \begin{bmatrix} 0 & \frac{1}{4} & \frac{1}{4} & \frac{1}{4} & \frac{1}{4} & 0 \end{bmatrix}$$

$$v_9^2 = \begin{bmatrix} 0 & 0 & \frac{1}{2(1+s)} & \frac{1}{2} & \frac{s}{2(1+s)} & 0 \end{bmatrix}$$

$$v_{10}^2 = \begin{bmatrix} \frac{3-s}{12} & 0 & \frac{3-s}{12} & \frac{3+s}{12} & 0 & \frac{3+s}{12} \end{bmatrix}$$

$$v_{11}^2 = \begin{bmatrix} \frac{1}{3(1+s)} & \frac{s}{3(1+s)} & \frac{1}{6} & \frac{1}{6} & 0 & \frac{1}{3} \end{bmatrix}$$

$$v_{12}^2 = \begin{bmatrix} \frac{s}{3(1+s)} & \frac{1}{3(1+s)} & \frac{1}{6} & \frac{1}{6} & \frac{1}{3} & 0 \end{bmatrix}$$

$$v_{13}^2 = \begin{bmatrix} \frac{s}{3(1+s)} & 0 & \frac{s^2+3}{6(1+s)^2} & \frac{s+3}{6(1+s)} & \frac{(s+3)s}{3(1+s)^2} & 0 \end{bmatrix}$$

$$v_{14}^2 = \begin{bmatrix} 0 & \frac{s}{3(1+s)} & \frac{s+3}{6(1+s)} & \frac{s^2+3}{6(1+s)^2} & 0 & \frac{s(s+3)}{3(1+s)^2} \end{bmatrix}$$

$$v_{15}^2 = \begin{bmatrix} 0 & 0 & \frac{3-s}{6} & \frac{s^2+3}{6(1+s)} & 0 & \frac{2s}{3(1+s)} \end{bmatrix}$$

$$v_{16}^2 = \begin{bmatrix} 0 & \frac{3-s}{12} & \frac{3+s}{12} & \frac{3-s}{12} & \frac{3+s}{12} & 0 \end{bmatrix}$$

$$v_{17}^2 = \begin{bmatrix} 0 & 0 & \frac{3+s^2}{6(1+s)} & \frac{3-s}{6} & \frac{2s}{3(1+s)} & 0 \end{bmatrix}$$

Fig. 3.2 Vertices for polyhedron with *BMA*, *CMA*, *AW′B* and *AW′C* for $0 \le s \le 1$

The volume of this region is $Volume_3(s)$ and it is obtained with a procedure from Cervone et al. (2005) that starts out by partitioning this polyhedron into pyramids. The pyramid structure for this set of vertices is shown in Fig. 3.3. The 14 sets of vertices at the far right of Fig. 3.3 each form a two-dimensional polygon that is the base of a three-dimensional pyramid with an apex at the vertex that is leading to it in the pyramid structure. For example; v_2^2, v_{10}^2 and v_{11}^2 form a two-dimensional triangle that is the base of a three-dimensional pyramid with an apex at v_4^2.

These three-dimensional pyramids then form the bases of four-dimensional pyramids with apexes at v_{17}^2 and v_{10}^2 in the pyramid structure, and these four-dimensional pyramids then form the base of a five-dimensional pyramid with an apex at v_1^2. The volumes are then sequentially found for pyramids with an increasing number of dimensions, with

$$Volume_3(s) = \frac{(3s^4 - 32s^3 + 217s^2 + 436s + 192)s^3\sqrt{6}}{77760(3s+1)(s+3)(1+s)^3}. \tag{3.62}$$

The symmetry of IAC with respect to the three candidates leads to a representation for $P_{SgBP}^{WSR(s)}(3, \infty, IAC^*)$ from the identity

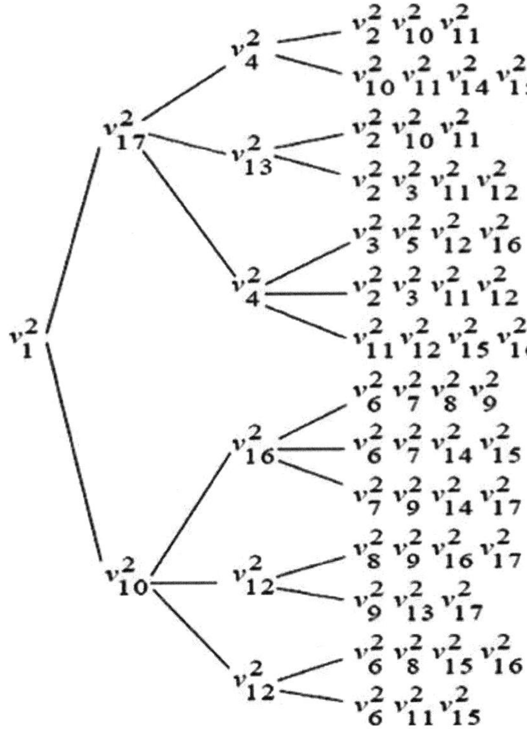

Fig. 3.3 The pyramid structure of the polyhedron with *BMA*, *CMA*, *AW′B* and *AW′C*

$$P_{SgBP}^{WSR(s)}(3,\infty,IAC^*) = \frac{3Volume_3(s)}{3Volume_2}, \text{ for } 0 \le s \le 1. \tag{3.63}$$

A representation for $P_{SgBP}^{WSR(\lambda)}(3,\infty,IAC^*)$ is then obtained from (3.63) with the variable transformation $s \to (2\lambda - 1)$, and

$$P_{SgBP}^{WSR(\lambda)}(3,\infty,IAC^*) = \frac{(2\lambda-1)^3(2-53\lambda+331\lambda^2-88\lambda^3+12\lambda^4)}{1620\lambda^3(3\lambda-1)(\lambda+1)}, \text{ for } 1/2 \le \lambda \le 1. \tag{3.64}$$

The representation in (3.64) gives the result that $P_{SgBP}^{BR}(3,\infty,IAC^*) = 0$ and that $P_{SgBP}^{NPR}(3,\infty,IAC^*) = 17/540$, which is in agreement with (3.32). Computed values from (3.64) are listed in Table 3.5 for each $\lambda = 0.50(0.05)1.00$.

There are 12 vertices for the polyhedron with $-1 \le s \le 0$, and they are denoted as six-dimensional vectors v_i^3, in Fig. 3.4.

The volume of this region is denoted by $Volume_4(s)$, and the same procedure that was used above obtains

$$Volume_4(s) = \frac{(s^2+11s-14)s^3\sqrt{6}}{38880(1-s)^3}, \text{ for } -1 \le s \le 0, \tag{3.65}$$

This all leads to the representation

$$P_{SgBP}^{WSR(\lambda)}(3,\infty,IAC^*) = \frac{(2\lambda-1)^3(12-9\lambda-2\lambda^2)}{405(\lambda-1)^3}, \text{ for } 0 \le \lambda \le 1/2. \tag{3.66}$$

$$v_1^3 = \left[\frac{1}{2}\ \ 0\ \ 0\ \ 0\ \ 0\ \ \frac{1}{2}\right]$$

$$v_2^3 = \left[0\ \ \frac{1}{2}\ \ 0\ \ 0\ \ \frac{1}{2}\ \ 0\right]$$

$$v_3^3 = \left[\frac{1}{2}\ \ 0\ \ 0\ \ 0\ \ \frac{s}{s-1}\ \ \frac{-(1+s)}{2(s-1)}\right]$$

$$v_4^3 = \left[0\ \ \frac{s-3}{6(s-1)}\ \ 0\ \ \frac{s}{3(s-1)}\ \ \frac{s-3}{6(s-1)}\ \ \frac{s}{3(s-1)}\right]$$

$$v_5^3 = \left[0\ \ \frac{1}{2}\ \ 0\ \ 0\ \ \frac{-(1+s)}{2(s-1)}\ \ \frac{s}{s-1}\right]$$

$$v_6^3 = \left[0\ \ \frac{s+3}{6}\ \ 0\ \ 0\ \ \frac{-(3+s^2)}{6(s-1)}\ \ \frac{2s}{3(s-1)}\right]$$

$$v_7^3 = \left[0\ \ \frac{1}{3}\ \ \frac{1}{6}\ \ \frac{1}{6}\ \ \frac{-1}{3(s-1)}\ \ \frac{s}{3(s-1)}\right]$$

$$v_8^3 = \left[0\ \ \frac{s-3}{6(s-1)}\ \ \frac{s}{3(s-1)}\ \ 0\ \ \frac{s^2+3}{6(s-1)^2}\ \ \frac{s(s-3)}{3(s-1)^2}\right]$$

$$v_9^3 = \left[\frac{s-3}{6(s-1)}\ \ 0\ \ 0\ \ \frac{s}{3(s-1)}\ \ \frac{s(s-3)}{3(s-1)^2}\ \ \frac{s^2+3}{6(s-1)^2}\right]$$

$$v_{10}^3 = \left[\frac{s+3}{6}\ \ 0\ \ 0\ \ 0\ \ \frac{2s}{3(s-1)}\ \ \frac{-(s^2+3)}{6(s-1)}\right]$$

$$v_{11}^3 = \left[\frac{1}{3}\ \ 0\ \ \frac{1}{6}\ \ \frac{1}{6}\ \ \frac{s}{3(s-1)}\ \ \frac{-1}{3(s-1)}\right]$$

$$v_{12}^3 = \left[\frac{s-3}{6(s-1)}\ \ 0\ \ \frac{s}{3(s-1)}\ \ 0\ \ \frac{s}{3(s-1)}\ \ \frac{s-3}{6(s-1)}\right]$$

Fig. 3.4 Vertices for polyhedron with *BMA*, *CMA*, *AW′B* and *AW′C* for $-1 \le s \le 0$

The representation in (3.66) also gives the well known result that $P^{BR}_{SgBP}(3,\infty,IAC^*) = 0$ and that $P^{PR}_{SgBP}(3,\infty,IAC^*) = 4/135$, which is in agreement with results in (3.31). Computed values from (3.66) are listed in Table 3.5 for each $\lambda = 0.00(0.05)0.50$.

Representations for a Strict Borda Paradox

Diss and Gehrlein (2009) also obtain representations for $P^{WSR(\lambda)}_{StBP}(3,\infty,IC^*)$ and $P^{WSR(\lambda)}_{StBP}(3,\infty,IAC^*)$ with the same procedures that have just been used to develop representations for a Strong Borda Paradox. The results are summarized below.

$$P^{WSR(\lambda)}_{StBP}(3,\infty,IC^*) = \frac{6\Phi_5\left(\boldsymbol{R}^2\right)}{P^{S}_{PMRL}(3,\infty,IC)}, \tag{3.67}$$

where

$$\boldsymbol{R}^2 = \begin{bmatrix} 1 & -\frac{1}{3} & \frac{1}{3} & -\sqrt{\frac{2}{3z}} & \sqrt{\frac{1}{6z}} \\ & 1 & \frac{1}{3} & \sqrt{\frac{1}{6z}} & -\sqrt{\frac{2}{3z}} \\ & & 1 & -\sqrt{\frac{1}{6z}} & -\sqrt{\frac{1}{6z}} \\ & & & 1 & -\frac{1}{2} \\ & & & & 1 \end{bmatrix} \tag{3.68}$$

Given the symmetry of z around $\lambda = 1/2$ and the form of $\boldsymbol{R}^2$, it then follows directly that $P^{WSR(1-\lambda)}_{StBP}(3,\infty,IC^*) = P^{WSR(\lambda)}_{StBP}(3,\infty,IC^*)$. Numerical values of $P^{WSR(\lambda)}_{StBP}(3,\infty,IC^*)$ are obtained for each $\lambda = 0.00(0.05)0.50$. The results are listed in Table3.6, and they are accurate to the number of decimal places that are shown.

Table 3.6 Computed values of $P^{WSR(\lambda)}_{StBP}(3,\infty,IC^*)$ and $P^{WSR(\lambda)}_{StBP}(3,\infty,IAC^*)$

λ	$P^{WSR(\lambda)}_{StBP}(3,\infty,IC^*)$	$P^{WSR(\lambda)}_{StBP}(3,\infty,IAC^*)$
0.00	0.0126	0.0111
0.05	0.0100	0.0091
0.10	0.0077	0.0073
0.15	0.0057	0.0056
0.20	0.0039	0.0040
0.25	0.0024	0.0027
0.30	0.0013	0.0016
0.35	0.0006	0.0008
0.40	0.0002	0.0003
0.45	0.0000	0.0000
0.50	0.0000	0.0000

When IAC* is considered, $P_{StBP}^{WSR(\lambda)}(3, n, IAC^*) = P_{StBP}^{WSR(1-\lambda)}(3, n, IAC^*)$ and

$$P_{StBP}^{WSR(\lambda)}(3, \infty, IAC^*) = \frac{(1-2\lambda)^3(9-6\lambda-2\lambda^2)}{810(1-\lambda)^3}, \text{ for } 0 \leq \lambda \leq 1/2. \quad (3.69)$$

$$P_{StBP}^{WSR(\lambda)}(3, \infty, IAC^*) = \frac{(2\lambda-1)^3(1+10\lambda-2\lambda^2)}{810\lambda^3}, \quad \text{for } 1/2 \leq \lambda \leq 1. \quad (3.70)$$

The representations that are given in (3.69) and (3.70) both yield the result that $P_{StBP}^{BR}(3, \infty, IAC^*) = 0$ and that $P_{StBP}^{PR}(3, \infty, IAC^*) = P_{StBP}^{NPR}(3, \infty, IAC^*) = 1/90$, which is in agreement with (3.49). Computed values from (3.70) are listed in Table 3.6 for each $\lambda = 0.00(0.05)0.50$.

Some results are clear from the calculated values that are listed in Tables 3.5 and 3.6. The probability of observing a Strict Borda Paradox is maximized by PR and NPR. It should be noted that the introduction of some degree of voter dependence with IAC actually causes a slight increase in the overall probability of observing a Strict Borda Paradox with IC for $0.20 \leq \lambda \leq 0.40$ and for $0.60 \leq \lambda \leq 0.80$. Overall, the probability of observing a Strict Borda Paradox only exceeds 0.01 for $0 \leq \lambda \leq 0.05$ and $0.95 \leq \lambda \leq 1.00$ for IC in Table 3.6, and it can be concluded that is very unlikely that a Strict Borda Paradox would ever be observed for any voting rule in any realistic voting scenario.

The probability values for observing a Strong Borda Paradox that are listed in Table 3.5 are significantly greater than the corresponding probabilities for observing a Strict Borda Paradox in Table 3.6, but these probabilities still remain less than 0.0371. The introduction of some degree of dependence among voters' preferences with IAC in this case decreases the corresponding probability values that are observed with IC for all $0 \leq \lambda < 0.50$, but the reverse is true for table entries with $0.50 < \lambda \leq 0.80$.

The probability of observing a Strong Borda Paradox remains less than 0.01 for all $0.25 < \lambda \leq 0.75$ with both IC and IAC. However, the probability increases quite rapidly outside this region as Rule λ approaches either PR or NPR. Given that IC and IAC tend to exaggerate these probabilities, observances of a Strong Borda Paradox should be rare, but not impossible to observe in realistic voting scenarios. The use of voting rules like PR and NPR will clearly tend to maximize the likelihood of observing such phenomena.

3.3 Condorcet's Other Paradox

The definition of Condorcet's Other Paradox was initially given in Chap. 1, as we introduced the notion of WSR's. The weighted score for each alternative under our standard weighting scenario $(1, \lambda, 0)$ follows as a general extension of (1.2):

$$Score(A,\lambda) = n_1 + n_2 + \lambda(n_3 + n_4) \tag{3.71}$$

$$Score(B,\lambda) = n_3 + n_5 + \lambda(n_1 + n_6) \tag{3.72}$$

$$Score(C,\lambda) = n_4 + n_6 + \lambda(n_2 + n_5) \tag{3.73}$$

Condorcet's Other Paradox occurs when we have a voting situation with a PMRW such that no *WSR* for any λ in the range $0 \leq \lambda \leq 1$ will select the PMRW as the *WSR* winner. Some earlier work has done to compute the probability that that a much stronger version of this paradox will be observed under the assumption of IC* as $n \to \infty$. To describe this earlier work, let ***BDA*** denote the event that Candidate B will *dominate* Candidate A by defeating it for every possible WSR with $0 \leq \lambda \leq 1$. If we consider the definitions of $Score(A,\lambda)$ and $Score(B,\lambda)$ in (3.71) and (3.72) respectively, both must increase in a linear fashion as the value of λ increases for any voting situation. It is therefore obvious that it must then be true that ***BDA*** in any given voting situation if it is true that both $Score(B,0) > Score(A,0)$ and $Score(B,1) > Score(A,1)$, due to the linear nature of these functions. So, ***BDA*** if Candidate B defeats A by both PR, with $\lambda = 0$, and NPR, with $\lambda = 1$.

Similarly, we let $\boldsymbol{BD}\{X\}$ denote the event that Candidate B dominates each candidate in a set X. Merlin et al. (2002) use geometric techniques to obtain a representation that can ultimately lead to the conditional probability, $P(\boldsymbol{BD}\{A,C\},\infty, IC|A\ is\ PMRW)$, that Candidate B will be the overall winner for every WSR with $0 \leq \lambda \leq 1$ as $n \to \infty$ with the assumption of IC*, given that A is the PMRW. This situation is obviously much more restrictive than the definition of Condorcet's Other Paradox that we have been using.

We begin by replicating the results in Merlin et al. (2002) by using the traditional approach to the problem to obtain a representation for the joint probability $P(\boldsymbol{BD}\{A,C\},\infty, IC\ \&\ A\ is\ PMRW)$ that Candidate B dominates both A and C when A is the PMRW as $n \to \infty$ with the assumption of IC*. Based on previous discussion, this will happen if B is the overall winner by both PR and NPR when A is the PMRW, so there are six events that must simultaneously occur in a voting situation for this to happen:

$$AMC \qquad [n_1 + n_2 + n_3 > n_4 + n_5 + n_6] \tag{3.74}$$

$$AMB \qquad [n_1 + n_2 + n_4 > n_3 + n_5 + n_6] \tag{3.75}$$

$$Score(B,0) > Score(A,0) \qquad [n_3 + n_5 > n_1 + n_2] \tag{3.76}$$

$$Score(B,0) > Score(C,0) \qquad [n_3 + n_5 > n_4 + n_6] \tag{3.77}$$

$$Score(B,1) > Score(A,1) \qquad [n_5 + n_6 > n_2 + n_4] \tag{3.78}$$

$$Score(B,1) > Score(C,1) \qquad [n_1 + n_3 > n_2 + n_4] \tag{3.79}$$

We obtain a representation for $P(BD\{A,C\},\infty,IC \;\&\; A \text{ is } PMRW)$ by following the same general procedure that was used to develop the representation for $P^S_{PMRW}(3,\infty,DC)$ in (1.18). The process begins by defining six discrete variables, X_i^j for $i = 1,2,3,4,5,6$, that are associated with the likelihood that the individual events that are described in the six restrictions in (3.74)–(3.79) will be observed in a randomly selected linear preference ranking for the jth voter. A six-dimensional vector, $\boldsymbol{p}$, exists to denote the probabilities that are associated with the likelihood that each of the six possible voter preference rankings on the three candidates will be drawn at random for the jth voter from the population of possible voters, as shown in Fig. 1.7. The probability that the X_i^j variables take on various values are defined in terms of the p_i probabilities from $\boldsymbol{p}$, with:

$$\begin{aligned} X_1^j &= +1 : p_1 + p_2 + p_3 & \qquad X_2^j &= +1 : p_1 + p_2 + p_4 \\ &\;\;\, -1 : p_4 + p_5 + p_6 & &\;\;\, -1 : p_3 + p_5 + p_6 \end{aligned} \tag{3.80}$$

$$\begin{aligned} X_3^j &= +1 : p_3 + p_5 & \qquad X_4^j &= +1 : p_3 + p_5 \\ &\;\;\, -1 : p_1 + p_2 & &\;\;\, -1 : p_4 + p_6 \\ &\;\;\;\;\; 0 : p_4 + p_6 & &\;\;\;\;\; 0 : p_1 + p_2 \end{aligned} \tag{3.81}$$

$$\begin{aligned} X_5^j &= +1 : p_5 + p_6 & \qquad X_6^j &= +1 : p_1 + p_3 \\ &\;\;\, -1 : p_2 + p_4 & &\;\;\, -1 : p_2 + p_4 \\ &\;\;\;\;\; 0 : p_1 + p_3 & &\;\;\;\;\; 0 : p_5 + p_6 \end{aligned} \tag{3.82}$$

For example, we see from the definition of X_3^j in (3.81) that BPA if $\overline{X}_3 > 0$ for the n preference rankings that are drawn to create a voter preference profile. As $n \to \infty$ with IC, it follows that $P(BD\{A,C\},\infty,IC \;\&\; A \text{ is } PMRW)$ is equivalent to the multivariate normal probability that $\overline{X}_i\sqrt{n} \geq E(\overline{X}_i\sqrt{n})$ for $i = 1,2,3,4,5,6$. The correlation matrix that results with IC from the variable definitions in (3.80) through (3.82) is $\boldsymbol{R}^3$, with

$$\boldsymbol{R}^3 = \begin{bmatrix} 1 & \frac{1}{3} & -\sqrt{\frac{1}{6}} & \sqrt{\frac{1}{6}} & -\sqrt{\frac{1}{6}} & \sqrt{\frac{1}{6}} \\ - & 1 & -\sqrt{\frac{2}{3}} & -\sqrt{\frac{1}{6}} & -\sqrt{\frac{2}{3}} & -\sqrt{\frac{1}{6}} \\ - & - & 1 & \frac{1}{2} & \frac{1}{2} & \frac{1}{4} \\ - & - & - & 1 & \frac{1}{4} & \frac{1}{2} \\ - & - & - & - & 1 & \frac{1}{2} \\ - & - & - & - & - & 1 \end{bmatrix}. \tag{3.83}$$

Then, $P(BD\{A,C\},\infty,IC \;\&\; A \text{ is } PMRW)$ is equivalent to the multivariate normal positive orthant probability $\Phi_6(\boldsymbol{R}^3)$. The symmetry of IC with respect to candidates then requires that the probability that the same candidate, that is not the PMRW, will dominate each of the two other candidates, including the PMRW, is obtained as $6\Phi_6(\boldsymbol{R}^3)$. Merlin et al. (2002) obtain a valid, but rather complex, representation for this probability and then use quadrature to obtain a probability estimate of 0.01808. By using the procedure of Naylor et al. (1966), we obtain Monte-Carlo simulation estimates of $\Phi_6(\boldsymbol{R}^3)$ and calculate a very similar probability value. To make this probability conditional on the fact that a PMRW exists, we simply make the obvious modification and use the relationship $6\Phi_6(\boldsymbol{R}^3)/P^S_{PMRW}(3,\infty,IC)$ to obtain a probability value of 0.01982.

This all leads to the conclusion that the probability of observing this phenomenon is quite small, but this result could be biased on two accounts. First, it could be the result of the IC* assumption, and the impact of this assumption can be tested by doing the same analysis with the assumption of IAC*. An algorithm that is based on Ehrhart polynomial theory was used to compute this conditional probability with IAC* as $n \to \infty$, following a procedure that is developed in Lepelley et al. (2008). The resulting conditional probability is reduced to 19/1620 = 0.01173, so the small increase in voter dependence that is suggested by IAC* makes the already small IC* probability significantly smaller. If Condorcet's Other Paradox, as we have defined it, is actually to be perceived as a potential threat to elections, then the restrictions that we have just considered from Merlin et al. (2002) would have to be creating a significant understatement of the paradox probability.

3.3.1 A More Relaxed Condition

Gehrlein and Lepelley (2009b) note that the restrictions that are imposed by Merlin et al. (2002) can be significantly relaxed and still be consistent with the less restrictive situation than we have used to define Condorcet's Other Paradox. This is accomplished by considering the possibility that some given candidate always dominates the PMRW, without also requiring that this given candidate always dominates the remaining candidate that is not the PMRW. This would be obtained for one particular such occurrence if *BDA* when Candidate *A* is the PMRW. The limiting joint probability that this particular event is observed is denoted as $P(BDA,\infty,IC\ \&\ A\ is\ PMRW)$ as $n \to \infty$ with IC.

A representation for this probability follows directly from the discussion in the immediately preceding section, since the conditions that lead to its occurrence in a voting situation follow from the restrictions in (3.74) through (3.79) above, with the conditions of (3.77) and (3.79) being ignored. We can therefore obtain a representation for $P(BDA,\infty,IC\ \&\ A\ is\ PMRW)$ as a multivariate normal positive orthant probability, $\Phi_4(\boldsymbol{R}^4)$, with a correlation matrix $\boldsymbol{R}^4$ that is obtained from $\boldsymbol{R}^3$ by removing the terms that are associated with variables X_4^j and X_6^j, with

$$\boldsymbol{R}^4 = \begin{bmatrix} 1 & \frac{1}{3} & -\sqrt{\frac{1}{6}} & -\sqrt{\frac{1}{6}} \\ - & 1 & -\sqrt{\frac{2}{3}} & -\sqrt{\frac{2}{3}} \\ - & - & 1 & \frac{1}{2} \\ - & - & - & 1 \end{bmatrix} \tag{3.84}$$

The form of $\boldsymbol{R}^4$ is such that it does not lead to a simple representation for $\Phi_4(\boldsymbol{R}^4)$, so a procedure from Gehrlein (1979) is used to evaluate it by numerical methods, to find $\Phi_4(\boldsymbol{R}^4) \approx 0.003234$. It is not possible to have a three-candidate voting situation in which Candidates B and C both dominate A when A is the PMRW, since this would require the PMRW to be ranked last by BR, which is known to be impossible from Theorem 3.4. The symmetry of IC with respect to candidates therefore leads to the conclusion that the conditional probability that some given candidate dominates the PMRW, given that a PMRW exists is given by $6\Phi_4(\boldsymbol{R}^4)/P^S_{PMRW}(3,\infty,IC)$, and this value is given by 0.02127.

The use of this less restrictive condition does not therefore result in a significant increase in the conditional probability for observing the more restrictive outcome from Merlin et al. (2002). When this probability is calculated for IAC* as $n \to \infty$ with the same approach as above, the probability drops to 1/80 = 0.0125. Again, the slight degree of dependence that is suggested by IAC* significantly decreases the already small probability that is obtained with the assumption of IC*.

3.3.2 Another Condition

A representation for the probability that Condorcet's Other Paradox, as we have defined it, is observed can be obtained after we consider another condition. Suppose that Candidate A is the *PMRW* that it is not dominated by either B or C, while it is still never selected as the WSR for any $0 \le \lambda \le 1$. Such an outcome occurs in a voting situation in which

$$AMC \qquad [n_1 + n_2 + n_3 > n_4 + n_5 + n_6] \tag{3.85}$$

$$AMB \qquad [n_1 + n_2 + n_4 > n_3 + n_5 + n_6] \tag{3.86}$$

$$Score(B,0) > Score(A,0) \qquad [n_3 + n_5 > n_1 + n_2] \tag{3.87}$$

$$Score(A,0) > Score(C,0) \qquad [n_1 + n_2 > n_4 + n_6] \tag{3.88}$$

$$Score(C,1) > Score(A,1) \qquad [n_5 + n_6 > n_1 + n_3] \tag{3.89}$$

$$Score(A,1) > Score(B,1) \qquad [n_2 + n_4 > n_5 + n_6] \tag{3.90}$$

$$Score(C, \lambda^*) > Score(A, \lambda^*)$$

$$[n_4 + n_6 + \lambda^*(n_2 + n_5) > n_1 + n_2 + \lambda^*(n_3 + n_4)]. \tag{3.91}$$

Candidate C does not dominate A since APC due to the restriction in (3.88). Similarly, Candidate B does not dominate A since ANB in (3.90). It follows directly from the linearity of $Score(X, \lambda)$ that as λ increases for each $X \in \{A, B, C\}$, Candidate A must always be beaten by either B or C if it is also true that a value of λ^* exists for some $0 < \lambda^* < 1$ with $Score(C, \lambda^*) = Score(B, \lambda^*)$ and in addition we have $Score(C, \lambda^*) > Score(A, \lambda^*)$.

In order to have $Score(C, \lambda^*) = Score(B, \lambda^*)$, we need

$$n_4 + n_6 + \lambda^*(n_2 + n_5) = n_3 + n_5 + \lambda * (n_1 + n_6), \tag{3.92}$$

so that

$$\lambda^* = \frac{n_3 + n_5 - n_4 - n_6}{n_2 + n_5 - n_1 - n_6}. \tag{3.93}$$

Then for $Score(C, \lambda^*) > Score(A, \lambda^*)$, we require

$$n_4 + n_6 + \lambda^*(n_2 + n_5) > n_1 + n_2 + \lambda^*(n_3 + n_4). \tag{3.94}$$

By combining (3.93) and (3.94)

$$\begin{aligned} n_4 + n_6 + \frac{n_3 + n_5 - n_4 - n_6}{n_2 + n_5 - n_1 - n_6}(n_2 + n_5) > \\ n_1 + n_2 + \frac{n_3 + n_5 - n_4 - n_6}{n_2 + n_5 - n_1 - n_6}(n_3 + n_4). \end{aligned} \tag{3.95}$$

If we sum (3.87)–(3.90), and reduce the results, we obtain

$$n_2 + n_5 > n_1 + n_6 \tag{3.96}$$

So, the result that is given in (3.95) to require $Score(C, \lambda^*) > Score(A, \lambda^*)$ can be multiplied by $n_2 + n_5 - n_1 - n_6$ without reversing the inequality to obtain

$$\begin{aligned} (n_4 + n_6)(n_2 + n_5 - n_1 - n_6) + (n_3 + n_5 - n_4 - n_6)(n_2 + n_5) > \\ (n_1 + n_2)(n_2 + n_5 - n_1 - n_6) + (n_3 + n_5 - n_4 - n_6)(n_3 + n_4). \end{aligned} \tag{3.97}$$

This can be algebraically reduced to make the restriction in (3.91) equivalent to

$$\begin{aligned} n_1^2 + n_4^2 + n_5^2 + n_2 n_3 + n_2 n_6 + n_3 n_6 > \\ n_2^2 + n_3^2 + n_6^2 + n_1 n_4 + n_1 n_5 + n_4 n_5. \end{aligned} \tag{3.98}$$

If a voting situation meets the condition that Candidate A is the *PMRW* and that it is not dominated by either B or C, while it is still never selected as the WSR for any $0 \leq \lambda \leq 1$; it must simultaneously meet the restrictions of (3.85)–(3.90) along with (3.98). The nonlinear nature of the restriction in (3.98) makes it very difficult to obtain a formal representation for this probability. However, Monte-Carlo simulation was used to obtain an estimate of this probability with the assumption of IAC* as $n \rightarrow \infty$, following a procedure that is developed in Tovey (1997). The conditional probability that a profile exists for which the PMRW is not dominated by either of the other two candidates, and it still is never selected as the winner for any WSR, given that a PMRW exists, is approximated as 0.00017. This is an extremely small probability. If we combine this observation with the IAC probability that the PMRW is dominated by some candidate from the previous section, we obtain the probability that Condorcet's Other Paradox, as we have defined it, will be observed. The resulting probability of observing the paradox with IAC* as $n \rightarrow \infty$ is only 0.01267. If we couple this observation with the knowledge of the fact that IC* and IAC* are expected to give inflated estimates of the probability that voting paradoxes will be observed, it can be concluded that actual observances of Condorcet's Other Paradox should be very rare events.

3.4 Conclusion

The overall objective of this chapter has been an attempt to extend the intuitively appealing observations regarding the connection between the likelihood that Condorcet's Paradox is observed with the degree of group mutual coherence in voting situations from the preceding chapter to the consideration of two other paradoxes that involve WSR's. When Condorcet's Other Paradox was considered, the expected results were clearly observed, since the probability of observing this paradox with the assumption of IC was significantly reduced by considering instead the probability that the paradox is observed with IAC, which inserts a degree of dependence among voters' preferences. The probability of observing this paradox was found to be very small under the assumption of IAC.

This same result was not consistently observed for all WSR's when Borda's Paradox was evaluated with the same type of comparison under IC and IAC. The connection between group mutual coherence and the likelihood that Borda's Paradox is observed therefore does not have such a clear outcome. The most salient results that we have obtained in this study can be summarized as follows.

- There are some specific circumstances that can be identified for which Borda's Paradox can occur with a probability that is far from being negligible: when voting situations are more and more removed from the condition of having a perfect negatively unifying candidate, the strict version of the paradox has a probability of occurrence that can be higher than 15% when PR is used to rank the candidates. The strong version can occur with a likelihood that is greater than

30% when voters' preferences are far removed from the condition of having a perfect positively unifying candidate when the voting rule is NPR.

- Given that specific conditions can be defined so that a high likelihood exists for observing Borda's Paradox, the overall probability that Borda's Paradox will be observed is rather small. This overall probability with IAC for large electorates as $n \to \infty$ is only about one percent for a Strict Borda Paradox and about three percent for a Strong Borda Paradox, making these probabilities significantly lower than the likelihood of Condorcet's Paradox at 6.25% under the same assumption. As a consequence, Borda's Paradox could be considered as generally being less problematic than Condorcet's Paradox in real election settings.
- This assertion should however be balanced by the following observation, which certainly constitutes our primary finding. That is, the results that we have obtained show that the impact of an increasing degree of group mutual coherence among voters' preferences on the likelihood of observing Borda's Paradox is much more subtle and more difficult to analyze than it is for the case of Condorcet's Paradox. This impact is found to depend both on the measure of group mutual coherence that is being considered and on the voting rule that is used. In some circumstances, the probability that Borda's Paradox will occur will consistently increase as voters' preferences become more mutually coherent.

Chapter 4
Other Voting Paradoxes

4.1 Choice Set Variance Paradoxes

Choice Set Variance Paradoxes were introduced in Chap. 1, where they were defined as representing situations in which a series of issues are to be put before voters, such that each individual issue will be approved or disapproved by majority rule voting. There are two parties $\{R, L\}$ with opposing positions on each of m different issues that are being considered, and each of n voters has preferences on the individual issues that are in agreement with the position of either Party R or of Party L, but a given voter does not necessarily agree with the position of the same party on every issue. Voters are assumed throughout to vote sincerely, according to their preferences, on each of the individual issues. A Choice Set Variance Paradox is observed if the overall final election outcomes on the individual issues represent a result that is somehow inconsistent with the preferences of the voters, according to their Party R and L associations on the issues. We consider two different ways in which these results can be inconsistent, as reflected by the possible existence of Ostrogorski's Paradox and the Majority Paradox.

4.1.1 Ostrogorski's Paradox

Suppose that an alignment with either Party R or L is determined for each voter, such that a voter is determined to have an alignment with a given party whenever this voter is in agreement with a party's positions over a majority of the m issues. If m is even and a voter has preferences that are in agreement with both parties on $m/2$ issues each, that voter is not considered to be aligned with either party. The *Majority Party* (MP) is that party with the greater number of voters aligned with it, excluding the voters that are not aligned with either party. Each issue is then voted on individually, and the outcome of the vote will be in agreement with the position of either Party R or Party L, based on the outcome of majority rule voting.

W.V. Gehrlein and D. Lepelley, *Voting Paradoxes and Group Coherence*, Studies in Choice and Welfare, DOI 10.1007/978-3-642-03107-6_4,

We are interested in the probability that the majority rule voting results on the m different individual issues produce exactly k voting outcomes that are in agreement with the positions of the MP. A perfectly stable outcome of complete agreement occurs when the position of the MP is the majority rule winner for every issue. An extremely paradoxical outcome occurs when there is complete disagreement between voting outcomes on issues and the positions of the MP, which represents an occurrence of a Strict Ostrogorski Paradox. A Weak Ostrogorski Paradox occurs if a majority of voters are aligned with one of the parties, while the other party has a majority of election outcomes on issues that are in agreement with its positions on the issues.

The general problem of such disagreement was originally presented in Ostrogorski (1902) and it was also discussed in Daudt and Rae (1976) and in Deb (1976). Deb and Kelsey (1987) show that the conditions that are necessary for Ostrogorski's Paradox to exist are similar to, but different than the conditions that are needed for Condorcet's Paradox to exist. Laffond and Laine (2006) consider restrictions on voters' preferences that preclude the possible existence of an occurrence of Ostrogorski's Paradox.

It would be very unrealistic to assume that complete agreement could be an expected outcome in such situations, but we would also hope to find that an outcome of complete disagreement in the form of a Strict Ostrogorski Paradox should be very unlikely. Our objective is to develop representations for the probabilities that various levels of agreement, between these two extremes, will be observed. This effort will focus on the limiting case of voters as $n \to \infty$, following work in Gehrlein and Merlin (2009a). It is assumed throughout that voters form their preferences on each of the issues independently of the preferences of other voters.

4.1.1.1 Ostrogorski's Paradox: The Case of Two Issues

When there are only two issues that are being considered, there are four possible sets of issue agreements that each voter might have, as listed in Fig. 4.1.

The t_i entries in Fig. 4.1 indicate the probability that a randomly selected voter will have the associated party agreements on the issues. For example, there is a probability t_2 that this randomly selected voter will agree with the position of Party R on Issue 1, while agreeing with the position of Party L on Issue 2. There is a resulting tie when determining party alignment for such a voter, so no designation of party alignment would be made in this case. It follows that $\sum_{i=1}^{4} t_i = 1$.

	t_1	t_2	t_3	t_4
Issue 1	R	R	L	L
Issue 2	R	L	R	L
Alignment	R	-	-	L

Fig. 4.1 Feasible voter preferences for sequential elections on two issues

We begin by developing a representation for the probability of complete agreement, such that the positions that are held by the MP win the majority rule vote for both issues. This starts by defining three discrete variables that are linked with the party agreements on issues for a randomly selected *j*th voter:

$$X_1^j = +1: t_1 + t_2 \qquad X_2^j = +1: t_1 + t_3 \qquad X_3^j = +1: t_1$$
$$-1: t_3 + t_4 \qquad -1: t_2 + t_4 \qquad 0: t_2 + t_3$$
$$-1: t_4 \tag{4.1}$$

Given the definitions of the t_i probabilities with the voter party agreements on issues from Fig. 4.1, X_i^j will take a value of +1 (−1) when the *j*th voter has a preference that is in agreement with the position of Party *R* (*L*) on the *i*th issue, for $i = 1, 2$. The outcome of majority rule voting on Issue *i* is then in agreement with the position of Party *R*, if $\sum_{j=1}^{n} X_i^j > 0$, or $\overline{X}_i > 0$, or $\overline{X}_i\sqrt{n} > 0$ for $i = 1, 2$. Variable X_3^j measures the contribution that the party alignment of the *j*th voter makes toward Party *R* being the MP. For example, this randomly selected voter will contribute to Party *R* being the MP with probability t_1. With probability t_2 this voter will have neither a positive nor a negative contribution for Party *R* being the MP. Party *R* will be the MP if $\sum_{j=1}^{n} X_3^j > 0$, or $\overline{X}_3 > 0$, or $\overline{X}_3\sqrt{n} > 0$.

Complete agreement exists, with the positions of Party *R* being the majority rule winner on both issues while Party *R* is also the MP, whenever $\overline{X}_i\sqrt{n} > 0$ for $i = 1, 2, 3$. The process of obtaining a representation for the probability that this outcome is observed begins with the determination of the expected values, $E\left(X_i^j\right)$, of the variables:

$$E\left(X_1^j\right) = +1t_1 + 1t_2 - 1t_3 - 1t_4$$

$$E\left(X_2^j\right) = +1t_1 - 1t_2 + 1t_3 - 1t_4$$

$$E\left(X_3^j\right) = +1t_1 + 0t_2 - 0t_3 - 1t_4. \tag{4.2}$$

Let *b* denote the likelihood that there is complete agreement between a randomly selected voter's issue agreements and the position of the same party on every issue, with $b = t_1 + t_4$. If we assume a neutrality or parity between Parties *R* and *L*, $t_1 = t_4 = b/2$ and $t_2 = t_3 = (1 - b)/2$. The special case for which $b = 1/2$ leads to the condition of IC in which there is an equal probability for all t_i terms. This parity assumption leads to $E\left(X_i^j\right) = E\left(\overline{X}_i\right) = E\left(\overline{X}_i\sqrt{n}\right) = 0$ for each $i = 1, 2, 3$ in (4.2), and the impact of this assumption will be discussed in detail later.

It now follows directly from previous discussion that the probability that the positions of Party *R* will be the majority rule winner on both issues, while Party *R* is also the MP is equivalent to the joint probability that $\overline{X}_i\sqrt{n} > E\left(\overline{X}_i\sqrt{n}\right)$ for $i = 1, 2, 3$. Voters form their preferences on issues independently of other voters, and as $n \to \infty$ the Central Limit Theorem requires that the joint distribution of the $\overline{X}_i\sqrt{n}$

variables is multivariate normal. The probability that any variable takes on a specific value, including its expected value, in a continuous probability distribution is zero, so in the limiting case as $n \to \infty$ the probability of complete agreement for Party R is given by the joint multivariate normal probability that $\overline{X}_i\sqrt{n} \geq E(\overline{X}_i\sqrt{n})$ for $i = 1, 2, 3$. This describes a three-variate normal positive orthant probability, and we continue to find the correlation matrix for this limiting distribution. The correlation terms between these variables are the same as the associated correlations between the original X_i^j variables.

Based on the definitions for the X_i^j variables in (4.1), $E\left(X_i^{j2}\right) = 1$ for $i = 1, 2$ and $E\left(X_3^{j2}\right) = b$. Since we have $E\left(X_i^j\right) = 0$ for $i = 1, 2, 3$, the correlation, $Cor\left(X_i^j, X_k^j\right)$, between variables X_i^j and X_k^j follows from the development that led to (1.17) as

$$Cor\left(X_i^j, X_k^j\right) = \frac{E\left(X_i^j X_k^j\right)}{\sqrt{E\left(X_i^{j2}\right)}\sqrt{E\left(X_k^{j2}\right)}}. \tag{4.3}$$

This requires a determination of the $E\left(X_i^j X_k^j\right)$ terms, with:

$$E\left(X_1^j X_2^j\right) = +1t_1 - 1t_2 - 1t_3 + 1t_4 = 2b - 1$$

$$E\left(X_1^j X_3^j\right) = +1t_1 + 0t_2 + 0t_3 + 1t_4 = b$$

$$E\left(X_2^j X_3^j\right) = +1t_1 + 0t_2 + 0t_3 + 1t_4 = b. \tag{4.4}$$

The limiting probability as $n \to \infty$ that the positions of Party R will be the majority rule winner on both issues, while Party R is also the MP is equal to the three-variate normal positive orthant probability $\Phi_3\left(\boldsymbol{R}^1\right)$ with correlation matrix $\boldsymbol{R}^1$, where

$$\boldsymbol{R}^1 = \begin{bmatrix} 1 & 2b-1 & \sqrt{b} \\ - & 1 & \sqrt{b} \\ - & - & 1 \end{bmatrix}. \tag{4.5}$$

With the assumption of neutrality between Parties R and L, symmetry arguments can then be used to obtain the limiting probability, $P_{MP}^{\infty}(2, 2, b)$, of having complete agreement between the MP and the majority rule winners for two issues from the relationship $P_{MP}^{\infty}(2, 2, b) = 2\Phi_3\left(\boldsymbol{R}^1\right)$. Since each correlation term in $\boldsymbol{R}^1$ increases as b increases, a result from Slepian (1962) applies and $P_{MP}^{\infty}(2, 2, b)$ does not decrease as b increases. This leads to the intuitively appealing result that the probability that complete agreement is observed, with a corresponding decrease in the probability that some form of Ostrogorski's Paradox will occur, increases as the degree of complete voter agreement with one party's positions increases. This observation is

Table 4.1 Computed values of $P_{MP}^{\infty}(2,2,b)$ and $P_{MP}^{\infty}(2,1,b)$

b	$P_{MP}^{\infty}(2,2,b)$	$P_{MP}^{\infty}(2,1,b)$
0.00	0.0000	1.0000
0.10	0.2048	0.7952
0.20	0.2952	0.7048
0.30	0.3690	0.6310
0.40	0.4359	0.5641
0.50	0.5000	0.5000
0.60	0.5641	0.4359
0.70	0.6310	0.3690
0.80	0.7048	0.2952
0.90	0.7952	0.2048
1.00	1.0000	0.0000

valid despite the neutrality assumption, which effectively causes an increased degree of polarization among voters' preferences as b increases.

A closed form representation for $P_{MP}^{\infty}(2,2,b)$ is obtained from (4.5) by using the three-variate extension of Sheppard's Theorem of Median Dichotomy (Johnson and Kotz 1972, p. 92) to obtain a representation for $\Phi_3(\boldsymbol{R}^1)$ that is then used with $P_{MP}^{\infty}(2,2,b) = 2\Phi_3(\boldsymbol{R}^1)$, and

$$P_{MP}^{\infty}(2,2,b) = \frac{1}{4} + \frac{1}{2\pi} Sin^{-1}(2b-1) + \frac{1}{\pi} Sin^{-1}\left(\sqrt{b}\right). \tag{4.6}$$

Exact values can be obtained for some special cases from (4.6): $P_{MP}^{\infty}(2,2,0) = 0$, $P_{MP}^{\infty}(2,2,1) = 1$, and $P_{MP}^{\infty}(2,2,1/4) = 1/3$. Computed values of $P_{MP}^{\infty}(2,2,b)$ are listed in Table 4.1 for each $b = 0.00(0.10)1.00$ that were obtained from (4.6).

The results in Table 4.1 clearly show that the probability of complete agreement increases significantly as b increases for the case of two issues. The entry for $P_{MP}^{\infty}(2,2,0.50) = 0.5000$ corresponds to the situation with IC, which is indicative of a population of voters that does not have any significant degree of consistency of agreement with parties. Thus, a society with any relatively coherent degree of party agreement, as measured by b, can be expected to have complete agreement between the MP and the majority rule winners for both issues with a relatively high probability for the case of two issues.

It is very easy to obtain a representation for the probability, $P_{MP}^{n}(2,0,b)$, that a Strict Ostrogorski Paradox occurs for the general case of n voters with two issues for any value of b as a result of Theorem 4.1.

Theorem 4.1 $P_{MP}^{n}(2,0,b) = 0$ *for all* $0 \le b \le 1$.

Proof Let n_i for $i = 1,2,3,4$ denote the number of voters with the associated combination of agreements with party positions in Fig. 4.1. If Party R is the MP,

$$n_1 > n_4. \tag{4.7}$$

If majority rule voting on Issue 1 leads to an outcome that is in agreement with the position of Party L

$$n_3 + n_4 > n_1 + n_2. \tag{4.8}$$

If majority rule voting on Issue 2 leads to an outcome that is in agreement with the position of Party L

$$n_2 + n_4 > n_1 + n_3. \tag{4.9}$$

The addition of the inequalities in (4.8) and (4.9) requires that $n_4 > n_1$, which contradicts (4.7). □

Therefore, a Strict Ostrogorski Paradox cannot be observed when $m = 2$, following results obtained previously in Corollary 1 from Deb and Kelsey (1987), and this result can be used to further simplify the representation for $P^{\infty}_{MP}(2,2,b)$ in (4.6). Begin by considering the probability that the issue position of Party R wins by majority rule for both issues, while Party L is the MP. This probability can be obtained by reversing the signs in the variable definition of X^j_3 in (4.1). The limiting probability as $n \to \infty$ for this outcome will then be a three-variate normal positive orthant probability with correlation matrix $\boldsymbol{S}^1$ that is obtained from $\boldsymbol{R}^1$ by reversing the signs of all correlation terms involving variable X^j_3. Sheppard's Theorem can be used again to obtain a representation for $\Phi_3(\boldsymbol{S}^1)$ that is then used with $P^{\infty}_{MP}(2,0,b) = 2\Phi_3(\boldsymbol{S}^1)$ and Theorem 4.1 to obtain

$$P^{\infty}_{MP}(2,0,b) = \frac{1}{4} + \frac{1}{2\pi} Sin^{-1}(2b-1) - \frac{1}{\pi} Sin^{-1}\left(\sqrt{b}\right) = 0. \tag{4.10}$$

By combining the results of (4.6) and (4.10), we obtain

$$P^{\infty}_{MP}(2,2,b) = \frac{1}{2} + \frac{1}{\pi} Sin^{-1}(2b-1). \tag{4.11}$$

A representation for $P^{\infty}_{MP}(2,1,b)$ follows from using Theorem 4.1 and (4.11) with the fact that $\sum_{i=0}^{2} P^{\infty}_{MP}(2,i,b) = 1$ to obtain

$$P^{\infty}_{MP}(2,1,b) = \frac{1}{2} - \frac{1}{\pi} Sin^{-1}(2b-1). \tag{4.12}$$

It follows directly from (4.11) and (4.12) that $P^{\infty}_{MP}(2,2,b) = P^{\infty}_{MP}(2,1,1-b)$, as shown in Table 4.1.

4.1.1.2 Ostrogorski's Paradox: The Case of Three Issues

When attention is focused on the case of three issues, the problem becomes somewhat more complex since there are eight possible combinations of voter agreements with party positions on issues that must be considered, as shown in

	q_1	q_2	q_3	q_4	q_5	q_6	q_7	q_8
Issue 1	*R*	*R*	*R*	*R*	*L*	*L*	*L*	*L*
Issue 2	*R*	*R*	*L*	*L*	*R*	*R*	*L*	*L*
Issue 3	*R*	*L*	*R*	*L*	*R*	*L*	*R*	*L*
Alignment	*R*	*R*	*R*	*L*	*R*	*L*	*L*	*L*

Fig. 4.2 Feasible voter party agreements for sequential elections on three issues

Fig. 4.2. However, there is also some simplification since there can not be any ties in the determination of voter alignment when m is odd.

The same general procedure that was used above for two issues is employed here, and the probability that a randomly selected voter is in complete agreement with the positions of Party *R* (*L*) is $q_1(q_8)$ in Fig. 4.2, with $a = q_1 + q_8$. Such voters can be viewed as staunch supporters of one party's positions, and there is greater degree of complete voter agreement with party positions as a increases. Continuing with the party parity assumption we require $q_1 = q_8 = a/2$, to suggest that the preferences of the voters will also reflect an increasing degree of polarization as a increases. The remaining six possible combinations of party agreement show less than complete agreement with issue positions of one party, with agreement on two issues and disagreement on one issue. These preferences would reflect more moderate voters. By going back to the party parity assumption, it is assumed that $q_i = (1-a)/6$ for $2 \le i \le 7$. The special case with $a = 0.25$ leads to the equally likely situation of IC in which $q_i = 1/8$ for each $1 \le i \le 8$.

The Case of Complete Agreement on Three Issues

The same procedure that was used for the case of two issues is extended here to define the limit probability as $n \to \infty$ that Party *R* is both the MP and the party that has its position win by majority rule on all three issues. Four variables are defined to account for each of these events. Variable Y_i^j is used to require that majority rule selects the position of Party *R* for Issue i if $\overline{Y}_i > 0$ for each $i = 1, 2, 3$. Variable Y_4^j requires that Party *R* is the MP if $\overline{Y}_4 > 0$. The Central Limit Theorem is applied as $n \to \infty$, and this limit probability is then obtained as a four-variate normal positive orthant probability $\Phi_4(\boldsymbol{R}^2)$ that $\overline{Y}_i\sqrt{n} \ge E(\overline{Y}_i\sqrt{n})$ for $i = 1, 2, 3, 4$. After performing the necessary algebraic calculation, the correlation matrix $\boldsymbol{R}^2$ is obtained as

$$\boldsymbol{R}^2 = \begin{bmatrix} 1 & \dfrac{4a-1}{3} & \dfrac{4a-1}{3} & \dfrac{2a+1}{3} \\ - & 1 & \dfrac{4a-1}{3} & \dfrac{2a+1}{3} \\ - & - & 1 & \dfrac{2a+1}{3} \\ - & - & - & 1 \end{bmatrix}. \tag{4.13}$$

The limiting probability of having complete agreement on three issues with a given a is denoted as $P_{MP}^{\infty}(3,3,a)$, and a representation for this probability is obtained from the multivariate normal positive orthant probability $\Phi_4(\boldsymbol{R}^2)$. Since there are two possible parties that could be the MP, the imposed neutrality toward candidates leads to $P_{MP}^{\infty}(3,3,a) = 2\Phi_4(\boldsymbol{R}^2)$, and some results follow immediately. Since all correlation terms in $\boldsymbol{R}^2$ increase as a increases, the previously mentioned result from Slepian (1962) requires that $P_{MP}^{\infty}(3,3,a)$ does not decrease as a increases. It can therefore be concluded that an increased degree of voters' complete party agreement with party positions on issues, and the associated polarization that neutrality towards parties implies, generally leads to an increase in the probability that there will be complete agreement, as measured by $P_{MP}^{\infty}(3,3,a)$.

The correlation matrix $\boldsymbol{R}^2$ also fits the special case for four-variate normal positive orthant probabilities in Gehrlein (1979), which leads to a representation for $P_{MP}^{\infty}(3,3,a)$ with a given value of a as

$$P_{MP}^{\infty}(3,3,a) = \frac{1}{8} + \frac{3}{4\pi}\left\{Sin^{-1}\left(\frac{2a+1}{3}\right) + Sin^{-1}\left(\frac{4a-1}{3}\right)\right\}$$
$$+ \frac{3}{2\pi^2}\int_0^{\frac{2a+1}{3}} \sqrt{\frac{1}{1-z^2}}\, Sin^{-1}\left(\frac{4a-1-3z^2}{4a+2-6z^2}\right) dz. \quad (4.14)$$

An exact result can be obtained from direct integration for the special case with $a = 1$ in (4.14), leading to $P_{MP}^{\infty}(3,3,1) = 1$. Table 4.2 shows computed vales of $P_{MP}^{\infty}(3,3,a)$ for each value of $a = 0.00(0.10)1.00$ that were obtained by numerical integration from (4.14). The computed value for $a = 0.25$ is also included since this corresponds to the condition of IC.

Table 4.2 Computed values of $P_{MP}^{\infty}(3,3,a)$, $P_{MP}^{\infty}(3,2,a)$, $P_{MP}^{\infty}(3,1,a)$ and $P_{MP}^{\infty}(3,0,a)$

a	$P_{MP}^{\infty}(3,3,a)$	$P_{MP}^{\infty}(3,2,a)$	$P_{MP}^{\infty}(3,1,a)$	$P_{MP}^{\infty}(3,0,a)$
0.00	0.0877	0.6491	0.2632	0.0000
0.10	0.1499	0.5971	0.2490	0.0040
0.20	0.2097	0.5527	0.2291	0.0085
0.25	0.2396	0.5312	0.2187	0.0104
0.30	0.2697	0.5098	0.2083	0.0121
0.40	0.3314	0.4665	0.1873	0.0148
0.50	0.3959	0.4215	0.1662	0.0164
0.60	0.4648	0.3735	0.1446	0.0170
0.70	0.5407	0.3207	0.1220	0.0166
0.80	0.6282	0.2598	0.0971	0.0149
0.90	0.7392	0.1823	0.0671	0.0114
1.00	1.0000	0.0000	0.0000	0.0000

A Strict Ostrogorski Paradox occurs when the simple majority voting outcomes on all three issues agree with the position of Party R, with $\overline{Y}_i\sqrt{n} \geq E(\overline{X}_i\sqrt{n})$ for all $i = 1, 2, 3$, and Party L is the MP with $\overline{Y}_4\sqrt{n} \leq E(\overline{Y}_4\sqrt{n})$. A representation for this probability, $P_{MP}^{\infty}(3, 0, a)$, can be obtained quite easily by replacing variable Y_4^j with $-Y_4^j$ in our arguments. This effectively negates all correlation terms that involve variable Y_4^j in $\boldsymbol{R}^2$, which ultimately leads to

$$P_{MP}^{\infty}(3, 0, a) = \frac{1}{8} - \frac{3}{4\pi}\left\{Sin^{-1}\left(\frac{2a+1}{3}\right) - Sin^{-1}\left(\frac{4a-1}{3}\right)\right\} - \frac{3}{2\pi^2}\int_0^{\frac{2a+1}{3}} \sqrt{\frac{1}{1-z^2}}\, Sin^{-1}\left(\frac{4a-1-3z^2}{4a+2-6z^2}\right) dz. \tag{4.15}$$

A precise solution can be obtained for the special case of $a = 1$ in (4.15) by using direct integration, with $P_{MP}^{\infty}(3, 0, 1) = 0$. Computed values of $P_{MP}^{\infty}(3, 0, a)$ are listed in Table 4.2 for each value of $a = 0.00(0.10)1.00$ that were obtained from numerical integration from (4.15), along with the value for $a = 0.25$. These results indicate that the probability of observing a Strict Ostrogorski Paradox is very small over the range of all possible values of a.

An alternative representation for $P_{MP}^{\infty}(3, 0, a)$ is found in Gehrlein and Merlin (2009a) by using a different approach to the problem that follows Merlin and Tataru (1997), Saari and Tataru (1999) and Merlin et al. (2000, 2002), with

$$PA_{MP}^{\infty}(3, 0, a) = \frac{3}{2\pi^2}\int_0^a \left\{\frac{2Cos^{-1}\left(\sqrt{\frac{2t+1}{8t+1}}\right)}{\sqrt{2+2t-4t^2}} - \frac{Cos^{-1}\left(\frac{t+1}{2t+1}\right)}{\sqrt{2-t-t^2}}\right\} dt. \tag{4.16}$$

This particular representation for $P_{MP}^{\infty}(3, 0, a)$ is useful, since it can be used to find that the maximum value exists at $P_{MP}^{\infty}(3, 0, 0.610) \approx 0.0170$, which is not equivalent to the IC scenario.

The Case of Partial Agreement on Three Issues

Party R will be the MP and Issue 1 will have the only majority rule outcome that is in disagreement with the position of Party R if both $\overline{Y}_1\sqrt{n} \leq E(\overline{Y}_1\sqrt{n})$ and $\overline{Y}_i\sqrt{n} \geq E(\overline{Y}_i\sqrt{n})$ for each $i = 2, 3, 4$, which is equivalent to the joint probability that $\overline{Y}_i\sqrt{n} \geq E(\overline{Y}_i\sqrt{n})$ for $i = 2, 3, 4$ minus the probability that $\overline{Y}_i\sqrt{n} \geq E(\overline{Y}_i\sqrt{n})$ for $i = 1, 2, 3, 4$. The first probability can be obtained directly from the three-variate extension of Sheppard's Theorem and the second is $\Phi_4(\boldsymbol{R}^2)$. Moreover, there are three issues that could be the single issue that is not in agreement with the MP and there are two parties that could be the MP. After algebraic reduction we get a representation for $P^{\infty}_{MP}(3,2,a)$ as

$$P^{\infty}_{MP}(3,2,a) = \frac{3}{8} + \frac{3}{4\pi}\left\{Sin^{-1}\left(\frac{2a+1}{3}\right) - Sin^{-1}\left(\frac{4a-1}{3}\right)\right\} - \frac{9}{2\pi^2}\int_{0}^{\frac{2a+1}{3}} \sqrt{\frac{1}{1-z^2}}Sin^{-1}\left(\frac{4a-1-3z^2}{4a+2-6z^2}\right)dz. \tag{4.17}$$

An exact integral solution can be found for (4.17) for the special case of $a = 1$, with $P^{\infty}_{MP}(3,2,1) = 0$. Computed values of $P^{\infty}_{MP}(3,2,a)$ are listed in Table 4.2 for each value of $a = 0.00(0.10)1.00$ that were obtained from numerical integration from (4.17), along with the value for $a = 0.25$.

The only remaining representation for $P^{\infty}_{MP}(3,1,a)$ can then be obtained by using the identity relation $\sum_{i=0}^{3} P^{\infty}_{PM}(3,i,a) = 1$ with the representations from (4.14), (4.15) and (4.17), with

$$P^{\infty}_{MP}(3,1,a) = \frac{3}{8} - \frac{3}{4\pi}\left\{Sin^{-1}\left(\frac{2a+1}{3}\right) + Sin^{-1}\left(\frac{4a-1}{3}\right)\right\} + \frac{9}{2\pi^2}\int_{0}^{\frac{2a+1}{3}} \sqrt{\frac{1}{1-z^2}}Sin^{-1}\left(\frac{4a-1-3z^2}{4a+2-6z^2}\right)dz. \tag{4.18}$$

An exact integral solution can be found for $P^{\infty}_{MP}(3,1,a)$ in the special case with $a = 1$ in (4.18), with $P^{\infty}_{MP}(3,1,1) = 0$. Computed values of $P^{\infty}_{MP}(3,1,a)$ are listed in Table 4.2 for each $a = 0.00(0.10)1.00$ that were obtained from numerical integration from (4.18), along with the value for $a = 0.25$. The results from Table 4.2 show that both $P^{\infty}_{MP}(3,1,a)$ and $P^{\infty}_{MP}(3,2,a)$ consistently decrease as a increases, which indicates a decrease in the probability that there is only partial agreement for the case of three issues as a increases.

A Weak Ostrogorski Paradox is observed with a probability of as much as nearly 22% for the case of three issues in Table 4.2 for conditions in which the population of voters is required to show at least as much mutual coherence in agreements with party positions on issues as in the case of IC. The probability of observing a Weak Ostrogorski Paradox obviously increases significantly over the probability of observing the much more restrictive outcome that is required to observe a Strict Ostrogorski Paradox.

4.1.1.3 The Impact of the Party Parity Assumption

Some discussion is necessary to consider the impact that the party parity assumption with $q_1 = q_8 = a/2$ and $q_i = (1-a)/6$ for $2 \le i \le 7$ has on the resulting probability estimates. The possible voters' preferences on party positions on issues that are shown in Fig. 4.2 indicate that this assumption is equivalent to saying that the probability that any voter has any given set of preferences on issues is identical to the probability that the voter has preferences on issues with all of the *R* and *L* entries reversed. This leads to parity in voters' preferences for issues positions for Parties *R* and *L*, such that any randomly selected voter is equally likely to have an overall party alignment with either party and the MP is equally likely to be either party. Situations of this nature with a complete balance of outcome possibilities will obviously tend to exaggerate the probability that paradoxical events are observed for large electorates, since the introduction of any consistent bias that favors the position of either party on the issues will typically lead to a very high probability that complete agreement with the MP position on issues will be observed as $n \to \infty$. However, such a parity situation is not a completely implausible scenario, despite the fact that it does represent an extreme case.

More extreme theoretical models can be developed to obtain significantly greater probabilities that a Strict Ostrogorski's Paradox is observed. For example, consider a scenario in which the q_i probabilities are obtained with the following process. Randomly generate two variables, δ and ε, from some probability distribution on the interval $[0, 1/8]$, and let δ (ε) denote the propensity of voters to have issue preferences that lean toward Party *R* (*L*) partisanship. That is, voters are generally more disposed to favor the issue positions of Party *R* than Party *L* whenever $\delta > \varepsilon$. The q_i probabilities for this *partisanship model* can then be defined on the basis of δ and ε, as shown in Fig. 4.3.

The definitions from Fig. 4.3 lead to $E\left(Y_i^j\right) = 2(\delta - \varepsilon)$ for i = 1,2,3 and $E\left(Y_4^j\right) = 0$. If we suppose without a loss of generality that $\delta > \varepsilon$ as $n \to \infty$, then Party *R* will be the majority rule winner on all issues with probability approaching one. But, Party *R* will only be the MP with probability 0.5 with this model since $E\left(Y_4^j\right) = 0$, so there is a very significant chance that a Strict Ostrogorski Paradox will be observed. However, the impact of this striking observation must be weighed

	$\frac{1}{8}+3\delta$	$\frac{1}{8}-\delta$	$\frac{1}{8}-\delta$	$\frac{1}{8}-\varepsilon$	$\frac{1}{8}-\delta$	$\frac{1}{8}-\varepsilon$	$\frac{1}{8}-\varepsilon$	$\frac{1}{8}+3\varepsilon$
Issue 1	*R*	*R*	*R*	*R*	*L*	*L*	*L*	*L*
Issue 2	*R*	*R*	*L*	*L*	*R*	*R*	*L*	*L*
Issue 3	*R*	*L*	*R*	*L*	*R*	*L*	*R*	*L*
Alignment	*R*	*R*	*R*	*L*	*R*	*L*	*L*	*L*

Fig. 4.3 Feasible voters' preferences with a partisanship model

against the relative degree of rationality that this partisanship model associates with the electorate.

Suppose that δ is significantly greater than ε, so that we have a population of voters that has a strong bias toward adopting the issue positions that are taken by Party R. A randomly selected voter is very predictably most likely to have preferences that are in complete agreement with Party R on all issues, which is quite a rational outcome for this model. Unfortunately, Fig. 4.3 then tells us that a randomly selected voter is least likely to have agreement with Party R on two out of three issues, suggesting an electorate that displays very odd behavior for a group that is supposedly predisposed to be highly favorable toward the issue positions of Party R. So, while it is possible to define such a theoretical model, it falls out of the realm of plausibility.

In the same vein, it is possible to develop other models that give a significantly large probability of observing a Strong Ostrogorski Paradox by making assumptions about different intensities of importance that parties might place on the passage of the various issues that are being considered. While these models can indeed fall into the realm of plausibility, they typically rely on the assumption that the MP has some subset of issues for which it takes a position, but where it has a low intensity of concern about the ultimate vote outcome. However, it would not be particularly paradoxical or disconcerting for the MP if the minority party position won on such issues that are considered to be of little importance.

The party parity model that we use in the current study attempts to give an upper bound on the estimate of the paradox probabilities with a *not* implausible model that assumes that the parties take issue positions with a real concern about the voting outcome on the issues, without making any a priori assumptions that are intentionally creating a specific scenario that is tailored to produce the paradoxical outcome that is being studied.

4.1.1.4 Ostrogorski's Paradox: The General Case of m Issues

The analysis of this type of problem becomes significantly more complex as the number of issues increases, since there are 2^m possible combinations of voter agreements with party positions. As a result, attention is restricted to the IC assumption for all $m \geq 4$. We generalize the analysis that was presented above for the two and three-issue cases, by defining m binary variables to determine if the position of Party R is the winner by majority rule on each issue. Variable Z_i^j takes a value of $+1$ (-1) when the jth voter is in agreement with the position of Party R (L) on the ith issue. The m variables are formally defined as

$$Z_i^j = \begin{cases} +1: & \text{For } j\text{th voter agreement with the position of Party } R \text{ on Issue } i \\ -1: & \text{For } j\text{th voter agreement with the position of Party } L \text{ on Issue } i. \end{cases} \quad (4.19)$$

There are an equal number of voters' party position agreement combinations in the $+1$ and -1 categories in the variable definitions for each issue in (4.19). Since each possible combination is equally likely, it follows that $E\left(Z_i^j\right) = 0$ for each $1 \le i \le m$. It is also obvious that $E\left(Z_i^{j2}\right) = 1$ for all $1 \le i \le m$.

To determine $E\left(Z_i^j Z_k^j\right)$ for $1 \le i < k \le m$, partition the set of all possible combinations of voter agreements with party positions on issues into 2^{m-2} subsets of cardinality four such that each of Z_i^j and Z_k^j can have values of $+1$ or -1 in each subset, while the party agreements on issues on the remaining $m-2$ issues are identical within each of the subsets. Obviously, $E\left(Z_i^j Z_k^j\right) = 0$ within each of these 2^{m-2} subsets when each combination is assumed to be equally likely. The partitioning procedure also requires this to be true for each of the subsets, so it follows directly that $E\left(Z_i^j Z_k^j\right) = 0$ over the entire set of all possible combinations of voter agreements with party positions. The correlation between variables Z_i^j and Z_k^j is denoted as $\omega_{i,k}$, and the fact that $E\left(Z_i^j\right) = 0$ for all $1 \le i \le m$ coupled with earlier discussion leads to the observation that $\omega_{i,k} = 0$ for all $1 \le i < k \le m$.

Variable Z_{m+1}^j denotes the contribution that the party alignment of the *j*th voter makes toward Party *R* being the MP.

$$\begin{aligned} Z_{m+1}^j = +1&: \text{ If } j\text{th voter is aligned with Party } R \\ 0&: \text{ If } j\text{th has no party alignment} \\ -1&: \text{ If } j\text{th voter is aligned with Party } L \end{aligned} \tag{4.20}$$

Each possible combination of a voter's party agreements on issues can be paired with the equally likely combination in which all of the Party *R* and *L* positions on issues are interchanged. Either both members of this pair do not have a party alignment, or one is aligned with Party *R* while the other is aligned with Party *L*. It follows directly that $E\left(Z_{m+1}^j\right) = 0$. If m is odd, there cannot be a tie for party alignment, so it must be true that

$$E\left(Z_{m+1}^{j\ 2}\right) = 1, \text{ for odd } m. \tag{4.21}$$

If m is even, there are $\boldsymbol{C}_{m/2}^m$ different combinations of possible voter agreements on the issues for which a voter is not aligned with any party, with $Z_{m+1}^j = 0$ in (4.20). Each possible combination has an equally likely probability of $1/2^m$ for a randomly selected voter, so

$$E\left(Z_{m+1}^{j\ 2}\right) = \frac{2^m - \boldsymbol{C}_{m/2}^m}{2^m}, \text{ for even } m. \tag{4.22}$$

To obtain $E\left(Z_h^j Z_{m+1}^j\right)$, we consider the voters' party agreement on Issue h in the 2^m different possible combinations of voter agreements with party positions. Half of these possible combinations have an agreement with Party R for Issue h. Denote this subset as $S(R)$. There are C_i^{m-1} different combinations of voter agreements on the remaining $m-1$ party positions for issues in this subset that will have exactly i issues in agreement with the position of Party L, and Party R will be the MP if $0 \leq i < m/2$. The total number of combinations in $S(R)$ for which Party R is the MP is therefore given by $\#S(R)$, with

$$\#S(R) = \sum_{i=0}^{(m-1)/2} C_i^{m-1}, \text{ for odd } m \tag{4.23}$$

$$\#S(R) = \sum_{i=0}^{(m-2)/2} C_i^{m-1}, \text{ for even } m. \tag{4.24}$$

The other half of the possible combinations of voter agreements with party positions on issues will have an agreement with Party L on Issue h, and we denote this subset as $S(L)$. There are C_i^{m-1} combinations that have exactly i issues in agreement with the position of Party L in the remaining $m-1$ issues, and each such combination will have Party R as the MP if $0 \leq i < (m-2)/2$. The total number of combinations in $S(L)$ for which Party R is the MP is therefore given by $\#S(L)$, with

$$\#S(L) = \sum_{i=0}^{(m-3)/2} C_i^{m-1}, \text{ for odd } m \tag{4.25}$$

$$\#S(L) = \sum_{i=0}^{(m-4)/2} C_i^{m-1}, \text{ for even } m. \tag{4.26}$$

The value of variable Z_h^j will be $+1$ $[-1]$ for each combination of possible voter agreements in $S(R)$ $[S(L)]$ and each possible combination has a probability of $1/2^m$ of being observed. With Party R being the MP in both $\#S(R)$ and $\#S(L)$, the expected value $E\left(Z_h^j Z_{m+1}^j\right)$ is obtained from

$$E\left(Z_h^j Z_{m+1}^j\right) = [(+1)\#S(R) + (-1)\#S(L)]/2^m. \tag{4.27}$$

The correlation between Z_h^j and Z_{m+1}^j for all $1 \leq h \leq m$ follows the definition in (4.3) in this case, and all of the above leads to

$$\omega_{h,m+1} = \frac{C_{(m-1)/2}^{m-1}}{2^{m-1}}, \text{ for all } 1 \leq h \leq m \text{ (odd)} \tag{4.28}$$

$$\omega_{h,m+1} = \frac{C^{m-1}_{(m-2)/2}}{\sqrt{2^{m-2}(2^m - C^m_{m/2})}}, \text{ for all } 1 \le h \le m \text{ (even)}. \tag{4.29}$$

Let W_{m+1} with these $\omega_{i,j}$ components denote the correlation matrix for the $m + 1$ variables that are defined in (4.19) and (4.20). The W_{m+1} matrices that are obtained from (4.28) and (4.29) verify results for the cases of two, three and four issues with IC in Gehrlein and Merlin (2009a). Given the neutrality of the IC assumption toward the two parties, the probability of complete agreement between the MP, which could be Party R or L, and the majority rule winning party position on all m issues is given by $P^{\infty}_{MP}(m, m, IC) = 2\Phi_{m+1}(W_{m+1})$.

The General Case of m Issues: Partial Agreement

Suppose that we are interested in the probability that there is nearly complete agreement, in that only Issue 1 has a majority rule outcome for a party position that is in disagreement with the MP. This would be determined by finding the resulting correlation matrix W^1_{m+1} where the signs of the variable values for Z^j_1 are reversed, which would reverse the sign on all correlation terms in W_{m+1} that involve Z^j_1. As a result, it is still true that $\omega^1_{h,k} = \omega_{h,k} = 0$ for all $1 \le h < k \le m$ and $\omega^1_{g,m+1} = \omega_{g,m+1}$ for all $1 < g \le m$. The only difference between W^1_{m+1} and W_{m+1} is that $\omega^1_{1,m+1} = -\omega_{1,m+1}$. With the neutrality of IC toward the two parties and the symmetry of IC with respect to the m possible issues that could be the single issue in disagreement with the MP position, it follows that $P^{\infty}_{MP}(m, m-1, IC) = 2m\Phi_{m+1}(W^1_{m+1})$.

This logic can easily be extended to the general case in which exactly k issues have majority rule agreement with party positions that are in disagreement with the MP positions. The correlation matrix that is used for the associated probability is W^k_{m+1}, which comes from W_{m+1} simply by negating the $\omega_{i,m+1}$ correlation values for $1 \le i \le k$. The same probability value will be obtained, regardless of which specific set of k issues are selected to have their $\omega_{i,m+1}$ terms negated to obtain the $\omega^k_{i,m+1}$ values. There are C^m_k different sets of k issues and there are two parties that could be the MP, so $P^{\infty}_{MP}(m, m-k, IC) = 2C^m_k\Phi_{m+1}(W^k_{m+1})$.

This observation can be extended to produce some interesting results.

Theorem 4.2 $P^{\infty}_{MP}(m, m-k, IC) \ge P^{\infty}_{MP}(m, k, IC)$, *for* $0 \le k \le m/2$.

Proof Given the definition of W^k_{m+1}, $\omega^k_{i,j} \ge \omega^{k^*}_{i,j}$ for all $1 \le i < j \le m+1$ when $k < k^*$. This observation is contingent upon the requirement that $\omega_{i,m+1} > 0$, which is true from (4.28) and (4.29). It then follows from Slepian (1962) that $\Phi(W^k_{m+1}) \ge \Phi(W^{k^*}_{m+1})$. Given that $C^m_k = C^m_{m-k}$, $2C^m_k\Phi(W^k_{m+1}) \ge 2C^m_{m-k}\Phi(W^{m-k}_{m+1})$ if $k \le m/2$. □

Theorem 4.3 $P^{\infty}_{MP}(m, m-k, IC) + P^{\infty}_{MP}(m, k, IC) = C^m_k (1/2)^{m-1}$ *for* $m \geq 2$ *with* $0 \leq k \leq m$.

Proof The limit probability $P^{\infty}_{MP}(m, m-k, IC)$ is obtained from the positive orthant probability $\Phi_{m+1}(\mathbf{W}^k_{m+1})$, which is the probability that Party R is the MP and that there are exactly k majority rule outcomes on issues that are in disagreement with the position of Party R. This orthant probability can alternatively be obtained as the difference in two probabilities. The first of these probabilities represents the situation in which there are exactly k majority rule outcomes on issues that are in disagreement with the position of Party R. This situation makes no determination of the MP, and the associated correlation matrix $\mathbf{Z}_m$ on this joint distribution is obtained from W^k_{m+1} by removing all correlation terms that are related to Z^j_{m+1}.

Given the definition of $\mathbf{W}^k_{m+1}$, all correlations in $\mathbf{Z}_m$ are therefore equal to zero, which gives $\Phi_m(\mathbf{Z}_m) = (1/2)^m$. We then subtract the second probability that there are exactly k majority rule outcomes on issues that are in disagreement with the position of Party R, when Party L is the MP. This second probability is obtained by using the assumptions that led to the development of $\Phi_{m+1}(\mathbf{W}^k_{m+1})$, except that the signs on variable Z^j_{m+1} are reversed. This reverses the signs on all correlation terms that involve Z^j_{m+1} and leads to an associated positive orthant probability that is equivalent to $\Phi_{m+1}(\mathbf{W}^{m-k}_{m+1})$.

As a result, we find that

$$\Phi_{m+1}(\mathbf{W}^k_{m+1}) = (1/2)^m - \Phi_{m+1}(\mathbf{W}^{m-k}_{m+1})$$

$$2C^m_k \Phi_{m+1}(\mathbf{W}^k_{m+1}) = C^m_k (1/2)^{m-1} - 2C^m_k \Phi_{m+1}(\mathbf{W}^{m-k}_{m+1})$$

$$2C^m_k \Phi_{m+1}(\mathbf{W}^k_{m+1}) + 2C^m_{m-k} \Phi_{m+1}(\mathbf{W}^{m-k}_{m+1}) = C^m_k (1/2)^{m-1}.$$ □

A related observation follows directly from the proof of Theorem 4.3.

Corollary 4.1 $P^{\infty}_{MP}(m, m/2, IC) = C^m_{m/2}(1/2)^m$ *for all even* $m \geq 2$.

The Case of Four Issues with IC

Some results can be obtained for the special case of four issues. Corollary 4.1 directly gives $P^{\infty}_{MP}(4, 2, IC) = 3/8$. A representation can be obtained for the limit probability $P^{\infty}_{MP}(4, 4, IC)$ from the identity $P^{\infty}_{MP}(4, 4, IC) = 2\Phi_5(\mathbf{W}_5)$. Representations for multivariate normal positive orthant probabilities become extremely complex in cases with more than four variables, except for a small number cases in which very restrictive conditions are placed on the associated correlation matrix for the distribution.

A reasonable representation is obtainable for $\Phi_5(\mathbf{W}_5)$ by appealing to *Boole's Equation* (Johnson and Kotz 1972, p. 52), which describes a procedure that can be used to express positive orthant probabilities with an odd number of dimensions in terms of a linear combination of positive orthant probabilities with fewer dimensions. With the correlation matrix $\boldsymbol{W_5}$, Boole's Equation results in

$$\Phi_5(\boldsymbol{W}_5) = \frac{1}{2}\left[1 - 5\left(\frac{1}{2}\right) + \{6\Phi_2(\mathbf{Z}_2) + 4\Phi_2(\mathbf{U}_2)\} - \{4\Phi_3(\mathbf{Z}_3) + 6\Phi_3(\mathbf{U}_3)\} + \{\Phi_4(\mathbf{Z}_4) + 4\Phi_4(\mathbf{U}_4)\}\right]. \tag{4.30}$$

Here, $\boldsymbol{Z}_j$ denotes a correlation matrix for a distribution on j variables with all correlation terms are equal to zero, as above. The correlation matrix $\boldsymbol{U}_j$ is defined on j variables with terms $u_{i,h} = 0$ for all $1 \le i < h < j$ and $u_{i,j} = \sqrt{\frac{9}{40}}$ for all $1 \le i \le j-1$. The term $\sqrt{\frac{9}{40}}$ comes from (4.29) with m equal to four.

Sheppard's Theorem can be used to obtain simple representations for $\Phi_2(\boldsymbol{U}_2)$ and $\Phi_3(\boldsymbol{U}_3)$ and $\Phi_4(\boldsymbol{U}_4)$ is a special case of a representation in Gehrlein (1979). After substitution and algebraic reduction, (4.30) reduces to

$$\Phi_5(\boldsymbol{W}_5) = \frac{1}{32} + \frac{1}{4\pi}Sin^{-1}\left(\sqrt{\frac{9}{40}}\right) + \frac{3}{2\pi^2}\int_0^{\sqrt{\frac{9}{40}}} \sqrt{\frac{1}{1-z^2}}Sin^{-1}\left(\frac{-z^2}{1-2z^2}\right)dz. \tag{4.31}$$

Using the fact that $P_{MP}^{\infty}(4,4,IC) = 2\Phi_5(\boldsymbol{W}_5)$ with (4.31) yields

$$P_{MP}^{\infty}(4,4,IC) = \frac{1}{16} + \frac{1}{2\pi}Sin^{-1}\left(\sqrt{\frac{9}{40}}\right) - \frac{3}{\pi^2}\int_0^{\sqrt{\frac{9}{40}}} \sqrt{\frac{1}{1-z^2}}Sin^{-1}\left(\frac{z^2}{1-2z^2}\right)dz \approx 0.1245. \tag{4.32}$$

Numerical integration is used to obtain the value of 0.1245 for $P_{MP}^{\infty}(4,4,IC)$.

Theorem 4.3 can be used in conjunction with (4.32) to obtain a representation for $P_{MP}^{\infty}(4,0,IC)$,

$$P_{MP}^{\infty}(4,0,IC) = \frac{1}{16} - \frac{1}{2\pi}Sin^{-1}\left(\sqrt{\frac{9}{40}}\right) + \frac{3}{\pi^2}\int_0^{\sqrt{\frac{9}{40}}} \sqrt{\frac{1}{1-z^2}}Sin^{-1}\left(\frac{z^2}{1-2z^2}\right)dz \approx 0.0005. \tag{4.33}$$

We turn attention to the situation in which there is only partial agreement with four issues, by developing a representation for $P_{MP}^{\infty}(4, 3, IC)$. Issue 1 will have the only majority rule outcome in disagreement with the issue position of the MP, when Party R is the MP, when both $\overline{X}_1\sqrt{n} \leq E(\overline{X}_1\sqrt{n})$ and $\overline{X}_i\sqrt{n} \geq E(\overline{X}_i\sqrt{n})$ for each $i = 2, 3, 4, 5$. This is equivalent to the probability that $\overline{X}_i\sqrt{n} \geq E(\overline{X}_i\sqrt{n})$ for each $i = 2, 3, 4, 5$ minus the probability that $\overline{X}_i\sqrt{n} \geq E(\overline{X}_i\sqrt{n})$ for each $i = 1, 2, 3, 4, 5$, which is $\Phi_4(\boldsymbol{U}_4) - \Phi_5(\boldsymbol{W}_5)$. There are four issues that could be the single issue that is in disagreement with the issue position of the MP, and there are two parties that could be the MP. The symmetry of IC with respect to issues and parties leads to the conclusion that $P_{MP}^{\infty}(4, 3, IC) = 8\{\Phi_4(\boldsymbol{U}_4) - \Phi_5(\boldsymbol{W}_5)\}$. After performing all necessary substitution and algebraic reduction,

$$P_{MP}^{\infty}(4, 3, IC) = \frac{1}{4} + \frac{1}{\pi} Sin^{-1}\left(\sqrt{\frac{9}{40}}\right) + \frac{6}{\pi^2} \int_0^{\sqrt{\frac{9}{40}}} \sqrt{\frac{1}{1 - z^2}} Sin^{-1}\left(\frac{z^2}{1 - 2z^2}\right) dz \approx 0.4406. \tag{4.34}$$

A representation for the remaining probability $P_{MP}^{\infty}(4, 1, IC)$ can be obtained from the identity $\sum_{i=0}^{4} P_{MP}^{\infty}(4, i, IC) = 1$, which leads to

$$P_{MP}^{\infty}(4, 1, IC) = \frac{1}{4} - \frac{1}{\pi} Sin^{-1}\left(\sqrt{\frac{9}{40}}\right) - \frac{6}{\pi^2} \int_0^{\sqrt{\frac{9}{40}}} \sqrt{\frac{1}{1 - z^2}} Sin^{-1}\left(\frac{z^2}{1 - 2z^2}\right) dz \approx 0.0594. \tag{4.35}$$

The possibility of the existence of a Strict Ostrogorski Paradox presents a very interesting phenomenon that could lead to a very unsettling outcome in group decision-making situations. This phenomenon cannot exist in two-issue voting situations for any n as a result of Theorem 4.1. When three-issue situations are considered, the results of Table 4.2 indicate that the probability of such an outcome never reaches as much as a two percent for large electorates, regardless of the propensity of voters to align their views with the standards of political parties. The results of (4.33) indicate that the probability of observing a Strict Ostrogorski Paradox in four-issue situations is nearly zero with IC for large electorates.

Given our discussion that the party parity assumption will exaggerate the probability that such paradoxical outcomes will be observed, we can conclude that it is very unlikely that a Strict Ostrogorski Paradox, or any other extreme form of Ostrogorski's Paradox, would ever be observed in any real situation with large electorates over the range of the number of issues that we have been considering.

4.1.2 The Majority Paradox

The Majority Paradox is not based on the party alignments of the individual voters, as specified with Ostrogorski's Paradox. It is based instead on the determination of an Overall Majority Party (OMP). There are a total of nm different party agreement associations in the preferences of all of the individual voters over all of the issues, and the OMP is that party that holds a majority of these nm party agreement associations. A *Weak Majority Paradox* occurs if the issue position of the OMP is then selected as the winner by majority rule for a minority of elections on issues. There cannot be a *Strict Majority Paradox*, as in the case of Ostrogorski's Paradox, since any party with an associated position that loses by majority rule voting for every issue obviously cannot be the OMP. These conditions are much less restrictive than those that were required to observe Ostrogorski's Paradox, and the objective here is to extend our analysis to consider the likelihood that the much less restrictive Majority Paradox might be observed. Much of this work is taken from Gehrlein and Merlin (2009b).

4.1.2.1 Majority Paradox: The Case of Two Issues

The basic notation here is to describe the probability that various levels of agreement exist between the majority rule outcomes on issues and the OMP, just as we used to describe comparable levels of agreement with the MP when Ostrogorski's Paradox was being analyzed. Let $P^n_{OMP}(2, i, b)$ denote the probability that exactly i issues have majority rule outcomes that are in agreement with the positions of the OMP for n voters with two issues. The same neutrality requirements are specified for the probability that the possible party position agreements from Fig. 4.1 are observed that were given in the development of $P^n_{MP}(2, i, b)$.

Representations for $P^n_{OMP}(2, i, b)$ are quite simple to obtain as the result of an observation from Gehrlein and Merlin (2009b).

Theorem 4.4 $P^n_{OMP}(2, i, b) = P^n_{MP}(2, i, b)$ *for* $i = 0, 1, 2$.

Proof Let n_i define the number of voters who have the ith combination of party agreements in Fig. 4.1 for $1 \leq i \leq 4$, with $\sum_{i=1}^{4} n_i = n$. Suppose that Party R is the majority rule winner for both issues for any specified set of n_i values, so that

$$n_1 + n_2 > n_3 + n_4 \quad \text{[Party } R \text{ wins on Issue 1]} \tag{4.36}$$

$$n_1 + n_3 > n_2 + n_4 \quad \text{[Party } R \text{ wins on Issue 2].} \tag{4.37}$$

If we add (4.36) and (4.37), we find $n_1 > n_4$, so that Party R must be the OMP. Since the $n_2 + n_3$ voters do not have any party alignment because of a tie in party position agreements, Party R must also have a majority of party alignments among the voters who have a party alignment if $n_1 > n_4$. This is true for all possible combinations of n_i values, regardless of the b value that is being considered, so it follows directly that $P^n_{OMP}(2,2,b) = P^n_{MP}(2,2,b)$.

It was noted above that a Strict Majority Paradox cannot exist for any m, and a Strict Ostrogorski Paradox cannot exist for the case of two issues based on Theorem 4.1, so $P^n_{OMP}(2,0,b) = P^n_{MP}(2,0,b) = 0$. Then, since it also follows that from definitions that $\sum_{i=0}^{3} P^n_{OMP}(2,i,b) = \sum_{i=0}^{3} P^n_{MP}(2,i,b) = 1$, the observations above lead to the conclusion that $P^n_{OMP}(2,1,b) = P^n_{MP}(2,1,b)$. □

The main result of this theorem is that all of the conclusions that were drawn regarding the connections between the probability that a voter will have complete agreement with the positions of a single party, as measured by b, and the probability of observing Ostrogorski's Paradox also apply to the probability of observing the Majority Paradox. Thus, a society with any relatively coherent degree of party agreement can be expected have complete agreement between the OMP and the majority rule winners for both issues with a relatively high probability for the case of two issues.

4.1.2.2 Majority Paradox: The Case of Three Issues

The same procedure that was used to analyze Ostrogorski's Paradox for the case of three issues is employed here, with the eight possible combinations of voter agreements with party positions on issues in Fig. 4.2. Start by defining variable Y_1^j for the jth voter, to denote the voter's party position agreement on Issue 1:

$$\begin{aligned} Y_1^j &= +1\colon q_1 + q_2 + q_3 + q_4 \\ &\quad -1\colon q_5 + q_6 + q_7 + q_8. \end{aligned} \tag{4.38}$$

Issue 1 then has a majority rule outcome that is in agreement with the position of Party R if $\sum_{j=1}^{n} Y_1^j > 0$.

Issue 2 and Issue 3 have corresponding binary variables Y_2^j and Y_3^j with

$$\begin{aligned} Y_2^j &= +1\colon q_1 + q_2 + q_5 + q_6 \\ &\quad -1\colon q_3 + q_4 + q_7 + q_8 \end{aligned} \tag{4.39}$$

$$\begin{aligned} Y_3^j &= +1\colon q_1 + q_3 + q_5 + q_7 \\ &\quad -1\colon q_2 + q_4 + q_6 + q_8. \end{aligned} \tag{4.40}$$

A randomly selected voter will have complete agreement with the positions of Party R (L) with probability q_1 (q_8), with $a = q_1 + q_8$. With the further assumption of neutrality toward parties we get $q_1 = q_8 = a/2$. The remaining six rankings then show less than complete agreement with issue positions of a party, with agreement on two issues and disagreement on one issue. By going back to the assumption of neutrality, it is assumed that $q_i = (1-a)/6$ for $2 \le i \le 7$. As a result, $E\left(Y_i^j\right) = 0$ and $E\left(Y_i^{j^2}\right) = 1$ for each $i = 1, 2, 3$. All three issues will have majority rule outcomes that are in agreement with the position of Party R with the joint probability that $\overline{Y}_i\sqrt{n} \ge E(\overline{Y}_i\sqrt{n})$ for each $i = 1, 2, 3$. This distribution is multivariate normal as $n \to \infty$ with correlation terms obtained from $E\left(Y_i^jY_k^j\right)$, with

$$E\left(Y_1^jY_2^j\right) = q_1 + q_2 - q_3 - q_4 - q_5 - q_6 + q_7 + q_8 = (4a-1)/3.$$

$$E\left(Y_1^jY_3^j\right) = q_1 - q_2 + q_3 - q_4 - q_5 + q_6 - q_7 + q_8 = (4a-1)/3$$

$$E\left(Y_2^jY_3^j\right) = q_1 - q_2 - q_3 + q_4 + q_5 - q_6 - q_7 + q_8 = (4a-1)/3. \tag{4.41}$$

These variable descriptions are identical to those of the first three variables that were used during the development of the limiting representation for $P_{MP}^{\infty}(3,3,a)$ in (4.14), so the associated correlations between these three variables will not change from their respective values in $\boldsymbol{R}^2$ in (4.13).

The Case of Complete Agreement on Three Issues

The difference now appears in the procedure for developing a representation for the probability that there is complete agreement between the party positions that win by majority rule on all issues and the issue positions of the OMP. The difference is based in the definition of how the fourth discrete variable is defined so that Party R will be the OMP. Variable Y'^j_4 accounts for the marginal contribution that the jth voter's party agreements on issues will make toward Party R being the OMP, with

$$\begin{aligned} Y'^j_4 = +3&: q_1 \\ +1&: q_2 + q_3 + q_5 \\ -1&: q_4 + q_6 + q_7. \\ -3&: q_8 \end{aligned} \tag{4.42}$$

For example, a randomly selected voter has three more agreements with Party R issue positions than with Party L positions with probability q_1, and one more agreement with Party L issue positions than Party R with probability $q_4 + q_6 + q_7$.

Party R will be the OMP if $\sum_{j=1}^{n} Y_4^j > 0$. We also note that $E\left(Y'^j_4\right) = 0$ and that $E\left(Y'^{j2}_4\right) = 8a + 1$, so the correlation terms between the Y_i^j and Y'^j_4 variables are obtained directly from $E\left(Y_i^j Y'^j_4\right)$, with

$$E\left(Y_1^j Y'^j_4\right) = 3q_1 + q_2 + q_3 - q_4 - q_5 + q_6 + q_7 + 3q_8 = (8a+1)/3$$

$$E\left(Y_2^j Y'^j_4\right) = 3q_1 + q_2 - q_3 + q_4 + q_5 - q_6 + q_7 + 3q_8 = (8a+1)/3$$

$$E\left(Y_3^j Y'^j_4\right) = 3q_1 - q_2 + q_3 + q_4 + q_5 + q_6 - q_7 + 3q_8 = (8a+1)/3. \quad (4.43)$$

The limit probability as $n \to \infty$ that Party R is the OMP and all three issues have majority rule outcomes that are in agreement with the position of Party R is the joint probability, $\Phi_4\left(\boldsymbol{R}'^2\right)$, that $\overline{Y}_i\sqrt{n} \geq E\left(\overline{Y}_i\sqrt{n}\right)$, for each $i = 1, 2, 3$ and that $\overline{Y'}_4\sqrt{n} \geq E\left(\overline{Y'}_4\sqrt{n}\right)$. The correlation matrix $\boldsymbol{R}'^2$ is developed following earlier discussion, with

$$\boldsymbol{R}'^2 = \begin{bmatrix} 1 & \frac{4a-1}{3} & \frac{4a-1}{3} & \sqrt{\frac{8a+1}{9}} \\ - & 1 & \frac{4a-1}{3} & \sqrt{\frac{8a+1}{9}} \\ - & - & 1 & \sqrt{\frac{8a+1}{9}} \\ - & - & - & 1 \end{bmatrix}. \quad (4.44)$$

The limit probability that there is complete agreement for the case of three issues with a given a is denoted as $P_{OMP}^{\infty}(3,3,a)$, and it is obtained from the identity $P_{OMP}^{\infty}(3,3,a) = 2\Phi_4\left(\boldsymbol{R}'^2\right)$. Since each correlation terms in $\boldsymbol{R}'^2$ increase as a increases, $P_{OMP}^{\infty}(3,3,a)$ does not decrease as a increases. An increased degree of voters' complete agreement with the issue position of one party therefore leads directly to an increase in the probability of having complete agreement of majority rule outcomes on issue positions with the positions of the OMP. The specific form of $\boldsymbol{R}'^2$ in (4.44) does not directly lead to a simple closed form representation for $\Phi_4\left(\boldsymbol{R}'^2\right)$, but it is possible to obtain such a representation after making a few observations.

Let $\Phi_4\left(\boldsymbol{Q}'^2\right)$ denote the limit probability that $\overline{Y}_i\sqrt{n} \geq E\left(\overline{Y}_i\sqrt{n}\right)$ for $i = 1, 2, 3$ and $\overline{Y'}_4\sqrt{n} \leq E\left(\overline{Y}'_4\sqrt{n}\right)$. These conditions require that issue positions of Party R are adopted by majority rule on all three issues, while Party L is the OMP. The correlation matrix $\boldsymbol{Q}'^2$ is obtained from $\boldsymbol{R}'^2$ in (4.44) by negating the correlation terms that involve Y'^j_4. The assumed neutrality toward issues and our definitions lead to

$$P_{OMP}^{\infty}(3,3,a) + P_{OMP}^{\infty}(3,0,a) = 2\left(\Phi_4\left(\boldsymbol{R}'^2\right) + \Phi_4\left(\boldsymbol{Q}'^2\right)\right). \quad (4.45)$$

Table 4.3 Computed values of $P^{\infty}_{OMP}(3,3,a)$, $P^{\infty}_{OMP}(3,2,a)$ and $P^{\infty}_{OMP}(3,1,a)$

a	$P^{\infty}_{OMP}(3,3,a)$	$P^{\infty}_{OMP}(3,2,a)$	$P^{\infty}_{OMP}(3,1,a)$
0.00	0.0877	0.6491	0.2632
0.10	0.1539	0.6350	0.2111
0.20	0.2181	0.6056	0.1763
0.25	0.2500	0.5877	0.1623
0.30	0.2819	0.5684	0.1498
0.40	0.3461	0.5259	0.1280
0.50	0.4123	0.4786	0.1091
0.60	0.4818	0.4263	0.0919
0.70	0.5572	0.3673	0.0754
0.80	0.6431	0.2983	0.0587
0.90	0.7506	0.2097	0.0397
1.00	1.0000	0.0000	0.0000

It also follows that $\Phi_4(\boldsymbol{R}'^2) + \Phi_4(\boldsymbol{Q}'^2)$ is equivalent to the limiting joint probability that $\overline{Y}_i\sqrt{n} \geq E(\overline{Y}_i\sqrt{n})$ for $i = 1,2,3$. Denote this limiting joint probability as $\Phi_3(\boldsymbol{R}^3)$, where $\boldsymbol{R}^3$ is obtained from $\boldsymbol{R}'^2$ in (4.44) by eliminating all correlation terms that involve Y'^{ij}_4, so all remaining correlation terms in $\boldsymbol{R}^3$ are equal to $(4a-1)/3$. The three variate extension of Sheppard's Theorem can be applied to obtain a closed form representation for $\Phi_3(\boldsymbol{R}^3)$. We couple this with the fact that we know that $P^{\infty}_{OMP}(3,0,a) = 0$ for all a from previous discussion, and it follows that (4.45) can then be reduced to

$$P^{\infty}_{OMP}(3,3,a) = \frac{1}{4} + \frac{3}{2\pi} Sin^{-1}\left(\frac{4a-1}{3}\right). \tag{4.46}$$

Table 4.3 lists the computed vales of $P^{\infty}_{OMP}(3,3,a)$ from (4.46) for each value of $a =$ 0.00(0.10)1.00. The computed value for $a = 0.25$ is also included since this corresponds to the condition of IC.

If the probability representations for $P^{\infty}_{MP}(3,3,a)$ and $P^{\infty}_{MP}(3,0,a)$ in (4.14) and (4.15) respectively are summed, the result is identical to the probability representation for $P^{\infty}_{OMP}(3,3,a)$ in (4.46), which leads to the observation that

$$P^{\infty}_{OMP}(3,3,a) = P^{\infty}_{MP}(3,3,a) + P^{\infty}_{MP}(3,0,a). \tag{4.47}$$

The probability of complete agreement is therefore much greater in the context of agreement with the OMP than it is in the context of agreement with the MP.

The Case of Three Issues: Partial Agreement

Party R will be the OMP and Issue 1 will have the only majority rule outcome that agrees with the position of Party L if $\overline{Y}_1\sqrt{n} \leq E(\overline{Y}_1\sqrt{n})$, $\overline{Y}_i\sqrt{n} \geq E(\overline{Y}_i\sqrt{n})$ for

$i = 2, 3$ and $\overline{Y'}_4\sqrt{n} \geq E(\overline{Y'}_4\sqrt{n})$. This is equivalent to the joint probability that $\overline{Y}_i\sqrt{n} \geq E(\overline{Y}_i\sqrt{n})$ for $i = 2, 3$ and $\overline{Y'}_4\sqrt{n} \geq E(\overline{Y'}_4\sqrt{n})$ minus the probability that $\overline{Y}_i\sqrt{n} \geq E(\overline{Y}_i\sqrt{n})$ for $i = 1,2,3$ and $\overline{Y'}_4\sqrt{n} \geq E(\overline{Y'}_4\sqrt{n})$. The first probability can be obtained directly from the three-variate extension of Sheppard's Theorem and the second probability is $\Phi_4(\boldsymbol{R}'^2)$. In order to obtain a representation for $P_{OMP}^{\infty}(3, 2, a)$, we must also account for the fact that there are three issues that could be the single issue that is in disagreement with the position of the OMP and for the fact that there are two parties that could be the OMP. After using all of this with (4.46) and algebraic reduction, the resulting representation for $P_{OMP}^{\infty}(3, 2, a)$ is given by

$$P_{OMP}^{\infty}(3, 2, a) = \frac{3}{\pi}\left\{Sin^{-1}\left(\sqrt{\frac{8a+1}{9}}\right) - Sin^{-1}\left(\frac{4a-1}{3}\right)\right\}. \tag{4.48}$$

An exact solution can be found for the special case of $a = 1$ in (4.48), with $P_{OMP}^{\infty}(3, 2, 1) = 0$. Computed values of $P_{OMP}^{\infty}(3, 2, a)$ are listed in Table 4.3 for each value of $a = 0.00(0.10)1.00$ that were obtained from (4.48), along with the value for $a = 0.25$.

A representation for $P_{OMP}^{\infty}(3, 1, a)$ is obtained directly from the identity relationship $\sum_{i=0}^{3} P_{OMP}^{\infty}(3, i, a) = 1$. After using the representations in (4.46) and (4.48) with $P_{OMP}^{\infty}(3, 0, a) = 0$, algebraic reduction leads to the representation

$$P_{OMP}^{\infty}(3, 1, a) = \frac{3}{4} - \frac{3}{\pi}Sin^{-1}\left(\sqrt{\frac{8a+1}{9}}\right) + \frac{3}{2\pi}Sin^{-1}\left(\frac{4a-1}{3}\right). \tag{4.49}$$

An exact solution can be found for the special case of $a = 1$ in (4.49), with $P_{OMP}^{\infty}(3, 1, 1) = 0$. Computed values of $P_{OMP}^{\infty}(3, 1, a)$ are listed in Table 4.3 for each $a = 0.00(0.10)1.00$ from (4.49), along with the value for $a = 0.25$.

4.1.2.3 Majority Paradox: The General Case of m Issues

The analysis of the three-issue case for the Majority Paradox was seen to follow the analysis of the three-issue case for Ostrogorski's Paradox very closely, and the same is found to be true for the general case of m issues, where we restrict attention to the IC scenario for $m \geq 4$. To start, m binary variables are defined to determine if the position of Party R is the winner by majority rule on each issue. Variable Z_i^j will take a value of $+1$ (-1) when the jth voter is in agreement with the position of Party R (L) on the ith issue. The m variables are formally defined exactly as they were in (4.19), with

$$Z_i^j = +1\text{: For } j\text{th voter agreement with the position of Party } R \text{ on Issue } i$$
$$-1\text{: For } j\text{th voter agreement with the position of Party } L \text{ on Issue } i. \tag{4.50}$$

The expected values and the correlations between these m variables remain the same as in the development of representations for Ostrogorski's Paradox, such that $E\left(Z_i^j\right) = 0$ and $E\left(Z_i^{j2}\right) = 1$ for each $1 \le i \le m$, along with $Cor\left(Z_i^j Z_k^j\right) = 0$ for all $1 \le i < k \le m$.

The analysis changes at this point with the introduction of variable Z'^{j}_{m+1} that denotes the incremental contribution that the party agreements of the jth voter make toward Party R being the OMP, just as the variable Y'^{j}_4 did in the case of three issues. For the general case of m issues,

$$Z'^{j}_{m+1} = 2x - m:$$

where the jth voter agrees with the position of Party R on x issues. (4.51)

Since each possible combination of a voter's party agreements on issues can be paired with the equally likely combination in which the Party R and L positions are interchanged, it follows that $E\left(Z'^{j}_{m+1}\right) = 0$. There are $\boldsymbol{C}_i^m$ different combinations of possible voter agreements on the m issues for which a voter can agree with Party R on exactly i different issues. Every possible combination has an equally likely probability of $(1/2)^m$ for a randomly selected voter, so $E\left({Z'^{j}_{m+1}}^2\right)$ is obtained from

$$E\left({Z'^{j}_{m+1}}^2\right) = \sum_{i=0}^{m} \frac{\boldsymbol{C}_i^m (m - 2i)^2}{2^m} = m. \tag{4.52}$$

To obtain the expected value $E\left(Z_h^j Z_{m+1}^j\right)$ we consider the party agreement of Issue h in the 2^m different possible combinations of voter agreements with party positions. Subset $S(R)$ of these possible combinations all have an agreement with the position of Party R for Issue h, and we consider the total incremental contribution that the remaining $m - 1$ issue positions have, in combination with Issue h, on Party R being the OMP. There are $\boldsymbol{C}_i^{m-1}$ different combinations of voter agreements on party positions for the remaining $m - 1$ issues in this subset that will have exactly i issues in agreement with the position of Party L, and each such combination would make an incremental contribution of $m - 2i$ toward making Party R the OMP. The total incremental contribution over the entire subset $S(R)$ is therefore given by $\sum_{i=0}^{m-1} \boldsymbol{C}_i^{m-1}(m - 2i)$.

Subset $S(L)$ of the possible voter agreements with party positions on issues will have an agreement with Party L on Issue h. There are $\boldsymbol{C}_i^{m-1}$ combinations that have exactly i issues in agreement with the position of Party L in the remaining $m - 1$

entries, and each such combination will give Party R an incremental contribution of $m-2-2i$ toward being the OMP. The total incremental contribution over the entire subset $S(L)$ is therefore given by $\sum_{i=0}^{m-1} \boldsymbol{C}_i^{m-1}(m-2-2i)$.

The value of variable Z_h^j will be $+1$ $[-1]$ for each combination of possible voter agreements in $S(R)[S(L)]$, and since the contributions to Z'^j_{m+1} are to make Party R the OMP, the expected value $E\left(Z_h^j Z'^j_{m+1}\right)$ is obtained from

$$E\left(Z_h^j Z'^j_{m+1}\right) = \left[(+1)\sum_{i=0}^{m-1} \boldsymbol{C}_i^{m-1}(m-2i) + (-1)\sum_{i}^{0} \boldsymbol{C}_i^{m-1}(m-2-2i)\right] \Big/ 2^m = 1. \quad (4.53)$$

The correlation between Z_h^j and Z_{m+1}^j for all $1 \le h \le m$ follows the definition in (4.3), and

$$v_{h,m+1} = \sqrt{\frac{1}{m}} \text{ for all } 1 \le h \le m. \quad (4.54)$$

Let $\boldsymbol{V}_{m+1}$ denote a correlation matrix for the $m+1$ variables that have just been defined, with components denoted by $v_{i,j}$. As noted in earlier discussion, $v_{i,j} = 0$ for all $1 \le i < j \le m$. The neutrality of the IC assumption toward the two parties that could be the OMP, leads to the determination of a representation for the probability of complete agreement between the OMP and the majority rule winning party position on all m issues with $P_{OMP}^{\infty}(m, m, IC) = 2\Phi_{m+1}(\boldsymbol{V}_{m+1})$.

The General Case of m Issues: Partial Agreement

Theorems 4.2 and 4.3 present some general results regarding relationships between $P_{MP}^{\infty}(m, k, IC)$ representations. The proofs of these theorems were based on the fact that correlation matrix $\boldsymbol{W}_{m+1}$ had the specific characteristics that $\omega_{i,j} = 0$ for all $1 \le i < j \le m$ and that $\omega_{i,m+1}$ is equal to the same positive constant from either (4.28) if m is odd or (4.29) if m is even for all $1 \le i \le m$. The same is true of correlation matrix $\boldsymbol{V}_{m+1}$, except that $v_{i,m+1}$ is equal to the same positive constant from (4.54) for all $1 \le i \le m$. Thus, the observations from Theorems 4.2 and 4.3 are also applicable in the case of the Majority Paradox.

Corollary 4.2 $P_{OMP}^{\infty}(m, m-k, IC) \ge P_{OMP}^{\infty}(m, k, IC)$, *for* $0 \le k \le m/2$.

Corollary 4.3 $P_{OMP}^{\infty}(m, m-k, IC) + P_{OMP}^{\infty}(m, k, IC) = \boldsymbol{C}_k^m (1/2)^{m-1}$ *for* $m \ge 2$.

Corollary 4.4 $P_{OMP}^{\infty}(m, m/2, IC) = P_{MP}^{\infty}(m, m/2, IC) = \boldsymbol{C}_{m/2}^m (1/2)^m$, *for all even* $m \ge 2$.

Corollary 4.3 can then be used with the observation that $P_{OMP}^{\infty}(m, 0, IC) = 0$ to conclude that

Corollary 4.5 $P_{OMP}^{\infty}(m,m,IC) = (1/2)^{m-1}$ *for all* $m \geq 2$.

The result of Corollary 4.5 can be used with Theorem 4.3 to generalize the observation in (4.47) to the case of m issues with IC

Corollary 4.6 $P_{OMP}^{\infty}(m,m,IC) = P_{MP}^{\infty}(m,m,IC) + P_{MP}^{\infty}(m,0,IC)$ *for all* $m \geq 2$.

The Case of Four Issues with IC

Some results follow directly for the case of four issues with the assumption of IC. Corollary 4.5 gives the initial value $P_{OMP}^{\infty}(4,4,IC) = 1/8$, while Corollary 4.4 gives $P_{OMP}^{\infty}(4,2,IC) = 3/8$, and we know from previous discussion that $P_{OMP}^{\infty}(4,0,IC) = 0$. In order to obtain a representation for limit probability $P_{OMP}^{\infty}(4,3,IC)$, we start by following the logic of earlier discussion to note that

$$\Phi_5\left(\boldsymbol{V}_5^1\right) = \Phi_4\left(\boldsymbol{R}^4\right) - \Phi_5(\boldsymbol{V}_5), \tag{4.55}$$

where

$$\boldsymbol{R}^4 = \begin{bmatrix} 1 & 0 & 0 & \frac{1}{2} \\ & 1 & 0 & \frac{1}{2} \\ & & 1 & \frac{1}{2} \\ & & & 1 \end{bmatrix}. \tag{4.56}$$

Here, correlation matrix $\boldsymbol{R}^4$ is obtained from $\boldsymbol{V}_5^1$ by removing all correlations terms that are associated with Z_1^j. The form of $\boldsymbol{R}^4$ fits a special case for obtaining four-variate normal positive orthant probabilities in Gehrlein (1979), which gives $\Phi_4\left(\boldsymbol{R}^4\right)$ as

$$\Phi_4\left(\boldsymbol{R}^4\right) = \frac{1}{8} - \frac{3}{4\pi^2}\int_0^{\frac{1}{2}} \sqrt{\frac{1}{1-z^2}} Sin^{-1}\left(\frac{z^2}{1-2z^2}\right) dz. \tag{4.57}$$

By using Corollary 4.5 with $P_{OMP}^{\infty}(4,4,IC) = 2\Phi_5(\boldsymbol{V}_5)$, it directly follows that $\Phi_5(\boldsymbol{V}_5) = 1/16$. By using this with the results from (4.55) and (4.57), the identity that $P_{OMP}^{\infty}(4,3,IC) = 8\Phi_5\left(\boldsymbol{V}_5^1\right)$, ultimately leads to

$$P_{OMP}^{\infty}(4,3,IC) = \frac{1}{2} - \frac{6}{\pi^2}\int_0^{\frac{1}{2}} \sqrt{\frac{1}{1-z^2}} Sin^{-1}\left(\frac{z^2}{1-2z^2}\right) dz \approx 0.4583. \tag{4.58}$$

The value of $P^{\infty}_{OMP}(4,3,IC)$ in (4.58) was obtained by numerical integration, and this result can be used in conjunction with the result of Corollary 4.3 to obtain $P^{\infty}_{OMP}(4,1,IC) \approx 0.0417$.

While it is not possible to observe a Strict Majority Paradox, the possible existence of a Weak Majority Paradox, in which a majority of the majority rule outcomes on issues are in disagreement with the issue positions of the OMP still presents the possibility of a very unsettling phenomenon that could lead to concerns in group decision-making situations. When three-issue situations are considered, the results of Table 4.3 indicate that the probability of such an outcome never reaches a level that is as high as sixteen percent for large electorates, regardless of the propensity of voters to have complete agreement with the issue positions of one of the political parties for populations that are at least as mutually coherent as the scenario specified by IC, with $a = 1/4$. Results also indicate that the probability of observing a Weak Majority Paradox in four-issue situations is less than five percent under the IC scenario with large electorates, and it has been widely accepted that the assumption of IC generally tends to exaggerate the likelihood that such paradoxical outcomes will be observed. The results that have been obtained indicate that it is relatively unlikely that any extreme form of the Majority Paradox would ever be observed in real situations with large electorates of mutually coherent voters over the range of the number of issues that is considered in this study.

4.2 Monotonicity Paradoxes

Monotonicity paradoxes were defined in Chap. 1 as representing situations in which some reasonable definition has been established to determine which candidate should be viewed as being the 'best' available candidate, and where a voting rule has been selected and that voting rule is not monotonic. Monotonicity requires consistency in election outcomes as voters' preferences change, such that increased support (decreased support) for a candidate in voters' preferences should not be detrimental (beneficial) to that candidate in the election outcome.

Four specific types of Monotonicity Paradoxes are defined for our analysis of this topic:

- *More is Less Paradox* (*MLP*): The winner is ranked higher by some voters (everything else remaining the same) and then becomes a loser.
- *Less is More Paradox* (*LMP*): A loser is ranked lower by some voters (everything else remaining the same) and then becomes a winner.
- *Positive Abstention Paradox* (*PAP*): The preferences of some voters with a loser ranked first are removed (or they abstain) and this loser then becomes a winner.
- *Negative Abstention Paradox* (*NAP*): The preferences of some voters with the winner ranked last are removed (or they abstain) and the winner then becomes a loser.

With these definitions, MLP and LMP are fixed population paradoxes, while PAP and NAP require the number of voters to vary due to removal or abstention.

The vulnerability of voting rules to exhibit these paradoxes has been analyzed in the literature for various WSR runoff procedures: PER, NPER, and *Borda Elimination Rule* (*BER*). Here, BER is defined as a two-stage voting rule with BR being used in the first stage, following the definitions of PER and NPER. Let $P_X^{VR}(3,n,IAC)$ denote the probability that a random voting situation could be susceptible to exhibiting Paradox X, with $X \in \{MLP, LMP, PAP, NAP\}$, under voting rule VR in a three-candidate election with n voters and the assumption of IAC. Lepelley et al. (1996) develop closed form representations for each of $P_{MLP}^{VR}(3,n,IAC)$ and $P_{LMP}^{VR}(3,n,IAC)$ for PER and NPER.

4.2.1 Monotonicity Paradox Probabilities

A Monotonicity Paradox occurs according to our definition when either MLP or LMP is observed, and the probability that a Monotonicity Paradox might be observed in a random voting situation with voting rule VR under the IAC assumption is denoted by $P_{Mon}^{VR}(3,n,IAC)$. Lepelley et al. (1996) also obtain some limiting representations as $n \to \infty$ to show that:

$$P_{Mon}^{PER}(3,\infty,IAC) = \frac{397}{6912} \tag{4.59}$$

$$P_{Mon}^{NPER}(3,\infty,IAC) = \frac{151}{1296}. \tag{4.60}$$

A similar limiting representation has recently been obtained for BER by Lepelley and Smaoui (2010) as:

$$P_{Mon}^{BER}(3,\infty,IAC) = \frac{191}{5184}. \tag{4.61}$$

The limiting $P_{Mon}^{VR}(3,\infty,IAC)$ results from (4.59) through (4.61) are summarized in Table 4.4.

It is clear from the results in Table 4.4 that NPER is much more susceptible to exhibiting a Monotonicity Paradox than PER is for large electorates with the IAC

Table 4.4 Probability values for $P_{Mon}^{VR}(3,\infty,IAC)$, $P_{NSP}^{VR}(3,\infty,IAC)$ and $P_{NSP}^{VR}(3,\infty,IC)$

VR	$P_{Mon}^{VR}(3,\infty,IAC)$	$P_{NSP}^{VR}(3,\infty,IAC)$	$P_{NSP}^{VR}(3,\infty,IC)$
PER	0.0574	0.0408	0.0558
NPER	0.1165	0.0425	0.1623
BER	0.0368	0.0243	0.0502

assumption. It then follows in turn that PER is more susceptible to exhibiting the paradox than BER is.

4.2.2 No Show Paradox Probabilities

A No-Show Paradox occurs when a group of voters obtains a better result by abstaining rather than voting. Let $P_{NSP}^{VR}(3, n, IAC)$ denote the probability that a random voting situation is susceptible to the No Show Paradox with voting rule VR for n voters with IAC. Both PAP and NAP represent special cases of a No Show Paradox. Lepelley and Merlin (2001) prove that it is not possible to simultaneously observe PAP and NAP in a voting situation for any WSR elimination voting rule with three candidates. Furthermore, it is shown that PAP and NAP comprise all possible cases in which voters might obtain a better outcome by abstaining when there are three candidates. As a result, for any voting rule VR that is based on WSR elimination:

Theorem 4.5 $P_{NSP}^{VR}(3, n, IAC) = P_{NAP}^{VR}(3, n, IAC) + P_{PAP}^{VR}(3, n, IAC)$.

The same result is true for all assumptions, not just IAC.

The study also considers the vulnerability of PER, NPER and BER to several monotonicity paradoxes, including PAP and NAP with both IC and IAC. These probabilities were obtained by computer enumeration for small n, and exact limiting probability representations as $n \to \infty$ were obtained for PER and NPER with IAC. The limiting values for the No Show Paradox are then obtained for IAC with Theorem 4.5:

$$P_{NSP}^{PER}(3, \infty, IAC) = \frac{47}{1152} \tag{4.62}$$

$$P_{NSP}^{NPER}(3, \infty, IAC) = \frac{49}{1152}. \tag{4.63}$$

Wilson and Pritchard (2007) give limiting NAP and PAP probability representations for BER with IAC that can be used with Theorem 4.5 to obtain

$$P_{NSP}^{BER}(3, \infty, IAC) = \frac{7}{288}. \tag{4.64}$$

The limiting $P_{NSP}^{VR}(3, \infty, IAC)$ results from (4.62) through (4.64) are summarized in Table 4.4.

Representations for the limiting probabilities of $P_{NSP}^{VR}(3, \infty, IC)$ are also obtained in Lepelley and Merlin (2001) for each of PER, NPER and BER and the resulting numerical values for these probabilities are summarized in Table 4.4. The calculated IAC probabilities for the No Show Paradox show a similar pattern to the

Monotonicity Paradox results from above. There is a much weaker dominance of PER over NPER with the No Show Paradox under IAC, and BER is less vulnerable than both PER and NPER.

Another important observation is that the increased degree of dependence of among voters' preferences that is introduced with IAC significantly reduces the probability of observing a No Show Paradox in comparison to the probabilities that are observed with IC. On a related note, occurrences of a Monotonicity Paradox are very often associated to the presence of a PMR cycle. Consequently, it can be expected that the introduction of some degree of homogeneity in voter's preferences would considerably reduce the vulnerability of WSR runoff systems to these paradoxes.

Finally, it can be mentioned that Mbih et al. (2009) have recently investigated the vulnerability of some Parliamentary Voting Rules to some specific forms of Monotonicity Paradoxes. A comparison of the results that are obtained in that study with the results that have just been observed here suggests that the occurrence of Monotonicity Paradoxes with Parliamentary Voting Rules could be greater than those that are observed with WSR runoff systems.

4.3 The Instability Paradox

The notion of the *self-selectivity* of voting rules is peripherally related to our general topic, and it was first introduced into the literature by Koray (2000). It addresses issues that are related to what might happen if voters were holding an election to determine which voting rule they should use. For example, consider a group of voters that is evaluating a set of voting rules that includes the use of PR, with the goal of determining a winning voting rule that would then be implemented to make decisions in the future. Different voting outcomes would then be obtained in the future, depending upon the particular voting rule that is selected at this time for future implementation. Any given voter's preferences on these voting rules are based upon the general properties that the voting rules possess, not on the specific impact of any known election outcomes that each rule might have on the voter in the future, so this study abandons the hypothesis of *consequentialism*. The voting situation for this scenario therefore accumulates voter preference rankings on the set of available voting rules. Suppose that it is somehow decided that the determination of the winning voting rule will be obtained with PR. Then PR is self-selecting if PR is then chosen as the winner from the voting situation. It would be somewhat paradoxical if a voting rule were to be selected for implementation if that voting rule did not turn out to be self-selecting.

Diss and Merlin (2009) and Diss et al. (2009) perform analyses that are related to the probability that voting rules are self-selecting. In particular, they consider the set of three different voting rules: BR, PR and NPR. This triple of voting rules is defined as being stable if at least one of the rules is self-selecting for any given voting situation. We define the *Instability Paradox* as the outcome in which a voting

	BR	BR	NPR	PR
	NPR	PR	PR	NPR
	PR	NPR	BR	BR
n_i =	5	8	10	4

Fig. 4.4 An example voting situation that demonstrates the Instability Paradox

situation exists such that none of voting rules in the triple is self-selecting. Voting situations are not necessarily stable for this triple of voting rules, as seen in the example voting situation on 27 voters in Fig. 4.4.

Based on this example voting situation, we see for example that ten voters view NPR as their most preferred voting rule, with PR being their second most preferred. If we use PR to select the winning voting rule, BR will win with 13 votes, compared to four for PR and ten for NPR, so PR is not self-selecting. If we use NPR to select the winner, PR will win with 22 votes, compared to 19 for NPR and 13 for BR, so NPR is not self-selecting. Using the Borda weighting scheme with weights $(3, 2, 1)$ from (1.1), we obtain NPR as the winner, with $BS(NPR) = 56$, $BS(PR) = 53$ and $BS(BR) = 53$, so BR is not self-selecting.

When voters are equally likely to have any of the six possible preference rankings for using BR, PR and NPR, we have the situation of IC. Diss and Merlin (2009) use geometric procedures to obtain a probability estimate that the Instability Paradox is observed under IC in the liming case of voters as $n \to \infty$. The resulting representation is quite complicated, but it leads to the result that the Instability Paradox will be observed for this triple of voting rules with a surprisingly large probability of 0.1551, when the hypothesis of consequentialism is not included in the analysis.

Diss et al. (2009) then performs the same type of analysis with the assumption of IAC as $n \to \infty$, but simultaneously brings in the hypothesis of consequentialism. Thus, voters rank voting rules based upon their preference for the winning outcome that each of the voting rules will select in a specified voting situation. In doing this, rules were established to deal with the case of ties in which more than one voting rule would select the same outcome as the winner. The study goes on to find that the probability of observing the Instability Paradox is dramatically reduced to 0.0183. The introduction of the slight degree of dependence that IAC introduces among voters' preferences, along with the significant impact of having preferences on voting rules that are reliant on the hypothesis of consequentialism, results in a dramatic impact on the reduction of the possibility that the Instability Paradox will be observed for this triple of voting rules.

4.4 Conclusion

Five different paradoxical outcomes of voting situations have been considered, to develop an assessment of the probability that such election results might be so extreme as to bring the electorate to question the viability of the results. Neither of the two Choice Set Variance Paradoxes (Ostrogorski's Paradox and the Majority Paradox) can ever be observed in their strict sense in the case of two issues. Moreover, a Strict Majority Paradox cannot be observed for any number of issues.

The possibility of the existence of a Strict Ostrogorski Paradox presents a very counterintuitive outcome in group decision-making situations. However, our results indicate that the probability of observing this outcome is quite small for up to four issues. This probability is found to be nearly zero with IC for large electorates with four issues, and the results of Theorem 4.3 also indicate that this probability must be very small for all m at all large. Moreover, the assumption of IC is generally accepted as a condition that tends to exaggerate the likelihood that such paradoxical outcomes will be observed, which gives even further support to the conclusion that it is very unlikely that a Strict Ostrogorski Paradox, or any extreme form of Ostrogorski's Paradox, would ever be observed in any real situation with large electorates that showed any significant degree of group mutual coherence.

It is not possible ever to observe a Strict Majority Paradox, and similar conclusions to those just reached for Ostrogorski's Paradox are drawn regarding the probability that any extreme form of the Majority Paradox would ever be observed in real voting situations. This leads us back to the conclusions from Fishburn (1974a, p. 537):

> As might be expected, the general conclusion from these data is that the more extreme forms of the paradoxes are exceedingly rare in practice.

Our analysis of Monotonicity Paradoxes (Monotonicity Paradox and the No Show Paradox) obtains higher probability estimates of possible occurrence with IC and IAC than those that are observed with the Choice Set Variance Paradoxes. However, these paradox probabilities typically are still not very large. It is also observed that the introduction of some degree of dependence among voters' preferences with IAC does cause a decrease in the likelihood that a No Show Paradox would be observed with PER, NPER and BER, when these probabilities were compared to the results with the assumption of IC.

The analysis of the Instability Paradox also leads to a clear conclusion that the addition of voter dependence and such natural considerations like the hypothesis of consequentialism dramatically reduces the likelihood that such paradoxical outcomes will ever be observed.

Chapter 5
Condorcet Efficiency and Social Homogeneity

5.1 Introduction

There are many different aspects of election procedures that might be studied. In general we might be concerned with the procedure by which an election will be held, the fairness of the procedure toward candidates, and the consideration of how well the procedure does at selecting the candidate who best reflects the preferences of the voters. Fishburn (1983) presents a survey of research that deals with these issues in some detail. The aspects of elections that are considered are: the nomination process, agenda formation, candidate strategy, voter psychology and strategy, ballot forms and method of aggregation, evaluative aspects of aggregation, incentive compatibility, costs and financing, and institutional effects. Richelson (1975, 1978a, b, 1979, 1980, 1981), Nurmi (1983) and Tideman (2006) all present analyses that evaluate voting rules according to a number of different criteria, including the Condorcet Criterion. Bordley (1983, 1985) presents simulation studies to evaluate voting rules on a number of criteria other than the Condorcet Criterion. There are clearly many different criteria by which voting rules can be evaluated.

We have primarily been concerned with the form of the ballot and the procedure by which the voter responses on the ballot are to be aggregated in order to determine the winner, and we continue with a focus on the propensity of voting rules to meet the Condorcet Criterion. The analysis of the likelihood that Condorcet's Paradox will be observed during the development of Chap. 2 led to the conclusion that it is very likely that a PMRW will exist for elections with a small number of candidates, as long as voters' preferences reflect any reasonable degree of group mutual coherence. This result was shown to be valid for a number of different simple measures of group mutual coherence. The Condorcet Criterion therefore takes on a much more significant level of interest, since the notion of electing the PMRW becomes more important when there is a high probability that such a candidate exists.

There has been a long history of debate over the wisdom of using the Condorcet Criterion, and the debate has not resulted in complete agreement. Felsenthal and

W.V. Gehrlein and D. Lepelley, *Voting Paradoxes and Group Coherence*, Studies in Choice and Welfare, DOI 10.1007/978-3-642-03107-6_5,

Machover (1992) argue very strongly for the implementation of the Condorcet Criterion. Saari (1995b) argues strongly for the direct use of BR in all elections. Black (1958) suggests that a hybrid model should be used to elect the PMRW when there is one, while BR should then be used when a PMRW does not exist.

Saari (1995b) not only supports the use of BR in all situations, but strongly opposes the basic concept of using any form of PMR to find the winner in an election. The basis of Saari's argument is found after defining two different voter preference profiles in a three-candidate election. Voter Profile 1 is shown in Fig. 5.1, and it consists of three rational voters with linear preference rankings.

By using PMR with the linear preference rankings in Voter Profile 1, we have an example of Condorcet's Paradox, with *AMB* (2-1), *BMC* (2-1) and *CMA* (2-1).

Voter Profile 2 in Fig. 5.2 shows an example in which there are three irrational voters with complete, but intransitive, preferences.

Using PMR on Voter Profile 2, we obtain the results *AMB* (2-1), *BMC* (2-1) and *CMA* (2-1), which is identical to the results that are obtained from Voter Profile 1.

The outcome of obtaining identical results from these two voter preference profiles leads to the claim that PMR procedure has (Saari 1995b, p. 48):

> ... an inability to distinguish between transitive and intransitive preferences: consequently the pairwise vote (PMR) loses the critical assumption of transitive voters!

Saari notes that Condorcet was very careful to impose the condition of transitivity on the preferences of individual voters, but then suggested a system of voting that "surreptitiously drops it" as a condition for the aggregated behavior for the electorate. However, Saari (1995b, p. 46) acknowledges that the Condorcet Criterion does have "nearly universal acceptance".

Risse (2005) raises a number of objections to the logic behind the arguments that Saari makes in his criticism of all methods that are based on PMR while arguing very strongly in support of BR. The first is that Condorcet's arguments precluded the existence of voters with cyclic preferences to begin with, so that a situation like the one that is given in Fig. 5.2 could not exist. The second argument is that the definition of BR does not allow for the consideration of intransitive preferences. So, BR does not even apply to the situation that Saari is using to discredit PMR, while Condorcet's assumptions prohibit the possibility that it might ever occur to begin with.

Voter 1: $A \succ B,\ B \succ C,\ A \succ C$
Voter 2: $B \succ C,\ C \succ A,\ B \succ A$
Voter 3: $C \succ A,\ A \succ B,\ C \succ B.$

Fig. 5.1 Example Voter Profile 1 from Saari (1995b)

Voter 1: $A \succ B,\ B \succ C,\ C \succ A$
Voter 2: $A \succ B,\ B \succ C,\ C \succ A$
Voter 3: $B \succ A,\ A \succ C,\ C \succ B.$

Fig. 5.2 Example Voter Profile 2 from Saari (1995b)

Saari (2006) responds to the statements that are made in Risse (2005) by noting three points of interest. First, it is correctly pointed out that it is never assumed in Saari's arguments that the intransitive voters in Fig. 5.2 ever actually exist. The point is that we can get the same response from the PMR comparisons of rational voter that could possibly have been obtained from such irrational voters, if they did exist. Second, the case in which PMR cycles exist must be treated as a completely tied outcome among the candidates, which is in complete agreement with notions presented earlier by Schwartz (1972). Third, BR can indeed be adapted to account for the possibility that voters have intransitive preferences, by using the definition of BR which gives a score to each candidate that counts the total number of times that the candidate beats other candidates in the voters' preference rankings.

It is interesting to note that it is now possible to use these three points from Saari (2006) to evaluate BR on its ability to distinguish between the voting situations in Figs. 5.1 and 5.2. It turns out that while BR cannot result in a cycle on the candidates, it is also unable to distinguish between the responses of rational voters in Fig. 5.1 and the possible responses of irrational voters in Fig. 5.2, since complete ties occur with identical scores in both cases with BR, which is the same outcome that results with PMR, if indeed PMR cycles represent ties between all candidates in the cycle.

Sen (1995) also expresses concerns with the basic assumptions of studies that evaluate voting rules on the basis of their propensity to select winners according to any isolated property, such as the Condorcet Criterion. An example is presented for a three-candidate election on candidates $\{A, B, C\}$ with an odd number of voters in which $(n+1)/2$ voters have the linear preference ranking $A \succ B \succ C$, and $(n-1)/2$ voters have the linear preference ranking $B \succ C \succ A$. Such a voting situation would result in Candidate A being selected as the PMRW under the Condorcet Criterion. Sen argues that society might clearly prefer Candidate B in such a scenario, since B is ranked as either most or second preferred by all voters, while A is ranked as least preferred by almost half of the voters.

We continue with the use of the Condorcet Criterion as the primary focus of our investigation, since it does have nearly universal acceptance and every voting criterion can be shown to perform poorly in some specific voting situation. The results regarding Borda's Paradox in Chap. 3 clearly indicate that the common voting rules that have been considered so far will not always elect the PMRW. As a result, we consider the *Condorcet Efficiency* of voting rules, which is defined as the conditional probability that a voting rule will elect the PMRW, given that a PMRW exists. We also investigate the impact that the presence of various measures of social homogeneity from earlier discussion will have on the Condorcet Efficiency of voting rules.

5.2 The Desirability of Using Simple Voting Rules

Condorcet wrote at length about the desirability of making voting procedures as simple as possible. He states for example (Condorcet 1788b, p. 155):

> We must therefore establish a form of decision-making in which voters need only ever pronounce on simple propositions, expressing their opinions only with a *yes* or a *no*.

A number of studies were conducted by Condorcet in an attempt to develop a voting rule that is based on this premise that it would always select the PMRW whenever one exists. One of these particularly complex procedures was presented in Condorcet (1789), but Lhuilier (1793) proved later that this particular procedure does not always select the PMRW.

Condorcet also dismissed the use of multiple stage voting rules that would include the determination of all PMR comparisons to obtain the PMRW, along with the use of PER and NPER (Condorcet 1789, p. 175):

> Generally speaking, even when an election is undecided after a single ballot, it will have given some indication of the will or disposition of the assembly. But such an indication will be vague; often, it may only be the will of a few parties within the assembly. This will simply inform these parties of their strength or weakness, show them whom they should join forces with and against whom they should concentrate their efforts. Establishing a method of successive ballots simply exposes elections to intrigue and factions, in an effort to reveal not the real opinion, nor even the real will of the electors, but the circumstantial will dependent on the possibility of a certain candidate's success.

Several papers by Condorcet discussed various elimination procedures that could be used to reduce the number of candidates that are ultimately being considered for election, and he does support such notions for eliminating candidates from further consideration in an election if they do not receive some minimal number of votes to allow them to be considered as an acceptable candidate. He also supported the notion of having one group determine the list of candidates while having a second group of electors determine the winner of the election. However, Condorcet is clearly opposed to having the same group of voters hold sequential elections with the removal of candidates at each stage. Black (1958, p. 44) makes very similar arguments against the use of PER.

Dodgson (1884) was another important early scholar who wrote about the desirability of keeping voting rules as simple as possible. In a response to a voting rule that was proposed by The Proportional Representation Society, he states clear opposition to the requirement of having voters report ranked preferences for candidates on their ballots (Dodgson 1884, pp. 29–30):

> The Proportional Representation Society proposes to let each Elector hand in a list of Candidates, marked in the order of his preference; and that his vote, if not required for his No. 1, should be transferred to his No. 2, and, if not required by him, then to No. 3, and so on. One great objection to this method is the confusion it would cause in the mind of an ignorant Elector, who, though quite able to name his favourite Candidate, would be utterly puzzled if told to arrange five or six names in order of merit.

Black (1958, p. 182) is another source that clearly does not agree with the universal use of voting mechanisms like WSR's. In general, Black concludes that the notion of rating preferences in scales like 3:1 or 4:1 is plausible for things like goods in markets. However, he writes that he does not believe that the human mind operates in such a way to allow for the relative evaluation of candidates in an election in the same fashion.

Voting rules can be established that will always select the PMRW whenever there is one, but none of them meet the criteria of simplicity that are established above. We therefore focus on the Condorcet Efficiency of voting rules. We continue to evaluate PER and NPER, despite the concerns of Condorcet. And, we also continue to evaluate BR, despite the concerns expressed by Dodgson. The arguments that Dodgson proposed against the requirement that voters must rank candidates with BR are somewhat minimized by the fact that we will typically limit attention to elections with a relatively small number of candidates.

5.3 Early Research on the Condorcet Efficiency of Voting Rules

Many different studies have been conducted to estimate the Condorcet Efficiency of voting rules under various assumptions, and the earliest work in this area was typically based on general numerical analysis procedures like computer enumeration and Monte-Carlo simulation. These studies provided valuable insights that led to a number of conjectures regarding the Condorcet Efficiency of common voting rules with sincere voting, and these conjectures set the direction of much of the work that followed. A survey of this early work is presented next.

5.3.1 *Early Numerical Analysis of Condorcet Efficiency*

The initial studies that formed the basis of the analysis of considering the Condorcet Efficiency were typically based on the IC assumption, and then later on the IAC and MC assumptions. These studies were not able to formally prove any results, but they did give strong support to generalities that could be expected to be found in future theoretical research on the topic. We summarize most of the general conclusions that were drawn from these studies.

5.3.1.1 Condorcet Efficiency of Common Voting Rules

A study in Gehrlein (1995) is based upon the process of the computer enumeration of all possible voting situations under the P–E model scenario from Chap. 1, where the parameter α of a P–E distribution was found to be associated with the degree of dependence, and consequently the degree of social homogeneity, among voters' preferences. For the situation in which $A_i = 1$ for all $1 \leq i \leq 6$ in a P–E model, the probability that a specific voting situation with three candidates is observed is obtained from (1.60) as $P^1(\mathbf{n}, \alpha)$ with

$$P^1(\boldsymbol{n},\alpha) = \frac{n!}{6^{[n,\alpha]}} \prod_{i=1}^{6} \frac{1^{[n_i,\alpha]}}{n_i!}. \tag{5.1}$$

By following the development that led to the representation in (1.6), the probability, $P^S_{PMRW}(3,n,PE(\alpha))$, that a strict PMRW will be observed in a three-candidate election for an odd number of voters under a P–E model with parameter α is given by

$$P^S_{PMRW}(3,n,PE(\alpha)) = 3\sum_{n_6=0}^{\frac{n-1}{2}} \sum_{n_5=0}^{\frac{n-1}{2}-n_6} \sum_{n_4=0}^{\frac{n-1}{2}-n_6-n_5} \sum_{n_3=0}^{\frac{n-1}{2}-n_6-n_5} \sum_{n_2=0}^{n-n_6-n_5-n_4-n_3} P^1(\boldsymbol{n},\alpha). \tag{5.2}$$

It then follows from definitions that the Strict Condorcet Efficiency, $CE^S_{VR}(3,n,PE(\alpha)^*)$, of voting rule VR under the same set of assumptions and the condition that a PMRW exists is then given by

$$CE^S_{VR}(3,n,PE(\alpha)^*) = 3\sum_{n_6=0}^{\frac{n-1}{2}} \sum_{n_5=0}^{\frac{n-1}{2}-n_6} \sum_{n_4=0}^{\frac{n-1}{2}-n_6-n_5} \sum_{n_3=0}^{\frac{n-1}{2}-n_6-n_5} \times \sum_{n_2=0}^{n-n_6-n_5-n_4-n_3} \left\{\frac{\delta(VR)P^1(\boldsymbol{n},\alpha)}{P^S_{PMRW}(3,n,PE(\alpha))}\right\}. \tag{5.3}$$

Here $\delta(VR) = 1$ if VR strictly selects the PMRW (Candidate A) with no ties for the winning candidate, and $\delta(VR) = 0$ otherwise. Computed values of $CE^S_{VR}(3,n,PE(\alpha)^*)$ with each value of $n \in \{3,5,7,9,11,25\}$ and for each $VR \in \{PR, PER, NPR, NPER, BR\}$ are listed in Table 5.1 for $\alpha = 0$ and in Table 5.2 for $\alpha = 1$. Recall that IC is equivalent to the case with $\alpha = 0$ and that IAC is equivalent to the case of $\alpha = 1$.

The results from these tables do not show any completely consistent results for both IC* and IAC* for any VR as n increases. The Strict Condorcet Efficiency of each VR except NPR increases for IAC* as compared to IC*, to provide some support to the observation that the increased degree of dependence among voters'

Table 5.1 Strict Condorcet Efficiency under IC* with $m = 3$, from Gehrlein (1995)

n	VR				
	PR	NPR	BR	PER	NPER
3	0.8235	0.5294	0.9118	0.8235	0.8235
5	0.6766	0.5473	0.8839	0.9751	0.9005
7	0.7372	0.5346	0.8743	0.9189	0.9546
9	0.7447	0.6084	0.8711	0.9139	0.9110
11	0.7076	0.6142	0.8703	0.9549	0.9253
25	0.7365	0.6515	0.8746	0.9412	0.9513

Table 5.2 Strict Condorcet Efficiency under IAC* with $m = 3$, (from Gehrlein 1995)

n	VR				
	PR	NPR	BR	PER	NPER
3	0.8889	0.4444	0.8889	0.8889	0.8889
5	0.8250	0.4750	0.8750	0.9750	0.9250
7	0.8480	0.5040	0.8800	0.9440	0.9520
9	0.8508	0.5365	0.8825	0.9524	0.9429
11	0.8440	0.5525	0.8848	0.9606	0.9490
25	0.8630	0.5902	0.8965	0.9624	0.9627

Table 5.3 Strict Condorcet Efficiency simulation estimates with $n = 101$ under IC*, from Fishburn and Gehrlein (1982)

VR	m		
	3	4	5
Rule C_1^m	0.77	0.66	0.58
Rule C_2^m	0.74	0.74	0.70
Rule C_3^m	–	0.61	0.68
Rule C_4^m	–	–	0.53
RuleB_2^m	0.91	0.82	0.73
RuleB_3^m	–	0.87	0.84
RuleB_4^m	–	–	0.87
Rule $C_{[1.2.1]}^m$	0.96	0.89	0.81
Rule $C_{[2.2.1]}^m$	0.96	0.94	0.91
Rule $C_{[3.2.1]}^m$	–	0.87	0.90
Rule $C_{[4.2.1]}^m$	–	–	0.79

preferences that is associated with parameter α has an impact on Condorcet Efficiency of voting rules. One clear observation is that BR consistently performs better than both PR and NPR, but not as well as either PER or NPER.

This type of analysis by computer enumeration is not amenable to the consideration of large values of n or for more than three-candidate elections, which then requires such studies to be based on Monte-Carlo simulation analysis. Table 5.3 summarizes simulation estimates of the Strict Condorcet Efficiency of a number of different types of voting rules from Fishburn and Gehrlein (1982) with $n = 101$ under IC* for each $m \in \{3, 4, 5\}$.

Fishburn (1974b, c) uses Monte-Carlo simulation analysis to estimate the Strict Condorcet Efficiency of single-stage election procedures for n voters on m candidates with IC in Table 5.3. The study considers constant scoring rules, truncated Borda rules and nonlinear scoring rules. A *Constant Scoring Rule* (*CSR*) is generally denoted as Rule C_k^m and it assigns one point to each of the first k candidates in each voter's preference ranking, with the remaining candidates getting a score of zero. For example, Rule C_1^m corresponds to PR for any m, and Rule C_2^3 corresponds to NPR in a three-candidate election. A *Truncated Borda Rule* on m candidates is denoted as Rule B_k^m and it assigns points to the first k candidates in each voter's preference ranking, with the remaining candidates getting a score of zero. The points that are assigned to the first k candidates are the linearly decreasing point

Table 5.4 Condorcet Efficiency simulation estimates for Rule C_k^m as $n \to \infty$ under IC*, from Gehrlein (1985a)

k	m						
	3	4	5	6	7	8	9
1	0.768	0.646	0.571	0.521	0.440	0.420	0.393
2	0.767	0.723	0.687	0.648	0.591	0.546	0.490
3	–	0.652	0.688	0.708	0.694	0.610	0.594
4	–	–	0.580	0.614	0.665	0.705	0.661
5	–	–	–	0.496	0.600	0.579	0.641
6	–	–	–	–	0.476	0.524	0.624
7	–	–	–	–	–	0.407	0.497
8	–	–	–	–	–	–	0.370

Table 5.5 Strict Condorcet Efficiency estimates with $n \to \infty$ under IC* and IAC*, from Lepelley et al. (2000a)

m	VR					
	PR		NPR		BR	
	IC*	IAC*	IC*	IAC*	IC*	IAC*
3	0.7574	0.8816	0.7571	0.6298	0.9010	0.9108
4	0.6416	0.7429	0.6415	0.5517	0.8702	0.8706
5	0.5570	0.6139	0.5602	0.5090	0.8552	0.8541
6	0.4858	0.5198	0.4946	0.4730	0.8450	0.8471
7	0.4663	0.4524	0.4450	0.4386	0.8438	0.8457
8	0.4123	0.4088	0.4378	0.4101	0.8362	0.8428

scores for a k candidate election. The standard definition of BR from earlier discussion is then equivalent to Rule B_{m-1}^m. A *nonlinear scoring rule* is a WSR that is neither a CSR nor a truncated Borda rule.

Monte-Carlo simulation estimates for the limiting Strict Condorcet Efficiency of Rule C_k^m as $n \to \infty$ with IC* are obtained for $3 \leq m \leq 9$ in Gehrlein (1985a) and the results are summarized in Table 5.4.

These simulation estimates are generally consistent with the results that are listed in Table 5.3. Given that the results in Table 5.4 are dependent upon the IC* assumption as $n \to \infty$, we can conclude that PR becomes quite inefficient as m gets at all large, and that Condorcet Efficiency can be increased by about 70% over the results with PR by using Rule C_k^m with $k \approx m/2$ for seven or more candidates in such a scenario.

Lepelley et al. (2000a) perform a simulation analysis with the assumptions of both IC* and IAC*, to estimate the limiting Condorcet Efficiency for PR, BR, and NPR, which is equivalent to Rule C_{m-1}^m, as $n \to \infty$ for $3 \leq m \leq 8$. The results are summarized in Table 5.5.

These simulation results are very consistent with the reported overlapping efficiency values in Table 5.4. There is a clear indication that IC and IAC probabilities converge quite rapidly as the number of candidates increases, as suggested by Berg and Bjurulf (1983). This provides further verification that the Condorcet Efficiency of all voting rules can be expected to decrease as m increases.

Paris (1975) provides some limited computations to estimate the Condorcet Efficiency of PR in different situations. By using computed results from that study with some other results of Satterthwaite (1972), a very rough estimate is given for the limiting Condorcet Efficiency of PR as $n \to \infty$ under IC*. Results that directly obtain estimates for the Condorcet Efficiency of PR consistently produce somewhat different values.

Fishburn and Gehrlein (1976a, 1977a) extend the analysis of the Condorcet Efficiency of voting rules to two-stage election procedures. The two-stage voting rule Rule $C^m_{[x.y.z]}$ obtains a ranking of candidates that is based on Rule C^m_x in the first round. The y top scoring candidates are then retained for a second round election, during which the ultimate winner is determined by Rule C^y_z. Simulation estimates of the Condorcet Efficiency of these types of voting rules for all possible forms of Rule $C^m_{[x.2.1]}$ are given in Table 5.3 with $n = 101$ under IC* for each $m \in \{3, 4, 5\}$. Merrill (1984) performs a simulation analysis to estimate the Condorcet Efficiency of some simple voting procedures under the assumption of IC*, verifying the results in Table 5.3 for which there was an overlap.

General results are observed in Table 5.3 that are consistent with the conclusions that were drawn above for the case of $m = 3$ under the assumption of IC*. For each m, the most efficient Rule B^m_k has greater Condorcet Efficiency than the most efficient Rule C^m_k, and the most efficient Rule $C^m_{[x.2.1]}$ has greater Condorcet Efficiency than the most efficient Rule B^m_k.

The following conjectures were given in Fishburn and Gehrlein (1982) from all of the observations in these studies, and all are based on the assumption of IC* with ranges of values that have $m \leq 20$ and $n \leq 101$. The conjectures marked with an '*' were later proved to be true for the limiting case in voters as $n \to \infty$.

Conjecture 5.1 * *The CSR, Rule C^m_k, that maximizes Condorcet Efficiency uses*

$$k \approx \frac{m}{2}\left(1 - \sqrt{\frac{1}{n}}\right). \tag{5.4}$$

This conjecture was proved true for $n \to \infty$ in Gehrlein and Fishburn (1981a).

Conjecture 5.2 * *The truncated Borda rule, Rule B^m_k, that maximizes Condorcet Efficiency uses the value of k which is the nearest integer to*

$$k \approx m\left(1 - \sqrt{\frac{1}{n}}\right), \text{ with } k \leq m - 1. \tag{5.5}$$

This conjecture was proved true for $n \to \infty$ in Gehrlein (1981b).

Conjecture 5.3 * *The scoring rule that maximizes Condorcet Efficiency for given m and n is typically a nonlinear scoring rule. However, as $n \to \infty$ the expected gain from using the most Condorcet Efficient nonlinear scoring rule, rather than the most Condorcet Efficient Rule B^m_k, becomes insignificant. This conjecture was proved true for $n \to \infty$ in Gehrlein (1981b).*

Conjecture 5.4 *The most Condorcet Efficient two-stage CSR, of the form Rule* $C^m_{[1.k.1]}$, *is Rule* $C^m_{[1.2.1]}$.

Conjecture 5.5 *For* $m \leq 6$, *the Condorcet Efficiency of the best Rule* C^m_k *is significantly less than that of Rule* $C^m_{[1.2.1]}$, *but the reverse is true for* $m \geq 9$.

Conjecture 5.6 *The most Condorcet Efficient two-stage CSR is always of the form Rule* $C^m_{[x.2.1]}$

Conjecture 5.7 *The number of candidates, x, to vote for on the first ballot of the most Condorcet Efficient Rule* $C^m_{[x.2.1]}$ *is equal to, or one more than, the number to vote for to obtain the most Condorcet Efficient Rule* C^m_k.

The generality of these conclusions was tested with further analysis in Fishburn and Gehrlein (1976a). In the first extension of this work, the number of voters with each possible candidate ranking in each voting situation was taken to some integer power, to create more radical variation among the voters' preferences. Each of Conjectures 5.4–5.7 was found to remain valid, but the most Condorcet efficient Rule C^m_k was found to drift toward PR as the power that was used in the voting situation transformation was increased, to suggest situations that are further removed from the assumption of IC*. Identical observations were made when the analysis was performed again with the MC* assumption.

Fishburn (1974c) and Fishburn and Gehrlein (1976a) also examined the conclusions by analyzing the propensity of Rule C^m_k and two-stage CSRs to elect the BR winner with the assumption of IC. The only conclusion that we report here regards the *Borda Efficiency* of single-stage CSRs:

Conjecture 5.8 * *The most Borda Efficient Rule* C^m_k *is to vote for half, or slightly fewer, of the candidates. This conjecture was later proved to be true for the limiting case as* $n \to \infty$ *in Gehrlein (1981c).*

Van Der Cruyssen (1999) also applied Monte-Carlo simulation analysis to the problem of evaluating voting rules on their propensity to elect the same winner as the one selected by BR.

Nurmi (1992) uses Monte-Carlo simulation results to show that there can be substantial differences in Condorcet Efficiency measurements that are observed, based on how situations with tied winners are dealt with: strict winners required, random tie-breaking to determine winners, or if we are simply concerned if PMRW among the winning set of candidates. However, it must be pointed out these differences must become negligible as $n \to \infty$, since the probability that a tie is observed for any realistic voting rule will approach zero for large electorates.

5.3.1.2 The Pursuit of the Optimal Voting Rule

It is clear that different voting rules have different expected levels of Condorcet Efficiency, so it is natural to wonder which voting rule is optimal, in the sense that it is expected to have the maximum level of efficiency. Most of the early work in this area focused on the Condorcet efficiency of WSRs in three-candidate elections. Let $CE^{W}_{WSR(\lambda)}(3,n,PE(\alpha)^*)$ denote the *Weak Condorcet Efficiency* of the WSR with weights $(1,\lambda,0)$ for n voters in a three-candidate election under the assumption of a P–E model with parameter α. By considering weak efficiency, we only require that the PMRW must be selected as one of the winners in an election when ties exist for the winning position.

Fishburn (1974b) describes a procedure that can be used to analyze all voting situations for n voters, to partition the unit interval $[0,1]$ into segments such that all values of λ in the same interval have identical values of $CE^{W}_{WSR(\lambda)}(3,n,PE(\alpha)^*)$. This procedure was then used in Gehrlein and Fishburn (1978a) to find the partition of $[0,1]$ with equal values of $CE^{W}_{WSR(\lambda)}(3,7,IC^*)$ for the P–E case with $\alpha=0$ for $n=7$, and the results are given in Table 5.6 The Condorcet Efficiency values decrease rapidly within each of the segments in the ranges $0\le\lambda\le 1/4$ and $3/5\le\lambda\le 1$, and these values are not reported.

Table 5.6 indicates for example that each WSR on three candidates with $2/5<\lambda^*<1/2$ produces the same maximum possible Condorcet Efficiency value of 0.9473 under the assumption of IC for $n=7$. Similar analysis is performed for all odd $n=7(2)31$, and the results are summarized in Table 5.7, which gives values of

Table 5.6 Condorcet Efficiency for ranges of λ values with $n=7$ under IC*, from Gehrlein and Fishburn (1978a)

$CE^{W}_{WSR(\lambda)}(3,n,IC^*)$	Range for λ
0.9181	$1/4<\lambda<1/3$
0.9323	$\lambda=1/3$
0.9465	$1/3<\lambda<2/5$
0.9469	$\lambda=2/5$
0.9473	$2/5<\lambda<1/2$
0.9278	$\lambda=1/2$
0.9084	$1/2<\lambda<4/7$
0.9080	$\lambda=4/7$
0.9075	$4/7<\lambda<3/5$

Table 5.7 $CE^{W}_{WSR(0)}(3,n,IC^*)$, $CE^{W}_{WSR(1/2)}(3,n,IC^*)$, $CE^{W}_{WSR(\lambda^*)}(3,n,IC^*)$ and Range of Maximizing Values for λ* under IC* from Gehrlein and Fishburn (1978a)

n	$CE^{W}_{WSR(0)}(3,n,IC^*)$	$CE^{W}_{WSR(1/2)}(3,n,IC^*)$	$CE^{W}_{WSR(\lambda^*)}(3,n,IC^*)$	Range for λ^*
7	0.8281	0.9278	0.9473	$2/5<\lambda^*<1/2$
9	0.8166	0.9218	0.9360	$2/5<\lambda^*<3/7$
11	0.8054	0.9179	0.9288	$3/7<\lambda^*<4/9$
13	0.8063	0.9152	0.9241	$4/9<\lambda^*<5/11$
15	0.8015	0.9132	0.9208	$5/11<\lambda^*<6/13$
17	0.7964	0.9118	0.9183	$5/11<\lambda^*<6/13$
19	0.7969	0.9106	0.9164	$6/13<\lambda^*<7/15$
21	0.7941	0.9097	0.9149	$6/13<\lambda^*<7/15$
23	0.7910	0.9089	0.9136	$6/13<\lambda^*<7/15$
25	0.7914	0.9083	0.9126	$7/15<\lambda^*<8/17$
27	0.7895	0.9077	0.9117	$7/15<\lambda^*<8/17$
29	0.7874	0.9073	0.9109	$7/15<\lambda^*<8/17$
31	0.7877	0.9069	0.9103	$7/15<\lambda^*<8/17$

$CE^{W}_{WSR(0)}(3,n,IC^{*})$ for PR, $CE^{W}_{WSR(1/2)}(3,n,IC^{*})$ for BR, $CE^{W}_{WSR(\lambda^{*})}(3,n,IC^{*})$ for the Rule λ^{*} values that maximize that Condorcet Efficiency, and the range of values for λ^{*} that maximize Condorcet Efficiency.

A very interesting result from Table 5.7 leads to:

Conjecture 5.9 * *The Rule λ^{*} that maximizes Condorcet Efficiency approaches BR as $n \to \infty$ under IC*. This conjecture was later proved true in Gehrlein and Fishburn (1978a).*

It is also clear that BR has values of Condorcet Efficiency near that of the maximizing Rule λ^{*} for n at all large, which is consistent with Conjecture 5.3. In addition, PR has significantly lower Condorcet Efficiency than BR for all n.

This type of analysis was extended to P–E models with $\alpha > 0$ in Gehrlein (2003a), with the results for $\alpha = 1$, which corresponds to IAC, being summarized in Table 5.8.

The are some clear consistencies between the IC and IAC results for all n, since the results of Table 5.8 show that BR consistently has greater Condorcet Efficiency than PR, and that BR has efficiency values that are very near the maximum efficiency that is obtained. Unlike the IC results of Table 5.7, the λ^{*} value that maximizes $CE^{W}_{WSR(\lambda^{*})}(3,n,IAC^{*})$ is not converging toward BR as $n \to \infty$.

This analysis is extended to a number of larger values of α and the results for the P–E models with $\alpha = 4$ are summarized in Table 5.9. These results are typical of outcomes that are observed with all $\alpha > 1$, and they show some very interesting changes from observations that have been made for $\alpha \le 1$.

The observations regarding $CE^{W}_{WSR(\lambda^{*})}(3,n,PE(\alpha)^{*})$ values that have been obtained are summarized as:

Table 5.8 $CE^{W}_{WSR(0)}(3,n,IAC^{*})$, $CE^{W}_{WSR(1/2)}(3,n,IAC^{*})$, $CE^{W}_{WSR(\lambda^{*})}(3,n,IAC^{*})$ and Range of Maximizing Values for λ^{*} under IAC* from Gehrlein (2003a)

n	$CE^{W}_{WSR(0)}(3,n,IAC^{*})$	$CE^{W}_{WSR(1/2)}(3,n,IAC^{*})$	$CE^{W}_{WSR(\lambda^{*})}(3,n,IAC^{*})$	Range for λ^{*}
7	0.8960	0.9200	0.9440	$1/4 < \lambda^{*} < 1/2$
9	0.8910	0.9175	0.9365	$1/3 < \lambda^{*} < 1/2$
				$2/7 < \lambda^{*} < 1/3$
11	0.8878	0.9155	0.9344	$1/3 < \lambda^{*} < 2/5$
13	0.8869	0.9144	0.9323	$4/11 < \lambda^{*} < 2/5$
15	0.8856	0.9138	0.9309	$4/11 < \lambda^{*} < 3/8$
				$5/13 < \lambda^{*} < 2/5$
17	0.8846	0.9132	0.9297	$4/11 < \lambda^{*} < 3/8$
19	0.8843	0.9128	0.9289	$4/11 < \lambda^{*} < 3/8$
				$5/13 < \lambda^{*} < 2/5$
21	0.8838	0.9126	0.9284	$4/11 < \lambda^{*} < 3/8$
23	0.8833	0.9123	0.9280	$7/19 < \lambda^{*} < 3/8$
25	0.8832	0.9122	0.9276	$7/19 < \lambda^{*} < 3/8$
27	0.8829	0.9120	0.9274	$7/19 < \lambda^{*} < 3/8$
29	0.8827	0.9119	0.9271	$7/19 < \lambda^{*} < 3/8$
31	0.8826	0.9118	0.9269	$7/19 < \lambda^{*} < 3/8$

Table 5.9 $CE^W_{WSR(0)}(3,n,PE(4)^*)$, $CE^W_{WSR(1/2)}(3,n,PE(4)^*)$, $CE^W_{WSR(\lambda^*)}(3,n,PE(4)^*)$ and Range of Maximizing Values for λ^* under IAC* from Gehrlein (2003a)

n	$CE^W_{WSR(0)}(3,n,PE(4)^*)$	$CE^W_{WSR(1/2)}(3,n,PE(4)^*)$	$CE^W_{WSR(\lambda^*)}(3,n,PE(4)^*)$	Range for λ^*
7	0.9606	0.9382	0.9773	$1/5 < \lambda^* < 1/4$
9	0.9588	0.9358	0.9732	$1/6 < \lambda^* < 1/5$
11	0.9578	0.9331	0.9694	$1/7 < \lambda^* < 1/6$
13	0.9572	0.9352	0.9675	$1/8 < \lambda^* < 1/7$
15	0.9567	0.9346	0.9660	$1/9 < \lambda^* < 1/8$
17	0.9563	0.9333	0.9644	$1/10 < \lambda^* < 1/9$
19	0.9561	0.9345	0.9635	$1/11 < \lambda^* < 1/10$
21	0.9559	0.9342	0.9628	$1/12 < \lambda^* < 1/11$
23	0.9557	0.9335	0.9619	$1/13 < \lambda^* < 1/12$
25	0.9556	0.9342	0.9614	$1/14 < \lambda^* < 1/13$
27	0.9555	0.9340	0.9610	$1/15 < \lambda^* < 1/14$
29	0.9554	0.9336	0.9604	$1/16 < \lambda^* < 1/15$
31	0.9553	0.9341	0.9601	$1/17 < \lambda^* < 1/16$

Observation 5.1 *The Condorcet Efficiency of BR exceeds the efficiency of PR only for* $\alpha \leq 1$.

Observation 5.2 *The Condorcet Efficiency of BR is quite close to the efficiency of the Rule* λ^* *that maximizes Condorcet Efficiency for* $\alpha \leq 1$ *with n at all large.*

Observation 5.3 *The Condorcet Efficiency of PR is quite close to the efficiency of the Rule* λ^* *that maximizes Condorcet Efficiency for* $\alpha > 1$ *with n at all large.*

Observation 5.4 *The Rule* λ^* *that maximizes Condorcet Efficiency has decreasing* λ *as* α *increases, but the convergence to PR as the Rule* λ^* *to maximize Condorcet Efficiency is relatively slow.*

Observation 5.5 *As* α *becomes large, the Condorcet Efficiency of all Rule* λ *become quite similar, and obviously they all are equal to 1.00 in the limit* $\alpha \to \infty$.

As a result, we observe increasing values of Condorcet Efficiency for WSR's as parameter α increases in a P–E model. Since parameter α is a rough population specific measure of social homogeneity, we see an indication of a connection between Condorcet Efficiency and social homogeneity. However, the WSR that maximizes Condorcet Efficiency as $n \to \infty$ changes from BR to WSR's that are more like PR as α increases. These results are consistent with observations that were made in an independent study that is based on computer enumeration with $n = 101$ by Lepelley et al. (2000b), and additional results from this study that explain why Observation 5.3 is valid will be discussed later.

5.3.2 Probability Representations for Condorcet Efficiency

All of these conjectures and observations that evolved from early numerical analysis generated significant interest in the development of mathematically based studies that were performed to obtain probability representations for the Condorcet Efficiency of voting rules. The development of these probability representations for the Condorcet Efficiency of voting rules followed the same pattern as we observed in the development of representations for the probability that a PMRW exists under the assumptions of IC, IAC and MC. The techniques that were used to obtain these representations directly follow the techniques that were used to obtain the probability representations in Chap. 1.

5.3.2.1 Representations Based on IC and DC

The first study in this general area of research was performed to address Conjecture 5.9 above. Gehrlein and Fishburn (1978a) develop a probability representation for $CE^S_{WSR(\lambda)}(3,\infty,PE(0)^*)$, or $CE^S_{WSR(\lambda)}(3,\infty,IC^*)$, to determine the WSR that maximizes Condorcet Efficiency in the limit $n \to \infty$ with the assumption of IC* in three-candidate elections. The procedure that we use here follows from the development of a representation for $CE^S_{BR}(3,\infty,DC^*)$ in Gehrlein (1999a), and it can be used to obtain much more general results than those that are presented in the original study.

Condorcet Efficiency Representations for WSR's with IC*

To begin, we define four discrete variables that describe a randomly selected voter's linear preference ranking. These variables have probabilities of taking different values that are defined in terms of the likelihood that each of the six possible linear preference rankings on voters' preferences might be observed. The possible preference rankings and their associated probabilities from Fig. 1.7 are listed here for convenience in Fig. 5.3.

The variable definitions for the *ith* voter are given by:

$$\begin{aligned} X_1^i &= +1 : p_1+p_2+p_4 & X_2^i &= +1 : p_1+p_2+p_3 \\ &\quad -1 : p_3+p_5+p_6 & &\quad -1 : p_4+p_5+p_6 \end{aligned}$$

$$\begin{array}{rlrl} X_3^i = 1-\lambda & : p_1 & X_4^i = 1 & : p_1 \\ 1 & : p_2 & 1-\lambda & : p_2 \\ \lambda-1 & : p_3 & \lambda & : p_3 \\ \lambda & : p_4 & \lambda-1 & : p_4 \\ -1 & : p_5 & -\lambda & : p_5 \\ -\lambda & : p_6 & -1 & : p_6 \end{array} \tag{5.6}$$

Fig. 5.3 Probabilities for the six linear preference rankings on three candidates

A	A	B	C	B	C
B	C	A	A	C	B
C	B	C	B	A	A
p_1	p_2	p_3	p_4	p_5	p_6

Following the discussion that led to the representation for $P^S_{PMRW}(3,\infty,DC)$ in (1.18), the definitions in (5.6) require that Candidate A will be the PMRW when both $\overline{X}_1 > 0$ and $\overline{X}_2 > 0$. Furthermore, the definitions of X^i_3 and X^i_4 in (5.6) denote the relative differences in WSR scores that are given respectively for A over B, and for A over C, by Rule λ. Candidate A will be the Rule λ winner when we simultaneously have both $\overline{X}_3 > 0$ and $\overline{X}_4 > 0$.

Based as these definitions, the joint probability that Candidate A is the PMRW and is selected by Rule λ is equivalent to the joint probability that $\overline{X}_j > 0$, for $j = 1, 2, 3, 4$. Since the expected value, $E(\overline{X}_j)$, of $\overline{X}_j$ is the same as $E\left(X^i_j\right)$, the definitions of the X^i_j's in (5.6) lead to:

$$\begin{aligned}
E(X^i_1) &= E(\overline{X}_1) = p_1 + p_2 + p_4 - p_3 - p_5 - p_6 \\
E(X^i_2) &= E(\overline{X}_2) = p_1 + p_2 + p_3 - p_4 - p_5 - p_6 \\
E(X^i_3) &= E(\overline{X}_3) = (1-\lambda)(p_1 - p_3) + p_2 - p_5 + \lambda(p_4 - p_6) \\
E(X^i_4) &= E(\overline{X}_4) = (1-\lambda)(p_2 - p_4) + p_1 - p_6 + \lambda(p_3 - p_5).
\end{aligned} \tag{5.7}$$

With the assumption of DC, (5.7) reduces to:

$$\begin{aligned}
E(X^i_1) &= E(\overline{X}_1) = 0 \\
E(X^i_2) &= E(\overline{X}_2) = 0 \\
E(X^i_3) &= E(\overline{X}_3) = (1-2\lambda)(p_1 - p_3) \\
E(X^i_4) &= E(\overline{X}_4) = (1-2\lambda)(p_2 - p_3)
\end{aligned} \tag{5.8}$$

Suppose that some conditions exist to require that $E(\overline{X}_j) = 0$ for each $j = 1, 2, 3, 4$ in (5.8), so that the probability that Candidate A is both the PMRW and the winner by Rule λ becomes equivalent to the joint probability that $\overline{X}_j\sqrt{n} > E(\overline{X}_j\sqrt{n})$, for $j = 1, 2, 3, 4$. As $n \to \infty$ under DC, the joint probability of the $\overline{X}_j\sqrt{n}$ variables becomes multivariate normal, and the probability of observing any specific value, including zero, in a continuous joint distribution goes to zero. Thus, the probability of interest is equivalent to the multivariate normal positive orthant probability that $\overline{X}_j\sqrt{n} \geq E(\overline{X}_j\sqrt{n})$, for $j = 1, 2, 3, 4$, if $E(\overline{X}_j) = 0$ for $j = 1, 2, 3, 4$ in (5.8).

The Central Limit Theorem also requires that the Variance-Covariance matrix, V, for the joint distribution of the $\overline{X}_j\sqrt{n}$ variables is obtained directly from the X_j^i variables, and that V must be non-singular. Matrix V can therefore be obtained from the following terms with DC when $E(\overline{X}_j) = 0$ for $j = 1, 2, 3, 4$:

$$\begin{aligned}
&\mathrm{E}\left(X_1^{i2}\right) = \mathrm{E}\left(X_2^{i2}\right) = 1\\
&E\left(X_3^{i2}\right) = \left(1 - 2\lambda + 2\lambda^2\right)(p_1 + p_3) + 2p_2\\
&E\left(X_4^{i2}\right) = \left(1 - 2\lambda + 2\lambda^2\right)(p_2 + p_3) + 2p_1\\
&E(X_1^i X_2^i) = 1 - 4p_3\\
&E(X_i^1 X_3^i) = 1 - p_1 - p_3\\
&E(X_1^i X_4^i) = 1 - p_2 - 3p_3\\
&E(X_2^i X_3^i) = 1 - p_1 - 3p_3\\
&E(X_2^i X_4^i) = 1 - p_2 - p_3\\
&E(X_3^i X_4^i) = 1/2 - \{1 + 2\lambda(1 - \lambda)\}p_3.
\end{aligned} \tag{5.9}$$

There are two different situations that result in $E(\overline{X}_j) = 0$ for each $j = 1, 2, 3, 4$ in (5.8). The first situation arises with the assumption of IC for any Rule λ, and the second keeps attention on the more general assumption of DC while restricting attention to BR, with $\lambda = 1/2$.

Gehrlein and Fishburn (1978a) considered the first of these situations while developing a representation for $CE^S_{WSR(\lambda)}(3, \infty, IC^*)$. The definitions in (5.9) with IC give the expected values that are required to obtain V, with:

$$V = \begin{bmatrix} 1 & \frac{1}{3} & \frac{2}{3} & \frac{1}{3} \\ - & 1 & \frac{1}{3} & \frac{2}{3} \\ - & - & \frac{2z}{3} & \frac{z}{3} \\ - & - & - & \frac{2z}{3} \end{bmatrix}, \text{ with } z = 1 - \lambda(1 - \lambda). \tag{5.10}$$

Matrix V is positive definite for all $z \in (3/4, 1]$. As a result, the situation with $z = 3/4$, which corresponds to $\lambda = 1/2$, must be treated as a special case. Given all of the discussion above, the joint probability that Candidate A is the PMRW and is also elected by Rule λ, with $\lambda \neq 1/2$, as $n \to \infty$ under IC is a four-variate normal positive orthant probability, $\Phi_4(\boldsymbol{R})$, having correlation matrix $\boldsymbol{R}$, with $\boldsymbol{R}$ being obtained from V following (1.17).

The resulting correlation matrix $\boldsymbol{R}$ with the IC assumption from (5.10) is given by

$$\boldsymbol{R} = \begin{bmatrix} 1 & \frac{1}{3} & \sqrt{\frac{2}{3z}} & \sqrt{\frac{1}{6z}} \\ - & 1 & \sqrt{\frac{1}{6z}} & \sqrt{\frac{2}{3z}} \\ - & - & 1 & \frac{1}{2} \\ - & - & - & 1 \end{bmatrix}. \tag{5.11}$$

Unfortunately, no simple closed form representation exists for $\Phi_4(\boldsymbol{R})$ with the $\boldsymbol{R}$ that is specified in (5.11), but a representation for $\Phi_4(\boldsymbol{R})$ can be obtained by appealing to a result from Plackett (1954).

Plackett's Procedure can be very useful when we wish to obtain a representation for a general four-variate normal positive orthant probability $\Phi_4(\boldsymbol{R})$ when a direct closed form representation is not available. Here, $\boldsymbol{R}$ denotes a general symmetric correlation matrix for a multivariate normal distribution, with elements $r_{i,j}$ for $1 \leq i,j \leq 4$. Suppose that there is some four-variate normal distribution with correlation matrix $\boldsymbol{R}^*$ for which a simple representation for the positive orthant probability $\Phi_4(\boldsymbol{R}^*)$ is known exactly. Also, suppose that $\boldsymbol{R}$ and $\boldsymbol{R}^*$ are the same for all elements, except for one pair of terms, denoted by $r_{i,j} = r_{j,i}$ and $r^*_{i,j} = r^*_{j,i}$.

It is possible to obtain a representation for $\Phi_4(\boldsymbol{R})$ from

$$\Phi_4(\boldsymbol{R}) = \Phi_4(\boldsymbol{R}^*) + I, \tag{5.12}$$

where I is a bounded integral over a single variable. To obtain this representation, the first step is to obtain the matrix $\boldsymbol{C}(t)$, where

$$\boldsymbol{C}(t) = t\boldsymbol{R} + (1-t)\boldsymbol{R}^*. \tag{5.13}$$

Let $c_{i,j}$ denote the matrix entries for $\boldsymbol{C}(t)$. The second step is to obtain the matrix inverse $H(t)$, with entries $h_{i,j}$ such that

$$H(t) = C(t)^{-1}. \tag{5.14}$$

Then, for $a \neq b$, with $a, b \in \{[1,2,3,4]\backslash[i,j]\}$, Plackett's Procedure obtains the integral I in (5.12) as

$$I = \frac{c'_{ij}}{4\pi^2} \int_0^1 \sqrt{\frac{1}{1-c_{ij}^2}}\, Cos^{-1}\left(\frac{h_{ab}}{\sqrt{h_{aa}h_{bb}}}\right) dt. \tag{5.15}$$

Here,

$$c'_{ij} = \frac{\partial c_{ij}}{\partial t}. \tag{5.16}$$

For this particular example, we use a result from David and Mallows (1961) that presents a representation for the special case of $\boldsymbol{R}^*$ in which

$$\boldsymbol{R}^* = \begin{bmatrix} 1 & \frac{1}{2} & \beta & \frac{\beta}{2} \\ - & 1 & \frac{\beta}{2} & \beta \\ - & - & 1 & \frac{1}{2} \\ - & - & - & 1 \end{bmatrix}. \tag{5.17}$$

David and Mallows show that

$$\begin{aligned}\Phi_4(\boldsymbol{R}^*) &= \frac{1}{9} + \frac{1}{4\pi}\left\{Sin^{-1}(\beta) + Sin^{-1}\left(\frac{\beta}{2}\right)\right\} \\ &+ \frac{1}{4\pi^2}\left\{\left(Sin^{-1}(\beta)\right)^2 - \left(Sin^{-1}\left(\frac{\beta}{2}\right)\right)^2\right\}.\end{aligned} \tag{5.18}$$

The important point is that $\boldsymbol{R}^*$ in (5.17) is nearly identical to $\boldsymbol{R}$ in (5.11) with $\beta = \sqrt{\frac{2z}{3}}$, except that $r^*_{1,2} = r^*_{2,1} = 1/3$ and $r_{1,2} = r_{2,1} = 1/2$. As a result, Plackett's Procedure can be applied. To start,

$$\boldsymbol{C}(t) = \begin{bmatrix} 1 & \frac{3-t}{6} & \sqrt{\frac{2}{3z}} & \sqrt{\frac{1}{6z}} \\ - & 1 & \sqrt{\frac{1}{6z}} & \sqrt{\frac{2}{3z}} \\ - & - & 1 & \frac{1}{2} \\ - & - & - & 1 \end{bmatrix}. \tag{5.19}$$

After algebraic reduction,

$$H(t) = \frac{1}{J}\begin{bmatrix} 12z(3z-2) & -6yz & -4(3z-2)\sqrt{6z} & 2y\sqrt{6z} \\ - & 12z(3z-2) & 2y\sqrt{6z} & -4(3z-2)\sqrt{6z} \\ - & - & \frac{4J}{3} + 8(3z-2) & -\left(\frac{2J}{3} + 4y\right) \\ - & - & - & \frac{4J}{3} + 8(3z-2) \end{bmatrix}, \tag{5.20}$$

with $y = (3-t)z - 2$ and $J = 4(3z-2)^2 - y^2$.

The integral term I is then obtained following equations (5.15) and (5.16) as:

$$I = \frac{-1}{4\pi^2}\int_0^1 \sqrt{\frac{1}{36-(3-t)^2}}\, Cos^{-1}\left(\frac{6tz - g(t,z)}{2g(t,z)}\right) dt, \tag{5.21}$$

with $g(t,z) = 4(3z-2)^2 - (3z-2-tz)^2 + 6(3z-2)$.

Given all of the above, $\Phi_4(\boldsymbol{R})$ is obtained for $\lambda \neq 1/2$ from

$$\Phi_4(\boldsymbol{R}) = \frac{1}{9} + \frac{1}{4\pi}\left\{ Sin^{-1}\left(\sqrt{\frac{2}{3z}}\right) + Sin^{-1}\left(\sqrt{\frac{1}{6z}}\right)\right\}$$
$$+ \frac{1}{4\pi^2}\left\{\left(Sin^{-1}\left(\sqrt{\frac{2}{3z}}\right)\right)^2 - \left(Sin^{-1}\left(\sqrt{\frac{1}{6z}}\right)\right)^2\right.$$
$$\left. - \int_0^1 \sqrt{\frac{1}{36-(3-t)^2}}\, Cos^{-1}\left(\frac{6tz - g(t,z)}{2g(t,z)}\right) dt \right\}. \tag{5.22}$$

For the case of $\lambda = 1/2$, the limiting distribution is a singular-normal distribution that is the limit of the four-variate normal with Variance-Covariance matrix $\boldsymbol{V}$ as $z \to 3/4$ from above. Since both $\Phi_4(\boldsymbol{R}^*)$ and I are continuous at $z = 3/4$, results from Cramér (1946, p. 102) show that $\Phi_4(\boldsymbol{R})$ as $z \to 3/4$ can be evaluated as $\Phi_4(\boldsymbol{R})$ with $z = 3/4$.

Given the symmetry of IC with respect to candidates and the result of (1.19), $CE^S_{WSR(\lambda)}(3, \infty, IC^*)$ can be obtained from the identity

$$CE^S_{WSR(\lambda)}(3, \infty, IC^*) = \frac{3\Phi_4(R)}{P^S_{PMRW}(3, \infty, IC)}. \tag{5.23}$$

The symmetry of z around $\lambda = 1/2$ leads directly to the observation that

$$CE^S_{WSR(\lambda)}(3, \infty, IC^*) = CE^S_{WSR(1-\lambda)}(3, \infty, IC^*). \tag{5.24}$$

Computed values of $CE^S_{WSR(\lambda)}(3, \infty, IC^*)$ are obtained by numerical integration from (5.23) for each $\lambda = 0.00(0.05)0.50$ and they are listed in Table 5.10.

The primary result from this analysis is the verification of Conjecture 5.9, which follows directly from the form of the $\boldsymbol{R}$ matrix in (5.11).

Table 5.10 Computed values of $CE^S_{WSR(\lambda)}(3, \infty, IC^*)$ (from Gehrlein and Fishburn 1978a)

λ	$CE^S_{WSR(\lambda)}(3, \infty, IC^*)$
0.00	0.7572
0.05	0.7749
0.10	0.7930
0.15	0.8113
0.20	0.8296
0.25	0.8473
0.30	0.8639
0.35	0.8786
0.40	0.8905
0.45	0.8984
0.50	0.9012

Theorem 5.1 *BR maximizes* $CE^S_{WSR(\lambda)}(3,\infty,IC^*)$.

Proof Each correlation term in $\boldsymbol{R}$ that involves z in (5.11) increases as λ increases on the interval $0 \le \lambda \le 1/2$. It then follows directly from a result in Slepian (1962) that $\Phi_4(\boldsymbol{R})$ does not decrease as λ increases over the range $0 \le \lambda \le 1/2$. The symmetry of $CE^S_{WSR(\lambda)}(3,\infty,IC^*)$ around $\lambda = 1/2$ from (5.24) completes the proof. □

An alternative representations for the special case of PR, with $\lambda = 0$, is also obtained, and it can be simplified by combining it with other results from Gehrlein and Fishburn (1978b).

$$CE^S_{PR}(3,\infty,IC^*) = \frac{\left[\begin{array}{l}\frac{1}{4}+\frac{3}{4\pi}\left\{Sin^{-1}\left(\sqrt{\frac{2}{3}}\right)+Sin^{-1}\left(\sqrt{\frac{1}{6}}\right)+\frac{1}{2}Sin^{-1}\left(\frac{1}{3}\right)\right\}\\ +\frac{3}{4\pi^2}\left\{\left(Sin^{-1}\left(\sqrt{\frac{2}{3}}\right)\right)^2-\frac{1}{4}\left(Sin^{-1}\left(\frac{1}{3}\right)\right)^2+\frac{3}{2}\int_0^{1/3}\frac{Sin^{-1}\left(\frac{x}{1+2x}\right)}{\sqrt{1-x^2}}dx\right\}\end{array}\right]}{P^S_{PMRW}(3,\infty,IC)}$$

$$\approx 0.757200 \qquad (5.25)$$

Gillett (1980) develops a representation for $CE^S_{PR}(3,n,\boldsymbol{p}^*)$ for general $\boldsymbol{p}$ vectors and considers the specific $\boldsymbol{p}$ that will minimize the Condorcet Efficiency of PR. It is shown that $CE^S_{PR}(3,n,\boldsymbol{p}^*) \to 0$ as $n \to \infty$ for $\boldsymbol{p} = (r,0,1/2-r,0,1/2-r,r)$ with $1/3 < r < 1/2$. It is easily seen that Candidate B will be both the strict PMRW and the strict loser by PR in this case. Similar $\boldsymbol{p}$ vectors can be obtained for Candidates A and C.

Another result from Gehrlein and Fishburn (1978b) is an alternative representation for the Condorcet Efficiency of the special case of BR, with $\lambda = 1/2$.

$$CE^S_{BR}(3,\infty,IC^*) = \frac{\left[\frac{3}{2}-\frac{3}{2\pi}\left\{Cos^{-1}\left(\sqrt{\frac{8}{9}}\right)+Cos^{-1}\left(\sqrt{\frac{2}{9}}\right)\right\}\right]}{P^S_{PMRW}(3,\infty,IC)} \approx 0.9012. \qquad (5.26)$$

Probability representations for assumptions other than with IC are also considered. For generic $\boldsymbol{p}$ vectors as $n \to \infty$, the variance of the distribution of the proportion of voters who have the *ith* preference ranking shrinks to zero, around the mean values of p_i. Two observations are made as a result for the subset of $\boldsymbol{p}$ vectors as $n \to \infty$ for which a PMRW exists:

- For each $\lambda \in [0,1]$ there is a $\boldsymbol{p}$ such that the PMRW does not win with Rule λ.
- For each $\lambda \notin \{0,1/2,1\}$ there is a $\boldsymbol{p}$ such that the PMRW has a non-zero probability of being elected with Rule λ, while the PMRW can not be the winner for any other Rule μ with $\mu \in [0,1]$ and $\mu \ne \lambda$.

Two additional studies follow directly from the development that leads to the representation for $CE^S_{WSR(\lambda)}(3,\infty,IC^*)$ in (5.23). The first stays with the more general assumption of DC, while restricting attention to BR.

Condorcet Efficiency of BR with DC

It was noted above that a second set of conditions results in $E(\overline{X}_j) = 0$ for each $j = 1,2,3,4$ in (5.8), so that the resulting probability can be expressed as a four-variate normal positive orthant probability. These conditions require the assumption of DC and the restriction of attention to BR, with $\lambda = 1/2$. The same approach that was used above leads to a representation for the joint probability that Candidate A is both the PMRW and the winner by BR as $n \to \infty$ with the assumption of DC from $\Phi_4(\boldsymbol{R}')$, where

$$\boldsymbol{R}' = \begin{bmatrix} 1 & 1-4p_3 & \frac{1+2p_2}{\sqrt{6p_2+1}} & \frac{2-2p_2-6p_3}{\sqrt{6p_1+1}} \\ & 1 & \frac{2-2p_1-6p_3}{\sqrt{6p_2+1}} & \frac{1+2p_1}{\sqrt{6p_1+1}} \\ & & 1 & \frac{2-6p_3}{\sqrt{(6p_1+1)(6p_2+1)}} \\ & & & 1 \end{bmatrix} \qquad (5.27)$$

The form of $\boldsymbol{R}'$ in (5.27) does not lead directly to a simple analytical representation for $\Phi_4(\boldsymbol{R}')$. However, Gehrlein (1999a) uses the result of Theorem 3.4 to obtain a simplified representation

Some notation is required to describe how an analytical representation for $\Phi_4(\boldsymbol{R}')$ can be obtained with the aid of Theorem 3.4. Start by defining a function $F_4(\boldsymbol{R}',+,+,+,+) = \Phi_4(\boldsymbol{R}')$, which is the joint probability that $\overline{X}_j\sqrt{n} \geq E(\overline{X}_j)\sqrt{n}$ for each $j = 1,2,3,4$. Extensions of $F_4(\boldsymbol{R}',+,+,+,+)$ are obtained in two possible ways. First, some variables can be removed from the joint probability, which is denoted by replacing the associated '+' with a '0' in $F_4(\boldsymbol{R}',+,+,+,+)$. For example, the joint probability that $\overline{X}_j\sqrt{n} \geq E(\overline{X}_j)\sqrt{n}$ for each $j = 1,2,4$ would be denoted as $F_3(\boldsymbol{R}',+,+,0,+)$. It is also possible to reverse the sign on some X_j^i variables, which is denoted by replacing the associated '+' with a '−' in $F_4(\boldsymbol{R}',+,+,+,+)$. For example, the probability that $\overline{X}_j\sqrt{n} \geq E(\overline{X}_j)\sqrt{n}$ for each $j = 1,2,3$ and $\overline{X}_4\sqrt{n} \leq E(\overline{X}_4)\sqrt{n}$ is denoted by $F_4(\boldsymbol{R}',+,+,+,-)$, which requires an appropriate modification to $\boldsymbol{R}'$ to account for the negation of variable X_4^i so that $F_4(\boldsymbol{R}',+,+,+,-)$ is still a multivariate normal *positive* orthant probability.

With the four variables that are used to obtain $\boldsymbol{R}'$ in (5.27), $F_3(\boldsymbol{R}',+,+,0,-)$ denotes the three-variate normal positive orthant probability that AMB, AMC and CBA. The adjusted correlation matrix for this reduced positive orthant probability would be obtained by removing all correlation that involve X_3^i from $\boldsymbol{R}'$ and then reversing the sign on all remaining correlation terms that involve X_4^i.

The representation for $\Phi_4(\boldsymbol{R}')$ then follows from the identity relation

$$F_4(\boldsymbol{R}',+,+,+,+) = F_2(\boldsymbol{R}',+,+,0,0) - F_3(\boldsymbol{R}',+,+,0,-) \\ - F_3(\boldsymbol{R}',+,+,-,0) + F_4(\boldsymbol{R}',+,+,-,-). \qquad (5.28)$$

Theorem 3.4 requires that $F_4(\boldsymbol{R}',+,+,-,-) = 0$, and the remaining two and three-variate orthant probabilities on the right hand side of (5.28) have simple representations from Sheppard's Theorem of Median Dichotomy. The same procedure can then be used to develop representations for the probabilities that each of Candidates B and C are both the PMRW winners and the winners by BR. After algebraic reduction, the resulting representation for $CE^S_{BR}(3,\infty,DC^*)$ is obtained as

$$CE^S_{BR}(3,\infty,DC^*) = \frac{\displaystyle\sum_{(i,j,k)\in\left\{\begin{matrix}(1,2,3)\\(2,1,3)\\(3,1,2)\end{matrix}\right\}} \left\{\frac{1}{2\pi}Sin^{-1}\left(\frac{1+2p_i}{\sqrt{6p_i+1}}\right)+\frac{1}{4\pi}\left[Sin^{-1}\left(\frac{2-2p_j-6p_k}{\sqrt{6p_i+1}}\right)+Sin^{-1}\left(\frac{2-2p_k-6p_j}{\sqrt{6p_i+1}}\right)\right]\right\}}{P^S_{PMRW}(3,\infty,DC)}. \qquad (5.29)$$

Computed values of $CE^S_{BR}(3,\infty,DC^*)$ from (5.29) are listed for each value of p_1, p_2 and $p_3 = 0.00(0.025)0.50$ in Table 5.11. Columns of entries have been truncated to account for the fact that $CE^S_{BR}(3,\infty,DC^*)$ is invariant under permutations of p_1, p_2 and p_3. It can be concluded from the values in Table 5.11 that the Condorcet Efficiency of BR generally exceeds 0.90 for DC* as $n \to \infty$.

The representation for $CE^S_{BR}(3,\infty,DC^*)$ in (5.29) can be used to make an observation about the relationship between the Condorcet Efficiency of BR and the measure of social homogeneity $H(p)$ in (1.59) when either p_1, p_2 or p_3 is equal to zero. This analysis begins with the following result.

Lemma 5.1 $P^S_{PMRW}(3,\infty,DC) = 1$ *if either* p_1, p_2 *or* p_3 *is equal to zero.*

Proof $P^S_{PMRW}(3,\infty,DC)$ is invariant under permutations of p_1, p_2 and p_3 in (1.18), so we assume arbitrarily that $p_3 = 0$. Using $p_3 = 0$ and $p_2 = 1/2 - p_1$ in the representation for $P^S_{PMRW}(3,\infty,DC)$, the result follows directly from basic trigonometric identities. □

The value of $CE^S_{BR}(3,\infty,DC^*)$ in (5.29) is invariant under permutations of p_1, p_2 and p_3, so we arbitrarily assume that $p_3 = 0, p_1 = 1/4 + \varepsilon$ and $p_2 = 1/4 - \varepsilon$ in the following result.

Theorem 5.2 *For* $\boldsymbol{p}$ *vectors in DC with* $p_3 = 0, p_1 = 1/4 + \varepsilon$ *and* $p_2 = 1/4 - \varepsilon$, *or any permutation on these values,* $CE^S_{BR}(3,\infty,DC^*)$ *increases as* ε *increases on the interval* $0 \le \varepsilon \le 1/4$.

Table 5.11 Computed values of $CE^S_{BR}(3,\infty,DC^*)$ from Gehrlein (1999a).

p_1	p_2										
	0.000	0.025	0.050	0.075	0.100	0.125	0.150	0.175	0.200	0.225	0.250
0.000	1.000	0.950	0.933	0.922	0.914	0.908	0.904	0.901	0.899	0.898	0.898
0.025	0.950	0.941	0.931	0.923	0.918	0.913	0.910	0.908	0.907	0.906	0.906
0.050	0.933	0.931	0.923	0.917	0.913	0.910	0.907	0.906	0.905	0.904	0.905
0.075	0.922	0.923	0.917	0.913	0.909	0.907	0.905	0.904	0.903	0.903	0.904
0.100	0.914	0.918	0.913	0.909	0.907	0.905	0.903	0.902	0.902	0.902	0.903
0.125	0.908	0.913	0.910	0.907	0.905	0.903	0.902	0.902	0.902	0.902	0.903
0.150	0.904	0.910	0.907	0.905	0.903	0.902	0.901	0.901	0.901	0.902	0.903
0.175	0.901	0.908	0.906	0.904	0.902	0.902	0.901	0.901	0.902	0.902	0.904
0.200	0.899	0.907	0.905	0.903	0.902	0.902	0.901	0.902	0.902	0.903	0.905
0.225	0.898	0.906	0.904	0.903	0.902	0.902	0.902	0.902	0.903	0.904	0.906
0.250	0.898	0.906	0.905	0.904	0.903	0.903	0.903	0.904	0.905	0.906	0.898
0.275	0.898	0.907	0.906	0.905	0.905	0.905	0.905	0.906	0.907	0.898	
0.300	0.899	0.908	0.907	0.907	0.907	0.907	0.907	0.908	0.899		
0.325	0.901	0.910	0.910	0.909	0.909	0.910	0.910	0.901			
0.350	0.904	0.913	0.913	0.913	0.913	0.913	0.904				
0.375	0.908	0.918	0.917	0.917	0.918	0.908					
0.400	0.914	0.923	0.923	0.923	0.914						
0.425	0.922	0.931	0.931	0.922							
0.450	0.933	0.941	0.933								
0.475	0.950	0.950									
0.500	1.000										

Proof As a result of Lemma 5.1 and the assumed valued of p_1,p_2 and p_3, $CE^S_{BR}(3,\infty,DC^*)$ reduces to

$$CE^S_{BR}(3,\infty,DC^*) = \frac{1}{4} + \frac{3}{4\pi}\left[\text{Sin}^{-1}\left(\frac{3+4\varepsilon}{\sqrt{10+24\varepsilon}}\right) + \text{Sin}^{-1}\left(\frac{3-4\varepsilon}{\sqrt{10-24\varepsilon}}\right)\right] + \frac{1}{4\pi}\left[\text{Sin}^{-1}\left(\frac{1-12\varepsilon}{\sqrt{10-24\varepsilon}}\right) + \text{Sin}^{-1}\left(\frac{1+12\varepsilon}{\sqrt{10+24\varepsilon}}\right)\right]. \tag{5.30}$$

After taking the derivative of $CE^S_{BR}(3,\infty,DC^*)$ with respect to ε with significant algebraic reduction we obtain

$$\frac{d}{d\varepsilon}CE^S_{BR}(3,\infty,DC^*) = \frac{96\varepsilon}{\pi\sqrt{1-16\varepsilon^2}}. \tag{5.31}$$

This derivative is positive for all DC vectors as defined above in the feasible range with $0 \le \varepsilon \le 1/4$. □

The relationship between the Condorcet Efficiency of BR and the measure of social homogeneity $H(\boldsymbol{p})$ then follows as a result of the following observation.

Lemma 5.2 *For* $\boldsymbol{p}$ *vectors in DC with* $p_3 = 0$, $p_1 = 1/4 + \varepsilon$ *and* $p_2 = 1/4 - \varepsilon$, *or any permutation on these values,* $CE^S_{BR}(3,\infty,DC^*)$ *increases as* $H(\boldsymbol{p})$ *increases on the interval* $0 \le \varepsilon \le 1/4$.

Proof The representation for $H(\boldsymbol{p})$ (1.59) obviously increases as ε increases for $0 \le \varepsilon \le 1/4$. The result then follows directly from Theorem 5.2. □

Lemma 5.2 indicates that there is some positive relationship between the Condorcet Efficiency of BR and the measure of social homogeneity $H(\boldsymbol{p})$ when either p_1, p_2 or p_3 is equal to zero. However this relationship does not hold for general $\boldsymbol{p}$, since the minimum $CE^S_{BR}(3,\infty,DC^*)$ from Theorem 5.2 results with $\varepsilon = 0$ when either p_1, p_2 or p_3 is equal to zero and the associated value of $CE^S_{BR}(3,\infty,DC^*) = 0.8976$ for that case. But, the measure $H(\boldsymbol{p})$ is minimized with IC, which is also included in DC, and we know from (5.26) that $CE^S_{BR}(3,\infty,IC^*) = 0.9012$, so the positive relationship between $H(\boldsymbol{p})$ and $CE^S_{BR}(3,\infty,DC^*)$ is not strict in the space of all possible DC vectors.

Condorcet Efficiency and Strong Borda Paradox Probability with IC

Gehrlein (1996a) and Gehrlein and Lepelley (1998) extend the analysis in the immediately preceding section to develop a formal relationship between $CE^S_{WSR(\lambda)}(3,\infty,IC^*)$ and $P^{WSR(\lambda)}_{SgBP}(3,\infty,IC^*)$. Candidate A will be both the PMRW and the winner by Rule λ with probability $\Phi_4(\boldsymbol{R}) = F_4(\boldsymbol{R},+,+,+,+)$, where $\boldsymbol{R}$ is defined in (5.11). It then follows that Candidate A will be both the PMRL and the winner by Rule λ with positive orthant probability $F_4(\boldsymbol{R},-,-,+,+)$.

We start this analysis with an identity relationship that is developed in the same fashion as the one in (5.28), with

$$F_4(\boldsymbol{R},-,-,+,+) = F_2(\boldsymbol{R},0,0,+,+) - F_3(\boldsymbol{R},0,+,+,+) - F_3(\boldsymbol{R},+,0,+,+) + F_4(\boldsymbol{R},+,+,+,+). \quad (5.32)$$

Due to the symmetry of IC with respect to candidates, $F_4(\boldsymbol{R},-,-,+,+)$ is equivalent to the probabilities that each of Candidates B and C is both the PMRL and the winner by Rule λ. The two and three-variate normal orthant probabilities on the right hand side of the identity in (5.32) all have simple representations from Sheppard's Theorem of Median Dichotomy, and after algebraic reduction:

$$P^{WSR(\lambda)}_{SgBP}(3,\infty,IC^*) = CE^S_{WSR(\lambda)}(3,\infty,IC^*) - \frac{Sin^{-1}\left(\sqrt{\frac{1}{6z}}\right) + Sin^{-1}\left(\sqrt{\frac{2}{3z}}\right)}{\frac{\pi}{2} + Sin^{-1}\left(\frac{1}{3}\right)}, \quad (5.33)$$

where $z = 1 - \lambda(1-\lambda)$.

The symmetry of both $CE^S_{WSR(\lambda)}(3,\infty,IC^*)$ and z around $\lambda = 1/2$ then leads to the observation that

$$P^{WSR(\lambda)}_{SgBP}(3,\infty,IC^*) = P^{WSR(1-\lambda)}_{SgBP}(3,\infty,IC^*). \quad (5.34)$$

Computed values of $P_{SgBP}^{WSR(\lambda)}(3,\infty,IC^*)$ from (5.34) are identical to those that were obtained first by Tataru and Merlin (1997) from the representation that is shown in (3.25).

Another consideration is the conditional probability $CL_{WSR(\lambda)}^{S}(3,\infty,IC^*)$ that the PMRW is ranked last by Rule λ, given that a PMRW exists as $n \to \infty$ with IC. The probability that Candidate A is the PMRW and is ranked last by Rule λ is obtained from $F_4(\boldsymbol{R},+,+,-,-)$. By employing the same approach that was used to obtain the representation for $P_{SgBP}^{WSR(\lambda)}(3,\infty,IC^*)$ in (5.34), it is easy to prove that

$$CL_{WSR(\lambda)}^{S}(3,\infty,IC^*) = P_{SgBP}^{WSR(\lambda)}(3,\infty,IC^*). \tag{5.35}$$

Tataru and Merlin (1997) also made this observation.

Condorcet Efficiency of CSRs with IC

Let $CE_{CSR(k)}^{S}(m,\infty,IC^*)$ denote the Strict Condorcet Efficiency of CSR Rule C_k^m as $n \to \infty$ with IC*. Conjecture 5.1 suggests that $CE_{CSR(k)}^{S}(m,\infty,IC^*)$ is maximized with $k \approx m/2$, and Gehrlein and Fishburn (1981a) perform a study that proves this result to be true.

Consider an election on m candidates $\{C_1, C_2, \ldots, C_m\}$ for which we wish to determine the joint probability that Candidate C_1 is both the PMRW and the winner by Rule C_k^m. The first step of the development of a representation for this probability is the definition of $2(m-1)$ variables that are defined on the preference ranking of the *ith* voter during the generation of a random voter preference profile under the assumption of IC.

$$\begin{aligned} &\text{For } 1 \le j \le m-1 \\ &Y_j^i = +1 \text{ if } C_1 \succ C_{j+1} \\ &\qquad -1 \text{ if } C_{j+1} \succ C_1. \end{aligned} \tag{5.36}$$

$$\begin{aligned} &\text{For } m \le j \le 2(m-1) \\ &Y_j^i = +1 \text{ if } C_1 \text{ is among } k \text{ top ranked and } C_{j+2-m} \text{ is not} \\ &\qquad -1 \text{ if } C_{j+2-m} \text{ is among } k \text{ top ranked and } C_1 \text{ is not} \\ &\qquad 0 \text{ otherwise.} \end{aligned} \tag{5.37}$$

Based on the variable definitions in (5.36) and (5.37), Candidate C_1 will be both the PMRW and the winner by Rule C_k^m if $\overline{X}_j > 0$ for all $1 \le j \le 2(m-1)$. The symmetry of IC with respect to candidates also leads to $E(X_j^i) = 0$ for all $1 \le j \le 2(m-1)$, so the logic of previous discussion can be used to get a representation for the limiting joint probability as $n \to \infty$ that Candidate C_1 will be both the PMRW and the winner by Rule C_k^m if $\overline{X}_j > 0$ for all $1 \le j \le 2(m-1)$, which is equivalent to the multivariate normal positive orthant probability $\Phi_{2(m-1)}(\boldsymbol{Q})$.

Arguments that are based on combinatorics are used to obtain the correlation matrix $\boldsymbol{Q}$ from the variable definitions in (5.36) and (5.37). Let $q_{i,j}$ denote the matrix terms in $\boldsymbol{Q}$, and:

$$q_{i,i} = 1 \text{ for all } 1 \le i \le 2(m-1)$$
$$q_{i,j} = 1/3 \text{ for all } 1 \le i,j \le m-1 \quad \text{and } i \ne j$$
$$q_{i,j} = 1/2 \text{ for all } m \le i,j \le 2(m-1) \quad \text{and } i \ne j$$
$$q_{i,j} = \sqrt{\frac{2k(m-k)}{m(m-1)}} \text{ for all } i,j \text{ with } 1 \le i \le m-1,$$
$$\text{and } m \le j \le 2(m-1) \text{ and } j \ne m-1+i$$
$$q_{i,j} = \sqrt{\frac{k(m-k)}{2m(m-1)}} \text{ for all } i,j \text{ with } 1 \le i \le m-1 \text{ and } j = m-1+i. \quad (5.38)$$

The symmetry of IC with respect to candidates leads to a representation for $CE^S_{CSR(k)}(m,\infty,IC^*)$ from

$$CE^S_{CSR(k)}(m,\infty,IC^*) = \frac{m\Phi_{2(m-1)}(\boldsymbol{Q})}{P^S_{PMRW}(3,\infty,IC)}. \quad (5.39)$$

Based on the definition of the correlation terms in (5.38), $\boldsymbol{Q}$ is identical for Rule C^m_k and Rule C^m_{m-k}, so it then follows directly from (5.39) that

Theorem 5.3 $CE^S_{CSR(k)}(m,\infty,IC^*) = CE^S_{CSR(m-k)}(m,\infty,IC^*)$.

It is also easily seen from the definitions in (5.38) that all correlation terms in $\boldsymbol{Q}$ increase as k increases for all values in the range $1 \le k \le m/2$. The result from Slepian (1962) can then be applied to show that

Theorem 5.4 $CE^S_{CSR(k+1)}(m,\infty,IC^*) \ge CE^S_{CSR(k)}(m,\infty,IC^*)$, *for* $k \le (m-2)/2$.

$CE^S_{CSR(k)}(m,\infty,IC^*)$ is therefore maximized by Rule $C^m_{m/2}$ for even m and by both Rule $C^m_{(m-1)/2}$ and Rule $C^m_{(m+1)/2}$ for odd m, verifying Conjecture 5.1 for the limiting case of IC as $n \to \infty$.

Borda Efficiency of CSRs with IC

Conjecture 5.8 changed the focus of evaluating voting rules from their Condorcet Efficiency to considering instead their Borda Efficiency. Let $BE^S_{CSR(k)}(m,\infty,IC)$ denote the limiting probability as $n \to \infty$ with the assumption of IC that CSR Rule C^m_k selects the same candidate as the winner by BR. Gehrlein (1981c) develops a representation for $BE^S_{CSR(k)}(m,\infty,IC)$ by using the same general procedure that was used in the immediately preceding section. Define $2(m-1)$ variables that are denoted as Y'^i_j for $1 \le j \le 2(m-1)$ on the preference ranking of the *ith* voter during the generation of a random voter preference profile under the assumption of IC.

The $m-1$ different Y'^{i}_{j} variables with $m \leq j \leq 2(m-1)$ are identical to those in (5.37), and lead to the result that Candidate C_1 is the winner by Rule C^m_k when $\overline{Y'}_j > 0$ for $m \leq j \leq 2(m-1)$. The $m-1$ different Y'^{i}_{j} variables with $1 \leq j \leq m-1$ are changed from (5.36), and they determine the contribution that a given preference ranking on candidates makes toward the result that Candidate C_1 will be the winner by BR, so that C_1 is the winner by BR when $\overline{Y'}_j > 0$ for $1 \leq j \leq m-1$. The resulting correlation matrix from these variables is found to be $\boldsymbol{Q}'$, with specific correlation terms $q'_{i,j}$ defined by

$$
\begin{aligned}
q'_{i,i} &= 1 \text{ for all } 1 \leq i \leq 2(m-1) \\
q'_{i,j} &= 1/2 \text{ for all } 1 \leq i,j \leq m-1 \quad \text{and } i \neq j \\
q'_{i,j} &= 1/2 \text{ for all } m \leq i,j \leq 2(m-1) \quad \text{and } i \neq j \\
q'_{i,j} &= \sqrt{\frac{3k(m-k)}{4(m+1)(m-1)}} \text{ for all } i,j \text{ with } 1 \leq i \leq m-1, \\
&\qquad \text{and } m \leq j \leq 2(m-1) \text{ and } j \neq m-1+i \\
q'_{i,j} &= \sqrt{\frac{3k(m-k)}{(m+1)(m-1)}} \text{ for all } i,j \text{ with } 1 \leq i \leq m-1 \text{ and } j = m-1+i.
\end{aligned}
\tag{5.40}
$$

The symmetry of IC with respect to candidates leads to a representation for $BE^S_{CSR(k)}(m,\infty,IC)$ from

$$BE^S_{CSR(k)}(m,\infty,IC) = m\Phi_{2(m-1)}(\boldsymbol{Q}'). \tag{5.41}$$

The definitions of the correlation terms in (5.40) indicate that $\boldsymbol{Q}'$ is identical for Rule C^m_k and Rule C^m_{m-k}, so it then follows directly from (5.41) that

Theorem 5.5 $BE^S_{CSR(k)}(m,\infty,IC) = BE^S_{CSR(m-k)}(m,\infty,IC)$.

It follows from the definitions in (5.40) that all correlation terms in $\boldsymbol{Q}'$ increase as k increases for all values in the range $1 \leq k \leq m/2$, and the result from Slepian (1962) can then be applied to show that

Theorem 5.6 $BE^S_{CSR(k+1)}(m,\infty,IC) \geq BE^S_{CSR(k)}(m,\infty,IC)$, *for* $k \leq (m-2)/2$.

Then $BE^S_{CSR(k)}(m,\infty,IC)$ is maximized by Rule $C^m_{m/2}$ for even m and by both Rule $C^m_{(m-1)/2}$ and Rule $C^m_{(m+1)/2}$ for odd m, which verifies Conjecture 5.8 for the limiting case of $n \to \infty$.

A simple representation for the special case of $m=3$ is obtained in Gehrlein and Fishburn (1978b), where the form of $\Phi_4(\boldsymbol{Q}')$ was found to have the specific form that is required for a representation from Cheng (1969), with

$$BE^S_{CSR(1)}(3,\infty,IC) = \frac{41}{48} - \frac{3}{4\pi^2}\left\{Sin^{-1}\left(\sqrt{\frac{13}{16}}\right)\right\}^2 \approx 0.758338. \tag{5.42}$$

The representation that is reported in Gehrlein and Fishburn (1978b) has a minor typographical error for this representation.

Condorcet Efficiency of PER and NPER with IC

The same type of analysis that is based on obtaining limiting representations for the Condorcet Efficiency of voting rules is used in Gehrlein (1993) to consider PER and NPER as $n \to \infty$ with IC. It is proved that

$$CE^S_{PER}(3, \infty, IC^*) = CE^S_{NPER}(3, \infty, IC^*). \tag{5.43}$$

A representation for the Condorcet Efficiency of these two voting rules is then obtained as

$$CE^S_{PER}(3,\infty,IC^*) = CE^S_{NPER}(3,\infty,IC^*)$$
$$= \frac{\left[\begin{array}{l} -1-\frac{3}{4\pi^2}\left(Sin^{-1}\left(\sqrt{\frac{1}{3}}\right)\right)^2+\frac{3}{16\pi^2}\left(3\pi+Sin^{-1}\left(\frac{1}{3}\right)\right)^2 \\ +\frac{3}{4\pi}Sin^{-1}\left(\sqrt{\frac{1}{6}}\right)-\frac{9}{8\pi^2}\int_0^{1/3}\frac{Sin^{-1}\{x/(1+2x)\}}{\sqrt{1-x^2}}dx \end{array}\right]}{P^S_{PMRW}(3,\infty,IC)} \approx 0.9629 \tag{5.44}$$

Based on the results that have been obtained for the limiting case for IC* as $n \to \infty$, PER and NPER outperform BR on the basis of Strict Condorcet Efficiency in three-candidate elections, while BR outperforms both PR and NPR.

5.3.2.2 Representations Based on IAC

A number of IAC-based representations for the Condorcet Efficiency of voting rules were obtained by using the partitioning process and algebraic summation procedure that was described in Chap. 1. The first came from Gehrlein (1982), where representations are developed for the Strict Condorcet Efficiency of PR, NPR, PER and NPER for three-candidate elections under the assumption of IAC* for $n = 9(12)\ldots$:

$$CE^S_{PR}(3, n, IAC^*) = \frac{119n^4 + 1348n^3 + 5486n^2 + 10812n + 10395}{135(n+1)(n+3)^2(n+5)} \tag{5.45}$$

$$CE^S_{NPR}(3, n, IAC^*) = \frac{68n^3 + 501n^2 + 834n - 315}{108(n+1)(n+3)(n+5)} \tag{5.46}$$

$$CE^S_{PER}(3,n,IAC^*) = \frac{523n^4 + 6191n^3 + 25117n^2 + 40749n + 22140}{540(n+1)(n+3)^2(n+5)} \tag{5.47}$$

$$CE^S_{NPER}(3,n,IAC^*) = \frac{131n^4 + 1542n^3 + 6144n^2 + 9018n + 3645}{135(n+1)(n+3)^2(n+5)}. \tag{5.48}$$

A minor clarification must be made regarding the definition of the existence of a strict winner by PER and NPER in $CE^S_{PER}(3,n,IAC^*)$ and $CE^S_{NPER}(3,n,IAC^*)$. Suppose that Candidate A is the PMRW. It will also be the strict winner by PER whenever both $\boldsymbol{APB}$ and $\boldsymbol{APC}$. Candidate A will not be eliminated in the first round if Candidates B and C are tied by PR, no matter how the tie is broken to determine which of these two losing candidates is to be eliminated, so Candidate A is still counted as a strict winner when such a tie exists. The same argument is valid for NPER.

A representation for $CE^S_{BR}(3,n,IAC^*)$ is developed with the partitioning process in Gehrlein and Lepelley (2001) for $n = 9(12)\ldots$, with

$$CE^S_{BR}(3,n,IAC^*) = \frac{123n^4 + 1416n^3 + 5722n^2 + 10104n + 8235}{135(n+1)(n+3)^2(n+5)}. \tag{5.49}$$

Computed values of $CE^S_{BR}(3,n,IAC^*)$ from (5.49) are verified by values that were obtained by enumeration in Gehrlein (1992, 1995), and the limiting value $CE^S_{BR}(3,n,IAC^*)$ is consistent with the value of 41/45 that was obtained with the traditional partitioning approach in Gehrlein (1992). Berg (1985b) also obtains the same limiting value for $CE^S_{PR}(3,\infty,IAC^*)$. The form of each of these representations was also replicated with EUPIA in Gehrlein (2002b).

Computed values of $CE^S_{VR}(3,n,IAC^*)$ are obtained from (5.45) through (5.49) for each $VR \in \{PR, NPR, PER, NPER, BR\}$, and the results are listed in Table 5.12 for each $n = 9(12)189$, along with the value as $n \to \infty$.

The results in Table 5.12 show that PER and NPER consistently have greater Condorcet Efficiency than BR, which consistently dominates PR, which in turn consistently dominates NPR. It is also observed that the limiting results as $n \to \infty$ are approached quite quickly as n increases.

Cervone et al. (2005) develop a representation for the Condorcet Efficiency of WSRs with weights $(1,\lambda,0)$ under IAC as $n \to \infty$, which is denoted by $CE^S_{WSR(\lambda)}(3,\infty,IAC^*)$. This was done by utilizing the procedure that was outlined in Chap. 3. The subspace of Δ^5 that represents all feasible IAC voting situations for which Rule λ and PMR both have the same winner is partitioned into pyramids, and $CE^S_{WSR(\lambda)}(3,\infty,IAC^*)$ is determined as the ratio of the combined volumes of these pyramids, compared to the volume of the subspace of Δ^5 for which a PMRW exists. The resulting representation is given by:

Table 5.12 Condorcet Efficiency values with IAC* for PR, NPR, PER, NPER and BR (from Gehrlein 1982; and Gehrlein and Lepelley 2001)

n	VR				
	PR	NPR	BR	PER	NPER
9	0.8508	0.5365	0.8825	0.9523	0.9428
21	0.8607	0.5853	0.8943	0.9611	0.9521
33	0.8666	0.6005	0.8995	0.9637	0.9633
45	0.8700	0.6079	0.9022	0.9650	0.9652
57	0.8721	0.6123	0.9039	0.9657	0.9663
69	0.8736	0.6152	0.9051	0.9662	0.9670
81	0.8747	0.6173	0.9059	0.9665	0.9675
93	0.8755	0.6188	0.9066	0.9668	0.9679
105	0.8761	0.6200	0.9071	0.9670	0.9682
117	0.8766	0.6210	0.9075	0.9671	0.9684
129	0.8771	0.6218	0.9078	0.9672	0.9686
141	0.8774	0.6224	0.9081	0.9674	0.9687
153	0.8777	0.6230	0.9083	0.9675	0.9689
165	0.8780	0.6234	0.9085	0.9675	0.9690
177	0.8782	0.6239	0.9087	0.9676	0.9691
189	0.8784	0.6242	0.9088	0.9676	0.9691
∞	0.8815	0.6296	0.9111	0.9685	0.9704

$$CE^S_{WSR(\lambda)}(3,\infty,IAC^*)$$
$$= \frac{714 - 1647\lambda + 335\lambda^2 + 1534\lambda^3 - 1036\lambda^4 + 65\lambda^5 + 28\lambda^6 + 8\lambda^7}{405(1-\lambda)^3(2-\lambda)(1+\lambda)}, \quad \text{for } 0 \le \lambda \le 1/2 \tag{5.50}$$

$$\frac{8 - 126\lambda + 1163\lambda^2 - 8395\lambda^3 + 17522\lambda^4 + 4496\lambda^5 - 16764\lambda^6 + 5984\lambda^7 + 192\lambda^8}{1620\lambda^3(1+\lambda)(2-\lambda)(3\lambda-1)}, \quad \text{for } 1/2 \le \lambda \le 1. \tag{5.51}$$

Computed values of $CE^S_{WSR(\lambda)}(3,\infty,IAC^*)$ from (5.50) and (5.51) are listed in Table 5.13 for each $\lambda = 0.00(0.05)1.00$.

These computed values verify the limiting results for PR, NPR and BR from Table 5.12. The maximum value of $CE^S_{WSR(\lambda)}(3,\infty,IAC^*)$ exists at $\lambda \approx 0.37228$, so that BR is not the most Condorcet efficient WSR with IAC as $n \to \infty$, verifying earlier results that suggest that a WSR closer to PR becomes the most Condorcet Efficient as voting situations tend to reflect greater degrees of dependence among voters' preference rankings on candidates. A more detailed comparison of these limiting Condorcet Efficiency results with IAC to the earlier results with IC will be presented after results with the assumption of MC are considered.

The study by Cervone et al. (2005) was motivated by a reexamination of some results that were developed in Van Newenhizen (1992) that suggested that $CE^S_{WSR(\lambda)}(3,\infty,IAC^*)$ is maximized by BR. Van Newenhizen (1992) did develop

Table 5.13 $CE^S_{WSR(\lambda)}(3,\infty,IAC^*)$ from Cervone et al. (2005)

λ	$CE^S_{WSR(\lambda)}(3,\infty,IAC^*)$	λ	$CE^S_{WSR(\lambda)}(3,\infty,IAC^*)$
0.00	0.8815	0.50	0.9111
0.05	0.8899	0.55	0.8943
0.10	0.8979	0.60	0.8720
0.15	0.9055	0.65	0.8461
0.20	0.9123	0.70	0.8176
0.25	0.9182	0.75	0.7874
0.30	0.9227	0.80	0.7560
0.35	0.9252	0.85	0.7240
0.40	0.9249	0.90	0.6919
0.45	0.9208	0.95	0.6603
0.50	0.9111	1.00	0.6296

some other correct representations with this particular proof procedure that is based on geometry when it was used for IAC as $n \to \infty$. However, it is shown in Cervone et al. (2005) that the absence of spherical symmetry in the probability distribution that describes the likelihood that various voting situations are observed makes this particular proof procedure insufficient to be certain that any resulting representations are correct.

Spherical symmetry applies to a number of different probability distributions, including that of IC as $n \to \infty$, where the resulting multivariate normal probability distribution that voting situations are observed is certainly spherically symmetric. As a result, representations that are obtained with this procedure will be correct with the assumption of IC as $n \to \infty$, as in the development of the representation that is given in (3.25). However, spherical symmetry does not apply to the case of IAC as $n \to \infty$, so there are no guarantees that representations that are obtained with this particular procedure will be correct in that case. Some of the representations in Van Newenhizen (1992) are therefore correct, while some are not. Similar problems arise in Saari and Valognes (1999). There is no simple way to determine a priori when this procedure will work with IAC, but there are many other distributions for which the procedure will obtain correct representations.

5.3.2.3 Representations Based on MC

A number of results have been obtained regarding the Strict Condorcet Efficiency of voting rules with the assumption of MC. Gehrlein and Fishburn (1981a) use some simple symmetry arguments to prove that

Theorem 5.7 $CE^S_{PR}(3,L,MC^*) = CE^S_{NPR}(3,L,MC^*)$.

This result is extended to the two-stage elimination rules for three-candidate elections in Gehrlein and Lepelley (1999), with

Theorem 5.8 $CE^S_{PER}(3,L,MC^*) = CE^S_{NPER}(3,L,MC^*)$.

Representations for the Condorcet Efficiency of voting rules are obtained with an extensive partitioning procedure in Gehrlein and Lepelley (1999), and these results are verified and extended by EUPIA in Gehrlein (2002b). A summary of these representations is given by:

$$CE^S_{PR}(3,L,MC^*) = CE^S_{NPR}(3,L,MC^*) =$$
$$\frac{661L^5+3216L^4+6640L^3+7200L^2+4264L+1104}{8(L+1)(109L^4+446L^3+749L^2+616L+240)}, \text{ for } L=4(2)\ldots$$
$$\frac{(L+1)(661L^4+1894L^3+2191L^2+924L+90)}{8L(109L^4+446L^3+749L^2+616L+240)}, \text{ for } L=5(2)\ldots. \quad (5.52)$$

$$CE^S_{PER}(3,L,MC^*) = CE^S_{NPER}(3,L,MC^*) =$$
$$\frac{829L^5+4164L^4+8740L^3+9480L^2+5416L+1296}{8(L+1)(109L^4+446L^3+749L^2+616L+240)}, \text{ for } L=4(2)\ldots. \quad (5.53)$$

$$CE^S_{BR}(3,L,MC^*) =$$
$$\frac{10594L^6+54786L^5+118885L^4+136560L^3+95196L^2+40304L+4160}{108L(L+1)(109L^4+446L^3+749L^2+616L+240)}, \text{ for } L=4(6)\ldots$$
$$\frac{10594L^5+44192L^4+74693L^3+61867L^2+31409L+5885}{108L(109L^4+446L^3+749L^2+616L+240)}, \text{ for } L=5(6)\ldots. \quad (5.54)$$

The representations in (5.52)–(5.54) were used to compute values of $CE^S_{VR}(3,L,MC^*)$ for each $VR \in \{PR, NPR, BR, PER, NPER\}$ with $L = 10(6)52$, along with limiting values as $n \to \infty$. The results are listed in Table 5.14, along with the expected number of voters, $E(n)$, for each L.

The results in Table 5.14 are generally consistent with patterns that have been observed with IC* and IAC*. That is, BR outperforms both PR and NPR, and BR is dominated by both PER and NPER.

5.3.3 Summary of Condorcet Efficiency Results

The most clearly consistent result that is observed for the Condorcet Efficiency of voting rules in three-candidate elections with IC*, IAC* and MC* is seen in the

Table 5.14 Condorcet Efficiencies of voting rules with MC*

L	$E(n)$	VR		
		PR, NPR	BR	PER, NPER
10	30	0.7424	0.9060	0.9435
16	48	0.7479	0.9040	0.9463
22	66	0.7506	0.9029	0.9476
28	84	0.7521	0.9023	0.9483
34	102	0.7531	0.9019	0.9487
40	120	0.7538	0.9016	0.9490
46	138	0.7544	0.9014	0.9492
52	156	0.7548	0.9013	0.9494
∞	∞	0.7580	0.8999	0.9507

Table 5.15 Summary of limiting Condorcet Efficiency results for IC*, IAC* and MC*

VR	IC*	IAC*	MC*
PR	0.7572	0.8815	0.7580
NPR	0.7572	0.6296	0.7580
BR	0.9012	0.9111	0.8999
PER.20	0.9629	0.9685	0.9507
NPER	0.9629	0.9704	0.9507

limiting results for PR, NPR, BR, PER and NPER that are summarized in Table 5.15 from calculations that are performed above.

BR significantly dominates both PR and NPR with IC* and MC* on the basis of Condorcet Efficiency. The introduction of a small degree of dependence among voters' preferences with IAC* produces the same general result, except that the efficiency of PR is significantly increased and the efficiency of NPR is significantly decreased. It was observed that BR maximizes Condorcet Efficiency as $n \to \infty$ with IC, but as the degree of dependence increases beyond IAC for P–E models, the most efficient voting rule consistently moves closer to PR. The results in Table 5.15 also show that both PER and NPER dominate BR. The differences in the efficiencies of BR and the optimal WSR are not found to be very large, and computed value of $CE^S_{BR}(3, \infty, DC^*)$ in Table 5.11 indicate that the efficiency of BR remains quite high over the range of DC probabilities. The use of BR in three-candidate elections can generally be expected to produce relatively high efficiencies.

The simulation results in Table 5.5 indicate that the dominance of BR over both PR and NPR becomes increasingly pronounced as m increases. For the case of general m, the CSR that requires voters to vote for half of the candidates is found to maximize both the Condorcet Efficiency and the Borda Efficiency for CSRs with IC as $n \to \infty$. The results of Table 5.4 indicate that the Condorcet Efficiency of this optimal CSR is significantly greater than the expected efficiency of PR and NPR with IC* as $n \to \infty$.

5.4 The Impact of Social Homogeneity on Efficiency

Results that were obtained in the previous section have given a strong indication that there is some relationship between the Condorcet Efficiency of voting rules and the degree of dependence that exists among voters' preference rankings on candidates in the transition from IC to IAC. While the results regarding Borda's Paradox in Chap. 3 clearly indicate that no voting rule will always elect the PMRW, intuition suggests that we should observe a relationship for Condorcet Efficiency that parallels what was observed in the analysis of Condorcet's Paradox. In particular, as voters have preferences on candidates that reflect increased levels of social homogeneity or group mutual coherence, voting rules should tend to show an increased level of Condorcet Efficiency, and we refer to this as the *Efficiency Hypothesis*. The studies that have been surveyed to this point have not specifically focused on the ideas underlying the Efficiency Hypothesis, but some studies have done so.

Just as in the studies that considered the probability that a PMRW exists, the earliest work that considered the Efficiency Hypothesis was typically based on Monte-Carlo simulation analysis and computer enumeration techniques while searching for links between Condorcet Efficiency and measures of social homogeneity. A survey of much of this early work indicates that there is a substantial amount of conflicting evidence regarding the Efficiency Hypothesis. Two basic measures of social homogeneity have been the primary focus of these studies. The first of these measures is $H(\boldsymbol{p})$ from (1.59), with

$$H(\boldsymbol{p}) = \sum_{i=1}^{6} p_i^2. \tag{5.55}$$

The second measure of social homogeneity that we consider is $H'(\boldsymbol{p})$ and this measure is directly associated with *Kendall's Coefficient of Concordance*, which is a standard measure of agreement between sets of ordinal rankings, with

$$H'(\boldsymbol{p}) = \frac{1}{2}\begin{bmatrix} (p_5 + p_6 - p_1 - p_2)^2 + (p_2 + p_4 - p_3 - p_5)^2 + \\ (p_1 + p_3 - p_4 - p_6)^2 \end{bmatrix}. \tag{5.56}$$

These are population specific measures of social homogeneity, as they are defined in (5.55) and (5.56), since they are based on the p_i values of a population of possible voters. Each can easily be changed to represent situation specific measures of social homogeneity $H(\boldsymbol{n})$ and $H'(\boldsymbol{n})$ from (5.55) and (5.56) respectively by replacing the p_i values for a population with the associated n_i/n values for a specified voting situation $\boldsymbol{n}$. The measure $H'(\boldsymbol{n})$ was considered in Fishburn (1973b), where it was found to have a relatively strong connection with the probability that a PMRW exists in randomly generated voting situations.

5.4.1 Population Specific Measures of Homogeneity

An analysis of the relationship between the Condorcet Efficiency of voting rules and a population specific measure of social homogeneity is performed in Gehrlein (1995). The study is based upon the computer enumeration of all possible voting situations under the P–E model scenario, where the parameter α of a P–E distribution is associated with the degree of dependence, and consequently the degree of social homogeneity, among voters' preferences.

The representation for $CE^S_{VR}(3, 25, PE(\alpha)^*)$ in (5.3) was used directly to obtain expected values of efficiencies with the specific value of $n = 25$ for each $VR \in \{PR, NPR, PER, NPER, BR\}$ with each $\alpha = 0, 1, 2, 3, 4, 5, 10, 15, 20, 25$. These values are listed in Table 5.16 along with computed values for the conditional expected value $E\{H'(\boldsymbol{n})\}$, given that a PMRW exists.

The results in Table 5.16 clearly show that the expected value of $H'(\boldsymbol{n})$ increases as α increases in P–E models, giving further support to fact that α represents a rough measure of population specific homogeneity.

There will obviously be differences in the Condorcet Efficiencies that are obtained by each VR, but the Efficiency Hypothesis is found to be valid for each of PR, PER, NPER and BR as α increases. However, the Condorcet Efficiency of NPR is found to behave in a dramatically contrary manner, compared to what the Efficiency Hypothesis suggests, by consistently decreasing as α increases. Moreover, the Condorcet Efficiency of NPR exhibits very poor performance with large α. These results do give support to the Efficiency Hypothesis, but there are some contradictory findings. We also observe that PR has greater efficiency that BR for all $\alpha \geq 3$, which reinforces the results from the previous section that increased levels of dependence among voters' preferences leads to a WSR with maximum efficiency that is more like PR than BR in three-candidate elections.

Table 5.16 Computed values of $CE_{VR}(3, 25, PE(\alpha)^*)$ (from Gehrlein 1995)

α	$E\{H'(\boldsymbol{n})\}$	VR				
		PR	NPR	BR	PER	NPER
0	0.0432	0.7365	0.6515	0.8746	0.9412	0.9513
1	0.1873	0.8630	0.5902	0.8965	0.9624	0.9627
2	0.2914	0.9081	0.5521	0.9091	0.9714	0.9701
3	0.3708	0.9333	0.5524	0.9191	0.9775	0.9758
4	0.4337	0.9492	0.4958	0.9273	0.9819	0.9801
5	0.4850	0.9599	0.4711	0.9341	0.9851	0.9835
10	0.6447	0.9833	0.3701	0.9556	0.9931	0.9922
15	0.7286	0.9908	0.3008	0.9666	0.9961	0.9955
20	0.7804	0.9942	0.2523	0.9733	0.9974	0.9971
25	0.8156	0.9960	0.2169	0.9778	0.9982	0.9980

5.4.2 Situation Specific Measures of Homogeneity

A Monte-Carlo simulation study in Gehrlein (1987) examines the Efficiency Hypothesis from the perspective of profile specific measures of social homogeneity $H(\boldsymbol{n})$ and $H'(\boldsymbol{n})$ with the assumption of MC* as $L \to \infty$. A value of x_i was randomly generated from the closed interval $[0, 1]$ for each $1 \leq i \leq 6$ and values of the proportion, q_i, of all voters with each preference ranking in the given voting situation was obtained by normalizing the x_i values. That is, each x_i was divided by $\sum_{j=1}^{6} x_j$. It was then determined if a PMRW existed in the voting situation, based on the resulting q_i values, and each observation was discarded for which a PMRW was not found to exist. The process was repeated until 1,000,000 voting situations were found for which a PMRW existed.

The voting situations were then partitioned into quintiles of increasing levels of homogeneity for both $H(\boldsymbol{n})$ and $H'(\boldsymbol{n})$, and the proportion of voting situations within each quintile was found for which the WSR Rule λ elected the PMRW for each $\lambda = 0.0(0.1)1.0$. The resulting proportion estimates of $CE^S_{WSR(\lambda)}(3, \infty, MC^*)$ for quintiles of $H(\boldsymbol{n})$ are listed in Table 5.17.

The Condorcet Efficiency generally increased across quintiles, discounting a small but consistent reversal in going from the first to the second quintile, as the degree of social homogeneity increased for $\lambda < 0.5$. Thus, the anticipated results from the Efficiency Hypothesis are observed for $\lambda < 0.5$. However the exact opposite result was observed for $\lambda > 0.5$. With $\lambda = 0.5$ there was no change in Condorcet Efficiency as the quintiles changed. The average efficiency within each quintile was taken over all of the Rule λ values, and no change in the average efficiency for Rule λ was found as the quintiles changed.

These results are very similar to those that were encountered when population specific measures of social homogeneity were being considered. That is, the Efficiency Hypothesis is valid for voting rules that are like PR, with $\lambda = 0$, when $H(\boldsymbol{n})$ is the measure of social homogeneity. However, very contrary results are observed for voting rules that are like NPR, with $\lambda = 1$. A possible explanation for this phenomenon if that $H(\boldsymbol{n})$ is a poor measure of social homogeneity, which leads us to evaluate what happens when the measure that is based on Kendall's Coefficient of Concordance is used instead.

Table 5.18 lists computed values of the resulting proportion estimates of $CE^S_{WSR(\lambda)}(3, \infty, MC^*)$ for quintiles of $H'(\boldsymbol{n})$.

For $\lambda \leq 0.2$, the Condorcet Efficiency values in Table 5.18 increase significantly as the level of homogeneity increases. But, then efficiency decreases significantly as the level of homogeneity increases for $\lambda \geq 0.8$. For $0.2 < \lambda < 0.8$, efficiency consistently decreases to a minimum value for some quintile and then increases over the remaining quintiles. It should be noted that this result is generally consistent with observations in Fishburn (1973b) where IC was being used with BR. As a result, there is no consistently clear indication of the connection between social homogeneity, as measured by $H'(\boldsymbol{n})$, and Condorcet Efficiency as Rule λ changes. However, if we take the average value of Condorcet Efficiency over all Rule λ

Table 5.17 Estimates of $CE^{S}_{WSR(\lambda)}(3, \infty, MC^{*})$ for quintiles of $H(\boldsymbol{n})$, from Gehrlein (1978)

Quintile	λ											Average
	0.0	0.1	0.2	0.3	0.4	0.5	0.6	0.7	0.8	0.9	1.0	
1	0.714	0.756	0.800	0.843	0.880	0.901	0.901	0.884	0.859	0.830	0.801	0.833
2	0.705	0.747	0.793	0.837	0.876	0.902	0.903	0.887	0.863	0.836	0.808	0.833
3	0.749	0.782	0.816	0.851	0.881	0.896	0.889	0.867	0.838	0.804	0.770	0.831
4	0.789	0.819	0.849	0.876	0.897	0.900	0.880	0.848	0.808	0.767	0.727	0.833
5	0.843	0.868	0.890	0.906	0.913	0.904	0.868	0.818	0.768	0.721	0.677	0.834
Total	0.760	0.794	0.830	0.863	0.889	0.900	0.888	0.861	0.827	0.791	0.757	0.833

Table 5.18 Estimates of $CE^{S}_{WSR(\lambda)}(3, \infty, \lambda, MC^{*})$ for quintiles of $H'(\boldsymbol{n})$, from Gehrlein (1978)

Quintile	λ											Average
	0.0	0.1	0.2	0.3	0.4	0.5	0.6	0.7	0.8	0.9	1.0	
1	0.517	0.619	0.724	0.816	0.873	0.899	0.906	0.903	0.896	0.887	0.878	0.811
2	0.649	0.687	0.729	0.781	0.843	0.881	0.886	0.874	0.854	0.832	0.810	0.802
3	0.765	0.787	0.810	0.833	0.857	0.876	0.862	0.830	0.793	0.756	0.722	0.808
4	0.882	0.894	0.904	0.912	0.912	0.903	0.869	0.815	0.759	0.705	0.657	0.838
5	0.965	0.967	0.967	0.962	0.953	0.941	0.920	0.887	0.842	0.786	0.727	0.901
Total	0.756	0.791	0.827	0.861	0.888	0.900	0.888	0.862	0.829	0.793	0.759	0.832

within each quintile, there is a definite increase in the average efficiency as homogeneity increases. On average, we do see support for the Efficiency Hypothesis. However, PR behaves exactly as expected with both measures of homogeneity, while NPR behaves exactly the opposite of what is expected with both measures.

5.4.3 *Strong Condorcet Efficiency of Voting Rules*

Another measure of the effectiveness of voting rules is their propensity to select the Strong PMRW. A *Strong PMRW* is a candidate that is ranked as most preferred by more than half of all voters, and a Strong PMRL is defined in the obvious fashion. The existence of either a Strong PMRW or a Strong PMRL is a very powerful restriction on voting situations. Intuition suggests that all voting rules should be very good at selecting the PMRW in such voting situations, since some candidate will either be widely preferred, or widely disliked, among the electorate. But, it will be seen that there are significant limits on the generality of this notion.

Lepelley and Merlin (1998) prove that PR is the only WSR that must elect the Strong PMRW, when there is one, and this result leads us back to further consideration of Observation 5.3. Lepelley et al. (2000b) note that as α increases to a large number in a P–E probability model, there is an increasing likelihood that many of the preference rankings in a randomly generated voter preference profile will have the same ranking as the one that is assigned to the first voter. This would then lead to having resulting voting situations with a high probability that a Strong PMRW exists, which then assures us that PR will elect that PMRW.

To illustrate this point, Table 5.19 lists computed values of $P^S_{PMRW}(3, n, PE(\alpha))$ with $n = 101$ for each $\alpha \in \{0, 1, 2, 3, 4, 5, 10, 15, 20, 25\}$, along with the probability $P^{Sg}_{PMRW}(3, n, PE(\alpha))$ that a Strong PMRW exists, and the Condorcet Efficiency of BR under the assumption $PE(\alpha)^{\#}$ that all voting situations with a Strong PMRW from $PE(\alpha)$ are equally likely to be observed.

We already knew that $P^S_{PMRW}(3, n, PE(\alpha))$ increases as α increases, and the significant increase in $P^{Sg}_{PMRW}(3, 101, PE(\alpha))$ agrees with the intuition from Lepelley

Table 5.19 Values of $P^S_{PMRW}(3, n, PE(\alpha))$, $P^{Sg}_{PMRW}(3, n, PE(\alpha))$ and $CE^S_{BR}\left(3, n, PE(\alpha)^{\#}\right)$

α	$P^S_{PMRW}(3,101,PE(\alpha))$	$P^{Sg}_{PMRW}(3,101,PE(\alpha))$	$CE^S_{BR}\left(3,101,PE(\alpha)^{\#}\right)$
0	0.9131	0.0008	0.999
1	0.9376	0.5804	0.957
2	0.9550	0.7573	0.940
3	0.9665	0.8368	0.937
4	0.9742	0.8812	0.939
5	0.9796	0.9092	0.942
10	0.9916	0.9650	0.957
15	0.9954	0.9814	0.967
20	0.9971	0.9884	0.973
25	0.9980	0.9921	0.977

et al. (2000b). Since PR must elect the PMRW when a Strong PMRW exists, a dramatic increase in $P^{Sg}_{PMRW}(3,n,PE(\alpha))$ must then result in very high values of $CE^S_{PR}(3,n,PE(\alpha)^{\#})$ for large α. Moreover, the behavior of $CE^S_{BR}(3,101,PE(\alpha)^{\#})$ is not consistent as α increases, and BR clearly is not receiving the same benefit from the existence of a Strong PMRW that PR gets, even for $\alpha = 25$.

Sanver (2002) and Woeginger (2003) present restrictions on n and m such that some WSR can guarantee that it will both always elect a Strong PMRW whenever one exists and prohibit the election of a Strong PMRL whenever one exists. It is shown that some WSR can only guarantee both results under the very restrictive conditions that $n \in \{2,3,4,5,6,8,10,12\}$ and $m > 2$.

Lepelley and Gehrlein (2000) develop representations for the Strong Condorcet Efficiency of PR, NPR, PER, NPER and BR under the assumption of IAC$^{\#}$with:

$$CE^S_{PR}(3,n,IAC^{\#}) = CE^S_{PER}(3,n,IAC^{\#}) = 1, \text{ for } n = 9(2)\ldots \tag{5.57}$$

$$CE^S_{NPR}(3,n,IAC^{\#}) = \frac{197n^3 + 1145n^2 + 1623n - 405}{108(3n+7)(n+1)(n+5)}, \quad \text{for } n = 9(12)\ldots \tag{5.58}$$

$$CE^S_{NPER}(3,n,IAC^{\#}) = \frac{79n^2 + 546n + 675}{27(3n+7)(n+5)}, \text{ for } n = 9(6)\ldots \tag{5.59}$$

$$CE^S_{BR}(3,n,IAC^{\#}) = \frac{2(39n^5 + 690n^4 + 4370n^3 + 12420n^2 + 17991n + 13770)}{27(n+1)(n+3)(n+5)(n+7)(3n+7)}, \quad \text{for } n = 9(12)\ldots. \tag{5.60}$$

Computed values of $CE^S_{VR}(3,n,IAC^{\#})$ are obtained from (5.58) through (5.60) with each $VR \in \{NPR, NPER, BR\}$ for each $n = 9(12)129$, and for the limiting value as $n \to \infty$. The results are listed in Table 5.20, and they indicate that $CE^S_{VR}(3,n,IAC^{\#})$ increases as odd n increases for each $VR \in \{NPR, NPER, BR\}$. The very high levels of Condorcet Efficiency of PR from (5.57) reflect the result that would be anticipated when one candidate is very popular. High levels of Condorcet Efficiency are also observed for both NPER and BR in Table 5.20. However, NPR performs very poorly, even with the very strong restriction that a Strong PMRW must exist.

Lepelley and Gehrlein (2000) also develop representations for the Condorcet Efficiency of PR, NPR, PER, NPER and BR under the assumption of $IAC^{\#}_b(0)$, which assumes that all voting situations with a Strong PMRW that also have single-peaked preferences are equally likely to be observed. These representations are given respectively in (5.61)–(5.64).

Table 5.20 Computed values of $CE^S_{VR}(3, n, IAC^{\#})$ for each $VR \in \{NPR, NPER, BR\}$

n	VR		
	NPR	NPER	BR
9	0.4874	0.9328	0.9076
21	0.5466	0.9560	0.9355
33	0.5665	0.9629	0.9449
45	0.5767	0.9662	0.9496
57	0.5829	0.9681	0.9523
69	0.5870	0.9694	0.9541
81	0.5900	0.9702	0.9554
93	0.5922	0.9709	0.9564
105	0.5940	0.9714	0.9571
117	0.5954	0.9718	0.9577
129	0.5965	0.9721	0.9582
∞	0.6080	0.9753	0.9630

$$CE^S_{PR}\left(3, n|IAC^{\#}_b(0)\right) = CE_{PER}S\left(3, n|IAC^{\#}_b(0)\right) = 1, \text{ for } n = 9(2)\ldots \quad (5.61)$$

$$CE^S_{NPR}\left(3, n|IAC^{\#}_b(0)\right) = \frac{2(n-1)(n+6)}{3(n+3)^2}, \text{ for } n = 9(2)\ldots \quad (5.62)$$

$$CE^S_{NPER}\left(3, n|IAC^{\#}_b(0)\right) = 1, \text{ for } n = 9(2)\ldots \quad (5.63)$$

$$CE^S_{BR}\left(3, n|IAC^{\#}_b(0)\right) = \frac{2(4n^2+15n+15)}{9(n+1)(n+3)}, \text{ for } n = 9(6)\ldots. \quad (5.64)$$

Computed values of $CE^S_{VR}(3, n, IAC^{\#}_b(0))$ are obtained from (5.62) and (5.64) respectively for NPR and BR with each $n = 9(12)129$, and for the limiting value as $n \to \infty$. The results are listed in Table 5.21, to indicate that the additional restriction to $IAC^{\#}$ that voters' preferences must also be single-peaked has the expected result of improving the Condorcet Efficiency of NPR, but that the efficiency value still remains relatively low. A very surprising outcome is that this additional restriction to $IAC^{\#}$ actually leads to a reduction in the Condorcet Efficiency of BR.

Lepelley et al. (2000b) also develop the general limiting representation

$$CE^S_{WSR(\lambda)}\left(3, \infty|IAC^{\#}_b(0)\right) = \frac{2\lambda^2 - 9\lambda + 6}{3(1-\lambda)(2-\lambda)}, \text{ for } 0 \leq \lambda \leq 1/2.$$

$$\frac{2(2\lambda^2 - 5\lambda + 4)}{3(2-\lambda)}, \text{ for } 1/2 \leq \lambda \leq 1. \quad (5.65)$$

This representation verifies the limiting results as $n \to \infty$ for PR, NPR and BR that follow respectively from (5.61), (5.62) and (5.64).

Table 5.21 Computed values of $CE^{S}_{VR}\left(3, n|IAC^{\#}_{b}(0)\right)$ for $VR \in \{NPR, BR\}$

n	VR	
	NPR	BR
9	0.5556	0.8778
21	0.6250	0.8813
33	0.6420	0.8834
45	0.6493	0.8847
57	0.6533	0.8854
69	0.6559	0.8860
81	0.6576	0.8864
93	0.6589	0.8867
105	0.6598	0.8869
117	0.6606	0.8871
129	0.6612	0.8873
∞	0.6667	0.8889

5.4.4 Spatial Modeling Results

Merrill (1985, 1988) presents some interesting results that are related to the Condorcet Efficiency of a set of voting rules by using a different approach. In this study, voters evaluate candidates on the basis of the respective stands that these candidates take on η different issues. It is assumed that all possible candidate positions on a given issue can be evaluated on the basis of some measurable characteristic of that issue. Each voter then has some ideal value for the measurable characteristic for each issue that expresses the position that the voter would most prefer to see a candidate adopt on that issue. A given point in a spatial model with a η-dimensional issue space is then used to identify each voter's overall ideal point for a candidate over the η issues in that space. Similarly, each candidate is identified by a point in the η-dimensional issue space, based on the stands that they actually take on the issues. A voter's preference ranking on the candidates is then obtained on the basis of the Euclidean distances between the voter's ideal point and the points that represent the actual candidates' stands. That is, the candidate that has taken a position that is closest to a voter's ideal point, based on Euclidean distance, will be that voter's most preferred candidate, and so on.

The study is based on a Monte-Carlo simulation analysis that generates a set of n random ideal position points to represent the voters and a set of m random position points that are taken by the candidates. The distributions from which these two sets of points are randomly selected both have the same origin, and both are generated from multivariate normal distributions. As the parameters of the respective multivariate normal distributions are changed, the Condorcet Efficiency of all voting procedures that are considered decrease as m increases.

A reduction in the relative dispersion of candidates' positions, making them more IC-like, results in significant reductions in the Condorcet Efficiency of PR, in agreement with the Efficiency Hypothesis. However, the Condorcet Efficiency of some of the other rules remains almost unchanged with this change in dispersion. Merrill (1984) gives an explanation as to how this reduction in dispersion could lead to a decrease in Condorcet Efficiency.

In an extension, an additional random variable is added to account for voters' perceptual uncertainty regarding the position points of candidates. As the degree of this perceptual uncertainty increases, suggesting an increased degree of fuzziness in the perception of candidates' positions, the Condorcet Efficiency of PR increases significantly. This observation does not support the logic of the Efficiency Hypothesis. When a bipolar multivariate distribution is used to generate ideal points for voters and for position points of candidates in the issue space, a reduction in Condorcet Efficiency is observed for the voting rules that are considered. This observation does not support the Efficiency Hypothesis with regard to the notion of using proximity to perfectly polarized preferences to measure group mutual coherence.

Merrill (1988) summarizes the results of these studies of Condorcet Efficiency, and these observations are consistent for changes in correlations in the multivariate normal distributions of issue dimensions, changes in the relative dispersions of the distributions for both voters' preferences and candidates' positions, and changes in η:

- The Condorcet Efficiency of all of the voting procedures that are considered decrease as m increases.
- The Condorcet Efficiency increases for all of the voting procedures that are considered as η increases.
- The Condorcet Efficiency is maximized under all scenarios by NPER and BR.
- The Condorcet Efficiency is minimized across all scenarios by PR.
- Mid-range values of Condorcet Efficiency are observed across all scenarios for PER.

Chamberlin and Cohen (1978) observed very similar results in an earlier spatial modeling analysis.

5.4.5 Summary of Social Homogeneity Results

The general conclusion of these results is that while there has been some substantial support in the literature for the basic premise of the Efficiency Hypothesis, there have been some other observations that cause serious concerns about its general veracity. This contrary evidence results from observed changes in the Condorcet Efficiency of some voting rules, most notably NPR, as various measures of social homogeneity are changed. Other contrary results are observed even when the requirement that a Strong PMRW must exist is imposed. However, this same general conclusion was reached when a general relationship was being sought in Chap. 2, during the evaluation of links between measures of social homogeneity and the probability that a PMRW exists. Just as in that case, we still might find stronger support for the Efficiency Hypothesis if we shift from the consideration of measures of social homogeneity and consider instead the more structured measures of group mutual coherence.

Chapter 6
Coherence and the Efficiency Hypothesis

6.1 Introduction

The primary objective of this chapter is to evaluate the impact that the presence of various degrees of measures of group mutual coherence have on the Condorcet Efficiency of voting rules. The Efficiency Hypothesis suggests that the Condorcet Efficiency of voting rules should increase as voters' preferences reflect increased levels of group mutual coherence. Some preliminary work has been conducted in this area, when attention is primarily focused on group mutual coherence, as measured by the proximity of voting situations to the condition of perfectly single-peaked preferences.

6.2 Numerical Evidence

Adams (1997) performs a Monte-Carlo simulation study of the probability that a PMRW exists by using a spatial modeling format with η criteria, as described in Chap. 5. The utility that the ith voter with $1 \leq i \leq n$ has for a given candidate, C_g, is denoted as $U^i(C_g)$ for $1 \leq g \leq m$. This utility has two components:

$$U^i(C_g) = -\tau \sum_{j=1}^{\eta} \left(x_{ij} - C_{gj}\right)^2 + \mu_i(C_g). \tag{6.1}$$

The first term in (6.1) represents the Euclidean distance between the ideal point of the ith voter on the issues, as represented by the $x_{ij}'s$ in the η -space, and the stated position of Candidate C_g on the issues, as represented by the $C_{gj}'s$ in the η -space. This first term has a negative coefficient, since an increased Euclidean distance between a voter's ideal position and the position that is adopted by a candidate suggests less voter satisfaction with the position that is taken by Candidate C_g. The τ value represents the *policy salience coefficient* for the voter, and it is assumed to be

W.V. Gehrlein and D. Lepelley, *Voting Paradoxes and Group Coherence*, Studies in Choice and Welfare, DOI 10.1007/978-3-642-03107-6_6,

the same for all voters. Increased values of τ indicate increased voter concern regarding the policy issues. The second term, $\mu_i(C_g)$, is a uniformly random variable.

When we have $\tau = 0$ in this model, uniformly random utilities are given to candidates for each voter, leading to a situation that is identical to IC. Voters are driven completely by policy issues when τ is very large and the random component becomes insignificant. In the special case of comparisons of candidates on a single issue with $\eta = 1$ and large τ, each candidate's position is represented by some numerical value along the number line, so that voters' preferences will be perfectly single-peaked. It can then be concluded that voters' preferences will consistently tend to be more closely aligned with single-peaked preferences as τ increases. Simulation results indicate that the probability that a PMRW exists does indeed increase as τ increases. Thus, a more structured preference format for voters, such as the situation in which voters' preferences are more like single- peaked preferences, will lead to an increase in the probability that a PMRW will exist. This is in agreement with out earlier observations with Parameter b.

Adams (1997) goes on to evaluate the Condorcet Efficiency of both PR and PER with the same model. Results indicate that both rules can have very high Condorcet Efficiency for small, but positive, values of τ with large electorates. However, the Condorcet Efficiency significantly decreases as τ becomes large. Since an increased value of τ represents closer proximity of voters' preferences to perfectly single-peaked preferences, this observation does not support the Efficiency Hypothesis with regard to Parameter b. Adams (1999) extends this analysis to additional voting rules with more than one criterion, and reaches the same general conclusions.

Computer enumeration is used in Gehrlein (2003b) to determine the impact that Parameter b has on $CE^S_{VR}(3,45|IAC^*_b(k))$ with a specified k for each $VR \in \{PR, NPR, BR\}$ in three-candidate elections with n equal to 45. The results are listed in Table 6.1.

Table 6.1 Values of $CE^S_{VR}(3,45|IAC^*_b(k))$ from Gehrlein (2003b)

k	VR		
	PR	NPR	BR
0	0.8595	0.7333	0.9114
1	0.8645	0.7171	0.9105
2	0.8690	0.7010	0.9097
3	0.8723	0.6850	0.9086
4	0.8747	0.6688	0.9075
5	0.8756	0.6521	0.9060
6	0.8752	0.6346	0.9043
7	0.8726	0.6157	0.9023
8	0.8676	0.5947	0.8999
9	0.8610	0.5704	0.8971
10	0.8561	0.5404	0.8941
11	0.8608	0.4997	0.8917
12	0.8757	0.4490	0.8897
13	0.8889	0.3782	0.8925
14	0.8985	0.2635	0.8989
15	0.9023	0.0000	0.9023

For $0 \leq k \leq n/3$, increasing values of k indicate that voting situations are farther removed from the very structured environment of perfectly single-peaked preferences, and NPR behaves exactly as expected according to the Efficiency Hypothesis, since $CE^S_{NPR}(3,45|IAC^*_b(k))$ deceases as k increases. The results with BR show that $CE^S_{BR}(3,45|IAC^*_b(k))$ remains almost constant as k increases, and quite surprisingly PR behaves in exactly the opposite pattern than we expect with the Efficiency Hypothesis, since $CE^S_{PR}(3,45|IAC^*_b(k))$ actually increases as k increases. This observation with regard to PR is consistent with the spatial modeling results from Adams (1997) that are discussed above.

Nurmi (1992) performs a Monte-Carlo simulation analysis to estimate the Condorcet Efficiency of a number of voting rules including PER. An extreme form of a bi-polar distribution is used for three-candidate elections. Each of two dual rankings are given probability $q/2$ of being selected at random to represent a given voter's preference ranking, while each of the four remaining rankings has probability $(1-q)/4$ of being selected. The impact of imposing this bipolar assumption leads to a general increase in the Condorcet Efficiency of PER when it is compared to results that are obtained when IC is assumed. This finding is supportive of the notion behind the Efficiency Hypothesis, but this model is not perfectly consistent with any of the parameters of group mutual coherence that we have defined. However, it is related to the motivation that lies behind the use of Parameters c and c^*. Significant differences were not observed between the two scenarios for the other voting rules that were considered in the study, but these other voting rules are not included in the set that we have been considering.

6.3 Condorcet Efficiency with Single Peaked Preferences

Lepelley (1995) develops representations for the Condorcet Efficiency of WSRs with weights $(1,\lambda,0)$ when attention is restricted to voting situations that represent perfectly single-peaked preferences in three-candidate elections, with the assumption of $IAC^*_b(0)$, which is actually the same as $IAC_b(0)$ since a PMRW must exist with single-peaked preferences.

$$CE^S_{WSR(\lambda)}(3,\infty|IAC^*_b(0)) = \begin{cases} \dfrac{4\lambda^4 - 5\lambda^3 - 66\lambda^2 + 133\lambda - 62}{36(1-\lambda)^2(\lambda-2)}, & \text{for } 0 \leq \lambda \leq 1/2 \\[2ex] \dfrac{4\lambda^2 - 11\lambda + 10}{4(2-\lambda)}, & \text{for } 1/2 \leq \lambda \leq 1. \end{cases} \tag{6.2}$$

The representation for $CE^S_{WSR(\lambda)}(3,\infty|IAC^*_b(0))$ is found to be maximized at $\lambda = 18929/50151 \approx 0.37744$ and minimized at $\lambda = 1$. It is also noted that the Condorcet Efficiencies of PR and BR change very little as we move from IAC* to $IAC^*_b(0)$, contrary to expected results. However, the efficiency of NPR does increase substantially with the transition from IAC* to $IAC_b^*(0)$, which supports the Efficiency Hypothesis.

A simple closed-form representation for $CE_{PR}^S(3, n|IAC_b^*(0))$ is obtained by using EUPIA in Gehrlein (2003b), with

$$CE_{PR}^S(3, n|IAC_b^*(0)) = \frac{31n^3 + 183n^2 + 153n + 81}{36n(n+1)(n+5)}, \quad \text{for } n = 9(12)\ldots. \tag{6.3}$$

This observation verifies the limiting result as $n \to \infty$ from Lepelley (1995) that is given in (6.2).

Lepelley and Vidu (2000) develop a representation for the Condorcet Efficiency, $CE_{WSRE(\lambda)}^S(3, \infty|IAC_b^*(0))$, of two-stage Rule λ elimination, with

$$CE_{WSRE(\lambda)}^S(3, \infty|IAC_b^*(0)) = \frac{8\lambda^4 - 28\lambda^3 + 210\lambda^2 - 319\lambda + 137}{72(\lambda-1)^2(2-\lambda)}, \quad \text{for } 0 \le \lambda \le 1/2$$
$$1, \quad \text{for } 1/2 \le \lambda \le 1. \tag{6.4}$$

The observation that $CE_{WSRE(1/2)}^S(3, \infty|IAC_b^*(0)) = 1$ for BR is an expected result that follows directly from Theorem 3.4. The additional observation that $CE_{WSRE(1)}^S(3, \infty|IAC_b^*(0)) = 1$ is also expected, since Black (1958, p. 71) proves a much more general result that leads to the fact that the PMRW must be elected by NPER with single-peaked preferences in a three-candidate election. Obviously, this is not necessarily true with unrestricted preferences.

Moreno and Puy (2005) further show that PR is the only WSR that will elect the PMRW in three-candidate elections when preferences are single-troughed, and they further show that this result fails to be true when more than three candidates are considered. Furthermore, no single-stage WSR that does not use elimination procedures will always select the PMRW when voting situations are either perfectly single-peaked or perfectly polarized. Their result regarding the Condorcet Efficiency of PR with single-troughed preferences is very easy to prove for the particular case of three candidates.

Lemma 6.1 $CE_{PR}^S(3, n|IAC_t^*(0)) = 1$ *for odd n.*

Proof If a voting situation represents perfectly single-troughed preferences with $t = 0$, some candidate is never ranked as most preferred by any voter. The two remaining candidates must then occupy the first place preferences of all voters. One of these remaining two candidates must therefore be ranked as most preferred by at least $(n+1)/2$ of the voters when n is odd. That candidate must therefore by definition be both the PMRW and the winner by PR. □

In conclusion, there has been some general support for the Efficiency Hypothesis in the literature, but some other observations leave serious concerns about its overall veracity. In particular, while the condition of perfect single-peakedness appears to have minimal impact on the Condorcet Efficiency of PR, it is found that perfect single-peakedness *does* have a significant impact on the Condorcet Efficiency of some other voting rules.

We therefore proceed with a more thorough analysis of this phenomenon by developing representations for $CE^S_{PR}(3,n|IAC^*_X(k))$ for each $X \in \{b,t,c\}$ to evaluate the degree to which weak measures of group mutual coherence have an impact on the Condorcet Efficiency of PR.

6.4 Efficiency with Weak Measures of Group Coherence

EUPIA2 and other procedures have been used to develop representations for $CE^S_{VR}(3,n|IAC^*_X(k))$ for each of the weak measures of group coherence $X \in \{b,t,c\}$ and each of the voting rules $VR \in \{PR, NPR, BR, PER, NPER\}$. These results allow for a thorough evaluation of the Efficiency Hypothesis under many different scenarios.

6.4.1 *Condorcet Efficiency of PR with Weak Measures*

Gehrlein and Lepelley (2009c) use EUPIA2 with PR and Parameter b to obtain a representation for $CE^S_{PR}(3,n|IAC^*_b(k))$ for odd $n \geq 3$:

$$CE^S_{PR}(3,n|IAC^*_b(k)) = \frac{\left[\begin{array}{l} (k+1)\left[\begin{array}{l} 2(216k^3+369k^2-234k+46)-9(22k^2+95k-14)n \\ -3(27k-61)n^2+31n^3+16\delta^6_{n+3}-8\delta^6_{n+1}(11+3n) \end{array}\right] \\ -27(1-\delta^2_{k+1})(4k+1-n) \end{array}\right]}{36(k+1)[k(-17+21k+11k^2)+(5-26k-4k^2)n+3(2-k)n^2+n^3]},$$
$$\text{for } 0 \leq k \leq (n-1)/6$$

$$\frac{\left[\begin{array}{l} 12960k^4+36288k^3+25596k^2+2742k+1249-(6696k^3+22248k^2 \\ +15768k-229)n-9(12k^2-286k-305)n^2+(300k+311)n^3+2n^4 \\ +648\delta^2_{k+1}(k+1)-324\delta^{12}_{n+11}(2\delta^2_{k+1}-1)(n+1-2k)-64\delta^{12}_{n+9}(15k-2-5n) \\ +4\delta^{12}_{n+7}[864k^2+942k+205-(288k+215)n+12n^2+162\delta^2_{k+1}(2k-1-n)] \\ -4\delta^{12}_{n+3}[402k-113-161n-162\delta^2_{k+1}(2k-1-n)] \\ -16\delta^{12}_{n+1}[-216k^2-276k-31+2(36k+37)n-3n^2] \end{array}\right]}{432(k+1)[k(-17+21k+11k^2)+(5-26k-4k^2)n+3(2-k)n^2+n^3]},$$
$$\text{for } (n+1)/6 \leq k \leq (n-1)/4$$

$$\frac{\left[\begin{array}{l}(n-3k)[-144(21k^3+8k^2+6k-8)+3(900k^2+256k+363)n \\ -2(396k-71)n^2+109n^3+324\delta^2_{k+1}]-32\delta^{12}_{n+5}(2-15k+5n) \\ -4\delta^{12}_{n+11}[123k+16-41n+162\delta^2_{n+1}(n-3k)]-32\delta^{12}_{n+1}[54k^2-30k+1 \\ -2(18k-5)n+6n^2]+324\delta^{12}_{n+3}(1-2\delta^2_{k+1})(n-3k) \\ -4\delta^{12}_{n+7}[432k^2+3k+8-(288k+1)n+48n^2-162\delta^2_{k+1}(3k-n)]\end{array}\right]}{108(n-3k)[(n+1)(n^2+2n+9)-6(n^2+1)k+18nk^2-18k^3]},$$

$$\text{for } (n+1)/4 \le k \le (n-1)/3. \tag{6.5}$$

The representation for $CE^S_{PR}(3, n|IAC^*_b(k))$ in (6.5) has been verified by computer enumeration, but it has an extremely complex form. However, it remains important since it provides a basis for obtaining the limiting representation of $CE^S_{PR}(3, \infty|IAC^*_b(\alpha_k))$ for large electorates as $n \to \infty$, following earlier discussion. After algebraic reduction:

$$CE^S_{PR}(3, \infty|IAC^*_b(\alpha_k)) = \frac{432\alpha_k^3 - 198\alpha_k^2 - 81\alpha_k + 31}{36(11\alpha_k^3 - 4\alpha_k^2 - 3\alpha_k + 1)}, \quad \text{for } 0 \le \alpha_k \le 1/6$$

$$\frac{6480\alpha_k^4 - 3348\alpha_k^3 - 54\alpha_k^2 + 150\alpha_k + 1}{216\alpha_k(11\alpha_k^3 - 4\alpha_k^2 - 3\alpha_k + 1)}, \quad \text{for } 1/6 \le \alpha_k \le 1/4$$

$$\frac{3024\alpha_k^3 - 2700\alpha_k^2 + 792\alpha_k - 109}{108(18\alpha_k^3 - 18\alpha_k^2 + 6\alpha_k - 1)}, \quad \text{for } 1/4 \le \alpha_k < 1/3. \tag{6.6}$$

The representation for $CE^S_{PR}(3, \infty|IAC^*_b(0))$ verifies results from (6.2).

Computed values of $CE^S_{PR}(3, \infty|IAC^*_b(\alpha_k))$ for each value of $\alpha_k = 0.00(0.01)0.33$ are listed in Table 6.2, and the first observation that can be made from these values is that $CE^S_{PR}(3, \infty|IAC^*_b(\alpha_k))$ does not change monotonically as α_k increases. Of particular interest is the surprising fact that $CE^S_{PR}(3, \infty|IAC^*_b(\alpha_k))$ generally tends to increase as α_k increases, most notably for the range $\alpha_k > 0.23$. Thus, the Condorcet Efficiency of PR generally increases as voting situations become farther removed from the condition of perfect single-peakedness, as measured by Parameter b. This observation is completely contrary to the ideas that underlie the Efficiency Hypothesis, but it is in agreement with results from Adams (1997).

The preliminary result that is given in Lemma 6.1 suggests that the Efficiency Hypothesis might very well be valid for PR when group mutual coherence is measured by the proximity of voters' preferences to the condition of perfectly single-troughed preferences, as measured by Parameter t. This is investigated in Gehrlein and Lepelley (2009c) where the EUPIA2 procedure is used to develop a representation for $CE^S_{PR}(3, n|IAC^*_t(k))$ for odd $n \ge 3$, with:

Table 6.2 Computed values of $CE^S_{PR}\left(3,\infty|IAC^*_X(\alpha_k)\right)$, for $X \in \{b,t,c\}$

α_k	X		
	b	t	c
0.00	0.8611	1.0000	0.8611
0.01	0.8643	0.9963	0.8638
0.02	0.8674	0.9925	0.8662
0.03	0.8702	0.9888	0.8683
0.04	0.8728	0.9850	0.8702
0.05	0.8752	0.9811	0.8719
0.06	0.8774	0.9772	0.8733
0.07	0.8794	0.9731	0.8745
0.08	0.8811	0.9689	0.8755
0.09	0.8826	0.9645	0.8763
0.10	0.8839	0.9598	0.8769
0.11	0.8849	0.9548	0.8773
0.12	0.8857	0.9494	0.8776
0.13	0.8861	0.9435	0.8779
0.14	0.8861	0.9370	0.8780
0.15	0.8858	0.9298	0.8781
0.16	0.8850	0.9218	0.8783
0.17	0.8837	0.9126	0.8787
0.18	0.8818	0.9020	0.8793
0.19	0.8795	0.8896	0.8803
0.20	0.8768	0.8750	0.8818
0.21	0.8741	0.8574	0.8838
0.22	0.8717	0.8357	0.8864
0.23	0.8704	0.8086	0.8893
0.24	0.8710	0.7736	0.8924
0.25	0.8754	0.7273	0.8952
0.26	0.8826	0.6737	0.8974
0.27	0.8897	0.6210	0.8989
0.28	0.8965	0.5698	0.9002
0.29	0.9026	0.5204	0.9012
0.30	0.9080	0.4731	0.9023
0.31	0.9122	0.4281	0.9034
0.32	0.9151	0.3857	0.9043
0.33	0.9166	0.3460	0.9047

$$CE^S_{PR}\left(3,n|IAC^*_t(k)\right)$$
$$= \frac{\begin{bmatrix} (k+1)[3(6k+1)(4k^2+7k-7) - 2(11k^2+94k-5)n - 3(9k-13)n^2 + 8n^3] \\ -3(1-\delta^2_{k+1})(n+1-2k)[2k^2-2k-7-(2k+3)n] \end{bmatrix}}{8(k+1)[k(-17+21k+11k^2)+(5-26k-4k^2)n+3(2-k)n^2+n^3]},$$
$$\text{for } 0 \le k \le (n-1)/4$$

$$\frac{(n+1-2k)\begin{bmatrix} -36k^3+63k^2-48k+9+(57k^2-66k+19)n \\ -15(2k-1)n^2+5n^3+3\delta^2_{k+1}(2k^2-2k-7-(2k+3)n) \end{bmatrix}}{4(n-3k)[(n+1)(n^2+2n+9)-6(n^2+1)k+18nk^2-18k^3]},$$
$$\text{for } (n+1)/4 \le k \le (n-1)/3. \qquad (6.7)$$

This representation is much more tractable that the earlier representation for $CE_{PR}^{S}(3,n|IAC_b^*(k))$ in (6.5), but attention continues to be focused on the limiting probability $CE_{PR}^{S}(3,\infty|IAC_t^*(\alpha_k))$ as $n\to\infty$, with:

$$CE_{PR}^{S}(3,\infty|IAC_t^*(\alpha_k)) = \frac{72\alpha_k^3-22\alpha_k^2-27\alpha_k+8}{8(11\alpha_k^3-4\alpha_k^2-3\alpha_k+1)}, \text{for } 0\le\alpha_k\le 1/4$$

$$\frac{(2\alpha_k-1)(12\alpha_k^2-15\alpha_k+5)}{4(18\alpha_k^3-18\alpha_k^2+6\alpha_k-1)}, \text{for } 1/4\le\alpha_k<1/3. \tag{6.8}$$

Table 6.2 lists computed values of $CE_{PR}^{S}(3,\infty|IAC_t^*(\alpha_k))$ for each value of $\alpha_k=0.00(0.01)0.33$ from (6.8). Values of $CE_{PR}^{S}(3,\infty|IAC_t^*(\alpha_k))$ decrease monotonically as α_k increases, so that the Condorcet Efficiency of PR decreases as voting situations become farther removed from perfectly single-troughed preferences. This reduction in Condorcet Efficiency is also quite dramatic, dropping from 1.000 to 0.346 over the range of α_k values, so there are different scenarios in which PR can be expected to have either very good or very poor performance. As a result, PR is found to behave completely in accordance with the Efficiency Hypothesis with Parameter t. Since these results are reversed from what we observed in the previous analysis of $CE_{PR}^{S}(3,\infty|IAC_b^*(\alpha_k))$, we are interested in obtaining a similar representation when the degree of group mutual coherence is measured by voting situation proximity to perfectly-polarized preferences.

EUPIA2 was used to develop a representation for $CE_{PR}^{S}(3,n|IAC_c^*(k))$ for odd $n\ge 3$ with $0\le k\le (n-1)/6$:

$$CE_{PR}^{S}(3,n|IAC_c^*(k)) = \frac{2\begin{bmatrix}(k+1)(931k^3+1873k^2-562k+120)+2\delta_{k+2}^6(27k^2-118k-35)\\ -64\delta_{k+3}^6(4k-1)+54\delta_{k+4}^6(k^2-2k-1)-16\delta_{k+5}^6(8k+1)+2\delta_k^6(27k^2-182k+5)\\ +6[(k+1)(-46k^2-266k+35)-2\delta_{k+2}^6(9k-4)+16\delta_{k+3}^6-18\delta_{k+4}^6k+8\delta_{k+5}^6\\ -2\delta_k^6(9k-8)]n+3(-63k^2+50k+122-9\delta_{k+1}^2)n^2+62(k+1)n^3\\ +16(k+1)(2\delta_{n+3}^6-\delta_{n+1}^6(11+3n))\end{bmatrix}}{9\begin{bmatrix}(139k^3+472k^2+146k-244)k-4(7k^3+102k^2+84k-20)n\\ -6(9k^2-6k-16)n^2+16(k+1)n^3+3\delta_{k+1}^2[6k^2+24k-1+4(k-2)n-2n^2]\end{bmatrix}},$$

$$\text{for } 0\le k\le (n-1)/6. \tag{6.9}$$

The complexity of the representation in (6.9) is quite extreme, since it involves periodicity six for both n and k, and the EUPIA2 algorithm was found to be incapable of obtaining results that would lead to a representation for $CE_{PR}^{S}(3,n|IAC_c^*(k))$ for

$k \geq n/6$ in any reasonable amount of computer processing time. The issue of the exponential time requirements for algorithms like EUPIA2 was addressed in Chap. 1, and it was mentioned that some algorithms exist that only have polynomial time requirements.

The parameterized version of Barvinok's algorithm is one such polynomial time algorithm, and it was used to obtain results that provide representations for $CE_{PR}^S(3,n|IAC_c^*(k))$ over the range $(n+1)/6 \leq k \leq (n-1)/3$ for all odd $n \geq 3$. The extreme complexity of these representations resulted in attention being focused on a representation that is only valid for all $n = 9(12)\ldots$, which will be adequate to obtain the limiting representation $CE_{PR}^S(3,\infty|IAC_c^*(\alpha_k))$ as $n \to \infty$. After significant algebraic reduction, for all values of $n = 9(12)\ldots$:

$$CE_{PR}^S(3,n|IAC_c^*(k)) = \frac{\begin{bmatrix} -3(14912k^4-7424k^3-4344k^2+18144k-2565)+72(668k^3-444k^2 \\ -771k+244)n-18(1380k^2+152k-907)n^2+8(597k+443)n^3-77n^4 \\ +1536\delta_{k+4}^6(8k-3n-2)+768\delta_{k+2}^6(8k-3n-5)-48\delta_{k+5}^6(54k^2-290k \\ +80-108nk+75n+27n^2)-1296\delta_{k+3}^6(2k^2-6k-4nk+n+n^2) \\ -48\delta_{k+1}^6(54k^2-418k+64-108nk+123n+27n^2) \end{bmatrix}}{216\begin{bmatrix} (139k^3+472k^2+146k-244)k-4(7k^3+102k^2+84k-20)n-6(9k^2-6k \\ -16)n^2+16(k+1)n^3+3\delta_{k+1}^2[6k^2+24k-1+4(k-2)n-2n^2] \end{bmatrix}},$$

$$\text{for } (n+1)/6 \leq k \leq (n-1)/4$$

$$\frac{\begin{bmatrix} -3(34880k^4+23296k^3-4536k^2+21024k-1431)+72(1948k^3 \\ +804k^2-659k+292)n-18(3972k^2+1688k-793)n^2 \\ +8(1821k+785)n^3-815n^4+1536\delta_{k+4}^6(8k-3n-2) \\ -48\delta_{k+5}^6(486k^2-74k+11-324nk+21n+54n^2) \\ -1296\delta_{k+3}^6(18k^2+2k+1-12nk-n+2n^2)+768\delta_{k+2}^6(8k-3n+1) \\ -48\delta_{k+1}^6(486k^2-202k+91-324nk+69n+54n^2) \end{bmatrix}}{216\begin{bmatrix} 3(-39k^4+72k^3+38k^2-76k+1)+4(57k^3-54k^2-80k+19)n \\ -2(75k^2+6k-47)n^2+4(8k+5)n^3-n^4+3\delta_{k+1}^2[6k^2+24k \\ -1+4(k-2)n-2n^2] \end{bmatrix}},$$

$$\text{for } (n+1)/4 \leq k \leq (3n-8)/10$$

$$\frac{2\left[\begin{array}{l}(n-3k)\left\{\begin{array}{l}-9(105k^3+116k^2+40k-150)+3(171k^2+232k\\+294)n-(27k-190)k^2+25n^3+288(\delta_{k+3}^6-\delta_{k+1}^6)\end{array}\right\}\\+9\delta_k^2(162k^2+27-108nk+18n^2)-36(\delta_k^6+17\delta_{k+4}^6+9\delta_{k+2}^6)(n-3k)\end{array}\right]}{27\left[\begin{array}{l}3(-39k^4+72k^3+38k^2-76k+1)+4(57k^3-54k^2\\-80k+19)n-2(75k^2+6k-47)n^2+4(8k+5)n^3\\-n^4+3\delta_{k+1}^2[6k^2+24k-1+4(k-2)n-2n^2]\end{array}\right]},$$

$$\text{for } (3n-7)/10 \leq k \leq (n-2)/3. \tag{6.10}$$

These representations are clearly very complex, but the simpler limiting probability representations for $CE_{PR}^S(3,\infty|IAC_c^*(\alpha_k))$ follow directly from them, with:

$$CE_{PR}^S(3,\infty|IAC_c^*(\alpha_k)) = \frac{2(931\alpha_k^3-276\alpha_k^2-189\alpha_k+62)}{9(139\alpha_k^3-28\alpha_k^2-54\alpha_k+16)}, \quad \text{for } 0 \leq \alpha_k \leq 1/6$$

$$\frac{-44736\alpha_k^4+48096\alpha_k^3-24840\alpha_k^2+4776\alpha_k-77}{216\alpha_k(139\alpha_k^3-28\alpha_k^2-54\alpha_k+16)}, \quad \text{for } 1/6 \leq \alpha_k \leq 1/4$$

$$\frac{104640\alpha_k^4-140256\alpha_k^3+71496\alpha_k^2-14568\alpha_k+815}{216(117\alpha_k^4-228\alpha_k^3+150\alpha_k^2-32\alpha_k+1)}, \quad \text{for } 1/4 \leq \alpha_k \leq 3/10$$

$$\frac{2(-945\alpha_k^3+513\alpha_k^2-27\alpha_k+25)}{27(39\alpha_k^3-63\alpha_k^2+29\alpha_k-1)}, \quad \text{for } 3/10 \leq \alpha_k \leq 1/3. \tag{6.11}$$

The first observation that comes from the limiting representations in (6.11) is that $CE_{PR}^S(3,\infty|IAC_c^*(0)) = CE_{PR}^S(3,\infty|IAC_b^*(0)) = 31/36$. Computed values of $CE_{PR}^S(3,\infty|IAC_c^*(\alpha_k))$ for each value of $\alpha_k = 0.00(0.01)0.33$ are listed in Table 6.2, where it is evident that $CE_{PR}^S(3,\infty|IAC_c^*(\alpha_k))$ increases monotonically as α_k increases, which is completely contrary to the Efficiency Hypothesis.

As a result of these observations, there is no clear-cut answer to the question: Is it a good idea to use PR? PR is very Condorcet Efficient for societies in which voters' preferences are at all close to being perfectly single-troughed. However, when voters' preferences are at all close to being perfectly-polarized, PR does not have large values of Condorcet Efficiency. The most surprising result is that PR does not have large values of Condorcet Efficiency when voters' preferences are at all close to being perfectly single-peaked. This creates a definite interest in the analysis of other voting rules to determine when different voting rules will tend to have the maximum value of Condorcet Efficiency.

6.4.2 Condorcet Efficiency of NPR with Weak Measures

The same type of analysis that was just used above in the analysis of PR was employed in Lepelley et al. (2010) to obtain representations for the Condorcet Efficiency of NPR with EUPIA2. The resulting representations are summarized as follows.

Condorcet Efficiency of NPR, given b:

$$CE^S_{NPR}(3,n|IAC^*_b(k)) = \frac{3(k+1)(n+1-2k)[-(4k^2+18k+5)-2(k-2)n+n^2]}{4(k+1)[k(-17+21k+11k^2)+(5-26k-4k^2)n+3(2-k)n^2+n^3]},$$
$$\text{for } 0 \le k \le (n-1)/4$$

$$\frac{3(k+1)(n-1-3k)(n+1-2k)^2}{(n-3k)[(n+1)(n^2+2n+9)-6(n^2+1)k+18nk^2-18k^3]},$$
$$\text{for}(n+1)/4 \le k \le (n-1)/3. \quad (6.12)$$

Condorcet Efficiency of NPR, given t:

$$CE^S_{NPR}(3,n|IAC^*_t(k)) = \frac{\left[\begin{array}{l}(k+1)\left\{\begin{array}{l}9(131k^3+339k^2+193k+45)-9(28k^2+146k+27)n\\ -6(27k-32)n^2+47n^3-4\delta^{12}_{n+5}(41+12n)+44\delta^{12}_{n+1}\\ -16\delta^{12}_{n+11}(17+3n)+108\delta^{12}_{n+9}-64\delta^{12}_{n+7}\end{array}\right\}\\ +27\delta^2_k(6k-1-2n)\end{array}\right]}{72(k+1)[(11k^2+21k-17)k-(4k^2+26k-5)n-3(k-2)n^2+n^3]},$$
$$\text{for } 0 \le k \le (n-1)/6$$

$$\frac{\left[\begin{array}{l}-27(170k^4+196k^3-8k^2+8k+3)+18(324k^3+318k^2+15k+43)n\\ -18(150k^2+128k-19)n^2+2(231k+209)n^3-7n^4\\ +2(81\delta^2_k+64\delta^{12}_{n+7})(6k-1-2n)+8\delta^{12}_{n+5}\{432k^2+705k+127\\ -4(36k+43)n+6n^2\}+8\delta^{12}_{n+1}(177k+65-32n)+648\delta^{12}_{n+9}(k+1)\\ +16\delta^{12}_{n+11}\{216k^2+312k+23-2(36k+43)n+3n^2\}\end{array}\right]}{432(k+1)[(11k^2+21k-17)k-(4k^2+26k-5)n-3(k-2)n^2+n^3]},$$
$$\text{for } (n+1)/6 \le k \le (n-1)/4$$

$$\frac{\left[\begin{array}{l}(n-3k)\{-9(363k^3+574k^2+24k-28)+3(657k^2+1148k+255)n \\ -(225k+304)n^2+10n^3\}-4\delta_{n+1}^{12}(633k+16-211n) \\ -4\delta_{n+5}^{12}\{432k^2+537k+8-(288k+179)n+48n^2\} \\ +972(n-3k)\delta_{n+9}^{12}+(81\delta_k^2+64\delta_{n+7}^{12})(6k-1-2n) \\ -32\delta_{n+11}^{12}\{54k^2-24k+1-4(9k-2)n+6n^2\}\end{array}\right]}{108(n-3k)[(n+1)(n^2+2n+9)-6(n^2+1)k+18nk^2-18k^3]},$$
$$\text{for}(n+1)/4 \leq k \leq (n-1)/3. \qquad (6.13)$$

EUPIA2 was not able to obtain the complete general representation for the Condorcet Efficiency of NPR for Parameter c with reasonable effort. However, the limiting representations for the efficiency of NPR with Parameters b and t were obtained from (6.12) and (6.13), and the limiting representation for Parameter c was obtained with the parameterized version of Barvinok's algorithm:

Limiting Condorcet Efficiency of NPR for Parameter b:

$$CE_{NPR}^S(3,\infty|IAC_b^*(\alpha_k)) = \frac{3(2\alpha_k-1)(4\alpha_k^2+2\alpha_k-1)}{4(11\alpha_k^3-4\alpha_k^2-3\alpha_k+1)}, \text{for } 0 \leq \alpha_k \leq 1/4$$

$$\frac{-3\alpha_k(2\alpha_k-1)^2}{18\alpha_k^3-18\alpha_k^2+6\alpha_k-1}, \text{for} 1/4 \leq \alpha_k \leq 1/3. \qquad (6.14)$$

Limiting Condorcet Efficiency of NPR for Parameter t:

$$CE_{NPR}^S(3,\infty|IAC_t^*(\alpha_k)) = \frac{1179\alpha_k^3-252\alpha_k^2-162\alpha_k+47}{72(11\alpha_k^3-4\alpha_k^2-3\alpha_k+1)}, \quad \text{for } 0 \leq \alpha_k \leq 1/6$$

$$\frac{-4590a_k^4+5832a_k^3-2700\alpha_k^2+462\alpha_k-7}{432a_k(11\alpha_k^3-4\alpha_k^2-3\alpha_k+1)}, \text{for } 1/6 \leq \alpha_k \leq 1/4$$

$$\frac{3267a_k^3-1971\alpha_k^2+225\alpha_k-10}{108(18\alpha_k^3-18\alpha_k^2+6\alpha_k-1)}, \text{for } 1/4 \leq \alpha_k \leq 1/3. \qquad (6.15)$$

Limiting Condorcet Efficiency of NPR for Parameter c:

$$CE_{NPR}^S(3,\infty|IAC_c^*(\alpha_k)) = \frac{-1404\alpha_k^3+252\alpha_k^2-135\alpha_k+61}{9(139\alpha_k^3-28\alpha_k^2-54\alpha_k+16)},$$
$$\text{for } 0 \leq \alpha_k \leq 1/6$$

$$\frac{94608\alpha_k^4 - 88128\alpha_k^3 + 22464\alpha_k^2 - 1632\alpha_k + 139}{216\alpha_k(139\alpha_k^3 - 28\alpha_k^2 - 54\alpha_k + 16)}, \text{for } 1/6 \leq \alpha_k \leq 1/4$$

$$\frac{-2(2403\alpha_k^3 - 1323\alpha_k^2 + 81\alpha_k - 7)}{27(39\alpha_k^3 - 63\alpha_k^2 + 29\alpha_k - 1)}, \text{for } 1/4 \leq \alpha_k \leq 1/3. \quad (6.16)$$

The representation for $CE_{NPR}^S(3,\infty|IAC_b^*(0))$ verifies the result from (6.2).

Table 6.3 lists computed values of $CE_{NPR}^S(3,\infty|IAC_X^*(\alpha_k))$, for each value of $\alpha_k = 0.00(0.01)0.33$ with each $X \in \{b,t,c\}$ respectively from (6.14)–(6.16). These results show that $CE_{NPR}^S(3,\infty|IAC_X^*(\alpha_k))$ consistently decreases as Parameter b increases, in agreement with the Efficiency Hypothesis. However, the Condorcet

Table 6.3 Computed values of $CE_{NPR}^S(3,\infty|IAC_X^*(\alpha_k))$, for $X \in \{b,t,c\}$

α_k	X		
	b	t	c
0.00	0.7500	0.6528	0.4236
0.01	0.7426	0.6497	0.4289
0.02	0.7353	0.6463	0.4351
0.03	0.7281	0.6425	0.4422
0.04	0.7210	0.6385	0.4501
0.05	0.7140	0.6342	0.4588
0.06	0.7071	0.6296	0.4685
0.07	0.7002	0.6249	0.4791
0.08	0.6933	0.6199	0.4906
0.09	0.6865	0.6149	0.5030
0.10	0.6796	0.6098	0.5165
0.11	0.6727	0.6047	0.5309
0.12	0.6657	0.5997	0.5463
0.13	0.6587	0.5950	0.5627
0.14	0.6515	0.5907	0.5800
0.15	0.6442	0.5870	0.5984
0.16	0.6367	0.5841	0.6178
0.17	0.6290	0.5825	0.6380
0.18	0.6209	0.5826	0.6590
0.19	0.6125	0.5848	0.6805
0.20	0.6037	0.5897	0.7022
0.21	0.5942	0.5981	0.7241
0.22	0.5840	0.6112	0.7459
0.23	0.5727	0.6303	0.7674
0.24	0.5601	0.6578	0.7883
0.25	0.5455	0.6974	0.8085
0.26	0.5279	0.7430	0.8275
0.27	0.5072	0.7846	0.8450
0.28	0.4839	0.8213	0.8608
0.29	0.4584	0.8527	0.8747
0.30	0.4311	0.8783	0.8863
0.31	0.4026	0.8976	0.8954
0.32	0.3732	0.9104	0.9016
0.33	0.3433	0.9163	0.9046

Efficiency for NPR generally increases as both Parameters t and c increase, which is exactly the reverse of what would be expected with the Efficiency Hypothesis. Just as we observed with PR, there is a very mixed agreement between NPR and the Efficiency Hypothesis.

6.4.3 Condorcet Efficiency of BR with Weak Measures

The same type of analysis was applied in Lepelley et al. (2010) in an attempt to obtain general representations for the Condorcet Efficiency of BR, but the results were found to be extremely complicated due to unusual periodicities for both n and the parameter that is being considered. As a result, the only available results are for limiting representations from the parameterized version of Barvinok's algorithm:

Limiting Condorcet Efficiency of BR for Parameter b:

$$CE^S_{BR}(3,\infty|IAC^*_b(\alpha_k)) = \frac{507\alpha_k^3 - 184\alpha_k^2 - 132\alpha_k + 44}{48(11\alpha_k^3 - 4\alpha_k^2 - 3\alpha_k + 1)}, \quad \text{for } 0 \le \alpha_k \le 1/6$$

$$\frac{5352\alpha_k^4 - 2336\alpha_k^3 - 840\alpha_k^2 + 328\alpha_k + 1}{384\alpha_k(11\alpha_k^3 - 4\alpha_k^2 - 3\alpha_k + 1)}, \quad \text{for } 1/6 \le \alpha_k \le 1/4$$

$$\frac{60696\alpha_k^4 - 63712\alpha_k^3 + 24744\alpha_k^2 - 4024\alpha_k + 203}{192(1 - 3\alpha_k)(18\alpha_k^3 - 18\alpha_k^2 + 6\alpha_k - 1)}, \quad \text{for } 1/4 \le \alpha_k \le 2/7$$

$$\frac{73760\alpha_k^4 - 89952\alpha_k^3 + 41112\alpha_k^2 - 8520\alpha_k + 693}{192(3\alpha_k - 1)(18\alpha_k^3 - 18\alpha_k^2 + 6\alpha_k - 1)}, \quad \text{for } 2/7 \le \alpha_k \le 3/10$$

$$\frac{165\alpha_k^3 - 153\alpha_k^2 + 47\alpha_k - 6}{4(18\alpha_k^3 - 18\alpha_k^2 + 6\alpha_k - 1)}, \quad \text{for } 3/10 \le \alpha_k < 1/3. \tag{6.17}$$

Limiting Condorcet Efficiency of BR for Parameter t:

$$CE^S_{BR}(3,\infty|IAC^*_t(\alpha_k)) = \frac{195\alpha_k^3 - 80\alpha_k^2 - 66\alpha_k + 22}{24(11\alpha_k^3 - 4\alpha_k^2 - 3\alpha_k + 1)}, \quad \text{for } 0 \le \alpha_k \le 1/6$$

$$\frac{4416\alpha_k^4 - 2144\alpha_k^3 - 840\alpha_k^2 + 328\alpha_k + 1}{384\alpha_k(11\alpha_k^3 - 4\alpha_k^2 - 3\alpha_k + 1)}, \quad \text{for } 1/6 \le \alpha_k \le 1/5$$

$$\frac{54416\alpha_k^4 - 42144\alpha_k^3 + 11160\alpha_k^2 - 1272\alpha_k + 81}{384(1 - 3\alpha_k)(11\alpha_k^3 - 4\alpha_k^2 - 3\alpha_k + 1)}, \quad \text{for } 1/5 \le \alpha_k \le 1/4$$

$$\frac{62096\alpha_k^4 - 74400\alpha_k^3 + 33336\alpha_k^2 - 6792\alpha_k + 549}{192(3\alpha_k - 1)(18\alpha_k^3 - 18\alpha_k^2 + 6\alpha_k - 1)}, \quad \text{for } 1/4 \le \alpha_k \le 3/10$$

$$\frac{84\alpha_k^3 - 72\alpha_k^2 + 20\alpha_k - 3}{4(18\alpha_k^3 - 18\alpha_k^2 + 6\alpha_k - 1)}, \quad \text{for } 3/10 \le \alpha_k < 1/3. \tag{6.18}$$

Limiting Condorcet Efficiency of BR for Parameter c:

$$CE_{BR}^{S}(3,\infty|IAC_c^*(\alpha_t)) = \frac{2379\alpha_k^3 - 648\alpha_k^2 - 564\alpha_k + 176}{12(139\alpha_k^3 - 28\alpha_k^2 - 54\alpha_k + 16)}, \quad \text{for } 0 \le \alpha_k \le 1/6$$

$$\frac{9303\alpha_k^4 - 1512\alpha_k^3 - 3252\alpha_k^2 + 928\alpha_k - 2}{60\alpha_k(139\alpha_k^3 - 28\alpha_k^2 - 54\alpha_k + 16)}, \quad \text{for } 1/6 \le \alpha_k \le 1/5$$

$$\frac{-6322\alpha_k^4 + 10988\alpha_k^3 - 7002\alpha_k^2 + 1428\alpha_k - 27}{60\alpha_k(139\alpha_k^3 - 28\alpha_k^2 - 54\alpha_k + 16)}, \quad \text{for } 1/5 \le \alpha_k \le 1/4$$

$$\frac{6322\alpha_k^4 - 10988\alpha_k^3 + 7002\alpha_k^2 - 1428\alpha_k + 27}{60(3\alpha_k - 1)(39\alpha_k^3 - 63\alpha_k^2 + 29\alpha_k - 1)}, \quad \text{for } 1/4 \le \alpha_k \le 2/7$$

$$\frac{-699\alpha_k^3 + 315\alpha_k^2 + 23\alpha_k + 17}{12(39\alpha_k^3 - 63\alpha_k^2 + 29\alpha_k - 1)}, \quad \text{for } 2/7 \le \alpha_k < 1/3. \tag{6.19}$$

The representation for $CE_{BR}^{S}(3,\infty|IAC_b^*(0))$ verifies the result from (6.2).

Table 6.4 lists computed values of $CE_{BR}^{S}(3,\infty|IAC_X^*(\alpha_k))$, for each value of $\alpha_k = 0.00(0.01)0.33$ with each $X \in \{b,t,c\}$ respectively from (6.17)–(6.19). The computed results of $CE_{BR}^{S}(3,\infty|IAC_X^*(\alpha_k))$ in Table 6.4 show very consistent efficiency values for each Parameter $X \in \{b,t,c\}$ over the entire range with $0.00 \le \alpha_k \le 0.33$. It is also noteworthy that the Condorcet Efficiency of BR is never less than 0.88 for any combination of circumstances.

It is therefore apparent that while there are definitely scenarios in which the Efficiency Hypothesis is observed, there unfortunately are many other scenarios in which the reverse of the expected outcome of the Efficiency Hypothesis is observed. For the case of BR, Condorcet Efficiency does not really respond very much to the values of Parameters b, t, or c in voting situations. All of this leaves open the question of how an election should be conducted if we want to restrict attention to the single-stage voting rules PR, NPR and BR.

6.4.4 *Single-Stage Voting Rules with Weak Measures*

A great deal can be observed about the relative performances of these single-stage voting rules for each of the specified Parameters b, t and c by plotting the associated Condorcet Efficiency values that are included in Tables 6.2–6.4. Computed values

Table 6.4 Computed values of $CE^{S}_{BR}(3,\infty|IAC^{*}_{X}(\alpha_k))$, for $X \in \{b,t,c\}$

α_k	X		
	b	t	c
0.00	0.9167	0.9167	0.9167
0.01	0.9166	0.9167	0.9181
0.02	0.9166	0.9168	0.9193
0.03	0.9165	0.9169	0.9202
0.04	0.9164	0.9171	0.9210
0.05	0.9162	0.9174	0.9214
0.06	0.9160	0.9176	0.9217
0.07	0.9158	0.9179	0.9216
0.08	0.9156	0.9182	0.9214
0.09	0.9152	0.9185	0.9209
0.10	0.9149	0.9187	0.9202
0.11	0.9145	0.9189	0.9193
0.12	0.9140	0.9190	0.9182
0.13	0.9135	0.9190	0.9169
0.14	0.9130	0.9188	0.9153
0.15	0.9124	0.9185	0.9136
0.16	0.9117	0.9178	0.9118
0.17	0.9109	0.9167	0.9098
0.18	0.9101	0.9151	0.9078
0.19	0.9091	0.9128	0.9057
0.20	0.9081	0.9096	0.9038
0.21	0.9070	0.9052	0.9020
0.22	0.9059	0.8996	0.9004
0.23	0.9048	0.8930	0.8993
0.24	0.9039	0.8865	0.8985
0.25	0.9034	0.8826	0.8982
0.26	0.9028	0.8834	0.8984
0.27	0.9023	0.8877	0.8989
0.28	0.9032	0.8941	0.9000
0.29	0.9059	0.9010	0.9009
0.30	0.9094	0.9072	0.9022
0.31	0.9127	0.9119	0.9033
0.32	0.9152	0.9151	0.9042
0.33	0.9166	0.9166	0.9047

of $CE^{S}_{VR}(3,\infty|IAC^{*}_{b}(\alpha_k))$ are plotted in Fig. 6.1 for each voting rule with $VR \in \{PR, NPR, BR\}$ for Parameter b.

The results in Fig. 6.1 display completely consistent results for Condorcet Efficiency values over the entire range of all possible b values. That is, BR is uniformly superior to PR on the basis of Condorcet Efficiency, and both of these voting rules are consistently superior to NPR. As a result, a decision to use BR would always be a good choice, based only on this evidence. If this same pattern holds up with Parameters t and c, a clear conclusion can be drawn to universally support the use of BR.

Computed values of $CE^{S}_{VR}(3,\infty|IAC^{*}_{c}(\alpha_k))$ are plotted in the same manner for Parameter c in Fig. 6.2 for each of the single-stage voting rules that we have considered.

While the calculated values of $CE_{VR}^{S}(3,\infty|IAC_c^*(\alpha_k))$ in Fig. 6.2 are quite different than those that were obtained for $CE_{VR}^{S}(3,\infty|IAC_b^*(\alpha_k))$ in Fig. 6.1, a somewhat consistent general pattern of the relative performance of PR, NPR and

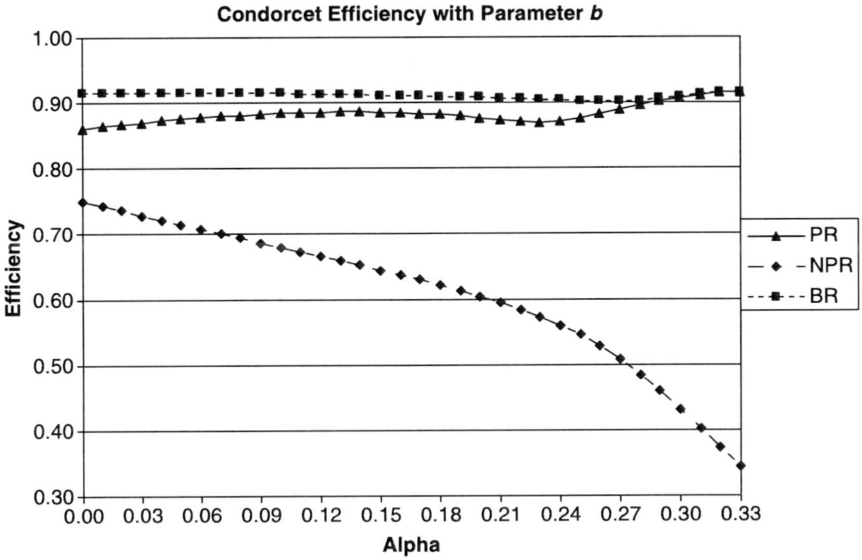

Fig. 6.1. Values of $CE_{VR}^{S}(3,\infty|IAC_b^*(\alpha_k))$ for PR, NPR and BR

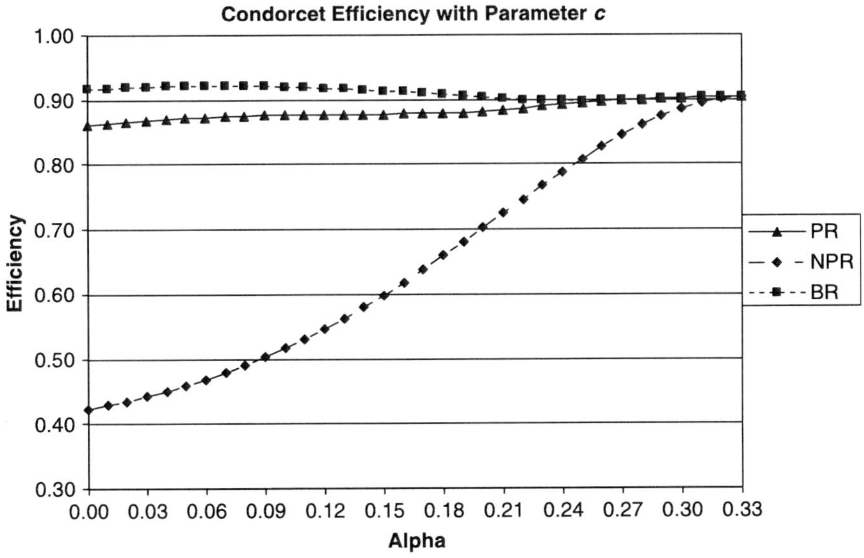

Fig. 6.2 Values of $CE_{VR}^{S}(3,\infty|IAC_c^*(\alpha_k))$ for PR, NPR and BR

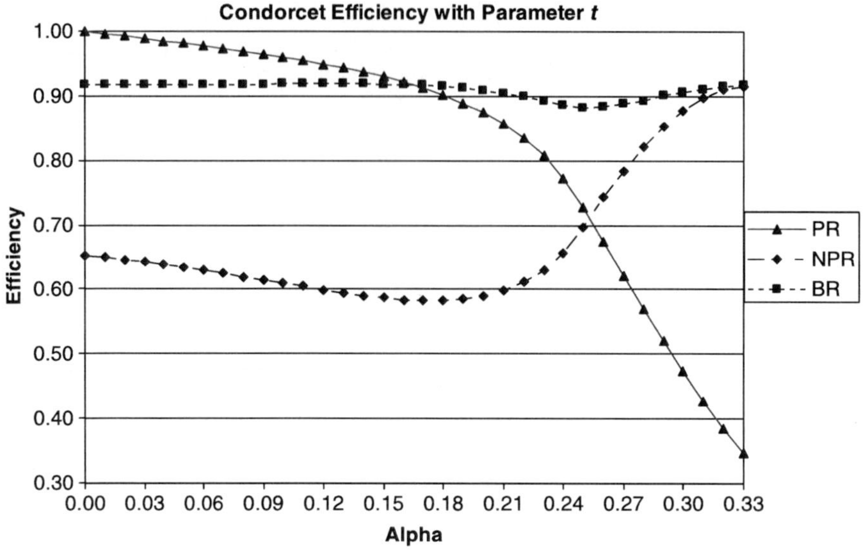

Fig. 6.3 Values of $CE^S_{VR}(3,\infty|IAC^*_t(\alpha_k))$ for PR, NPR and BR

BR on the basis of Condorcet Efficiency emerges from both. In particular, BR is consistently more efficient than PR over the entire range of Parameter *c* values, and both BR and PR dominate NPR on the basis of Condorcet Efficiency.

A strong case is developing to support BR as the obvious choice for selection as a voting rule, if the intent is to use a voting rule to maximize Condorcet Efficiency. Unfortunately, a deterrent to this general conclusion emerges when Parameter *t* is considered. Computed values of $CE^S_{VR}(3,\infty|IAC^*_t(\alpha_k))$ are plotted for Parameter *t* in Fig. 6.3 for each single-stage voting rule.

The observations in Fig. 6.3 show that the relative performance of PR, NPR and BR on the basis of Condorcet Efficiency is not as consistent over the range of values for Parameter *t* as it is for Parameters *b* and *c*. BR remains consistently superior to NPR over the entire range of *t* values. But, PR is the most Condorcet Efficient voting rule for the range of *t* values with $0 \leq \alpha_k \leq 0.17$, while it is the least Condorcet Efficient voting rule for the range of values with $0.25 \leq \alpha_k \leq 0.33$. The Condorcet Efficiency of PR can therefore be extremely poor in some cases. Since $CE^S_{PR}(3,\infty|IAC^*_t(1/3)) \to 1/3$, this effectively makes PR a random chooser of an election winner when $\alpha_k \to 1/3$ with Parameter *t*. However, this would reflect a very non-intuitive situation in which the voters are approaching the least mutually coherent situation that is possible with a model that is being driven by proximity to single-troughed preferences on candidates.

It is definitely of interest to gain some insight into what proportion of all possible voting situations fall into the region with $0 \leq \alpha_k \leq 0.17$ for Parameter *t*, in order to obtain a better idea of how significant the range of dominance of PR over BR actually is in Fig. 6.3. Based on the results that are obtained from (3.10), we know that $P_{VS}(3, \infty, CIAC_t^*(0.17^-)) = 0.5769$. Thus, the range over which PR has a greater Condorcet Efficiency than BR covers a significant proportion of all possible voting situations that have a PMRW, based on Parameter t. At the other extreme, the observation that $P_{VS}(3, \infty, CIAC_t^*(0.25^-)) = 0.8875$ indicates that PR is only dominated by both of the other single-stage voting rules in the 11.25% of voting situations with a PMRW that are the farthest removed from the condition of perfectly single-troughed preferences.

6.4.5 *Single-Stage Voting Rules: A Borda Compromise*

Since we typically could not know a priori which type of model will be the basis by which voters' preferences will be formed, there is no absolute answer as to which single-stage voting rule is expected to deliver the greatest Condorcet Efficiency. BR is the obvious choice if preferences are known to be based on either single-peaked preferences or polarized preferences. However, the answer is mixed for situations in which preferences are based on single-troughed preferences.

Calculated efficiency values show us that any tendency towards single-peaked preferences, single-troughed preferences or polarized preferences has a very weak impact on the Condorcet Efficiency of BR, and $CE_{BR}^S(3, \infty|IAC_X^*(\alpha_k)) \geq 0.88$ for all three scenarios. By contrast, both PR and NPR can have values of Condorcet Efficiency values that can fall to 0.33. It clearly is not a feasible option to obtain the votes from the electorate before the decision is made as to how the winner of an election will be determined. As a consequence of all of this, an appeal can be made to use a "maximin" type argument to support a *Borda Compromise* position. This Borda Compromise will use BR when nothing is known a priori about the type of model that is likely to reflect the preferences of an electorate. This compromise position will have a high likelihood of selecting the PMRW whenever such a candidate exists, and it will completely avoid any possibility of producing very poor outcomes that effectively can be equivalent to having a process that randomly selects a winner.

6.4.6 *Two-Stage Rule Efficiencies with Weak Measures*

It seems quite logical to assume that the increased complexity that is introduced with two-stage voting rules should lead to a resulting improvement in Condorcet Efficiency. An analysis of this notion is started with the development of representations for $CE_{PER}^S(3, n|IAC_b^*(k))$, $CE_{PER}^S(3, n|IAC_t^*(k))$, $CE_{NPER}^S(3, n|IAC_b^*(k))$ and $CE_{NPER}^S(3, n|IAC_t^*(k))$ with EUPIA2 to evaluate the increased level of efficiency that results from the introduction of this increased complexity.

Condorcet Efficiency of PER, given b:

$$CE^S_{PER}\left(3,n|IAC^*_b(k)\right) = \frac{\left[\begin{array}{l}(k+1)\left\{\begin{array}{l}9(162k^3+310k^2-229k-27)-9(60k^2+384k-65)n\\ -3(135k-269)n^2+137n^3+172\delta^{12}_{n+5}+4\delta^{12}_{n+1}(131+24n)\\ +64\delta^{12}_{n+11}+108\delta^{12}_{n+9}+32\delta^{12}_{n+7}(13+3n)\end{array}\right\}\\ +54\delta^2_k(1-2\delta^4_{n+1})(2k+6+n)\end{array}\right]}{144(k+1)[k(-17+21k+11k^2)+(5-26k-4k^2)n+3(2-k)n^2+n^3]},$$
$$\text{for } 0 \le k \le (n-1)/6$$

$$\frac{\left[\begin{array}{l}27(2880k^4+7552k^3+3744k^2-352k+231)\\ -72(672k^3+2208k^2+1392k-95)n+18(48k^2+1232k+1237)n^2\\ +80(24k+31)n^3+65n^4-16\delta^{12}_{n+5}(480k+260-79n)\\ -16\delta^{12}_{n+1}\{1728k^2+2688k+508-(576k+671)n+24n^2\}\\ -512\delta^{12}_{n+11}(15k-2-5n)-1296\delta^{12}_{n+9}(4+n)-128\delta^{12}_{n+7}\{216k^2+336k\\ +23-2(36k+47)n+3n^2\}\end{array}\right]}{3456(k+1)[b(-17+21k+11k^2)+(5-26k-4k^2)n+3(2-k)n^2+n^3]},$$
$$\text{for } (n+1)/6 \le k \le (n-1)/4$$

$$\frac{\left[\begin{array}{l}(n-3k)\{-9(33k^3+22k^2+15k-25)+3(99k^2+44k+96)n\\ -(99k-59)n^2+20n^3\}-8\delta^6_{n+5}(15k-2-5n)\\ +8\delta^6_{n+1}\{54k^2-30k+1-2(18k-5)n+6n^2\}\end{array}\right]}{27(n-3k)[(n+1)(n^2+2n+9)-6(n^2+1)k+18nk^2-18k^3]},$$
$$\text{for } (n+1)/4 \le k \le (n-1)/3. \quad (6.20)$$

Condorcet Efficiency of PER, given t:

$$CE^S_{PER}\left(3,n|IAC^*_t(k)\right) = \frac{(10k^2+18k-19)k-(4k^2+26k-5)n-3(k-2)n^2+n^3}{(11k^2+21k-17)k-(4k^2+26k-5)n-3(k-2)n^2+n^3}, \quad \text{for } 0 \le k \le (n-1)/4$$

$$\frac{(n+1-2k)[-3(6k^3+7k^2+13k+1)+(15k^2-3k+11)n-3(2k-1)n^2+n^3]}{(n-3k)[(n+1)(n^2+2n+9)-6(n^2+1)k+18nk^2-18k^3]},$$
$$\text{for } (n+1)/4 \le k \le (n-1)/3. \quad (6.21)$$

Condorcet Efficiency of NPER, given b:

$$CE^S_{NPER}(3,n|IAC^*_b(k)) = \frac{\left[\begin{array}{l}(k+1)[(179k^3+345k^2-287k-45)-4(17k^2+109k-14)n-48(k-2)n^2\\ +16n^3]+3\delta_k^2\{(-4k^3-6k^2+12k+15)+4(k+1)(k+2)n\}\end{array}\right]}{16(k+1)[k(-17+21k+11k^2)+(5-26k-4k^2)n+3(2-k)n^2+n^3]},$$
$$\text{for } 0\le k\le (n-1)/4$$

$$\frac{\left[\begin{array}{l}3(-111k^4+4k^3+78k^2-60k-8)+12(37k^3+14k^2-27k+3)n\\ -2(96k^2+84k-37)n^2+12(2k+3)n^3+n^4\\ +3\delta_k^2\{(-4k^3-6k^2+12k+15)+4(k+1)(k+2)n\}\end{array}\right]}{8(n-3k)[(n+1)(n^2+2n+9)-6(n^2+1)k+18nk^2-18k^3]},$$
$$\text{for } (n+1)/4\le k\le (n-1)/3 \tag{6.22}$$

Condorcet Efficiency of NPER, given t:

$$\frac{\left[\begin{array}{l}9(32k^3+68k^2-52k-9)-9(12k^2+96k-13)n-3(36k-67)n^2\\ +35n^3+32\delta_{n+1}^6+8\delta_{n+5}^6(17+3n)\end{array}\right]}{36\{(11k^2+21k-17)k-(4k^2+26k-5)n-3(k-2)n^2+n^3\}},$$
$$\text{for } 0\le k\le (n-1)/6$$

$$\frac{\left[\begin{array}{l}27(560k^4+1536k^3+1120k^2+240k+57)-36(240k^3+744k^2+516k+23)n\\ +18(24k^2+200k+179)n^2+4(60k+71)n^3+7n^4-128\delta_{n+1}^6(6k-1-2n)\\ -16\delta_{n+5}^6\{216k^2+312k+23-2(36k+43)n+3n^2\}\end{array}\right]}{432(k+1)\{(11k^2+21k-17)k-(4t^2+26k-5)n-3(k-2)n^2+n^3\}},$$
$$\text{for } (n+1)/6\le k\le (n-1)/4$$

$$\frac{\left[\begin{array}{l}(n-3k)\{-9(6k^3+32k^2+6k-23)+3(18k^2+64k+87)n\\ -(18k-49)n^2+11n^3\}-16\delta_{n+1}^6(6k-1-2n)\\ +8\delta_{n+5}^6\{54k^2-24k+1-4(9k-2)n+6n^2\}\end{array}\right]}{27(n-3k)\{(n+1)(n^2+2n+9)-6(n^2+1)k+18nk^2-18k^3\}},$$
$$\text{for } (n+1)/4\le k\le (n-1)/3. \tag{6.23}$$

Representations for the Condorcet Efficiency of PER and NPER are not obtained for Parameter c for finite n. The limiting representations as $n \to \infty$ can be obtained for Parameters b and t by following the same logic that we have used before. It is also possible to obtain the limiting representations for Parameters b, t and c from previous results that are related to the likelihood that a Strong Borda Paradox is observed.

Theorem 6.1 $P_{SgBP}^{WSR(1-\lambda)}\left(3,\infty|IAC_t^*(k)\right) = 1 - CE_{WSRE(\lambda)}^{S}\left(3,\infty|IAC_b^*(k)\right)$

$$P_{SgBP}^{WSR(1-\lambda)}\left(3,\infty|IAC_b^*(k)\right) = 1 - CE_{WSRE(\lambda)}^{S}\left(3,\infty|IAC_t^*(k)\right)$$

$$P_{SgBP}^{WSR(1-\lambda)}\left(3,\infty|IAC_c^*(k)\right) = 1 - CE_{WSRE(\lambda)}^{S}\left(3,\infty|IAC_c^*(k)\right).$$

The same results are also true if b, t and c are replaced by b^*, t^* and c^*.

Proof The proof for each statement follows an identical process. We prove the first result using the notation from Theorem 3.3, and the remaining statements are then obvious. Define the *Event* for a voting situation on three candidates $\{A,B,C\}$ with the specified parameter value $b = k$ such that AMB, AMC, $BW_\lambda A$, $CW_\lambda A$, making Candidate A both the PMRW and the strict loser by Rule λ. We show that the probability of this *Event* is identical to the probability of two other events.

First, Theorem 3.3 requires that the probability of observing this *Event* is the same as the probability that *Event*^{D} is observed, with BMA, CMA, $AW_{1-\lambda}B$, $AW_{1-\lambda}C$, leading to a voting situation with parameter value $t = k$ that exhibits a Strong Borda Paradox in which Candidate A is both the PMRL and the strict winner by Rule $(1-\lambda)$. The symmetry of IAC-based assumptions with respect to the candidates for all such voting situations leads directly to the left hand side of the identity relationship.

The definition of *Event* also describes the only type of voting situation in which Candidate A is the PMRW that can not be the winner by Rule λ elimination, since the PMRW must win the second stage election if it is not eliminated in the first round. No voting situation that contains any such *Event* will therefore be included in the accumulation of relevant voting situations to obtain the Condorcet Efficiency of Rule λ elimination. If the possibility of ties by Rule λ is zero, which occurs if $n \to \infty$, the symmetry of IAC based assumptions with respect to candidates leads to the right hand side of the identity relationship. □

The limiting representations for the Condorcet Efficiencies of the two-stage voting rules are then obtained from the associated Strong Borda Paradox representations from Chap. 3, and the results are summarized as:

Limiting Condorcet Efficiency of PER for Parameter b:

$$CE_{PER}^{S}\left(3,\infty|IAC_b^*(\alpha_k)\right) = \frac{1458\alpha_k^3 - 540\alpha_k^2 - 405\alpha_k + 137}{144(11\alpha_k^3 - 4\alpha_k^2 - 3\alpha_k + 1)}, \quad \text{for } 0 \le \alpha_k \le 1/6$$

$$\frac{77760a_k^4 - 48384a_k^3 + 864\alpha_k^2 + 1920\alpha_k + 65}{3456a_k(11\alpha_k^3 - 4\alpha_k^2 - 3\alpha_k + 1)}, \quad \text{for } 1/6 \leq \alpha_k \leq 1/4$$

$$\frac{297a_k^3 - 297\alpha_k^2 + 99\alpha_k - 20}{27(18\alpha_k^3 - 18\alpha_k^2 + 6\alpha_k - 1)}, \quad \text{for } 1/4 \leq \alpha_k \leq 1/3. \tag{6.24}$$

Limiting Condorcet Efficiency of PER for Parameter t:

$$CE_{PER}^S(3, \infty | IAC_t^*(\alpha_k)) = \frac{10a_k^3 - 4\alpha_k^2 - 3\alpha_k + 1}{11\alpha_k^3 - 4\alpha_k^2 - 3\alpha_k + 1}, \quad \text{for } 0 \leq \alpha_k \leq 1/4$$

$$\frac{(2\alpha_k - 1)(6\alpha_k^2 - 3\alpha_k + 1)}{18\alpha_k^3 - 18\alpha_k^2 + 6\alpha_k - 1}, \quad \text{for } 1/4 \leq \alpha_k \leq 1/3. \tag{6.25}$$

Limiting Condorcet Efficiency of PER for Parameter c:

$$CE_{PER}^S(3, \infty | IAC_c^*(\alpha_k)) = \frac{1557a_k^3 - 288\alpha_k^2 - 459\alpha_k + 137}{9(139\alpha_k^3 - 28\alpha_k^2 - 54\alpha_k + 16)}, \quad \text{for } 0 \leq \alpha_k \leq 1/8$$

$$\frac{-6060a_k^4 + 4992\alpha_k^3 - 2988\alpha_k^2 + 644\alpha_k - 3}{36\alpha_k(139\alpha_k^3 - 28\alpha_k^2 - 54\alpha_k + 16)}, \quad \text{for } 1/8 \leq \alpha_k \leq 1/6$$

$$\frac{53064a_k^4 - 31392\alpha_k^3 - 2160\alpha_k^2 + 2064\alpha_k + 59}{216\alpha_k(139\alpha_k^3 - 28\alpha_k^2 - 54\alpha_k + 16)}, \quad \text{for } 1/6 \leq \alpha_k \leq 1/4$$

$$\frac{1917a_k^3 - 2565\alpha_k^2 + 1071\alpha_k - 59}{27(39\alpha_k^3 - 63\alpha_k^2 + 29\alpha_k - 1)}, \quad \text{for } 1/4 \leq \alpha_k \leq 1/3. \tag{6.26}$$

Limiting Condorcet Efficiency of NPER for Parameter b:

$$CE_{NPER}^S(3, \infty | IAC_b^*(\alpha_k)) = \frac{179a_k^3 - 68\alpha_k^2 - 48\alpha_k + 16}{16(11\alpha_k^3 - 4\alpha_k^2 - 3\alpha_k + 1)}, \text{for } 0 \leq \alpha_k \leq 1/4$$

$$\frac{-111\alpha_k^3 + 111\alpha_k^2 - 27\alpha_k - 1}{8(18\alpha_k^3 - 18\alpha_k^2 + 6\alpha_k - 1)}, \text{for } 1/4 \leq \alpha_k \leq 1/3. \tag{6.27}$$

Limiting Condorcet Efficiency of NPER for Parameter t:

$$CE^S_{NPER}(3,\infty|IAC^*_t(\alpha_k)) = \frac{288a_k^3 - 108\alpha_k^2 - 108\alpha_k + 35}{36(11\alpha_k^3 - 4\alpha_k^2 - 3\alpha_k + 1)}, \text{for } 0 \le \alpha_k \le 1/6$$

$$\frac{15120a_k^4 - 8640a_k^3 + 432\alpha_k^2 + 240\alpha_k + 7}{432a_k(11\alpha_k^3 - 4\alpha_k^2 - 3\alpha_k + 1)}, \text{for } 1/6 \le \alpha_k \le 1/4$$

$$\frac{54a_k^3 - 54\alpha_k^2 + 18\alpha_k - 11}{27(18\alpha_k^3 - 18\alpha_k^2 + 6\alpha_k - 1)}, \text{for } 1/4 \le \alpha_k \le 1/3. \tag{6.28}$$

Limiting Condorcet Efficiency of NPER for Parameter c:

$$CE^S_{NPER}(3,\infty|IAC^*_c(\alpha_k)) = \frac{1653a_k^3 - 756\alpha_k^2 - 324\alpha_k + 128}{9(139\alpha_k^3 - 28\alpha_k^2 - 54\alpha_k + 16)}, \text{for } 0 \le \alpha_k \le 1/6$$

$$\frac{8172a_k^4 + 3024\alpha_k^3 - 7992\alpha_k^2 + 2112\alpha_k - 29}{108\alpha_k(139\alpha_k^3 - 28\alpha_k^2 - 54\alpha_k + 16)}, \text{for } 1/6 \le \alpha_k \le 1/4$$

$$\frac{1431a_k^3 - 2079\alpha_k^2 + 909\alpha_k - 41}{27(39\alpha_k^3 - 63\alpha_k^2 + 29\alpha_k - 1)}, \text{for } 1/4 \le \alpha_k \le 1/3. \tag{6.29}$$

Equations (6.24)–(6.29) are used to obtain values of $CE_{VR}(3,\infty|IAC_X(\alpha_k))$ for each value of $\alpha_k = 0.00(0.01)0.33$, with $X \in \{b,t,c\}$ and $VR \in \{PER, NPER\}$. Tables 6.5 and 6.6 list the results for PER and NPER respectively.

Some other results also follow directly from these limiting representations. First, we observe that $CE^S_{PER}(3,\infty|IAC^*_t(0)) = CE^S_{NPER}(3,\infty|IAC^*_b(0)) = 1$, which can be proven very easily. In addition, as $\alpha_k \to 1/3$ we note that $CE^S_{PER}(3,\infty|IAC^*_t(1/3)) = CE^S_{NPER}(3,\infty|IAC^*_b(1/3)) = 2/3$, to indicate possible scenarios with very poor performance for both of these two-stage voting rules. However, slightly different values are obtained from these two representations over the rest of the range of possible α_k values.

A graphical representation of the Condorcet Efficiencies of two-stage voting rules that are taken from Tables 6.5 and 6.6 are shown in Fig. 6.4 for Parameter b, in Fig. 6.5 for Parameter t and in Fig. 6.6 for Parameter c. The previously calculated values of $CE^S_{BR}(3,\infty|IAC^*_X(\alpha_k))$ are also included in each of these figures for comparison purposes.

A very evident observation from these graphs is that the two-stage voting rules typically have significantly greater Condorcet Efficiency values than those that are observed for the single-stage voting rules. It is also very clear that there are a number of notable violations of the Efficiency Hypothesis with the two-stage voting rules.

Table 6.5 Computed values of $CE^S_{PER}(3,\infty|IAC^*_X(\alpha_k))$, for $X \in \{b,t,c\}$

α_k	X		
	b	t	c
0.00	0.9514	1.000	0.9514
0.01	0.9518	1.000	0.9516
0.02	0.9523	1.000	0.9518
0.03	0.9528	1.000	0.9519
0.04	0.9534	0.9999	0.9520
0.05	0.9540	0.9999	0.9522
0.06	0.9546	0.9997	0.9523
0.07	0.9554	0.9996	0.9525
0.08	0.9561	0.9993	0.9528
0.09	0.9570	0.9990	0.9532
0.10	0.9579	0.9985	0.9537
0.11	0.9589	0.9979	0.9545
0.12	0.9601	0.9971	0.9555
0.13	0.9613	0.9961	0.9568
0.14	0.9627	0.9948	0.9585
0.15	0.9642	0.9932	0.9607
0.16	0.9659	0.9911	0.9634
0.17	0.9678	0.9885	0.9665
0.18	0.9699	0.9852	0.9698
0.19	0.9721	0.9810	0.9734
0.20	0.9744	0.9756	0.9771
0.21	0.9767	0.9687	0.9808
0.22	0.9791	0.9596	0.9844
0.23	0.9817	0.9476	0.9879
0.24	0.9846	0.9315	0.9910
0.25	0.9882	0.9091	0.9937
0.26	0.9919	0.8821	0.9957
0.27	0.9947	0.8541	0.9973
0.28	0.9968	0.8254	0.9984
0.29	0.9983	0.7961	0.9991
0.30	0.9992	0.7665	0.9996
0.31	0.9997	0.7366	0.9999
0.32	1.0000	0.7067	1.0000
0.33	1.0000	0.6767	1.0000

When we consider which voting rules tend to be most efficient, the results in Fig. 6.4 indicate that both two-stage voting rules have greater values of Condorcet efficiency than BR over the range with $0 \le \alpha_k \le 0.26$ for Parameter b. Since $P_{VS}(3,\infty,CIAC^*_b(0.26^-)) = 0.9132$, there is only a very small range over which BR is more Condorcet Efficient than NPER, and that range only accounts for the less than 9% of voting situations that have a PMRW that are farthest removed from being perfectly single-peaked. The same general observations are made with regard to the results in Fig. 6.5 with Condorcet Efficiencies that are based on Parameter t. The difference in this case is that it is the less than nine percent of voting situations that have a PMRW that are farthest removed from being perfectly single-troughed for which BR is more Condorcet Efficient than PER.

Table 6.6 Computed values of $CE^S_{NPER}(3,\infty|IAC^*_X(\alpha_k))$, for $X \in \{b, t, c\}$

α_k	X		
	b	t	c
0.00	1.000	0.9722	0.8889
0.01	1.000	0.9715	0.8963
0.02	0.9999	0.9708	0.9034
0.03	0.9998	0.9703	0.9104
0.04	0.9996	0.9698	0.9171
0.05	0.9993	0.9695	0.9236
0.06	0.9989	0.9693	0.9299
0.07	0.9985	0.9691	0.9360
0.08	0.9980	0.9690	0.9418
0.09	0.9973	0.9690	0.9474
0.10	0.9966	0.9690	0.9529
0.11	0.9956	0.9691	0.9580
0.12	0.9946	0.9691	0.9629
0.13	0.9933	0.9692	0.9675
0.14	0.9918	0.9691	0.9719
0.15	0.9900	0.9690	0.9758
0.16	0.9878	0.9687	0.9794
0.17	0.9853	0.9682	0.9826
0.18	0.9822	0.9674	0.9853
0.19	0.9786	0.9664	0.9876
0.20	0.9741	0.9652	0.9897
0.21	0.9686	0.9641	0.9915
0.22	0.9617	0.9634	0.9932
0.23	0.9529	0.9639	0.9947
0.24	0.9414	0.9665	0.9961
0.25	0.9261	0.9731	0.9972
0.26	0.9060	0.9815	0.9981
0.27	0.8815	0.9880	0.9988
0.28	0.8534	0.9928	0.9993
0.29	0.8222	0.9961	0.9996
0.30	0.7885	0.9982	0.9998
0.31	0.7531	0.9994	0.9999
0.32	0.7165	0.9999	1.0000
0.33	0.6792	1.000	1.0000

Different results are observed in Fig. 6.6, where Condorcet Efficiencies are based on Parameter c. Here, both two-stage voting rules have greater values of Condorcet Efficiency that BR does over most of the region of possible α_k values. The only exception is that BR has a greater Condorcet Efficiency that NPER in the range $0 \leq \alpha_k \leq 0.05$. Since $P_{VS}(3,\infty, CIAC^*_c(0.05^-)) = 0.0709$, both two-stage voting rules have greater Condorcet Efficiency than BR, except for the seven percent of voting situations that have a PMRW that are closest to having perfectly-polarized preferences, as measured by Parameter c.

If we accept the basic idea that we would generally expect to have large electorates that are neither highly mutually coherent nor highly mutually incoherent in their preferences, we would conclude that both two-stage voting rules have

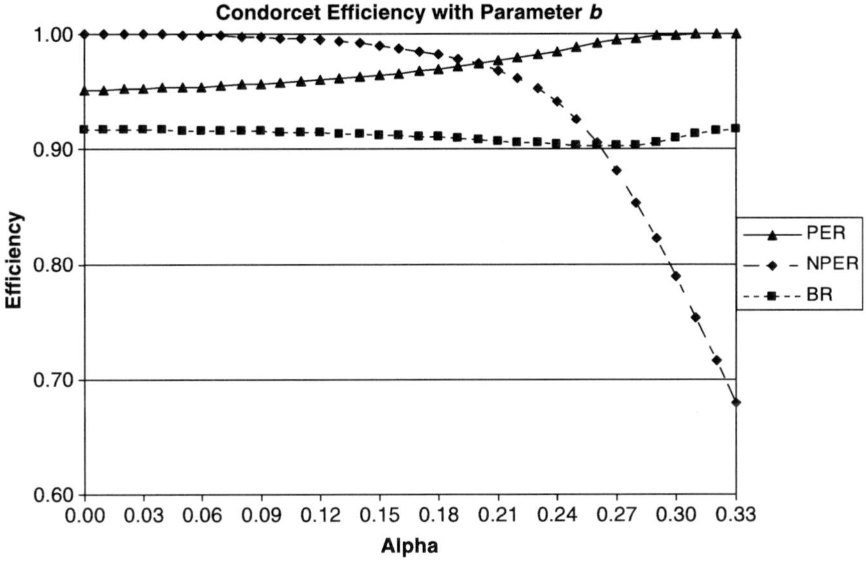

Fig. 6.4 Values of $CE^S_{VR}(3, \infty|IAC^*_b(\alpha_k))$ for PER, NPER and BR

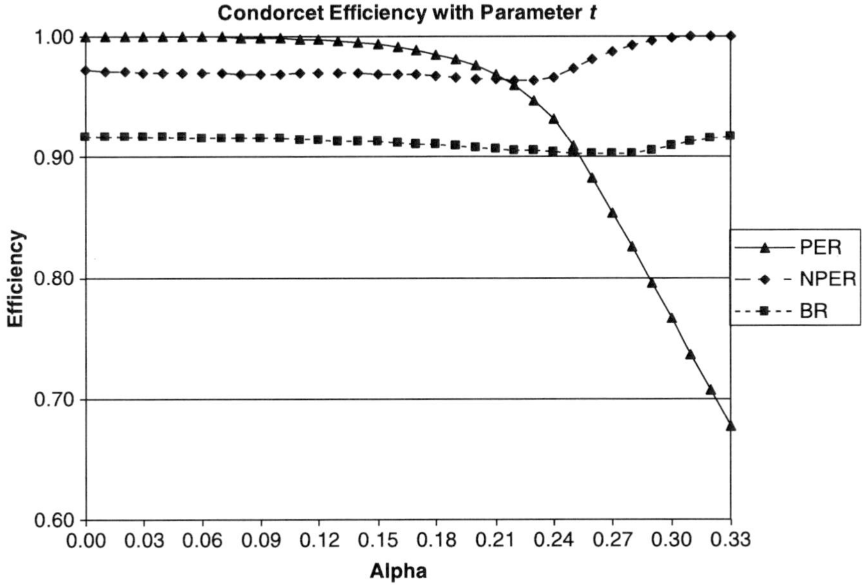

Fig. 6.5 Values of $CE^S_{VR}(3, \infty|IAC^*_t(\alpha_k))$ for PER, NPER and BR

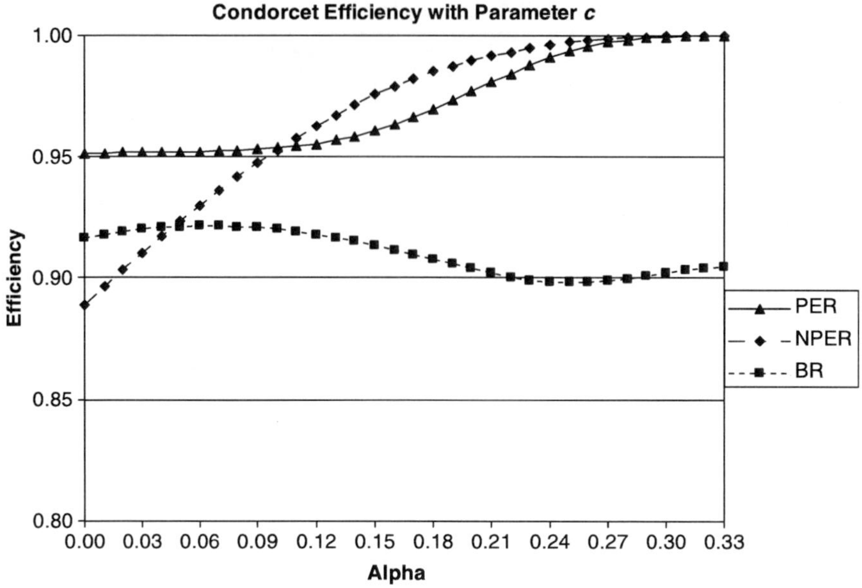

Fig. 6.6 Values of $CE^S_{VR}(3,\infty|IAC^*_c(\alpha_k))$ for PER, NPER and BR

greater Condorcet Efficiency than BR in the realm of realistic voting situations for models that are based on any of Parameters b, t and c. However, the previous discussion of the Borda Compromise could still be applied in general; particularly since the use of two-stage voting systems reflects the use of more complicated voting procedures. This notion certainly deserves to be analyzed in much greater detail, and that will be done after we first consider the connection between the Efficiency Hypothesis and strong measures of group mutual coherence.

6.5 Efficiency with Strong Measures of Group Coherence

Before we develop representations for the Condorcet Efficiency of voting rules with specified levels of strong measures of group mutual coherence, some general observations can be made from work presented in Gehrlein et al. (2010).

Theorem 6.2 $CE^S_{PR}(3,n|IAC^*_{t*}(k)) = CE^S_{PER}(3,n|IAC^*_{t*}(k)) = 1$ *for all* $n/2 < k \leq n$.

Proof If a voting situation has $k>n/2$ for Parameter t^*, some candidate is a Strong PMRW, as described in Chap. 5. Suppose without a loss of generality that this is Candidate A. Then, Candidate A will obviously be the strict winner by PR. Moreover, Candidate A can not then be eliminated in the first stage of PER voting, so it must be one of the two candidates that advance the second stage of voting. Since Candidate A is a Strong PMRW, it must then be the winner in the second stage of voting. □

Theorem 6.3 $CE^{S}_{NPER}\left(3,n|IAC^{*}_{b^{*}}(k)\right) = 1$ *for* $n/2<k \le n$.

Proof If a voting situation has $k>n/2$ for Parameter b^*, some candidate is a Strong PMRL, as described in Chap. 5. Suppose without a loss of generality that this is Candidate *C*. It is obvious that Candidate *C* will be the strict loser by NPR in the first stage of voting by NPER, so that it will be eliminated. The two remaining candidates then go to the second stage of voting, and if either is a PMRW it must be elected as the winner in the second stage. □

Theorem 6.4 $CE^{S}_{PER}\left(3,n|IAC^{*}_{b^{*}}(k)\right) = 1$ *for* $3n/4 \le k \le n$.

Proof Assume that Candidate *A* is the PMRW in a voting situation. Then, some candidate other than *A* must therefore have $k \ge 3/4$ for Parameter b^*. Suppose without any loss of generality that this is Candidate *C*, and with the complete voter preference rankings from Fig. 1.1, $n_1 + n_3 \ge 3n/4$. The PR score of Candidate *C* must therefore have $n_4 + n_6 \le n/4$. Since Candidate *A* is the PMRW, the PR score of Candidate *B* must have $n_3 + n_5<n/2$. The PR score of Candidate *A* must then necessarily have $n_1 + n_2>n/4$, so that it can not be eliminated at the first stage by PER, and it must then win in the second stage. □

Theorem 6.5 $CE^{S}_{BR}\left(3,\infty|IAC^{*}_{t^{*}}(\alpha_k)\right) = CE^{S}_{NPER}\left(3,\infty|IAC^{*}_{t^{*}}(\alpha_k)\right) = 1$ *for* $2/3\le\alpha_k \le 1$.

Proof Consider a voting situation with finite *n* voters such that $k \ge 2n/3$ for Parameter t^*. Suppose that this occurs because Candidate *A* is ranked as most preferred by at least $2n/3$ voters, to make it a Strong PMRW. By using Borda score weights $(1, 1/2, 0)$, it then follows that the BR score of Candidate *A* must be greater than or equal to $2n/3$. Given the BR weights that we are using, The BR scores of Candidates *B* and *C* must then be less than or equal to $2n/3$, if Candidate *A* is ranked as most preferred by at least $2n/3$ voters. The probability of BR ties in voting situations vanishes as $n \to \infty$, so it follows that the Strong PMRW, Candidate *A*, must be the strict BR winner as $n \to \infty$.

The same limiting result also holds for NPER. For the same voting situation that is described above for finite *n*, the NPR score of the Strong PMRW, Candidate *A*, is greater than or equal to $2n/3$ in the first stage. The total NPR score for all candidates in the first stage is equal to $2n$, so Candidate *A* has a score that is greater than or equal to the average NPR score for all candidates. Since the probability of NPR ties vanishes as $n \to \infty$, the probability that Candidate *A* could be eliminated in the first stage of NPER voting vanishes, and it must then be elected in the second stage since it is the Strong PMRW. □

Theorem 6.6 $CE^{S}_{NPR}\left(3,\infty|IAC^{*}_{t^{*}}(1)\right) = 1$.

Proof Some candidate must be ranked as most preferred by every voter in such a voting situation, and that candidate is therefore the PMRW. Since this candidate is never ranked as least preferred, it must be the winner by NPR when the possible existence of NPR ties vanishes as $n \to \infty$. □

Theorem 6.7 $CE^S_{PR}(3, n|IAC^*_{c*}(n)) = CE^S_{PR}(3, n, IAC^*_{b*}(n)) = 1$, *for odd n.*

Proof If either Parameter c^* or b^* has $k = n$ in a voting situation, some candidate is never ranked as most preferred by any voter. Whichever remaining candidate is ranked as most preferred by a majority of voters must then be both the PMRW and the winner by PR. □

The degree of group mutual coherence increases as each of b^*, t^* and c^* increases, so Theorems 6.2–6.7 provide significant support for the Efficiency Hypothesis. However, we shall soon see that some voting rules are not always in agreement with the Efficiency Hypothesis for strong measures of group mutual coherence.

Theorem 6.8 $CE^S_{NPR}(3, n|IAC^*_{c*}(n)) = 0$.

Proof Assume that Candidate A is the PMRW. Since $k = n$ with Parameter c^*, some candidate other than the PMRW is middle ranked in the preferences of all voters and it receives a score of n by NPR. Since the total score is $2n$ with NPR, Candidate A therefore can not be the strict NPR winner. □

Theorem 6.9 $CE^S_{NPR}(3, n|IAC^*_{b*}(n)) = 0$.

Proof If $b^* = n$, some candidate is ranked as least preferred by every voter, to be both the strict NPR loser and the PMRL. Each of the other two candidates therefore has a tied NPR score of n, so that the strict PMRW, if one exists for even n, can not be the strict NPR winner since it is tied with another candidate. □

It obviously follows that there will not be a relationship between the Condorcet Efficiency of NPR and either of Parameters b^* or c^* that is in agreement with the Efficiency Hypothesis. Discontinuities can also be found the in limiting Condorcet Efficiency representations as a result of the two following observations.

Theorem 6.10 $CE^S_{NPR}(3, \infty|IAC^*_{b*}(\alpha_k)) \geq 1/2$ *for* $1/2 \leq \alpha_k < 1$.

Proof Consider a voting situation with finite n voters such that $k > n/2$ for Parameter b^*. Suppose that this results since Candidate C is ranked as least preferred by at least the $n/2$ voters, making it a Strong PMRL. To prove the result, it is sufficient to show that each voting situation for which the NPR winner is different than the PMRW can be mapped to another unique voting situation in which the PMRW is the NPR winner. Suppose that Candidate A is the PMRW and that Candidate B is the NPR winner. This scenario requires the following inequalities to hold, based on the preference ranking definitions in Fig. 1.1 for a given n:

$$[b^* \geq n/2, C \text{ is PMRL}] \qquad n_1 + n_3 \geq n/2 \tag{6.30}$$

$$[AMB] \qquad n_1 + n_2 + n_4 > n_3 + n_5 + n_6 \tag{6.31}$$

$$[B \text{ beats } A \text{ by NPR}] \qquad n_2 + n_4 < n_5 + n_6 \tag{6.32}$$

Note that (6.31) and (6.32) jointly require that $n_1 > n_3$. The mapping of this voting situation to another unique voting situation interchanges $n_1 \leftrightarrow n_3$. Based on (6.30), Candidate C has the same value for Parameter b^* and remains the Strong PMRL in the new voting situation. Based on (6.32), Candidate B remains the NPR winner over A. This new voting situation must have $n_3 > n_1$, which in conjunction with (6.32) requires that BMA, so that Candidate B is now the PMRW. It is still necessary to account for the case of ties with $n_1 = n_3$, but as $n \to \infty$ the probability of such tied outcomes vanishes. □

A discontinuity in $CE^S_{NPR}(3, \infty | IAC^*_{b^*}(\alpha_k))$ must then exist as $\alpha_k \to 1$, given Theorem 6.9. Different results can also be observed if Weak Condorcet Efficiency is considered, since it follows from the proof of Theorem 6.9 that:

Corollary 6.1 $CE^W_{NPR}(3, n | IAC^*_{b^*}(n)) = 1$.

As a result of Theorems 6.8 and 6.9, it is clearly evident that the Efficiency Hypothesis can not be completely valid for all voting rules with strong measures of group mutual coherence, just as in the case of weak measures of group coherence. However, we continue our efforts to analyze this general relationship between the Condorcet Efficiency of voting rules and strong measure of group mutual coherence.

6.5.1 *Single-Stage Rule Representations with Strong Measures*

Gehrlein et al. (2010) obtain limiting representations for the Condorcet Efficiency of voting rules, conditional on specified values of strong measures of group mutual coherence. Only the limiting representations are obtained with the parameterized version of Barvinok's algorithm, and these are obtained for each of Parameters b^*, t^*, c^* and u^*. The resulting representations are summarized below.

6.5.1.1 Limiting Condorcet Efficiency Representations for PR

Limiting Condorcet Efficiency of PR for Parameter b^*:

$$CE^S_{PR}(3, \infty | IAC^*_{b^*}(\alpha_k)) = \frac{540\alpha_k^3 - 216\alpha_k^2 - 36\alpha_k - 17}{108(18\alpha_k^3 - 18\alpha_k^2 + 6\alpha_k - 1)}, \quad \text{for } 1/3 \le \alpha_k \le 5/12$$

$$\frac{14256\alpha_k^4 - 29808\alpha_k^3 + 21168\alpha_k^2 - 5940\alpha_k + 557}{432(1 - 3\alpha_k)(18\alpha_k^3 - 18\alpha_k^2 + 6\alpha_k - 1)}, \quad \text{for } 5/12 \le \alpha_k \le 1/2$$

$$\frac{648\alpha_k^4 - 1944\alpha_k^3 + 2106\alpha_k^2 - 948\alpha_k + 139}{216\alpha_k(\alpha_k - 1)^3}, \text{for } 1/2 \le \alpha_k \le 2/3$$

$$\frac{9\alpha_k - 1}{8\alpha_k}, \text{for } 2/3 \le \alpha_k \le 1. \tag{6.33}$$

Limiting Condorcet Efficiency of PR for Parameter t^*:

$$CE^S_{PR}(3, \infty|IAC^*_{t^*}(\alpha_k)) = \frac{\alpha_k(6\alpha_k^2 - 6\alpha_k + 1)}{18\alpha_k^3 - 18\alpha_k^2 + 6\alpha_k - 1}, \quad \text{for } 1/3 \le \alpha_k \le 1/2$$

$$1, \textit{for } 1/2 \le \alpha_k \le 1 \text{ (see Theorem 6.2).} \tag{6.34}$$

Limiting Condorcet Efficiency of PR for Parameter c^*:

$$CE^S_{PR}(3, \infty|IAC^*_{c^*}(\alpha_k)) = \frac{4(162\alpha_k^3 + 54\alpha_k^2 - 90\alpha_k - 1)}{27(123\alpha_k^3 - 99\alpha_k^2 + 25\alpha_k - 5)}, \quad \text{for } 1/3 \le \alpha_k \le 3/8),$$

$$\frac{14232\alpha_k^4 - 18432\alpha_k^3 + 9072\alpha_k^2 - 2244\alpha_k + 247}{27(3\alpha_k - 1)(123\alpha_k^3 - 99\alpha_k^2 + 25\alpha_k - 5)}, \quad \text{for } 3/8 \le \alpha_k \le 5/12$$

$$\frac{7728\alpha_k^4 - 2304\alpha_k^3 - 3456\alpha_k^2 + 1512\alpha_k - 131}{54(3\alpha_k - 1)(123\alpha_k^3 - 99\alpha_k^2 + 25\alpha_k - 5)}, \quad \text{for } 5/12 \le \alpha_k \le 1/2$$

$$\frac{8(12\alpha_k^4 - 48\alpha_k^3 + 72\alpha_k^2 - 54\alpha_k + 17)}{27(1 - \alpha_k)^3(17\alpha_k - 1)}, \quad \text{for } 1/2 \le \alpha_k \le 2/3$$

$$\frac{8(23\alpha_k - 5)}{9(17\alpha_k - 1)}, \quad \text{for } 2/3 \le \alpha_k \le 1. \tag{6.35}$$

Limiting Condorcet Efficiency of PR for Parameter u^*:

$$CE^S_{PR}(3, \infty|IAC^*_{u^*}(\alpha_k)) = \frac{97}{162}, \quad \text{for } 1/3 \le \alpha_k \le 3/8$$

$$\frac{47736\alpha_k^4 - 82080\alpha_k^3 + 51408\alpha_k^2 - 14016\alpha_k + 1411}{54(2152\alpha_k^4 - 3552\alpha_k^3 + 2160\alpha_k^2 - 576\alpha_k + 57)}, \text{for } 3/8 \le \alpha_k \le 5/12$$

$$\frac{74736\alpha_k^4 - 129600\alpha_k^3 + 81216\alpha_k^2 - 22032\alpha_k + 2197}{108(2152\alpha_k^4 - 3552\alpha_k^3 + 2160\alpha_k^2 - 576\alpha_k + 57)}, \quad \text{for } 5/12 \le \alpha_k \le 1/2$$

Table 6.7 Computed values of $CE_{PR}^{S}(3,\infty|IAC_{X^*}^*(\alpha_k))$, for $X^* \in \{b^*, t^*, c^*, u^*\}$

α_k	X			
	b^*	t^*	c^*	u^*
1/3	0.9166	0.3233	0.9047	0.5988
0.35	0.9143	0.3833	0.9040	0.5988
0.40	0.8864	0.5366	0.8972	0.6031
0.45	0.8432	0.7161	0.8889	0.6553
0.50	0.8148	1.0000	0.8691	0.8148
0.55	0.8750	1.0000	0.8536	0.8942
0.60	0.9118	1.0000	0.8591	0.9339
0.65	0.9326	1.0000	0.8802	0.9539
0.70	0.9464	1.0000	0.9052	0.9659
0.75	0.9583	1.0000	0.9267	0.9750
0.80	0.9688	1.0000	0.9453	0.9821
0.85	0.9779	1.0000	0.9616	0.9879
0.90	0.9861	1.0000	0.9759	0.9926
0.95	0.9934	1.0000	0.9886	0.9966
1.00	1.0000	1.0000	1.0000	1.0000

$$\frac{1080\alpha_k^4 - 3456\alpha_k^3 + 4050\alpha_k^2 - 2028\alpha_k + 355}{216(\alpha_k - 1)^3(3\alpha_k - 1)}, \quad \text{for } 1/2 \le \alpha_k \le 2/3$$

$$\frac{25\alpha_k - 9}{8(3\alpha_k - 1)}, \quad \text{for } 2/3 \le \alpha_k \le 1. \tag{6.36}$$

Computed values of $CE_{PR}^{S}(3,\infty|IAC_{X^*}^*(\alpha_k))$ for $X^* \in \{b^*, t^*, c^*, u^*\}$ are obtained with (6.30)–6.36 for each $\alpha_k = 0.35(0.05)1.00$ along with $\alpha_k = 1/3$, and the results are listed in Table 6.7.

6.5.1.2 Limiting Condorcet Efficiency Representations for NPR

Limiting Condorcet Efficiency of NPR for Parameter b^*:

$$CE_{NPR}^{S}(3,\infty|IAC_{b^*}^*(\alpha_k)) = \frac{255\alpha_k^3 - 255\alpha_k^2 + 75\alpha_k - 7}{8(18\alpha_k^3 - 18\alpha_k^2 + 6\alpha_k - 1)},$$

for $1/3 \le \alpha_k \le 1/2$

$$\frac{5\alpha_k + 3}{16\alpha_k}, \quad \text{for } 1/2 \le \alpha_k < 1. \tag{6.37}$$

Limiting Condorcet Efficiency of NPR for Parameter t^*:

$$CE_{NPR}^{S}(3,\infty|IAC_{t^*}^*(\alpha_k)) = \frac{-3591\alpha_k^3 + 4887\alpha_k^2 - 2061\alpha_k + 244}{108(18\alpha_k^3 - 18\alpha_k^2 + 6\alpha_k - 1)},$$

for $1/3 \le \alpha_k \le 5/12$

$$\frac{810\alpha_k^4 - 1944\alpha_k^3 + 540\alpha_k^2 + 414\alpha_k - 137}{216(1 - 3\alpha_k)(18\alpha_k^3 - 18\alpha_k^2 + 6\alpha_k - 1)}, \quad \text{for } 5/12 \le \alpha_k \le 1/2$$

$$\frac{27\alpha_k^4 - 108\alpha_k^3 + 162\alpha_k^2 + 84\alpha_k + 7}{216\alpha_k(\alpha_k - 1)^3}, \quad \text{for } 1/2 \le \alpha_k \le 2/3$$

$$\frac{13\alpha_k - 5}{8\alpha_k}, \quad \text{for } 2/3 \le \alpha_k < 1. \tag{6.38}$$

Limiting Condorcet Efficiency of NPR for Parameter c^*:

$$CE_{NPR}^{S}(3, \infty | IAC_{c^*}^{*}(\alpha_k)) = \frac{4(-1296\alpha_k^3 + 1836\alpha_k^2 - 792\alpha_k + 89)}{27(123\alpha_k^3 - 99\alpha_k^2 + 25\alpha_k - 5)},$$

for $1/3 \le \alpha_k \le 3/8$

$$\frac{25344\alpha_k^4 - 53568\alpha_k^3 + 36288\alpha_k^2 - 9168\alpha_k + 695}{108(1 - 3\alpha_k)(123\alpha_k^3 - 99\alpha_k^2 + 25\alpha_k - 5)}, \quad \text{for } 3/8 \le \alpha_k \le 2/5$$

$$\frac{62844\alpha_k^4 - 113568\alpha_k^3 + 72288\alpha_k^2 - 18768\alpha_k + 1655}{108(1 - 3\alpha_k)(123\alpha_k^3 - 99\alpha_k^2 + 25\alpha_k - 5)}, \quad \text{for } 2/5 \le \alpha_k \le 5/12$$

$$\frac{20100\alpha_k^4 - 24672\alpha_k^3 + 14112\alpha_k^2 - 5232\alpha_k + 845}{108(3\alpha_k - 1)(123\alpha_k^3 - 99\alpha_k^2 + 25\alpha_k - 5)}, \quad \text{for } 5/12 \le \alpha_k \le 1/2$$

$$\frac{2808\alpha_k^4 - 7776\alpha_k^3 + 6480\alpha_k^2 - 1200\alpha_k - 365}{216(\alpha_k - 1)^3(17\alpha_k - 1)}, \quad \text{for } 1/2 \le \alpha_k \le 2/3$$

$$\frac{152\alpha_k^4 - 352\alpha_k^3 + 240\alpha_k^2 - 16\alpha_k - 23}{8(\alpha_k - 1)^3(17\alpha_k - 1)}, \quad \text{for } 2/3 \le \alpha_k \le 3/4$$

$$\frac{13(1 - \alpha_k)}{17\alpha_k - 1}, \quad \text{for } 3/4 \le \alpha_k \le 1. \tag{6.39}$$

Limiting Condorcet Efficiency of NPR for Parameter u^*:

$$CE_{NPR}^{S}(3, \infty | IAC_{u^*}^{*}(\alpha_k)) = \frac{1975}{2592}, \quad \text{for } 1/3 \le \alpha_k \le 3/8$$

$$\frac{282393\alpha_k^4 - 450252\alpha_k^3 + 266598\alpha_k^2 - 69612\alpha_k + 6773}{108(2152\alpha_k^4 - 3552\alpha_k^3 + 2160\alpha_k^2 - 576\alpha_k + 57)}, \quad \text{for } 3/8 \le \alpha_k \le 2/5$$

Table 6.8 Computed values of $CE^S_{NPR}(3,\infty|IAC^*_{X^*}(\alpha_k))$, for $X^*\in\{b^*,t^*,c^*,u^*\}$

α_k	X			
	b^*	t^*	c^*	u^*
1/3	0.3208	0.9162	0.9047	0.7620
0.35	0.3955	0.9074	0.8999	0.7620
0.40	0.5640	0.7990	0.8475	0.7516
0.45	0.6770	0.6388	0.7738	0.6685
0.50	0.6875	0.4676	0.6988	0.5613
0.55	0.6534	0.5259	0.6181	0.5868
0.60	0.6250	0.5918	0.5339	0.6157
0.65	0.6009	0.6636	0.4452	0.6465
0.70	0.5803	0.7321	0.3571	0.6733
0.75	0.5625	0.7917	0.2766	0.6938
0.80	0.5469	0.8438	0.2063	0.7098
0.85	0.5331	0.8897	0.1450	0.7228
0.90	0.5208	0.9306	0.0909	0.7335
0.95	0.5099	0.9671	0.0429	0.7424
1.00	0.5000	1.0000	0.0000	0.7500

$$\frac{113643\alpha_k^4-180252\alpha_k^3+104598\alpha_k^2-26412\alpha_k+2453}{108(2152\alpha_k^4-3552\alpha_k^3+2160\alpha_k^2-576\alpha_k+57)},\quad \text{for } 2/5\le\alpha_k\le 5/12$$

$$\frac{(3\alpha_k-1)(51705\alpha_k^3-65889\alpha_k^2+27303\alpha_k-3703)}{108(2152\alpha_k^4-3552\alpha_k^3+2160\alpha_k^2-576\alpha_k+57)},\quad \text{for } 5/12\le\alpha_k\le 1/2$$

$$\frac{297\alpha_k^3-945\alpha_k^2+1035\alpha_k-379}{864(\alpha_k-1)^3},\quad \text{for } 1/2\le\alpha_k\le 2/3$$

$$\frac{3(27\alpha_k-11)}{32(3\alpha_k-1)},\quad \text{for } 2/3\le\alpha_k\le 1. \tag{6.40}$$

Computed values of $CE^S_{NPR}(3,\infty|IAC^*_{X^*}(\alpha_k))$ for $X^*\in\{b^*,t^*,c^*,u^*\}$ are obtained with (6.37)–(6.40) for each $\alpha_k=0.35(0.05)1.00$ along with $\alpha_k=1/3$, and the results are listed in Table 6.8.

6.5.1.3 Limiting Condorcet Efficiency Representations for BR

Limiting Condorcet Efficiency of BR for Parameter b^*:

$$CE^S_{BR}(3,\infty|IAC^*_{b^*}(\alpha_k))=\frac{\alpha_k(3\alpha_k^2+9\alpha_k-7)}{4(18\alpha_k^3-18\alpha_k^2+6\alpha_k-1)},\quad \text{for } 1/3\le\alpha_k\le 3/8$$

$$\frac{-4042\alpha_k^4+6288\alpha_k^3-3636\alpha_k^2+906\alpha_k-81}{24(3\alpha_k-1)(18\alpha_k^3-18\alpha_k^2+6\alpha_k-1)},\quad \text{for } 3/8\le\alpha_k\le 2/5$$

$$\frac{5333\alpha_k^4 - 8712\alpha_k^3 + 5364\alpha_k^2 - 1494\alpha_k + 159}{24(3\alpha_k - 1)(18\alpha_k^3 - 18\alpha_k^2 + 6\alpha_k - 1)}, \text{ for } 2/5 \le \alpha_k \le 1/2$$

$$\frac{27\alpha_k^4 - 48\alpha_k^3 + 36\alpha_k^2 - 24\alpha_k + 10}{48\alpha_k(1-\alpha_k)^3}, \text{ for } 1/2 \le \alpha_k \le 2/3$$

$$\frac{9\alpha_k - 1}{8\alpha_k}, \quad \text{for } 2/3 \le \alpha_k \le 1. \tag{6.41}$$

Limiting Condorcet Efficiency of BR for Parameter t^*:

$$CE_{BR}^{S}(3,\infty|IAC_{t^*}^{*}(\alpha_k)) = \frac{84\alpha_k^3 - 72\alpha_k^2 + 20\alpha_k - 3}{4(18\alpha_k^3 - 18\alpha_k^2 + 6\alpha_k - 1)}, \text{ for } 1/3 \le \alpha_k \le 3/8$$

$$\frac{-2584\alpha_k^4 + 4344\alpha_k^3 - 2664\alpha_k^2 + 690\alpha_k - 63}{24(3\alpha_k - 1)(18\alpha_k^3 - 18\alpha_k^2 + 6\alpha_k - 1)}, \text{ for } 3/8 \le \alpha_k \le 1/2$$

$$\frac{87\alpha_k^4 - 234\alpha_k^3 + 234\alpha_k^2 - 102\alpha_k + 16}{6\alpha_k(\alpha_k - 1)^3}, \text{ for } 1/2 \le \alpha_k \le 2/3$$

$$= 1, \text{for } 2/3 \le \alpha_k \le 1 \text{ (see Theorem 6.4)}. \tag{6.42}$$

Limiting Condorcet Efficiency of BR for Parameter c^*:

$$CE_{BR}^{S}(3,\infty|IAC_{c^*}^{*}(\alpha_k)) = \frac{213\alpha_k^3 + 171\alpha_k^2 - 185\alpha_k + 1}{12(123\alpha_k^3 - 99\alpha_k^2 + 25\alpha_k - 5)}, \text{ for } 1/3 \le \alpha_k \le 3/8$$

$$\frac{75121\alpha_k^4 - 93804\alpha_k^3 + 44406\alpha_k^2 - 11004\alpha_k + 1281}{180(3\alpha_k - 1)(123\alpha_k^3 - 99\alpha_k^2 + 25\alpha_k - 5)}, \text{ for } 3/8 \le \alpha_k \le 3/7$$

$$\frac{22069\alpha_k^4 - 14516\alpha_k^3 - 1266\alpha_k^2 + 1484\alpha_k - 91}{120(3\alpha_k - 1)(123\alpha_k^3 - 99\alpha_k^2 + 25\alpha_k - 5)}, \text{ for } 3/7 \le \alpha_k \le 1/2$$

$$\frac{971\alpha_k^4 - 1484\alpha_k^3 + 786\alpha_k^2 - 524\alpha_k + 291}{120(1-\alpha_k)^3(17\alpha_k - 1)}, \text{ for } 1/2 \le \alpha_k \le 2/3$$

$$\frac{2269\alpha_k - 349}{120(17\alpha_k - 1)}, \quad \text{for } 2/3 \le \alpha_k \le 1. \tag{6.43}$$

Limiting Condorcet Efficiency of BR for Parameter u^*:

$$CE^S_{BR}\left(3,\infty|IAC^*_{u^*}(\alpha_k)\right) = \frac{7}{8}, \quad \text{for } 1/3 \le \alpha_k \le 3/8$$

$$\frac{2395\alpha_k^4 - 3876\alpha_k^3 + 2322\alpha_k^2 - 612\alpha_k + 60}{2152\alpha_k^4 - 3552\alpha_k^3 + 2160\alpha_k^2 - 576\alpha_k + 57}, \quad \text{for } 3/8 \le \alpha_k \le 2/5$$

$$\frac{2(2030\alpha_k^4 - 3314\alpha_k^3 + 1983\alpha_k^2 - 518\alpha_k + 50)}{3(2152\alpha_k^4 - 3552\alpha_k^3 + 2160\alpha_k^2 - 576\alpha_k + 57)}, \quad \text{for } 2/5 \le \alpha_k \le 1/2$$

$$\frac{156\alpha_k^4 - 468\alpha_k^3 + 522\alpha_k^2 - 252\alpha_k + 43}{24(\alpha_k - 1)^3(3\alpha_k - 1)}, \quad \text{for } 1/2 \le \alpha_k \le 2/3$$

$$\frac{25\alpha_k - 9}{8(3\alpha_k - 1)}, \quad \text{for } 2/3 \le \alpha_k \le 1. \tag{6.44}$$

Computed values of $CE^S_{BR}\left(3,\infty|IAC^*_{X^*}(\alpha_k)\right)$ for $X^* \in \{b^*, t^*, c^*, u^*\}$ are obtained with (6.41)–(6.44) for each $\alpha_k = 0.35(0.05)1.00$ along with $\alpha_k = 1/3$, and the results are listed in Table 6.9.

6.5.2 *Single-Stage Rule Efficiencies with Strong Measures*

The computed Condorcet Efficiencies, $CE^S_{VR}(3,\infty|IAC^*_{X^*}(\alpha_k))$, for single-stage voting rules from Tables 6.7–6.9 are displayed graphically in Fig. 6.7 for Parameter b^*, in Fig. 6.8 for Parameter t^*, in Fig. 6.9 for Parameter c^* and in Fig. 6.10 for Parameter u^*.

Table 6.9 Computed values of $CE^S_{BR}\left(3,\infty|IAC^*_{X^*}(\alpha_k)\right)$, for $X^* \in \{b^*, t^*, c^*, u^*\}$

α_k	X			
	b^*	t^*	c^*	u^*
1/3	0.9166	0.9166	0.9047	0.8750
0.35	0.9144	0.9141	0.9040	0.8750
0.40	0.8913	0.8730	0.8985	0.8696
0.45	0.8925	0.8099	0.8954	0.8330
0.50	0.8958	0.8333	0.8950	0.8333
0.55	0.9040	0.9501	0.9037	0.9029
0.60	0.9175	0.9931	0.9179	0.9362
0.65	0.9327	0.9999	0.9335	0.9539
0.70	0.9464	1.0000	0.9475	0.9659
0.75	0.9583	1.0000	0.9594	0.9750
0.80	0.9688	1.0000	0.9697	0.9821
0.85	0.9779	1.0000	0.9787	0.9879
0.90	0.9861	1.0000	0.9867	0.9926
0.95	0.9934	1.0000	0.9937	0.9966
1.00	1.0000	1.0000	1.0000	1.0000

These Condorcet Efficiency values for the single-stage voting rules are significantly different for strong measures of group mutual coherence, relative to what was observed with weak measures. However, the relative performances of PR, NPR and BR in Figs. 6.7–6.10 remain consistent with the observations from weak measures of group mutual coherence. BR dominates PR over the entire range of Parameters b^* and c^*, and PR in turn dominates NPR. For Parameter u^*, BR dominates both PR and NPR over the entire range of parameter values. BR dominates NPR over the entire range for Parameter t^*. There is however a region of Parameter t^* values with $0.47 \le \alpha_k \le 1.00$ in which PR dominates BR.

In order to determine the overall significance of this region in which PR dominates BR for Parameter t^*, EUPIA2 is used to develop representations for the limiting proportion of profiles, $P_{VS}(3,\infty,CIAC^*_{X^*}(\alpha_k^+))$ for $X^* \in \{b^*,t^*,c^*,u^*\}$, that have a PMRW for a specified parameter value α_k or greater. This definition follows the ideas that led to $P_{VS}(3,\infty,CIAC^*_X(\alpha_k^-))$ for weak measures in (3.10)–(3.12). The results are summarized as:

$$P_{VS}(3,\infty,CIAC^*_{b^*}(\alpha_k^+)) = P_{VS}(3,\infty,CIAC^*_{t^*}(\alpha_k^+))$$
$$= \frac{1728\alpha_k^5 - 2880\alpha_k^4 + 1920\alpha_k^3 - 720\alpha_k^2 + 160\alpha_k - 11}{5},$$
$$\text{for } 1/3 \le \alpha_k \le 1/2$$
$$\frac{16}{5}(1-\alpha_k)^4(1+4\alpha_k), \quad \text{for } 1/2 \le \alpha_k \le 1. \tag{6.45}$$

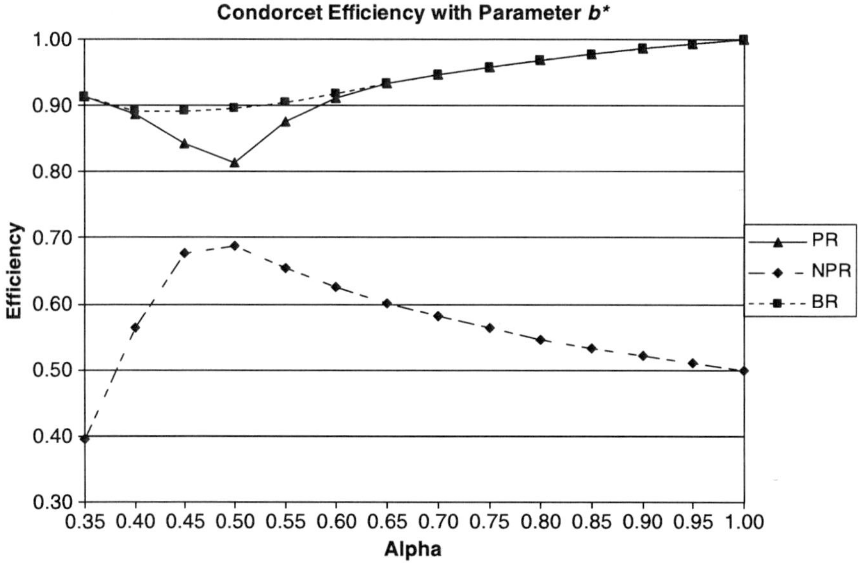

Fig. 6.7 Values of $CE^S_{VR}(3,\infty|IAC^*_{b^*}(\alpha_k))$ for PR, NPR and BR

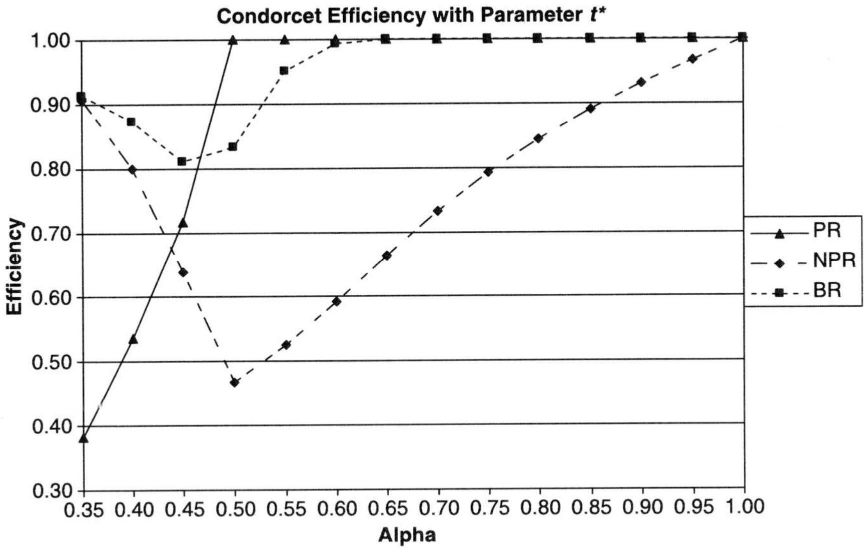

Fig. 6.8 Values of $CE_{VR}^{S}\left(3, \infty | IAC_{t^*}^{*}(\alpha_k)\right)$ for PR, NPR and BR

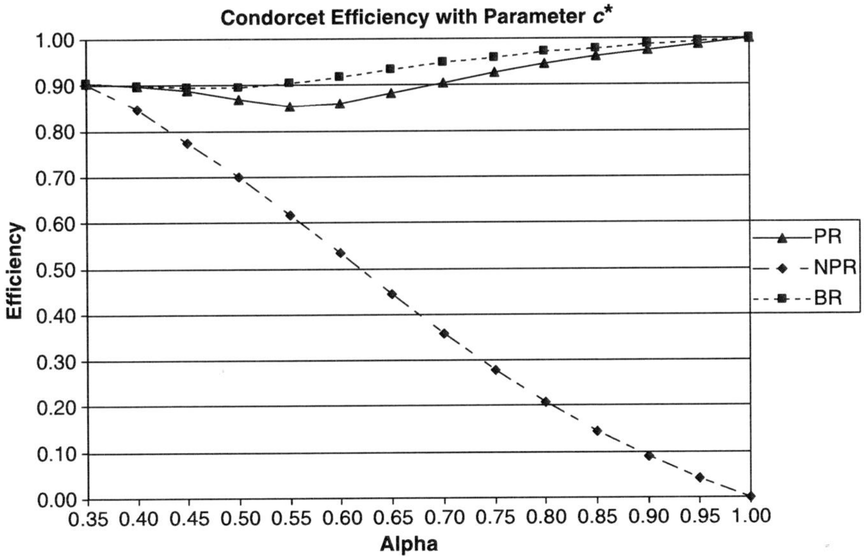

Fig. 6.9 Values of $CE_{VR}^{S}\left(3, \infty | IAC_{c^*}^{*}(\alpha_k)\right)$ for PR, NPR and BR

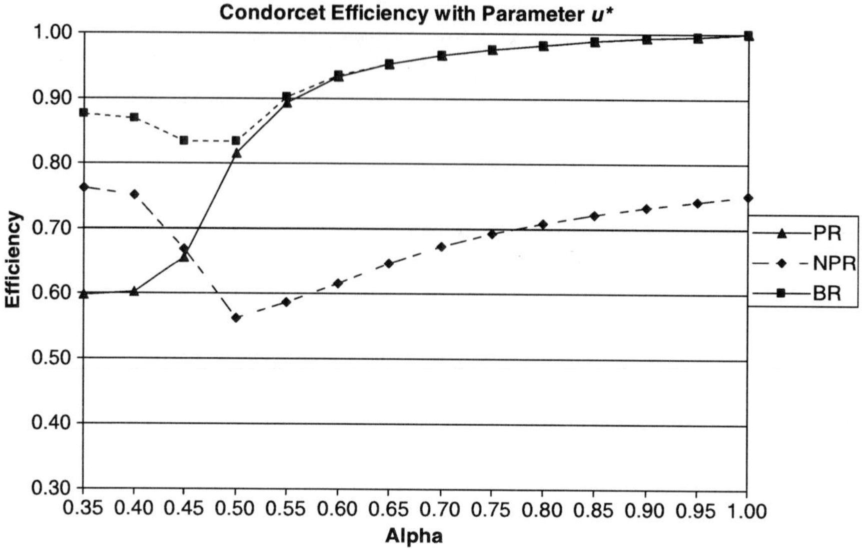

Fig. 6.10 Values of $CE^S_{VR}(3,\infty|IAC^*_{u^*}(\alpha_k))$ for PR, NPR and BR

$$P_{VS}(3,\infty,CIAC^*_{c^*}(\alpha_k^+)) = \frac{1476\alpha_k^5 - 2100\alpha_k^4 + 1160\alpha_k^3 - 400\alpha_k^2 + 100\alpha_k - 7}{5}, \quad \text{for } 1/3 \le \alpha_k \le 1/2$$

$$\frac{4}{5}(1-\alpha_k)^4(3+17\alpha_k), \text{for } 1/2 \le \alpha_k \le 1. \tag{6.46}$$

$$P_{VS}(3,\infty,CIAC^*_{u^*}(\alpha_k^+)) =$$

$$\frac{-15552\alpha_k^5 + 25920\alpha_k^4 - 17280\alpha_k^3 + 5760\alpha_k^2 - 960\alpha_k + 69}{5}, \quad \text{for } 1/3 \le \alpha_k \le 3/8$$

$$\frac{17216\alpha_k^5 - 35520\alpha_k^4 + 28800\alpha_k^3 - 11520\alpha_k^2 + 2280\alpha_k - 174}{5}, \quad \text{for } 3/8 \le \alpha_k \le 1/2$$

$$\frac{32}{5}(1-\alpha_k)^4(6\alpha_k - 1), \text{for } 1/2 \le \alpha_k \le 1. \tag{6.47}$$

Since (6.45) gives $P_{VS}(3, \infty, CIAC^*_{t^*}(0.47^+)) = 0.7176$, PR dominates BR over a significant range of Parameter t^* values that are closest to having a perfect Strong Positively Unifying Candidate. However, this observation is somewhat offset by the fact that the performance of PR is unfortunately close to reflecting a random chooser over the lower range of Parameter t^* values with $\alpha_k \to 1/3$.

The arguments supporting the Borda Compromise are even stronger for one-stage voting rules with strong measures of group mutual coherence than they were for the case of weak measures. Violations of the Efficiency Hypothesis are also still observed with strong measures of group mutual coherence, particularly for NPR.

6.5.3 Two-Stage Rule Representations with Strong Measures

The limiting representations for the Condorcet Efficiency of two-stage voting rules, conditional on specified values of strong measures of group mutual coherence from Gehrlein et al. (2010) are summarized as follows.

6.5.3.1 Limiting Condorcet Efficiency Representations for PER

Limiting Condorcet Efficiency of PER for Parameter b^*:

$$CE^S_{PER}(3, \infty | IAC^*_{b^*}(\alpha_k)) = \frac{918\alpha_k^3 - 918\alpha_k^2 + 306\alpha_k - 43}{27(18\alpha_k^3 - 18\alpha_k^2 + 6\alpha_k - 1)}, \quad \text{for } 1/3 \le \alpha_k \le 3/8$$

$$\frac{22464\alpha_k^4 - 48384\alpha_k^3 + 34560\alpha_k^2 - 9408\alpha_k + 811}{864(1 - 3\alpha_k)(18\alpha_k^3 - 18\alpha_k^2 + 6\alpha_k - 1)}, \quad \text{for } 3/8 \le \alpha_k \le 5/12$$

$$\frac{19008\alpha_k^4 - 20736\alpha_k^3 + 8640\alpha_k^2 - 2592\alpha_k + 439}{864(3\alpha_k - 1)(18\alpha_k^3 - 18\alpha_k^2 + 6\alpha_k - 1)}, \quad \text{for } 5/12 \le \alpha_k \le 1/2$$

$$\frac{3888_k^4 - 12096\alpha_k^3 + 12960\alpha_k^2 - 5136\alpha_k + 395}{3456\alpha_k(\alpha_k - 1)^3}, \quad \text{for } 1/2 \le \alpha_k \le 2/3$$

$$\frac{384_k^4 - 1152\alpha_k^3 + 1248\alpha_k^2 - 560\alpha_k + 81}{128\alpha_k(\alpha_k - 1)^3}, \quad \text{for } 2/3 \le \alpha_k \le 3/4$$

$$= 1, \text{for } 3/4 \le \alpha_k \le 1. \text{ (see Theorem 6.4)}. \tag{6.48}$$

Limiting Condorcet Efficiency of PER for Parameter t^*:

$$CE^S_{PER}(3,\infty|IAC^*_{t^*}(\alpha_k)) = \frac{48\alpha_k^3 - 30\alpha_k^2 - \alpha_k + 1}{4(18\alpha_k^3 - 18\alpha_k^2 + 6\alpha_k - 1)}, \quad \text{for } 1/3 \le \alpha_k \le 1/2$$
$$= 1 \text{ for } 1/2 \le \alpha_k \le 1. \text{ (see Theorem 1).} \qquad (6.49)$$

Limiting Condorcet Efficiency of PER for Parameter c^*:

$$CE^S_{PER}(3,\infty|IAC^*_{c^*}(\alpha_k)) = \frac{3699\alpha_k^3 - 3051\alpha_k^2 + 801\alpha_k - 149}{27(123\alpha_k^3 - 99\alpha_k^2 + 25\alpha_k - 5)},$$
$$\text{for } 1/3 \le \alpha_k \le 2/5$$

$$\frac{1722\alpha_k^4 + 2148\alpha_k^3 - 3546\alpha_k^2 + 1152\alpha_k - 91}{27(3\alpha_k - 1)(123\alpha_k^3 - 99\alpha_k^2 + 25\alpha_k - 5)}, \text{ for } 2/5 \le \alpha_k \le 5/12$$

$$\frac{24180\alpha_k^4 - 30264\alpha_k^3 + 14508\alpha_k^2 - 3696\alpha_k + 443}{54(3\alpha_k - 1)(123\alpha_k^3 - 99\alpha_k^2 + 25\alpha_k - 5)}, \text{ for } 5/12 \le \alpha_k \le 1/2$$

$$\frac{4128\alpha_k^4 - 12672\alpha_k^3 + 12960\alpha_k^2 - 4704\alpha_k + 239}{216(\alpha_k - 1)^3(17\alpha_k - 1)}, \text{ for } 1/2 \le \alpha_k \le 2/3$$

$$\frac{352\alpha_k^4 - 1536\alpha_k^3 + 2592\alpha_k^2 - 2016\alpha_k + 603}{27(1 - \alpha_k)^3(17\alpha_k - 1)}, \text{ for } 2/3 \le \alpha_k \le 3/4$$

$$\frac{4(5\alpha_k - 1)}{17\alpha_k - 1}, \text{ for } 3/4 \le \alpha_k \le 1. \qquad (6.50)$$

Limiting Condorcet Efficiency of PER for Parameter u^*:

$$CE^S_{PER}(3,\infty|IAC^*_{u^*}(\alpha_k)) = \frac{2417}{2592}, \quad \text{for } 1/3 \le \alpha_k \le 3/8$$

$$\frac{246591\alpha_k^4 - 402516\alpha_k^3 + 242730\alpha_k^2 - 64308\alpha_k + 6331}{108(2152\alpha_k^4 - 3552\alpha_k^3 + 2160\alpha_k^2 - 576\alpha_k + 57)}, \text{ for } 3/8 \le \alpha_k \le 2/5$$

$$\frac{162216\alpha_k^4 - 267516\alpha_k^3 + 161730\alpha_k^2 - 42708\alpha_k + 4171}{108(2152\alpha_k^4 - 3552\alpha_k^3 + 2160\alpha_k^2 - 576\alpha_k + 57)}, \text{ for } 2/5 \le \alpha_k \le 5/12$$

$$\frac{91476\alpha_k^4 - 151038\alpha_k^3 + 91665\alpha_k^2 - 24354\alpha_k + 2398}{54(2152\alpha_k^4 - 3552\alpha_k^3 + 2160\alpha_k^2 - 576\alpha_k + 57)}, \text{ for } 5/12 \le \alpha_k \le 1/2$$

$$\frac{10800\alpha_k^4 - 36288\alpha_k^3 + 44064\alpha_k^2 - 22416\alpha_k + 3851}{3456(\alpha_k - 1)^3(3\alpha_k - 1)}, \text{ for } 1/2 \le \alpha_k \le 2/3$$

Table 6.10 Computed values of $CE^S_{PER}(3,\infty|IAC^*_{X^*}(\alpha_k))$, for $X^* \in \{b^*, t^*, c^*, u^*\}$

α_k	X			
	b^*	t^*	c^*	u^*
1/3	1.0000	0.6540	1.0000	0.9325
0.35	0.9998	0.7254	0.9999	0.9325
0.40	0.9863	0.8598	0.9986	0.9295
0.45	0.9540	0.9442	0.9933	0.9147
0.50	0.9352	1.0000	0.9827	0.9352
0.55	0.9589	1.0000	0.9636	0.9652
0.60	0.9785	1.0000	0.9432	0.9838
0.65	0.9929	1.0000	0.9259	0.9952
0.70	0.9993	1.0000	0.9225	0.9996
0.75	1.0000	1.0000	0.9362	1.0000
0.80	1.0000	1.0000	0.9524	1.0000
0.85	1.0000	1.0000	0.9665	1.0000
0.90	1.0000	1.0000	0.9790	1.0000
0.95	1.0000	1.0000	0.9901	1.0000
1.00	1.0000	1.0000	1.0000	1.0000

$$\frac{640\alpha_k^4 - 2048\alpha_k^3 + 2400\alpha_k^2 - 1200\alpha_k + 209}{128(\alpha_k - 1)^3(3\alpha_k - 1)}, \text{ for } 2/3 \le \alpha_k \le 3/4$$

$$\frac{3(27\alpha_k - 11)}{32(3\alpha_k - 1)}, \text{for } 3/4 \le \alpha_k \le 1. \qquad (6.51)$$

Computed values of $CE^S_{PER}(3,\infty|IAC^*_{X^*}(\alpha_k))$ for $X^* \in \{b^*, t^*, c^*, u^*\}$ are obtained with (6.48)–(6.51) for each $\alpha_k = 0.35(0.05)1.00$ along with $\alpha_k = 1/3$, and the results are listed in Table 6.10.

6.5.3.2 Limiting Condorcet Efficiency Representations for NPER

Limiting Condorcet Efficiency of NPER for Parameter b^*:

$$CE^S_{NPER}(3,\infty|IAC^*_{b^*}(\alpha_k)) = \frac{30\alpha_k^3 - 30\alpha_k^2 + 9\alpha_k - 1}{18\alpha_k^3 - 18\alpha_k^2 + 6\alpha_k - 1}, \text{ for } 1/3 \le \alpha_k \le 1/2$$
$$= 1, \text{ for } 1/2 \le \alpha_k \le 1 \text{ (see Theorem 6.3)}. \qquad (6.52)$$

Limiting Condorcet Efficiency of NPER for Parameter t^*:

$$CE^S_{NPER}(3,\infty|IAC^*_{t^*}(\alpha_k)) = \frac{675\alpha_k^3 - 675\alpha_k^2 + 2251\alpha_k - 34}{27(18\alpha_k^3 - 18\alpha_k^2 + 6\alpha_k - 1)},$$
$$\text{for } 1/3 \le \alpha_k \le 5/12$$

$$\frac{4536\alpha_k^4 - 12960\alpha_k^3 + 10800\alpha_k^2 - 3384\alpha_k + 353}{216(1 - 3\alpha_k)(18\alpha_k^3 - 18\alpha_k^2 + 6\alpha_k - 1)}, \text{ for } 5/12 \leq \alpha_k \leq 1/2$$

$$\frac{135\alpha_k^4 - 432\alpha_k^3 + 486\alpha_k^2 - 222\alpha_k + 32}{54\alpha_k(\alpha_k - 1)^3}, \text{ for } 1/2 \leq \alpha_k \leq 2/3$$

1, for $2/3 \leq \alpha_k \leq 1$ (see Theorem 6.5). (6.53)

Limiting Condorcet Efficiency of NPER for Parameter c^*:

$$CE^S_{NPER}(3, \infty | IAC^*_{c^*}(\alpha_k)) = \frac{4185\alpha_k^3 - 3537\alpha_k^2 + 963\alpha_k - 167}{27(123\alpha_k^3 - 99\alpha_k^2 + 25\alpha_k - 5)}, \text{ for } 1/3 \leq \alpha_k \leq 5/12$$

$$\frac{8181\alpha_k^4 - 19764\alpha_k^3 + 15174\alpha_k^2 - 4536\alpha_k + 458}{27(1 - 3\alpha_k)(123\alpha_k^3 - 99\alpha_k^2 + 25\alpha_k - 5)}, \text{ for } 5/12 \leq \alpha_k \leq 1/2$$

$$\frac{651\alpha_k^4 - 1740\alpha_k^3 + 1638\alpha_k^2 - 564\alpha_k + 25}{216(\alpha_k - 1)^3(17\alpha_k - 1)}, \text{ for } 1/2 \leq \alpha_k \leq 2/3$$

$$\frac{163\alpha_k - 19}{9(17\alpha_k - 1)}, \text{ for } 2/3 \leq \alpha_k \leq 1. \quad (6.54)$$

Limiting Condorcet Efficiency of PER for Parameter u^*:

$$CE^S_{NPER}(3, \infty | IAC^*_{u^*}(\alpha_k)) = \frac{155}{162}, \text{ for } 1/3 \leq \alpha_k \leq 3/8$$

$$\frac{60372\alpha_k^4 - 98928\alpha_k^3 + 59832\alpha_k^2 - 15888\alpha_k + 1567}{27(2152\alpha_k^4 - 3552\alpha_k^3 + 2160\alpha_k^2 - 576\alpha_k + 57)}, \text{ for } 3/8 \leq \alpha_k \leq 5/12$$

$$\frac{100008\alpha_k^4 - 163296\alpha_k^3 + 98064\alpha_k^2 + 25776\alpha_k + 2509}{54(2152\alpha_k^4 - 3552\alpha_k^3 + 2160\alpha_k^2 - 576\alpha_k + 57)}, \text{ for } 5/12 \leq \alpha_k \leq 1/2$$

$$\frac{243\alpha_k^4 - 810\alpha_k^3 + 972\alpha_k^2 - 492\alpha_k + 86}{54(\alpha_k - 1)^3(3\alpha_k - 1)}, \text{ for } 1/2 \leq \alpha_k \leq 2/3$$

1, for $2/3 \leq \alpha_k \leq 1$. (6.55)

Computed values of $CE^S_{NPER}(3, \infty | IAC^*_{X^*}(\alpha_k))$ for $X^* \in \{b^*, t^*, c^*, u^*\}$ are obtained with (6.52)–(6.55) for each $\alpha_k = 0.35(0.05)1.00$ along with $\alpha_k = 1/3$, and the results are listed in Table 6.11.

Table 6.11 Computed values of $CE^S_{NPER}(3, \infty | IAC^*_{X^*}(\alpha_k))$, for $X^* \in \{b^*, t^*, c^*, u^*\}$

α_k	X			
	b^*	t^*	c^*	u^*
1/3	0.6567	1.0000	1.0000	0.9568
0.35	0.7164	0.9999	0.9999	0.9568
0.40	0.8537	0.9937	0.9968	0.9549
0.45	0.9557	0.9646	0.9814	0.9346
0.50	1.0000	0.9074	0.9605	0.9074
0.55	1.0000	0.9628	0.9554	0.9685
0.60	1.0000	0.9915	0.9555	0.9936
0.65	1.0000	0.9998	0.9614	0.9999
0.70	1.0000	1.0000	0.9694	1.0000
0.75	1.0000	1.0000	0.9764	1.0000
0.80	1.0000	1.0000	0.9824	1.0000
0.85	1.0000	1.0000	0.9876	1.0000
0.90	1.0000	1.0000	0.9922	1.0000
0.95	1.0000	1.0000	0.9963	1.0000
1.00	1.0000	1.0000	1.0000	1.0000

6.5.4 Two-Stage Rule Efficiencies with Strong Measures

The values of two-stage voting rule Condorcet Efficiencies from Tables 6.10 and 6.11 are shown graphically in Fig. 6.11 for Parameter b^*, in Fig. 6.12 for Parameter t^*, in Fig. 6.13 for Parameter c^*, and in Fig. 6.14 for Parameter u^*. Previously calculated values of $CE^S_{BR}(3, \infty | IAC^*_{X^*}(\alpha_k))$ are also included in each of these figures for comparison purposes.

The calculated Condorcet Efficiency values for the two-stage voting rules in Tables 6.10 and 6.11 are significantly different for strong measures of group mutual coherence than those that were observed with weak measures. Of particular interest is the relative performance of PER and NPER compared to BR with these strong measures of coherence. The plotted Condorcet Efficiency values for two-stage voting rules that are shown in Figs. 6.11–6.14 indicate once again that there are many violations of the Efficiency Hypothesis with strong measures of group mutual coherence. However, some interesting results occur when attention is restricted to parameter values within the range $0.50 \leq \alpha_k \leq 1.00$.

Based on the representations that are given in (6.45)–(6.47):

$$P_{VS}(3, \infty | CIAC^*_{b^*}(0.50^+)) = P_{VS}(3, \infty | CIAC^*_{t^*}(0.50^+)) = 0.6000$$

$$P_{VS}(3, \infty, CIAC^*_{c^*}(0.50^+)) = 0.5750$$

$$P_{VS}(3, \infty, CIAC^*_{u^*}(0.50^+)) = 0.8000. \tag{6.56}$$

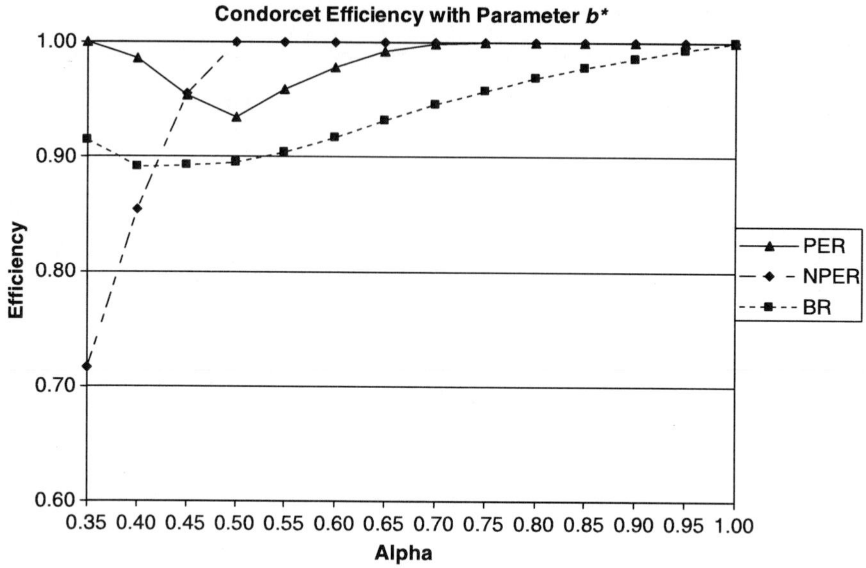

Fig. 6.11 Values of $CE^{S}_{VR}\left(3,\infty|IAC^{*}_{b^{*}}(\alpha_{k})\right)$ for PER, NPER and BR

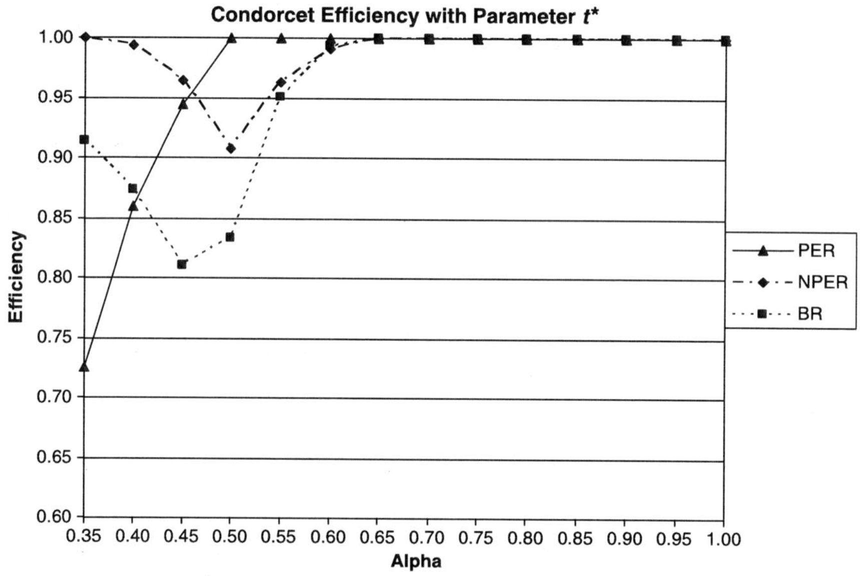

Fig. 6.12 Values of $CE^{S}_{VR}\left(3,\infty|IAC^{*}_{t^{*}}(\alpha_{k})\right)$ for PER, NPER and BR

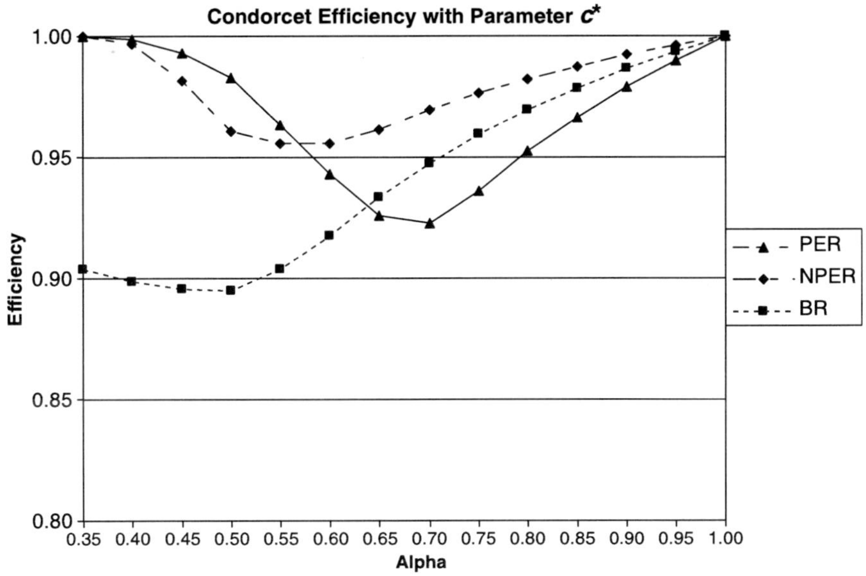

Fig. 6.13 Values of $CE^S_{VR}(3, \infty|IAC^*_{c^*}(\alpha_k))$ for PER, NPER and BR

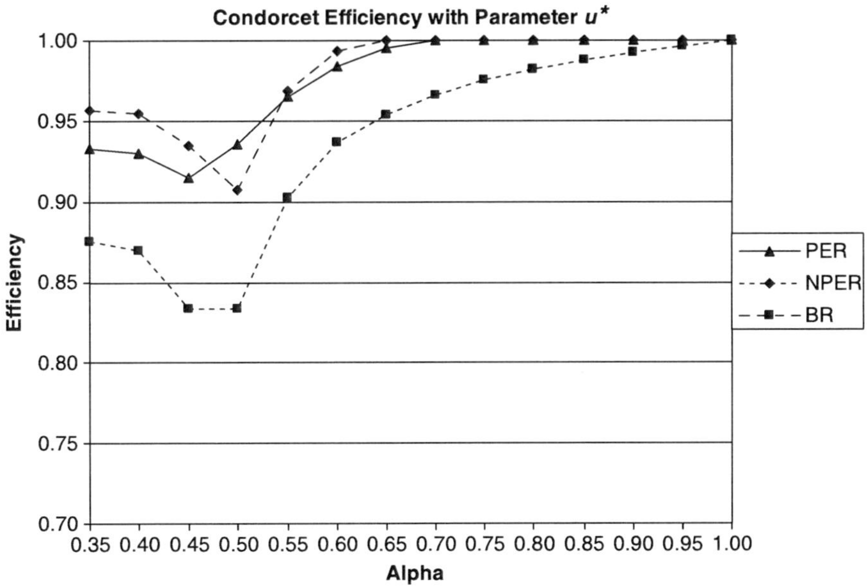

Fig. 6.14 Values of $CE^S_{VR}(3, \infty|IAC^*_{u^*}(\alpha_k))$ for PER, NPER and BR

So, the proportion of voting situations that have a PMRW in the parameter range of strong measures of coherence with $0.50 \leq \alpha_k \leq 1.00$ is therefore relatively large, particularly for Parameter u^*. The Efficiency Hypothesis is also valid for PER, NPER and BR within this range of parameter values, with the minor exception that the Condorcet Efficiency for PER and NPER briefly decrease slightly in this range for Parameter c^* before they both begin to consistently increase to 1.00.

The same observation can be made over this range of strong measure parameters for PR in Figs. 6.7–6.10. However, it is clear that NPR completely violates the Efficiency Hypothesis even within this range of parameter values, since its Condorcet Efficiency decreases as α_k increases for both Parameters b^* and c^*, in accordance with Theorems 6.6 and 6.7.

6.6 Conclusion

After this extensive analysis with a number of different measures of group mutual coherence, there is very little general support for the Efficiency Hypothesis. However, a number of general observations can be made regarding the relative performance of voting rules on the basis of Condorcet Efficiency for three-candidate elections.

- NPR is consistently dominated by all other voting rules that have been considered and it should not be used, particularly when either a Strong Negatively Unifying Candidate or a Strong Centrist Candidate exists. In such scenarios, the probability of electing a candidate that is different than the PMRW is very high with NPR. There are very few scenarios in which NPR performs better than PR, and it never performs better than BR.
- PR has greater efficiency than BR only for Parameter t with $0 \leq \alpha_k \leq 0.16$ (57.7% of all possible voting situations) and for Parameter t^* with $0.50 \leq \alpha_k \leq 0.67$ (42.6% of all possible voting situations). In all other scenarios, BR is more efficient than PR. The fact that PR also exhibits very poor performance for some other ranges of Parameters t, t^* and u^* leads to the Borda Compromise for the single-stage voting rules.
- NPER has greater Condorcet Efficiency than BR on the range $0.50 \leq \alpha_k \leq 1$ (at least 57.5% of all possible voting situations) for all strong measures of group mutual coherence. However, NPER exhibits poor performance for some ranges of Parameters b and b^*.
- PER does not have greater Condorcet Efficiency than BR as consistently as NPER over the range of parameters that have been considered. The relative performance of PER and NPER is mixed for weak measures of group mutual coherence, and NPER dominates PER on the range $0.67 \leq \alpha_k \leq 1$ (at least 14.2% of all possible voting situations) for strong measures of group mutual coherence. In addition, PER performs very poorly for some ranges of Parameters t and t^*.

- If we ignore NPR as being an unacceptable voting rule for consideration, the Condorcet Efficiencies of all voting rules are close to one whenever α_k is at all close to one for any strong measure of group mutual coherence.

The Borda Compromise is a rather easy conclusion to reach in the evaluation of the single-stage voting rules. But, the solid performance of NPER is difficult to ignore, particularly since it could be accomplished in one stage by simply asking voters to rank order their candidates, just as we require with BR. However, if we can not preclude the possible existence of voters' preferences that are generated on the basis of Parameters b or b^*, the possibility exists for very poor performance to result if NPER is used. This possibility can be completely avoided with the Borda Compromise. This increases our interest in the pursuit of other unique properties that BR might possess. The final point that is listed also increases our interest in an evaluation of how significant the ultimate decision is when a voting rule is being selected for implementation.

Chapter 7
Other Characteristics of Voting Rules

7.1 Introduction

The last chapter showed that different voting rules can be expected to have the greatest Condorcet Efficiency in various types of scenarios, depending upon the type and degree of group mutual coherence that is present in voting situations. The Borda Compromise concluded that BR could generally be expected to perform with relatively good measures of Condorcet Efficiency, without allowing the possibility of having very poor performance. We now continue with an analysis of other features of voting rules, with an emphasis on various properties of BR.

7.2 Empirical Studies of Condorcet Efficiency

Many studies have been performed to determine the outcomes that would have been observed in actual elections if different voting rules had been used. Keeping in mind the discussion of potential difficulties that can arise while performing such empirical analysis from Chap. 1, we survey much of this work that has been done that is relevant to our interests. Most of these studies of actual election outcomes indicate that there are very substantial improvements to Condorcet Efficiency that can be gained by using BR as a single-stage voting rule.

7.2.1 Single-Stage Voting Rules

Joslyn (1976) uses thermometer scores that were reported by survey respondents to rank the four primary contenders for the 1972 US Presidential nomination of the Democrat Party. The thermometer scores were used to construct the individual

W.V. Gehrlein and D. Lepelley, *Voting Paradoxes and Group Coherence*, Studies in Choice and Welfare, DOI 10.1007/978-3-642-03107-6_7,

respondents' ranked preferences on the four principle contenders for the nomination: Humphrey, McGovern, Muskie and Wallace. The respondents were grouped according to their state of residence for 15 different states.

The study then used the respondents' individual preference rankings to determine the number of times that two given voting rules will elect different winners in the 15 different states. PR was consistently found to be the election procedure that produced a winner that is different than other voting rules. For example, PR selected a different winner than each of the BR winner and the PMRW in 5 of the 15 different states. The BR winner and the PMRW were found to be the same in all 15 states that were considered. The study argues that while the use of PR receives wide mass support, the use of other voting procedures like BR will produce winners that much more accurately reflect voter sentiment in elections with more than two candidates. Tideman and Plassmann (2008) produce results on a different set of elections that lead to a similar conclusion, with BR even performing as well on the basis of Condorcet Efficiency as the two-stage voting rules with large electorates.

Chamberlin et al. (1984) examine voters' rankings of candidates in five different annual elections for the position of the presidency of a society. In each case there were five candidates being considered. The number of voters ranged from 11560 to 15499. Voters were asked to rank all of the candidates in each case, but they did not always do so in every case. Complete rankings were induced in this situation in two different ways. In the 'impartial' scenario, the subset of voters who ranked only k candidates was partitioned equally into voters with all possible complete rankings that were consistent with the first k candidate rankings. In the 'proportional' scenario, these voters were partitioned proportionally to reported complete rankings. The proportion of each ranking in the partition was consistent with the proportions of voters who reported preferences on all candidates, with the ranking on the first k candidates being consistent.

No PMR cycles were found in any of the ten different situations that were considered. PR was consistently the worst election rule being considered, in selecting the PMRW. PR failed to elect the PMRW in five of the ten situations that were considered, while BR failed to elect the PMRW in only two of these situations.

Levin and Nalebuff (1995) performed an analysis of votes that were taken in 30 British Union elections in which all voters were required to rank all candidates according to their preferences. Nine different voting rules, including PR and BR, were applied to the results from the elections. Most of the voting rules picked the same winner in all cases and differences in rankings of the seven voting rules that consistently had common winners only occurred when a PMR cycle existed for the voters' preferences. However, PR was found to produce a different winner frequently. It was also observed that while rankings were not identical, BR and PMR typically picked the same winner.

Martin et al. (1996) evaluate BR and PMR on the basis of their use for an example problem in which the US Forest Service was evaluating options for ecosystem management in the Shoshone National Forest in Wyoming. Seven alternatives were being considered and the preference rankings of seven different interest groups were obtained on the options. The preference rankings were found to be single-peaked. The winning option by BR is the PMRW, while the winning option by PR was found to be different.

D'Angelo et al. (1998) consider four different water-resource management options that were available to manage the Beaver Creek Drainage Area in Arizona. Six different interest groups were contacted to provide their overall preference rankings on the four options that were available. Using these six rankings to represent preferences for voters, winners were sought by PMR, PR, BR, and some other voting methods. Ties existed for the winner with both BR and PMR, but the winner by PR is included in the winning tie-set of both.

Using the same basic example, the preference rankings of each interest group were then obtained for different specific concerns for the groups, rather than just reporting an overall ranking for the group. This resulted in a total of 14 preference rankings on the four alternatives, and no ties were found with the voting rules. BR was found to elect the PMRW, while PR found a different winner.

Brams et al. (2006) examine the results of a very close election of the Public Choice Society (PCS). The number of voters was only 36 and there were five candidates. The voters were asked to report their preference rankings on the candidates for informational purposes. Based on the evidence that was available, it was found that a PMRW did exist and that BR would have selected it. However, PR would have selected a different candidate. It is noted that these results "indicate the sensitivity of election outcomes to the voting rules (that are used), especially in an election as close as that of the PCS."

The overall propensity of BR to select the PMRW in these election based settings is very difficult to ignore, particularly relative to PR. But, there are some reports of situations in which PR outperforms BR. For example, Dasgupta and Maskin (2004) consider the US Presidential election of 2000 with candidates Buchanan, Bush, Gore and Nader. They observe from reconstructed preference rankings that are based on election results that Gore was the PMRW, despite his ultimate loss to Bush. They then go on to show that BR would likely have elected Bush as the winner, while PR would have elected the PMRW.

Feld and Grofman (1988a, b) determine the conditions under which the PMRW and the BR winner will be selected under a multi-dimensional spatial modeling format with a potentially infinite number of candidates. Their first general conclusion is that the probability that a PMRW will exist is quite small. In the unlikely event that a PMRW does exist, it is very likely to be different than the BR winner with more than one dimension in the attribute space. Thus, the superiority of BR might disappear as the number of candidates becomes very large. A similar observation is made in Lamboray (2007) that evaluates the propensity of a number of different voting rules that are extensions of PMR and BR to produce the same rankings on candidates. It is concluded that it is possible for voting situations to exist such that these rules will produce very different rankings.

7.2.2 Two-Stage Voting Rules

Less actual data is available from two-stage elections, since these voting rules are used less frequently. Wilson (2003) gives voting results from the International Olympic Committee with regard to the selection of the location for the 2010 Winter Olympics. The selection was conducted by using a two-stage PER procedure. The PR winner in the first stage was not the PMRW that was ultimately selected in the second stage. The proposed locations were Pyeongchang (South Korea), Salzburg (Austria) and Vancouver (Canada). In the first round of voting by PR, the vote outcome was South Korea (51), Canada (40), and Austria (16) so that South Korea would have been a clear winner by PR voting. The second round of the elimination procedure used a majority rule election between South Korea and Canada that resulted in the selection of Canada as the winner by a 56–53 margin over South Korea. This pairwise vote outcome, coupled with the margin of votes in the first stage of the election, indicates that Canada was the PMRW.

Abramson (2007) presents results from the election for President of France in 2007, to suggest that the PMRW was not elected in a two-stage election procedure that was based on PER. PR was used in the first stage of this election on 12 candidates. Only four candidates received more than 5% of the PR vote in the first round: Le Pen (10.4%), Bayrou (18.6%), Royal (25.9%) and Sarkozy (31.3%). The two candidates with the greatest number of PR votes then advanced to the second round of the election, and Sarkozy defeated Royal by a margin of 53.1% to 46.9%.

This study considers a number of pre-election polls in which the candidates were compared on a PMR basis. Four polls compared Bayrou, Royal and Sarkozy, and the results of these polls indicate that Bayrou was the PMRW in all four samples. The author goes on to use additional evidence from a number of other polls to support the notion that Bayrou was quite likely the PMRW in the set of all 12 original candidates. Assuming that this is the case, the use of PER clearly does not guarantee the election of the PMRW.

In a related study, Bullock and Johnson (1985) present an empirical investigation from runoff elections in the State of Georgia in the US that examines the likelihood that a number of common myths are true regarding the advantage that various candidates might have in runoff elections. The myths that are considered are: 'primary leader loses in a runoff,' 'incumbent loses in a runoff' and 'runoff elections disadvantage minorities'. It is concluded that while these myths are typically based on some well-known instances that support them, statistical analysis of all cases provides very little overall evidence to support them.

7.3 Practical Factors and Condorcet Efficiency

Wright and Riker (1989) consider a very interesting extension to comparisons of the Condorcet Efficiencies of PR and Rule $C^m_{[1.2.1]}$. Simulation estimates under a number of different scenarios consistently show that the Condorcet Efficiency of Rule

$C^m_{[1.2.1]}$ is significantly greater than the Condorcet Efficiency of PR. This notion is extended to consider the impact that using Rule $C^m_{[1.2.1]}$ might have on the number of candidates who initially enter a race, as compared to the number who would enter if PR were to be used. The number of entries is typically expected to be greater for runoff systems.

The study considers elections in primary gubernatorial elections for Democrat Party nominees in southern states of the US, since these elections can be held by either PR or by Rule $C^m_{[1.2.1]}$. Their analysis suggests that the use of Rule $C^m_{[1.2.1]}$ is expected to add two candidates to an election, as opposed to the number of candidates that would be expected if PR were to be used. The particularly interesting result is that they find that Condorcet Efficiency of PR with m candidates is approximately the same as the Condorcet Efficiency of Rule $C^{m+2}_{[1.2.1]}$ from simulation data. Given this additional factor, it is concluded that the use of PR actually should not be expected to be less Condorcet efficient than the use of Rule $C^{m+2}_{[1.2.1]}$.

O'Neill (2007) considers the overall cost effectiveness of holding runoff elections when a candidate does not receive a majority of votes in the first round. Considering the fact that there could be a significant expense involved with holding a runoff election, this study evaluates policies of using cutoff thresholds below 50% to force a runoff election. For example, if 49% of the voters cast a vote for some candidate in the first round, there can be only a very small probability that this candidate will not win in the runoff. This scenario would make the notion of holding a runoff very cost ineffective. The study presents a procedure to obtain estimates of the probability that a PR winner with some specified proportion of votes in the first round would win the runoff election if it were to be held.

Eckert et al. (2005) consider the interaction between the cost, as measured by the amount of information that is needed from voters to implement a voting rule, and a measure of the Condorcet Efficiency of that voting rule. Constant Scoring Rules of the form Rule C^m_k and Truncated Borda Rules of the form Rule B^m_k are considered as possible voting rules. The cost, $Cost(VR)$, that is associated with a voting rule VR is measured by the minimum number of pairwise preference comparisons that a voter must perform in order to be able to report the information that is required to cast a ballot with that particular voting rule. Then, $Cost(Rule\ C^m_1)$ is given as $m-1$ since a voter only needs to determine that some candidate is pairwise preferred to the remaining $m-1$ candidates with Rule C^m_1. In general, Rule C^m_k has a cost of

$$Cost(Rule\ C^m_k) = k(m-k). \tag{7.1}$$

By using similar analysis, Rule B^m_k has an associated cost of

$$Cost(Rule\ B^m_k) = \sum_{i=1}^{k}(m-i) = \frac{k(2m-k-1)}{2}. \tag{7.2}$$

Condorcet Efficiency is measured in a different manner than we have been using to this point. Instead, a distance measure, $d(VR)$, is introduced. This value $d(VR)$

does more than give a binary value to indicate whether or not a voting rule selects the PMRW. The value of $d(VR)$ is obtained for a given voting rule and a given voting situation as twice the number of candidates that beat the PMRW for that voting rule plus the number of other candidates that are tied with the PMRW. Monte-Carlo simulation analysis was then used to obtain estimates of $d(VR)$ for Rule C_k^m and Rule B_k^m for various m and k with $n = 25$.

A measure of the overall effectiveness, $f(VR)$, of a voting rule is then defined by

$$f(VR) = \frac{1}{Cost(VR)^w d(VR)^{1-w}}, \tag{7.3}$$

where w measures the relative weight that is placed on the cost of obtaining information, compared to the level of Condorcet Efficiency, as measured by $d(VR)$, that is desired. When w is equal to one all weight is put on $Cost(VR)$, and when w is equal to zero all weight is put on $d(VR)$.

The study then compares $f(VR)$ with the simulated $d(VR)$ values to conclude that for w as small as 0.1, which puts a strong emphasis on Condorcet Efficiency, the effectiveness of BR that results from its greater Condorcet Efficiency is overcome by the cost effectiveness of PR, to make PR the more overall effective voting rule of the two voting rules, given this particular measure of cost and the distance measure $d(VR)$.

Weber (1978a–c) analyzes voting rules by using a model that is based on total social utility. A *Random Society* is defined for n voters on m candidates $\{C_1, C_2, \ldots, C_m\}$. Voter i has utility, $U^i(C_j)$, that is associated with the outcome that Candidate C_j is elected. Each $U^i(C_j)$ value is assumed to be drawn independently from a uniform distribution over the unit interval (0,1) for all i and j. The *Social Utility* for Candidate C_j is given by $SU(C_j) = \sum_{i=1}^{n} U^i(C_j)$. Due to the additive nature of this definition, the Central Limit Theorem requires that the distribution of possible $SU(C_j)$ is normal as $n \to \infty$.

The optimal candidate in any particular case is that Candidate C_j with the maximum value of $SU(C_j)$. The expected social utility for a voting rule that would always select the optimal candidate for m candidates, $EU_m(Optimal)$, is obtained directly by considering the distribution of order statistics as

$$EU_m(Optimal) = \frac{n}{2} + \sqrt{\frac{n}{12}} Norm_{Max}(m). \tag{7.4}$$

Here, $Norm_{Max}(m)$ is the expected value of the maximum of m independent unit normal random variables.

If a candidate is elected at random, the expected social utility for each candidate is

$$EU_m(Random) = \frac{n}{2}. \tag{7.5}$$

The *Effectiveness* of any voting rule VR is then defined in terms of $EU_m(VR)$ as $Effectiveness_m(VR)$, with

$$Effectiveness_m(VR) = \frac{EU_m(VR) - EU_m(Random)}{EU_m(Optimal) - EU_m(Random)}. \quad (7.6)$$

Given the condition that $n \to \infty$, results are obtained for specific VR's:

$$Effectiveness_m(PR) = \frac{\sqrt{3m}}{m+1} \quad (7.7)$$

$$Effectiveness_m(BR) = \sqrt{\frac{m}{m+1}}. \quad (7.8)$$

Clearly, BR is superior to PR, and it is further shown that BR becomes nearly as effective as an optimal rule when m gets large.

Further analysis of CSR's shows that

$$Effectiveness_m\left(Rule\ C_k^m\right) = \frac{1}{m+1}\sqrt{\frac{3mk(m-k)}{m-1}}. \quad (7.9)$$

It then follows directly from this definition that

$$Effectiveness_m\left(Rule\ C_k^m\right) = Effectiveness_m\left(Rule\ C_{m-k}^m\right). \quad (7.10)$$

Moreover, $Effectiveness_m\left(Rule\ C_k^m\right)$ is maximized by $m/2$ for even m, and by $(m+1)/2$ and $(m-1)/2$ for odd m. This result is consistent with observations in Gehrlein and Fishburn (1981) regarding the Condorcet Efficiency of Rule C_k^m. It also follows that BR is more effective than the most effective Rule C_k^m. In summary, for large values of m, BR must be nearly as effective as any voting rule. However, some non-linear WSR's are developed on three and four-candidate elections that are more effective than any of the standard rules that are considered, given the assumptions used in the study.

LeBreton and Truchon (1997) develop another connection between BR and PMR. They begin by developing a measure of how the winners by voting rules compare to the winner by BR. Their measure evaluates a worst case scenario for various voting rules. To describe it, consider a voting situation P for voters' preferences on a set of candidates X. Then $\Gamma(P)$ is the set of winning candidates for voting rule Γ, and $B(x,P)$ is the weighted score for candidate $x \in X$ under BR. $B^*(P)$ is the value of $B(x,P)$ for the candidate with the maximum BR score, with

$$B^*(P) = Max_{x \in X}[B(x,P)]. \quad (7.11)$$

Let L^* denote the set of all possible voting situations. The Borda measure, $B_\Gamma(m,n)$, is defined for the worst case situation in which Γ selects the alternative with the lowest relative $B(x,P)$ compared to the BR winner, with

$$B_\Gamma(m,n) = Min_{P\in L^*}\left[\frac{Max_{x\in\Gamma(P)}[B(x,P)]}{B^*(P)}\right]. \tag{7.12}$$

If the winner by BR is included in $\Gamma(P)$ for a given voting situation P,

$$\frac{Max_{x\in\Gamma(P)}[B(x,P)]}{B^*(P)} = 1. \tag{7.13}$$

Thus, $B_\Gamma(m,n)$ identifies the specific P for which this ratio is minimized, so it is the worst case scenario in terms of how well voting rule Γ performs at selecting the BR winner, given the definition of $B_\Gamma(m,n)$. Obviously, $B_{BR}(m,n) = 1$ for the case when is Γ is BR. The study then evaluates a number of voting rules on the basis of this Borda measure for various voting rules. Of particular interest is the effectiveness of PMR. It is shown that

Theorem 7.1 *Given that a PMRW exists,* $B_{PMR}(m,n)$ *is given by*

$$\begin{aligned} B_{PMR}(m,n) &= 1 \quad \text{if } n \le \frac{mv(n)}{m-2} \\ \frac{(m-1)(n+v(n))}{(2m-3)n - v(n)} & \quad \text{if } n > \frac{mv(n)}{m-2}. \end{aligned}$$

Here, $v(n) = 1$ *for odd* n *and* $v(n) = 2$ *for even* n. *In the limit that* $n \to \infty$, $B_{PMR}(m,\infty)$ *is shown to monotonically decrease as* m *increases from* $B_{PMR}(3,\infty) = 2/3$ *to* $B_{PMR}(\infty,\infty) = 1/2$.

The relationship between BR and other voting rules is also considered in Gehrlein (1998a) where preliminary work in Gehrlein (1996b) is extended to obtain a representation for the Joint Condorcet Efficiency $JCE^{BR}_{WSR(\lambda)}(3,\infty,IC^*)$ that both BR and Rule λ will elect the PMRW, given that a PMRW exists. This is accomplished by expanding the procedure that was discussed in detail in the development of the representation for $CE^S_{WSR(\lambda)}(3,\infty,IC^*)$ in (5.22) and (5.23).

Four variables were defined in the development of $CE^S_{WSR(\lambda)}(3,\infty,IC^*)$ to require that Candidate A is both the PMRW over B and C and the Rule λ winner over B and C. Two additional variables are added during the development of the representation for $JCE^{BR}_{WSR(\lambda)}(3,\infty,IC^*)$ to make Candidate A the BR winner over B and C. The joint probability that Candidate A is simultaneously the PMRW, the Rule λ winner and the BR winner is then obtained as a six-variate normal positive orthant probability, $\Phi_6(\boldsymbol{R^1})$, with correlation matrix $\boldsymbol{R^1}$ given by

$$R^{1} = \begin{bmatrix} 1 & \frac{1}{3} & \sqrt{\frac{2}{3z}} & \sqrt{\frac{1}{6x}} & \sqrt{\frac{8}{9}} & \sqrt{\frac{2}{9}} \\ - & 1 & \sqrt{\frac{1}{6x}} & \sqrt{\frac{2}{3z}} & \sqrt{\frac{2}{9}} & \sqrt{\frac{8}{9}} \\ - & - & 1 & \frac{1}{2} & \sqrt{\frac{3}{4z}} & \sqrt{\frac{3}{16z}} \\ - & - & - & 1 & \sqrt{\frac{3}{16z}} & \sqrt{\frac{3}{4z}} \\ - & - & - & - & 1 & \frac{1}{2} \\ - & - & - & - & - & 1 \end{bmatrix}. \tag{7.14}$$

Here $z = 1 - \lambda(1 - \lambda)$, as before, and by the symmetry of IC with respect to candidates

$$JCE^{BR}_{WSR(\lambda)}(3, \infty, IC^{*}) = \frac{3\Phi_6(R^{1})}{P^{S}_{PMRW}(3, \infty, IC)}. \tag{7.15}$$

This orthant probability $\Phi_6(R^{1})$ is obviously symmetric about $\lambda = 1/2$, given the definition of z, so

$$JCE^{BR}_{WSR(\lambda)}(3, \infty, IC^{*}) = JCE^{BR}_{WSR(1-\lambda)}(3, \infty, IC^{*}). \tag{7.16}$$

Results from Slepian (1962) can be applied here, given the form of R^{1} in (7.14), and $\Phi_6(R^{1})$ will be maximized by the value of λ that minimizes z, which corresponds to BR, and it will be minimized by the value of λ that maximizes z, which corresponds to PR and NPR.

There is no direct way to obtain computed values for six-variate orthant probabilities with numerical integration over a single variable. However, Gehrlein (1998a) uses Boole's Equation to reduce this representation to a series of orthant probabilities on four and five variables by using the fact that the PMRW can not be beaten by both other candidates under BR, as described by fifth and sixth variables that were introduced to develop R^{1}.

The resulting representation that is obtained is

$$JCE^{BR}_{WSR(\lambda)}(3, \infty, IC^{*}) = \frac{3\{\Phi_4(R) - 2\Phi_5(R^{2})\}}{P^{S}_{PMRW}(3, \infty, IC)}. \tag{7.17}$$

The representation for $\Phi_4(\boldsymbol{R})$ is given in (5.22), and $\boldsymbol{R}^2$ is

$$\boldsymbol{R}^2 = \begin{bmatrix} 1 & \frac{1}{3} & \sqrt{\frac{2}{3z}} & \sqrt{\frac{1}{6x}} & -\sqrt{\frac{8}{9}} \\ & 1 & \sqrt{\frac{1}{6x}} & \sqrt{\frac{2}{3z}} & -\sqrt{\frac{2}{9}} \\ & & 1 & \frac{1}{2} & -\sqrt{\frac{3}{4z}} \\ & & & 1 & -\sqrt{\frac{3}{16z}} \\ & & & & 1 \end{bmatrix}. \tag{7.18}$$

A procedure from Gehrlein (1979) is then used to obtain values of $\Phi_5\left(\boldsymbol{R}^2\right)$ for all $\lambda = 0.00(0.05)0.500$ which are then substituted into (7.17) to obtain the values of $JCE^{BR}_{WSR(\lambda)}(3,\infty,IC^*)$ in Table 7.1.

We see for example in Table 7.1 that there is a conditional probability of 0.7200 that both BR and PR will elect the PMRW, given that a PMRW exists.

Another representation of significant interest is the conditional probability, $JBE^{PMR}_{WSR(\lambda)}(3,\infty,IC^*)$, that BR elects the Rule λ winner, given that Rule λ elects the PMRW. By definition,

$$JBE^{PMR}_{WSR(\lambda)}(3,\lambda,IC^*) = \frac{JCE^{BR}_{WSR(\lambda)}(3,\infty,IC^*)}{CE^{S}_{WSR(\lambda)}(3,\infty,IC^*)}. \tag{7.19}$$

Computed values of $JBE^{PMR}_{WSR(\lambda)}(3,\infty,IC^*)$ are listed in Table 7.1 for each $\lambda = 0.00(0.05)0.500$ and we see for example that BR will elect the PMRW with probability 0.9508, given that PR elects the PMRW when a PMRW exists. As a result, if any WSR elects the PMRW, the likelihood that BR will also do so is high.

The EUPIA procedure can be used to obtain a simple representation for $JCE^{BR}_{PR}(3,n,IAC^*)$ for finite n with IAC, with the result

$$JCE^{BR}_{PR}(3,n,IAC^*) = \frac{939195+817479n+549630n^2+203550n^3+37255n^4+2651n^5}{3240(n+1)(n+3)^3(n+5)},$$
$$\text{for } n=9(24)\ldots. \tag{7.20}$$

Table 7.1 Computed values of $JCE^{BR}_{WSR(\lambda)}(3,\infty,IC^*)$ and $JBE^{PMR}_{WSR(\lambda)}(3,\infty,IC^*)$

λ	$JCE^{BR}_{WSR(\lambda)}(3,\infty,IC^*)$	$JBE^{PMR}_{WSR(\lambda)}(3,\infty,IC^*)$
0.00	0.7200	0.9508
0.05	0.7384	0.9529
0.10	0.7575	0.9552
0.15	0.7771	0.9579
0.20	0.7971	0.9609
0.25	0.8171	0.9644
0.30	0.8368	0.9686
0.35	0.8556	0.9738
0.40	0.8730	0.9804
0.45	0.8884	0.9889
0.50	0.9012	1.0000

This result is not very useful on its own, given the periodicity of 24 for n. However, the limiting value of $JCE_{PR}^{BR}(3,\infty,IAC^*)$ goes to $2651/3240 = 0.81821$ as $n \rightarrow \infty$, so the small amount of dependence that IAC brings to voters' preferences, compared to the complete independence of IC, dramatically increases the joint probability of getting the same winner with these three voting rules.

However, based on the result in (5.45), $CE_{PR}^{S}(3,\infty,IAC^*) = 119/135$, so $JBE_{PR}^{PMR}(3,\infty,IAC^*) = 0.9282$ and the conditional probability that BR selects the PMRW, given that PR selects the PMRW, decreases with an increase in dependence among voters' preferences. But, the joint probability of getting the same winner with these three voting rules does increase with the increased levels of dependence in preferences. This result is very consistent with the observation from Regenwetter et al. (2007) from the analysis of actual election data that finds that there is a very high probability that PR and BR will both elect the PMRW.

7.4 Voter Indifference and Condorcet Efficiency

It is definitely possible that scenarios might exist in which some voters in a three-candidate election could be completely indifferent between some of the available candidates. Several complications can then arise during the implementation of many voting rules in the presence of such voter indifference, particularly when a WSR is being used. The first possible option that can be used to avoid these types of complications is to require all voters to arbitrarily break any such indifference ties on candidates to report complete preference rankings, and the second option is to modify the WSR to account for such indifferences. It intuitively seems that the implementation of the forced ranking option should not produce dramatically different results in our observations, but we begin by showing that the option of forcing rankings can actually have a surprisingly large likelihood of producing some very negative election outcomes. We then consider how a WSR can be modified to account for voter indifference.

7.4.1 *The Forced Ranking Option*

An extension of the IC assumption to allow for some degree of indifference in voter's preferences was developed in Fishburn and Gehrlein (1980b). One subset of voters will have complete preference rankings on the candidates, like those that are shown in Fig. 1.7, and they represent a class of voters. The six possible complete preference rankings on three candidates $\{A,B,C\}$ are repeated here in Fig. 7.1 for convenience.

A	A	B	C	B	C
B	C	A	A	C	B
C	B	C	B	A	A
q_1	q_2	q_3	q_4	q_5	q_6

Fig. 7.1 The possible complete preference rankings on three candidates

Here, q_i denotes the probability that a randomly selected voter from the population of prospective voters will have the ith associated complete preference ranking on candidates in Fig. 7.1.

A second class of voters have weak ordered preferences that reflect a partial degree of indifference on the candidates, with voter indifference on one pair of candidates. Indifference between Candidates A and B is denoted by $A \sim B$ when neither $A \succ B$ nor $B \succ A$. The case of complete indifference in which a voter is completely indifferent between all three candidates is ignored, since there is no particular reason for such a voter to be involved in any associated election.

Partial indifference in a voter's preferences would exist for a voter who has $A \sim B$ but feels that both $A \succ C$ and $B \succ C$. It is still required that each voter's preferences must be transitive, so there are only six different weak ordered individual preference types that represent partial indifference, as shown in Fig. 7.2.

Let k_1 denote the probability that a randomly selected voter has a complete preference ranking on candidates from Fig. 7.1, and let k_2 denote the probability that a voter has preferences with partial indifference from Fig. 7.2. Since complete indifference is ignored, $k_1 + k_2 = 1$ and $\sum_{i=1}^{12} q_i = 1$.

The *Impartial Weak Ordered Culture Condition* (*IWOC*) defines the probability that a randomly selected voter has a specified preference ranking on the candidates when partial indifference is allowed. With IWOC, each of the six complete linear preference rankings in Fig. 7.1 is assumed to be equally likely to be observed as the preferences for a voter in this category, with probability $k_1/6$. Similarly, each voter in the class of voters with partial indifference has probability $k_2/6 = (1 - k_1)/6$ of having each of the six possible preference rankings with partial indifference in Fig. 7.2.

In order to determine if a PMRW exists when voter indifference is allowed, some modification must be made to our original definition of PMR. We define n_i as the number of voters who have the associated ith preference ranking in Figs. 7.1 and 7.2, and let $AM'B$ denote the outcome that a majority of the voters who have an actual preference on Candidates A and B have $A \succ B$. For example, $AM'B$ in a specific voting situation if $n_1 + n_2 + n_4 + n_8 + n_{10} > n_3 + n_5 + n_6 + n_9 + n_{11}$. Note that the $n_7 + n_{12}$ voters with preferences containing $A \sim B$ are completely excluded in this definition of $AM'B$. The conditional limiting probability $P_{PMRW}^S(3, \infty, IWOC|k_1)$ that a strict PMRW exists for a three-candidate election in the limit of voters as $n \to \infty$ under the IWOC assumption for a given value of k_1 is obtained in Fishburn and Gehrlein (1980b), with

$$P_{PMRW}^S(3, \infty, IWOC|k_1) = \frac{3}{4} + \frac{3}{2\pi} Sin^{-1}\left(\frac{1}{k_1 + 2}\right). \tag{7.21}$$

$A \sim B$	$A \sim C$	$B \sim C$	A	B	C
C	B	A	$B \sim C$	$A \sim C$	$A \sim B$
q_7	q_8	q_9	q_{10}	q_{11}	q_{12}

Fig. 7.2 The possible preference rankings with partial indifference on three candidates

The representation for $P^S_{PMRW}(3,\infty,IWOC|k_1)$ in (7.21) obviously reduces to the representation for $P^S_{PMRW}(3,\infty,IC)$ in (1.19) in the special case with $k_1 = 1$. Table 7.2 lists computed values of $P^S_{PMRW}(3,\infty,IWOC|k_1)$ for each $k_1 = 0.00$ $(0.10)1.00$ from (7.21). The proportion of voters that have partial indifference in their preferences, as measured by k_2, clearly has an impact on the probability that a PMRW exists, given the results in Table 7.2. Any increase in k_2, with a corresponding decrease in k_1, leads to an increase in $P^S_{PMRW}(3,\infty,IWOC|k_1)$, with certainty that a PMRW exists in the extreme case of $k_2 = 1$. The requirement that a PMRW must exist in the case of dichotomous preferences with $k_2 = 1$ is well known from results that are presented in Inada (1964). It is clearly of interest to determine the resulting impact that an increasing level of voter indifference has on the Condorcet Efficiency of voting rules.

Consider the possibility that the PMRW that is found in the complete preference rankings that result from forcing rankings might be different than the PMRW that would be observed in the original voting situation that contains partial indifference. A limiting representation for the probability $P^{MA(FR)}_{PMRW}(3,\infty,IWOC^*|k_1)$ that there is mutual agreement between the PMRW candidates that exist under both cases as $n \to \infty$, given that a PMRW exists with IWOC for a specified k_1 is obtained in Gehrlein (2010). Following the logic previous notation, IWOC* refers only to IWOC probabilities for which a PMRW exists.

The development of this representation follows previous discussion with the definition of four variables. Let X^i_j denote the variable value for the ith randomly selected voter for the jth variable. The first two variables are defined by

$$\begin{aligned} X^i_1 &= +1 : q_1 + q_2 + q_4 + q_8 + q_{10} \\ &\quad\ \ 0 : q_7 + q_{12} \\ &\quad -1 : q_3 + q_5 + q_6 + q_9 + q_{11} \\ X^i_2 &= +1 : q_1 + q_2 + q_3 + q_7 + q_{10} \\ &\quad\ \ 0 : q_8 + q_{11} \\ &\quad -1 : q_4 + q_5 + q_6 + q_9 + q_{12} \end{aligned} \tag{7.22}$$

Table 7.2 Computed values of $P^S_{PMRW}(3,\infty,IWOC|k_1)$

k_1	k_2	$P^S_{PMRW}(3,\infty,IWOC\|k_1)$
0.00	1.00	1.0000
0.10	0.90	0.9870
0.20	0.80	0.9753
0.30	0.70	0.9648
0.40	0.60	0.9552
0.50	0.50	0.9465
0.60	0.40	0.9385
0.70	0.30	0.9312
0.80	0.20	0.9244
0.90	0.10	0.9181
1.00	0.00	0.9123

The definition of X_1^i in (7.22) and the preference rankings in Figs. 7.1 and 7.2 indicate that $X_1^i = +1(-1)$ if the preference ranking for the ith randomly selected voter has $A \succ B$ ($B \succ A$), and $X_1^i = 0$ if $A \sim B$. Then, $AM'B$ for a given voting situation if $\sum_{i=1}^n X_1^i > 0, \overline{X}_1 > 0$ or $\overline{X}_1\sqrt{n} > 0$, and the same type of analysis leads to the conclusion that $AM'C$ in a voting situation if $\overline{X}_2\sqrt{n} > 0$.

Variables X_3^i and X_4^i will be defined in the same fashion to determine if AMB and AMC in the voting situation that is obtained by having the ith voter arbitrarily break indifference ties when partial indifference exists. These variables are formally defined by the q_i probabilities, with

$$\begin{aligned} X_3^i &= +1 : q_1 + q_2 + q_4 + q_8 + q_{10} + q_7^{ABC} + q_{12}^{CAB} \\ &\quad -1 : q_3 + q_5 + q_6 + q_9 + q_{11} + q_7^{BAC} + q_{12}^{CBA} \\ X_4^i &= +1 : q_1 + q_2 + q_3 + q_7 + q_{10} + q_8^{ACB} + q_{11}^{BAC} \\ &\quad -1 : q_4 + q_5 + q_6 + q_9 + q_{12} + q_8^{CAB} + q_{11}^{BCA} \end{aligned} \tag{7.23}$$

Some additional discussion is needed to define the probabilities for these variables that result from having equally likely tie breaking to force rankings on indifference pairs. Consider the probability q_7 where $A \sim B$, $A \succ C$ and $B \succ C$. Let q_7^{ABC} denote the probability that a randomly selected voter has preferences with this partial indifference with $A \sim B$, and randomly breaks the tie by ranking $A \succ B$ to lead to the transitive ranking $A \succ B \succ C$. Then, $q_7 = q_7^{ABC} + q_7^{BAC}$.

The definitions of the variables X_3^i and X_4^i lead to the conclusion that AMB if $\overline{X}_3\sqrt{n} > 0$ and AMC if $\overline{X}_4\sqrt{n} > 0$ in the voting situation that results from forced rankings. It then follows that Candidate A will be the PMRW based both on the original voting situation and on the voting situation that results from forced ranking when $\overline{X}_j\sqrt{n} > 0$ for all $1 \le j \le 4$. In the limit as $n \to \infty$, the joint distribution between these four $\overline{X}_j\sqrt{n}$ variables becomes multivariate normal, and the correlations between these variables are the same as the correlations between the corresponding original X_j^i variables. The first step to obtaining these correlation terms is the determination of the expected values of the X_j^i variables, with

$$\begin{aligned} E(X_1^i) &= (q_1 + q_2 + q_4 + q_8 + q_{10}) + 0(q_7 + q_{12}) - (q_3 + q_5 + q_6 + q_9 + q_{11}) \\ E(X_2^i) &= (q_1 + q_2 + q_3 + q_7 + q_{10}) + 0(q_8 + q_{11}) - (q_4 + q_5 + q_6 + q_9 + q_{12}) \\ E(X_3^i) &= \left(q_1 + q_2 + q_4 + q_8 + q_{10} + q_7^{ABC} + q_{12}^{CAB}\right) \\ &\quad - \left(q_3 + q_5 + q_6 + q_9 + q_{11} + q_7^{BAC} + q_{12}^{CBA}\right) \\ E(X_4^i) &= \left(q_1 + q_2 + q_3 + q_7 + q_{10} + q_8^{ACB} + q_{11}^{BAC}\right) \\ &\quad - \left(q_4 + q_5 + q_6 + q_9 + q_{12} + q_8^{CAB} + q_{11}^{BCA}\right) \end{aligned} \tag{7.24}$$

With the assumption of IWOC, $q_i = (1 - k_1)/6$ for $7 \le i \le 12$, and when the indifference ties are broken with equal likelihood $q_i^{XYZ} = (1 - k_1)/12$ for $7 \le i \le 12$ for all XYZ combinations. All of this leads to the observation that

$E(X_j^i) = 0$ for all $1 \le j \le 4$, so that $E(\overline{X}_j\sqrt{n}) = 0$ for all $1 \le j \le 4$. This allows for the definition of the limiting probability that Candidate A will be the PMRW based both on the original voting situation and on the voting situation that results from forced ranking as being identical to the four-variate normal positive orthant probability that $\overline{X}_j\sqrt{n} \ge E(\overline{X}_j\sqrt{n})$ for all $1 \le j \le 4$.

The definitions in (7.22) lead to $E(X_j^{i^2}) = \frac{2+k_1}{3}$ for $j = 1, 2$ and (7.23) leads to $E\left(X_j^{i^2}\right) = 1$ for $j = 3, 4$. The expected value of the cross-products of the original variables comes from:

$$
\begin{aligned}
E(X_1^iX_2^i) &= q_1 + q_2 - q_3 - q_4 + q_5 + q_6 + q_9 + q_{10} = \frac{1}{3} \\
E(X_1^iX_3^i) &= q_1 + q_2 + q_3 + q_4 + q_5 + q_6 + q_8 + q_9 + q_{10} + q_{11} = \frac{2+k_1}{3} \\
E(X_1^iX_4^i) &= q_1 + q_2 - q_3 - q_4 + q_5 + q_6 + q_8^{ACB} - q_8^{CAB} + q_9 + q_{10} - q_{11}^{BAC} + q_{11}^{BCA} = \frac{1}{3} \\
E(X_2^iX_3^i) &= q_1 + q_2 - q_3 - q_4 + q_5 + q_6 + q_7^{ABC} - q_7^{BAC} + q_9 + q_{10} - q_{12}^{CAB} + q_{12}^{CBA} = \frac{1}{3} \\
E(X_2^iX_4^i) &= q_1 + q_2 + q_3 + q_4 + q_5 + q_6 + q_7 + q_9 + q_{10} + q_{12} = \frac{2+k_1}{3} \\
E(X_3^iX_4^i) &= q_1 + q_2 - q_3 - q_4 + q_5 + q_6 + q_7^{ABC} - q_7^{BAC} + q_8^{ACB} - q_8^{CAB} + q_9 \\
&\quad + q_{10} - q_{11}^{BAC} + q_{11}^{BCA} - q_{12}^{CAB} + q_{12}^{CBA} = \frac{1}{3}.
\end{aligned} \tag{7.25}
$$

The resulting correlation matrix that is obtained from these calculations is denoted by $\boldsymbol{R^3}$, with terms $r_{i,j}$, and all of the above leads to

$$
\boldsymbol{R^3} = \begin{bmatrix}
1 & \dfrac{1}{k_1+2} & \sqrt{\dfrac{k_1+2}{3}} & \sqrt{\dfrac{1}{3(k_1+2)}} \\
- & 1 & \sqrt{\dfrac{1}{3(k_1+2)}} & \sqrt{\dfrac{k_1+2}{3}} \\
- & - & 1 & \dfrac{1}{3} \\
- & - & - & 1
\end{bmatrix}. \tag{7.26}
$$

This correlation matrix does not directly lead to a simple representation for $\Phi_4(\boldsymbol{R^3})$, but Plackett's Procedure can be used in this case with a representation from Cheng (1969) to obtain a representation for $\Phi_4(\boldsymbol{R^3})$ in terms of a bounded integral over a single variable.

The symmetry of IWOC with respect to candidates and the assumption that $n \to \infty$ can be used to obtain a representation for $P_{PMRW}^{MA(FR)}(3, \infty, IWOC^*|k_1)$ from the identity relationship

$$
P_{PMRW}^{MA(FR)}(3, \infty, IWOC^*|k_1) = \frac{3\Phi_4(\boldsymbol{R^3})}{P_{PMRW}^{S}(3, \infty, IWOC|k_1)}. \tag{7.27}
$$

After substitution and significant algebraic reduction, (7.27) ultimately leads to the representation:

$$P_{PMRW}^{MA(FR)}(3,\infty,IWOC^*|k_1) = \frac{\left[\begin{array}{l}\frac{\pi^2}{4}+\pi\left\{Sin^{-1}\left(\frac{1}{k_1+2}\right)+Sin^{-1}\left(\sqrt{\frac{k_1+2}{3}}\right)+Sin^{-1}\left(\sqrt{\frac{1}{3(k_1+2)}}\right)\right\} \\ -(1-k_1)\int_0^1 \frac{Cos^{-1}\left(\frac{(k_1+3)\{(k_1-1)t-3(k_1+1)(k_1+3-t)\}+g(k_1,t)}{g(k_1,t)}\right)}{\sqrt{\{(k_1-1)t+3(k_1+3)\}\{3(k_1+1)-(k_1-1)t\}}}dt \\ +\left[\left\{Sin^{-1}\left(\frac{1}{k_1+2}\right)\right\}^2+\left\{Sin^{-1}\left(\sqrt{\frac{k_1+2}{3}}\right)\right\}^2-\left\{Sin^{-1}\left(\sqrt{\frac{1}{3(k_1+2)}}\right)\right\}^2\right]\end{array}\right]}{\pi^2+2\pi Sin^{-1}\left(\frac{1}{k_1+2}\right)}. \tag{7.28}$$

Here, $g(k_1,t) = (k_1+2)\{3(k_1+3)(k_1+1)+(k_1-1)(t-2)t\}$.

The bounded integral in (7.28) does not have a simple closed form solution, but it is easily evaluated with numerical integration for specified values of k_1, and computed values of $P_{PMRW}^{MA(FR)}(3,\infty,IWOC^*|k_1)$ are listed in Table 7.3 for each value of $k_1 = 0.00(0.10)1.00$.

One obvious result from Table 7.3 is that $P_{PMRW}^{MA(FR)}(3,\infty,IWOC^*|1) = 1$, along with the result that follows from intuition that $P_{PMRW}^{MA(FR)}(3,\infty,IWOC^*|k_1)$ decreases as k_1 decreases. The very surprising result from Table 7.3 is the highly significant degree with which $P_{PMRW}^{MA(FR)}(3,\infty,IWOC^*|k_1)$ decreases as k_1 decreases. At the extreme in which all voters have dichotomous preferences, with $k_1 = 0$, a PMRW must exist for each of the initial voting situations, but $P_{PMRW}^{MA(FR)}(3,\infty,IWOC^*|0)$ is only 0.6908. As a result, we find that the tactic of forcing rankings from voters can potentially result in a significant likelihood that a different PMRW will be observed in the resulting forced ranking voting situation when compared to the PMRW that exists in the original voting situation.

Table 7.3 Computed values of $P_{PMRW}^{MA(FR)}(3,\infty,IWOC^*|k_1)$

k_1	k_2	$P_{PMRW}^{MA(FR)}(3,\infty,IWOC^*\|k_1)$
0.00	1.00	0.6908
0.10	0.90	0.7077
0.20	0.80	0.7253
0.30	0.70	0.7437
0.40	0.60	0.7634
0.50	0.50	0.7845
0.60	0.40	0.8076
0.70	0.30	0.8337
0.80	0.20	0.8645
0.90	0.10	0.9043
1.00	0.00	1.0000

The impact that requiring forced rankings will have on the Condorcet Efficiency of WSR's is discussed in Gehrlein and Valognes (2001), where it is noted that equally likely tie-breaking of indifferences reduces IWOC to being equivalent to assuming IC with equally likely complete rankings. However, such a use of IC gives the Condorcet Efficiency of a WSR relative to its ability to select the PMRW that results from the forced rankings. It is now clear that this PMRW is quite likely to be different than the PMRW from the original preferences that contain indifference.

Gehrlein and Fishburn (1981b) perform an analysis that can be used to determine the impact that forcing rankings will have on the Condorcet Efficiency of a WSR in three-candidate elections when voters' preferences can have any form, including intransitivity. These results can be used directly to obtain a representation for the limiting Condorcet Efficiency, $CE^{S(FR)}_{WSR(\lambda)}(3,\infty,IWOC^*|k_1)$, relative to the original PMRW, when voters' are forced to randomly break indifference ties on pairs to report a complete ranking

By using Plackett's Procedure with a correlation matrix from Gehrlein and Fishburn (1981b) and a representation from Cheng (1969), we find

$$CE^{S(FR)}_{WSR(\lambda)}(3,\infty,IWOC^*|k_1) = \frac{\left[\begin{array}{l} \dfrac{4\pi^2}{9}+\pi\left\{Sin^{-1}\left(\dfrac{3+k_1}{\sqrt{8z(2+k_1)}}\right)+Sin^{-1}\left(\dfrac{3+k_1}{2\sqrt{8z(2+k_1)}}\right)\right\} \\ +\left(Sin^{-1}\left(\dfrac{3+k_1}{\sqrt{8z(2+k_1)}}\right)\right)^2-\left(Sin^{-1}\left(\dfrac{3+k_1}{2\sqrt{8z(2+k_1)}}\right)\right)^2 \\ -k_1\displaystyle\int_0^1\frac{1}{\sqrt{(tk_1+k_1+2)(-tk_1+3k_1+6)}}Cos^{-1}\left(\frac{-g(k_1,z,t)-3tk_1(3+k_1)^2}{2g(k_1,z,t)}\right)dt \end{array}\right]}{\pi^2+2\pi Sin^{-1}\left(\frac{1}{2+k_1}\right)}. \tag{7.29}$$

Here, we use $g(k_1,z,t)=(3k_1+6+2k_1t)\left(k_1^2+6k_1-8k_1z+9-16z\right)+8k_1^2t^2z$, with $z=1-\lambda(1-\lambda)$.

The definition of $CE^{S(FR)}_{WSR(\lambda)}(3,\infty,IWOC^*|k_1)$ in (7.29) leads to the observation that

$$CE^{S(FR)}_{WSR(\lambda)}(3,\infty,IWOC^*|k_1) = CE^{S(FR)}_{WSR(1-\lambda)}(3,\infty,IWOC^*|k_1). \tag{7.30}$$

Values of $CE^{S(FR)}_{WSR(\lambda)}(3,\infty,IWOC^*|k_1)$ are obtained from (7.30) by numerical integration for each $\lambda = 0.00(0.10)0.50$ with $k_1 = 0.00(0.20)1.00$, and these computed values are listed in Table 7.4.

Results for $k_1 = 1$ verify entries in Table 5.10 from (5.23), and it is obvious that high levels of voter indifference can significantly reduce the resulting Condorcet

Table 7.4 Computed values of $CE^{S(FR)}_{WSR(\lambda)}(3, \infty, IWOC^*|k_1)$

	k_1					
λ	0.00	0.20	0.40	0.60	0.80	1.00
0.00	0.6710	0.6883	0.7055	0.7227	0.7399	0.7572
0.10	0.6955	0.7147	0.7339	0.7533	0.7729	0.7930
0.20	0.7191	0.7402	0.7616	0.7835	0.8060	0.8296
0.30	0.7393	0.7623	0.7859	0.8103	0.8361	0.8639
0.40	0.7533	0.7777	0.8030	0.8296	0.8583	0.8905
0.50	0.7583	0.7833	0.8093	0.8368	0.8667	0.9012

Efficiency of a WSR when forced rankings are required. It can be shown with Slepian (1962) that $CE^{S(FR)}_{WSR(\lambda)}(3, \infty, IWOC^*|k_1)$ will not decrease as λ increases on the interval $0 \leq \lambda \leq 0.50$. As a result of all of this, BR maximizes, while both PR and NPR minimize, $CE^{S(FR)}_{WSR(\lambda)}(3, \infty, IWOC^*|k_1)$ for all k_1.

While it has been acknowledged that assumptions like IWOC tend to exaggerate the probability of observing such paradoxical outcomes, the results that are observed here are so dramatic that it clearly signals that the option of forcing complete preference rankings when partial indifference exists could potentially lead to significant problems in election scenarios.

7.4.2 Modifying WSR's for Voter Indifference

Condorcet (1793 p. 267) discusses the possibility that some voters might show indifference between candidates, for good reasons. He expresses serious concerns about the option of forcing voters to report complete rankings in these cases, since voters would effectively be randomly ranking the indifferent candidates. He then suggests a PMR-based voting procedure that allows voters to express indifference on a pair of candidates.

Black (1976) proposed a WSR for assigning weights to given candidates in a voter's preference ranking when preferences are weak orders. The weights for this particular WSR are determined as the difference between the number of candidates that the given candidate is preferred to and the number of candidates that are preferred to the given candidate in that voter's preference ranking. For the case in which a given voter has a linear preference ranking on m candidates, the weight that would be assigned to the kth most preferred candidate in the voter's preference ranking would be given by the general relationship $m - k - (k - 1) = m + 1 - 2k$. The difference in consecutive weights is always two as k increases, so the resulting system of weights is consistent with BR when a voter's preferences are complete and transitive. Black generalizes this system to the situation in which voters can have weak ordered preferences on candidates.

When calculating the PMR proportions for a pair of candidates with $A \sim B$ in a weak order, the number of voters who are indifferent between the two candidates in the pair are equally divided into the two categories of voters with preferences on the pair. That is, if $N(A \succ B)$ denotes the number of voters who prefer A to B in their preferences rankings, the PMR proportion $p(A \succ B)$ for A over B is obtained by the relationship

$$p(A \succ B) = \frac{N(A \succ B) + [n - N(A \succ B) - N(B \succ A)]/2}{n}. \tag{7.31}$$

Black goes on to prove that the use of the proposed WSR that is described above will select the candidate with the greatest average PMR proportion wins over all other candidates. This system is described as allowing for 'compensation' among PMR pairs, which the direct selection of a PMRW does not allow. That is, this system could select a winner that some other candidate defeats by a small margin in a PMR comparison as long as the winning candidate compensates for this by defeating other candidates by a large margin under PMR comparisons.

The IWOC assumption is used to consider the direct impact that voter indifference has on the Condorcet Efficiency of WSR's in Gehrlein and Valognes (2001), following the development of the representation for $CE^S_{WSR(\lambda)}(3, \infty, IC^*)$ in (5.23). The $(1, \lambda, 0)$ weights are modified to keep fixed the total number of points that each voter has to distribute to candidates. For a situation in which a voter is indifferent between two top-ranked candidates that are both preferred to the third candidate, the two tied top-ranked candidates each receive $(1 + \lambda)/2$ points each, while the least preferred candidate receives zero points. For a situation in which a voter is indifferent between two tied bottom-ranked candidates that are both less preferred than the third candidate, the two tied bottom-ranked candidates each receive $\lambda/2$ points while the most preferred candidate receives one point. Each voter still assigns a total of $1 + \lambda$ points to the candidates in both cases.

With this redistribution of points that voters allocate with partial indifference, a limiting representation for the Condorcet Efficiency, $CE^S_{WSR(\lambda)}(3, \infty, IWOC^*|k_1)$, of Rule λ as $n \to \infty$ is obtained with an application of Plackett's Procedure:

$$CE^S_{WSR(\lambda)}(3, \infty, IWOC^*|k_1)$$

$$= \frac{\left[\begin{array}{l} \left[Sin^{-1}\left(\frac{k_1+3}{\sqrt{(k_1+2)z^*}}\right) + Sin^{-1}\left(\frac{k_1+3}{2\sqrt{(k_1+2)z^*}}\right)\right] \\ \times\left[\mathrm{Sin}^{-1}\left(\frac{k_1+3}{\sqrt{(k_1+2)z^*}}\right) - Sin^{-1}\left(\frac{k_1+3}{2\sqrt{(k_1+2)z^*}}\right) + \pi\right] \\ + \frac{4\pi^2}{9} - k_1 \int\limits_0^1 \frac{Cos^{-1}\left(\frac{3k_1 t(k_1+3)^2 - g'(k_1, z^*, t)}{2g'(k_1, z^*, t)}\right)}{\sqrt{4(k_1+2)^2 - \{2 + k_1(1-t)\}^2}} dt \end{array}\right]}{\pi^2 + 2\pi Sin^{-1}\left(\frac{1}{k_1+2}\right)}. \tag{7.32}$$

Here, $g'(k_1,z^*,t) = 4(k_1+2)^2z^* - (k_1+2-k_1t)^2z^* - (3k_1+6+2k_1t)(k_1+3)^2$ and $z^* = 4 + (3k_1+1)[1-2\lambda(1-\lambda)]$.

It follows directly from these definitions that

$$CE^S_{WSR(\lambda)}(3,\infty,IWOC^*|k_1) = CE^S_{WSR(1-\lambda)}(3,\infty,IWOC^*|k_1). \tag{7.33}$$

It is also proved that $CE^S_{WSR(\lambda)}(3,\infty,IWOC^*|k_1)$ does not decrease as λ increases for $0 \le \lambda \le 0.5$. With (7.33) this requires that BR maximizes Condorcet Efficiency for all values of k_1. It is also shown that $CE^S_{WSR(\lambda)}(3,\infty,IWOC^*|k_1)$ increases as k_1 decreases (k_2 increases) for $0 \le k_1 \le 1$, so that increased levels of indifference increases Condorcet Efficiency.

Computed values of $CE^S_{WSR(\lambda)}(3,\infty,IWOC^*|k_1)$ that are obtained by using numerical integration with the representation in (7.32) are listed in Table 7.5 for each combination of values with $\lambda = 0.00(0.10)0.50$ and $k_1 = 0.00(0.20)1.00$.

These computed values clearly show that both the selection of the Rule λ that is used and the degree of partial indifference in voters' preferences, as measured by k_2, can have a significant impact on the Condorcet Efficiency that results.

Merlin and Valognes (2004) consider the use of WSR's for three-candidate elections as $n \to \infty$ under IWOC. They develop a relationship between the probability of observing a Strong Borda Paradox, $P^{WSR(\lambda)}_{SgBP}(3,\infty,IWOC^*|k_1)$, that Rule λ elects the PMRL and $CE^S_{WSR(\lambda)}(3,\infty,IWOC^*|k_1)$, with

$$P^{WSR(\lambda)}_{SgBP}(3,\infty,IWOC^*|k_1) = CE^S_{WSR(\lambda)}(3,\infty,IWOC^*|k_1) - \left(\frac{Sin^{-1}(\rho) + Sin^{-1}(\rho/2)}{\frac{\pi}{2} + Sin^{-1}\left(\frac{1}{2+k_1}\right)}\right), \tag{7.34}$$

where

$$\rho = \frac{3+k_1}{\sqrt{\{4+(1+3k_1)(1-2\lambda+2\lambda^2)\}\ (2+k_1)}}. \tag{7.35}$$

This result verifies (5.33) for the special case with $k_1 = 1$.

Table 7.5 Computed values of $CE^S_{WSR(\lambda)}(3,\infty,IWOC^*|k_1)$

	k_1					
λ	0.00	0.20	0.40	0.60	0.80	1.00
0.00	0.8495	0.8156	0.7942	0.7787	0.7668	0.7572
0.10	0.8776	0.8456	0.8260	0.8121	0.8015	0.7930
0.20	0.9069	0.8756	0.8580	0.8459	0.8368	0.8296
0.30	0.9372	0.9038	0.8877	0.8773	0.8697	0.8639
0.40	0.9683	0.9261	0.9106	0.9014	0.8951	0.8905
0.50	1.0000	0.9354	0.9199	0.9111	0.9053	0.9012

7.5 Voter Abstention and Condorcet Efficiency

Just as in the case with forcing preference rankings when voter indifference exists, a different candidate can be observed as the PMRW in actual election results than the candidate that is the PMRW among the preferences of all potential voters, if some of the potential voters abstain from voting. This phenomenon and the impact that it has on the Condorcet Efficiency of voting rules has been studied for the case of both two and three-candidate elections.

7.5.1 Two-Candidate Elections

The impact of voter abstention in two-candidate $\{A, B\}$ elections is developed in Gehrlein and Fishburn (1978c). Four variables are defined to determine if the same candidate is the PMRW among the set of all possible voters and the set of actual voters:

$$\begin{aligned} n_{1,1} &= \text{number of voters with } A \succ B \text{ who vote} \\ n_{1,0} &= \text{number of voters with } A \succ B \text{ who abstain} \\ n_{-1,1} &= \text{number of voters with } B \succ A \text{ who vote} \\ n_{-1,0} &= \text{number of voters with } B \succ A \text{ who abstain.} \end{aligned} \tag{7.36}$$

Here, $n_{1,1} + n_{1,0} + n_{-1,1} + n_{-1,0} = n$ for odd n possible voters when $n_{1,1} + n_{-1,1}$ of them actually vote. Let $Q(n_{1,1}, n_{1,0}, n_{-1,1}, n_{-1,0})$ denote the probability that a specific combination of these four variables will be observed under some assumption Q regarding the relative likelihood that various combinations are observed. Then, $P_{PMRW}^{MA(Ab)}(m, n, Q^*)$ defines the probability of having mutual agreement between the PMRW for the set of n possible voters and the set of actual voters for m candidates, given that a PMRW exists for the set of n possible voters.

A PMR tie will exist among actual voters whenever $n_{1,1} = n_{-1,1}$, and it is assumed that such ties are broken randomly with each candidate having an equal likelihood of being selected as the PMRW. Since a PMRW must exist for the set of all voters with odd n for two candidates, it then follows that

$$\begin{aligned} P_{PMRW}^{MA(Ab)}(2, n, Q^*) = & \sum_{n_{1,1}=0}^{\frac{n-1}{2}} \sum_{n_{1,0}=0}^{\frac{n-1}{2}-n_{1,1}} \sum_{n_{-1,1}=n_{1,1}+1}^{n-n_{1,1}-n_{1,0}} Q\left(n_{1,1}, n_{1,0}, n_{-1,1}, n_{-1,0}\right) \\ & + \sum_{n_{-1,1}=0}^{\frac{n-1}{2}} \sum_{n_{-1,0}=0}^{\frac{n-1}{2}-n_{-1,1}} \sum_{n_{1,1}=n_{-1,1}+1}^{n-n_{-1,1}-n_{-1,0}} Q\left(n_{1,1}, n_{1,0}, n_{-1,1}, n_{-1,0}\right) \\ & + \frac{1}{2} \sum_{n_{1,1}=0}^{\frac{n-1}{2}} \sum_{n_{1,0}=0}^{n-2n_{1,1}} Q\left(n_{1,1}, n_{1,0}, n_{-1,1} = n_{1,1}, n_{-1,0}\right). \end{aligned} \tag{7.37}$$

The study considers a number of scenarios for possible assumptions about $\boldsymbol{Q}$. One situation of particular interest to the current study is IAC, which considers all combinations of $Q(n_{1,1}, n_{1,0}, n_{-1,1}, n_{-1,0})$ to be equally likely. It is shown that

$$P_{PMRW}^{MA(Ab)}(2, n, IAC^*) = 3/4, \text{ for all odd } n. \tag{7.38}$$

Another situation that is considered is an IC-like scenario, denoted as $IC(\upsilon)$, in which all possible voters are independent and have an equal likelihood of having a preference for $A \succ B$ or $B \succ A$, and all voters have a probability υ of actually voting. In the limiting case as $n \to \infty$

$$P_{PMRW}^{MA(Ab)}(2, \infty, IC(\upsilon)^*) = \frac{Cos^{-1}(-\sqrt{\upsilon})}{\pi}. \tag{7.39}$$

At the endpoints of the range of all possible values for $0 \le \upsilon \le 1$, it is found that $P_{PMRW}^{MA(Ab)}(2, \infty, IC(0)^*) = 1/2$ and that $P_{PMRW}^{MA(Ab)}(2, \infty, IC(1)^*) = 1$. Moreover, $P_{PMRW}^{MA(Ab)}(2, \infty, IC(\upsilon)^*)$ consistently increases as υ increases.

7.5.2 *Three-Candidate Elections*

A limiting representation for the probability $P_{PMRW}^{MA(Ab)}(3, \infty, IC(\upsilon)^*)$ that there is mutual agreement between the PMRW for the set of all potential voters and the PMRW of the subset of actual voters is developed for the case of three candidates in Gehrlein and Fishburn (1978b) as

$$P_{PMRW}^{MA(Ab)}(3, \infty, IC(\upsilon)^*) = \frac{\left[\begin{array}{l} \frac{3}{16} + \frac{3}{4\pi}\left\{Sin^{-1}\left(\frac{1}{3}\right) + Sin^{-1}(\sqrt{\upsilon}) + Sin^{-1}\left(\frac{\sqrt{\upsilon}}{3}\right)\right\} \\ + \frac{3}{4\pi^2}\left[\left(Sin^{-1}\left(\frac{1}{3}\right)\right)^2 + (Sin^{-1}(\sqrt{\upsilon}))^2 - \left(Sin^{-1}\left(\frac{\sqrt{\upsilon}}{3}\right)\right)^2\right] \end{array}\right]}{P_{PMRW}^{S}(3, \infty, IC)}. \tag{7.40}$$

Computed values of $P_{PMRW}^{MA(Ab)}(3, \infty, IC(\upsilon)^*)$ are listed in Table 7.6 for each $\upsilon = 0.10(0.10)1.00$. It can be shown that $P_{PMRW}^{MA(Ab)}(3, \infty, IC(\upsilon)^*)$ increases as υ increases, and it is obvious that there can be a significant chance that actual voters will have a different PMRW than the entire electorate with high abstention rates. For example, a 50% turnout rate will result in only about a 62% chance of PMRW mutual agreement. As with forced rankings, abstention is very likely to have a significant impact on the Condorcet Efficiency of voting rules. This analysis was extended to consider the impact of voter abstention on the Condorcet Efficiency of three-candidate elections in Gehrlein and Fishburn (1979).

Table 7.6 Values of $P^{MA(Ab)}_{PMRW}(3,\infty,IC(\upsilon)^*)$, $CE^{S(Ab)}_{PR}(3,\infty,IC(\upsilon)^*)$ and $CE^{S(Ab)}_{BR}(3,\infty,IC(\upsilon)^*)$

υ	$P^{MA(Ab)}_{PMRW}$ $(3,\infty,IC(\upsilon)^*)$	$CE^{S(Ab)}_{PR}$ $(3,\infty,IC(\upsilon)^*)$	$CE^{S(Ab)}_{BR}$ $(3,\infty,IC(\upsilon)^*)$
0.1	0.4236	0.4399	0.4576
0.2	0.4806	0.4882	0.5151
0.3	0.5290	0.5277	0.5630
0.4	0.5742	0.5630	0.6068
0.5	0.6186	0.5961	0.6490
0.6	0.6640	0.6280	0.6911
0.7	0.7126	0.6595	0.7345
0.8	0.7675	0.6911	0.7810
0.9	0.8365	0.7234	0.8337
1.0	1.0000	0.7572	0.9012

A representation for the Condorcet Efficiency, $CE^{S(Ab)}_{WSR(\lambda)}(3,\infty,IC(\upsilon)^*)$, of a WSR with weights $(1,\lambda,0)$ in the limit as $n\to\infty$ under the assumption of $IC(\upsilon)$ is obtained in terms of a four-variate normal positive orthant probability. We use the correlation matrix from that representation and apply Plackett's Procedure with a representation from Cheng (1969) to obtain

$$CE^{S(Ab)}_{WSR(\lambda)}(3,\infty,IC(\upsilon)^*)$$
$$= \frac{\left[\begin{array}{l}\frac{4\pi^2}{9}+\pi\left\{Sin^{-1}\left(\sqrt{\frac{2}{3z'}}\right)+Sin^{-1}\left(\frac{1}{\sqrt{6z'}}\right)\right\}\\ +\left(Sin^{-1}\left(\sqrt{\frac{2}{3z'}}\right)\right)^2-\left(Sin^{-1}\left(\frac{1}{\sqrt{6z'}}\right)\right)^2\\ -\int_0^1\frac{1}{\sqrt{(t+3)(9-t)}}Cos^{-1}\left(\frac{-h(z',t)-6t}{2h(z',t)}\right)dt\end{array}\right]}{\pi^2+2\pi Sin^{-1}\left(\frac{1}{3}\right)}. \quad (7.41)$$

Here, $z'=[1-\lambda(1-\lambda)]/\upsilon$ and $h(z',t)=18-27z'+z't^2+4t-6tz'$.
It follows directly from (7.41) and the definition of z' that

$$CE^{S(Ab)}_{WSR(\lambda)}(3,\infty,IC(\upsilon)^*)=CE^{S(Ab)}_{WSR(1-\lambda)}(3,\infty,IC(\upsilon)^*). \quad (7.42)$$

It can also be shown that $CE^{S(Ab)}_{WSR(\lambda)}(3,\infty,IC(\upsilon)^*)$ is non-decreasing as λ increases over the range $0\le\lambda\le 1/2$, so that it is maximized by BR and it is minimized by both PR and NPR for all possible values of υ. Computed values of $CE^{S(Ab)}_{WSR(\lambda)}(3,\infty,IC(\upsilon)^*)$ are listed for both PR and BR in Table 7.6 for each $\upsilon=0.10(0.10)1.00$. These calculated results verify some previous Condorcet Efficiency calculations with IC in Table 5.10 for the special case with $\upsilon=1$, and significant abstention rates can also be seen to have a dramatic impact on the Condorcet Efficiency of these voting rules.

Gehrlein and Fishburn (1978b) also argue that these results can be used to consider some potential complications that are related to the complexity of the voting rule that is being used in an election. For example, the use of PR only requires voters to report their most preferred candidate, and some voting rate υ_{PR} can be anticipated if it is employed. All other WSR's, except NPR, will require more input from each voter since a ranking of the three candidates must be reported, and BR will be used to maximize Condorcet Efficiency if a WSR will be used. A voting rate υ_{BR} can be anticipated in this case. Given the representation that has been obtained for $CE^{S(Ab)}_{WSR(\lambda)}(3, \infty, IC(\upsilon)^*)$ in (7.41), the Condorcet Efficiency of PR and BR will be identical when they have the same value of z'. It is easily seen that this happens when

$$\upsilon_{BR} = \frac{3}{4}\upsilon_{PR}. \tag{7.43}$$

As a result of this analysis, if the implementation of BR will lead to a reduction in voter turnout to a level that is less than 75% of the turnout that is anticipated with PR, a lower level of Condorcet Efficiency will result if BR is used, with this $IC(\upsilon)$ assumption. This gives strong support to the concept that simple voting rules should be used, since the implementation of complicated voting rules that require significant input from voters will likely result in an increased rate of voter abstention, with the distinct possibility that the resulting Condorcet Efficiency from using the more complicated voting rule actually will be reduced.

This analysis was further extended to evaluate the Condorcet Efficiency of two-stage voting rules of the form of WSR elimination rules for three-candidate elections. A different IC-like assumption is used in this analysis, in the form of $IC(\upsilon, \omega)$. This assumption uses $IC(\upsilon)$ during the first stage of the election and then uses $IC(\omega)$ in the second stage of the election. It is assumed that the two stages of the election are completely independent, so that $P^{MA(Ab)}_{PMRW}(2, \infty, IC(\omega)^*)$ from (7.39) can be used to account for the efficiency of the second stage. By using Plackett's Procedure with a correlation matrix from Gehrlein and Fishburn (1978b) and a representation from Cheng (1969), we obtain a representation for $CE^{S(Ab)}_{WSRE(\lambda)}(3, \infty, IC(\upsilon, \omega)^*)$ as

$$CE^{S(Ab)}_{WSRE(\lambda)}(3, \infty, IC(\upsilon, \omega)^*) = \frac{\left[\begin{array}{l} \frac{5\pi^2}{9} + \pi\left\{2Sin^{-1}\left(\frac{1}{3}\right) + Sin^{-1}\left(\sqrt{\frac{2}{3z'}}\right) + Sin^{-1}\left(\frac{1}{\sqrt{6z'}}\right)\right\} \\ -\left(Sin^{-1}\left(\sqrt{\frac{2}{3z'}}\right)\right)^2 + \left(Sin^{-1}\left(\frac{1}{\sqrt{6z'}}\right)\right)^2 \\ + \int_0^1 \frac{1}{\sqrt{(t+3)(9-t)}} Cos^{-1}\left(\frac{-h(z',t) - 6t}{2h(z',t)}\right) dt \end{array}\right] Cos^{-1}(-\sqrt{\omega})}{\pi^3 + 2\pi^2 Sin^{-1}\left(\frac{1}{3}\right)}. \tag{7.44}$$

It is easily seen that

$$CE^{S(Ab)}_{WSRE(\lambda)}(3,\infty,IC(\upsilon,\omega)^*) = CE^{S(Ab)}_{WSRE(1-\lambda)}(3,\infty,IC(\upsilon,\omega)^*). \tag{7.45}$$

It can also be shown that $CE^{S(Ab)}_{WSRE(\lambda)}(3,\infty,IC(\upsilon,\omega)^*)$ increases as both υ and ω increase, and that it is non-decreasing over the range of λ with $0 \le \lambda \le 1/2$ for all υ and ω, so BER is the WSR that maximizes Condorcet Efficiency, while PER and NPER minimize Condorcet Efficiency. Computed values of $CE^{S(Ab)}_{WSRE(\lambda)}$ $(3,\infty,IC(\upsilon,\omega)^*)$ from (7.44) are listed for each $\upsilon = 0.10(0.10)1.00$ and each $\omega = 0.20(0.30)0.80$ for PER in Table 7.7 and for BER in Table 7.8.

As observed in the case of single-stage elections, significant reductions in Condorcet Efficiency are observed with high levels of voter abstention. The relationship in (7.43) regarding the relative rates of voter abstention between PR and BR also applies to the first stage of these two-stage elections.

This type of analysis was significantly extended to consider the general case of single-stage voting rules on m candidates $\{C_1, C_2, \ldots, C_m\}$ in Gehrlein (1981b). Let υ^m_{m-k} denote the probability that a voter will actually participate in voting when the voting rule requires that the $m-k$ most preferred candidates must be ranked. With $k = 1$, a standard WSR with weights $\boldsymbol{V^m_{m-1}} = (v_1, v_2, \ldots, v_m)$ will be used with the non-ranked candidate being considered as least preferred with $v_m = 0$. For $k > 1$, a truncated WSR will be used as the voting rule, with $v_t = 0$ for all $m-k+1 \le t \le m$. We also define $V = \sum_{s=1}^{m} v_s$.

A limiting representation as $n \to \infty$ for the joint probability, $\Phi_{2(m-1)}(\boldsymbol{R^4})$, that Candidate C_1 is both the PMRW and the winner by the WSR with weights in $\boldsymbol{V^m_{m-k}}$ is developed in terms of $2(m-1)$ variables. The variables Y^i_j and Z^i_j are defined on the preference rankings of the ith voter for each $1 \le j \le m-1$.

$$\begin{aligned}
Y^i_j &= +1 \quad \text{if voter } i \text{ has } C_1 \succ C_{j+1} \\
&\quad\; -1 \quad \text{if voter } i \text{ has } C_{j+1} \succ C_1 \\
Z^i_j &= v_a - v_b \quad \text{if voter } i \text{ does vote and ranks } C_1 \text{ in the } a^{th} \text{ position} \\
&\qquad\qquad\qquad \text{and ranks } C_{i+1} \text{ in the } b^{th} \text{ position} \\
&\quad\; 0 \qquad\quad \text{if voter } i \text{ does not vote.}
\end{aligned} \tag{7.46}$$

Table 7.7 Computed values of $CE^{S(Ab)}_{PER}(3,\infty,IC(\upsilon,\omega)^*)$

	ω		
υ	0.2	0.5	0.8
0.1	0.4951	0.5734	0.6517
0.2	0.5203	0.6026	0.6849
0.3	0.5395	0.6248	0.7101
0.4	0.5554	0.6433	0.7311
0.5	0.5694	0.6595	0.7495
0.6	0.5820	0.6741	0.7661
0.7	0.5936	0.6874	0.7813
0.8	0.6043	0.6998	0.7954
0.9	0.6142	0.7114	0.8085
1.0	0.6236	0.7222	0.8208

Table 7.8 Computed values of $CE_{BER}^{S(Ab)}(3,\infty,IC(\upsilon,\omega)^{*})$

υ	ω 0.2	0.5	0.8
0.1	0.5046	0.5844	0.6642
0.2	0.5335	0.6179	0.7023
0.3	0.5554	0.6433	0.7311
0.4	0.5738	0.6645	0.7553
0.5	0.5898	0.6831	0.7764
0.6	0.6043	0.6998	0.7954
0.7	0.6174	0.7151	0.8127
0.8	0.6294	0.7290	0.8285
0.9	0.6401	0.7414	0.8426
1.0	0.6476	0.7500	0.8524

Following the logic of earlier analysis, $\Phi_{2(m-1)}(\boldsymbol{R^4})$ is a multivariate-normal positive orthant probability. The individual correlation terms in $\boldsymbol{R^4}$ are defined by $Cor(Y_c,Y_d)$, $Cor(Z_c,Z_d)$ and $Cor(Y_c,Z_d)$, with

$$\begin{aligned}
Cor(Y_c,Y_d) &= \frac{1}{3}, \text{ for all } 1 \le c \ne d \le m-1 \\
Cor(Z_c,Z_d) &= \frac{1}{2}, \text{ for all } 1 \le c \ne d \le m-1 \\
Cor(Y_c,Z_c) &= f\left(\boldsymbol{V^m_{m-k}}, \upsilon^m_{m-k}\right), \text{ for all } 1 \le c \le m-1 \\
Cor(Y_c,Z_d) &= \frac{1}{2} f\left(\boldsymbol{V^m_{m-k}}, \upsilon^m_{m-k}\right), \text{ for all } 1 \le c \ne d \le m-1.
\end{aligned} \tag{7.47}$$

Here,

$$f\left(\boldsymbol{V^m_{m-k}}, \upsilon^m_{m-k}\right) = \frac{2\sqrt{\upsilon^m_{m-k}}\sum_{s=1}^{m}(m+1-2s)v_s}{\sqrt{2m(m-1)\left\{m\sum_{s=1}^{m}v_s^2 - V^2\right\}}}. \tag{7.48}$$

These results verify the correlation matrix in (5.11) for the special case with $m=3$, $k=1$ and $\upsilon_3^2=1$. The symmetry of the $IC\left(\upsilon^m_{m-k}\right)$ with respect to candidates then leads to the definition of $CE^S_{WSR\left(\boldsymbol{V^m_{m-k}}\right)}\left(m,\infty,IC\left(\upsilon^m_{m-k}\right)*\right)$ as

$$CE^S_{WSR\left(\boldsymbol{V^m_{m-k}}\right)}\left(m,\infty,IC\left(\upsilon^m_{m-k}\right)*\right) = \frac{m\Phi_{2(m-1)}\left(\boldsymbol{R^4}\right)}{P^S_{PMRW}(m,\infty,IC)}. \tag{7.49}$$

The form of $\boldsymbol{R^4}$ in (7.47) and (7.48) can be used with a result from Slepian (1962) to show that $CE^S_{WSR\left(\boldsymbol{V^m_{m-k}}\right)}\left(m,\infty,IC\left(\upsilon^m_{m-k}\right)*\right)$ will be maximized by the $\boldsymbol{V^m_{m-k}}$ that maximizes $f\left(\boldsymbol{V}_{\boldsymbol{m-k}}^{\boldsymbol{m}}, \upsilon_{m-k}^{m}\right)$, for a specified k. This result is then used in Gehrlein (1981b) to obtain a number of results regarding the most Condorcet Efficient WSR's in m-candidate elections.

Theorem 7.2 *When voters are required to rank $m-k$ candidates, the $\boldsymbol{V}_{\boldsymbol{m-k}}^{\boldsymbol{m}}$ that maximizes $CE_{WSR\left(\boldsymbol{V}_{\boldsymbol{m-k}}^{\boldsymbol{m}}\right)}^{S}\left(m, \infty, IC\left(\upsilon_{m-k}^{m}\right)*\right)$ has weights*

$$v_i = m - i - (k-1)/2, \quad \text{for each } 1 \leq i \leq m-k.$$

A result that follows directly from Theorem 7.2 is

Corollary 7.1 *When voters are required to rank all candidates, with $k=1$, $CE_{WSR\left(\boldsymbol{V}_{\boldsymbol{m-k}}^{\boldsymbol{m}}\right)}^{S}\left(m, \infty, IC\left(\upsilon_{m-1}^{m}\right)*\right)$ is maximized by BR.*

It is particularly interesting to note that the $\boldsymbol{V}_{\boldsymbol{m-k}}^{\boldsymbol{m}}$ that maximizes Condorcet Efficiency with $k>1$ is not obtained with a truncated BR for $m>3$. For example, the $\boldsymbol{V}_{\boldsymbol{m-k}}^{\boldsymbol{m}}$ weights that maximize Condorcet Efficiency for $m=4$, 5 are listed in Fig. 7.3.

The maximum value $f_{Max}\left(\boldsymbol{V}_{\boldsymbol{m-k}}^{\boldsymbol{m}}, \upsilon_{m-k}^{m}\right)$ for a specified k follows directly from (7.48) and Theorem 7.2 as

$$f_{Max}\left(\boldsymbol{V}_{\boldsymbol{m-k}}^{\boldsymbol{m}}, \upsilon_{m-k}^{m}\right) = \sqrt{\frac{2\upsilon_{m-k}^{\prime m}(m-k)[(m+1)(m-1)+k(m+k)]}{3m^2(m+1)}}. \tag{7.50}$$

Rates of voting participation could vary from these WSR results if CSR's are used instead. Let τ_{m-k}^{m} denote the probability that a voter will participate in voting when the CSR *Rule* C_{m-k}^{m} is used, such that each voter's $m-k$ most preferred candidates must be reported without an associated ranking on these candidates. Then, a simple representation for $f_{CSR(m-k)}\left(\boldsymbol{V}_{\boldsymbol{m-k}}^{\boldsymbol{m}}, \tau_{m-k}^{m}\right)$ from (7.48) follows directly from results in Gehrlein and Fishburn (1981a) as

$$f_{CSR(m-k)}\left(\boldsymbol{V}_{\boldsymbol{m-k}}^{\boldsymbol{m}}, \tau_{m-k}^{m}\right) = \sqrt{\frac{2\tau_{m-k}^{\prime m}k(m-k)}{m(m-1)}}. \tag{7.51}$$

$m=4,\ k=1$	$V_3^4 = (3,2,1,0)$
$m=4,\ k=2$	$V_2^4 = (2.5,1.5,0,0)$
$m=5,\ k=1$	$V_4^5 = (4,3,2,1,0)$
$m=5,\ k=2$	$V_3^5 = (3.5,2.5,1.5,0,0)$
$m=5,\ k=3$	$V_2^5 = (3,2,0,0,0)$

Fig. 7.3 WSR values that maximize Condorcet Efficiency for $m=4$, 5

Given all of the assumptions, the optimal voting rule to maximize Condorcet Efficiency is determined by the following procedure:

- Find the integer i^* that maximizes $f_{Max}\left(\boldsymbol{V^m_{m-i}}, \upsilon^m_{m-i}\right)$ for $1 \leq i \leq m - 1$.
- Find the integer j^* that maximizes $f_{CSR(m-j)}\left(\boldsymbol{V^m_{m-j}}, \tau^m_{m-j}\right)$ for $1 \leq j \leq m - 1$.
- Determine the voting rule to use by:

1. If $f_{Max}\left(\boldsymbol{V^m_{m-i^*}}, \upsilon^m_{m-i^*}\right) > f_{CSR(m-j^*)}\left(\boldsymbol{V^m_{m-j^*}}, \tau^m_{m-j^*}\right)$, voters should rank their $m - i^*$ most preferred candidates and the truncated scoring rule $\boldsymbol{V^m_{m-i^*}}$ from Theorem 7.2 should be used.
2. If $f_{CSR(m-j^*)}\left(\boldsymbol{V^m_{m-j^*}}, \tau^m_{m-j^*}\right) > f_{Max}\left(\boldsymbol{V^m_{m-i^*}}, \upsilon^m_{m-i^*}\right)$, then the CSR *Rule* $C^m_{m-j^*}$ should be used.
3. If $f_{Max}\left(\boldsymbol{V^m_{m-i^*}}, \upsilon^m_{m-i^*}\right) = f_{CSR(m-j^*)}\left(\boldsymbol{V^m_{m-j^*}}, \tau^m_{m-j^*}\right)$, the Condorcet Efficiency of *Rule* $C^m_{m-j^*}$ and the truncated WSR $\boldsymbol{V^m_{m-i^*}}$ are the same.

7.6 The Presence of a PMR Cycle and Condorcet Efficiency

All measures of Condorcet Efficiency that have been considered to this point have been conditional on the requirement that a PMRW exists. It is a natural question to ask what should be done if a PMRW does not exist in a voting situation. A number of studies have developed proposals as to which candidate most closely reflects the nature of a PMRW when no such winner actually exists on the basis of the definition that we have been relying on. Two early studies by Condorcet and Dodgson develop some very basic approaches to considering this problem.

7.6.1 Methods for Breaking PMR Cycles

Condorcet (1793, pp. 267–268) wrote about how this should be done in the context of how PMR cycles could be removed when voter indifference on some pairs of candidates is allowed:

> A table of majority judgments between the candidates taken two by two would then be formed and the result, that is, the order of merit in which they are placed by the majority, extracted from it. If these two judgments could not all exist together, then those with the smallest majority would be rejected.

An important issue here is that Condorcet goes on to state that this procedure applies to all situations. Condorcet frequently discusses what should be done to remove PMR cycles when indifference is not considered. This discussion is typically very confounded by his computation of probabilities that are related to the likelihood that pairwise comparisons are true, based on reported votes. It is always unclear as to whether he suggests the reversal of the pair with the smallest majority vote count, or the smallest computed probability, to remove cycles. There is no discussion of probabilities in this summary when he states that the cycles should be removed on the basis of the smallest majority of the PMR relations, and that it applies to all situations.

Condorcet's procedure is based on the margin of victory in PMR comparisons for pairs of candidates in a PMR cycle. Suppose that a voting situation exists with the PMR cycle *AMB*, *BMC* and *CMA*. Using the definition of $N(C \succ A)$ that leads to Eq. 7.31, Candidate A would become the PMRW in this voting situation if the preferences of $N(C \succ A) - (n-1)/2$ voters are changed to reverse their preference from $C \succ A$ to $A \succ C$. The smallest number of such pairwise interchanges of candidates in voters' preference rankings that are needed to remove this PMR cycle is associated with the pair of candidates that is identified by the minimum of $N(A \succ B)$, $N(B \succ C)$ and $N(C \succ A)$. The intent of the procedure that Condorcet suggests is to directly break the 'weakest link' in the PMR cycle

As an extension of this work, Young (1977) develops a mathematical programming formulation to the problem of determining the largest subset of voters within a voting situation that have preference rankings with a PMRW. Rosenthal (1975) also presents a linear programming approach related to this problem.

A second approach to the problem of breaking PMR cycles is credited to Dodgson, in Black (1958, p. 58). A copy of Dodgson's original paper is reprinted in Black's book. Suppose that *AMB*, *BMC* and *CMA* form the PMR cycle, as above. If $N(C \succ A)$ is the minimum of $N(A \succ B)$, $N(B \succ C)$ and $N(C \succ A)$, the modified voting situation must then have *AMB*, *BMC* and *AMC* after A and C are interchanged in the preference rankings of $N(C \succ A) - (n-1)/2$ voters who originally have $C \succ A$. However, suppose that this is done in a voter's complete and transitive preference ranking with $C \succ B \succ A$. Interchanging A and C in this voter's preference ranking will also reverse that voter's preferences relations on pairs $C \succ B$ to $B \succ C$ and $B \succ A$ to $A \succ B$. While the procedure that Condorcet suggests directly breaks the weakest link in the PMR cycle, it does not measure the total number of such reversals that occur in voters' preferences in a voting situation when the two candidates that are involved in this weakest link are interchanged for some voters. This problem is compounded when more than three candidates are considered. Dodgson [Black (1958), pg. 256] suggests the notion of breaking a PMR cycle in a voting situation by looking for the PMRW as the candidate that requires the least total number of such reversals in voters' preferences.

Many different voting rules have been developed that elect the PMRW when one exists, with various procedures that somehow break PMR cycles to determine the winner when a PMRW does not exist. Fishburn (1977) presents an analysis of nine different voting rules with this property. Other studies have focused on similar approaches to obtain complete and transitive PMR rankings, as opposed to simply obtaining a PMRW. These studies include Rödding (1975), Callaos et al. (1980), Wolsky and Sanathanan (1982) and Maas et al. (1995).

Klamler (2004) shows that Condorcet's method for breaking ties by using the weakest link argument can produce PMR rankings that are inconsistent with the rankings that result from directly using BR on the voters' preferences. Klamler

(2005) further analyzes the case of four or more alternatives to compare BR rankings to the PMR rankings that are induced when PMR cycles are present. The induced PMR rankings are obtained by finding the minimum total number of reversals in voters' preferences that must be made to obtain a transitive PMR relationship. It is found that there can be dramatic differences between the resulting induced PMR rankings and the BR rankings that are obtained from the original voters' preferences. However, the mere fact that such inconsistencies can occur does not evaluate BR on its overall expected performance.

In a related study, Martin and Merlin (2002) do an analysis that considers the behavior of WSR's when a PMRW does not exist in a voting situation. The analysis considers the propensity of WSR's to select candidates that are in the *stability set with PMR* in a modified voting situation in which voters are farsighted in the sense described by Rubinstein (1980). The first example shows a voting situation for which there is no PMRW, and for which every WSR selects a candidate that is not included in the stability set with PMR. A second example shows a voting situation in which there is no PMRW, and for which every WSR runoff procedure selects the same candidate that is not included in the stability set with PMR.

7.6.2 The Efficiency of WSR's when PMR Cycles Exist

An evaluation of WSR's on the basis of their propensity to elect the PMRW that is obtained when PMR cycle are broken with Condorcet's method is performed in Gehrlein (2004c) for three-candidate elections with the assumption of IC in the limit as $n \to \infty$.

Let $SM(A,B)$ denote the strength of the PMR vote for A over B, with

$$SM(A,B) = N(A \succ B) - N(B \succ A). \tag{7.52}$$

With the definition of $n_i{}'s$ for voting situations from Fig. 1.1, a given voting situation will have $SM(A,B) = n_1 + n_2 + n_4 - n_3 - n_5 - n_6$, and AMB if and only if $SM(A,B) > 0$. An increase in $SM(A,B)$ indicates a greater strength in the PMR relation for A over B.

If there is a PMR cycle with AMB, BMC and CMA, then $SM(A,B) > 0$, $SM(B,C) > 0$ and $SM(C,A) > 0$. The weakest link in the PMR cycle is associated with the pair from *Minimum* $\{SM(A,B), SM(B,C), SM(C,A)\}$. This analysis starts by developing a representation, $U(3,\infty,IC)$, for the limiting probability as $n \to \infty$ with IC that a strict PMR cycle exists with AMB, BMC and CMA and $SM(C,A)$ is the *Minimum* $\{SM(A,B), SM(B,C), SM(C,A)\}$. Three variables are defined to develop this representation, and the process follows many of our earlier analyses that developed representations as limiting distributions of multivariate-normal orthant probabilities.

Variable T_1^i defines the contribution that the ith randomly selected voter will make to the difference $SM(A,B) - SM(C,A)$ in a voting situation, with

$$\begin{aligned} T_1^i = & \ 2 : p_1 + p_2 \\ & -2 : p_5 + p_6 \\ & \ 0 : p_3 + p_4. \end{aligned} \tag{7.53}$$

For example, the voter will have a preference ranking $A \succ B \succ C$ with probability p_1, and this voter's preference ranking would cause $SM(A,B)$ to increase by one since $A \succ B$ and cause $SM(C,A)$ to decrease by one since $A \succ C$. With probability p_1, this voter will therefore cause an increase of two in the count of the difference $SM(A,B) - SM(C,A)$. Other values of T_1^i are determined in the same fashion for each of the six possible preference rankings. If $\overline{T}_1 > 0$ for the n voters, then $SM(A,B) > SM(C,A)$.

Variable T_2^i defines the contribution that the randomly selected ith voter will make to the difference $SM(B,C) - SM(C,A)$ in the same way, with

$$\begin{aligned} T_2^i = & \ 2 : p_1 + p_3 \\ & -2 : p_4 + p_6 \\ & \ 0 : p_2 + p_5. \end{aligned} \tag{7.54}$$

If $\overline{T}_2 > 0$, then $SM(B,C) > SM(C,A)$.

Following previous discussion, CMA if $\overline{T}_3 > 0$ when

$$\begin{aligned} T_3^i = & \ 1 : p_4 + p_5 + p_6 \\ & -1 : p_1 + p_2 + p_3. \end{aligned} \tag{7.55}$$

$U(3,\infty,IC)$ is then obtained as the three-variate-normal positive orthant probability, $\Phi_3(\boldsymbol{R}^5)$, that $\overline{T}_j \geq 0$ for $1 \leq j \leq 3$ for correlation matrix $\boldsymbol{R}^5$, with

$$\boldsymbol{R}^5 = \begin{bmatrix} 1 & \frac{1}{2} & -\sqrt{\frac{2}{3}} \\ & 1 & -\sqrt{\frac{2}{3}} \\ & & 1 \end{bmatrix}. \tag{7.56}$$

Sheppard's Theorem can be used to obtain a simple representation for $\Phi_3(\boldsymbol{R}^5)$. There are two different PMR cycles on three candidates and there are three possible pairs that could be the weakest link in each PMR cycle. With the symmetry of IC with respect to candidates, the limiting probability that a strict PMR cycle exists for three candidates with IC is given by $P^S_{PMRC}(3,\infty,IC)$ and

$$P^S_{PMRC}(3,\infty,IC) = 6\Phi_3(\boldsymbol{R}^5) = 1 - \frac{3}{\pi} Cos^{-1}\left(\sqrt{\frac{1}{3}}\right) \approx 0.08774. \tag{7.57}$$

The numerical result that is given in (7.57) is not at all surprising since the probability of a PMR tie is zero as $n \to \infty$, so $P^S_{PMRC}(3,\infty,IC) = 1 - P^S_{PMRW}(3,\infty,IC)$.

With $\overline{T}_j \geq 0$ for $1 \leq j \leq 3$ as described above, we also want a WSR with weights $(1,\lambda,0)$ to select Candidate A as the winner. To ensure that this is the case, two more variables are required. Variable T^i_4 will result in $AW_\lambda B$ if $\overline{T}_4 > 0$, when $T^i_4 = X^i_3$ from the discussion leading to (5.6). Similarly, variable T^i_5 will result in $AW_\lambda C$ if $\overline{T}_5 > 0$, when $T^i_5 = X^i_4$ from (5.6).

We want the joint probability that $\overline{T}_j > 0$ for $1 \leq j \leq 5$ with IC as $n \to \infty$. A limiting representation is obtained as the five-variate normal positive orthant probability, $\Phi_5(\boldsymbol{R^6})$, with correlation matrix $\boldsymbol{R^6}$, where $z = 1 - \lambda(1-\lambda)$, and

$$\boldsymbol{R^6} = \begin{bmatrix} 1 & \frac{1}{2} & -\sqrt{\frac{2}{3}} & \sqrt{\frac{3}{8z}} & \sqrt{\frac{3}{8z}} \\ & 1 & -\sqrt{\frac{2}{3}} & 0 & \sqrt{\frac{3}{8z}} \\ & & 1 & -\sqrt{\frac{1}{9z}} & -\sqrt{\frac{4}{9z}} \\ & & & 1 & \frac{1}{2} \\ & & & & 1 \end{bmatrix}. \tag{7.58}$$

There are two possible PMR cycles with three candidates, and there are three pairs of candidates that could represent the weakest link in each cycle. Given the symmetry of IC with respect to candidates, the Condorcet Efficiency given that a PMR cycle exists, $CE^{SC}_{WSR(\lambda)}(3,\infty,IC^c)$, that Rule λ elects the candidate that is induced as the PMRW by breaking the weakest link in the PMR cycle is given by

$$CE^{SC}_{WSR(\lambda)}(3,\infty,IC^c) = \frac{6\Phi_5(\boldsymbol{R^6})}{P^S_{PMRC}(3,\infty,IC)}. \tag{7.59}$$

The definitions of z and $\boldsymbol{R^6}$ lead to the conclusion that $CE^{SC}_{WSR(\lambda)}(3,\infty,IC^c)$ is symmetric for λ, about $\lambda = 1/2$, for the closed interval $\lambda \in [0,1]$. The differences in signs for correlation terms in $\boldsymbol{R^6}$ that involve z do not permit an analytical determination as to exactly how $CE^{SC}_{WSR(\lambda)}(3,\infty,IC^c)$ changes as λ changes. A procedure from Gehrlein (1979) is used to compute values of $CE^{SC}_{WSR(\lambda)}(3,\infty,IC^c)$ from (7.59) for each $\lambda = 0.00(0.05)0.50$ and the results are listed in Table 7.9.

Computed values of $CE^{S}_{WSR(\lambda)}(3,\infty,IC^*)$ from Table 5.10 are included in Table 7.9 for convenience. The numerical evidence suggests that $CE^{SC}_{WSR(\lambda)}(3,\infty,IC^c)$ is uniquely maximized by BR. As intuition would suggest, $CE^{SC}_{WSR(\lambda)}(3,\infty,IC^c)$ values are less than $CE^{S}_{WSR(\lambda)}(3,\infty,IC^*)$ values. However, $CE^{SC}_{WSR(\lambda)}(3,\infty,IC^c)$ maintains about 75% of the value of $CE^{S}_{WSR(\lambda)}(3,\infty,IC^*)$ for BR, and about 65% of the value for PR and NPR. It is very important to note that BR does maximize both probabilities, when either a PMRW exists or a PMR cycle exists as $n \to \infty$ under IC.

Table 7.9 Computed values of $CE^{S}_{WSR(\lambda)}(3,\infty,IC^{*})$ and $CE^{SC}_{WSR(\lambda)}(3,\infty,IC^{c})$

λ	$CE^{S}_{WSR(\lambda)}(3,\infty,IC^{*})$	$CE^{SC}_{WSR(\lambda)}(3,\infty,IC^{c})$
0.00	0.7572	0.4883
0.05	0.7749	0.5010
0.10	0.7930	0.5155
0.15	0.8113	0.5320
0.20	0.8296	0.5507
0.25	0.8473	0.5717
0.30	0.8639	0.5944
0.35	0.8786	0.6230
0.40	0.8905	0.6459
0.45	0.8984	0.6652
0.50	0.9012	0.6722

The process of developing a general representation for $CE^{SC}_{WSR(\lambda)}(3,n,IAC^{c})$ would be an extremely cumbersome task. However, some analytical results are obtained for specific voting rules by using EUPIA. Representations for $P^{S}_{PMRC}(3,n,IAC)$ and $CE^{SC}_{VR}(3,n,IAC^{c})$, for each $VR \in \{PR, BR, NPR\}$ are

$$P^{S}_{PMRC}(3,n,IAC) = \frac{(3n^3+3n^2-107n+53)(n-1)}{48(n+1)(n+2)(n+3)(n+4)}, \text{ for } n = 7(6) \ \ldots \quad (7.60)$$

$$CE^{SC}_{PR}(3,n,IAC^{c}) = \frac{17n^3+17n^2-313n-153}{9(3n^3+3n^2-107n+53)}, \text{ for } n = 7(6) \ \ldots \quad (7.61)$$

$$CE^{SC}_{BR}(3,n,IAC^{c}) = \frac{2(3n^3+3n^2-67n+13)}{3(3n^3+3n^2-107n+53)}, \text{ for } n = 7(6) \ \ldots \quad (7.62)$$

$$CE^{SC}_{NPR}(3,n,IAC^{c}) = \frac{47n^4+187n^3-2283n^2-2663n+15080}{36(3n^3+3n^2-107n+53)(n+5)}, \text{ for } n = 13(6) \ \ldots \quad (7.63)$$

Based on these representations, it is obvious that there is no symmetry in the limiting distribution $CE^{SC}_{WSR(\lambda)}(3,\infty,IAC^{c})$ about $\lambda = 1/2$ on the interval $\lambda \in [0,1]$, since $CE^{SC}_{PR}(3,\infty,IAC^{c}) = 17/27$ and $CE^{SC}_{NPR}(3,\infty,IAC^{c}) = 47/108$. The efficiency of PR increases significantly from the case of IC, while the efficiency of NPR decreases significantly. With $CE^{SC}_{BR}(3,\infty,IAC^{c}) = 2/3$, the efficiency of BR is reduced, but almost unchanged with IAC.

Table 7.10 lists Monte-Carlo simulation estimates of $CE^{SC}_{WSR(\lambda)}(3,\infty,IAC^{c})$ for each $\lambda = 0.00(0.05)1.00$ that were obtained with a procedure from Tovey (1997). Computed values of $CE^{S}_{WSR(\lambda)}(3,\infty,IAC^{*})$ from Table 5.13 are also included in Table 7.10 for convenience. $CE^{SC}_{WSR(\lambda)}(3,\infty,IAC^{c})$ maintains about 73% of the value of $CE^{S}_{WSR(\lambda)}(3,\infty,IAC^{*})$ for BR, about 71% of the value for PR and 69% for NPR. The same WSR seems to maximize both probabilities, with $\lambda \approx 0.35$, when either a PMRW exists or a PMR cycle exists as $n \to \infty$ under IAC. As a result, the addition of some degree of dependence among voters' preferences

Table 7.10 Computed values of $CE^{S}_{WSR(\lambda)}(3,\infty,IAC^{*})$ and $CE^{SC}_{WSR(\lambda)}(3,\infty,IAC^{c})$

λ	$CE^{S}_{WSR(\lambda)}(3,\infty,IAC^{*})$	$CE^{SC}_{WSR(\lambda)}(3,\infty,IAC^{c})$
0.00	0.8815	0.6307
0.05	0.8899	0.6399
0.10	0.8979	0.6508
0.15	0.9055	0.6588
0.20	0.9123	0.6676
0.25	0.9182	0.6757
0.30	0.9226	0.6824
0.35	0.9252	0.6874
0.40	0.9249	0.6873
0.45	0.9208	0.6818
0.50	0.9111	0.6659
0.55	0.8943	0.6333
0.60	0.8720	0.5997
0.65	0.8461	0.5700
0.70	0.8176	0.5411
0.75	0.7874	0.5163
0.80	0.7560	0.4929
0.85	0.7240	0.4754
0.90	0.6919	0.4610
0.95	0.6603	0.4480
1.00	0.6296	0.4350

changes the most Condorcet efficient WSR from BR to something closer to PR in both cases. However, the difference between the Condorcet Efficiency of BR and the most efficient voting rule is not very large in either case.

7.7 The Impact of Removing Candidates

One measure of the stability of voting rules is the degree to which they respond to having some subset of candidates removed from an election. The notion of independence of irrelevant candidates suggests that the removal of candidates that are not election winners should not change the election outcome.

Suppose that the WSR ranking on the set of candidates $\boldsymbol{C^m} = \{C_1, C_2, \ldots, C_m\}$ is $C_1VC_2V\ldots VC_m$ with WSR $\boldsymbol{V^m_{m-1}}$ for a given voting situation. A subset of candidates K with $\#K = k$ is then removed from the voters' preference rankings to form a modified voting situation in which the preference rankings on the remaining candidates in $\boldsymbol{C^m}\backslash K$ remains consistent with the voters' preferences in the original voting situation. A WSR $\boldsymbol{W^{m-k}_{m-k-1}}$ is then used to obtain a ranking on the candidates in $\boldsymbol{C^m}\backslash K$ for the modified voting situation. We then let $PSR^m_K(\boldsymbol{V^m_{m-1}}, \boldsymbol{W^{m-k}_{m-k-1}}, \infty, IC)$ denote the limiting probability as $n \to \infty$ under IC that the ranking of the candidates in $\boldsymbol{C^m}\backslash K$ by $\boldsymbol{W^{m-k}_{m-k-1}}$ in the modified voting situation is consistent with the ranking of these same candidates in $C_1VC_2V\ldots VC_m$ with WSR $\boldsymbol{V^m_{m-1}}$ in the original voting situation.

Some limiting representations for $PSR^m_K(\boldsymbol{V^m_{m-1}}, \boldsymbol{W^{m-k}_{m-k-1}}, \infty, IC)$ are developed in Gehrlein and Fishburn (1980) for the special case of $m = 3, 4$.

Theorem 7.3 *Given* $m = 3$ *with* $\boldsymbol{V_2^3} = (1, \lambda, 0)$ *and* $\boldsymbol{W_1^2} = (1, 0)$

$$PSR^3_{\{C_3\}}(\boldsymbol{V_2^3}, \boldsymbol{W_1^2}, \infty, IC) = PSR^3_{\{C_1\}}(\boldsymbol{V_2^3}, \boldsymbol{W_1^2}, \infty, IC) = \frac{1}{2} + \frac{3}{2\pi}\left[Sin^{-1}\left(\sqrt{\frac{2}{3z}}\right) - Sin^{-1}\left(\sqrt{\frac{1}{6z}}\right)\right]$$

$$PSR^3_{\{C_2\}}(\boldsymbol{V_2^3}, \boldsymbol{W_1^2}, \infty, IC) = \frac{1}{2} + \frac{3}{\pi}Sin^{-1}\left(\sqrt{\frac{1}{6z}}\right),$$

with $z = 1 - \lambda(1 - \lambda)$.

It is further shown for all $X \in \{C_1, C_2, C_3\}$ that $PSR^3_{\{X\}}(\boldsymbol{V_2^3}, \boldsymbol{W_1^2}, \infty, IC)$, where $\boldsymbol{V_2^3}$ has weight $(1, \lambda, 0)$, is symmetric about $\lambda = 1/2$ on the interval $\lambda \in [0, 1]$ and that it is maximized when $\boldsymbol{V_2^3}$ is BR and minimized when $\boldsymbol{V_2^3}$ is either PR or NPR. Table 7.11 lists computed values of $PSR^3_{\{X\}}(\boldsymbol{V_2^3}, \boldsymbol{W_1^2}, \infty, IC)$ for $X \in \{C_2, C_3\}$ for each $\lambda = 0.00(0.05)0.50$ from Gehrlein and Fishburn (1983).

Theorem 7.4 *Given* $m = 4$ *with* $\boldsymbol{V_3^4} = (v_1, v_2, v_3, 0)$ *and* $\boldsymbol{W_1^2} = (1, 0)$

$$PSR^4_{\{C_3,C_4\}}(\boldsymbol{V_3^4}, \boldsymbol{W_1^2}, \infty, IC) = PSR^4_{\{C_1,C_2\}}(\boldsymbol{V_3^4}, \boldsymbol{W_1^2}, \infty, IC)$$
$$= \frac{1}{8\pi}\left[Sin^{-1}(2\beta) - Sin^{-1}(\beta)\right] + \frac{1}{4\pi^2}\int_0^{1/2}\sqrt{\frac{1}{1-t^2}}Cos^{-1}\left(\beta\sqrt{\frac{3-4t^2}{1-t^2-\beta^2}}\right)dt$$

$$PSR^4_{\{C_2,C_4\}}(\boldsymbol{V_3^4}, \boldsymbol{W_1^2}, \infty, IC) = PSR^4_{\{C_1,C_3\}}(\boldsymbol{V_3^4}, \boldsymbol{W_1^2}, \infty, IC)$$
$$= \frac{1}{48} + \frac{1}{4\pi^2}\int_0^{\beta}\sqrt{\frac{1}{1-t^2}}\left\{Cos^{-1}\left(\sqrt{\frac{1-4t^2}{3-6t^2}}\right) + Cos^{-1}\left(\sqrt{\frac{1-4t^2}{9-12t^2}}\right)\right.$$
$$\left.-Cos^{-1}\left(\sqrt{\frac{1}{3-10t^2+8t^4}}\right)\right\}dt$$

$$PSR^4_{\{C_2,C_3\}}(\boldsymbol{V_3^4}, \boldsymbol{W_1^2}, \infty, IC)$$
$$= \frac{1}{48} + \frac{1}{2\pi^2}\int_0^{\beta}\sqrt{\frac{1}{1-t^2}}\left\{\frac{\pi}{2} - Sin^{-1}\left(\sqrt{\frac{1}{3-10t^2+8t^4}}\right)\right\}dt$$

$$PSR^4_{\{C_1,C_4\}}(\boldsymbol{V_3^4}, \boldsymbol{W_1^2}, \infty, IC)$$
$$= \frac{1}{48} + \frac{1}{2\pi^2}\int_0^{\beta}\left\{\sqrt{\frac{1}{1-4t^2}}Cos^{-1}\left(\frac{1}{3}\right) - \sqrt{\frac{1}{1-t^2}}Cos^{-1}\left(\sqrt{\frac{1-4t^2}{3-6t^2}}\right)\right\}dt,$$

$$\textit{with } \beta = \frac{3v_1 + v_2 - v_3}{\sqrt{24\left[4(v_1^2 + v_2^2 + v_3^2) - (v_1 + v_2 + v_3)^2\right]}}.$$

Table 7.11 $PSR^3_{\{X\}}(V^3_2, W^2_1, \infty, IC)$ for $X \in \{C_2, C_3\}$from Gehrlein and Fishburn (1983)

	X	
λ	C_2	C_3
0.00	0.9016	0.7553
0.05	0.9121	0.7671
0.10	0.9223	0.7794
0.15	0.9319	0.7919
0.20	0.9409	0.8044
0.25	0.9488	0.8167
0.30	0.9557	0.8282
0.35	0.9613	0.8383
0.40	0.9654	0.8464
0.45	0.9679	0.8516
0.50	0.9688	0.8534

It is further proved for all $i < j$ that $PSR^4_{\{C_i,C_j\}}(V^4_3, W^2_1, \infty, IC)$ is maximized when V^4_3 is BR and it is minimized when V^4_3 is either PR or NPR. Similar position specified candidate removal results are not obtained for the case in which a single candidate is removed when $m = 4$.

A related problem that is associated with the limiting probability that there is consistency among winning candidates when a loser is removed is considered in Gehrlein et al. (1982). Suppose that Candidate C_w is winner that is obtained by using WSR V^m_{m-1} for a voting situation on C^m. One of the $m - 1$ losing candidates is then selected for removal from $C^m \backslash C_w$, with each losing candidates having an equal likelihood of being selected. The original voting situation is then modified by removing the selected losing candidate from voters' preference rankings. The WSR W^{m-1}_{m-2} is then used to determine the winning candidate from the modified voting situation. Let $PSW^m_{m-1}(V^m_{m-1}, W^{m-1}_{m-2}, \infty, IC)$ denote the probability that the same winner is obtained in both cases, and it is proved that $PSW^m_{m-1}(V^m_{m-1}, W^{m-1}_{m-2}, \infty, IC)$ is maximized when both V^m_{m-1} and W^{m-1}_{m-2} are consistent with BR for all $m \geq 3$.

Saari (1991) also examines the propensity of WSR's to maintain relationships between an original profile and reduced profiles, and it is similarly concluded that BR maximizes the number of such relationships. Yeh (2006) approaches a very different issue by considering the sensitivity of WSR's to changes that result in rankings on pairs of candidates when voters are removed from the electorate.

7.8 Results from Saari's Analysis of WSR's

Donald Saari is the leading proponent of using BR, and he has conducted many different analyses that are related to various properties of WSR's, with a primary focus on BR. The studies present very interesting observations regarding election outcomes, while they typically do not provide probability estimates regarding the relative likelihoods that the phenomena might be observed. The results that are most relevant to the current study are summarized in this section.

It is assumed that all voters have complete and transitive preferences on m candidates. There are $k^* = 2^m - (m + 1)$ different subsets with two or more candidates, and a system voting vector W^m defines $k*$ different WSR's, with an appropriate numbers of terms in each, that are to be applied to each of these $k*$ subsets. Voters are assumed to have complete and transitive preference rankings on subsets of candidates that are consistent with their relative ranking on all m candidates. Two special cases of W^m are P^m and BC^m which represent the respective use of PR and BR on each $k*$ subset. A *word*, $F(\boldsymbol{p}, W^m)$, lists the rankings that are obtained on all of the $k*$ subsets of candidates when W^m is applied to a voting situation $\boldsymbol{p}$. A *dictionary*, $D^m(W^m)$, denotes the set of words that are obtained by applying W^m to all possible voting situations, with no restriction on n.

Let U^m denote the dictionary that includes every possible word, or lists of possible combinations of rankings on the $k*$ sets of candidates. Since some possible words might not ever result for a given W^m for any $\boldsymbol{p}$, it follows that $D^m(W^m) \subseteq U^m$. Some W^m that are contained in U^m produce paradoxical outcomes. As an example of a paradoxical outcome, some W^3 for a three candidate election might produce A beats B, B beats C and A beats C on the three different two candidate sets to produce the complete and transitive ranking A beats B beats C. The results of the two candidate subset elections are not paradoxical on their own, but suppose that the same W^3 outcome on the triple of candidates results in the ranking C beats B beats A. Such a combined outcome would suggest that the specified W^3 exhibited a very strange, or paradoxical, outcome. If $D^m(W^m) = U^m$, then W^m allows any possible voting outcome to result for some $\boldsymbol{p}$, to suggest that W^m is susceptible to every possible paradoxical outcome.

Saari (1989, 1990a) shows that there is a subset, α^m, of all possible W^m such that $D^m(W^m) \subset U^m$ if and only if $W^m \in \alpha^m$. For the case m equal to three, it is proved that $\alpha^3 = BC^3$, to make BR unique in not allowing all possible outcomes. It is also shown that

Theorem 7.5 *(Saari) $P^m \notin \alpha^m$ so that PR allows the existence of every paradoxical outcome that is included in U^m.*

Saari (2002) considers other aspects of the relative behavior of PR compared to other WSR's, and Saari (1989, 1990a) goes on to show that if $W^m \neq BC^m$, then $D^m(BC^m) \subset D^m(W^m)$ so that every paradoxical outcome that is allowed by BR must also be allowed by every other W^m. Since some other paradoxical outcomes can be expected to be included in $D^m(W^m) \backslash D^m(BC^m)$ for any given W^m, it is concluded that BR is the WSR that is least susceptible to exhibiting paradoxical outcomes.

Saari (1996a) considers relationships between the outcome of three and four-candidate elections when W^m is obtained in a very particular way. For two-candidate elections, the outcome of elections with all WSR's is equivalent to using PR weights $\{w_1, w_2\} = \{1, 0\}$ for all pairs in W^2. Suppose that we are looking at a method for aggregating these weights on pairs from W^2 to obtain the weights (w_1, w_2, w_3) for the WSR component for all three candidates in W^3 This aggregation is performed in a specific manner to obtain the aggregated weights $\omega^3(1, 0)$ for the three-candidate election. Suppose that we want to consider a specific ranking

Fig. 7.4 Aggregated scores from voting on pairs to obtain $\omega^3(1,0)$

Candidates	C_1	C_2	C_3
$\{C_1, C_2\}$	1	0	
$\{C_1, C_3\}$	1		0
$\{C_2, C_3\}$		1	0
Sum	2	1	0

$C_1\boldsymbol{W}C_2\boldsymbol{W}C_3$ that is obtained from $\omega^3(1,0)$. Further suppose that we want PR voting on all pairs of candidates to be consistent with $C_1\boldsymbol{W}C_2\boldsymbol{W}C_3$ when one of the candidates is removed from the preferences of the voters, so that $C_1\boldsymbol{P}C_2$, $C_1\boldsymbol{P}C_3$ and $C_2\boldsymbol{P}C_3$. The aggregated score that is earned by each candidate over the three pairwise elections is summarized in Fig. 7.4.

The weights for candidates in $\omega^3(1,0)$ correspond to the sum of weights that each candidate receives, so we see from Fig. 7.4 that $\omega^3(1,0) = BC^3$.

The work is extended to four candidates where we assume that $C_1\boldsymbol{W}C_2\boldsymbol{W}C_3\boldsymbol{W}C_4$ with weighted scoring rule $\omega^4(\omega^3)$ that is obtained as an accumulation from the use of the general WSR $\omega^3 = (\omega_1^3, \omega_2^3, 0)$ on three-candidate elections. That is, the weights in $\omega^4(\omega^3)$ correspond to the sum of the scores that candidates earn for elections on all triples that are consistent with $C_1\boldsymbol{W}C_2\boldsymbol{W}C_3\boldsymbol{W}C_4$ when WSR ω^3 is used in the elections on triples. Following previous analysis, the weights for $\omega^4(\omega^3)$ are developed in Fig. 7.5.

This analysis all leads to

$$\omega^4(\omega^3) = \{3\omega_1^3, \omega_1^3 + 2\omega_2^3, 2\omega_2^3, 0\}. \tag{7.64}$$

Saari (1996b) then proposes four properties for $\omega^4(\omega^3)$:

- If some candidate is the top-ranked with ω^3 for elections on all triples that it is contained in, then that candidate should not be bottom-ranked by $\omega^4(\omega^3)$.
- If some candidate is bottom-ranked with ω^3 for elections on all triples that it is contained in, then that candidate should not be top-ranked by $\omega^4(\omega^3)$.
- If some candidate is the top-ranked with ω^3 for elections on all triples that it is contained in, then the ranking by $\omega^4(\omega^3)$ should rank that candidate above any other candidate that is bottom-ranked with ω^3 for elections on all triples that the other candidate is contained in.
- If all four elections on triples with ω^3 result in a three-way tie, then the election with $\omega^4(\omega^3)$ should result in a four-way tie on the candidates.

Candidates	C_1	C_2	C_3	C_4
$\{C_1, C_2, C_3\}$	ω_1^3	ω_2^3	0	
$\{C_1, C_2, C_4\}$	ω_1^3	ω_2^3		0
$\{C_1, C_3, C_4\}$	ω_1^3		ω_2^3	0
$\{C_2, C_3, C_4\}$		ω_1^3	ω_2^3	0
Sum	$3\,\omega_1^3$	$\omega_1^3+2\,\omega_2^3$	$2\,\omega_2^3$	0

Fig. 7.5 Aggregated scores from voting on triples to obtain $\omega^4(\omega^3)$

It is then shown that all four of these properties are simultaneously met when $\omega^4(\omega^3) = BC^4$, and that no ω^3, other than BR will simultaneously meet these four properties in developing $\omega^4(\omega^3)$ in (7.64).

Saari (1996a) gives some additional properties of BR:

- Suppose that a candidate is top ranked by BC^m for all k-candidate elections with $2 \leq k < m$ for a profile. Then, that candidate cannot be bottom ranked by BR in the corresponding m-candidate election.
- Suppose both that candidate C_1 is top ranked and that C_2 is bottom ranked by BC^m for all elections on all k-candidate elections with $2 \leq k < m$ for a profile. Then, BR must rank C_1 above C_2 in the corresponding m-candidate election.
- A complete and transitive PMR ranking on m-candidates could be $C_j\boldsymbol{M}C_k$ for all $1 \leq j < k \leq m$ while the corresponding ranking by BR is $C_{m-1}\boldsymbol{B}C_{m-2}\boldsymbol{B}\ldots\boldsymbol{B}C_1\boldsymbol{B}C_m$. Thus, very different rankings can be obtained by PMR and BR.

Saari (1992a) also does an analysis of WSR's to consider the effect of removing losers in sequential elections. Consider a WSR, w^4, on four candidates and a WSR, w^3, on three candidates. We start with a voting situation on four candidates and obtain a reduced profile by removing some candidate from the all of the voters' preference rankings, to obtain the relative preference rankings on the remaining three candidates. A candidate is defined as the *Universal Winner* with w^3 for a voting situation on four candidates if that candidate would be the winner by w^3 in each of the elections on the three reduced profiles that is obtained by eliminating one of the remaining candidates from the original profile. A candidate is defined as the *Universal Loser* with w^3 if it loses all three of the elections on the reduced profiles.

It is shown that some very unusual situations can be observed when candidates are eliminated from voting situations. For example, suppose that we have a voting situation with four candidates such that some candidate is both the PMRW and the Universal Loser with $w^3 = (3, 1, 0)$. Then, that PMRW can not win an election on the original voting situation with $w^4 = (6, 3, 1, 0)$. However, it is possible to have a voting situation with four candidates such that some candidate is the PMRL and the Universal Winner with $w^3 = (3, 1, 0)$. Moreover, that PMRL can be the winner on the original voting situation with $w^4 = (6, 3, 1, 0)$. The study generally concludes that by using WSR's, other than BR, it is possible to give advantages to the PMRL toward winning an election, at the expense of the PMRW.

Saari (1999) considers other properties of BR, and concludes that whenever there is a difference between the rankings by BR and PMR, the difference is due to the fact that PMR partially dismisses the assumption of individual rationality of voters. It is further claimed that all differences in these rankings show the relative strength of BR when compared to the weakness of PMR.

7.9 Characterizations of BR

Young (1974) examines BR to determine properties that make it unique among all voting rules. In this analysis, voters' preferences are not defined in terms of a voting situation, but in the context of a voter preference profile. Young analyzes general *social choice functions* that select a subset of winning candidates from a set of all possible candidates.

Let Q_m^n denote a voter preference profile on a set, $\boldsymbol{C}^m = \{C_1, C_2, \ldots, C_m\}$, of m candidates, where each of n individual voters has linear preferences on the candidates. A social choice function, f, is an election procedure that selects a subset of winning candidates, $f(Q_m^n)$, given the voters' preferences in the voter preference profile, Q_m^n. Obviously, $f(Q_m^n) \subseteq \boldsymbol{C}^m$.

A social choice function is *anonymous* if the winning candidates in $f(Q_m^n)$ can be determined simply from a knowledge of the voting situation that follows from the voter preference profile. That is, the specific preference rankings that are held by any particular individual voters do not need to be known in order to determine the winning candidates in $f(Q_m^n)$, only the number of voters with each preference ranking must be known.

Suppose that the identities of the candidates in $\boldsymbol{C}^m$ are interchanged according to some permutation, $\sigma(\boldsymbol{C}^m)$. There will be a corresponding change in candidate identities in any associated Q_m^n, to obtain the modified profile $\sigma(Q_m^n)$. A social choice function is *neutral* toward candidates if $f(\sigma(Q_m^n)) = \sigma(f(Q_m^n))$. That is, the subset of winners from the modified profile must be identical to the subset of winners from the original profile, accounting for the interchange of names that is specified by $\sigma(\boldsymbol{C}^m)$.

Assume that we have profiles $Q_m^{n'}$ and $Q_m^{n''}$ on the candidates in $\boldsymbol{C}^m$ for two distinct sets of voters, with n' and n'' members in the respective sets. We also suppose that there is at least one common candidate in the winning subsets from the two profiles, such that $f(Q_m^{n'}) \cap f(Q_m^{n}) \neq \phi$. The combined profile $Q_m^{n'} + Q_m^{n''}$ is obtained by merging the preference rankings of the voters in the two profiles to obtain a single voter preference profile. A social choice function is *consistent* if the winning subset from the combined profile is identical to the subset of candidates that are common to both of the winning subsets of the individual profiles, with $f(Q_m^{n'} + Q_m^{n''}) = f(Q_m^{n'}) \cap f(Q_m^{n''})$.

Let Q_m^1 represent the preferences for a profile containing only one voter. A social choice function is *faithful* if the winning candidate, $f(Q_m^1)$, is the most preferred candidate for the individual voter. A social choice function has the *cancellation property* if any given voter's pairwise preference $C_i \succ C_j$ will be offset, or cancelled-out, by any other voter's pairwise preference with $C_j \succ C_i$. It follows that a social choice function with the cancellation property must declare a tie between candidates C_i and C_j if the number of voters having pairwise preferences with $C_i \succ C_j$ is the same as the number of voters with $C_j \succ C_i$.

It is proved that BR is the *only* social choice function that is neutral, consistent, faithful, and has the cancellation property. Since each of these properties sounds quite desirable, this finding is a strong endorsement for the use of BR. Gärdenfors (1973) develops another early characterization, and Nitzan and Rubinstein (1981) develop a characterization of BR for situations in which individual voters do not necessarily have transitive preferences. Debord (1992) develops a characterization of BR when it is used to elect committees of k members. BR is applied in the standard way in this study, and the k candidates with the greatest score are selected as winners. Other more recent characterizations of BR are presented in Marchant (1996, 1998) and Ohseto (2007).

Young (1974) notes that PMR exhibits all of the properties in the characterization of BR when attention is restricted to profiles that have a PMRW. However, the fact that PMR does not necessarily have a PMRW, so that we could have $f(Q_m^n) = \phi$ for some Q_m^n, eliminates PMR from consideration as a true social choice function, as defined in the analysis of BR.

In terms of characteristics that are generally related to Condorcet Efficiency, Fishburn and Gehrlein (1976b) list a number of ways in which BR is unique among WSR's for $m \geq 3$. Some of these observations have been noted earlier:

- BR is the only WSR that must always have all m candidates tied as winners when $N(C_i \succ C_j) = N(C_j \succ C_i)$ for all $i \neq j$ with $1 \leq i, j \leq m$.
- If there are two voting situations for which $N(C_i \succ C_j)$ is the same in both voting situations for all $i \neq j$ with $1 \leq i, j \leq m$, BR is the only WSR that guarantees that the same candidate will always be selected as the winner for both voting situations.
- When $m = 3$ as $n \to \infty$, the number of voter preference profiles (not voting situations) for which there is coincidence between the winner by BR and the PMRW, when there is a PMRW, is greater than the number of profiles with coincidence between any other WSR winner and the PMRW.
- BR is the only WSR that guarantees that the PMRW is not bottom ranked.
- BR is the only WSR that guarantees that the PMRL is not selected as a unique WSR winner.
- BR is the only sequential WSR-elimination winner that guarantees that the PMRW is selected as the ultimate winner, given that a PMRW exists.

Brams and Fishburn (2002) also list many other positive characteristics of BR.

7.10 Potential for Manipulation

De Grazia (1953) discusses the historical impact of Borda (1784) on the study of developing election procedures. The study then goes on to present an extensive analysis of the weaknesses that he perceives in Borda's work. Most of these weaknesses have already been addressed. However, a major concern of the study follows very strong arguments that Condorcet made about the possibility of the manipulation of an election outcome with BR through voters' misrepresentation of their true preferences, when some voters realize that their most preferred candidate has no realistic chance of winning. That is, such voters might change their votes by misrepresenting their true preferences, either to get their preferred outcome, or to accept a less preferred outcome to thereby avoid an even worse outcome.

In particular, a voting rule would be *strategy proof* if it would not possible for voters' to misrepresent their preferences to gain an advantage when that voting rule is used. It is well known from the results of Gibbard (1973) and Satterthwaite (1975) that effectively all voting rules are subject to the possibility of manipulation and therefore that none is strategy proof. A long held criticism of BR is that it is believed to be particularly susceptible to voter manipulation of preferences, and this issue must be addressed. The susceptibility of a voting rule to manipulation has been measured by both the likelihood that *individual manipulation* can occur and the likelihood that *coalition manipulation* by a group of voters can occur.

7.10.1 Empirical Results on BR Manipulability

The amount data from elections using BR is extremely limited, since it is not widely used. However limited the scope of the study, Reilly (2002) considers an example of a Pacific island country that uses a WSR in national elections. The Republic of Kiribati uses a truncated BR to select four candidates to be nominated for election. Each member of the parliament examines all candidates and ranks the four most preferred candidates, and they are given weights $(4, 3, 2, 1)$. The four candidates who receive the most total points in this stage are then considered to be the nominees for the final election. An analysis of actual election results indicates that significant strategic manipulation was being used with this system, leading to the elimination of popular candidates from inclusion in the set of final nominees. Manipulation has the definite potential to be a significant concern for BR.

7.10.2 Analytical Studies of BR Manipulation

Smith (1999) considers the degree to which some common election procedures can be manipulated through misrepresentation of preferences for small m and n with computer enumeration. The results depend upon how the potential for manipulation is measured. BR has the least potential for manipulation when voters randomly select another preference ranking to misrepresent their preferences. Unfortunately, BR performs very poorly under three other measures of possible manipulation, and it is concluded that BR is especially prone to manipulation if some manipulating agent has complete knowledge of other voters' preferences.

The techniques that have been used to develop probability representations in the current study have also been applied to the determination of the probability that different voting rules can be manipulated either by individuals or by coalitions of voters. Let $P_{IM}^{VR}(m, n, IAC)$ and $P_{CM}^{VR}(m, n, IAC)$ respectively denote the probability that individual manipulation and coalition manipulation can occur with voting rule VR for m candidates and n voters with the IAC assumption. Lepelley and Mbih (1996) develop a representation for $P_{IM}^{PR}(3, n, IAC)$, with

$$P_{IM}^{PR}(3,n,IAC) = \frac{55n^3 + 75n^2 - 45n + 135}{18(n+1)(n+2)(n+4)(n+5)}, \quad \text{for odd } n. \tag{7.65}$$

The first closed-form representation for measuring the BR vulnerability to strategic manipulation is given in Favardin et al. (2002), which considers individual manipulation. An *unstable voting situation* is a voting situation in which a single voter can obtain an improved election outcome by misrepresenting his or her preferences. A representation for $P_{IM}^{BR}(3,n,IAC)$ with periodicity equal to six is obtained as

$$P_{IM}^{BR}(3,n,IAC) = \frac{5(5n^3 + 43n^2 + 51n - 51)}{12(n+1)(n+2)(n+4)(n+5)}, \quad \text{for } n = 3(6)\ldots \tag{7.66}$$

In the limit that $n \to \infty$, we find the expected result that $P_{IM}^{VR}(3,\infty,IAC) \to 0$ for each $VR \in \{PR, BR\}$ so individual manipulation is not an issue for large n.

Lepelley and Mbih (1987) considers the issue of coalition manipulation to obtain a representation for the manipulability of PR, with

$$P_{CM}^{PR}(3,n,IAC) = \frac{42n^4 + 339n^3 + 683n^2 - 99n - 1125}{144(n+1)(n+2)(n+4)(n+5)}, \quad \text{for } n = 3(6)\ldots \tag{7.67}$$

In the limit that $n \to \infty$, we find $P_{IM}^{PR}(3,\infty,IAC) = 42/144 \approx 0.2917$, so coalition manipulation potentially poses a significant problem with PR.

A characterization of voting situations for which BR is susceptible to coalition manipulation is also obtained in Favardin et al. (2002). This characterization allows computer enumeration to obtain values of the probability, $P_{CM}^{BR}(m,n,IAC)$, that BR was vulnerable to coalition manipulation. Wilson and Pritchard (2007) and Lepelley et al. (2008) then independently use this characterization with an Ehrhart Polynomial based approach to obtain a limiting representation with $P_{CM}^{BR}(3,\infty,IAC) = 132{,}953/264{,}600 \approx 0.5025$, and the evidence against the relative susceptibility of BR to manipulation continues to mount. Other related studies are given in Lepelley and Merlin (1998) and Lepelley and Valognes (1999, 2003).

Fortunately, some very interesting results concerning the relative susceptibility of BR to strategic manipulation come from Favardin and Lepelley (2006), to support a relative advantage for BR. The main contribution that is introduced in this study accounts for a very important fact. In particular, when the vulnerability of a voting rule to strategic manipulation is being evaluated, it is important to consider the fact that the strategic behavior of a voter (coalition of voters) can be neutralized by some other voter (coalition of voters). As a result, it is suggested that strategic manipulation should be viewed as a dynamic process.

In order to describe this dynamic manipulation, consider the voting situation with three candidates that is shown in Fig. 7.6 when PR is the voting rule.

The winner with sincere PR voting is Candidate A, with 40 votes.

Fig. 7.6 A voting situation with possible dynamic manipulation for PR

A	B	C	C
B	A	A	B
C	C	B	A
40	30	18	12

However, if the 12 voters with the preference ranking $C \succ B \succ A$ misrepresent their preferences and vote for B instead of C, then B would become the PR winner, with 42 votes. This action would produce a better outcome both for the 30 voters with $B \succ A \succ C$ and for the 12 manipulating voters with $C \succ B \succ A$, at the expense of all other voters. However, if the potential *threat* of strategic behavior on the part of the 12 voters is anticipated, then the 18 voters with the preference ranking $C \succ A \succ B$, who could get a less-preferred outcome as a result of this potential threat of manipulation, could *react* by voting instead for Candidate A instead of C, so that A will again become the PR winner, with 58 votes. Observe that the 12 voters with the $C \succ A \succ B$ ranking have no effective way of counter-reacting to this reaction. Consequently, we can expect that the PR winner in this voting situation will still be Candidate A, the original sincere winner. Such a situation is said to be a *quasi-stable voting situation*. By counting only those situations that are not quasi-stable when evaluating the vulnerability of a voting rule, a new and quite possibly more realistic measure of manipulability is obtained, since the possibility of some threat of strategic behavior does not really matter if the sincere winner can ultimately be elected anyway with an appropriate reaction.

Six different "electoral environments" are considered in Favardin and Lepelley (2006), and they are dependent upon the definition of *naïve voters*, who always ignore any possible reaction to threats of strategic manipulation. This is the usual assumption that has been used when considering the probability of observing individual manipulation. It is based on the notion of Nash equilibrium and it is used for example in the development of the representations in (7.65)–(7.67). On the other hand, voters who are *non-naïve* do react to such potential threats.

These electoral environments are also dependent upon the distinction between possible manipulation by homogeneous and heterogeneous groups of voters. A group of homogeneous voters all have the same preference ranking on candidates. This scenario would be relevant to contexts like political assemblies, where the set of all voters is partitioned into several groups with homogeneous preferences, according to their party membership. Communication and development of a common strategy before voting is likely to occur within each group of homogeneous voters, while being less likely to occur between voters from different parties.

Favardin and Lepelley (2006) consider the susceptibility to manipulation of 19 different voting rules, including PR, NPR, BR, PER and NPER. Closed-form representations for BR susceptibility to manipulation are obtained for finite n for electoral environments that involve individual manipulation; in the other cases only limiting probability representations are obtained. The results regarding BR susceptibility in the six different environments are summarized as follows:

- *Case* 1. (Individual Manipulation, Naïve Voters) BR is the least susceptible WSR, but it is more vulnerable than the Condorcet consistent methods and the two-stage WSR's. The superiority of BR among the WSR's with individual manipulation is in accordance with a general result from Saari (1990b).
- *Case* 2. (Group Manipulation, Homogeneous Naïve Voters) Limiting manipulation probabilities are listed in Table 7.12 for PR, NPR, BR, PER, and NPER. BR does not perform well.
- *Case* 3. (Group Manipulation. possibly Heterogeneous Naïve Voters) Limiting manipulation probabilities are listed in Table 7.12 for PR, NPR, BR, PER, and NPER. BR does not perform well, and the distinction between manipulation by homogeneous voters in Case 2 and heterogeneous voters in Case 3 has no impact for PR, NPR and PER
- *Case 4*. (Individual Manipulation, Non-Naïve Voters) BR is the least susceptible voting rule among all of the 19 voting rules that are considered.
- *Case 5*. (Group Manipulation, Homogeneous Non-Naïve Voters) Limiting manipulation probabilities are listed in Table 7.12 for PR, NPR, BR, PER, and NPER. BR performs well among these voting rules.
- *Case 6*. (Group Manipulation, possibly Heterogeneous Non-Naïve Voters) Limiting manipulation probabilities are listed in Table 7.12 for PR, NPR, BR, PER, and NPER. BR shows increased vulnerability, but it remains better that PR and NPR.

We conclude from these results that the commonly believed notion that BR is highly susceptible to manipulation is quite disputable if we take into consideration the possibility of reactions or "counter-threats" in the analysis of strategic voting. This conclusion that is strongly in favor of BR is highly dependent on the concept of quasi-stability, so it is natural to wonder if this concept of quasi-stability is more relevant than the usual stability concept.

A recent study by Béhue et al. (2009) gives a tentative answer to this question through an experimental investigation of this problem in the context of individual manipulation, and empirical support is found for the notion of reaction to threats. In this study, two types of voting situations with three candidates are compared. In the first one, Type 1 voting situations have one voter who can manipulate the election, and no reaction from the other voters is possible. Type 2 voting situations have one voter who is still in a position to manipulate the election, but with another voter who can restore the sincere winner by adopting a strategic vote. The results of the study show that the sincere winner is elected with BR in only 33% of the elections that

Table 7.12 Limiting probabilities for susceptibility to manipulation of preferences

	Case			
VR	2	3	5	6
PR	0.2917	0.2917	0.1736	0.1736
NPR	0.5185	0.5185	0.4444	0.4444
BR	0.3798	0.5025	0.0675	0.1375
PER	0.1111	0.1111	0.0920	0.0920
NPER	0.4267	0.4306	0.0579	0.0579

were conducted with Type 1 situations; while the sincere winner is elected in 75% of the elections with Type 2 situations. Consequently, it appears to be very relevant to distinguish between situations with or without possible reaction to threats when analyzing strategic voting.

7.11 Conclusion

We knew at the onset of this chapter from the Borda Compromise that BR could generally be expected to perform with relatively good measures of Condorcet Efficiency, without exhibiting the possibility of having very poor performance in some scenarios. Numerous other pieces of evidence have been provided in the development of this chapter to support the general notion that while BR will not necessarily always produce the best election outcome; it can typically be expected to perform very well relative to any voting rule on a number of different criteria. Evidence has also been provided to indicate that reports of the commonly held belief that BR is highly susceptible to strategic manipulation appear to be greatly exaggerated.

Chapter 8
The Significance of Voting Rule Selection

8.1 Introduction

A great deal of evidence has been accumulated to support the Borda Compromise when the goal is to select the winning candidate in an election setting. A significant amount of research has also been conducted to determine how significant the impact might be when different voting rules are used. That is, the issue is addressed as to how much difference it actually makes when a voting rule is being selected. The initial exploration of this problem focused on the likelihood that two different voting rules would elect the same winner.

8.2 Same Winner with Two Voting Rules

Some work on the probability that two voting rules will elect the same winner has already been presented in the development of the representation for Joint Condorcet Efficiency $JCE_{WSR(\lambda)}^{BR}(3,\infty,IC^*)$ in (7.15) that BR and Rule λ will both elect the PMRW, given that a PMRW exists. This analysis is extended here to consider the probability that two voting rules will elect the same winner in two different scenarios. The first case will not require that both voting rules elect the PMRW, or even require that a PMRW exists. The second case is conditional, since it requires that a PMRW exists and that both voting rules will select it.

8.2.1 Two Voting Rules Winner Coincidence

The analysis for single-stage voting rules with three candidates begins by considering the limiting joint probability $JP_{WSR(\lambda)}^{WSR(\lambda')}(3,\infty,IC)$ that Rule λ and Rule λ' both elect the same winner under the IC assumption, with no requirement that a PMRW exists. This representation is developed in Gehrlein and Fishburn (1983) as an extension of work in Gehrlein (1980), with

W.V. Gehrlein and D. Lepelley, *Voting Paradoxes and Group Coherence*,
Studies in Choice and Welfare, DOI 10.1007/978-3-642-03107-6_8,

$$JP_{WSR(\lambda)}^{WSR(\lambda')}(3,\infty,IC) = \frac{1}{3} + \frac{3}{4\pi}[Sin^{-1}(2f(\lambda,\lambda')) + Sin^{-1}(f(\lambda,\lambda'))] + \frac{3}{4\pi^2}\{[Sin^{-1}(2f(\lambda,\lambda'))]^2 - [Sin^{-1}(f(\lambda,\lambda'))]^2\}, \quad (8.1)$$

where

$$f(\lambda,\lambda') = \frac{2-\lambda-\lambda'+2\lambda\lambda'}{4\sqrt{(1-\lambda+\lambda^2)(1-\lambda'+\lambda'^2)}}. \quad (8.2)$$

It follows directly from the definition of $f(\lambda,\lambda')$ and (8.1) that

$$JP_{WSR(\lambda)}^{WSR(\lambda')}(3,\infty,IC) = JP_{WSR(1-\lambda)}^{WSR(1-\lambda')}(3,\infty,IC). \quad (8.3)$$

Computed values of $JP_{WSR(\lambda)}^{WSR(\lambda')}(3,\infty,IC)$ from (8.1) are listed in Table 8.1 for each $\lambda, \lambda' = 0.00(0.10)1.00$.

The results in Table 8.1 indicate that whenever the difference between λ and λ' is less than 0.2, there is a probability of at least 0.892 of getting the same winner with the two associated WSR's. If one of the rules is BR, there is always at least a probability of 0.7583 of having the same winners. The lowest coincidence probability is associated with the use of PR and NPR, with a coincidence probability that is only equal to 0.5346. As a result, there can be a significant likelihood that the winners by PR and NPR will be different as $n \to \infty$ with IC.

8.2.2 *Two Voting Rules Winner Coincidence with the PMRW*

Gehrlein (1986) performs a Monte-Carlo simulation study to consider the impact that degree of social homogeneity in a voting situations will have on the propensity

Table 8.1 Computed values of $JP_{WSR(\lambda)}^{WSR(\lambda')}(3,\infty,IC)$ from Gehrlein and Fishburn (1983)

λ	λ' 0.0	0.1	0.2	0.3	0.4	0.5	0.6	0.7	0.8	0.9	1.0
0.0	1.000	0.9568	0.9103	0.8610	0.8099	0.7583	0.7076	0.6590	0.6136	0.5720	0.5346
0.1	0.9568	1.000	0.9529	0.9030	0.8513	0.7991	0.7476	0.6984	0.6523	0.6101	0.5720
0.2	0.9103	0.9529	1.000	0.9495	0.8971	0.8441	0.7920	0.7420	0.6952	0.6523	0.6136
0.3	0.8610	0.9030	0.9495	1.000	0.9469	0.8932	0.8403	0.7895	0.7420	0.6984	0.6590
0.4	0.8099	0.8513	0.8971	0.9469	1.000	0.9455	0.8918	0.8403	0.7920	0.7476	0.7076
0.5	0.7583	0.7991	0.8441	0.8932	0.9455	1.000	0.9455	0.8932	0.8441	0.7991	0.7583
0.6	0.7076	0.7476	0.7920	0.8403	0.8918	0.9455	1.000	0.9469	0.8971	0.8513	0.8099
0.7	0.6590	0.6984	0.7420	0.7895	0.8403	0.8932	0.9469	1.000	0.9495	0.9030	0.8610
0.8	0.6136	0.6523	0.6952	0.7420	0.7920	0.8441	0.8971	0.9495	1.000	0.9529	0.9103
0.9	0.5720	0.6101	0.6523	0.6984	0.7476	0.7991	0.8513	0.9030	0.9529	1.000	0.9568
1.0	0.5346	0.5720	0.6136	0.6590	0.7076	0.7583	0.8099	0.8610	0.9103	0.9568	1.000

of two WSR's to select the same winner with large electorates in three-candidate elections. The analysis follows the discussion of Gehrlein (1987) in Chap. 5, by generating random voting situations in the MC format with $n \to \infty$ to obtain $\boldsymbol{q}$ vectors at random from the space of possible vectors with $\sum_{i=1}^{6} q_i = 1$. As each voting situation was generated, it was determined if there was coincidence between the winners by Rule λ and Rule λ' for each $\lambda, \lambda' \in 0.0(0.1)1.0$. The results were found to be very similar to the IC based calculations in Table 8.1.

In the next stage, the situation specific measure of social homogeneity of each voting situation was measured by $H^2(\boldsymbol{q})$, with

$$H^2(\boldsymbol{q}) = (q_1 + q_2)^2 + (q_3 + q_5)^2 + (q_4 + q_6)^2. \tag{8.4}$$

The generated voting situations were then partitioned into five subsets, to reflect quintiles of increasing values of the computed $H^2(\boldsymbol{q})$ values. Highly significant increases are found in the rates of coincidence of Rule λ and Rule λ' winners as the different quintile subgroups of $H^2(\boldsymbol{q})$ increase. Increased levels of coincidence can therefore be expected as voters' preferences become more socially homogeneous, as measured by $H^2(\boldsymbol{q})$. However, no such relationship was found when the measure $H(\boldsymbol{q})$ from (5.55) was used in a similar analysis.

The final stage of this study repeated the previous stage, but all voting situations for which a PMRW did not exist were deleted as the voting situations were being generated. In this case, only very minor differences were found in the rates of coincidence of Rule λ and Rule λ' winners in the previous stage. So, adding the restriction that a PMRW must exist is surprisingly found to have very little impact on the observations in the study.

An analysis of the probability that the same winner is obtained with two-stage voting rules is approached in Gehrlein (1998b) to consider the probability that PER and NPER both elect the PMRW. This result follows from the fact that the PMRW must be elected by one, or both, of PER or NPER if a PMRW exists:

Theorem 8.1 *A strict PMRW can not be ranked strictly last by both PR and NPR in an election on three candidates* $\{A, B, C\}$.

Proof Six equations must hold simultaneously if Candidate A, is ranked strictly last by PR, is ranked strictly last by NPR, and is the strict PMRW. Using the n_i definitions from Fig. 1.1:

$$[B \text{ PR winner over } A] \qquad n_3 + n_5 > n_1 + n_2 \tag{8.5}$$

$$[C \text{ PR winner over } A] \qquad n_4 + n_6 > n_1 + n_2 \tag{8.6}$$

$$[B \text{ NPR winner over } A] \qquad n_5 + n_6 > n_2 + n_4 \tag{8.7}$$

$$[C \text{ NPR winner over } A] \qquad n_5 + n_6 > n_1 + n_3 \tag{8.8}$$

$$[AMB] \qquad n_1 + n_2 + n_4 > n_3 + n_5 + n_6 \tag{8.9}$$

$$[AMC] \qquad n_1 + n_2 + n_3 > n_4 + n_5 + n_6 \tag{8.10}$$

Equation 8.5 leads to $n_3 + n_5 + n_4 > n_1 + n_2 + n_4$, which can be used with (8.9) to obtain $n_3 + n_5 + n_4 > n_3 + n_5 + n_6$, so

$$n_4 > n_6. \tag{8.11}$$

Equation 8.6 leads to $n_3 + n_4 + n_6 > n_1 + n_2 + n_3$, which can be used with (8.10) to obtain $n_3 + n_4 + n_6 > n_4 + n_5 + n_6$, so

$$n_3 > n_5. \tag{8.12}$$

Equation 8.7 leads to $n_3 + n_5 + n_6 > n_2 + n_3 + n_4$, which can be used with (8.9) to obtain $n_1 + n_2 + n_4 > n_2 + n_3 + n_4$, so

$$n_1 > n_3. \tag{8.13}$$

Equation 8.8 leads to $n_4 + n_5 + n_6 > n_1 + n_3 + n_4$, which can be used with (8.10) to obtain $n_1 + n_2 + n_3 > n_1 + n_3 + n_4$, so

$$n_2 > n_4. \tag{8.14}$$

From (8.5) and (8.13) $n_3 + n_5 > n_1 + n_2 > n_2 + n_3$, so

$$n_5 > n_2. \tag{8.15}$$

From (8.8) and (8.12) $n_5 + n_6 > n_1 + n_3 > n_1 + n_5$, so

$$n_6 > n_1. \tag{8.16}$$

Using (8.11)–(8.16), $n_4 > n_6 > n_1 > n_3 > n_5 > n_2 > n_4$, which is clearly a contradiction.

□

Consider the joint probability that Candidate *A* is the PMRW that is elected by both PER and NPER. Let $P[Event]$ denote the probability that *Event* occurs, and when the possibility of ties by PMR, PER and NPER can be ignored:

$$\begin{aligned} P[A \text{ is the winner by } PMR,\ PER\ \&\ NPER] &= P[A \text{ is the } PMRW] \\ &- P[A \text{ is the } PMRW\ \&\ PER \text{ loser}] - P[A \text{ is the } PMRW\ \&\ NPER \text{ loser}] \\ &+ P[A \text{ is the } PMRW\ \&\ \text{loser by } PER\ \&\ NPER]. \end{aligned} \tag{8.17}$$

Theorem 8.1 tells us that $P[A$ is the $PMRW$ & loser by PER & $NPER] = 0$, and the possibility of ties with PER and NPER can be ignored with IC, IAC and MC for large electorates as $n \to \infty$. After some manipulation, the joint probability $JCE_{PER}^{NPER}(3, \infty, X^*)$ that PER and NPER both elect the PMRW, given that a PMRW exists, is obtainable from (8.17) for $X^* \in \{IC^*, IAC^*, MC^*\}$ as

Theorem 8.2 *For each* $X^* \in \{IC^*, IAC^*, MC^*\}$,

$$JCE_{PER}^{NPER}(3, \infty, X^*) = CE_{PER}^{S}(3, \infty, X^*) + CE_{NPER}^{S}(3, \infty, X^*) - 1.$$

Theorem 8.2 is used in conjunction with earlier results for $CE_{PER}^{S}(3, \infty, X^*)$ and $CE_{NPER}^{S}(3, \infty, X^*)$ to obtain values of $JCE_{PER}^{NPER}(3, \infty, IC^*) = 0.9258$, $JCE_{PER}^{NPER}(3, \infty, IAC^*) = 0.9389$ and $JCE_{PER}^{NPER}(3, \infty, MC^*) = 0.9014$. So, there is a reasonably high likelihood that we will get the same winner with both PER and NPER.

EUPIA is used to obtain a representation for IAC with finite n, with

$$JCE_{PER}^{NPER}(3, n, IAC^*) = \frac{12420 + 31461n + 22693n^2 + 5879n^3 + 507n^4}{540(n+1)(n+3)^2(n+5)},$$
$$\text{for } n = 9(12)\ldots. \qquad (8.18)$$

The limiting value of $JCE_{PER}^{NPER}(3, \infty, IAC^*)$ above is verified with this representation, and computed values of $JCE_{PER}^{NPER}(3, n, IAC^*)$ are shown in Table 8.2 for each $n = 9(12)93$ to show that $JCE_{PER}^{NPER}(3, n, IAC^*)$ increases as n increases, for this series of n values.

8.3 The Probability that All WSR's Elect the Same Winner

A logical extension of the analysis of the probability that two WSR's elect the same winner is the consideration of the probability that all WSR's will elect the same winner, which would make the process of selecting of any particular voting rule

Table 8.2 Computed values of $JCE_{PER}^{NPER}(3, n, IAC^*)$

n	$JCE_{PER}^{NPER}(3, n, IAC^*)$
9	0.8952
21	0.9203
33	0.9271
45	0.9303
57	0.9321
69	0.9333
81	0.9342
93	0.9348
∞	0.9389

quite irrelevant. The first step of this analysis is to consider the conditions that are necessary for all WSR's to select the same winner in a voting situation.

Moulin (1988b) presents some definitions that are useful in determining conditions that are required for a given candidate to be the winner in a voting situation for all possible WSR's. In an m-candidate election on candidates $\{C_1, C_2, \ldots, C_m\}$, let $r_k(C_i)$ denote the number of voter preference rankings in a voting situation for which C_i is ranked among the top k more preferred candidates. Obviously, $r_m(C_i) = n$. Moulin leaves it as a simple exercise for readers, with hints being given, to use these $r_k(C_i)$ definitions as a basis for finding that the total score, $Score(C_i)$, that Candidate C_i receives in a given voting situation with WSR $\boldsymbol{W} = (w_1, w_2, \ldots, w_m)$, and

$$Score(C_i) = w_1 r_1(C_i) + \sum_{k=2}^{m} w_k[r_k(C_i) - r_{k-1}(C_i)] \tag{8.19}$$

$$Score(C_i) = \sum_{k=1}^{m-1} r_k(C_i)[w_k - w_{k+1}] + w_m n. \tag{8.20}$$

It then follows directly that C_i will be a winner for all possible $\boldsymbol{W}$ for which $w_j \geq w_{j+1}$ with $1 \leq j \leq m-1$, as long as $r_k(C_i) \geq r_k(C_t)$ for all $1 \leq k \leq m$ and for all $1 \leq t \leq m$. Saari (1995b p. 117) notes the same result for three-candidate elections, and that result is extended to the case of more than three candidates in Merlin et al. (2000). Baharad and Nitzan (2006) present a different characterization of the conditions that require all WSR's to elect the same winner in a voting situation. The characterization from Moulin (1988b) will be the one that is used in further analysis in this study. For the case of three candidates, Moulin's conditions require that all WSR's must elect the same winner in a voting situation if PR and NPR both select that same winner. It is a trivial extension of this analysis to observe that all WSR's must elect the PMRW in a voting situation on three candidates, given that a PMRW exists, if both PR and NPR elect that candidate.

Gehrlein and Lepelley (2000) obtain Monte-Carlo simulation estimates for both the joint probability $JP_{PR}^{NPR}(m, \infty, IC)$ that PR and NPR both select the same winner as $n \to \infty$ with IC and the joint Condorcet Efficiency, $JCE_{PR}^{NPR}(m, \infty, IC^*)$, that PR and NPR both select the PMRW, given that a PMRW exists. The results are listed in Table 8.3 for each m = 3, 4, 5.

The estimate for $JP_{PR}^{NPR}(3, \infty, IC)$ in Table 8.3 is very close to the exact value of $JP_{WSR(0)}^{WSR(1)}(3, \infty, IC)$ in Table 8.1. Merlin et al. (2000) compute an exact value of $JCE_{PR}^{NPR}(3, \infty, IC^*) = 0.5475$, which is also very close to the estimate in Table 8.3.

Table 8.3 Simulation estimates of $JP_{PR}^{NPR}(m, \infty, IC)$ and $JCE_{PR}^{NPR}(m, \infty, IC^*)$

m	$JP_{PR}^{NPR}(m, \infty, IC)$	$JCE_{PR}^{NPR}(m, \infty, IC^*)$
3	0.5369	0.5504
4	0.2704	0.3049
5	0.1383	0.1735

Two results are evident from Table 8.3. First, the probability that all WSR's elect the same candidate decreases rapidly as m increases. The second observation is that the introduction of the requirement that a PMRW must exist has very little impact on the probability that all WSR's will select the same winner, as observed in discussion above.

A representation for $JP_{PR}^{NPR}(3,\infty,IC)$ follows directly from (8.1) with some algebraic reduction as

$$JP_{PR}^{NPR}(3,\infty,IC) = \frac{23}{48} + \frac{3}{4\pi}Sin^{-1}\left(\frac{1}{4}\right) - \frac{3}{4\pi^2}\left[Sin^{-1}\left(\frac{1}{4}\right)\right]^2 = 0.5346. \quad (8.21)$$

A representation for $JCE_{PR}^{NPR}(3,\infty,IC^*)$ is developed in Gehrlein (1999b) as

$$JCE_{PR}^{NPR}(3,\infty,IC^*) = \frac{JP_{PR}^{NPR}(3,\infty,IC) - 6\Phi_5(\boldsymbol{R^1})}{P_{PMRW}^{S}(3,\infty,IC)}, \quad (8.22)$$

where

$$\boldsymbol{R^1} = \begin{bmatrix} 1 & \frac{1}{2} & \frac{1}{2} & \frac{1}{4} & -\sqrt{\frac{2}{3}} \\ & 1 & \frac{1}{4} & \frac{1}{2} & -\sqrt{\frac{1}{6}} \\ & & 1 & \frac{1}{2} & -\sqrt{\frac{2}{3}} \\ & & & 1 & -\sqrt{\frac{1}{6}} \\ & & & & 1 \end{bmatrix}. \quad (8.23)$$

The representation in (8.22) is evaluated with a procedure from Gehrlein (1979) as $JCE_{PR}^{NPR}(3,\infty,IC^*) = 0.5475$. This result verifies a value that was obtained for this probability in Merlin et al. (2000), where a rather complex representation is also given for the limiting probability that all WSR's select the same winner, given that a PMR cycle exists for three candidates as $n \to \infty$ with IC.

Representations for $JP_{PR}^{NPR}(3,n,IAC)$ and $JCE_{PR}^{NPR}(3,n,IAC^*)$ are developed with EUPIA in Gehrlein (2002b), with

$$JP_{PR}^{NPR}(3,n,IAC) = \frac{226n^4 + 2037n^3 + 6009n^2 + 7623n + 2025}{432(n+1)(n+2)(n+4)(n+5)},$$
$$\text{for } n = 9(12)\ldots. \quad (8.24)$$

$$JCE_{PR}^{NPR}(3,\infty,IAC^*)$$
$$= \frac{3437n^5 + 42810n^4 + 199110n^3 + 421200n^2 + 375813n + 391230}{6480(n+1)(n+3)^3(n+5)},$$
$$\text{for } n = 9(24)\ldots.. \quad (8.25)$$

The periodicities of 12 and 24 in (8.24) and (8.25) make these representations of limited interest, but they can be used to obtain the limiting probability as $n \to \infty$, with $JP_{PR}^{NPR}(3, \infty, IAC) = 0.5231$ and $JCE_{PR}^{NPR}(3, \infty, IAC^*) = 0.5304$. As in the case with IC, the addition of the restriction that a PMRW must exist has little impact on the probability that all WSR's select the same winner with IAC. The increased degree of dependence among voters' preferences that is introduced with IAC also had almost no impact on the probabilities that were obtained with IC. In fact, each of these probabilities is slightly lower with IAC than with IC.

8.4 Homogeneity and Voting Rule Selection Sensitivity

Mixed results have been observed so far regarding the way in which the probability that all WSR's select the same winner changes as the degree of homogeneity or dependence among voters' preferences increases. Some studies have been conducted to directly analyze this general relationship.

McCabe-Danstead and Slinko (2006) perform an analysis to determine if there are categories of voting rules that tend to select the same winner. The study considers 27 different voting rules and computes the 'distance' between each of the pairs of voting rules, where the 'distance' is measured by the probability that the two voting rules in the pair fail to pick the same winner for a randomly generated voting situation. Monte-Carlo simulation was used to generate random voting situations with a P–E model for $m = 5$ for various n. Cluster analysis was then used to position the 27 voting rules in two-dimensional space, based on the differences between pairs.

As the degree of homogeneity is increased within the range of relatively low homogeneity, the similarity between voting rules is surprisingly reduced, with clusters of voting rules separating to form sets of new clusters. However, for the range of moderate and high degrees of homogeneity, the similarity between voting rules tends to increase as homogeneity increases, with clusters of voting rules collapsing into common clusters as would be expected. Similar results were found whether or not a PMRW exists in the randomly generated voting situation.

Fedrizzi et al. (1996) perform a related study by considering a number of different voting rules and a variety of different criteria that are available for evaluating the performance of voting rules in selecting winners. They note that many voting situations exist for which all voting rules will select the same winner. By using a 'rough sets' approach, they identify a subset of voting rules that tend to have the ability to produce winners with characteristics that are different than some other voting rules. They also identify a subset of criteria that tend to be most crucial in characterizing differences in the performance of voting rules in determining winners. The Condorcet Criterion is included in this crucial subset, so the requirement that voting rules select the PMRW, when one exists, is shown to have an impact on the probability that all voting rules select the same winner.

8.5 Measures of Coherence and Voting Rule Selection Sensitivity

The obvious next step is to determine the relationship between more sophisticated measures of group mutual coherence and the probability that all WSR's select the same winner. The initial analysis of this nature was presented in Gehrlein (2003b) where a representation is developed for probability $JCE_{PR}^{NPR}(3,n|IAC_b^*(0))$ that all WSR's elect the PMRW in three-candidate elections under the assumption that all single-peaked voting situations with a PMRW are equally likely to be observed.

$$JCE_{PR}^{NPR}(3,n|IAC_b^*(0)) = \frac{11n^3+51n^2-27n-27}{18n(n+1)(n+5)}, \textit{ for } n = 9(6)\ldots. \quad (8.26)$$

In the limit as $n \to \infty$, we find that $JCE_{PR}^{NPR}(3,\infty,IAC^*) = 0.5304$ and $JCE_{PR}^{NPR}(3,\infty|IAC_b^*(0)) = 11/18 = 0.6111$, so there is a 61% chance that all WSR's will elect the PMRW, given that a PMRW exists, if we assume that voters' preferences are single-peaked. If we do not require the internal consistency of voters' preferences that follows from the assumption of single-peakedness, the probability that all WSR's select the PMRW is reduced to about 53%. The restriction of preferences to the internal consistency of single-peakedness, which requires the existence of a perfect Weak Positively Unifying Candidate, therefore does increase the probability that all WSR's will elect the PMRW.

The results of $JCE_{PR}^{NPR}(3,n|IAC_b^*(k))$ are accumulated over all $0 \le k \le n/3$ when we obtain the overall IAC results in $JCE_{PR}^{NPR}(3,n,IAC^*)$. The impact that changing k has on $JCE_{PR}^{NPR}(3,n|IAC_b^*(k))$ is shown in Gehrlein (2006b) for the special case of $n = 55$, and computed values from computer enumeration are listed in Table 8.4. These calculated results indicate that $JCE_{PR}^{NPR}(3,n|IAC_b^*(k))$ decreases dramatically as k increases. Thus, we observe the intuitively appealing result that the probability that all WSR's will select the PMRW, given that a PMRW exists, consistently decreases as voting situations become farther

Table 8.4 Computed values of $JCE_{PR}^{NPR}(3,55|IAC_b^*(k))$

k	$JCE_{PR}^{NPR}(3,55\|IAC_b^*(k))$	k	$JCE_{PR}^{NPR}(3,55\|IAC_b^*(k))$
0	0.5961	10	0.4955
1	0.5881	11	0.4785
2	0.5801	12	0.4591
3	0.5719	13	0.4376
4	0.5634	14	0.4139
5	0.5545	15	0.3816
6	0.5450	16	0.3364
7	0.5347	17	0.2669
8	0.5234	18	0.0000
9	0.5105		

removed from the condition of perfectly single-peaked preferences, as measured by Parameter b.

Representations for $JCE_{PR}^{NPR}(3,n|IAC_b^*(k))$ are then obtained by EUPIA2 to develop a better understanding of how $JCE_{PR}^{NPR}(3,n|IAC_b^*(k))$ changes as k increases for Parameter b. These representations are given in (8.27) for all odd n.

$$
\begin{aligned}
&JCE_{PR}^{NPR}(3,n|IAC_b^*(k))\\
&=\frac{\left[\begin{array}{l}(-70-61k+711k^2+936k^3+207k^4)-2(27+333k+324k^2+18k^3)n\\ +3(34+7k-27k^2)n^2+27\delta_{k+1}^2+(k+1)\{22n^3+16(\delta_{n+3}^{12}+\delta_{n+9}^{12})\\ -8(\delta_{n+1}^{12}+\delta_{n+7}^{12})(3n+11)\}\end{array}\right]}{36(k+1)[k(-17+21k+11k^2)+(5-26k-4k^2)n+3(2-k)n^2+n^3]},\\
&\qquad\text{for } 0\le k\le (n-1)/6\\
&\frac{\left[\begin{array}{l}(917+12480k+38232k^2+35712k^3+8064k^4)\\ -8(439+2457k+2520k^2+396k^3)n+18(129+104k-44k^2)n^2\\ +8(34+39k)n^3+n^4-432\delta_{k+1}^2(n-2k-1)+432\delta_{n+1}^{12}(2\delta_{k+1}^2-1)(n-2k)\\ -32\delta_{n+3}^{12}(43+156k+36k^2-40n-3n^2)-16\delta_{n+5}^{12}\{2(35+105k+36k^2)\\ -37n-6n^2-54\delta_{k+1}^2(n-2k)\}-\delta_{n+9}^{12}[16\{2(43+129k+36k^2)-53n-6n^2\}\\ -864\delta_{k+1}^2(n-2k)]-32\delta_{n+11}^{12}(35+132k+36k^2-32n-3n^2)\end{array}\right]}{576(k+1)[k(-17+21k+11k^2)+(5-26k-4k^2)n+3(2-k)n^2+n^3]},\\
&\qquad\text{for } (n+1)/6\le k\le (n-1)/4\\
&\frac{(n-1-3k)\left[\begin{array}{l}2(76-117k+144k^3)+9(19-16k-36k^2)n+6(13+15k)n^2\\ -n^3-108\delta_{k+1}^2+108\delta_{n+1}^{12}(2\delta_{k+1}^2-1)-48(\delta_{n+1}^{12}+\delta_{n+7}^{12})(n-3k)\\ +64\delta_{n+3}^{12}-4\delta_{n+5}^{12}(19-54\delta_{k+1}^2)-4\delta_{n+9}^{12}(11-54\delta_{k+1}^2)+32\delta_{n+11}^{12}\end{array}\right]}{36(n-3k)[(n+1)(n^2+2n+9)-6(n^2+1)k+18nk^2-18k^3]},\\
&\qquad\text{for } (n+1)/4\le k\le (n-1)/3.
\end{aligned}
\tag{8.27}
$$

Just as we observed previously with other representations for finite n, the highly complex form of the representations for $JCE_{PR}^{NPR}(3,n|IAC_b^*(k))$ in (8.27) makes them extremely cumbersome for any direct analysis. However, these representations directly allow us to obtain results for the limiting behavior of $JCE_{PR}^{NPR}(3,\infty|IAC_b^*(\alpha_k))$ as α_k increases with $n\to\infty$, and

$$JCE_{PR}^{NPR}\left(3,\infty|IAC_b^*(\alpha_k)\right) = \frac{207\alpha_k^3 - 36\alpha_k^2 - 81\alpha_k + 22}{36(11\alpha_k^3 - 4\alpha_k^2 - 3\alpha_k + 1)}, \text{ for } 0 \le \alpha_k \le 1/6$$

$$\frac{8064\alpha_k^4 - 3168\alpha_k^3 - 792\alpha_k^2 + 312\alpha_k + 1}{576\alpha_k(11\alpha_k^3 - 4\alpha_k^2 - 3\alpha_k + 1)}, \text{ for } 1/6 \le \alpha_k \le 1/4$$

$$\frac{288\alpha_k^3 - 324\alpha_k^2 + 90\alpha_k - 1}{36(-18\alpha_k^3 + 18\alpha_k^2 - 6\alpha_k + 1)}, \text{ for } 1/4 \le \alpha_k < 1/3. \tag{8.28}$$

The results of (8.28) yield $JCE_{PR}^{NPR}\left(3,\infty|IAC_b^*(0)\right) = 11/18$, which verifies the limiting result from the representation in (8.26). Table 8.5 lists computed values of $JCE_{PR}^{NPR}\left(3,\infty|IAC_b^*(\alpha_k)\right)$ for each value of $\alpha_k = 0.00(0.02)0.32$, along with $\alpha_k = 0.33$. $JCE_{PR}^{NPR}\left(3,\infty|IAC_b^*(\alpha_k)\right)$ is not defined for the special case $\alpha_k = 1/3$, since it is easily shown that a PMRW cannot exist under this restriction.

It is interesting to observe what happens to $JCE_{PR}^{NPR}\left(3,\infty|IAC_b^*(\alpha_k)\right)$ in the limit as $\alpha_k \to 1/3$ in (8.28), where we find $JCE_{PR}^{NPR}\left(3,\infty|IAC_b^*(1/3)\right) = 11/36 = JCE_{PR}^{NPR}\left(3,\infty|IAC_b^*(0)\right)/2$. Very different results are observed when we first let $\alpha_k \to 1/3$ and then let $n \to \infty$. To do this, we first set $k = (n-1)/3$ in the representation for $JCE_{PR}^{NPR}\left(3,n|IAC_b^*(k)\right)$ in (8.27), which has periodicity 12. For k to be integer valued for odd n, then either $n+5$ or $n+11$ must be a multiple of 12. Next, we let $n \to \infty$ to obtain $JCE_{PR}^{NPR}\left(3,\infty|IAC_b^*(\alpha_k \to 1/3)\right) = 0$, which is consistent with the results in Table 8.4 where $n = 55$, but if we first set $k = (n-2)/3$ in the representation for $JCE_{PR}^{NPR}\left(3,n|IAC_b^*(k)\right)$, either $n+1$ or $n+7$ must be a multiple of 12 for integer k. Then we let $n \to \infty$ to obtain the representation $JCE_{PR}^{NPR}\left(3,\infty|IAC_b^*(\alpha_k \to 1/3)\right) = 11/72$. If we first set $k = (n-3)/3$, then either $n+3$ or $n+9$ is a multiple of 12 for integer k and $JCE_{PR}^{NPR}\left(3,\infty|IAC_b^*(\alpha_k \to 1/3)\right) = 11/54$.

Computed values of $JCE_{PR}^{NPR}\left(3,n|IAC_b^*(k)\right)$ for large n indicate that the convergence to the associated $JCE_{PR}^{NPR}\left(3,\infty|IAC_b^*(\alpha_k \to 1/3)\right)$ limit values occurs very sharply for values of α_k that are extremely close to 1/3, and they remain close to the value of $JCE_{PR}^{NPR}\left(3,\infty|IAC_b^*(1/3)\right) = 11/36$ for all other α_k that are near 1/3.

Table 8.5 Computed values of $JCE_{PR}^{NPR}\left(3,\infty|IAC_b^*(\alpha_k)\right)$ and $JP_{PR}^{NPR}\left(3,\infty|IAC_b(\alpha_k)\right)$

α_K	JCE_{PR}^{NPR}	JP_{PR}^{NPR}	α_K	JCE_{PR}^{NPR}	JP_{PR}^{NPR}
0.00	0.6111	0.6111	0.18	0.5253	0.5223
0.02	0.6028	0.6028	0.20	0.5102	0.5062
0.04	0.5946	0.5945	0.22	0.4930	0.4872
0.06	0.5863	0.5860	0.24	0.4742	0.4650
0.08	0.5779	0.5772	0.26	0.4536	0.4396
0.10	0.5691	0.5681	0.28	0.4232	0.4120
0.12	0.5598	0.5583	0.30	0.3839	0.3830
0.14	0.5496	0.5477	0.32	0.3383	0.3533
0.16	0.5383	0.5359	0.33	0.3139	0.3383

The computed values of $JCE_{PR}^{NPR}(3,\infty|IAC_b^*(\alpha_k))$ from Table 8.5 are generally consistent with previous observations for $JCE_{PR}^{NPR}(3,55|IAC_b^*(k))$ in Table 8.4. Specifically, $JCE_{PR}^{NPR}(3,\infty|IAC_b^*(\alpha_k))$ decreases quite slowly as α_k increases for $0 \leq \alpha_k \leq 0.21$, with all associated $JCE_{PR}^{NPR}(3,\infty|IAC_b^*(\alpha_k)) > 0.50$. However, for voting situations with $\alpha_k > 0.21$, $JCE_{PR}^{NPR}(3,\infty|IAC_b^*(\alpha_k))$ continues to decrease at a significantly increasing rate as α_k increases.

Clearly, the selection of the specific WSR that is to be used in an election becomes much less critical, relative to the likelihood that the PMRW is selected, as profiles become at all close to having a perfect Weak Positively Unifying Candidate, while the probability that all WSR's will select the PMRW does remain less than .62. However, the selection of the specific WSR that is used in an election can obviously have a more significant impact on the ultimate winner that is elected when voters' preferences show decreased levels of group mutual coherence, as measured by Parameter b.

It is natural to wonder if this observed propensity of all WSR's to select the same winner is inflated by the fact that we have restricted attention to voting situations for which a PMRW exists. Intuition suggests that this restriction would seem to add an additional degree of structure to voters' preferences that might have an impact on the results. In order to investigate the degree to which the presence of a PMRW changes the outcome that all WSR's select the same winner, EUPIA2 is used to obtain representations for the joint probability, $JP_{PR}^{NPR}(3,n|IAC_b(k))$, that PR and NPR both select the same winner without the restriction that a PMRW exists. The results are given in (8.29).

$$JP_{PR}^{NPR}(3,n|IAC_b(k))$$

$$= \frac{\begin{bmatrix} (k+1)\begin{bmatrix} 333k^3+1413k^2+63k-59-18(2k^2+67k+9)n \\ -6(27k-34)n^2+44n^3+32\delta_{n+3}^6-16\delta_{n+1}^6(3n+11) \end{bmatrix} \\ -\delta_k^2(162k+81-54n) \end{bmatrix}}{72(k+1)(n-3k)[(n+1)(n+5)-3k(2+k)]},$$

$$\text{for } 0 \leq k \leq (n-1)/6$$

$$\frac{\begin{bmatrix} 3591k^4+13878k^3+13500k^2+2646k-162 \\ -18(102k^3+447k^2+396k+46)n-18(3k^2-47k-48)n^2 \\ +4(21k+23)n^3+2n^4+81\delta_{k+1}^2(6k+3-2n) \\ +16\delta_{n+1}^6\{108k^2+147k+29-5(9k+8)n+3n^2\}+32\delta_{n+5}^6(3k+2-n) \end{bmatrix}}{216(k+1)(n-3k)[(n+1)(n+5)-3k(2+k)]},$$

$$\text{for } (n+1)/6 \leq k \leq (n-1)/4$$

$$\frac{\left[\begin{array}{l}(n-1-3k)\{1107k^3+765k^2-147k+503-(1323k^2+942k-337)n\\ \quad+(441k+337)n^2-25n^3\}+\delta^2_{k+1}\{243(2k+1)-162n\}-32\delta^6_{n+3}(3k+2-n)\\ \quad+16\delta^6_{n+1}\{108k^2+141k+25-(45k+38)n+3n^2\}\end{array}\right]}{216(k+1)(n-3k)[(n+1)(n+5)-3k(2+k)]},$$

$$\text{for } (n+1)/4 \leq (n-1)/3. \tag{8.29}$$

The limiting representations for $JP^{NPR}_{PR}(3,\infty|IAC_b(\alpha_k))$ as $n \to \infty$ are then obtained from (8.29) in the same way that has been used previously, with

$$JP^{NPR}_{PR}(3,\infty|IAC_b(\alpha_k)) = \frac{44-162\alpha_k-36\alpha_k^2+333\alpha_k^3}{72(1-3\alpha_k)(1-3\alpha_k^2)}, \quad \text{for } 0 \leq \alpha_k \leq 1/6$$

$$\frac{2+84\alpha_k-54\alpha_k^2-1836\alpha_k^3+3591\alpha_k^4}{216\alpha_k(1-3\alpha_k)(1-3\alpha_k^2)}, \quad \text{for } 1/6 \leq \alpha_k \leq 1/4$$

$$\frac{-25+441\alpha_k-1323\alpha_k^2+1107\alpha_k^3}{216\alpha_k(1-3\alpha_k^2)}, \quad \text{for } 1/4 \leq \alpha_k \leq 1/3. \tag{8.30}$$

Computed values of $JP^{NPR}_{PR}(3,\infty|IAC_b(\alpha_k))$ are listed in Table 8.5 for each value of $\alpha_k = 0.00(0.02)0.32$, along with $\alpha_k = 0.33$, and very little difference is noted between values of $JP^{NPR}_{PR}(3,\infty|IAC_b(\alpha_k))$ and $JCE^{NPR}_{PR}(3,\infty|IAC^*_b(\alpha_k))$. Thus, the additional restriction that a PMRW must exist has almost no impact on the probability that all WSR's will select the same winner, which is consistent with the results from other sources that were mentioned above.

It is therefore concluded that as voting situations have increased levels of group mutual coherence, as measured by Parameter b, there is an increased probability that all WSR's will select the same winner, whether or not a PMRW exists. Our next step is to extend this analysis to the relationship of other weak measures of group mutual coherence to the probability that all WSR's select the PMRW.

8.5.1 Weak Measures and WSR Selection Sensitivity

Since very little difference is observed for the probability that all WSR's will select the same winner whether or not a PMRW is required to exist, we restrict attention to the case in which a PMRW does exist in further analysis. Lepelley and Gehrlein (2010a) obtain limiting representations for $JCE^{NPR}_{PR}(3,\infty|IAC^*_X(\alpha_k))$ for each $X \in \{t,c,u\}$ with the parameterized version of Barvinok's algorithm:

For a Weak Positively Unifying Candidate (Parameter t)

$$JCE_{PR}^{NPR}(3,\infty|IAC_t^*(\alpha_k))$$
$$= \frac{376 - 1386\alpha_k - 1980\alpha_k^2 + 9081\alpha_k^3}{576(1 - 3\alpha_k - 4\alpha_k^2 + 11\alpha_k^3)}, \text{ for } 0 \le \alpha_k \le 1/6$$

$$-\frac{10 - 624\alpha_k + 3690\alpha_k^2 - 7524\alpha_k^3 + 5607\alpha_k^4}{576\alpha_k(1 - 3\alpha_k - 4\alpha_k^2 + 11\alpha_k^3)},$$
$$\text{for } 1/6 \le \alpha_k \le 1/4$$

$$\frac{17 + 351\alpha_k - 1053\alpha_k^2 + 333\alpha_k^3}{288(1 - 6\alpha_k + 18\alpha_k^2 - 18\alpha_k^3)}, \text{ for } 1/4 \le \alpha_k \le 1/3. \tag{8.31}$$

For a Polarizing Candidate (Parameter c)

$$JCE_{PR}^{NPR}(3,\infty|IAC_c^*(\alpha_k))$$
$$= \frac{44 - 54\alpha_k + 60\alpha_k^2 - 939\alpha_k^3}{9(16 - 54\alpha_k - 28\alpha_k^2 + 139\alpha_k^3)}, \text{ for } 0 \le \alpha_k \le 1/6$$

$$\frac{3 - 4\alpha_k + 408\alpha_k^2 - 1504\alpha_k^3 + 620\alpha_k^4}{12\alpha_k(16 - 54\alpha_k - 28\alpha_k^2 + 139\alpha_k^3)}, \text{ for } 1/6 \le \alpha_k \le 1/4$$

$$\frac{-1 + \alpha_k + 213\alpha_k^2 - 393\alpha_k^3}{3(-1 + 29\alpha_k - 63\alpha_k^2 + 39\alpha_k^3)}, \text{ for } 1/4 \le \alpha_k \le 1/3. \tag{8.32}$$

For a Weak Overall Unifying Candidate (Parameter u)

$$JCE_{PR}^{NPR}(3,\infty|IAC_u^*(\alpha_k))$$
$$= \frac{728 - 5274\alpha_k + 9756\alpha_k^2 - 387\alpha_k^3}{576(2 - 12\alpha_k + 12\alpha_k^2 + 19\alpha_k^3)}, \text{ for } 0 \le \alpha_k \le 1/6$$

$$\frac{-1 + 104\alpha_k - 786\alpha_k^2 + 1852\alpha_k^3 - 1147\alpha_k^4}{64\alpha_k(2 - 12\alpha_k + 12\alpha_k^2 + 19\alpha_k^3)}, \text{ for } 1/6 \le \alpha_k \le 1/5$$

$$\frac{-3 + 102\alpha_k - 768\alpha_k^2 + 2176\alpha_k^3 - 2136\alpha_k^4}{32\alpha_k(2 - 12\alpha_k + 12\alpha_k^2 + 19\alpha_k^3)}, 1/5 \le \alpha_k \le 1/4$$

$$\frac{5}{12}, \text{ for } 1/4 \le \alpha_k \le 1/3. \tag{8.33}$$

Computed values of $JCE_{PR}^{NPR}(3,\infty|IAC_X^*(\alpha_k))$ are obtained for each parameter $X \in \{t, c, u\}$ from (8.31) through (8.33), and the results are listed in Table 8.6 for each value of $\alpha_k = 0.00(0.02)0.32$, along with $\alpha_k = 0.33$. The Table 8.5 values of $JCE_{PR}^{NPR}(3,\infty|IAC_b^*(\alpha_k))$ are also listed in Table 8.6 for convenience.

Some interesting observations can be made from the probabilities in Table 8.6 regarding trends in these values of $JCE_{PR}^{NPR}(3,\infty|IAC_X^*(\alpha_k))$ as α_k changes for the different measures of group mutual coherence. These trends can be observed most directly from the graphical representation of the Table 8.6 probabilities that is shown in Fig. 8.1.

Table 8.6 Computed values of $JCE_{PR}^{NPR}(3,\infty|IAC_X^*(\alpha_k))$ for $X \in \{b,t,c,u\}$

	X			
α_k	b	t	c	u
0.00	0.6111	0.6528	0.3056	0.6319
0.02	0.6028	0.6430	0.3200	0.6162
0.04	0.5946	0.6314	0.3371	0.6003
0.06	0.5863	0.6181	0.3570	0.5842
0.08	0.5779	0.6031	0.3801	0.5676
0.10	0.5691	0.5865	0.4065	0.5506
0.12	0.5598	0.5683	0.4365	0.5327
0.14	0.5496	0.5487	0.4706	0.5140
0.16	0.5383	0.5282	0.5091	0.4940
0.18	0.5253	0.5074	0.5525	0.4730
0.20	0.5102	0.4875	0.6003	0.4515
0.22	0.4930	0.4691	0.6519	0.4319
0.24	0.4742	0.4529	0.7057	0.4187
0.26	0.4536	0.4379	0.7586	0.4167
0.28	0.4232	0.4136	0.8070	0.4167
0.30	0.3839	0.3797	0.8497	0.4167
0.32	0.3383	0.3375	0.8855	0.4167
0.33	0.3139	0.3138	0.9003	0.4167

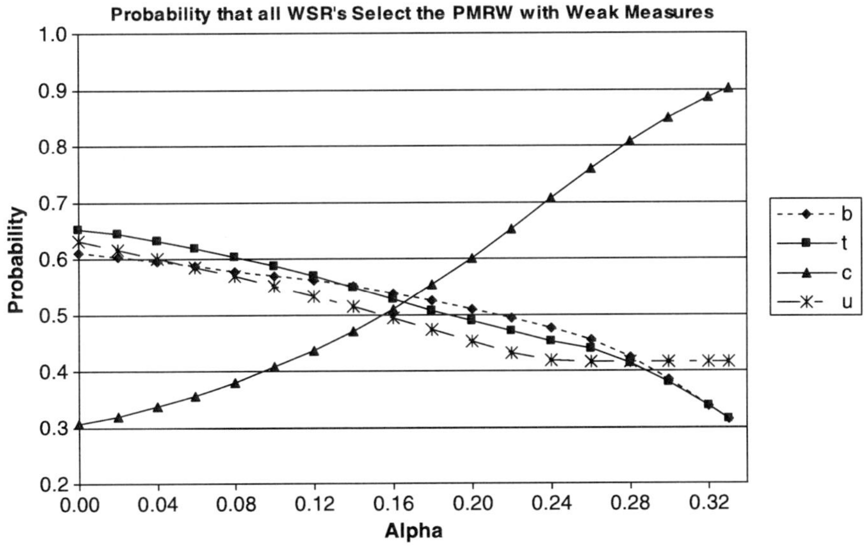

Fig. 8.1 Computed values of $JCE_{PR}^{NPR}(3,\infty|IAC_X^*(\alpha_k))$ for $X \in \{b,t,c,u\}$

The general behavior of $JCE_{PR}^{NPR}(3, \infty | IAC_b^*(\alpha_k))$ has already been discussed above, and nearly identical conclusions can be reached for the proximity of voting situations to having a perfect Weak Negatively Unifying Candidate, as measured by Parameter t. Similar results are observed for the proximity of a voting situation to having a perfect Weak Overall Unifying Candidate, as measured by Parameter u, with the exception that $JCE_{PR}^{NPR}(3, \infty | IAC_u^*(\alpha_k))$ stabilizes at the constant value 0.417 over the range $1/4 \leq \alpha_k \leq 1/3$.

The most striking relationship that can be observed in Fig. 8.1 is the relationship for the proximity of voting situations to having a perfect Polarizing Candidate, as measured by Parameter c. There is a significant increase in values of $JCE_{PR}^{NPR}(3, \infty | IAC_c^*(\alpha_k))$ from 0.306 to 0.900 as α_k increases over the range with $0 \leq \alpha_k \leq 1/3$, to indicate that a strongly polarizing candidate can have a highly significant impact on the outcomes that can be obtained with different WSR's.

8.5.2 *Strong Measures and WSR Selection Sensitivity*

This same type of analysis is extended to the impact that strong measures of group mutual coherence have on the probability that all WSR's select the PMRW in Lepelley and Gehrlein (2010a), and the results are summarized as follows:

For a Strong Negatively Unifying Candidate (Parameter b^*)

$$JCE_{PR}^{NPR}(3, \infty | IAC_{b^*}^*(\alpha_k)) = \frac{1530\alpha_k^3 - 1404\alpha_k^2 + 351\alpha_k - 25}{72(18\alpha_k^3 - 18\alpha_k^2 + 6\alpha_k - 1)}, \text{ for } 1/3 \leq \alpha_k \leq 5/12$$

$$\frac{6804\alpha_k^4 + 108\alpha_k^3 - 6858\alpha_k^2 + 3444\alpha_k - 475}{432(3\alpha_k - 1)(18\alpha_k^3 - 18\alpha_k^2 + 6\alpha_k - 1)}, \text{ for } 5/12 \leq \alpha_k \leq 1/2$$

$$\frac{1944\alpha_k^4 - 6156\alpha_k^3 + 6750\alpha_k^2 - 2916\alpha_k + 361}{1728\alpha_k(\alpha_k - 1)^3}, \text{ for } 1/2 \leq \alpha_k \leq 2/3$$

$$\frac{27\alpha_k + 5}{64\alpha_k}, \text{ for } 2/3 \leq \alpha_k \leq 1. \tag{8.34}$$

For a Strong Positively Unifying Candidate (Parameter t^*)

$$JCE_{PR}^{NPR}(3, \infty | IAC_{t^*}^*(\alpha_k)) = \frac{90\alpha_k^3 + 54\alpha_k^2 - 90\alpha_k + 17}{36(18\alpha_k^3 - 18\alpha_k^2 + 6\alpha_k - 1)}, \text{ for } 1/3 \leq \alpha_k \leq 3/8$$

$$\frac{3(32544\alpha_k^4 - 56448\alpha_k^3 + 36288\alpha_k^2 - 10032\alpha_k + 1001)}{1728(1-3\alpha_k)(18\alpha_k^3 - 18\alpha_k^2 + 6\alpha_k - 1)}, \text{ for } 3/8 \le \alpha_k \le 5/12$$

$$\frac{14688\alpha_k^4 - 31104\alpha_k^3 + 22464\alpha_k^2 - 6096\alpha_k + 503}{1728(1-3\alpha_k)(18\alpha_k^3 - 18\alpha_k^2 + 6\alpha_k - 1)}, \text{ for } 5/12 \le \alpha_k \le 1/2$$

$$\frac{27\alpha_k^4 - 108\alpha_k^3 + 162\alpha_k^2 - 84\alpha_k + 7}{216\alpha_k(\alpha_k - 1)^3}, \text{ for } 1/2 \le \alpha_k \le 2/3$$

$$\frac{13\alpha_k - 5}{8\alpha_k}, \text{ for } 2/3 \le \alpha_k \le 1. \tag{8.35}$$

For a Strong Centrist Candidate (Parameter c^*)

$$JCE_{PR}^{NPR}(3, \infty | IAC_{t^*}^*(\alpha_k)) = -\frac{91\alpha_k^3 - 143\alpha_k^2 + 61\alpha_k - 5}{123\alpha_k^3 - 99\alpha_k^2 + 25\alpha_k - 5}, \text{ for } 1/3 \le \alpha_k \le 3/8$$

$$\frac{824\alpha_k^4 + 6720\alpha_k^3 - 6192\alpha_k^2 + 1152\alpha_k + 45}{72(3\alpha_k - 1)(123\alpha_k^3 - 99\alpha_k^2 + 25\alpha_k - 5)}, \text{ for } 3/8 \le \alpha_k \le 2/5$$

$$\frac{49176\alpha_k^4 - 86720\alpha_k^3 + 54192\alpha_k^2 - 13952\alpha_k + 1235}{72(1-3\alpha_k)(123\alpha_k^3 - 99\alpha_k^2 + 25\alpha_k - 5)}, \text{ for } 2/5 \le \alpha_k \le 5/12$$

$$\frac{36144\alpha_k^4 - 69760\alpha_k^3 + 43584\alpha_k^2 - 9904\alpha_k + 595}{144(1-3\alpha_k)(123\alpha_k^3 - 99\alpha_k^2 + 25\alpha_k - 5)}, \text{ for } 5/12 \le \alpha_k \le 1/2$$

$$\frac{816\alpha_k^4 - 3456\alpha_k^3 + 5472\alpha_k^2 - 3856\alpha_k + 1019}{144(17\alpha_k - 1)(1 - \alpha_k)^3}, \text{ for } 1/2 \le \alpha_k \le 2/3$$

$$\frac{1312\alpha_k^4 - 3456\alpha_k^3 + 3168\alpha_k^2 - 1104\alpha_k + 87}{48(17\alpha_k - 1)(\alpha_k - 1)^3}, \text{ for } 2/3 \le \alpha_k \le 3/4$$

$$\frac{10(1-\alpha_k)}{17\alpha_k - 1}, \text{ for } 3/4 \le \alpha_k \le 1. \tag{8.36}$$

For a Strong Overall Unifying Candidate (Parameter u^*)

$$JCE_{PR}^{NPR}(3, \infty | IAC_{u^*}^*(\alpha_k)) = \frac{5}{12}, \text{ for } 1/3 \le \alpha_k \le 3/8$$

$$\frac{2476\alpha_k^4 - 3984\alpha_k^3 + 2376\alpha_k^2 - 624\alpha_k + 61}{2(2152\alpha_k^4 - 3552\alpha_k^3 + 2160\alpha_k^2 - 576\alpha_k + 57)}, \text{ for } 3/8 \le \alpha_k \le 2/5$$

$$\frac{1827\alpha_k^4 - 2968\alpha_k^3 + 1752\alpha_k^2 - 448\alpha_k + 42}{4(2152\alpha_k^4 - 3552\alpha_k^3 + 2160\alpha_k^2 - 576\alpha_k + 57)}, \text{ for } 2/5 \le \alpha_k \le 1/2$$

$$\frac{1062\alpha_k^4 - 3708\alpha_k^3 + 4734\alpha_k^2 - 2564\alpha_k + 481}{576(\alpha_k - 1)^3(3\alpha_k - 1)}, \text{ for } 1/2 \le \alpha_k \le 2/3$$

$$\frac{169\alpha_k - 73}{64(3\alpha_k - 1)}, \text{ for } 2/3 \le \alpha_k \le 1. \tag{8.37}$$

Computed values of $JCE_{PR}^{NPR}(3, \infty|IAC_{X^*}^*(\alpha_k))$ are obtained for each parameter $X^* \in \{b^*, t^*, c^*, u^*\}$ from (8.34) through (8.37) respectively. The results are listed in Table 8.7 for each value of $\alpha_k = 0.35(0.05)1.00$, along with $\alpha_k = 0.33$.

A graphical representation of the $JCE_{PR}^{NPR}(3, \infty|IAC_{X^*}^*(\alpha_k))$ values that are listed in Table 8.7 is given in Fig. 8.2, and the conclusions that can be deduced from these values are quite different, depending on the strong measure of group mutual coherence that is being considered.

Parameter b^* has a relatively weak impact on the probability that all WSR's select the same winner. Values of $JCE_{PR}^{NPR}(3, \infty|IAC_{b^*}^*(\alpha_k))$ generally increase in the expected manner for $1/3 \le \alpha_k \le 0.40$, but the probability remains between 0.50 and 0.55 for the range $0.40 \le \alpha_k \le 1.0$. This probability does not increase in a monotonic fashion as α_k increases, and it typically remains very close to the overall IAC limiting probability value of $JCE_{PR}^{NPR}(3, \infty, IAC^*) = 0.5304$ from (8.25).

The results with Parameter t^* are quite predictable, with the probability that all WSR's will select the PMRW increasing monotonically as α_k increases. According to intuition, we find that $JCE_{PR}^{NPR}(3, \infty|IAC_{t^*}^*(\alpha_k)) \to 1$ as $\alpha_k \to 1$, to reflect voting situations with a perfect Strong Positively Unifying Candidate.

The results that are observed for Parameter c^* are much more surprising, where we find that $JCE_{PR}^{NPR}(3, \infty|IAC_{c^*}^*(\alpha_k))$ decreases monotonically as α_k increases.

Table 8.7 Computed values of $JCE_{PR}^{NPR}(3, \infty|IAC_{X^*}^*(\alpha_k))$ for $X^* \in \{b^*, t^*, c^*, u^*\}$

α_k	X^*			
	b^*	t^*	c^*	u^*
0.33	0.2951	0.2988	0.9089	0.4167
0.35	0.3560	0.3356	0.8809	0.4167
0.40	0.4793	0.3899	0.7896	0.4130
0.45	0.5447	0.4162	0.6836	0.3910
0.50	0.5324	0.4676	0.5778	0.4063
0.55	0.5456	0.5259	0.4851	0.4955
0.60	0.5479	0.5918	0.4078	0.5579
0.65	0.5420	0.6636	0.3397	0.6061
0.70	0.5335	0.7321	0.2744	0.6435
0.75	0.5260	0.7917	0.2128	0.6719
0.80	0.5195	0.8437	0.1587	0.6942
0.85	0.5138	0.8897	0.1115	0.7122
0.90	0.5087	0.9306	0.0699	0.7270
0.95	0.5041	0.9671	0.0330	0.7394
1.00	0.5000	1.0000	0.0000	0.7500

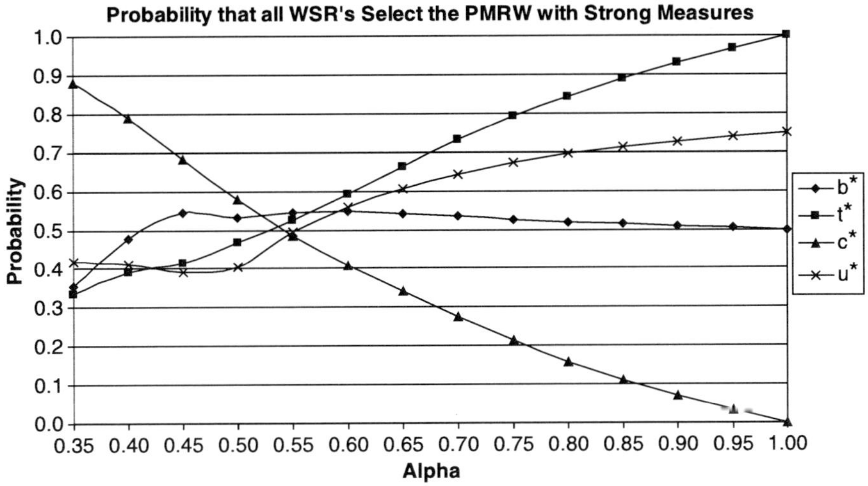

Fig. 8.2 Computed values of $JCE_{PR}^{NPR}(3, \infty|IAC_{X^*}^*(\alpha_k))$ for $X^* \in \{b^*, t^*, c^*, u^*\}$

Moreover, $JCE_{PR}^{NPR}(3, \infty|IAC_{c^*}^*(\alpha_k)) \rightarrow 0$ as $\alpha_k \rightarrow 1$. This follows directly from the fact that a perfect Strong Centrist Candidate cannot be the PMRW, while it must be the strict winner by NPR with certainty as $n \rightarrow \infty$, when the possibility of ties by NPR vanishes. The values of $JCE_{PR}^{NPR}(3, \infty|IAC_{u^*}^*(\alpha_k))$ behave in the expected fashion by generally increasing as α_k increases, but the increase is not monotonic as α_k increases, with $JCE_{PR}^{NPR}(3, \infty|IAC_{u^*}^*(\alpha_k)) \rightarrow 0.75$ as $\alpha_k \rightarrow 1$.

Two different types of environments have now been identified in which the probability that all WSR's will select the PMRW is very high. The first one is obvious, and it occurs when a large proportion of voters rank the PMRW in first place, to completely overwhelm the impact of second place rankings. The second environment is much more unexpected, and it occurs when all of the candidates are approximately equally distributed as the middle ranked candidate in voters' preferences. All candidates will receive approximately the same score from second place rankings in such a voting situation for any Rule λ, which will therefore drive the determination of the WSR to be based completely on first place rankings.

It can therefore be concluded that there are some scenarios that can produce voting situations which have a very high probability that all WSR's will select the PMRW. However, there are other scenarios that can produce voting situations with a very low probability of this outcome. In general, one might expect there to be some reasonable probability that voting situations will be observed for which all WSR's will select the PMRW, but this probability is not likely to be large. This conclusion is also consistent with the empirical results that indicated that there are many examples in which PR and BR did not both select the PMRW. Therefore, there is typically very good reason to be concerned about the voting rule that will be selected for use in any particular election setting.

8.6 Other Voting Rules

A number of other voting rules have been developed that have received considerable attention in the literature. Most of these voting rules have evolved to deal with the consequences of the possibility that voters' might strategically misrepresent their preferences to obtain more desirable outcomes in an election. Three of these election procedures are considered here, since the simultaneous impact of their use on Condorcet Efficiency has been evaluated.

8.6.1 Approval Voting

The notion of Approval Voting (AV) is very simple, in that it allows every voter to cast a ballot for each available candidate that he or she considers to be acceptable. Thus, there is no fixed number of candidates that each voter must pick, as was the case with CSR's. Weber (1978b) presented an early analysis to promote the use of AV, based upon the Effectiveness measure from Chap. 7. The principle promoters of AV have been Steven Brams and Peter Fishburn, and a summary of the benefits that could be expected to result from utilizing AV rather than PR is given in Brams and Fishburn (1983b):

- It gives voters more flexibility in their voting options, allowing them to show support for a candidate that they favor, without "wasting a vote".
- It would likely lead to increased voter turnout for two reasons. First, as above, voters would be able to vote to support candidates who they know have only a small possibility of winning. Second, voters who cannot decide upon one single most preferred candidate would not be forced to make a decision as to which candidate they will vote for.
- It would help to elect the strongest candidate. That is the candidate with the most overall support, so that it would induce candidates to establish platforms that are acceptable to a majority of voters.
- It gives minority candidates their proper due, since voters can vote to support such candidates without having to switch their single vote to support a less preferred candidate who has a chance of winning. That is, the voter can vote for both of these candidates with AV.
- It is insensitive to the number of candidates running. With PR and many candidates, a winner can be selected with a very small percentage of the total votes. This is not the case with AV.
- It adds legitimacy to the election outcome by preventing situations in which candidates can enter a race to 'splinter' the electorate to win by PR with a small percentage of the total vote.
- It is eminently practicable, in that it would be very easy to enact and implement as a voting system.
- It has a strong propensity to elect the PMRW.

Potential problems with utilizing AV are listed as including:

- It loses some gradations of voter preferences on candidates that are observed with ranking methods. It is however asserted that voting methods that do use rankings will likely have these gradations damped out by the preference aggregation process to produce the same winner as AV.
- It could encourage the proliferation of candidates with "fuzzy" positions on issues, to appeal to a broader base of candidates.
- It could undermine the "two-party system", but there is no reason why both major parties would not continue to exist, as long as they maintained positions to get a significant amount of support.
- It could create significant inequities among voters, depending on the number of candidates that they choose to vote for. However, AV is more equitable to voters, in allowing them to more adequately express their true preferences.

A number of very positive features have been formally proved to be valid for AV when it can be assumed that voters have dichotomous preferences on candidates. It was mentioned previously that Inada (1964) showed that a PMRW must exist with this restriction of preferences for odd n. Brams and Fishburn (1978) establish specific restrictions on the allowable forms of preferences that each voter might have on combinations of candidates, and they also develop a specific definition of admissible voting responses from voters. With these restrictions and specifications, AV is shown to always select the PMRW when all voters have dichotomous preferences. With the same restrictions and specifications, it is also shown that all CSR's can fail to elect the PMRW when all voters have dichotomous preferences on candidates. As a result, AV is superior to these CSR's on the basis of Condorcet Efficiency, given the assumptions that are inherent to voters using admissible strategies when they report their votes with AV. Fishburn and Brams (1981a) then extend this analysis to reach the same general conclusion about the superiority of AV when it is compared to runoff election procedures. In addition, AV is also shown to be strategy proof under the conditions that are specified.

It must be stressed that all of these results are completely dependent upon the assumption that all voters have dichotomous preferences. Niemi (1984) produces examples to show that many other outcomes are possible with AV when the assumptions are changed to allow voters to have preferences on candidates that are not dichotomous. Examples are provided to show that:

- AV does not always select the PMRW.
- AV does not necessarily select a candidate with a majority of first place votes.
- AV can elect the PMRL.
- AV can rank the PMRW last, so that it would be eliminated in any runoff procedure.

Lines (1986) considers voting situations in which voters have trichotomous preferences, with candidates being categorized as preferred, acceptable, or unacceptable. It is argued that voters might misrepresent their preferences to the degree that votes would be given to candidates that are only acceptable to a voter, if that voter believed that none of their preferred candidates had any chance of winning. Such a voter would also cast votes for their preferred candidates in this situation. However, Brams and Fishburn (1983b) note that AV is the only strategy proof system when voter preferences on candidates are dichotomous, and that no voting rule is strategy proof when preferences are trichotomous or multichotomous.

Since the analysis of Brams and Fishburn (1983b) is so heavily dependent on the assumption that voters have dichotomous preferences, it is clearly of interest to consider empirical results regarding the efficacy of this assumption. Radcliff (1993) does an empirical study to determine the propensity of voters to have dichotomous preferences. The study obtains weak ordered preference rankings on US Presidential candidates for respondents to surveys in American National Election Studies from 1972 to 1984. The respondents did not make actual pairwise comparisons between candidates, but respondents' thermometer ratings on candidates were used to deduce respondents' paired comparisons on candidates. It was assumed that any difference in reported thermometer scores resulted in a distinct preference in pairwise comparison between candidates. Results suggest that only approximately 30% of respondents had dichotomous preferences in three-candidate elections, with that percentage decreasing dramatically as the number of candidates increases to four or five.

Fishburn and Brams (1981b) analyze the number of candidates that a voter should vote for with AV from the perspective of maximizing the expected utility that the voter receives, when utility values are associated with the prospect that various candidates are selected as the winner. If the objective is to maximize this expected utility, the approximately optimal procedure for any voter is to cast a vote for all candidates that have associated individual utility values that exceed that given voter's average utility for all candidates.

Wiseman (2000) continues this analysis and assumes that voters use such an approximately optimal voting procedure, both on elections on the set of candidates and for elections on all subsets of candidates. With the assumption of some restrictions on the utility values that voters will have on candidates, a scenario is established such that Theorem 7.5 must apply, where the use of PR on all subsets of candidates is found to allow for the existence of all possible paradoxical voting outcomes. Since voters could all use PR on all subsets of candidates, it then follows that AV is subject to allowing all possible paradoxical voting outcomes, even if this approximately optimal voting procedure is being used by voters.

Arrington and Brenner (1984) perform an evaluation of AV and argue that many of the qualities that are attributed to it will not be valid in practice. Much of their argument is based on the belief that the use of AV will lead to more candidates entering into elections, following the previously mentioned arguments of Wright and Riker (1989) in the discussion of the effects of using elimination rules in Chap. 7. As a result, it is suggested that all of the proofs that AV is superior when it is assumed that each voter's preferences on candidates are dichotomous will tend to become irrelevant. The argument that candidates with low levels of support with PR will receive more visible support with AV is discounted by assuming that all candidates will show increased levels of support with AV. The argument that there will be an increased voter turnout with AV, since voters who support candidates with little chance of winning under PR would go to vote with AV, is also discounted. Their rebuttal is based on the fact that there would still be little chance that the preferred candidate of such voters would be elected with AV. Brams and Fishburn (1984) respond to these criticisms of AV.

There has been a great deal of debate regarding the desirability of using AV, with strong opinions being held on both sides, with Donald Saari being a staunch critic of AV. See for example Saari and Van Newenhizen (1988). It is therefore of interest to consider what impact the use of AV would have had in actual elections. Most of this interest has focused on how successful AV would have been at showing the true levels of support that is present for candidates that do not win with PR, and on the propensity of AV to select the PMRW.

8.6.1.1 Approval Voting: Empirical Studies

Kiewiet (1979) uses thermometer ratings from surveys of prospective voters in the 1968 US Presidential election between Humphrey, Nixon and Wallace. The final popular vote results in this very close election were Humphrey (42.7%), Nixon (43.4%) and Wallace (13.5%). Results of the study suggest that Nixon was the PMRW, and he was the ultimate winner of the election. Using a few different models to determine the number of candidates that each voter would have voted for from the thermometer scores if AV had been used, it is concluded that Nixon would have been a much more clear-cut winner with AV and that Wallace would have received significantly more votes to indicate his true level of support among voters with AV, despite the fact that Wallace still would not have come close to winning.

Brams and Merrill (1994) use thermometer score data and consider three different models of how voters might have selected the number of candidates that they would have chosen to vote for in an AV format in the three-candidate US Presidential election in 1992 with Clinton, Bush and Perot. A number of studies have shown that Clinton was the PMRW and Perot was the PMRL. The conclusion is that Perot would have gained a substantial increase in the margin of votes with all three models, but that the overall ranking of Clinton beats Bush beats Perot would have remained the same in all three scenarios.

Tabarrok (2001) extends the analysis of this same election with a geometric approach to analyze the survey results of registered voters to obtain preference rankings. It is shown that all WSR's would have selected Clinton as the overall winner and Perot as the overall loser. Despite this, it is shown that scenarios existed such that Perot could have been the winner by AV and that Clinton could have been the loser by AV. It is stated that "such disturbing outcomes occur because AV misrepresents and ignores key pieces of information".

This all leads to a common criticism of AV on the basis that it might tend to select candidates with a lot of moderate support from a majority of voters, or the "lowest common denominator". Condorcet (1789, pg 179) discusses voting systems in general and states opposition to the use of any such voting rule:

> Moreover, we must also ensure that candidates who obtain a large number of votes are also preferable to some of their opponents, so that in preferring the certainty of a good choice to the hope of a better one, we do not expose ourselves to preferring men whom everyone is happy to elect, because everyone is indifferent to them. In avoiding bad choices we must not favour mediocre ones.

Brams and Fishburn (1988) consider this issue in an analysis of the results of ten different election results from several professional organizations, when both the preference rankings on candidates and AV results were reported by voters. Some of these elections involved the selection of more than one candidate as winners. Narrow voters are defined as those who do not vote for more candidates under AV than the number of candidates that are to be selected as winners, and wide voters are those who vote for more candidates than the number that are to be elected as winners. The narrow voters can be viewed as being more selective in their evaluation of candidates.

A winner who would be selected with AV by both the subset of narrow voters and by the subset of wide voters is defined as being AV-dominant. It was found in the analysis that the actual winners by AV were also AV-dominant in nine of the ten elections. As a result, the evidence is quite strong that AV typically does not select candidates that are simply viewed as being barely acceptable to the most voters, since the same winners would also have been selected by just the subset of narrow voters.

Laslier and Van der Straeten (2003) performed a very interesting and extensive study to evaluate the impact that the use of AV would have had in the first-stage elimination step of the French Presidential election of 2002, in which 16 candidates were competing. In this particular election, the top two candidates with PR, Chirac and Le Pen, were selected to be sent to the second stage for election by PR. The authors received permission to setup a secondary voting station at the actual voting sites during the first-stage elections in two towns. After casting their official ballots in the election, voters were subsequently asked to vote with AV at the second voting station. Voters were aware that this second voting station was being run on an experimental basis, and more than 75% of the voters agreed to vote in the secondary stage in both cases.

Several important observations were made from this highly significant experiment that definitely reflects the actual voting situation. First, the average number of candidates that voters actually voted for with AV was 3.15 candidates of the 16 possible candidates. Only a small proportion of voters chose to vote form more than five candidates. Second, the impact that AV has on an election is shown by the fact that very different levels of candidate support among the voters is reflected by the results of AV, compared to the results from PR. The final observation indicates that there would have been a significant change in the outcome of this first stage election if AV had been used to determine the two candidates that would have been sent to the second stage. The results indicate that candidate Le Pen, who represented the extreme right of the political spectrum, had a hard core of supporters, but that the number of other voters who approved of Le Pen was relatively small, when compared to the other candidates. Candidate Jospin, who represented moderates in the political spectrum, received a smaller percent of the PR vote than Le Pen, but received a substantially larger number of votes by AV. As a result, Jospin would likely have replaced Le Pen in the runoff election in the second stage. This observation reinforces the belief that the use of AV is likely to produce winners who tend to represent the center of the political spectrum.

The election for President of France in 2007 was mentioned in Chap. 5 while discussing a study by Abramson (2007). It was reported there that only four candidates received more than 5% of the PR vote in the first round of a PER election: Le Pen (10.4%), Bayrou (18.6%), Royal (25.9%) and Sarkozy (31.3%), and further analysis suggested that Bayrou was the PMRW. Baujard and Igersheim (2009) report on an experiment with AV like the one mentioned above that was conducted during the first phase of voting in some towns during this election. The PR rankings in the actual election results for these towns were consistent with the national percentages of PR vote results from all of France. However, the results from the follow-up election by AV gave a very different ranking in the study, with Bayrou beats Sarkozy beats Royal beats Le Pen. So, it is therefore indicated that AV would have selected the PMRW, while PER even failed to pass this candidate along for consideration in the second stage of the election.

Stensholt (2002) indirectly addresses this issue for three candidates by considering the tradeoffs between selecting winners with PR and PMR. If PR and PMR both select the same winner, it is suggested that this candidate should be elected, which obviously would not be viewed as a controversial choice. However, if these two winners do not coincide, a very novel approach is suggested in which the PMRW would be eliminated, with voters then choosing between the remaining two candidates in a runoff election. It is argued that this would preserve the "plurality ideology" while letting centrist voters choose between the "right" and "left" candidates, rather than always selecting centrist candidates. It is argued that AV presents a viable compromise between this "plurality ideology" and "Condorcet ideology".

Aleskerov (2005) considers an additional possible issue that could arise with the implementation of AV, by noting a period during which Catherine the Great of Russia incorporated the use of AV into the regulations by which cities elected representatives to provincial and district ruling bodies. These rules were later amended to require that the elected representatives must be approved by a majority of voters. When an adequate number of candidates did not receive the required number of votes, the candidates without a majority were then put through a second stage election, during which AV was used again. It is pointed out that this procedure was strongly criticized in this particular application. This resulted from the fact that the voters in specific districts were most likely to be reasonably familiar with only one or two of the candidates, while they were typically required to vote for at least five or six candidates for the process to work.

8.6.1.2 Approval Voting: Condorcet Efficiency

Fishburn and Little (1988) perform an analysis of election results for positions in a professional society. The winners of the elections were determined by PR, but voters were also asked to submit a second ballot in which they ranked all candidates and noted which candidates they would vote for if AV were being used. Between 1536 and 1828 voters participated in each of the elections, and most submitted their complete rankings on the candidates with the AV results, as requested, in each case. Some analysis was performed to determine that no bias would be introduced into the process of obtaining the winners by both AV and PMR if the results of the voters who did not respond with candidate rankings, as they were requested to do, were ignored.

The first election that was considered was selecting a single winner from three candidates. PR and AV selected different winners in this election, and there was effectively a PMRW tie between these two candidates. Of the responding voters in this election, 46% of voters voted for one candidate and 49% of voters voted for two candidates. The second election also selected a single winner from three candidates. In this case PR and AV select the same winner, and this candidate is involved in an effective tie as the PMRW. Of the responding voters in this election, 55% of voters voted for one candidate and 32% of voters voted for two candidates. The third election produced the most interesting results in selecting two candidates from a set of five possible candidates. PMR produced a transitive ranking on the five candidates, and the AV results produced the identical ranking. The results of PR produced a significantly different result by interchanging the second and fourth ranked candidates in the PMR ranking.

Brams and Nagel (1991) analyze the results from an election that used AV for an academic organization. They observe that voters did take advantage of the opportunity to cast multiple votes with an average of 1.33 votes being cast in a three-candidate election and averages of 1.42 and 1.37 in two different four-candidate elections. A single-dimensional scale was obtained to position the set of candidates that was strictly consistent with the raw data of the election results of 84% of the voters. In conjunction with other information in the election data, a transitive PMR ranking was found that was identical to the ranking that was obtained by AV. Following the discussion in the previous section, it was also concluded that the use of AV will result in relatively higher vote totals for "underdog" candidates, provided that these candidates do not have positions that are so extreme that they share little common support with other candidates.

Fishburn and Gehrlein (1977a) perform a Monte-Carlo simulation analysis to compare the standard one-stage and two-stage CSR's with the possibility of modifying these rules by using AV in the first, or only, stage of the election. The first part of the study uses IC with $3 \leq m \leq 5$, and the maximum Condorcet efficiency that is obtained by the AV scenario in the first stage is consistently marginally less than the result that is obtained with the best CSR. When the experiment was repeated with MC, the use of AV in the first stage was found to have marginally greater Condorcet efficiency in more cases than when using a CSR in the first stage. No consistently significant advantage is therefore found to be gained from using the AV scenario to replace CSR's in single-stage or two-stage elections.

8.6.1.3 Approval Voting: Condorcet Efficiency Representations

A limiting representation for the Condorcet Efficiency of AV is developed in Gehrlein and Lepelley (1998). Let $CE^S_{AV(\boldsymbol{h})}(m,\infty,IC^*)$ denote the limiting Condorcet Efficiency of AV as $n \to \infty$ under the assumption of IC* where $\boldsymbol{h}$ is a vector with h_i denoting the probability that a voter will choose to vote for i candidates of m possible candidates. Since a voter will have no impact on an election outcome by casting a vote for all candidates, it is assumed that $h_m = 0$. It is further assumed that there is complete independence between any voter's preference ranking on candidates and the number of candidates that will be voted for.

The representation for $CE^S_{AV(\boldsymbol{h})}(m,\infty,IC^*)$ is obtained as a multivariate normal positive orthant probability on $2(m-1)$ dimensions, following the logic of earlier discussion. The representation is given by

$$CE^S_{AV(\boldsymbol{h})}(m,\infty,IC^*) = \frac{m\Phi_{2(m-1)}(\boldsymbol{R}')}{P^S_{PMRW}(m,\infty,IC)}. \tag{8.38}$$

Here, the correlation matrix $\boldsymbol{R}'$ has components $r'_{i,j}$ with

$$\begin{aligned} r'_{i,j} &= \frac{1}{3}, \text{ for } 1 \le i \ne j \le m-1 \\ &= \frac{1}{2}, \text{ for } m \le i \ne j \le 2(m-1) \\ &= \sqrt{2e} \text{ for } 1 \le i \le m-1 \text{ and } j = m-1+i \\ &= \sqrt{\frac{e}{2}} \text{ for } 1 \le i \le m-1 \text{ and } m \le j \ne m-1+i, \end{aligned} \tag{8.39}$$

and

$$e = \sum_{k=1}^{m-1} \frac{k(m-k)}{m(m-1)} h_k. \tag{8.40}$$

The result of (8.40) leads to $e = 2/3$ for all $\boldsymbol{h}$ when $m = 3$ so that $\boldsymbol{R}'$ has the identical form of correlation matrix $\boldsymbol{R}$ in (5.11) for the cases of PR ($\lambda = 0$) and NPR ($\lambda = 1$). This leads directly to a result from Gehrlein and Fishburn (1979):

Theorem 8.3 $CE^S_{PR}(3,\infty,IC^*) = CE^S_{AV(\boldsymbol{h})}(3,\infty,IC^*) = CE^S_{NPR}(3,\infty,IC^*)$, *for all possible* $\boldsymbol{h}$.

Additional results from Gehrlein and Lepelley (1998) prove that

Theorem 8.4 $CE^S_{PR}(m,\infty,IC^*) \le CE^S_{AV(\boldsymbol{h})}(m,\infty,IC^*) \le CE^S_{CSR(m/2)}(m,\infty,IC^*)$, *for all possible* $\boldsymbol{h}$.

Here, $CSR(m/2)$ is the CSR in which each voter must vote for $m/2$ candidates with even m, or vote for $(m+1)/2$ candidates with odd m.

It is also proved that

Theorem 8.5 $P_{SgBP}^{PR}(m,\infty,IC^*) \geq P_{SgBP}^{AV(\boldsymbol{h})}(m,\infty,IC^*) \geq P_{SgBP}^{CSR(m/2)}(m,\infty,IC^*)$, *for all possible* $\boldsymbol{h}$.

Theorem 8.5 holds with equality for the case of $m = 3$. All of these results lead to the conclusion that AV is dominated on the basis of Condorcet Efficiency by the best CSR with the assumption of IC, so it will then be strongly dominated by BR based on Corollary 7.1.

This analysis is extended by Diss et al. (2010) with a modification of IC in which voters can have weak ordered preferences. The model is different than IWOC in that when voters report their preferences in an AV format, they can simply report votes for more than one candidate, or vote for more than one candidate with a stated preference ranking on the reported candidates. Extended WSR's are then defined to account for the different preference types that voters can report. A representation is obtained for the Condorcet Efficiency of Extended WSR's in the limit of voters for three-candidate elections. Results indicate that the introduction of any degree of dichotomous preferences among voters gives AV an advantage over both PR and NPR in terms of Condorcet Efficiency. However, the extended version of BR still dominates AV on this dimension. As noted above, any superiority of AV tends to be highly dependent upon the existence of dichotomous voter preferences.

Lepelley (1993) develops a representation for the probability that AV exhibits a Strong Borda Paradox with single-peaked preferences, with

$$P_{SgBP}^{AV(\boldsymbol{h})}\left(3,\infty|IAC_b^*(0)\right) = \begin{cases} \dfrac{(1-2h_2)^3}{36(1-h_2)^2}, & \text{for } 0 \leq h_2 \leq 1/2 \\ 0, & \text{for } 1/2 \leq h_2 \leq 1. \end{cases} \tag{8.41}$$

For the special case with $h_2 = 0$, AV is equivalent to PR and the limiting result of (3.37) for PR is verified.

8.6.2 *Lottery Based Voting Rules*

Lottery rules use a random process to determine the ultimate winner of an election. In some cases, the same probability of selection is assigned to all candidates, and in other cases the probability that a candidate is selected is related to the number of votes that they receive in a preliminary election. As mentioned previously, such procedures might be implemented to reduce the impact of strategic manipulation by voters. Another justification of lottery rules is brought up in the context of scenarios in which voters are not completely certain about their preferences on candidates. Lottery rules are discussed in Flood (1980) where it is suggested that the use of lottery rules would also preclude the possibility that any group with a small majority of voters could continuously have complete control over the minority.

It is suggested that a *proportional lottery rule* should be used, where the probability that a candidate would be selected as the winner is equal to the proportion of votes that they receive in a preliminary election.

8.6.2.1 Lottery Rules: Historical Overview

Lottery rules have actually been used in a number of situations for various reasons. Tangian (2003, 2008) presents a historical background of the development of democratic institutions that are based on elections, which includes an extensive discussion of the use of lottery rules. The discussion starts with a listing of positions that were filled by lotteries in the government of ancient Athens. The reasons for the reliance on lotteries in Athens, as opposed to elections, are listed as:

- Evaluating candidates on the basis of merit instead of treating everyone equally contradicted the very idea of Athenian democracy. Lotteries gave an equal chance to all.
- Oligarchs and aristocrats had well established criteria of evaluation that were based on wealth and virtue, while common citizens could quite possibly use criteria of evaluation that were socially questionable. The use of lotteries was free of situations that could be based on improper motivation for the evaluation of candidates.
- The use of elections can have the tendency to keep the same people in power, which can gradually lead to the development of a political oligarchy. The use of lotteries breaks this trend, and thereby provides all citizens with equal access to power.
- Professional politicians with an advantage of wealth and popularity have a better chance at winning elections. However, such individuals were known to misrepresent their true beliefs and opinions in order to get elected. By relying on lotteries, winners could not be suspected of such misrepresentation.

Tangian (2003) also refers to the work of Rousseau, in which it is suggested that the use of lotteries is the only fair way of making appointments to 'burdensome' positions which do not have to take into account the characteristics of the candidates or the position.

Lines (1986) and Cogggins and Perali (1998) describe a very complex eight-step procedure for the election of the Duke of Venice from 1268 to 1797. The procedure was a sequence of elections and lottery procedures. The extreme complexity of the procedure removed the possibility of manipulation of the election process, and the lottery components excluded the possibility of bringing corruption into the election process. Bartholdi and Orlin (1991) make similar arguments that support the notion that complicated voting procedures will be resistant to strategic manipulation.

Aleskerov (2005) gives an example in which lottery rules are used as part of the selection of the Patriarch of the Russian Orthodox Church. The procedure was used from 1589 to 1703, in which the electoral body would cast votes for candidates, and the ultimate winner would be determined by lottery from the three candidates who received the most votes. This procedure was eliminated in 1703 by Tsar Peter I, who proclaimed that the Tsar would serve as the patriarch, and this lasted until 1917 when the old procedure was restored, and it is currently in use.

There has definitely been stated opposition to the notion of using lottery rules. Condorcet (1789, p. 168) makes it clear that he disapproves of voting systems that contain components that are dependent upon a lottery when he writes:

> It would be absurd to try to find a method to prevent the plurality from making a bad choice even if they had decided to do so; and this cannot be achieved unless part of the decision is left to fate. This is what has been done in several modern republics, where a mixture of choice and fate was used in an attempt to avoid the disadvantages of corrupt voters, while maintaining the advantages of their enlightenment. But it is time for these methods, invented when men were more shrewd than enlightened, to be replaced by better ones

The notion of leaving decision "to fate" clearly suggests that Condorcet is specifically referring to lottery rules.

8.6.2.2 Single-Stage Lottery Rules

One application of lottery rules comes into play when voters are uncertain about their preferences on candidates. The idea is to have an election by lottery that has probabilities for candidate selection being driven by the probabilities that voters' might pick them. Properties of lottery rules for the case of two candidates with uncertain preferences are considered in Fishburn and Gehrlein (1976c, 1977b).

The case of uncertain voters with three or more candidates is presented in an early study by Intriligator (1973) that extends work of May (1954) that dealt with voters' preferences on pairs of candidates. Let $q_{i,j}$ denote the probability that voter i would pick Candidate C_j, if selected to act as a dictator in the election process. Here, $q_{i,j} \geq 0$ and $\sum_{j=1}^{m} q_{i,j} = 1$. Then, a set of probabilities is defined for the selection of the winning candidate in a lottery, where t_j denotes the probability that Candidate C_j will be selected as the winner in the lottery. The set of t_j lottery probabilities is to be determined from the set of individual $q_{i,j}$ choice probabilities.

Three basic axioms of social choice are developed:

- *Existence of Social Probabilities:* Given any particular set of $q_{i,j}$ probabilities, there is a unique set of t_j probabilities.
- *Unanimity Preserving for a Loser:* If every voter has $q_{i,j} = 0$, then $t_j = 0$, so that if all voters completely reject a candidate, then the lottery will too.
- *Strict and Equal Sensitivity to Individual Probabilities:* If $q_{i,j}$ increases (decreases) for any voter i, then t_j will increase (decrease). Thus, increased (decreased) voter support for a candidate must increase (decrease) the probability that the candidate wins in the lottery.

It is then proved that the only lottery rule that will uniquely satisfy all three of these axioms is the *Average Rule*, where $t_j = \frac{1}{n}\sum_{i=1}^{n} q_{i,j}$. Nitzan (1975) considers additional properties of the Average Rule.

Fishburn (1975) comments on Intriligator (1973), and cautions against the interpretation of the $q_{i,j}$ terms as denoting the strength of preference that the ith voter has for Candidate C_j. In particular, a voter might very well have some given measure of strength of preference over the set of candidates, but still vote for the most preferred candidate with certainty.

The use of lottery systems to meet the concerns expressed above by Flood (1980) are not related to the possibility that voters' have uncertainty in preferences on candidates, but instead use preliminary election outcomes to establish probabilities for a lottery to prevent a "tyranny of the majority". Heckelman (2007) discusses properties of proportional lottery rules, as mentioned above, noting that the principle behind the use of proportional lottery rules is consistent with the Average Rule when voters are not certain about their preferences. Heckelman (2003) considers a single-stage lottery procedure for selecting the winner of an election in which the win probabilities for each candidate are based on the relative BR scores that each receives.

8.6.2.3 Sequential Lottery Rules

Sequential lottery rules extend the idea of single-stage lottery rules to paired comparisons on candidates. With this procedure, a pair of candidates is selected at random and the winner is determined by lottery. The winner then goes on to the next round to run against another randomly selected candidate from the set of candidates that has not been eliminated. The winner is again determined by lottery, with the winner proceeding to the next round. This goes on until one candidate is left, with all other candidates having been eliminated. The probability that a candidate wins by lottery in any pairwise voting round is obtained as the proportion of voters who prefer that candidate by PMR to the other candidate in the pair. Mueller (1989) formalizes a definition of such a sequential lottery rule and then considers the Condorcet Efficiency of the election procedure that is defined. Chen and Heckelman (2005) extend this type of analysis to determine the limiting probability as $n \to \infty$ that the BR winner and the PMRW are elected by a sequential lottery rule.

Representations have been obtained that can be used to obtain the strict Condorcet Efficiency of the sequential *Pairwise Proportional Lottery Rule* (*PPLR*) in three-candidate elections. Gehrlein and Berg (1992) obtain one such representation for the limiting case with IC as

$$CE^{S}_{PPLR}(3,\infty,IC^{*}) = \frac{1}{4}. \tag{8.42}$$

This suggests that PPLR has a remarkably small value of Condorcet Efficiency, and it is of interest to determine if the introduction of a small degree of dependence among voters' preferences with IAC has a significant impact on the result. It is shown in Gehrlein (1991) that

$$CE^S_{PPLR}(3,n,IAC^*) = \frac{47n^4 + 354n^3 + 787n^2 + 450n + 42}{105n^2(n+3)^2}. \tag{8.43}$$

As $n \to \infty$, $CE^S_{PPLR}(3,\infty,IAC^*) = 47/105 = 0.4476$, so a relatively low Condorcet Efficiency is still obtained, but the increase over IC result from (8.42) is dramatic. Gehrlein and Berg (1992) suggest that these very small values of strict Condorcet Efficiency might result from the fact that PPLR could be resulting in cycles with no winner being determined. Alternative measures of Condorcet Efficiency are therefore introduced that are denoted by $CE^T_{PPLR}(3,n,IC^*)$ and $CE^T_{PPLR}(3,n,IAC^*)$, where a PPLR winner is selected at random in the event that a PPLR cycle exists.

Representations for $CE^T_{PPLR}(3,\infty,IC^*)$ and $CE^T_{PPLR}(3,n,IAC^*)$ are obtained in Gehrlein (2007), with

$$CE^T_{PPLR}(3,\infty,IC^*) = \frac{1}{3} \tag{8.44}$$

$$CE^T_{PPLR}(3,n,IAC^*) = \frac{435n^4 + 3120n^3 + 6442n^2 + 3072n + 371}{840n^2(n+3)^2}. \tag{8.45}$$

$CE^T_{PPLR}(3,\infty,IAC^*) = 0.5178$, so by allowing for random tie-breaking of PPLR cycles, the relative value of Condorcet Efficiency increases, but it is very obvious that PPLR's perform poorly on this basis. Representations are also obtained for *non-proportional lottery rules.*

The propensity of PPLR to reproduce the complete PMR ranking on three candidates with IAC is denoted as $CRE^S_{PPLR}(3,n,IAC^*)$, and it is obtained in Gehrlein (1991)

$$\begin{aligned} &CRE^S_{PPLR}(3,n,IAC^*) \\ &\quad = \frac{3943n^5 + 32577n^4 + 85034n^3 + 73350n^2 + 19695n + 441}{13440n^3(n+3)^2} \end{aligned} \tag{8.46}$$

In the limit that $n \to \infty$, $CRE^S_{PPLR}(3,\infty,IAC^*) = 3943/13440 = 0.2934$, so there is only a small probability that PPLR's will be completely consistent with three-candidate elections.

8.6.3 Median Voting Rule

Young (1995) discusses various approaches that can be used to measure differences in statistical settings. When differences between cardinal measures are considered, the use of arithmetic means is generally appropriate. However, when differences or distances between ordinal rankings are considered, medians are more appropriate. This suggests that any process that aggregates individual ordinal rankings to find an overall ranking that has the closest overall ‘proximity’ to the individual rankings should be based on median measures from the individual rankings. Bassett and Persky (1999) extend this notion by suggesting the use of a *Median Voting Rule* (*MVR*) as an alternative to BR. The winner is selected as the candidate with the smallest average ranking in voters’ preferences with BR. It is suggested that the winner should instead be selected as the candidate with the smallest median ranking in voters’ preferences. The primary motivation behind suggesting this rule is that MVR should be less susceptible to strategic misrepresentation of preferences than BR is.

Some qualities of MVR are evaluated in Gehrlein and Lepelley (2003). The necessary conditions to allow strategic manipulation of MVR by an individual voter are determined, to allow the development of a representation for the probability, $P_{IM}^{MVR}(3, n, IAC)$, that MVR can be manipulated by an individual voter in a three-candidate election under IAC, with

$$P_{IM}^{MVR}(3, n, IAC) = \frac{5}{16}\left[\frac{9n^4 + 56n^3 - 162n^2 + 904n - 1575}{(n+1)(n+2)(n+3)(n+4)(n+5)}\right], \quad \text{for odd } n. \qquad (8.47)$$

In the limit that $n \to \infty$, $PM_{IM}^{VR}(3, \infty, IAC) \to 0$, but we know from Chap. 7 that this is also true for PR and BR, so MVR has no advantage in preventing individual manipulation over either of PR or BR for large electorates. However, computed values for small n indicate that $P_{IM}^{MVR}(3, n, IAC)$ is indeed significantly smaller than $P_{IM}^{BR}(3, n, IAC)$, as suggested by Bassett and Persky (1999). But, $P_{IM}^{PR}(3, n, IAC)$ is only slightly greater than $P_{IM}^{MVR}(3, n, IAC)$. Thus, we find that MVR does not show any consistent superiority over all other voting rules, based on the probability that an individual voter can manipulate an election outcome.

This analysis is extended to consider the probability $P_{CM}^{VR}(3, n, IAC)$ that VR can be manipulated by a coalition of voters, and EUPIA is used for MVR to find

$$P_{CM}^{MVR}(3, n, IAC) = \frac{(9n + 23)(n - 1)}{32(n + 2)(n + 4)}, \quad \text{for odd } n. \qquad (8.48)$$

In the limit as $n \to \infty$, (8.48) gives $P_{CM}^{MVR}(3, \infty, IAC) = 9/32 = 0.2813$ and (7.67) gives $P_{CM}^{PR}(3, \infty, IAC) = 0.2917$. We also know limiting BR results from Chap. 7 that $P_{CM}^{BR}(3, \infty, IAC) = 0.5025$, so just as in the analysis of individual manipulation results above, while MVR is generally significantly less susceptible to manipulation by a coalition than BR, it does not show any consistent superiority over all other voting rules, most notably PR. It is very important to note that this analysis is being performed with the assumption of naïve voters, and the results could be significantly changed if non-naïve voters were to be considered.

It is clearly of interest to consider the Condorcet Efficiency of MVR, and this representation is found to be

$$CE^S_{MVR}(3,n,IAC) = \frac{(n+7)(3n+7)}{5(n+3)^2}, \text{ for odd } n. \tag{8.49}$$

In the limit that $n \to \infty$, $CE^S_{MVR}(3,\infty,IAC) = 3/5 = 0.6000$, to clearly show that MVR performs very poorly on the basis of Condorcet Efficiency in comparison to previous limiting efficiencies of $CE^S_{BR}(3,\infty,IAC) = 0.9111$ from (5.49) and $CE^S_{PR}(3,\infty,IAC) = 0.8815$ from (5.45).

Another major issue that arises in the consideration of MVR is related to the probability, $P^{MVR}_{Dec}(3,n,IAC)$, that it will produce a *Decisive Outcome*, which refers to the existence of a strict winner without any ties. Results from Lepelley and Gehrlein (1999) lead directly to a representation for $P^{MVR}_{Dec}(3,n,IAC)$ as

$$P^{MVR}_{Dec}(3,n,IAC) = \frac{3(n+7)(3n+7)}{16(n+2)(n+4)}, \text{ for odd } n. \tag{8.50}$$

Gehrlein and Lepelley (2003) use EUPIA to obtain

$$P^{PR}_{Dec}(3,n,IAC) = \frac{36n^4+377n^3+1349n^2+2343n+2295}{36(n+1)(n+2)(n+4)(n+5)}, \text{ for } n = 3(6)\ldots \tag{8.51}$$

$$P^{BR}_{Dec}(3,n,IAC) = \frac{24n^3+239n^2+732n+765}{24(n+2)(n+4)(n+5)}, \text{ for } n = 3(6)\ldots. \tag{8.52}$$

In the limit that $n \to \infty$, it follows directly from (8.50) through (8.52) that $P^{MVR}_{Dec}(3,n,IAC) = 9/16 = 0.5626$ and $P^{PR}_{Dec}(3,n,IAC) = P^{BR}_{Dec}(3,n,IAC) = 1$, so that MVR also performs very poorly in comparison to both PR and BR on the basis of decisiveness. Based on all characteristics, MVR is not a viable replacement for PR, and it is inferior to BR on the basis of both Condorcet Efficiency and decisiveness. The concerns that have been expressed about the calculated manipulation probabilities for BR with naïve voters were also discounted in Chap. 7. Laslier (2009) also emphasizes some other limitations of MVR in a recent paper.

8.7 Conclusion

Two scenarios are found to exist that produce very high probabilities of observing voter situations for which all WSR's will elect the PMRW. The obvious case occurs when Parameter t^* has values to reflect the existence of a Strong Positively Unifying Candidate. The second scenario exists when Parameter c is maximized, and

Parameter c^* is minimized, such that there is an equal distribution of candidates to the middle ranked positions. However, a number of other scenarios exist that give a very low probability of such an outcome, so there is good reason to be careful in determining which WSR should be selected for use. It is typically observed that this probability decreases as voting situations move farther away from perfect measures of group mutual coherence, but there are exceptions. The most notable among these exceptions exist for Parameters c and c^*, which behave in the opposite manner than what is anticipated.

Three additional voting rules are considered, and all are developed to some degree to minimize the potential impact of strategic manipulation. AV is shown to have many advantages that are all heavily dependent on the assumption of dichotomous voters' preferences. However, AV shows weakness when compared to CSR's, and particularly to BR, on the basis of Condorcet Efficiency.

PPLR has great potential to avoid manipulation, but it displays extremely poor performance on the basis of Condorcet Efficiency. MVR is found to exhibit significantly less susceptibility to manipulation than BR with an analysis that is based on the assumption of naïve voters, which was discounted in Chap. 7. In addition, MVR yields very low levels of Condorcet Efficiency and it also proves to be a very poor voting rule on the basis of decisiveness.

Chapter 9
Complete PMR Ranking Efficiencies

9.1 Introduction

The Borda Compromise gives a good foundation for determining how an election should be held when the objective is to determine only a winning candidate and nothing is known a priori about the basic model that describes how voters' form their preferences on candidates. When the objective is to maximize the probability that the PMRW is elected, BR can be expected to perform well, while minimizing the risk that very poor performance might be observed, which can happen with the other common voting rules. Our attention now turns to considering the effectiveness of voting rules at matching the complete PMR ranking on candidates. Some attention will also be given to the evaluation of voting rules on their ability to select a committee, rather than simply select a single winner.

9.2 Candidate Ranking Sensitivity to WSR Selection

A number of studies have concerned themselves with the possibility that different rankings on candidates might be obtained if different weighting systems are used for WSR's. Fishburn (1981a) considered a situation with two distinct WSR's, **W** and **V**, for m-candidate elections. For **W** and **V** to be *distinct WSR's*, a voting situation must exist for which **W** and **V** would produce different rankings on the candidates. For example, this would not be the case for any scenario in which $v_i = aw_i + b$ for all $1 \leq i \leq m$ with positive constants a and b. Given distinct **W** and **V**, it is shown that there is a voting situation for some value of n, such that the candidate rankings that are obtained by using **W** and **V** are completely reversed.

Saari (1984) extended this result to consider k arbitrary rankings on m candidates and k distinct WSR's. It is shown that a voting situation can be found for some value of n such that each of the k distinct WSR's will produce a different

W.V. Gehrlein and D. Lepelley, *Voting Paradoxes and Group Coherence*, Studies in Choice and Welfare, DOI 10.1007/978-3-642-03107-6_9,

ranking on the candidates, for all possible $k \leq m-1$ with $m \geq 3$. It is also shown that this result is not true for the particular case in which $k = m$. That is, it is possible to specify m distinct rankings on candidates and m distinct WSR's, such that no voting situation will produce the specified rankings from the specified WSR's for any value of n.

Saari (1992b) continues on a different track by considering the number of different candidate rankings that can be obtained from a given voting situation by using all possible WSR's. Let q_m denote the proportion of the $m!$ possible candidate rankings in an m-candidate election that can be obtained by modifying the WSR's that are used with a given voting situation. Then q_m^* is the maximum possible value of q_m that can be obtained over all possible voting situations. It is shown that $q_m^* \geq 0.53$ for all $m \geq 3$. In addition, q_m^* increases as m increases and $q_m^* \to 1$ as $m \to \infty$. As a result, almost any candidate ranking might be obtained with large m, depending on the WSR that is selected.

9.2.1 *Empirical Results*

Given the conclusion that just about any possible candidate ranking might be observed in theory by changing the WSR that is being used, it is of significant interest to have some idea of what might happen in practice, when some level of group mutual coherence could have an impact on the types of voting situations that are actually observed. There is limited empirical evidence that is available to investigate this question, since very few elections require voters to list their rank ordered preferences for all candidates.

Benoit (1992) performs an empirical analysis of the procedure that the Baseball Writers Association of America uses to select players to win the Most Valuable Player (MVP) Awards for Major League Baseball in the US. The procedure for selecting a winner asks voters to rank their ten most preferred nominees in each of the American and National League divisions. Candidates in the rankings then receive weights of (14,9,8,7, ... ,2,1) according to the reported rankings. The study investigates the likelihood that slight modifications to this particular WSR might alter the final selection of the MVP in each division, given the actual voter rankings that were reported from 1943 through 1989. A number of cases resulted in nearly unanimous support for a particular candidate as first place choice, so that no modification of the WSR could change the outcome. However, cases did exist in which the outcome of voting showed significant sensitivity to the weights that are used. As a particular example, Mickey Mantle did win the MVP award three times, and he would also have won the award two additional times with a slightly different WSR. This limited evidence leads to the conclusion that different rankings definitely might be observed if different WSR's are used, but this certainly is not always the case.

9.2.2 Probability Representations for the Same WSR Ranking

A representation for the limiting joint probability $JRP_{WSR(\lambda)}^{WSR(\lambda')}(3,\infty,IC)$ that both Rule λ and Rule λ' obtain the same ranking for three candidates under the IC assumption, with no requirement that a PMRW exists, is obtained in Gehrlein and Fishburn (1983) as

$$JRP_{WSR(\lambda)}^{WSR(\lambda')}(3,\infty,IC) = \frac{1}{6} + \frac{3}{2\pi}\left[Sin^{-1}(2f(\lambda,\lambda')) - Sin^{-1}(f(\lambda,\lambda'))\right] + \frac{3}{2\pi^2}\left[\left\{Sin^{-1}(2f(\lambda,\lambda'))\right\}^2 - \left\{Sin^{-1}(f(\lambda,\lambda'))\right\}^2\right], \tag{9.1}$$

where

$$f(\lambda,\lambda') = \frac{2-\lambda-\lambda'+2\lambda\lambda'}{4\sqrt{(1-\lambda+\lambda^2)(1-\lambda'+\lambda'^2)}}. \tag{9.2}$$

Given the representation for $JRP_{WSR(\lambda)}^{WSR(\lambda')}(3,\infty,IC)$ in (9.1) and the definition of $f(\lambda,\lambda')$ in (9.2) it follows directly that

$$JRP_{WSR(\lambda)}^{WSR(\lambda')}(3,\infty,IC) = JRP_{WSR(1-\lambda)}^{WSR(1-\lambda')}(3,\infty,IC). \tag{9.3}$$

Computed values of $JRP_{WSR(\lambda)}^{WSR(\lambda')}(3,\infty,IC)$ from (9.1) are listed in Table 9.1 for each $\lambda, \lambda' = 0.00(0.10)1.00$.

Whenever the difference between λ and λ' is less than 0.2, there is a probability of at least 0.798 of getting the same ranking with the two associated WSR's. If one of the rules is BR, there is always at least a probability of 0.589 of having the same rankings. The lowest coincidence probability is associated with the use of PR and NPR, where there is a greater than 67% chance that the two rankings will be different. Saari and Tataru (1999) develop an alternative representation for $JRP_{PR}^{NPR}(3,\infty,IC)$ by geometric means that has a similar value to the one that is observed in Table 9.1. Differences in candidate rankings can clearly be observed with the use of different WSR's with a probability that is not trivial, so the selection of the WSR that is used becomes an important issue.

9.3 Condorcet Ranking Efficiency

Attention is now directed to the determination of which voting rule we should choose if the objective is to maximize Condorcet Ranking Efficiency, which is the conditional probability that candidate rankings are identical for both PMR and a specified voting rule, given that a strict PMR ranking exists.

Table 9.1 Computed values of $JRP_{WSR(\lambda)}^{WSR(\lambda')}(3, \infty, IC)$

λ	λ'										
	0.0	0.1	0.2	0.3	0.4	0.5	0.6	0.7	0.8	0.9	1.0
0.0	1.000	0.9160	0.8305	0.7459	0.6647	0.5890	0.5207	0.4605	0.4087	0.3648	0.3280
0.1	0.9160	1.000	0.9086	0.8177	0.7301	0.6482	0.5741	0.5089	0.4526	0.4049	0.3648
0.2	0.8305	0.9086	1.000	0.9021	0.8073	0.7184	0.6376	0.5664	0.5048	0.4526	0.4087
0.3	0.7459	0.8177	0.9021	1.000	0.8973	0.8005	0.7122	0.6340	0.5664	0.5089	0.4605
0.4	0.6647	0.7301	0.8073	0.8973	1.000	0.8947	0.7981	0.7122	0.6376	0.5741	0.5207
0.5	0.5890	0.6482	0.7184	0.8005	0.8947	1.000	0.8947	0.8005	0.7184	0.6482	0.5890
0.6	0.5207	0.5741	0.6376	0.7122	0.7981	0.8947	1.000	0.8973	0.8073	0.7301	0.6647
0.7	0.4605	0.5089	0.5664	0.63400	0.7122	0.8005	0.8973	1.000	0.9021	0.8177	0.7459
0.8	0.4087	0.4526	0.5048	0.5664	0.6376	0.7184	0.8073	0.9021	1.000	0.9086	0.8305
0.9	0.3648	0.4049	0.4526	0.5089	0.5741	0.6482	0.7301	0.8177	0.9086	1.000	0.9160
1.0	0.3280	0.3648	0.4087	0.4605	0.5207	0.5890	0.6647	0.7459	0.8305	0.9160	1.000

9.3.1 Empirical Results

Regenwetter et al. (2007) uses data from a set of five-candidate elections that were held by a professional organization, where the number of voters ranged from 17,482 through 20,239. Voters were asked to rank all of the candidates in each case, but they did not always do so in every case. Complete rankings were deduced in this situation in two different ways. The first of these procedures used statistical analysis that was developed in Regenwetter et al. (2006) to reconstruct the complete preference rankings of voters who did not report preferences on all candidates. The second procedure used the partial ranking of candidates that was reported on each ballot and placed all unlisted candidates as being in an indifference class of candidates that is less preferred than all reported candidates, giving weak ordered preferences for voters who did not rank all candidates.

The procedure that was used in the study then generated complete rankings on candidates with PR, BR and PMR along with estimates of the confidence that the resulting rankings for each method represented the true aggregate preferences of the population. A transitive PMR relationship was found in all cases with a very high degree of confidence. Results indicate that there is nearly perfect agreement between PMR and BR rankings in all cases, and both rankings had a high associated degree of confidence. The rankings that were obtained by PR did not have the same associated degree of confidence as PMR and BR. However, the winner by PR was the same as the winner with PMR and BR in all cases. There were discrepancies between the PR rankings and the rankings by PMR and BR, but the associated differences were not found to be dramatic in nature. These results give strong support to the use of BR to obtain complete PMR rankings.

9.3.2 The Impact of Social Homogeneity

Let $CE^{SR}_{WSR(\lambda)}(m,n,IC^*)$ denote the *Condorcet Ranking Efficiency* for Rule λ. This definition requires that a strict PMR ranking must exist for m candidates under the assumption of IC. With three candidates and odd n, a strict PMR ranking must exist if a PMRW exists. Following the logic of previous analysis, the impact of social homogeneity on Condorcet Ranking Efficiency will be considered by observing differences between the cases of IC and IAC.

A limiting representation for $CE^{SR}_{WSR(\lambda)}(3,\infty,IC^*)$ as $n\to\infty$ with three candidates is developed in Gehrlein (2004c) as a direct extension of arguments that led to the representation for $CE^{S}_{WSR(\lambda)}(3,\infty,IC^*)$ in (5.23). This representation is developed in terms of a five-variate normal positive orthant probability, $\Phi_5(\boldsymbol{R^1})$, with

$$CE^{SR}_{WSR(\lambda)}(3,\infty,IC^*)=\frac{6\Phi_5(\boldsymbol{R^1})}{P^S_{PMRW}(3,\infty,IC)}. \tag{9.4}$$

Correlation matrix $\boldsymbol{R^1}$ is defined by

$$\boldsymbol{R^1} = \begin{bmatrix} 1 & -\frac{1}{3} & \frac{1}{3} & \sqrt{\frac{2}{3z}} & -\sqrt{\frac{1}{6z}} \\ & 1 & \frac{1}{3} & -\sqrt{\frac{1}{6z}} & \sqrt{\frac{2}{3z}} \\ & & 1 & \sqrt{\frac{1}{6z}} & \sqrt{\frac{1}{6z}} \\ & & & 1 & -\frac{1}{2} \\ & & & & 1 \end{bmatrix}, \tag{9.5}$$

where $z = 1 - \lambda(1 - \lambda)$.

It follows from the definition of correlation matrix $\boldsymbol{R^1}$ in (9.5) and the definition of z that $CE^{SR}_{WSR(\lambda)}(3, \infty, IC^*) = CE^{SR}_{WSR(1-\lambda)}(3, \infty, IC^*)$. However, a much more general result follows directly from Corollary 3.2.

Corollary 9.1 $CE^{SR}_{WSR(\lambda)}(3, n, IC^*) = CE^{SR}_{WSR(1-\lambda)}(3, n, IC^*)$

$$CE^{SR}_{WSR(\lambda)}(3, n, IAC^*) = CE^{SR}_{WSR(1-\lambda)}(3, n, IAC^*)$$

$$CE^{SR}_{WSR(\lambda)}(3, L, MC^*) = CE^{SR}_{WSR(1-\lambda)}(3, L, MC^*).$$

Symmetry in values of Condorcet Ranking Efficiency therefore exists around $\lambda = 1/2$ for each of IC, IAC and MC.

The form of $\boldsymbol{R^1}$ in (9.5) does not have all terms increasing or decreasing as z changes. A direct proof that $\Phi_5(\boldsymbol{R^1})$, and therefore $CE^{SR}_{WSR(\lambda)}(3, \infty, IC^*)$, changes consistently as z changes on the interval $0 \le z \le 1/2$ is therefore not available. Some evidence of the general behavior of $CE^{SR}_{WSR(\lambda)}(3, \infty, IC^*)$ is observed by using a procedure form Gehrlein (1979) to obtain numerical values of $\Phi_5(\boldsymbol{R^1})$. The resulting computed values of $CE^{SR}_{WSR(\lambda)}(3, \infty, IC^*)$ are obtained and listed in Table 9.2 for each value of $\lambda = 0.00(0.05)0.50$.

The computed values in Table 9.2 show that $CE^{SR}_{WSR(\lambda)}(3, \infty, IC^*)$ consistently increases over the interval $0 \le \lambda \le 1/2$ to be maximized by BR and minimized by

Table 9.2 Computed values of $CE^{SR}_{WSR(\lambda)}(3, \infty, X^*)$ for $X^* \in \{IC^*, IAC^*\}$

λ	IC*	IAC*
0.00	0.5758	0.5611
0.05	0.5999	0.5922
0.10	0.6256	0.6241
0.15	0.6526	0.6564
0.20	0.6802	0.6884
0.25	0.7080	0.7195
0.30	0.7351	0.7490
0.35	0.7603	0.7759
0.40	0.7811	0.7987
0.45	0.7957	0.8154
0.50	0.8008	0.8222

PR and NPR, which is consistent with observation of $CE^{S}_{WSR(\lambda)}(3,\infty,IC^*)$ when only a single winner was being sought.

Some very interesting differences for Condorcet Ranking Efficiency are observed when this analysis is extended to IAC. EUPIA is used to obtain representations for $CE^{SR}_{WSR(\lambda)}(3,n,IAC^*)$ with some specific Rule λ, with

$$CE^{SR}_{PR}(3,n,IAC^*) = \frac{303n^4 + 2896n^3 + 9302n^2 + 13224n + 4995}{540(n+1)(n+3)^2(n+5)}, \quad \text{for } n = 9(12)\ldots . \tag{9.6}$$

$$CE^{SR}_{BR}(3,n,IAC^*) = \frac{111n^4 + 1212n^3 + 4694n^2 + 8868n + 10395}{135(n+1)(n+3)^2(n+5)}, \quad \text{for } n = 9(6)\ldots . \tag{9.7}$$

Cervone et al. (2005) use the same type of analysis that led to the representation for $P^{WSR(\lambda)}_{SgBP}(3,\infty,IAC^*)$ in (3.66), to obtain the limiting representation for Condorcet Ranking Efficiency as $n \to \infty$ with IAC:

$$CE^{SR}_{WSR(\lambda)}(3,\infty,IAC^*) = \frac{909 - 2649\lambda + 827\lambda^2 + 2086\lambda^3 + 3512\lambda^4 - 10651\lambda^5 + 7891\lambda^6 - 1948\lambda^7 + 24\lambda^8}{405(1-\lambda)^3(1+\lambda)(2-\lambda)(2-3\lambda)}, \quad \text{for } 0 \le \lambda \le 1/2. \tag{9.8}$$

The representation in (9.8) verifies the limiting value of the representations in (9.6) with $\lambda = 0$ and (9.7) with $\lambda = 1/2$. Computed values are obtained for $CE^{SR}_{WSR(\lambda)}(3,\infty,IAC^*)$ from (9.8) with each $\lambda = 0.00(0.05)0.50$ and the results are listed in Table 9.2. The computed values in Table 9.2 do not change significantly between IC and IAC, so the degree of dependence among voters' preferences that is introduced with IAC has very little impact on Condorcet Ranking Efficiency. Contrary to what was observed previously in the analysis of $CE^{S}_{WSR(\lambda)}(3,\infty,IAC^*)$, a consistent increase in $CE^{SR}_{WSR(\lambda)}(3,\infty,IAC^*)$ is observed over the interval $0 \le \lambda \le 1/2$, so that it is maximized by BR and minimized by PR and NPR. This suggests that the superiority of BR is likely to be much more robust on the basis of Condorcet Ranking Efficiency than it was for Condorcet Efficiency of selecting a single winner.

9.3.3 *The Presence of a PMR Cycle*

The Condorcet Efficiency of WSR's when a PMR cycle is present with three candidates was considered in Chap. 7 with the development of a representation for $CE^{SC}_{WSR(\lambda)}(3,\infty,IC^c)$ in (7.59). This was done by developing a model in which the weakest link of the PMR cycle was broken to create a PMRW. The same logic is used here to consider the Condorcet Ranking Efficiency of WSR's, since the reversal of the PMR relationship on the pair of candidates with the weakest link actually creates an induced PMR ranking.

A representation for the Condorcet Ranking Efficiency, $CE^{SRC}_{WSR(\lambda)}(3,\infty,IC^c)$, when a PMR cycle is present in the limit as $n \to \infty$ with the assumption of IC is obtained in Gehrlein (2004c) as

$$CE^{SRC}_{WSR(\lambda)}(3,\infty,IC^c) = \frac{6\Phi_5(\boldsymbol{R^2})}{P^S_{PMRC}(3,\infty,IC)}. \tag{9.9}$$

A representation for $P^S_{PMRC}(3,\infty,IC)$ is given in (7.57), and correlation matrix $\boldsymbol{R^2}$ is defined by

$$\boldsymbol{R^2} = \begin{bmatrix} 1 & \frac{1}{2} & -\sqrt{\frac{2}{3}} & \sqrt{\frac{3}{8z}} & 0 \\ & 1 & -\sqrt{\frac{2}{3}} & 0 & \sqrt{\frac{3}{8z}} \\ & & 1 & -\sqrt{\frac{1}{9z}} & -\sqrt{\frac{1}{9z}} \\ & & & 1 & -\frac{1}{2} \\ & & & & 1 \end{bmatrix}, \tag{9.10}$$

where $z = 1 - \lambda(1-\lambda)$.

Earlier discussion leads to $CE^{SRC}_{WSR(\lambda)}(3,\infty,IC^c) = CE^{SRC}_{WSR(1-\lambda)}(3,\infty,IC^c)$ and the fact that no general statement can be made about how $CE^{SRC}_{WSR(\lambda)}(3,\infty,IC^c)$ changes over the interval $0 \le \lambda \le 1/2$. However, this behavior can be observed by looking at computed values from (9.9).

Computed values of $\Phi_5(\boldsymbol{R^2})$ are obtained by numerical methods with a procedure in Gehrlein (1979) to produce values of $CE^{SRC}_{WSR(\lambda)}(3,\infty,IC^c)$ from (9.9). The resulting values are listed in Table 9.3 for each $\lambda = 0.00(0.05)0.50$.

The results of Table 9.3 clearly show that $CE^{SRC}_{WSR(\lambda)}(3,\infty,IC^c)$ increases over the interval $\lambda = 0.00(0.05)0.50$, so that it is maximized by BR and minimized by PR and NPR. These values of Condorcet Ranking Efficiency show that while BR exhibits the best performance, there is still a small probability that it will produce the same PMR ranking that is induced by breaking the weakest link in a PMR cycle.

Some results are obtained for $CE^{SRC}_{WSR(\lambda)}(3,n,IAC^c)$ from EUPIA with the assumption of IAC for special cases of Rule λ:

$$CE^{SRC}_{PR}(3,n,IAC^c) = \frac{34n^4 + 109n^3 - 1251n^2 + 1319n + 20525}{36(3n^3 + 3n^2 - 107n + 53)(n+5)}, \quad \text{for } n = 13(12)\ldots. \tag{9.11}$$

$$CE^{SRC}_{BR}(3,n,IAC^c) = \frac{3n^3 + 3n^2 + 53n - 107}{3(3n^3 + 3n^2 - 107n + 53)}, \quad \text{for } n = 13(6)\ldots. \tag{9.12}$$

Table 9.3 Computed values of $CE^{SRC}_{WSR(\lambda)}(3, \infty, X^c)$ for $X^c \in \{IC^c, IAC^c\}$

λ	IC^c	IAC^c
0.00	0.2659	0.3151
0.05	0.2732	0.3189
0.10	0.2814	0.3211
0.15	0.2905	0.3221
0.20	0.3005	0.3250
0.25	0.3114	0.3248
0.30	0.3228	0.3262
0.35	0.3383	0.3289
0.40	0.3498	0.3296
0.45	0.3567	0.3330
0.50	0.3594	0.3338

Gehrlein (2004) contains a typographical error for the representation in (9.11). A proof that follows the logic of Corollary 3.1 is also presented to show that $CE^{SRC}_{WSR(\lambda)}(3, n, IAC^c) = CE^{SRC}_{WSR(1-\lambda)}(3, n, IAC^c)$.

A procedure from Tovey (1997) is used to obtain Mont-Carlo simulation estimates of limiting values of $CE^{SRC}_{WSR(\lambda)}(3, \infty, IAC^c)$, and the results are listed in Table 9.3 for each $\lambda = 0.00(0.05)0.50$. The entries in Table 9.3 are very close to the limiting values with PR from (9.11) and BR from (9.12). It is also clear that $CE^{SRC}_{WSR(\lambda)}(3, \infty, IAC^c)$ increases over the interval $\lambda = 0.00(0.05)0.50$, so it is maximized by BR and minimized by PR and NPR. The additional degree of dependence in voters preferences that enters with IAC shows only marginal improvements in Condorcet Ranking Efficiency when results are compared to IC. So, while BR exhibits the best performance with IAC, there is still only a small probability that it will produce the same PMR ranking that is induced by breaking the weakest link in a PMR cycle.

9.3.4 The Impact of Group Mutual Coherence

There is evidence so far that BR will perform very well on the basis of Condorcet Ranking Efficiency, and that it does not show significant changes with the introduction of some degree of social homogeneity in the form of the degree of dependence among voters' preferences. It is clearly of interest to determine if this same pattern of behavior continues for BR when our analysis is extended to consider measures of group mutual coherence in voting situations.

9.3.4.1 Weak Measures of Group Mutual Coherence

We begin the analysis of the impact of weak measures of group mutual coherence on Condorcet Ranking Efficiency by considering single-stage voting rules.

Single Stage Voting Rules

The EUPIA2 procedure is used to obtain representations for $CE^{SR}_{VR}(3, n \mid IAC^*_b(k))$ for both PR and NPR, and the results are summarized as follows:

$$CE^{SR}_{PR}(3, n \mid IAC^*_b(k)) =$$

$$\frac{\left[\begin{array}{l}(k+1)\{9(322k^3+766k^2+433k+147)-9(92k^2+304k+61)n \\ -9(27k-37)n^2+83n^3\}-54\delta_k^2(2k+8+n)-4\delta^{12}_{n+1}\{(k+1)(55+24n) \\ -27\delta_k^2(2-2k+n)\}-32\delta^{12}_{n+11}(k+1)(19+3n)+108\delta^{12}_{n+9}\{3(k+1) \\ +\delta_k^2(2-2k+n)\}-32\delta^{12}_{n+7}(k+1)(17+3n)-4\delta^{12}_{n+5}\{(k+1)(71+24n) \\ -27\delta_k^2(2-2k+n)\}\end{array}\right]}{144(k+1)\{k(-17+21k+11k^2)+(5-26k-4k^2)n+3(2-k)n^2+n^3\}},$$

for $0 \le k \le (n-1)/6$

$$\frac{\left[\begin{array}{l}-27(2464k^4+4160k^3+1952k^2+928k+15) \\ +216(344k^3+456k^2+136k+55)n-18(1680k^2+1680k+77)n^2 \\ +48(100k+81)n^3-121n^4-2592\delta_k^2+16\delta^{12}_{n+1}\{12(144k^2+310k+91) \\ -(576k+799)n+24n^2-648\delta_k^2(k+1)\}+128\delta^{12}_{n+11}\{3(72k^2+124k+5) \\ -2(36k+53)n+3n^2\}+1296\delta^{12}_{n+9}\{8k+12+n-8\delta_k^2(k+1)\} \\ +128\delta^{12}_{n+7}\{3(72k^2+128k+5)-2(36k+55)n+3n^2\} \\ +16\delta^{12}_{n+5}\{12(144k^2+302k+91)-(576k+767)n+24n^2-648\delta_k^2(k+1)\}\end{array}\right]}{3456(k+1)\{k(-17+21k+11k^2)+(5-26k-4k^2)n+3(2-k)n^2+n^3\}},$$

for $(n+1)/6 \le k \le (n+1)/4$

$$\frac{\left[\begin{array}{l}(3k-n)\{27(121k^3+90k^2+8k-8)-9(273k^2+180k+37)n \\ +9(61k+18)n^2-46n^3\}-81\delta_k^2-324\delta^{12}_{n+9}(2-\delta_k^2)(3k-n) \\ -4\delta^{12}_{n+1}[2\{3(36k^2+53k+2)-(72k+53)n+12n^2\}-81\delta_k^2(3k-n)] \\ -16\delta^{12}_{n+11}\{3(18k^2-13k+1)-(36k-13)n+6n^2\}-16^{12}_{n+7}\{3(18k^2-14k+1) \\ -2(18k-7)n+6n^2\}-4\delta^{12}_{n+5}[2\{3(36k^2+55k+2)-(72k+55)n+12n^2\} \\ -81\delta_k^2(3k-n)]\end{array}\right]}{54(n-3k)\{(n+1)(n^2+2n+9)-6(n^2+1)k+18nk^2-18k^3\}},$$

for $(n+3)/4 \le k \le (n-1)/3$.

(9.13)

$$CE_{NPR}^{SR}\big(3, n \,|\, IAC_b^*(k)\big) = \frac{3\begin{bmatrix}(k+1)\{(2k-1)(6k^2+31k+13)+2(2k^2-23k-4)n \\ -(9k-7)n^2+2n^3\}+\delta_k^2(2k+3)(2k-1-n)^2\end{bmatrix}}{8(k+1)\{k(-17+21k+11k^2)+(5-26k-4k^2)n+3(2-k)n^2+n^3\}},$$
$$\text{for } 0 \le k \le (n-1)/4$$

$$\frac{3(2k-1-n)^2\{(3k+2-n)(k-2-n)+\delta_k^2(2k+3)\}}{4(n-3k)\{(n+1)(n^2+2n+9)-6(n^2+1)k+18nk^2-18k^3\}},$$
$$\text{for } (n+1)/4 \le k \le (n-1)/3. \qquad (9.14)$$

The complicated nature of the representations in (9.13) and (9.14) make them of limited value, except to lead to the limiting representations as $n \to \infty$. These limiting representations are given as:

$$CE_{PR}^{SR}\big(3, \infty \,|\, IAC_b^*(\alpha_k)\big) = \frac{83-243\alpha_k-828\alpha_k^2+2898\alpha_k^3}{144(1-3\alpha_k-4\alpha_k^2+11\alpha_k^3)}, \text{ for } 0 \le \alpha_k \le 1/6$$

$$\frac{-121+4800\alpha_k-30240\alpha_k^2+74304\alpha_k^3-66528\alpha_k^4}{3456\alpha_k(1-3\alpha_k-4\alpha_k^2+11\alpha_k^3)}, \text{ for } 1/6 \le \alpha_k \le 1/4$$

$$\frac{46-549\alpha_k+2457\alpha_k^2-3267\alpha_k^3}{54(1-6\alpha_k+18\alpha_k^2-18\alpha_k^3)}, \text{ for } 1/4 \le \alpha_k \le 1/3. \qquad (9.15)$$

$$CE_{NPR}^{SR}\big(3, \infty \,|\, IAC_b^*(\alpha_k)\big) = \frac{3(1-2\alpha_k)(2-5\alpha_k-6\alpha_k^2)}{8(1-3\alpha_k-4\alpha_k^2+11\alpha_k^3)}, \text{ for } 0 \le \alpha_k \le 1/4$$

$$\frac{3(1-2\alpha_k)^2(1-\alpha_k)}{4(1-6\alpha_k+18\alpha_k^2-18\alpha_k^3)}, \text{ for } 1/4 \le \alpha_k \le 1/3. \qquad (9.16)$$

It was not feasible to obtain a representation for $CE_{BR}^{SR}\big(3, n \,|\, IAC_b^*(k)\big)$ with EUPIA2 due to the complexity of the representation and the complicated periodicities of the parameters. A limiting representation for $CE_{BR}^{SR}\big(3, \infty \,|\, IAC_b^*(\alpha_k)\big)$ is obtained in Lepelley and Gehrlein (2010b) with the parameterized version of Barvinok's algorithm

$$CE_{BR}^{SR}(3,\infty\,|\,IAC_b^*(\alpha_k)) = \frac{40-120\alpha_k-152\alpha_k^2+369\alpha_k^3}{48(1-3\alpha_k-4\alpha_k^2+11\alpha_k^3)},\ \text{for } 0\le\alpha_k\le 1/6$$

$$\frac{1+136\alpha_k-264\alpha_k^2-1472\alpha_k^3+2772\alpha_k^4}{192\alpha_k(1-3\alpha_k-4\alpha_k^2+11\alpha_k^3)},\ \text{for } 1/6\le\alpha_k\le 1/5$$

$$\frac{41-664\alpha_k+5736\alpha_k^2-21472\alpha_k^3+27772\alpha_k^4}{192\alpha_k(1-3\alpha_k-4\alpha_k^2+11\alpha_k^3)},\ \text{for } 1/5\le\alpha_k\le 1/4$$

$$\frac{-77+520\alpha_k-840\alpha_k^2-1568\alpha_k^3+4484\alpha_k^4}{96(3\alpha_k-1)(1-6\alpha_k+18\alpha_k^2-18\alpha_k^3)},\ \text{for } 1/4\le\alpha_k\le 2/7$$

$$\frac{525-6792\alpha_k+33768\alpha_k^2-75264\alpha_k^3+62744\alpha_k^4}{96(1-3\alpha_k)(1-6\alpha_k+18\alpha_k^2-18\alpha_k^3)},\ \text{for } 2/7\le\alpha_k\le 3/10$$

$$\frac{5-43\alpha_k+153\alpha_k^2-177\alpha_k^3}{4(1-6\alpha_k+18\alpha_k^2-18\alpha_k^3)},\ \text{for } 3/10\le\alpha_k\le 1/3. \tag{9.17}$$

Computed values of $CE_{VR}^{SR}(3,\infty\,|\,IAC_b^*(\alpha_k))$ are obtained respectively from (9.15)–(9.17) for each $VR\in\{PR,NPR,BR\}$, and the associated values are listed in Table 9.4 for each $\alpha_k = 0.00(0.02)0.32$ and $\alpha = 1/3$.

General trends in $CE_{VR}^{SR}(3,\infty|IAC_b^*(\alpha_k))$ for Parameter b from Table 9.4 are most easily observed in the graphical representation of these values in Fig. 9.1. The results of Fig. 9.1 show that $CE_{NPR}^{SR}(3,\infty|IAC_b^*(\alpha_k))$ continuously decreases as α_k increases, to reflect voting situations that are farther removed from having a perfect Positively Unifying Candidate. The results for PR slowly decrease over the range $0\le\alpha_k\le 0.21$, and then continue to increase significantly as α_k continues to increase to 1/3. The most striking observation from Fig. 9.1 is that BR remains relatively stable over the entire range of α_k for Parameter b, and that it dominates both PR and NPR, with the exception that $CE_{PR}^{SR}(3,\infty|IAC_b^*(1/3))$ is identical to $CE_{BR}^{SR}(3,\infty|IAC_b^*(1/3))$, which follows from (9.15) and (9.17).

The extension of this type of analysis to the consideration of the general behavior of $CE_{VR}^{SR}(3,\infty|IAC_t^*(\alpha_k))$ for $VR\in\{PR,NPR,BR\}$ with Parameter t becomes quite simple as a result of some interesting observations that follow directly from Theorem 3.3.

Corollary 9.2 $CE_{PR}^{SR}(3,n|IAC_t^*(k)) = CE_{NPR}^{SR}(3,n|IAC_b^*(k))$

$$CE_{NPR}^{SR}(3,n|IAC_t^*(k)) = CE_{PR}^{SR}(3,n|IAC_b^*(k))$$

$$CE_{BR}^{SR}(3,n|IAC_t^*(k)) = CE_{BR}^{SR}(3,n|IAC_b^*(k)).$$

Table 9.4 Computed values of $CE_{VR}^{SR}(3, \infty \mid IAC_b^*(\alpha_k))$ for $VR \in \{PR, NPR, BR\}$

α_k	VR		
	PR	NPR	BR
0.00	0.5764	0.7500	0.8333
0.02	0.5759	0.7279	0.8334
0.04	0.5730	0.7065	0.8335
0.06	0.5678	0.6855	0.8337
0.08	0.5606	0.6647	0.8338
0.10	0.5518	0.6438	0.8336
0.12	0.5418	0.6225	0.8331
0.14	0.5315	0.6003	0.8318
0.16	0.5222	0.5767	0.8295
0.18	0.5163	0.5509	0.8252
0.20	0.5178	0.5213	0.8177
0.22	0.5327	0.4858	0.8055
0.24	0.5717	0.4394	0.7905
0.26	0.6491	0.3756	0.7862
0.28	0.7269	0.3111	0.7973
0.30	0.7885	0.2515	0.8166
0.32	0.8257	0.1983	0.8303
1/3	0.8333	0.1667	0.8333

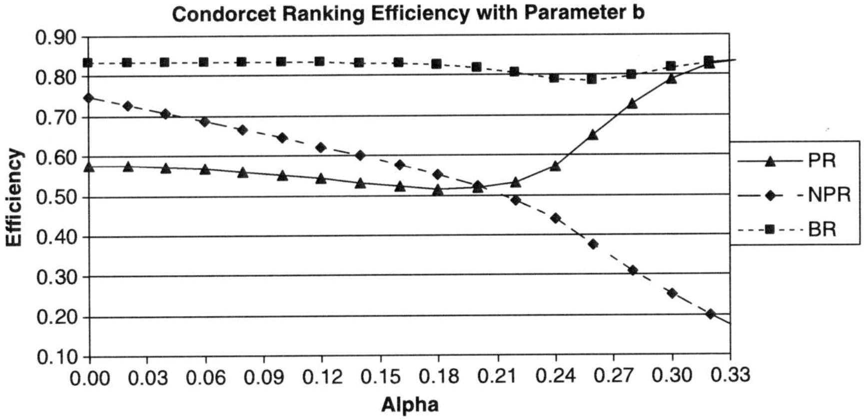

Fig. 9.1 Computed values of $CE_{VR}^{SR}(3, \infty \mid IAC_b^*(\alpha_k))$ for $VR \in \{PR, NPR, BR\}$

The general behavior of $CE_{VR}^{SR}(3, \infty|IAC_t^*(\alpha_k))$ as Parameter t changes is therefore identical what we have just observed regarding changes in Parameter b, with an interchange between the Condorcet Ranking Efficiencies of PR and NPR. It can therefore easily be concluded that the Condorcet Ranking Efficiency of BR remains relatively stable over the entire range of α_k for Parameter t, and that BR dominates both PR and NPR.

The extension of this analysis to Parameter c can be simplified by another observation that follows directly from Theorem 3.3.

Corollary 9.3 $CE_{PR}^{SR}(3, n|IAC_c^*(k)) = CE_{NPR}^{SR}(3, n|IAC_c^*(k))$.

It is not possible to obtain a closed form representation for $CE_{PR}^{SR}(3, n|IAC_c^*(k))$ with EUPIA2, due to its complexity. But, a limiting representation is obtained for both PR and BR from the parameterized version of Barvinok's algorithm, with:

$$CE_{PR}^{SR}(3, \infty|IAC_c^*(\alpha_k)) = \frac{236 - 702\alpha_k + 1716\alpha_k^2 - 6421\alpha_k^3}{36(16 - 54\alpha_k - 28\alpha_k^2 + 139\alpha_k^3)}, \text{ for } 0 \leq \alpha_k \leq 1/8$$

$$\frac{3 + 140\alpha_k + 450\alpha_k^2 - 4428\alpha_k^3 + 5867\alpha_k^4}{36\alpha_k(16 - 54\alpha_k - 28\alpha_k^2 + 139\alpha_k^3)}, \text{ for } 1/8 \leq \alpha_k \leq 1/6$$

$$\frac{-1 + 1488\alpha_k - 4860\alpha_k^2 + 10584\alpha_k^3 - 30894\alpha_k^4}{216\alpha_k(16 - 54\alpha_k - 28\alpha_k^2 + 139\alpha_k^3)}, \text{ for } 1/6 \leq \alpha_k \leq 1/5$$

$$\frac{89 - 312\alpha_k + 8640\alpha_k^2 - 34416\alpha_k^3 + 25356\alpha_k^4}{216\alpha_k(16 - 54\alpha_k - 28\alpha_k^2 + 139\alpha_k^3)}, \text{ for } 1/5 \leq \alpha_k \leq 1/4$$

$$\frac{-163 + 2136\alpha_k + 3456\alpha_k^2 - 45936\alpha_k^3 + 62220\alpha_k^4}{216(3\alpha_k - 1)(1 - 29\alpha_k + 63\alpha_k^2 - 39\alpha_k^3)}, \text{ for } 1/4 \leq \alpha_k \leq 3/10$$

$$\frac{263 - 2727\alpha_k + 12933\alpha_k^2 - 17685\alpha_k^3}{54(-1 + 29\alpha_k - 63\alpha_k^2 + 39\alpha_k^3)}, \text{ for } 3/10 \leq \alpha_k \leq 1/3. \quad (9.18)$$

$$CE_{BR}^{SR}(3, \infty|IAC_c^*(\alpha_k)) = \frac{5(16 - 48\alpha_k - 96\alpha_k^2 + 309\alpha_k^3)}{6(16 - 54\alpha_k - 28\alpha_k^2 + 139\alpha_k^3)}, \text{ for } 0 \leq \alpha_k \leq 1/6$$

$$\frac{-2 + 448\alpha_k - 1632\alpha_k^2 - 672\alpha_k^3 + 5133\alpha_k^4}{30\alpha_k(16 - 54\alpha_k - 28\alpha_k^2 + 139\alpha_k^3)}, \text{ for } 1/6 \leq \alpha_k \leq 1/5$$

$$\frac{-27 + 948\alpha_k - 5382\alpha_k^2 + 11828\alpha_k^3 - 10492\alpha_k^4}{30\alpha_k(16 - 54\alpha_k - 28\alpha_k^2 + 139\alpha_k^3)}, \text{ for } 1/5 \leq \alpha_k \leq 1/4$$

$$\frac{3 + 468\alpha_k - 2502\alpha_k^2 + 4148\alpha_k^3 - 2812\alpha_k^4}{30(3\alpha_k - 1)(1 - 29\alpha_k + 63\alpha_k^2 - 39\alpha_k^3)}, \text{ for } 1/4 \leq \alpha_k \leq 2/7$$

$$\frac{23 - 151\alpha_k + 693\alpha_k^2 - 933\alpha_k^3}{6(-1 + 29\alpha_k - 63\alpha_k^2 + 39\alpha_k^3)}, \text{ for } 2/7 \leq \alpha_k \leq 1/3. \quad (9.19)$$

Table 9.5 Computed values of $CE_{VR}^{SR}(3,\infty|IAC_c^*(\alpha_k))$ for $VR \in \{PR, BR\}$

α_k	VR	
	PR	BR
0.00	0.4097	0.8333
0.02	0.4147	0.8386
0.04	0.4231	0.8419
0.06	0.4349	0.8433
0.08	0.4502	0.8428
0.10	0.4689	0.8405
0.12	0.4909	0.8364
0.14	0.5162	0.8307
0.16	0.5447	0.8236
0.18	0.5768	0.8156
0.20	0.6128	0.8076
0.22	0.6518	0.8009
0.24	0.6921	0.7970
0.26	0.7302	0.7867
0.28	0.7630	0.7996
0.30	0.7891	0.8044
0.32	0.8059	0.8085
1/3	0.8095	0.8095

Computed values of $CE_{VR}^{SR}(3,\infty|IAC_c^*(\alpha_k))$ are obtained respectively from (9.18) and (9.19) for PR and BR for each $\alpha_k = 0.00(0.02)0.32$ and $\alpha = 1/3$, and the resulting values are listed in Table 9.5.

The trends in Table 9.5 are very clear. Values of $CE_{PR}^{SR}(3,\infty|IAC_c^*(\alpha_k))$, and therefore $CE_{NPR}^{SR}(3,\infty|IAC_c^*(\alpha_k))$ also, continuously increase over the entire range of $0 \le \alpha_k \le 1/3$ as voting situations become more distant from a situation with a perfect Polarizing Candidate. The Condorcet Ranking Efficiency of BR is quite stable over the entire range, and it dominates PR and NPR, except for the case with $CE_{PR}^{SR}(3,n,IAC_c^*(1/3)) = CE_{NPR}^{SR}(3,n,IAC_c^*(1/3)) = CE_{BR}^{SR}(3,n,IAC_c^*(1/3))$.

These results show the completely consistent result that BR dominates both PR and NPR in terms of Condorcet Ranking Efficiency for all weak measures of group mutual coherence over their entire range of possible values. The next step is to determine if this complete BR dominance extends to the analysis of two-stage voting rules.

Two-Stage Voting Rules

Representations for $CE_{VR}^{SR}(3,n|IAC_b^*(k))$ with PER and NPER do not need to be determined as a result of the following observations.

Theorem 9.1 $CE_{PER}^{SR}(3,n|IAC_b^*(k)) = CE_{NPR}^{S}(3,n|IAC_t^*(k))$ *for odd n.*

Proof Suppose that Candidate A is the PMRW in a voting situation for which Parameter t has a specified value of k. If A is also the strict winner by NPR, it has the smallest number of last place rankings in voters' preferences for any candidate. Following the definitions of Theorem 3.3, the equally likely dual voting situation will have Parameter b with the same specified value of k, while A will be the PMRL with the smallest number of first place voter preference rankings for any candidate. Candidate A must therefore be eliminated in the first round of PER voting, to place the PMRL as last in the voting outcome ranking. The remaining candidate that is the PMRW in the dual voting situation must then be selected as the winner of the second stage of PER with odd n, to be ranked first in the voting outcome ranking. □

Theorem 9.2 $CE^{SR}_{NPER}(3, n|IAC^*_b(k)) = CE^S_{PR}(3, n|IAC^*_t(k))$ *for odd n.*

Proof Suppose that Candidate A is the PMRW in a voting situation for which Parameter t has a specified value of k. If A is also the strict winner by PR, it has the greatest number of first place rankings in voters' preferences for any candidate. The equally likely dual voting situation will have Parameter b with the same specified value of k, while A will be the PMRL with the greatest number of last place rankings in voters' preferences. Candidate A must therefore be eliminated in the first round of NPER voting to place the PMRL as last in the voting outcome ranking. The remaining candidate that is the PMRW in the dual voting situation must then be selected as the winner of the second stage of NPER with odd n, to be ranked first in the voting outcome ranking. □

Figure 9.2 shows the graphical representation of values that then result for $CE^{SR}_{PER}(3, \infty|IAC^*_b(\alpha_k))$ that are derived from Table 6.3, $CE^{SR}_{NPER}(3, \infty|IAC^*_b(\alpha_k))$ that are derived from Table 6.2 and $CE^{SR}_{BR}(3, \infty|IAC^*_b(\alpha_k))$ that are taken directly from Table 9.4. The results in Fig. 9.2 show that BR dominates PER on the basis of Condorcet Ranking Efficiency over a wide range of Parameter b values with $0 \leq \alpha_k \leq 0.27$, with PER having slightly greater efficiency values over the remainder of the range. NPER dominates BR over the wide range of Parameter b values that spans $0 \leq \alpha_k \leq 0.24$. The difficulty is that the Condorcet Ranking Efficiency is decreasing rapidly for NPER over the region with $0.24 \leq \alpha_k \leq 1/3$, declining to a very low value of $CE^{SR}_{NPER}(3, \infty|IAC^*_b(1/3)) = CE^S_{PR}(3, \infty|IAC^*_t(1/3)) = 1/3$, from (6.8). The use of NPER looks very good over a wide range of Parameter

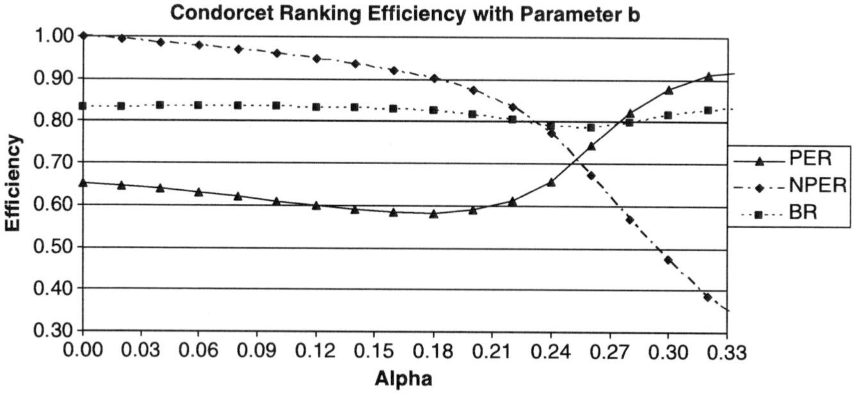

Fig. 9.2 Computed values of $CE^{SR}_{VR}(3, \infty|IAC^*_b(\alpha_k))$ for $VR \in \{PER, NPER, BR\}$

b values, but it does allow for the possibility of very poor outcomes, while BR consistently displays relatively good performance on the basis of Condorcet Ranking Efficiency.

When attention is turned to Parameter t, proof techniques like those that were used in the development of Theorems 9.1 and 9.2 can easily be employed to show that:

Theorem 9.3 $CE^{SR}_{PER}(3, n|IAC^*_t(k)) = CE^{S}_{NPR}(3, n|IAC^*_b(k))$ *for odd n*

Theorem 9.4 $CE^{SR}_{NPER}(3, n|IAC^*_t(k)) = CE^{S}_{PR}(3, n|IAC^*_b(k))$ *for odd n.*

Figure 9.3 shows a graphical representation of the values that result for $CE^{SR}_{PER}(3, \infty|IAC^*_t(\alpha_k))$ that are derived from Table 6.3, $CE^{SR}_{NPER}(3, \infty|IAC^*_t(\alpha_k))$ that are derived from Table 6.2 and $CE^{SR}_{BR}(3, \infty|IAC^*_b(\alpha_k))$ that are taken directly from Table 9.4. The results in Fig. 9.3 show that BR dominates PER on the basis of Condorcet Ranking Efficiency over the entire range of all possible Parameter t values, with a consistently increasing margin of dominance for BR over PER as α_k increases. Similarly, NPER has greater Condorcet Ranking Efficiency than BR over the entire range of Parameter t values. The margin of dominance for NPER over BR consistently increases as α_k increases, but the differences do not become nearly as large as the differences that are observed in the comparison of BR to PER.

Just as in the case with Parameter t, the proof techniques that are used in the development of Theorems 9.1 and 9.2 can easily be employed here to show that:

Theorem 9.5 $CE^{SR}_{PER}(3, n|IAC^*_c(k)) = CE^{S}_{NPR}(3, n|IAC^*_c(k))$ *for odd n*

Theorem 9.6 $CE^{SR}_{NPER}(3, n|IAC^*_c(k)) = CE^{S}_{PR}(3, n|IAC^*_c(k))$ *for odd n.*

Figure 9.4 shows a graphical representation of the values that result for $CE^{SR}_{PER}(3, \infty|IAC^*_c(\alpha_k))$ that are derived from Table 6.3, $CE^{SR}_{NPER}(3, \infty|IAC^*_c(\alpha_k))$ that are derived from Table 6.2 and $CE^{SR}_{BR}(3, \infty|IAC^*_b(\alpha_k))$ that are taken directly from Table 9.5.

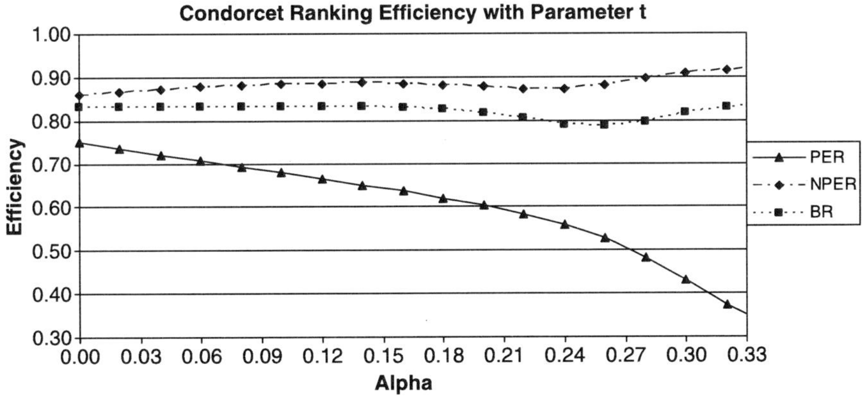

Fig. 9.3 Computed values of $CE^{SR}_{VR}(3, \infty|IAC^*_t(\alpha_k))$ for $VR \in \{PER, NPER, BR\}$

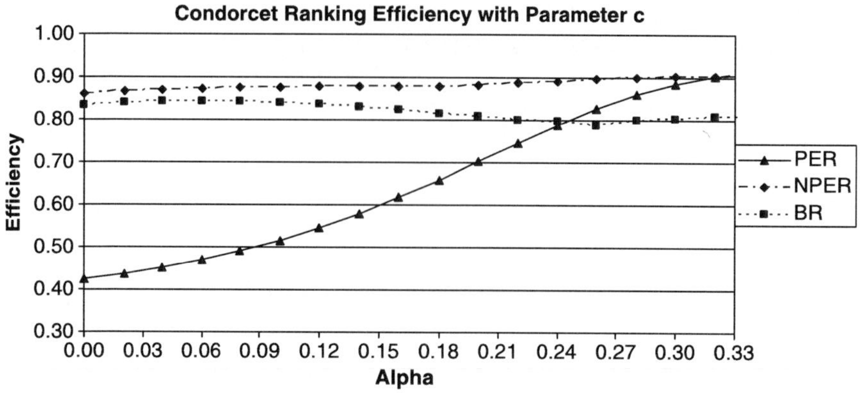

Fig. 9.4 Computed values of $CE_{VR}^{SR}(3, \infty|IAC_c^*(\alpha_k))$ for $VR \in \{PER, NPER, BR\}$

The results in Fig. 9.4 show that NPER has greater Condorcet Ranking Efficiency than BR over the entire range of Parameter *c* values. The margin of dominance for NPER over BR consistently increases as α_k increases, but the differences do not become large. This is nearly identical to the differences in behavior for NPER and BR that were observed for Parameter *t*. The results in Fig. 9.4 show that BR dominates PER on the basis of Condorcet Ranking Efficiency over a wide range of Parameter *b* values with $0 \leq \alpha_k \leq 0.25$, with PER having greater efficiency values over the remainder of the range. These results follow a similar pattern to what was observed in the relative performance of BR and PER for Parameter *b*.

It can generally be concluded with weak measures of group mutual coherence that BR dominates PER. In turn, NPER dominates BR in almost all cases, but the possibility exists in which NPER could behave very poorly with large values of Parameter *b*, to reflect a scenario in which voting situations are relatively far removed from having a perfect Positively Unifying Candidate.

9.3.4.2 Strong Measures of Group Mutual Coherence

The next step of our analysis is to extend this study to consider the impact of strong measures of group mutual coherence on Condorcet Ranking Efficiency, and this is started by considering single-stage voting rules.

Single Stage Voting Rules

The analysis of strong measures of group mutual coherence begins with an evaluation of Parameter b^*, and limiting representations for $CE_{VR}^{SR}(3, \infty|IAC_{b^*}^*(\alpha_k))$ with each $VR \in \{PR, NPR, BR\}$ are obtained in Lepelley and Gehrlein (2010b), with:

$$CE^{SR}_{PR}(3,\infty|IAC^*_{b^*}(\alpha_k)) = \frac{-3591\alpha_k^3+4401\alpha_k^2-1737\alpha_k+208}{54(18\alpha_k^3-18\alpha_k^2+6\alpha_k-1)},$$
$$\text{for } 1/3 \le \alpha_k \le 3/8$$

$$\frac{61776\alpha_k^4-102816\alpha_k^3+60480\alpha_k^2-14448\alpha_k+1141}{864(1-3\alpha_k)(18\alpha_k^3-18\alpha_k^2+6\alpha_k-1)}, \text{ for } 3/8 \le \alpha_k \le 5/12$$

$$\frac{20304\alpha_k^4-33696\alpha_k^3+17280\alpha_k^2-2448\alpha_k-109}{864(1-3\alpha_k)(18\alpha_k^3-18\alpha_k^2+6\alpha_k-1)}, \text{ for } 5/12 \le \alpha_k \le 1/2$$

$$\frac{432\alpha_k^4-1728\alpha_k^3+2592\alpha_k^2-1392\alpha_k+149}{3456\alpha_k(\alpha_k-1)^3}, \text{ for } 1/2 \le \alpha_k \le 2/3$$

$$\frac{32\alpha_k^4-96\alpha_k^2+80\alpha_k-15}{128\alpha_k(1-\alpha_k)^3}, \text{ for } 2/3 \le \alpha_k \le 3/4$$

$$\frac{7\alpha_k-3}{4\alpha_k}, \text{ for } 3/4 \le \alpha_k \le 1. \tag{9.20}$$

$$CE^{SR}_{NPR}(3,\infty|IAC^*_{b^*}(\alpha_k)) = \frac{87\alpha_k^3-99\alpha_k^2+31\alpha_k-3}{8(18\alpha_k^3-18\alpha_k^2+6\alpha_k-1)}, \text{ for } 1/3 \le \alpha_k \le 1/2$$

$$\frac{5\alpha_k+3}{16\alpha_k}, \text{ for } 1/2 \le \alpha_k \le 1. \tag{9.21}$$

$$CE^{SR}_{BR}(3,\infty|IAC^*_{b^*}(\alpha_k)) = \frac{15\alpha_k^3+9\alpha_k^2-11\alpha_k+1}{4(18\alpha_k^3-18\alpha_k^2+6\alpha_k-1)}, \text{ for } 1/3 \le \alpha_k \le 3/8$$

$$\frac{3961\alpha_k^4-6180\alpha_k^3+3582\alpha_k^2-906\alpha_k+84}{12(1-3\alpha_k)(18\alpha_k^3-18\alpha_k^2+6\alpha_k-1)}, \text{ for } 3/8 \le \alpha_k \le 2/5$$

$$\frac{1453\alpha_k^4-2640\alpha_k^3+1836\alpha_k^2-588\alpha_k+72}{24(3\alpha_k-1)(18\alpha_k^3-18\alpha_k^2+6\alpha_k-1)}, \text{ for } 2/5 \le \alpha_k \le 1/2$$

$$\frac{621\alpha_k^4-1680\alpha_k^3+1692\alpha_k^2-744\alpha_k+118}{48\alpha_k(\alpha_k-1)^3}, \text{ for } 1/2 \le \alpha_k \le 2/3$$

$$\frac{9\alpha_k-1}{8\alpha_k}, \text{ for } 2/3 \le \alpha_k \le 1. \tag{9.22}$$

The limiting result that $CE_{VR}^{SR}(3,\infty|IAC_{b^*}^*(1)) = 1$ is proved for all odd n in Theorem 9.7 for PR and in Theorem 9.8 for BR.

Theorem 9.7 $CE_{PR}^{SR}(3,n|IAC_{b^*}^*(n)) = 1$, *for odd n.*

Proof Some candidate is ranked as least preferred by every voter in such a voting situation with to make that candidate the PMRL. Whichever remaining candidate is ranked as most preferred by a majority of voters must therefore be both the strict PMRW and the strict winner by PR. □

Theorem 9.8 $CE_{BR}^{SR}(3,n|IAC_{b^*}^*(n)) = 1$, *for odd n.*

Proof Some candidate is ranked as least preferred by every voter in such a voting situation to make it the PMRL with a WSR score of zero, to make it the lowest ranked candidate by BR. Neither of the two remaining candidates is ever ranked as least preferred by any voter, and the remaining candidate that is ranked as most preferred by a majority of voters must therefore be both the PMRW and the candidate with the greatest total WSR score by BR. □

Computed values $CE_{VR}^{SR}(3,\infty|IAC_{b^*}^*(\alpha_k))$ for $VR \in \{PR, NPR, BR\}$ are obtained from (9.20)–(9.22) for each $\alpha_k = 0.35(0.05)1.00$ along with $\alpha_k = 0.33$, and the results are listed in Table 9.6. The results show some unusual patterns that are best detected from a graphical representation of the data in Fig. 9.5.

The Condorcet Ranking Efficiency of PR decreases significantly over the range of Parameter b^* values in the interval $0.33 \le \alpha_k \le 0.50$, and it drops to a value of approximately 0.40. After that, the efficiency of PR significantly increases over the range of values with $0.50 \le \alpha_k \le 1.00$, with an efficiency value of 1.00 when $\alpha_k = 1.00$. NPR exhibits the opposite behavior, by increasing over the interval of Parameter b^* values with $0.33 \le \alpha_k \le 0.50$ and then decreasing over the interval $0.50 \le \alpha_k \le 1.00$. The important observation is that BR dominates both PR and

Table 9.6 Computed values of $CE_{VR}^{SR}(3,\infty|IAC_{b^*}^*(\alpha_k))$ for $VR \in \{PR, NPR, BR\}$

α_k	VR		
	PR	NPR	BR
0.33	0.8333	0.1667	0.8333
0.35	0.8220	0.2053	0.8285
0.40	0.7029	0.3323	0.7642
0.45	0.5495	0.4797	0.7023
0.50	0.4074	0.6875	0.7292
0.55	0.4647	0.6534	0.8541
0.60	0.5300	0.6250	0.9106
0.65	0.6034	0.6010	0.9327
0.70	0.6792	0.5804	0.9464
0.75	0.7500	0.5625	0.9583
0.80	0.8125	0.5469	0.9688
0.85	0.8676	0.5331	0.9779
0.90	0.9167	0.5208	0.9861
0.95	0.9605	0.5099	0.9934
1.00	1.0000	0.5000	1.0000

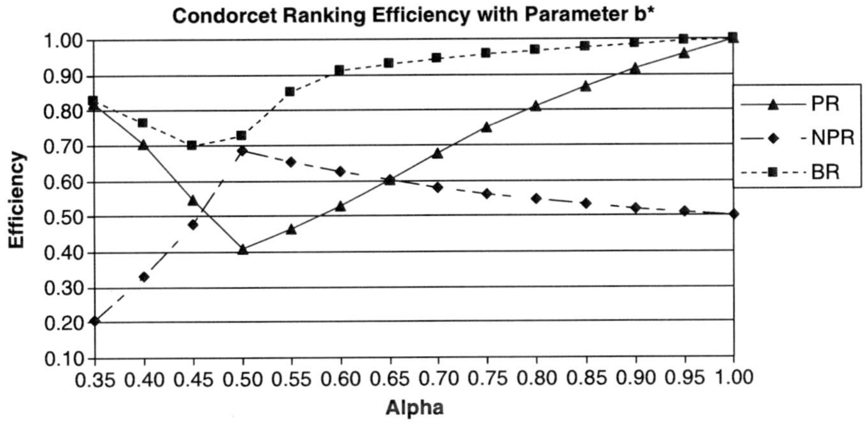

Fig. 9.5 Computed values of $CE_{VR}^{SR}(3, \infty|IAC_{b^*}^*(\alpha_k))$ for $VR \in \{PR, NPR, BR\}$

NPR over the entire range of Parameter b^* values. The Condorcet Ranking Efficiency of BR is not as stable as it was with weak measures, but it does not display the dramatic shifts in behavior like those that are observed with both PR and NPR.

It is rather simple to analyze the impact that changes in Parameter t^* have on the Condorcet Ranking Efficiency of the single-stage voting rules as a result of some observations that follow directly from Theorem 3.3.

Corollary 9.4 $CE_{PR}^{SR}(3, n|IAC_{t^*}^*(k)) = CE_{NPR}^{SR}(3, n|IAC_{b^*}^*(k))$

$$CE_{NPR}^{SR}(3, n|IAC_{t^*}^*(k)) = CE_{PR}^{SR}(3, n|IAC_{b^*}^*(k))$$

$$CE_{BR}^{SR}(3, n|IAC_{t^*}^*(k)) = CE_{BR}^{SR}(3, n|IAC_{b^*}^*(k)).$$

The conclusions about changes in the Condorcet Ranking Efficiency of voting rules as Parameter t^* changes can therefore be drawn from the related conclusions that have just been drawn regarding Parameter b^*, by interchanging PR and NPR. So, BR dominates both PR and NPR over the entire range of Parameter t^* values. While the Condorcet Ranking Efficiency of BR is not as stable as it was with weak measures of group mutual coherence, it does not display the dramatic shifts in behavior that are observed with both PR and NPR as Parameter t^* changes.

When we consider the impact that Parameter c^* has on the Condorcet Ranking Efficiency of voting rules, the scope of the problem is reduced from an observation that mirrors Corollary 9.3, since it follows directly from Theorem 3.3 that

Corollary 9.5 $CE_{PR}^{SR}(3, n|IAC_{c^*}^*(\alpha_k)) = CE_{NPR}^{SR}(3, n|IAC_{c^*}^*(\alpha_k)).$

Lepelley and Gehrlein (2010b) also obtain the limiting representations for $CE_{VR}^{SR}(3, \infty|IAC_{c^*}^*(\alpha_k))$ for $VR \in \{PR, BR\}$, with

$$CE_{PR}^{SR}(3,\infty|IAC_{c^*}^*(\alpha_k)) = \frac{-17901\alpha_k^3 + 22653\alpha_k^2 - 9135\alpha_k + 1055}{54(123\alpha_k^3 - 99\alpha_k^2 + 25\alpha_k - 5)}, \quad \text{for } 1/3 \leq \alpha_k \leq 3/8$$

$$\frac{21390\alpha_k^4 - 42696\alpha_k^3 + 27540\alpha_k^2 - 6456\alpha_k + 409}{108(1-3\alpha_k)(123\alpha_k^3 - 99\alpha_k^2 + 25\alpha_k - 5)}, \quad \text{for } 3/8 \leq \alpha_k \leq 5/12$$

$$\frac{20082\alpha_k^4 - 26424\alpha_k^3 + 15660\alpha_k^2 - 5544\alpha_k + 841}{108(3\alpha_k - 1)(123\alpha_k^3 - 99\alpha_k^2 + 25\alpha_k - 5)}, \quad \text{for } 5/12 \leq \alpha_k \leq 3/7$$

$$\frac{70503\alpha_k^4 - 112860\alpha_k^3 + 71226\alpha_k^2 - 21420\alpha_k + 2542}{108(3\alpha_k - 1)(123\alpha_k^3 - 99\alpha_k^2 + 25\alpha_k - 5)}, \quad \text{for } 3/7 \leq \alpha_k \leq 1/2$$

$$\frac{1545\alpha_k^4 - 4644\alpha_k^3 + 5670\alpha_k^2 - 3372\alpha_k + 815}{108(17\alpha_k - 1)(1-\alpha_k)^3}, \quad \text{for } 1/2 \leq \alpha_k \leq 2/3$$

$$\frac{565\alpha_k^4 - 1620\alpha_k^3 + 1566\alpha_k^2 - 540\alpha_k + 27}{36(17\alpha_k - 1)(\alpha_k - 1)^3}, \quad \text{for } 2/3 \leq \alpha_k \leq 3/4$$

$$\frac{51(1-\alpha_k)}{4(17\alpha_k - 1)}, \quad 3/4 \leq \alpha_k \leq 1. \tag{9.23}$$

$$CE_{BR}^{SR}(3,\infty|IAC_{c^*}^*(\alpha_k)) = \frac{-525\alpha_k^3 + 765\alpha_k^2 - 335\alpha_k + 31}{6(123\alpha_k^3 - 99\alpha_k^2 + 25\alpha_k - 5)}, \quad \text{for } 1/3 \leq \alpha_k \leq 3/8$$

$$\frac{41911\alpha_k^4 - 56004\alpha_k^3 + 28746\alpha_k^2 - 7404\alpha_k + 831}{90(3\alpha_k - 1)(123\alpha_k^3 - 99\alpha_k^2 + 25\alpha_k - 5)}, \quad \text{for } 3/8 \leq \alpha_k \leq 3/7$$

$$\frac{71\alpha_k^4 - 10684\alpha_k^3 + 11706\alpha_k^2 - 3884\alpha_k + 391}{60(1-3\alpha_k)(123\alpha_k^3 - 99\alpha_k^2 + 25\alpha_k - 5)}, \quad \text{for } 3/7 \leq \alpha_k \leq 1/2$$

$$\frac{1991\alpha_k^4 - 4604\alpha_k^3 + 4026\alpha_k^2 - 1724\alpha_k + 351}{60(17\alpha_k - 1)(1-\alpha_k)^3}, \quad \text{for } 1/2 \leq \alpha_k \leq 2/3$$

$$\frac{1249\alpha_k - 289}{60(17\alpha_k - 1)}, \quad 2/3 \leq \alpha_k \leq 1. \tag{9.24}$$

Computed values $CE_{VR}^{SR}(3,\infty|IAC_{c^*}^*(\alpha_k))$ for $VR \in \{PR, BR\}$ are obtained from (9.23) and (9.24) for each $\alpha_k = 0.35(0.05)1.00$, along with $\alpha_k = 0.33$, and the results are listed in Table 9.7. The trends for changes in Condorcet Ranking Efficiency with Parameter c^* are very clear from the results in Table 9.7. Values of $CE_{PR}^{SR}(3,\infty|IAC_{c^*}^*(\alpha_k))$, and therefore $CE_{NPR}^{SR}(3,\infty|IAC_{c^*}^*(\alpha_k))$, continuously decrease over the entire range of values with $1/3 \leq \alpha_k \leq 1$, as voting situations become closer to a voting situation with a perfect Strong Centrist Candidate.

Table 9.7 Computed values of $CE_{VR}^{SR}(3,\infty|IAC_{c^*}^*(\alpha_k))$ for $VR \in \{PR, BR\}$

α_k	VR	
	PR	BR
0.33	0.8095	0.8095
0.35	0.8040	0.8080
0.40	0.7494	0.7969
0.45	0.6850	0.7908
0.50	0.6179	0.7900
0.55	0.5392	0.8075
0.60	0.4738	0.8359
0.65	0.4128	0.8671
0.70	0.3458	0.8950
0.75	0.2713	0.9188
0.80	0.2024	0.9394
0.85	0.1422	0.9574
0.90	0.0892	0.9733
0.95	0.0421	0.9874
1.00	0.0000	1.0000

The extreme observation that $CE_{NPR}^{SR}(3,\infty|IAC_{c^*}^*(1)) = 0$ is formally shown in Theorem 9.9.

Theorem 9.9 $CE_{PR}^{SR}(3,\infty|IAC_{c^*}^*(1)) = 0$.

Proof When Parameter c^* has a value with α_k=1, some candidate is ranked in the middle of every voter's preference ranking. Whichever remaining candidate is ranked first by a majority of voters must therefore be the PMRW, and it must also be the strict PR winner. The other remaining candidate must be the PMRL since it must be ranked as least preferred by a majority of voters. Since this middle ranked candidate is never the most preferred candidate for any voter, it must be ranked last by PR, unless the PMRL is always ranked as least preferred to create a PR tie with the middle ranked candidate. In the limiting case as $n \to \infty$ the probability of such a PR tie vanishes, so the middle ranked candidate will be ranked in last place by PR while it is not the PMRL. □

The Condorcet Ranking Efficiency of BR behaves very differently than what has just been observed with PR and NPR, since it consistently increases over the entire range of values for Parameter c^*, with the extreme result that is shown in Theorem 9.10.

Theorem 9.10 $CE_{BR}^{SR}(3,n|IAC_{c^*}^*(n)) = 1$, *for odd* n.

Proof When Parameter c^* has a value with $k = n$, some candidate is ranked in the middle of every voter's preference ranking. Whichever remaining candidate is ranked first by a majority of voters must be the PMRW, and this candidate will have an average WSR score from voters that is greater than 1/2 with BR. The other remaining candidate must be the PMRL, since it must be ranked as least preferred by a majority of voters, and its average WSR score must be less than 1/2 with BR. The candidate that is always ranked in the middle of voters' preferences is neither the PMRW nor the PMRL, and its average WSR score is equal to 1/2 with BR. The BR and PMR rankings must therefore be identical. □

BR therefore dominates both PR and NPR for Parameter c^*, except for the case with $CE^{SR}_{PR}(3, \infty, IAC^*_{c^*}(1/3)) = CE^{SR}_{NPR}(3, \infty, IAC^*_{c^*}(1/3)) = CE^{SR}_{BR}(3, \infty, IAC^*_{c^*}(1/3))$. Therefore, BR dominates both PR and NPR in terms of Condorcet Ranking Efficiency for all strong measures of group mutual coherence.

Two-Stage Voting Rules

Just as we observed previously for the case of Parameter b, representations for $CE^{SR}_{VR}(3, n|IAC^*_{b^*}(k))$ do not need to be determined with PER and NPER, due to results that follow directly from Theorems 9.1 and 9.2.

Corollary 9.6 $CE^{SR}_{PER}(3, n \mid IAC^*_{b^*}(k)) = CE^{S}_{NPR}(3, n|IAC^*_{t^*}(k))$ *for odd n.*

$$CE^{SR}_{NPER}(3, n \mid IAC^*_{b^*}(k)) = CE^{S}_{PR}(3, n \mid IAC^*_{t^*}(k)) \textit{ for odd } n.$$

A graphical representation of values of $CE^{SR}_{VR}(3, \infty|IAC^*_{b^*}(\alpha_k))$ that then follow respectively from Table 6.8 for PER, Table 6.7 for NPER and Table 9.6 for BR is shown in Fig. 9.6 for each $\alpha_k = 0.35(0.05)1.00$.

The fact that $CE^{SR}_{VR}(3, \infty|IAC^*_{b^*}(1)) = 1$ in Fig. 9.6 follows from Theorem 6.6 for PER, from Theorem 6.2 for NPER, and from Theorem 9.8 for BR.

The results in Fig. 9.6 indicate that PER has slightly greater Condorcet Ranking Efficiency than BR for voting situations that are far removed from the condition of a perfect Strong Negatively Unifying Candidate, with $1/3 \leq \alpha_k \leq 0.40$. BR dominates PER over the remainder of the range of possible values of Parameter b^*, with PER showing very poor performance in some cases. In particular, it stands out that $CE^{SR}_{PER}(3, \infty|IAC^*_{b^*}(0.5)) < 0.5000$. NPER dominates BR

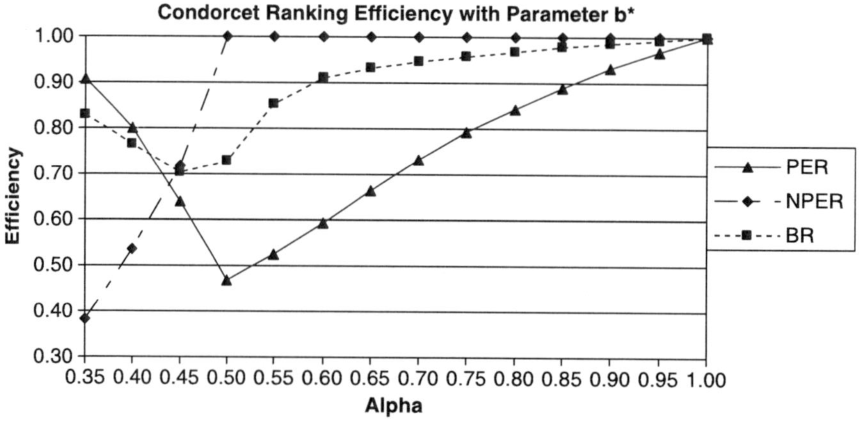

Fig. 9.6 Computed values of $CE^{SR}_{VR}(3, \infty|IAC^*_{b^*}(\alpha_k))$ for $VR \in \{PER, NPER, BR\}$

over the range of Parameter b^* values with $0.45 \leq \alpha_k \leq 1.00$. However, for voting situations that are far removed from having a perfect Strong Negatively Unifying Candidate, NPER exhibits very poor performance on the basis of Condorcet Ranking Efficiency.

When analysis is extended to the consideration of Parameter t^*, we find results like Theorems 9.3 and 9.4.

Corollary 9.7 $CE^{SR}_{PER}(3, n \mid IAC^*_{t^*}(k)) = CE^{S}_{NPR}(3, n|IAC^*_{b^*}(k))$ *for odd n*

$$CE^{SR}_{NPER}(3, n \mid IAC^*_{t^*}(k)) = CE^{S}_{PR}(3, n|IAC^*_{b^*}(k)) \text{ for odd } n.$$

A graphical representation of values of $CE^{SR}_{VR}(3, \infty|IAC^*_{b^*}(\alpha_k))$ that then follow respectively from Table 6.8 for PER and Table 6.7 for NPER is shown in Fig. 9.7 for each $\alpha_k = 0.35(0.05)1.00$.

The results of Fig. 9.7 show that both BR an NPER dominate PER over the entire range of Parameter t^* values. Moreover, the Condorcet Ranking Efficiency of PER never exceeds a value of 0.70. The fact that $CE^{SR}_{NPER}(3, \infty|IAC^*_{t^*}(1)) = 1$ follows from Theorem 6.7, and differences between NPER and BR are very small over the range of Parameter t^* values with $0.55 \leq \alpha_k \leq 1.00$. NPER is consistently superior to BR on the basis of Condorcet Ranking Efficiency over the remainder of the range of all Parameter t^* values, but BR never performs poorly.

When analysis is extended to the consideration of Parameter c^*, we find again that no new representations must be found as a result of Corollary 9.8 that follows directly from Theorems 9.5 and 9.6.

Corollary 9.8 $CE^{SR}_{PER}(3, n|IAC^*_{c^*}(k)) = CE^{S}_{NPR}(3, n|IAC^*_{c^*}(k))$ *for odd n*

$$CE^{SR}_{NPER}(3, n|IAC^*_{c^*}(k)) = CE^{S}_{PR}(3, n|IAC^*_{c^*}(k)) \text{ for odd } n.$$

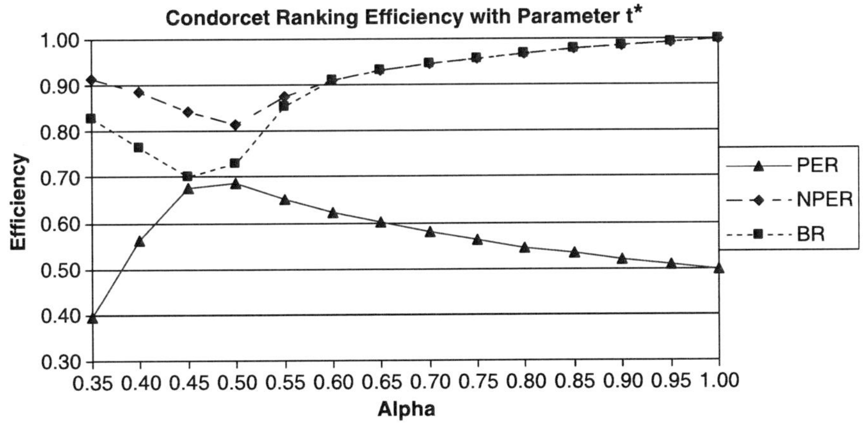

Fig. 9.7 Computed values of $CE^{SR}_{VR}(3, \infty|IAC^*_{t^*}(\alpha_k))$ for $VR \in \{PER, NPER, BR\}$

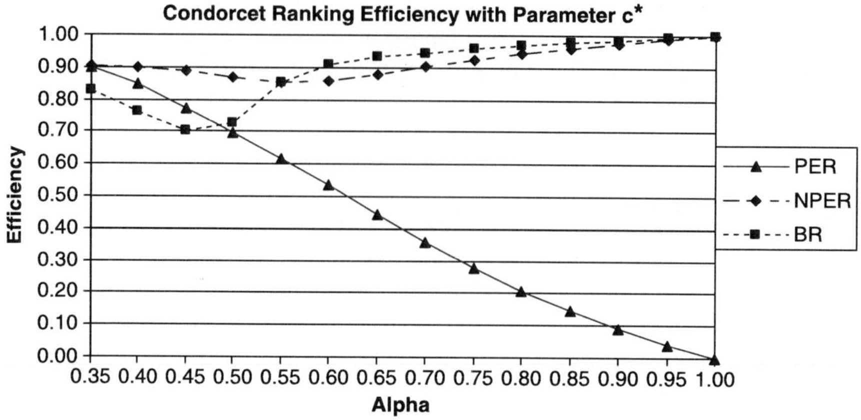

Fig. 9.8 Computed values of $CE_{VR}^{SR}(3,\infty|IAC_{c^*}^*(\alpha_k))$ for $VR \in \{PER, NPER, BR\}$

A graphical representation of values of $CE_{VR}^{SR}(3,\infty|IAC_{c^*}^*(\alpha_k))$ that follow respectively from Table 6.8 for PER and Table 6.7 for NPER is shown in Fig. 9.8 for each $\alpha_k = 0.35(0.05)1.00$.

The results in Fig. 9.8 show that PER has slightly greater values of Condorcet Ranking Efficiency than BR does for voting situations that are far removed from the condition of having a perfect Strong Centrist Candidate, with $1/3 \le \alpha_k \le 0.50$. However, $CE_{PER}^{SR}(3,\infty|IAC_{c^*}^*(\alpha_k))$ continuously decreases to display extremely poor performance, with the extreme observation that $CE_{PER}^{SR}(3,\infty|IAC_{c^*}^*(1)) = 0$, which follows from Corollary 9.8 and Theorem 6.8. BR performs better than NPER over the range $0.55 \le \alpha_k < 1.00$. The fact that $CE_{NPER}^{SR}(3,\infty|IAC_{c^*}^*(1)) = 1$ follows from the results of Corollary 9.8 and Theorem 6.7. NPER has a performance that is superior to BR over the remainder of the range of all possible Parameter c^* values, but BR never performs poorly.

9.3.4.3 Summary of Condorcet Ranking Efficiency Results

The results that are observed for Condorcet Ranking Efficiency are very similar to the results that were observed previously for Condorcet Efficiency, when the objective was to select a single winner. The Condorcet Ranking Efficiency of BR remains somewhat stable across the complete range of all measures of group mutual coherence. BR generally dominates both PR and NPR for all weak and strong measures of group mutual coherence, particularly for Parameter c and Parameter c^*. While PER does display superior performance to BR over a small range of some parameters, it very frequently exhibits extremely poor performance on the basis of Condorcet Ranking Efficiency and it is not a viable option for consideration. The efficiency of NPER is very often superior to that of BR, but there are ranges in which NPER performs very poorly for both Parameter b and Parameter b^*, while BR does not do so. Since we can not somehow exclude the possibility that voters are obtaining preference rankings with some model that will fall into the ranges in which NPER performs very poorly, the Borda Compromise still has a good foundation for Condorcet Ranking Efficiencies.

9.4 Condorcet Committees

All of the analysis to this point has focused on elections that are trying to select a single winner from a set of available candidates. When the problem changes to a scenario in which a group of voters is trying to elect a committee, a number of new paradoxes that are related to this particular problem can be observed.

9.4.1 Committee Election Paradoxes

Staring (1986) developed the notions of two paradoxes of voting that pertain directly to selecting committees. In particular, there are n voters and m candidates. The election procedure selects k candidates to a committee, by asking each voter to vote for their k most preferred candidates. The candidates are selected for inclusion in the committee according to their ranking by the total number of votes received, following the general logic of the use of a CSR to select a single winner.

The *Increasing Committee Size Paradox* is demonstrated by using an example voting situation with $m = 9$ and $n = 12$ in Fig. 9.9. To explain this paradox, it is only necessary to list the four top-ranked candidates from voter's preference rankings and the number of voters with each of these partial rankings on candidates.

The paradox is observed when we consider the outcomes from elections with this profile for the cases of $k = 2$, 3 and 4. When we consider the case of $k = 2$, candidates $C_1, C_2, \ldots, C_9$ receive a total of 4, 4, 2, 2, 2, 2, 2, 3, 3 votes respectively. The winners will be C_1 and C_2. When we consider the case of $k = 3$, candidates $C_1, C_2, \ldots, C_9$ receive a total of 4, 4, 5, 5, 5, 3, 4, 3, 3 votes respectively. The winners will be C_3, C_4 and C_5. When we consider the case of $k = 4$, candidates $C_1, C_2, \ldots, C_9$ receive a total of 5, 4, 5, 5, 5, 6, 6, 6, 6 votes respectively. The winners will be C_6, C_7, C_8 and C_9. Thus, by increasing k, we find that the candidates

C_1	C_1	C_2	C_2	C_3	C_3	C_4	C_4	C_5	C_5
C_6	C_7	C_7	C_8	C_8	C_9	C_9	C_1	C_2	C_9
C_3	C_3	C_4	C_4	C_5	C_5	C_5	C_6	C_7	C_7
C_8	C_8	C_9	C_6	C_6	C_7	C_7	C_9	C_9	C_1
2	1	1	2	1	1	1	1	1	1

Fig. 9.9 An example voting situation exhibiting the Increasing Committee Size Paradox

Fig. 9.10 An example voting situation exhibiting the Leaving Member Paradox

C_1	C_1	C_3	C_4	C_5
C_2	C_2	C_1	C_1	C_1
C_5	C_4	C_4	C_5	C_4
C_3	C_3	C_2	C_2	C_2
C_4	C_5	C_5	C_3	C_3
4	1	3	2	2

that are elected to the committees change for each k, and that there is no overlap whatsoever of committee membership for committees that are formed by using any smaller values of k.

An example of the *Leaving Member Paradox* is shown in Fig. 9.10 with a voting situation using $m = 5$ and $n = 12$.

A committee is elected with $k = 2$ to start this example. Candidates $C_1, C_2, \ldots, C_5$ receive a total of 12, 5, 3, 2, 2 votes respectively. Candidates C_1 and C_2 will be the winners, and C_3 will be the third ranked candidate. Then, suppose that C_1 must immediately drop out of office for some reason. It seems very reasonable to simply appoint C_3 to the committee to replace C_1, since C_3 was ranked third in total votes received. This would result in the elected committee being composed of C_2 and C_3.

Another option would be to remove C_1 as a candidate and then hold the election over again with the remaining four candidates. The reduced profile, with C_1 removed, is given in Fig. 9.11.

By holding the election again with $k = 2$, candidates C_2, C_3, C_4, C_5 receive a total of 5, 3, 8, 8 votes respectively. Candidates C_4 and C_5 become the elected committee members under the new election scenario, while neither was considered for election to the committee from the results of the original election with C_1 included in the profile. This is an example of the leaving member paradox. The use of such variations of CSR's to select committees obviously leads to a number of paradoxical outcomes that could be observed.

Mitchell and Trumbull (1992) consider slightly more general voting rules to select k-member committees. The particular voting scheme that they examine has voters cast votes for their k^* most preferred candidates. Two particular paradoxes are considered. The first is the situation in which a candidate is elected under a vote for k^* candidates rule, and then that candidate is not a winner for larger values of k^*. This situation is referred to as having the existence of a "marker" in the vote for k^* candidate election. The second paradox exists when the PMRW is not selected among the k candidates.

Fig. 9.11 A reduced voting situation exhibiting the Leaving Member Paradox

C_2	C_2	C_3	C_4	C_5
C_5	C_4	C_4	C_5	C_4
C_3	C_3	C_2	C_2	C_2
C_4	C_5	C_5	C_3	C_3
4	1	3	2	2

Monte-Carlo simulation was used to consider a situation in which each voter ranked nine candidates. Then profiles were generated from possible rankings under IC for $n = 100$, $n = 1{,}000$ and $n = 10000$. These profiles were then checked for the number of times that each of the two paradoxes occurred for each combination of $k = 1, 2, 3, 4$ and $k^* = 5, 6, 7, 8, 9$. Since a marker could exist for voting rules up to k^*, it follows that there are more possibilities for a marker to exist as k^* increases if k is fixed, so the probability of observing the first of these voting paradoxes should increase as k^* increases. The surprising result is the magnitude of this probability. The smallest observed probability shows that a marker exists in 56% of profiles. Other results show that this probability increases as both k^* and n increase.

The probability that the PMRW is selected as a committee member tends to decrease as both k^* and n increase under IC. With $k^* = 5$ and $n = 100$ the probability that the PMRW is included among winners is approximately 90%. This probability drops to about 74% with $k^* = 9$ and $n = 10{,}000$. This suggests that there is a rather large probability of observing either paradox with IC. Several variations of the simulation were performed to introduce degrees of homogeneity of preference into voting situations. The existence of homogeneity is shown to significantly reduce the likelihood of observing both paradoxes.

It is interesting to consider the probability that the PMRW will be elected as a committee member with these voting rules, but another approach considers extensions of the PMR principle to obtain definitions of a Condorcet Committee.

9.4.2 Condorcet Committee Definitions

Arguments over the way in which the notions behind PMR should be extended to the case of electing members of a committee have a long history. One of these definitions evolves from an early dispute that Dodgson (1884, 1885a, b) was involved in with the Society for Proportional Representation regarding the issue of which committee membership best represents the preferences of an electorate.

Dodgson gives an example in which a group is trying to elect a committee of three members from five candidates. In this example, the candidates are Chamberlain (A), Gladstone (B), Goschen (C), Hartington (D), and Northcote (E). The voting outcome from an election gives the voter preference rankings on candidates that are shown in Fig. 9.12.

B	D	B	A	C	E
D	B	A	B	B	-
C	C	D	D	D	-
A	A	C	C	A	-
E	E	E	E	E	-
3030	2980	2020	1100	790	2079

Fig. 9.12 Example voting situation from Dodgson (1885a)

Dodgson specifies that Candidates A, B, C and D are liberal candidates, and that E is a conservative candidate. The fact that the 2079 conservative electors only rank their candidate would suggest that they are indifferent, or equally unhappy, with the possibility of any of the other candidates. It is then argued that A, B and D should be elected to the committee "as a matter of justice", by comparing pairs of candidates for entry. The logic is that the pair B and D are obvious selections, since 6010 of the 11999 voters rank B and D first. Next, Dodgson argues for the inclusion of A as the third member of the committee, since "over and above these" 6010 voters, we have 3120 voters who place the pair A and B as their two most preferred candidates. Dodgson then goes on to show that the system that was proposed by the Society for Proportional Representation would have elected B, C and D and states that the election of Goschen (C) "would bring in the wrong man".

The Society for Proportional Representation responds that the election of Goschen (C) by their procedure in Dodgson's example is, in fact, the proper choice over Chamberlain (A). Their argument against Dodgson is that there are 9920 "liberal electors" in this example for whom a preference comparison between A and C are known. Of these 9920 electors, 6800 prefer C to A, with only 3120 preferring A to C. Thus, Goschen (C) should be the winner, based on a direct PMR comparison between Candidates A and C. The argument of the Society for Proportional Representation is therefore based on individual comparisons of candidates who are in the committee, versus not in the committee. Dodgson responds to the criticism of the Society with an example to show that it is possible to continue their logic and have PMR cycles in the entry and removal of candidates from such an elected set.

The first definition of a *Condorcet Committee* that we consider follows from the basic idea of the argument that was presented by the Society for Proportional Representation, and a formal definition is given in Gehrlein (1985b). Let $C^W \subset \boldsymbol{C^m}$ denote a possible subset of candidates to be elected to a committee. Then, C^W is a Condorcet committee if $C_i \boldsymbol{M} C_j$ for all $C_i \in C^W$ and all $C_j \in \boldsymbol{C^m} \backslash C^W$. Previous observations by Dodgson make it clear that a Condorcet committee does not necessarily exist according to this definition for a specified $\#C^W$ with a given n and m. However, since PMR is transitive when voters have single-peaked preferences or dichotomous preferences, a Condorcet committee will always exist according to this definition whenever either of these restrictions holds.

Felsenthal and Machover (1992) develop the same definition for a Condorcet committee as in Gehrlein (1985b), and they suggest that this definition is valid when the goal is to select the PMRW as a single winner, but that it might not be effective when the goal is to select a committee that reflects a "microcosm of society". Hill (1988) previously made a similar observation. Numerous studies have been conducted to develop methods to choose committees that would tend to more accurately reflect the mix of preferences of the population that the committee will represent. For example, see Good and Tideman (1976), Chamberlin and Courant (1983) and Benoit and Kornhauser (1994).

Fishburn (1981b, c) develops a second definition of a Condorcet committee that is based on the notion of PMR. In these studies, attention is moved away from directly considering the relative position of individual candidates in voters' preference rankings. Instead, a determination is made of what the preference rankings of voters would be on the combinations of candidates in all possible committees with a specified number of members, given the voters' preference rankings on individual candidates. A Condorcet committee is then determined on the basis of elections that would be performed by having PMR comparisons between possible pairs of committees with the same number of members in each committee. The Condorcet committee is then defined as that particular committee of a given size that is preferred by PMR to all other committees of the same size.

Fishburn (1981b) makes some interesting observations when considering this definition of a Condorcet committee when individual voters have dichotomous preferences on candidates. For any given voter, $H(\succ)$ denotes the subset of candidates among the more preferred candidates and $L(\succ)$ denotes the subset of less preferred candidates in the voter's dichotomous preference order. Some mechanism is required to determine how each voter would then rank committees of a specified size, k, given their preferences on the candidates. Fishburn defines this mechanism as *Condition P*. Let C^X and C^Y denote two possible committees of k candidates. Then, Condition P is defined on a given voter's pairwise preference on committees such that

$$C^X \succ C^Y \Leftrightarrow \#\{C^X \cap H(\succ)\} > \#\{C^Y \cap H(\succ)\}. \quad (9.25)$$

That is, a voter will prefer committee C^X to C^Y if C^X contains more candidates in the voter's more preferred set of candidates than committee C^Y does.

Unlike the results obtained by Inada (1964) for the election of a single candidate, Fishburn (1981b) gives an example on four candidates $\{A, B, C, D\}$ in which voters with dichotomous preferences have PMR cycles on committees when Condition P determines individual voter's preferences on the committees. This PMR cycle refers to a majority of voters who actually have a preference on a given pair of committees, since Condition P allows for voter indifference between two committees. Voters who are indifferent between pairs of committees are assumed to abstain from voting in that particular PMR comparison. In this example, the individual voters' dichotomous preferences on candidates are shown in Fig. 9.13.

We see, for example, that committee $\{A, B\}$ has a three voters to two majority over committee $\{A, C\}$. This results under Condition P with the three voters of

Voter Type	$H(\succ)$	$L(\succ)$	Number of Voters
1	AB	CD	3
2	C	ABD	2
3	D	ABC	2

Fig. 9.13 An example voting situation with dichotomous preferences from Fishburn (1981b)

Type 1 preferring $\{A, B\}$ to $\{A, C\}$ and the two voters of Type 2 preferring $\{A, C\}$ to $\{A, B\}$. Voters of Type 3 are indifferent between $\{A, B\}$ and $\{A, C\}$ and do not vote for this particular PMR comparison of committees. Using the same logic, we find that $\{A, C\}$ has a three to two majority over $\{C, D\}$, with voters of Type 2 not voting. Then, the cycle is complete with $\{C, D\}$ having a four to three majority over $\{A, B\}$.

Fishburn (1981c) shows that imposing the condition of single-peaked preferences on voter's preferences on individual candidates is insufficient to ensure the existence of a majority committee, for $k > 1$. The study considers the additional restrictions that are required on individual voter's preferences on candidates to ensure the existence on a Condorcet committee. A Condorcet committee must exist when voters have single-peaked preferences on candidates; with the additional restriction that each voter must also have the same most preferred candidate in his or her preference ranking. Thus, the conditions that require the existence of a PMRW in single-candidate elections fail to be sufficient to require the existence of a Condorcet committee of more than one member, given Fishburn's definition of a Condorcet committee.

Several studies have been conducted to consider various aspects of these two definitions of a Condorcet committee. For example, see Kaymak and Sanver (2003) and Ratliff (2003). A general conclusion seems to be that the definition of a Condorcet committee from Fishburn (1981b, c) is more appropriate in situations in which committee members are expected to reflect a "microcosm" of the society that it is supposed to represent. The definition from Gehrlein (1985b) is more appropriate if the elected committee represents a list of candidates that are to be passed along for further deliberation that will lead to the selection of the final winning candidate from that set. Barberà and Coelho (2008) compare the two definitions of a Condorcet committee and they formulate a "Random Chooser Game" in which agents act strategically and cooperatively. Using this game as a basis, it is shown that when any procedure that meets some basic restrictions is used to elect candidates to a committee, the set of candidates in that committee can only be a strong Nash equilibrium outcome if the committee membership is consistent with the definition of a Condorcet committee from Gehrlein (1985b).

A limited amount of work has been done to develop representations for the probability that a Condorcet committee exists, with either definition of the term. Gehrlein (1985b) does present results for the probability, $P^S_{CC(k)}(m, n, IC)$, that a Condorcet committee with k members exists for n voters with m candidates under the assumption of IC. The results refer to the definition of a Condorcet committee as defined above in reference to that study.

Since every voting situation has the same probability of being observed as its dual voting situation, it follows directly from the definition of a Condorcet committee that

$$P^S_{CC(k)}(m, n, IC) = P^S_{CC(m-k)}(m, n, IC). \tag{9.26}$$

For the special case that $k = 1$,

$$P^S_{CC(1)}(m, n, IC) = P^S_{CC(m-1)}(m, n, IC) = P^S_{PMRW}(m, n, IC). \tag{9.27}$$

A representation from Gehrlein and Fishburn (1978b) leads to

$$P^S_{CC(2)}(4, \infty, IC) = \frac{3}{8} + \frac{6}{\pi^2} \int_0^{1/3} \frac{Cos^{-1}[-x/(1-2x^2)]}{\sqrt{1-x^2}} dx = 0.7395. \tag{9.28}$$

To develop more general limiting representations for $P^S_{CC(k)}(m, n, IC)$, we define $k(m-k)$ discrete variables of the form $X^i_{j,\ell}$ for the ith individual voter's preferences that will be used to obtain the joint probability, $Q^S_{CC(k)}(m, n, IC)$, that $C_j \boldsymbol{M} C_\ell$ for each $1 \le j \le k$ and $k+1 \le \ell \le m$ in a random voter profile. This follows the development of the representation for $CE^S_{CSR(k)}(m, \infty, IC^*)$ in (5.36), with

$$\begin{aligned} X^i_{j,\ell} &= +1\text{: if } C_j \succ C_\ell \text{ for the } i^{\text{th}} \textit{ voter} \\ &\quad -1\text{: if } C_\ell \succ C_j \text{ for the } i^{\text{th}} \textit{ voter}. \end{aligned} \tag{9.29}$$

A representation for $Q^S_{CC(k)}(m, n, IC)$ can be obtained as the joint probability with $k(m-k)$ variables, such that $X^i_{j,\ell}>0$ for each $1 \le j \le k$ and $k+1 \le \ell \le m$. With the assumption of IC, it is easily shown that $E(X^i_{j,\ell}) = 0$. Previous arguments that were based on the Central Limit Theorem have shown that the limiting distribution $Q^S_{CC(k)}(m, \infty, IC)$ as $n \to \infty$ is equivalent to the multivariate-normal positive orthant probability, $\Phi_{k(m-k)}(\boldsymbol{R}(m,k))$, that $\overline{X}_{j,\ell}\sqrt{n} \ge E(\overline{X}_{j,\ell}\sqrt{n})$ for each $1 \le j \le k$ and $k+1 \le \ell \le m$. The correlation matrix for this multivariate normal distribution, $\boldsymbol{R}(m,k)$, has correlation terms $Cor(X^i_{a,b}, X^i_{c,d})$ between the pairs of variables $X^i_{a,b}$ and $X^i_{c,d}$ that are equal to 1/3 if either $a = c$ or $b = d$. Otherwise, the correlation between each pair of variables is zero.

There are $\boldsymbol{C^m_k}$ different combinations of candidates that could form a Condorcet committee of k candidates, and the symmetry of IC with respect to candidates leads to

$$P^S_{CC(k)}(m, \infty, IC) = \boldsymbol{C^m_k} Q^S_{CC(k)}(m, \infty, IC) = \boldsymbol{C^m_k} \Phi_{k(m-k)}(\boldsymbol{R}(m,k)). \tag{9.30}$$

Precise analytical representations for $P^S_{CC(k)}(m, \infty, IC)$ become quite intractable for $m \ge 5$, so Gehrlein (1985b) obtains Monte-Carlo simulation estimates for values of $\Phi_{k(m-k)}(\boldsymbol{R}(m,k))$, and then obtains the associated estimates of $P^S_{CC(k)}(m, \infty, IC)$. Table 9.8 lists the estimates for $P^S_{CC(k)}(m, \infty, IC)$ for each $1 \le k \le m-1$ with $3 \le m \le 7$, and the results suggest that $P^S_{CC(k)}(m, \infty, IC)$ decreases as k increases for the range $1 \le k \le m/2$.

It is clear that $P^S_{CC(k)}(m, \infty, IC)$ becomes small for m at all large. For six or more candidates, a Condorcet committee exists with a less than even chance for committee sizes in the range $2 \le k \le m-2$.

Table 9.8 Monte-Carlo simulation estimates for $P^S_{CC(k)}(m, \infty, IC)$ from Gehrlein (1985b)

k	m				
	3	4	5	6	7
1	0.916	0.837	0.716	0.692	0.641
2	0.938	0.736	0.575	0.483	0.410
3	–	0.824	0.598	0.437	0.350
4	–	–	0.750	0.479	0.312
5	–	–	–	0.656	0.450
6	–	–	–	–	0.628

9.4.3 Condorcet Committee Efficiency

It is definitely of interest to consider how effective the most common voting rules are at selecting the Condorcet committee, whenever such a committee exists. Let $CE^{CC(k)}_{CSR(q)}(m, n, IC^*)$ denote the conditional probability that the k candidates with the greatest CSR scores with Rule C^m_q are the same candidates that form a Condorcet committee of k members, given that such a Condorcet committee exists. This probability is referred to as the *Condorcet Committee Efficiency* of the CSR.

A limiting representation for $CE^{CC(k)}_{CSR(q)}(m, \infty, IC^*)$ as $n \to \infty$ is developed in Gehrlein (1985b) as an extension of the development of the representation above for $P^S_{CC(k)}(m, \infty, IC)$. An additional $k(m-k)$ discrete variables of the form $Y^i_{j,\ell}$ for the ith individual voter's preferences are used to obtain the joint probability, $Z^{CC(k)}_{CSR(q)}(m, n, IC)$, that both $C_j\boldsymbol{M}C_\ell$ and C_j beats C_ℓ with Rule C^m_q for each $1 \le j \le k$ and $k+1 \le \ell \le m$ in a random voter profile. Following the definitions in (5.37):

$$Y^i_{j,\ell} = \begin{cases} +1: & \text{if } C_j \text{ is among the } q \text{ most preferred candidates and } C_\ell \text{ is not} \\ -1: & \text{if } C_\ell \text{ is among the } q \text{ most preferred candidates and } C_j \text{ is not} \\ 0: & \text{otherwise.} \end{cases} \qquad (9.31)$$

Then, the limiting probability $Z^{CC(k)}_{CSR(q)}(m, \infty, IC)$ is defined as a $2k(m-k)$ variable normal positive orthant probability, $\Phi_{2k(m-k)}(\boldsymbol{R}'(m,q))$, that both $\overline{X}_{j,\ell}\sqrt{n} \ge E(\overline{X}_{j,\ell}\sqrt{n})$ and $\overline{Y}_{j,\ell}\sqrt{n} \ge E(\overline{Y}_{j,\ell}\sqrt{n})$ for each $1 \le j \le k$ and $k+1 \le \ell \le m$. The correlation matrix for this multivariate normal distribution, $\boldsymbol{R}'(m,q)$, has correlation terms $Cor\left(X^i_{a,b}, Y^i_{c,d}\right)$ that are defined between the pairs of variables $X^i_{a,b}$ and $Y^i_{c,d}$, with distinct a, b, c and d, such that:

$$Cor\left(X^i_{a,c}, X^i_{b,c}\right) = Cor\left(X^i_{a,c}, X^i_{a,d}\right) = 1/3$$

$$Cor\left(X^i_{a,b}, X^i_{c,d}\right) = Cor\left(Y^i_{a,b}, Y^i_{c,d}\right) = Cor\left(X^i_{a,b}, Y^i_{c,d}\right) = 0$$

$$Cor\left(Y^i_{a,c}, Y^i_{b,c}\right) = Cor\left(Y^i_{a,c}, Y^i_{a,d}\right) = 1/2$$

$$Cor\left(X^i_{a,c}, Y^i_{b,c}\right) = Cor\left(X^i_{a,c}, Y^i_{a,d}\right) = \sqrt{\frac{q(m-q)}{2m(m-1)}}$$

$$Cor\left(X^i_{a,c}, Y^i_{a,c}\right) = \sqrt{\frac{2q(m-q)}{m(m-1)}}. \tag{9.32}$$

There are $\boldsymbol{C^m_k}$ different combinations of candidates that could form a Condorcet committee of k candidates, and the symmetry of IC with respect to candidates leads to

$$CE^{CC(k)}_{CSR(q)}(m,\infty,IC^*) = \boldsymbol{C^m_k}\frac{Z^{CC(k)}_{CSR(q)}(m,\infty,IC)}{P^S_{CC(k)}(m,\infty,IC)} = \boldsymbol{C^m_k}\frac{\Phi_{2k(m-k)}(\boldsymbol{R}'(m,q))}{P^S_{CC(k)}(m,\infty,IC)}. \tag{9.33}$$

The definition of $CE^{CC(k)}_{CSR(q)}(m,\infty,IC^*)$ in (9.33) and the form of $\boldsymbol{R}'(m,q)$ in (9.32) lead directly to two results:

$$CE^{CC(k)}_{CSR(q)}(m,\infty,IC^*) = CE^{CC(m-k)}_{CSR(q)}(m,\infty,IC^*). \tag{9.34}$$

$$CE^{CC(k)}_{CSR(q)}(m,\infty,IC^*) = CE^{CC(k)}_{CSR(m-q)}(m,\infty,IC^*). \tag{9.35}$$

The previously used result from Slepian (1962) can also be applied here for any specified value of k to show that

$$CE^{CC(k)}_{CSR(q)}(m,\infty,IC^*) \geq CE^{CC(k)}_{CSR(q-1)}(m,\infty,IC^*), \text{ for } 2 \leq q \leq m/2. \tag{9.36}$$

So, just as when we considered the case of selecting a single winner, the maximum Condorcet Committee Efficiency is obtained by the CSR that has voters cast a vote for half of the number of available candidates.

Monte-Carlo simulation estimates for $CE^{CC(k)}_{CSR(q)}(m,\infty,IC^*)$ are listed respectively for $4 \leq m \leq 6$ in Tables 9.9–9.11.

Table 9.9 Monte-Carlo simulation estimates for $CE^{CC(k)}_{CSR(q)}(4,\infty,IC^*)$ from Gehrlein (1985b)

q	k		
	1	2	3
1	0.648	0.555	0.632
2	0.731	0.693	0.751

Table 9.10 Monte-Carlo simulation estimates for $CE^{CC(k)}_{CSR(q)}(5, \infty, IC^*)$ from Gehrlein (1985b)

q	k			
	1	2	3	4
1	0.564	0.436	0.421	0.560
2	0.681	0.617	0.602	0.683

Table 9.11 Monte-Carlo simulation estimates for $CE^{CC(k)}_{CSR(q)}(6, \infty, IC^*)$ from Gehrlein (1985b)

q	k				
	1	2	3	4	5
1	0.458	0.313	0.275	0.377	0.489
2	0.646	0.521	0.522	0.498	0.647
3	0.701	0.620	0.562	0.641	0.712

9.4.4 Condorcet Committee Efficiency Summary

The results indicate that the probability that a Condorcet committee exists can be relatively small for m at all large. The estimated Condorcet Committee Efficiencies indicate that PR performs very poorly, with a less than even chance of selecting a Condorcet committee of any size with $m = 6$. It is observed for all m that significant improvements to Condorcet Committee Efficiency can be obtained by using the most efficient CSR, rather than using PR.

References

Abrams R (1976) The voter's paradox and the homogeneity of individual preference orders. Public Choice 26:19–27

Abramson PR, Aldrich JH, Paolino P, Rohde DW (1995) Third-party and independent candidates in American politics. Polit Sci Q 110:349–367

Abramson PR (2007) The French presidential election of 2007: was Sarkozy the Condorcet winner? Fr Polit 5:287–291

Adams J (1997) Condorcet efficiency and the behavioral model of the vote. J Polit 59:1252–1263

Adams J (1999) An assessment of voting systems under the proximity and directional model of the vote. Public Choice 98:131–151

Aleskerov F (2005) The history of social choice in Russia and in the Soviet Union. Soc Choice Welfare 25:419–431

Arrington TS, Brenner S (1984) Another look at approval voting. Polity 17:118–134

Arrow KJ (1963) Social choice and individual values, 2nd edn. Yale University Press, New Haven CT

Baharad E, Nitzan S (2002) Ameliorating majority decision through expression of preference intensity. Am Polit Sci Rev 96:745–754

Baharad E, Nitzan S (2006) On the selection of all winner by all scoring rules. Soc ChoiceWelfare 26:597–601

Barberà S, Coelho D (2008) How to choose a non-controversial list with k names. Soc Choice Welfare 31:79–96

Bartholdi JJ, Orlin JB (1991) Single transferable vote resists strategic voting. Soc Choice Welfare 8:341–354

Barvinok A (1993) A polynomial time algorithm for counting integral points when the dimension is fixed. In:Proceedings of IEEE 34th Annual Symposium on Foundations of Computer Science, Computer Society Press, New York, pp 566–572

Barvinok A, Pommersheim J (1999) An algorithmic theory of lattice points in polyhedra. New Perspect Algebraic Combinat 38:91–147

Bassett GW, Persky J (1999) Robust voting. Public Choice 99:299–310

Baujard A, Igersheim H (2009) Expérimentation du vote par note et du vote par approbation le 22 avril 2007: Premiers résultats. Rev Econ 60:189–201

Beck JH (1997) Voting cycles in business curriculum reform: a note. Am Econ 41:83–88

Béhue V, Favardin P, Lepelley D (2009) La manipulation stratégique des règles de vote: Une étude expérimentale, Louvain Econ Rev 75:503–516

Benoit JP (1992) Scoring reversals: a major league dilemma. Soc Choice Welfare 9:89–97

Benoit JP, Kornhauser LA (1994) Social choice in a representative democracy. Am Polit Sci Rev 88:185–192

Berg S (1985a) Paradox of voting under an urn model: the effect of homogeneity. Public Choice 47:377–387
Berg S (1985b) A note on plurality distortion in large committees. Eur J Polit Econ 1(2):271–284
Berg S, Bjurulf B (1983) A note on the paradox of voting: Anonymous preference profiles and May's formula. Public Choice 40:307–316
Bezembinder T (1996) The plurality majority converse under single peakedness. Soc Choice Welfare 13:365–380
Bjurulf BH, Niemi RG (1978) Strategic voting in Scandinavian parliaments. Scand Polit Stud 1:5–22
Black D (1958) The theory of committees and elections. Cambridge University Press, Cambridge
Black D (1976) Partial justification of the Borda count. Public Choice 28:1–15
Blydenburgh JC (1971) The closed rule and the paradox of voting. J Polit 33:57–71
Bordley RF (1983) A pragmatic method for evaluating election schemes through simulation. Am Polit Sci Rev 77:123–141
Bordley RF (1985) A precise method for evaluating election schemes. Public Choice 46:113–123
Bordley RF (1986) One person/one vote is not efficient given information on factions. Theory Decis 21:231–250
Brams SJ (1976) Paradoxes in politics: an introduction to the non-obvious in political science. Free Press, New York
Brams SJ, Fishburn PC (1978) Approval voting. Am Polit Sci Rev 72:831–847
Brams SJ, Fishburn PC (1983a) Paradoxes of preferential voting. Math Mag 56:207–214
Brams SJ, Fishburn PC (1983b) Approval voting. Birkhäuser Publishers, Boston
Brams SJ, Fishburn PC (1984) A careful look at 'Another look at approval voting'. Polity 17:135–143
Brams SJ, Fishburn PC (1988) Does approval voting elect the lowest common denominator? Polit Sci Polit 21:277–284
Brams SJ, Fishburn PC (2002) Voting procedures. In: Arrow KJ, Sen AK, Suzumura K (eds) Handbook of social choice and welfare, Vol. 1. Elsevier Science, Amsterdam, pp. 173–236
Brams SJ, Kilgour DM, Zwicker WS (1998). The paradox of multiple elections. Soc Choice Welfare 15:211–236
Brams SJ, Merrill S (1994) Would Ross Perot have won the 1992 presidential election under approval voting? Polit Sci Polit 27:39–45
Brams SJ, Nagel JH (1991) Approval voting in practice. Public Choice 71:1–17
Brams SJ, Hansen MW, Orrison ME (2006) Dead heat: the 2006 Public Choice Society election. Public Choice 128:361–366
Brion M (1988) Points entiers dans les polyhèdres convexes. Ann Sci Ec Norm Supérieure 21 (4):653–663
Browne EC, Hamm KE (1996) Legislative politics and the paradox of voting: Electoral reform in Fourth Republic France. Br J Polit Sci 26:165–198
Browning EK (1972) A note on cyclical majorities. Public Choice 12:111
Buchanan JM (1970) The public finances. Richard D. Irwin Press, Homewood, IL
Bullock CS, Johnson JK (1985) Runoff elections in Georgia. J Polit 47:937–946
Callaos N, Lesso W, Callaos B (1980) Mathematical solution to the voter paradox. In: Lasker GE (ed) Applied systems and cybernetics II: systems concepts, models and methodology, Pergamon Press, Elmsford, NY, pp 841–847
Cervone D, Gehrlein WV, Zwicker W (2005) Which scoring rule maximizes Condorcet efficiency under IAC? Theory Decis 58:145–185
Chamberlin JR (1986) Discovering manipulated social choices: the coincidence of cycles and manipulated outcomes. Public Choice 51:295–313
Chamberlin JR, Cohen MD (1978) Toward applicable social choice theory: a comparison of social choice functions under spatial model assumptions. Am Polit Sci Rev 72:1341–1356
Chamberlin JR, Courant PN (1983) Representative deliberations and representative decisions: proportional representation and the Borda Rule. Am Polit Sci Rev 77:718–733

Chamberlin JR, Cohen JL, Coombs CH (1984) Social choice observed: five presidential elections of the APA. J Polit 46:479–502
Chen FH, Heckelman JC (2005) Winning probabilities in a pairwise lottery system with three alternatives. Econ Theory 26:607–617
Cheng MC (1969) The orthant probability of four Gaussian variables. Ann Math Stat 40:152–161
Clauss P, Loechner V (1996) Parametric analysis of polyhedral iteration spaces. In: Proceedings of IEEE International Conference on Application Specific Array Processors, Chicago, IL, p 415
Clauss P, Loechner V, Wilde D (1997) Deriving formulae to count solutions to parametrized linear systems using Ehrhart polynomials: applications to the analysis of nested-loop programs. University of Strasbourg, ICPS Technical Report RR 97–01
Coggins JS, Perali CF (1998) 64% Majority rule in Ducal Venice: Voting for the Doge. Public Choice 97:709–723
Colman AM, Poutney I (1978) Borda's voting paradox: theoretical likelihood and electoral occurrences. Behav Sci 23:15–20
Cramér H (1946) Mathematical Methods of Statistics. Princeton University Press, Princeton NJ
de Borda J (1784) A paper on elections by ballot. In: Sommerlad F, McLean I (1989, eds) The political theory of Condorcet, University of Oxford Working Paper, Oxford, pp 122–129
de Condorcet M (1785a) An essay on the application of probability theory to plurality decision making: an election between three candidates. In: Sommerlad F, McLean I (1989, eds) The political theory of Condorcet, University of Oxford Working Paper, Oxford, pp 69–80
de Condorcet M (1785b) An essay on the application of probability theory to plurality decision making: Elections. In: Sommerlad F, McLean I (1989, eds) The political theory of Condorcet, University of Oxford Working Paper, Oxford, pp 81–89
de Condorcet M (1785c) An essay on the application of probability theory to plurality decision making: Hypothesis eleven. In: Sommerlad F, McLean I (1989, eds) The political theory of Condorcet, University of Oxford Working Paper, Oxford, pp 90–108
de Condorcet M (1788a) On the form of decisions made by plurality vote. In: Sommerlad F, McLean I (1989, eds) The political theory of Condorcet. University of Oxford Working Paper, Oxford, pp 152–166
de Condorcet M (1788b) On discovering the plurality will in an election. In: Sommerlad F, McLean I (1989, eds) The political theory of Condorcet, University of Oxford Working Paper, Oxford, pp 141–151
de Condorcet M (1789) On the form of elections. In: Sommerlad F, McLean I (1989, eds) The political theory of Condorcet, University of Oxford Working Paper, Oxford, pp 167–193
de Condorcet M (1793) A general survey of science – concerning the application of calculus to the political and moral sciences. In: Sommerlad F, McLean I (1989, eds) The political theory of Condorcet, University of Oxford Working Paper, Oxford, pp 4–10
D'Angelo A, Eskandari A, Szidarovszky (1998) Social choice procedures in water-resource management. J Environ Manage 52:203–210
Dasgupta P, Maskin E (2004) The fairest vote of all. Sci Am 290:92–97
Daudt H, DW Rae DW (1976) The Ostrogorski Paradox: a peculiarity of compound majority decision. Eur J Polit Res 4:391–398
Daunou PCF (1803) A paper on elections by ballot. In: Sommerlad F, McLean I (1991, eds) The political theory of Condorcet II, University of Oxford Working Paper, Oxford, pp 235–279
David FN, Mallows CL (1961) The variance of Spearman's rho in normal samples. Biometrika 48:19–28
Deb R (1976) On constructing generalized voting paradoxes. Econometrica 43:347–351
Deb R, Kelsey D (1987) On constructing a generalized Ostrogorski paradox: necessary and sufficient conditions. Math Soc Sci 14:161–174
Debord B (1992) An axiomatic characterization of Borda's k-choice function. Soc Choice Welfare 9:337–344
DeGrazia A (1953) Mathematical derivation of an election scheme. Isis 44:42–51

Dietz HA, Goodman MJ (1987) An empirical analysis of preferences in the 1983 multicandidate Peruvian mayoral election. Am J Polit Sci 31:281–295
Diss M, Gehrlein WV (2009) Borda's Paradox and weighted scoring rules. University of Caen, France, unpublished manuscript
Diss M, Merlin V (2009) On the stability of a triplet of voting rules. University of Caen, France, unpublished manuscript
Diss M, Louichi A, Merlin V, Smaoui H (2009) On the stability of a scoring rules set under the IAC hypothesis. University of Caen, France, unpublished manuscript
Diss M, Merlin V, Valognes F (2010) On the Condorcet efficiency of approval voting and extended scoring rules for three alternatives. University of Caen, France, unpublished manuscript
Dobra J (1983) An approach to empirical studies in voter paradoxes: An update and extension. Public Choice 41:241–250
Dodgson CL (1884) The principles of parliamentary representation. Harrison and Sons Publishers, London
Dodgson CL (1885a) The principles of parliamentary representation: postscript to Supplement. E. Baxter Publisher, Oxford
Dodgson CL (1885b) The principles of parliamentary representation: Supplement. E. Baxter Publisher, Oxford
Downs A (1961) In defense of majority voting. J Polit Econ 69:192–199
Dryzek JS, List C (2003) Social choice theory and deliberative democracy: a reconcilliation. Br J Polit Sci 33:1–28
Dyer JS, Miles RF (1976) An application of collective choice theory to the selection of trajectories for the Mariner Jupiter/Saturn project. Oper Res 24:220–244
Dym CL, Wood WH, Scott MJ (2002) Rank ordering engineering designs: Pairwise comparison charts and Borda counts. Res Eng Des 13:236–242
Eckert D, Klamler C, Mitlőhner J (2005) Condorcet Efficiency, information costs, and the performance of scoring rules. Cent Eur J Oper Res 13:37–44
Ehrhart E (1962) Sur les polyhèdres rationnels homothétiques à n dimensions. C R Acad Sci Paris 254:616–618
Ehrhart E (1977) Polynomes arithmétiques et méthodes des polyhèdres en combinatoire. In: International series of numerical mathematics, Vol 35. Birkhhauser, Basles/Stuttgart, p 165
Favardin P, Lepelley D (2006) Some further results on the manipulability of social choice rules. Soc Choice Welfare 26:485–509
Favardin P, Lepelley D, Serais J (2002). Borda rule, Copeland method and strategic manipulation. Rev Econ Des 7:213–228
Fedrizzi M, Kacprzyk J, Nurmi H (1996) How different are social choice functions: a rough sets approach. Qual Quant 30:87–99
Feix MR, Lepelley D, Merlin VR, Rouet JL (2004) The probability of conflicts in a U. S. presidential type election. Econ Theory 23:227–257
Feld SL, Grofman B (1988a) Ideological consistency as a collective phenomenon. Am Polit Sci Rev 82:773–788
Feld SL, Grofman B (1988b) The Borda count in n-dimensional space. Public Choice 59:167–176
Feller W (1957) An introduction to probability theory and its applications, 2nd edn. John Wiley, New York
Felsenthal DS, Machover M (1992) After two centuries, should Condorcet's voting procedure be implemented? Behav Sci 37:250–274
Fishburn PC (1973a) The Theory of Social Choice. Princeton University Press, Princeton, NJ
Fishburn PC (1973b) Voter concordance, simple majority, and group decision methods. Behav Sci 18:364–376
Fishburn PC (1974a) Paradoxes of voting. Am Polit Sci Rev 68:537–546
Fishburn PC (1974b) Simple voting systems and majority rule. Behav Sci 19:166–176
Fishburn PC (1974c) Aspects of one-stage voting rules. Manage Sci 21:422–427

Fishburn PC (1975) A probabilistic model of social choice: Comment. Rev Econ Stud 42:297–301
Fishburn PC (1977) Condorcet social choice functions. SIAM J Appl Math 33:469–489
Fishburn PC (1980) Deducing majority candidates from election data. Soc Sci Res 9:216–224
Fishburn PC (1981a) Inverted orders for monotone scoring rules. Discrete Appl Math 3:27–36
Fishburn PC (1981b) An analysis of simple voting systems for electing committees. SIAM J Appl Math 41:499–502
Fishburn PC (1981c) Majority committees. J of Econ Theory 25:255–268
Fishburn PC (1982) Monotonicity paradoxes in the theory of voting. Discrete Appl Math 4:119–134
Fishburn PC (1983) Dimensions of election procedures: Analysis and comparisons. Theory Decis 15:371–397
Fishburn PC, Brams SJ (1981a) Approval voting, Condorcet's principle, and runoff elections. Public Choice 36:89–114
Fishburn PC, Brams SJ (1981b) Expected utility and approval voting. Behav Sci 26:136–142
Fishburn PC, Gehrlein WV (1976a) An analysis of simple two stage voting systems. Behav Sci 21:1–12
Fishburn PC, Gehrlein WV (1976b) Borda's rule, positional voting, and Condorcet's simple majority principle. Public Choice 28:79–88
Fishburn PC, Gehrlein WV (1976c) Win probabilities and simple majorities in probabilistic voting situations. Math Programming 11:28–41
Fishburn PC, Gehrlein WV (1977a) An analysis of voting procedures with nonranked voting. Behav Sci 22:178–185
Fishburn PC, Gehrlein WV (1977b) Towards a theory of elections with probabilistic preferences. Econometrica 45:1907–1924
Fishburn PC, Gehrlein WV (1980a) Social homogeneity and Condorcet's paradox. Public Choice 35:403–420
Fishburn PC, Gehrlein WV (1980b) The paradox of voting: Effects of individual indifference and intransitivity. J Public Econ 14:83–94
Fishburn PC, Gehrlein WV (1982) Majority efficiencies for simple voting procedures: Summary and interpretation. Theory Decis 14:141–153
Fishburn PC, Little JDC (1988) An experiment in approval voting. Manage Sci 34:555–568
Flanagan T (1997) The staying power of the legislative status quo: Collective choice in Canada's Parliament after Morgenthaler. Can J Polit Sci 30:31–53
Flood MM (1955) A group preference experiment. In: Mathematical models of human behavior, Dunlap and Associates, Stamford, CT, pp 130–148
Flood MM (1980) Implicit intransitivity under majority rule with mixed motions. Manage Sci 26:312–321
Gärdenfors P (1973) Positionalist voting functions. Theory Decis 4:1–24
Gaertner W (2005) De jure naturae et gentium: Samuel von Pufendorf's contribution to social choice theory and economics. Soc Choice Welfare 25:231–241
Gaubatz KT (1995) Intervention and intransitivity: public opinion, social choice, and the use of military force abroad. World Polit 47:534–554
Gehrlein WV (1978) Condorcet winners in dual cultures. Presented at National Meeting of Public Choice Society, New Orleans, LA
Gehrlein WV (1979) A representation for quadrivariate normal positive orthant probabilities. Commun Stat 8:349–358
Gehrlein WV (1980) Scoring rule sensitivity to weight selection. In: Proceedings of the Southeast Decision Sciences Institute, Orlando, FL, pp 265–267
Gehrlein WV (1981a) The expected probability of Condorcet's paradox. Econ Lett 7:33–37
Gehrlein WV (1981b) Single stage election procedures for large electorates. J Math Econ 8:263–275
Gehrlein WV (1981c) Borda efficiency of constant scoring rules with large electorates. RAIRO-Oper Res 15:287–296

Gehrlein WV (1982) Condorcet efficiency and constant scoring rules. Math Soc Sci 2:123–130
Gehrlein WV (1983) Condorcet's paradox. Theory Decis 15:161–197
Gehrlein WV (1985a) Condorcet efficiency of constant scoring rules for large electorates. Econ Lett 19:13–15
Gehrlein WV (1985b) The Condorcet criterion and committee selection. Math Soc Sci 10:199–209
Gehrlein WV (1986) Weighted scoring rules, the impartial culture condition, and homogeneity. Qual Quant 20: 85–107
Gehrlein WV (1987) The impact of social homogeneity on the Condorcet efficiency of weighted scoring rules. Soc Sci Res 16:361–369
Gehrlein WV (1990a) Special issue on intransitive preferences Ann Oper Res 23:235–246
Gehrlein WV (1991) Coincidence probabilities for simple majority and proportional lottery rules. Econ Lett 35:349–353
Gehrlein WV (1992) Condorcet efficiency of simple voting rules for large electorates. Econ Lett 40:61–66
Gehrlein WV (1993) Condorcet efficiency of two stage constant scoring rules. Qual Quant 27:95–101
Gehrlein WV (1994) The expected likelihood of transitivity: a survey. Theory Decis 37:175–209
Gehrlein WV (1995) Condorcet efficiency and social homogeneity. In: Barnett WA, Moulin H, Salles M, SchofieldNJ (eds) Social choice, welfare and ethics, Cambridge University Press, Cambridge, pp 127–143
Gehrlein WV (1996a) The probability of electing the Condorcet loser. In: Proceedings of National Decision Sciences Institute, Orlando, FL, p 1112
Gehrlein WV (1996b) The joint Condorcet efficiency of plurality and Borda voting rules. In: Proceedings of Northeast Decision Sciences Institute, St. Croix VI, pp 566–568
Gehrlein WV (1997) Condorcet's Paradox and the Condorcet efficiency of voting rules. Math Jpn 45:173–199
Gehrlein WV (1998a) The sensitivity of weight selection on the Condorcet efficiency of weighted scoring rules. Soc Choice Welfare 15:351–358
Gehrlein WV (1998b) The probability that plurality elimination and negative plurality elimination both select the Condorcet winner. In: Proceedings of Northeast Decision Sciences Institute, Boston, MA, pp 336–338
Gehrlein WV (1999a) The Condorcet efficiency of Borda Rule under the dual culture condition. Soc Sci Res 28:36–44
Gehrlein WV (1999b) On the probability that all weighted scoring rules elect the Condorcet winner. Qual Quant 33:77–84
Gehrlein WV (2002a) Condorcet's Paradox and the likelihood of its occurrence: different perspectives on balanced preferences. Theory Decis 52:171–199
Gehrlein WV (2002b) Obtaining representations for probabilities of voting outcomes with effectively unlimited precision integer arithmetic. Soc Choice Welfare 19:503–512
Gehrlein WV (2003a) Weighted scoring rules that maximize Condorcet Efficiency. In: Sertel MR, Koray S (eds) Advances in Economic Design, Springer-Verlag Publishers, Berlin, pp 53–64
Gehrlein WV (2003b) Condorcet efficiency and proximity to single-peaked preferences. Presented at Third International Conference on Logic, Game Theory and Social Choice, Siena, Italy, pp 282–283, September 2003
Gehrlein WV (2004a) The likelihood of complete breakdown by majority rule. In: Proceedings of National Decision Sciences Institute, Boston, MA, pp 411–416
Gehrlein WV (2004b) Consistency in measures of social homogeneity: A connection with proximity to single peaked preferences. Qual Quant 38:147–171
Gehrlein WV (2004c) The effectiveness of weighted scoring rules when pairwise majority rule cycles exist. Math Soc Sci 47:69–85
Gehrlein WV (2005) Probabilities of election outcomes with two parameters: The relative impact of unifying and polarizing candidates. Rev Econ Des 9:317–336
Gehrlein WV (2006a) Condorcet's paradox. Springer Publishing, Berlin

Gehrlein WV (2006b) The sensitivity of weight selection for scoring rules to proximity to single peaked preferences. Soc Choice Welfare 26:191–208
Gehrlein WV (2007) Coincidence of agreement between probabilistic and algebraic choosers. Qual Quant 41:461–487
Gehrlein WV (2008) Condorcet's paradox with three candidates. In: Brams S, Gehrlein WV, Roberts F (eds) The mathematics of preference choice and order: essays in honor of Peter C. Fishburn, Springer Publishing, Berlin, pp 183–196
Gehrlein WV (2009) Strong measures of group coherence and the probability that a pairwise majority rule exists. Qual Quant, forthcoming
Gehrlein WV (2010) The impact of forcing preference rankings when indifference exists. In: Van Deemen A, Rusinowska A (eds) Collective decision making: views from social choice and game theory, Springer-Verlag Publishers (in press)
Gehrlein WV, Berg S (1992) The effect of social homogeneity on coincidence probabilities for pairwise proportional lottery and simple majority rules. Soc Choice Welfare 9:361–372
Gehrlein WV, Fishburn PC (1976a) The probability of the paradox of voting: a computable solution. J Econ Theory 13:14–25
Gehrlein WV, Fishburn PC (1976b) Condorcet's paradox and anonymous preference profiles. Public Choice 26:1–18
Gehrlein WV, Fishburn PC (1978a) Coincidence probabilities for simple majority and positional voting rules. Soc Sci Res 7:272–283
Gehrlein WV, Fishburn PC (1978b) Probabilities of election outcomes for large electorates. J Econ Theory 19:38–49
Gehrlein WV, Fishburn PC (1978c) The effects of abstentions on election outcomes. Public Choice 33:69–82
Gehrlein WV, Fishburn PC (1979) Effects of abstentions on voting procedures in three-candidate elections. Behav Sci 24:346–354
Gehrlein WV, Fishburn PC (1980) Robustness of positional scoring over subsets of alternatives. Appl Math Optim 6:241–255
Gehrlein WV, Fishburn PC (1981a) Constant scoring rules for choosing one among many alternatives. Qual Quant 15:203–210
Gehrlein WV, Fishburn PC (1981b) Scoring rule and majority agreements for large electorates with arbitrary preferences. Math Soc Sci 2:23–33
Gehrlein WV, Fishburn PC (1983) Scoring rule sensitivity to weight selection. Public Choice 40:249–261
Gehrlein WV, Lepelley D (1997) Condorcet's paradox under the maximal culture condition. Econ Lett 55:85–89
Gehrlein WV, Lepelley D (1998) The Condorcet efficiency of approval voting and the probability of electing the Condorcet loser. J Math Econ 29:271–283
Gehrlein WV, Lepelley D (1999) Condorcet efficiencies under the maximal culture condition. Soc Choice Welfare 16:471–490
Gehrlein WV, Lepelley D (2000) The probability that all weighted scoring rules have the same winner. Econ Lett 66:191–197
Gehrlein WV, Lepelley D (2001) The Condorcet efficiency of Borda Rule with anonymous voters. Math Soc Sci 41:39–50
Gehrlein WV, Lepelley D (2003) On some limitations of the median voting rule. Public Choice 117:177–190
Gehrlein WV, Lepelley D (2004) Probability calculations in voting theory: an overview of recent results. In: Wiberg M (ed) Reasoned choices: essays in honor of Hannu Nurmi, The Finnish Political Science Association, Turku, Finland, pp 140–160
Gehrlein WV, Lepelley D (2009a) On the probability of observing Borda's Paradox. Soc Choice Welfare, forthcoming
Gehrlein WV, Lepelley D (2009b) Econ Bull 29(4). http://www.economicsbulletin.com/ (18 Aug 2009)

Gehrlein WV, Lepelley D (2009c) The unexpected behavior of plurality rule. Theory Decis 63:267–293
Gehrlein WV, Merlin V (2009a) On the probability of the Ostrogorski Paradox. Unpublished manuscript
Gehrlein WV, Merlin V (2009b) The probability of the Majority Paradox. Unpublished manuscript
Gehrlein WV, Valognes F (2001) Condorcet efficiency: a preference for indifference. Soc Choice Welfare 18:193–205
Gehrlein WV, Gopinath B, Lagarias JC, Fishburn PC (1982) Optimal pairs of score vectors for positional scoring rules. Appl Math Optim 8:309–324
Gehrlein WV, Lepelley D, Smaoui H (2010) Condorcet efficiency of voting rules with strong measures of group coherence. Unpublished manuscript
Gibbard A (1973) Manipulation of voting schemes: a general result. Econometrica 41:587–601
Gillett R (1976) Conflict and indecisiveness in collective decision procedures. Presented at Mathematical and Statistical Section of the British Psychological Society, Birmingham, UK
Gillett R (1978) A recursion relation for the probability of the paradox of voting. J Econ Theory 18:318–327
Gillett R (1980) The asymptotic likelihood of agreement between plurality and Condorcet outcomes. Behav Sci 25:23–32
Good IJ, Tideman TN (1976) A principle for selecting a representative committee. Virginia Polytechnic Institute, unpublished manuscript
Grofman B, Uhlaner C (1985) Metapreferences and reasons for stability in social choice: thoughts on broadening and clarifying the debate. Theory Decis 19:31–50
Guilbaud GT (1952) Les theories de l'intérêt general et le probleme logique de l'agregation. Econ Appl 5:501–584
Heckelman JC (2003) Probabilistic Borda voting rule. Soc Choice Welfare 21:455–468
Heckelman JC (2007) On voting by proportional lottery. Korean J Public Choice 2:1–11
Hill ID (1988) Some aspects of elections: To fill one seat or many. J Roy Stat Soc 151:243–275
Hsieh JF, Niou EM, Paolino P (1997) Strategic voting in the 1994 Taipei City mayoral election. Elect Stud 16:153–163
Huang HC, Chua VCH (2000) Analytical representation of probabilities under the IAC condition. Soc Choice Welfare 17:143–156
Inada K (1964) A note on simple majority decision rule. Econometrica 32:525–531
Intriligator MD (1973) A probabilistic model of social choice. Rev Econ Stud 40:553–560
Johnson NL, Kotz S (1972) Distributions in statistics: Continuous multivariate distributions. Wiley, New York
Johnson NL, Kotz S (1977) Urn models and their application. Wiley, New York
Joslyn RA (1976) The impact of decision rules in multi-candidate campaigns: the case of the 1972 Democratic presidential nomination. Public Choice 25:1–17
Kangas A, Laukkanen S, Kangas J (2006) Social theory and its applications in sustainable forest management – a review For Policy Econ 9:77–92
Kaymak B, Sanver MR (2003) Sets of alternatives as Condorcet winners. Soc Choice Welfare 20:477–494
Kiewiet RW (1979) Approval voting: the case of the 1968 election. Polity 12:170–181
Klamler C (2004) The Dodgson ranking and the Borda count: a binary comparison. Math Soc Sci 48:103–108
Klamler C (2005) Borda and Condorcet: some distance results. Theory Decis 59:97–109
Koray S (2000) Self-selective social choice functions verify Arrow and Gibbard-Satterthwaite theorems. Econometrica 68:981–995
Kuga K, Nagatani H (1974) Voter antagonism and the paradox of voting. Econometrica 42:1045–1067
Kurrild-Klitgaard P (2001) An empirical example of the Condorcet paradox of voting in a large electorate. Public Choice 107:135–145

Kurrild-Klitgaard P (2008) Voting paradoxes under proportional representation from eight Danish elections. Scand Polit Stud 31:242–267

Laffond G, Laine J (2006) Single-switch preferences and the Ostrogorski Paradox. Math Soc Sci 52:49–66

Lagerspetz E (1997) Social choice in the real world II: Cyclical preferences and strategic voting in the Finnish presidential elections. Scand Polit Stud 20:53–67

Lamboray C (2007) A comparison between the prudent order and the ranking obtained by Borda's, Copeland's, Slater's and Kemeny's rules. Math Soc Sci 54:1–16

de Laplace PS (1795) Analytic theory of probabilities. In: Sommerlad F, McLean I (1991, eds) The political theory of Condorcet II, University of Oxford Working Paper, Oxford, pp 282–287

Laslier JF, Van der Straeten K (2003) Approval voting: An experiment during the French 2002 presidential election. Presented at Third International Conference on Logic, Game Theory and Social Choice, SienaV, pp 294–297, September 2003

Laslier JF (2009), A note on choosing the alternative with the best median evaluation. Unpublished paper, Département d'Economie, Ecole Polytechnique, Paris

LeBreton M, Truchon M (1997) A Borda measure for social choice functions. Math Soc Sci 34:249–272

Lepelley D (1989) Contribution a l'analyse des procedures de decision collective. Université de Caen, unpublished doctoral dissertation

Lepelley D (1993) On the probability of electing the Condorcet loser. Math Soc Sci 25:105–116

Lepelley D (1995) Condorcet efficiency of positional voting rules with single-peaked preferences. Econ Des 1:289–299

Lepelley D, Gehrlein WV (1999) A note on the probability of having a strong Condorcet winner. Qual Quant 33:85–96

Lepelley D, Gehrlein WV (2000) Strong Condorcet efficiency of scoring rules. Econ Lett 68:157–164

Lepelley D, Gehrlein WV (2010a) The probability that all weighted scoring rules select the pairwise majority rule winner, University of Reunion, unpublished manuscript

Lepelley D, Gehrlein WV (2010b) Condorcet ranking efficiencies of weighted scoring rules, University of Reunion, unpublished manuscript

Lepelley D, Mbih B (1987) The proportion of coalitionally unstable situations under the plurality rule. Econ Lett 24:311–316

Lepelley D, Mbih B (1996) Strategic manipulation in committees using the plurality rule: alternative concepts and frequency of manipulation. Group Decis Negotiation 6:119–138

Lepelley D, Merlin V (1998) Choix social positionnel et principe majoritaire. Ann Econ Stat 51:29–48

Lepelley D, Merlin V (2001) Scoring run-off paradoxes for variable electorates. Econ Theory 17:53–80

Lepelley D, Smaoui H (2010) Borda elimination rule and monotonicity paradox, University of La Reunion, Working Paper

Lepelley D, Valognes F (1999) On the Kim and Roush voting procedure. Group Decis Negotiation 8:109–123

Lepelley D, Valognes F (2003) Voting rules, manipulability and social homogeneity. Public Choice 116:165–184

Lepelley D, Vidu L (2000) Règles positionnelles itératives, principe majoritaire et préférences unimodales RAIRO Oper Res 34:347–362

Lepelley D, Chantreuil F, Berg S (1996) The likelihood of monotonicity paradoxes in run-off elections. Math Soc Sci 31:133–146

Lepelley D, Louichi A, Valognes F (2000a) Computer simulations of voting systems. In: Ballot G, Weisbuch G (eds) Applications of simulations to social sciences, Hermes, Oxford, pp 181–194

Lepelley D, Pierron P, Valognes F (2000b) Scoring rules, Condorcet efficiency, and social homogeneity. Theory Decis 49:175–196

Lepelley D, Louichi A, Smaoui H (2008) On Ehrhart polynomials and probability calculations in voting theory. Soc Choice Welfare 30:363–383

Lepelley D, Gehrlein WV, Smaoui H (2010) The Condorcet Efficiency of voting rules with mutually coherent voter preferences: A Borda compromise. Université de La Réunion, unpublished manuscript

Levmore S (1999) Voting paradoxes and interest groups. J Leg Stud 28:259–281

Levin J, Nalebuff B (1995) An introduction to vote-counting systems. J Econ Perspect 9:3–26

Lhuilier S (1793) An examination of the election method proposed to the National Convention of France in February 1793, and Adopted in Geneva. In: Sommerlad F, McLean I (1989, eds) The political theory of Condorcet, University of Oxford Working Paper, Oxford, pp 223–253

Lines M (1986) Approval voting and strategy analysis. Theory Decis 20:155–172

List C (2002) Two concepts of agreement. Good Soc 11:72–79

Maas A, Bezembinder T, Wakker P (1995) On solving intransitivities in repeated pairwise choices. Math Soc Sci 29:83–101

Marchant T (1996) Value relations aggregation with the Borda Method. J Multi-criteria Decis Anal 5:127–132

Marchant T (1998) Cardinality and the Borda score. Eur J of Oper Res 108:464–472

Martin M, Merlin V (2002) The stability set as a social choice correspondence. Math Soc Sci 44:91–113

Martin W, Shields DJ, Towlinski B, Kent B (1996) An application of social choice theory to USDA Forest Service decision making. J of Policy Mak 18:603–621

Maske K, Durden G (2003) The contribution and impact of Professor William H. Riker Public Choice 117:191–220

May KO (1954) Intransitivity, utility, and the aggregation of preference patterns. Econometrica 22:1–13

Mbih B, Andjiga NG, Moyouwou I (2006) From Gehrlein-Fishburn's method on frequencies representation to a straightforward proof of Ehrhart's extended conjecture. Université de Yaoundé, unpublished manuscript

Mbih B, Moyouwou I, Zhao X (2009) On the positive association of parliamentary social choice functions. Soc Choice Welfare, forthcoming

McCabe-Dansted JC, Slinko A (2006) Exploratory analysis of similarities between common social choice rules. Decis Negotiation 15:77–107

McDaniels TL, Thomas K (1999) Eliciting preferences for land use alternatives: A structured value referendum with approval voting. J Policy Eval Anal 18:264–280

Merlin V, Tataru M (1997) On the relation of the Condorcet winner and positional voting rules. Math Soc Sci 34:81–90

Merlin V, Valognes F (2004) The impact of indifferent voters on the likelihood of some voting paradoxes. Math Soc Sci 48:343–361

Merlin V, Tataru M, Valognes F (2000). On the probability that all decision rules select the same winner. J Math Econ 33:183–207

Merlin V, Tataru M, Valognes F (2002) On the likelihood of Condorcet's profiles. Soc Choice Welfare 19:193–206

Merrill S (1984) A comparison of efficiencies of multicandidate electoral systems. Am J Polit Sci 28:23–48

Merrill S (1985) A statistical model for Condorcet efficiency based on simulation under spatial model assumptions. Public Choice 47:389–403

Merrill S (1988) Making multicandidate elections more democratic. Princeton University Press, Princeton, NJ

Mitchell DW, Trumbull WN (1992) Frequency of paradox in a common n-winner voting scheme. Public Choice 73:55–69

Moreno B, Puy MS (2005) The scoring rules in an endogenous election. Soc Choice Welfare 25:115–125

Morse JR (1997) Constitutional rules, political accidents, and the course of history: new light on the annexation of Texas. Independent Rev 2:173–201
Moulin H (1988a) Condorcet's principle implies the no show paradox. J Econ Theory 45:53–64
Moulin, H (1988b) Axioms of cooperative decision making. Cambridge University Press, Cambridge
Mueller DC (1989) Probabilistic majority rule. Kyklos 42:151–170
Naylor TH, Balintfy JL, Burdich DS, Chu K (1966) Computer simulation techniques. John Wiley and Sons, New York
Niemi RG (1969) Majority decision-making under partial unidimensionality. Am Polit Sci Rev 63:488–497
Niemi RG (1970) The occurrence of the paradox of voting in university elections. Public Choice 8:91–100
Niemi RG (1984) The problem of strategic behavior under approval voting. Am Polit Sci Rev 78:952–958
Niemi RG, Riker WH (1976) The choice of voting systems. Sci Am 234:21–27
Niou EMS (2001) Strategic voting under plurality and runoff rules. J Theor Polit 13:209–227
Nitzan S (1975) Social preference ordering in a probabilistic voting model. Public Choice 24:93–100
Nitzan S, Rubinstein A (1981) A further characterization of Borda ranking method. Public Choice 36:153–158
Nurmi H (1983) Voting procedures: A summary analysis. Br J Polit Sci 13:18C1–208C1
Nurmi H (1986) Mathematical models of elections and their relevance to institutional design. Elect Stud 5:167–181
Nurmi H (1987) Comparing voting systems. D. Reidel Publishing Company, Dordrecht, The Netherlands
Nurmi H (1992) An assessment of voting system simulations. Public Choice 73:459–487
Nurmi H (1998) Voting paradoxes and referenda. Soc Choice Welfare 15:333–350
Nurmi, H (1999) Voting paradoxes and how to deal with them. Springer, Berlin
Nurmi H, Uusi-Heikkilä Y (1985) Computer simulations of approval and plurality voting: the frequency of weak Pareto violations and Condorcet loser choices in impartial cultures. Eur J Polit Econ 2:47–59
Ohseto SO (2007) A characterization of Borda rule in peer rankings. Math Soc Sci 54:147–151
O'Neill JC (2007) Choosing a runoff election threshold. Public Choice 131:351–364
Ostrogorski M. (1902). La démocratie et l'organisation des partis politiques. Calmann Levy, Paris
Palander T, Laukkanen S (2006) A vote based computer system for stand management. Int J For Eng 17:13–20
Paris DC (1975) Plurality distortion and majority rule. Behav Sci 20:125–133
Pérez J (2001) The strong no show paradoxes are a common flaw in Condorcet voting correspondences. Soc Choice Welfare 18:601–616
Petit JL, Térouanne E (1987) A stormy assembly: electoral paradoxes. Theory Decis 22:271–284
Plackett RL (1954) A reduction formula for normal multivariate integrals. Biometrika 41:351–360
Rabl T (2006) Volume calculation and estimation of parametrized integer polytopes. Unpublished thesis, Fakultät für Mathematik und Informatik, Universität Passau
Radcliff B (1993) The structure of voter preferences. J Polit 55:714–719
Radcliff B (1994) Collective preferences in presidential elections. Elect Stud 13:50–57
Ratliff TC (2003) Some startling inconsistencies when electing committees. Soc Choice Welfare 21:433–454
Ray D (1986) The possibility of a "no show paradox" under the single transferable vote. Math Soc Sci 11:183–189
Reilly B (2002) Social choice in the South Seas: electoral innovation and the Borda count in the Pacific island countries. Int Polit Sci Rev 23:355–372
Regenwetter M, Grofman B (1998) Approval voting, Borda winners, and Condorcet winners: Evidence from seven elections. Manage Sci 44:520–533

Regenwetter M, Adams J, Grofman B (2002a) On the (sample) Condorcet efficiency of majority rule: an alternative view of majority cycles and social homogeneity. Theory Decis 53:153–186

Regenwetter M, Grofman B, Marley AAJ (2002b) On the model dependence of majority preference relations reconstructed from ballot or survey data. Mathe Soc Sci 43:451–466

Regenwetter M, Grofman B, Marley A, Tsetlin I (2006) Behavioral social choice. Cambridge University Press, Cambridge

Regenwetter M, Kim A, Kantor A, Ho M (2007) The unexpected consensus among consensus methods. Psychol Sci 18:629–635

Richelson JT (1975) A comparative analysis of social choice functions. Behav Sci 20:331–337

Richelson JT (1978a) A comparative analysis of social choice functions II. Behav Sci 23:38–44

Richelson JT (1978b) A comparative analysis of social choice functions III. Behav Sci 23:169–176

Richelson JT (1979) A comparative analysis of social choice functions I, II, III: A summary. Behav Sci 24:355

Richelson JT (1980) Running off empty: run-off point systems. Public Choice 35:457–468

Richelson JT (1981) A comparative analysis of social choice functions IV. Behavioral Science 26:346–353

Riker WH (1958) The paradox of voting and congressional rules for voting on amendments. Am Polit Sci Rev 52:349–366

Riker WH (1965) Arrow's theorem and some examples of the paradox of voting. In: Claunch JM (ed) Mathematical applications in political science. SMU Press, Dallas, TX, pp 41–60

Riker WH (1982) Liberalism against populism: a confrontation between the theory of democracy and the theory of social choice. Freeman Press, New York

Risse M (2005) Why the count de Borda cannot beat the Marquis de Condorcet. Soc Choice Welfare 25:95–113

Rödding W (1975) Aggregation of individual preferences by voting. Theory Decis 6:231–235

Rosen MD, Sexton RJ (1993) Irrigation districts and water markets: an application of cooperative decision-making theory. Land Econ 69:39–54

Rosenthal RW (1975) Voting majority sizes. Econometrica 43:293–299

Rousseau J (1762) The social contract. translated and reprinted in 1962 by Penguin Press, Harmondsworth, England

Rubinstein A (1980) Stability of decision systems under majority rule. J Econ Theory 23:150–159

Saari DG (1984) The ultimate of chaos resulting from weighted voting systems. Adv Appl Math 5:286–308

Saari DG (1989) A dictionary for voter paradoxes. J Econ Theory 48:443–475

Saari DG (1990a) The Borda dictionary. Soc Choice Welfare 7:279–317

Saari DG (1990b) Susceptibility to manipulation, Public Choice 64:21–41

Saari DG (1991) Relationship admitting families of candidates. Soc Choice Welfare 8:21–50

Saari DG (1992a) Symmetry extensions of 'neutrality' I: advantage to the Condorcet loser. Soc Choice Welfare 9:307–336

Saari DG (1992b) Millions of election outcomes from a single profile. Soc Choice Welfare 9:277–306

Saari DG (1995a) Inner consistency or not inner consistency: a reformulation is the answer. In: Barnett WA, Moulin H, Salles M, Schofield HJ (eds) Social choice, welfare and ethics, Cambridge University Press, pp 187–212

Saari DG (1995b) Basic geometry of voting. Springer, Berlin

Saari DG (1996a) The mathematical symmetry of choosing. Math Jpn 44:183–200

Saari DG (1996b) Election results and a partial ordering for positional ordering. In: Schofield N (ed) Collective decision-making: social choice and political economy. Kluwer Academic Publishers, Dordrecht pp 93–110

Saari DG (1999) Explaining all three-alternative voting outcomes. J Econ Theory 87:313–355

Saari DG (2002) Adopting the plurality vote perspective. Math Oper Res 27:45–64

Saari DG (2006) Which is better: the Condorcet or Borda winner? Soc Choice Welfare 26:107–129

Saari DG, Tataru MM (1999) The likelihood of dubious election outcomes. Econ Theory 13:345–363
Saari DG, Valognes F (1999) The geometry of Black's single peakedness and related conditions. J Math Econ 32:429–456
Saari DG, Van Newenhizen J (1988) The problem of indeterminacy in approval, multiple and truncated voting systems. Public Choice 59:101–120
Sanver MR (2002) Scoring rules cannot respect majority in choice and elimination simultaneously. Math Soc Sci 43:151–155
Satterthwaite M (1972) Coalition constructing voting procedures. Presented at Public Choice Society Meeting, Pittsburgh, PA
Satterthwaite M (1975) Strategy-proofness and Arrow's condition. J Econ Theory 10:198–217
Schwartz T (1972) Rationality and the myth of the maximum. Noûs 6:97–117
Selby SM (1965) Standard mathematical tables. Chemical Rubber Co., Cleveland, OH
Sen AK (1995) How to judge voting systems. J Econ Perspect 9:91–98
Slepian D (1962) The one sided barrier problem for Gaussian Noise. Bell Syst Tech J 41:463–501
Smith JH (1973) Aggregation of preferences with variable electorate. Econometrica 41:1027–1041
Smith BA (1999) Manipulability measures of common social choice functions. Soc Choice Welfare 16:639–662
Smith WD (2009) The Romanian 2009 presidential election featured Condorcet cycles. http://rangevoting.org/Romania2009.html. Accessed 9 December 2009
Sommerlad F, McLean I (1989) The political theory of Condorcet. University of Oxford, Working Paper
Sommerlad F, McLean I (1991) The political theory of Condorcet II. University of Oxford, Working Paper
Sommerville DMY (1958) An introduction to the geometry of n dimensions. Dover Publishing, New York
Staring M (1986) Two paradoxes of committee elections. Math Mag 59:158–159
Stensholt E (1999a) Voteringens kvaler: flyplassaken i Stortinget 8. Oktober 1992. Sosialøkonomen 4:28–40
Stensholt E (2002) Nonmonotonicity in AV. Voting Matters Issue15:5–10 Paper 2
Straffin PD (1980) Topics in the theory of voting. Birkhäuser Publishers, Boston
Tabarrok A (2001) President Perot or fundamentals of voting theory illustrated with the 1992 election. Public Choice 106:275–297
Tangian AS (2003) Historical background of the mathematical theory of democracy. Discussion paper 332, Fern University, Hagen
Tangian AS (2008) A mathematical model of Athenian democracy. Soc Choice Welfare 31:537–572
Taplin RH (1997) The statistical analysis of preference data. Appl Stat 46:493–512
Tataru M, Merlin V (1997) On the relationship of the Condorcet winner and positional voting rules. Math Soc Sci 34:81–90
Taylor AD (1997) A glimpse of impossibility: Kenneth Arrow's impossibility theory and voting. Perspect Polit Sci 26:23–26
Tideman TN (1992) Collective decision and voting: Cycles. Presented at Public Choice Society Meeting, New Orleans, LA
Tideman TN (2006) Collective decisions and voting. Ashgate Pulishing, Hampshire, UK
Tideman TN, Plassmann F (2008) Evaluating voting methods by their probability of success: An empirical analysis. Virginia Polytechnic Institute and State University, unpublished manuscript
Toda M, Sugiyama K, Tagawa S (1982) A method for aggregating ordinal assessments by a majority decision rule. Math Soc Sci 3:227–242
Tovey CA (1997) Probabilities of preferences and cycles with supermajority rules. J Econ Theory 75:271–279

Truchon M (1998) Rating skating and the theory of social choice. Universitè Laval, unpublished manuscript
Tullock G (1959) Problems of majority voting. J Polit Econ 67:571–579
Tullock G (2000) Why no cycles? Atl Econ J 28:1–13
Van Deemen A, Vergunst N (1998) Empirical evidence of paradoxes of voting in Dutch elections. Public Choice 97:475–490
Van Der Cruyssen D (1999) Analysis of voting procedures in one-seat elections: Condorcet efficiency and Borda efficiency. Katholieke Universiteit Leuven, Discussion Paper Series DPS 99:11
Verdoolaege S, Seghir R, Beyls K, Loechner V, Bruynooghe M (2004) Analytical computation of Ehrhart polynomials: enabling more compiler analysis and optimization. In: Proceedings on International Conference on Compilers, Architecture and Synthesis for Embedded Systems, pp 248–258
Verdoolaege S, Woods K, Bruynooghe M, Cools R (2005) Computation and manipulation of enumerators of integer projections of parametric polytopes. Technical Report CW 392, Katholieke Universiteit Leuven, Department of Computer Science
Van Newenhizen J (1992) The Borda method is most likely to respect the Condorcet principle. Econ Theory 2:69–83
Vickery W (1960) Utility, strategy and social decision rules. Q J Economics 74:507–535
Ward B (1961) Majority rule and allocation. J Conflict Resolut 5:379–389
Ward B (1965) Majority voting and alternative forms of public enterprise. In: Margolis J (ed) Public economy of urban communities. Johns Hopkins Press, Baltimore, MD, pp 112–126
Weber RJ (1978a) Comparison of voting systems. Yale University, unpublished manuscript
Weber RJ (1978b) Multiply weighted voting systems. Yale University, unpublished manuscript
Weber RJ (1978c) Reproducing voting systems. Yale University, unpublished manuscript
Wilks SS (1962) Mathematical statistics. Wiley, New York
WilsonMC, Pritchard G (2007) Probability calculations under the IAC hypothesis. Math Soc Sci 54:244–256
Wilson S (2003) Oh boy. Sun Journal, July 3, 2003, p 1
Wiseman J (2000) Approval voting in subset elections. Econ Theory 15:477–483
Woeginger GJ (2003) A note on scoring rules that respect majority in choice and elimination. Math Soc Sci 46:347–354
Wolsky AM, Sanathanan L (1982) The inferred referendum - a rule for committee decisions. Theory Decis 14:75–88
Wright SG, Riker WH (1989) Plurality and runoff systems and numbers of candidates. Public Choice 60:155–175
Yeh CH (2006) Reduction-consistency in collective choice problems. J Math Econ 42:637–652
Young HP (1974) An axiomatization of Borda rule. J Econ Theory 9:43–52
Young HP (1977) Extending Condorcet's rule. J of Econ Theory 16:335–353
Young HP (1988) Condorcet's theory of voting. Am Polit Sci Rev 82:1231–1244
Young P (1995) Optimal voting rules. J Econ Perspect 9:51–64

Index